Atlas der Klassischen Archäologie

Landkarten und Pläne von John Flower
Zeichnungen von Tom Stalker Miller und John Thompson Associates

Autoren

Das römische Britannien:	A. L. Rivet, Professor für das Studium der römischen Provinzen, University of Keele
Die römische Rhein-Donau-Grenze:	J. J. Wilkes, Professor der Archäologie römischer Provinzen, University of London
Die Provence:	Paul MacKendrick, Lily Ross Taylor Professor für Klassische Philologie, University of Wisconsin
Die Iberische Halbinsel:	Paul MacKendrick
Nordafrika:	C. R. Whittaker, Mitglied des Churchill College, University of Cambridge
Sizilien:	M. I. Finley, Professor für Geschichte des Altertums und Vorstand des Darwin College, University of Cambridge
Italien:	G. D. B. Jones, Professor für Archäologie, University of Manchester
Illyrien, Mösien und Dakien:	J. J. Wilkes
Griechenland, Makedonien und die Ägäischen Inseln:	R. M. Cook, Laurence Professor (emeritus) für klassische Archäologie, University of Cambridge
Zypern:	Vassos Karageorghis, Direktor, Department of Antiquities, Zypern
Schwarzes Meer:	D. M. Pippidi, Professor für Geschichte des Altertums, Universität Bukarest
Kleinasien:	M. H. Crawford, Mitglied des Christ College, University of Cambridge
Syrien-Palästina:	G. W. Bowersock, Professor für griechische und lateinische Philologie, Harvard University
Das Gebiet östlich von Palmyra:	G. W. Bowersock

M. I. Finley

Atlas der Klassischen Archäologie

List Verlag München

Redaktion der deutschen Ausgabe: Idea Verlagsstudio & Agentur Bureau Dr. Paschke
Übersetzung aus dem Englischen von Hans-Peter Rosen (bis einschl. Delphi)
und Elisabeth Barth
Umschlagentwurf: Alan Bartram
Umschlagbild: Bel-Tempel, Palmyra/Syrien
Umschlagfoto: Robert Harding Associates

ISBN3-471-77517-X

 Printed in Italy
Satz: Wenschow GmbH, München
Druck und Bindearbeit: Amilcare Pizzi S.P.A., Mailand, Italien

Inhalt

Vorbemerkung und Bildnachweis

Der Verlag ist der Firma G. Bell & Sons für die Überlassung des Auszugs aus »Roman France« von Paul MacKendrick, 1971, zu Dank verpflichtet.
Der Herausgeber möchte allen Autoren und all den vielen anderen danken, die Informationsmaterial und Abbildungen zur Verfügung stellten oder auf entsprechende Quellen aufmerksam machten; besonderen Dank schuldet er Professor John Ward-Perkins, der »Society of Antiquaries of London«, dem »London University Institute of Classical Studies Library« und dem »Institute of Archaeology Library«.
Der Kartograph dankt der Firma Ernest Benn Ltd. dafür, daß er das Kartenmaterial ihrer Reihe »Blue Guides« benutzen durfte.
Der Verlag dankt auch all denen, die in der folgenden Aufstellung über den Bildnachweis aufgeführt sind, insbesondere den Mitarbeitern der Agenturen und Bibliotheken und den Eigentümern der Photographien. Es sind alle Anstrengungen unternommen worden, um die Urheber der Illustrationen ausfindig zu machen; in den ein oder zwei Fällen, wo dies nicht möglich gewesen ist, bittet der Verlag um Entschuldigung, falls der Nachweis ungenau geführt worden ist; keinesfalls ist eine solche Ungenauigkeit beabsichtigt. Wenn sich ein bisher unbekannter Eigentümer eines Urheberrechts mit dem Verlag in Verbindung setzt, wird ihm ein angemessenes Honorar bezahlt werden und der erforderliche Nachweis in den zukünftigen Auflagen dieses Buches erscheinen.

Seite 18 J. Allan Cash
Seite 23 British Museum
Seite 24 Cambridge University Collection: urheberrechtlich geschützt
Seite 26 Aerofilms
Seite 28 Aerofilms
Seite 29 Beide Photos: Colchester und Essex Museum
Seite 30 Warburg Institut. Photo: Otto Fein
Seite 31 National Trust
Seite 32 Society of Antiquaries
Seite 33 Beide Photos: National Trust
Seite 34 Copyright Walter Scott, Bradford
Seite 35 Photo: Derek Phillips, mit freundlicher Genehmigung des York Archaeological Trust
Seite 38 Archaeological Surveys Ltd.
Seite 39 Archaeological Surveys Ltd.
Seite 43 Jean Roubier
Seite 44 Deutsche Fotothek, Dresden
Seite 47 Beide Abbildungen: Museum Carnuntum. Photos: H. Kral
Seite 49 Kunsthistorisches Museum, Wien
Seite 53 Oben: Aerofilms. Unten: Jean Roubier
Seite 55 Oben: Mansell. Links: Jean Roubier
Seite 57 Oben: Mansell. Unten: Jean Roubier
Seite 59 J. B. Ward-Perkins und die British School at Rome
Seite 60 Jean Roubier
Seite 61 Jean Roubier
Seite 63 Peter Witte
Seite 65 Peter Witte
Seite 70 Deutsches Archäologisches Institut, Rom
Seite 73 Beide Photos: J. B. Ward-Perkins und die British School at Rome
Seite 74 Fototeca Unione, Rom
Seite 75 Deutsches Archäologisches Institut, Rom
Seite 76 Fototeca Unione, Rom
Seite 77 Links: Deutsches Archäologisches Institut, Rom. Rechts: Bavaria-Verlag
Seite 79 Aerofilms
Seite 83 Edwin Smith
Seite 84 Oben: Fotocielo. Unten: Deutsches Archäologisches Institut, Rom
Seite 87 Oben: Soprintendenza alle Antichità, Palermo. Unten: Hirmer Fotoarchiv München
Seite 89 Oben: Hirmer Fotoarchiv München. Unten: Zeichnung von Tom Stalker Miller, nach Koldewey und Puchstein, *Die griechischen Tempel in Unteritalien*, Tafel 143
Seite 91 Deutsches Archäologisches Institut, Rom
Seite 92 Ashmolean Museum, Oxford
Seite 93 Soprintendenza alle Antichità, Palermo
Seite 95 Mansell
Seite 101 Oben: Bavaria-Verlag. Unten und rechts: Bildarchiv Foto Marburg
Seite 102 Bavaria-Verlag
Seite 104 Fototeca Unione, Rom
Seite 106 Bildarchiv Foto Marburg
Seite 107 Lala Aufsberg, Sonthofen
Seite 110 Oben: Mansell. Unten: Deutsches Archäologisches Institut, Rom
Seite 111 Fototeca Unione, Rom
Seite 112 Oben: Zeichnung von Tom Stalker Miller, nach einer Rekonstruktion von I. Gismondi. Links und rechts: Fototeca Unione, Rom
Seite 113 Fototeca Unione, Rom
Seite 114 Oben: Zeichnung von Tom Stalker Miller, nach H. Kähler, *Hadrian*, Tafel 16. Unten: J. B. Ward-Perkins und die British School at Rome
Seite 115 J. B. Ward-Perkins und die British School at Rome
Seite 117 Mansell
Seite 120 Mansell
Seite 121 Beide Photos: Mansell
Seite 122 Alinari
Seite 124 Edwin Smith
Seite 125 Oben: Fototeca Unione, Rom. Unten: Mansell
Seite 127 Fototeca Unione, Rom
Seite 128 Fototeca Unione, Rom
Seite 129 Edwin Smith
Seite 130 Mansell
Seite 134 Alan Bartram
Seite 137 Mansell
Seite 140 Zeichnung von Tom Stalker Miller, nach F. B. Florescu, *Adamklissi*, Tafel 13
Seite 144 Zeichnung von Tom Stalker Miller. Zeichnung und Plan mit freundlicher Genehmigung von Professor A. Cambitoglou
Seite 146 Zeichnung von Tom Stalker Miller, nach Alan Sorrell; mit freundlicher Genehmigung von *Illustrated London News*
Seite 147 Zeichnung von Tom Stalker Miller, nach BSA LVII fig. 13; mit freundlicher Genehmigung der British School at Athens
Seite 149 Royal Ontario Museum, Toronto, Kanada
Seite 151 Agora-Ausgrabungen, American School of Classical Studies, Athen
Seite 152 Museum of Classical Archaeology, Cambridge
Seite 153 Hirmer Fotoarchiv München
Seite 155 Lala Aufsberg, Sonthofen
Seite 156 Zeichnung von Tom Stalker Miller, nach G. P. Stevens, *Restorations of Classical Buildings*, Tafel 17; mit freundlicher Genehmigung der American School of Classical Studies, Athen
Seite 157 Hirmer Fotoarchiv München
Seite 159 Oben: H. Wagner, Heidelberg. Rechts: Hirmer Fotoarchiv München
Seite 160 Bildarchiv Foto Marburg
Seite 161 Zeichnung von Tom Stalker Miller, nach A. von Gerkan, *Das Theater von Epidauros*
Seite 162 Deutsches Archäologisches Institut, Athen
Seite 164 Bildarchiv Foto Marburg
Seite 165 Links: Deutsches Archäologisches Institut, Athen. Rechts: Hirmer Fotoarchiv München
Seite 167 Oben: The Metropolitan Museum of Art, Dodge Fund, 1930
Unten: Deutsches Archäologisches Institut, Athen

Seite 168 Hirmer Fotoarchiv München
Seite 171 Lala Aufsberg, Sonthofen
Seite 172 Zeichnung von Tom Stalker Miller, nach Bruneau und Ducat, *Guide de Délos*, Plan 6; mit freundlicher Genehmigung der Ecole française d'Athènes
Seite 173 Hirmer Fotoarchiv München
Seite 175 Royal Ontario Museum, Toronto, Kanada
Seite 178 Zeichnung von Tom Stalker Miller, nach Conze, *Archäologische Untersuchungen auf Samothrake* i, Tafel LIV
Seite 179 Zeichnung von Tom Stalker Miller, nach Hans Walter, *Das Griechische Heiligtum*, copyright 1965, R. Piper & Co Verlag, München
Seite 180 Beide Photos: Deutsches Archäologisches Institut, Athen
Seite 181 Zeichnung von Tom Stalker Miller, nach Herzog, *Kos* i, Tafel 40
Seite 183 Abteilung Naher Osten und Klassisches Altertum des Dänischen Nationalmuseums
Seite 186 Kunsthistorisches Museum, Wien
Seite 187 V. Karageorghis
Seite 188 V. Karageorghis
Seite 190 V. Karageorghis
Seite 193 Institutul de Arheologie, Bukarest
Seite 195 Institutul de Arheologie, Bukarest
Seite 197 Victor Kennett
Seite 200 Zeichnung von Tom Stalker Miller, nach BSA LIII-LIV, S. 15; mit freundlicher Genehmigung der British School at Athens
Seite 202 Oben: Bavaria-Verlag. Unten links und rechts: Jan Roewer
Seite 203 Hirmer Fotoarchiv München
Seite 205 Oben: British Museum. Unten: Staatliche Museen, Ostberlin
Seite 206 Staatliche Museen, Ostberlin
Seite 207 Oben: Staatliche Museen, Ostberlin. Unten: Museum of Classical Archaeology, Cambridge
Seite 209 Turkish National Tourist Office
Seite 210 Beide Photos: Jenny Hofer
Seite 211 Oben: Jan Roewer. Unten: J. B. Ward-Perkins und die British School at Rome
Seite 213 Jan Roewer
Seite 214 Bavaria-Verlag
Seite 215 Jan Roewer
Seite 216 Beide Photos: Turkish National Tourist Office
Seite 217 Turkish National Tourist Office
Seite 223 Jordan Department of Antiquities
Seite 225 Oben: Israel Government Press Office. Unten: Middle East Archive
Seite 227 Middle East Archive
Seite 228 Israel Government Tourist Office
Seite 229 Y. Yadin, Hebrew University, Jerusalem
Seite 231 A. F. Kersting
Seite 232 Oben: A. F. Kersting. Unten: Middle East Archive
Seite 233 Bavaria-Verlag
Seite 234 Lucien Hervé
Seite 235 Lucien Hervé
Seite 236 Bavaria-Verlag
Seite 237 A. Negev
Seite 239 Deutsches Archäologisches Institut, Rom
Seite 240 Holle Bildarchiv, Baden-Baden
Seite 241 Aerofilms

Anmerkung: Erscheinen die Namen der Baudenkmäler, denen eigene Abschnitte gewidmet sind, zum erstenmal in der Einführung oder anderen Kapiteln, so werden sie in kleinformatigen Großbuchstaben gedruckt.
Im allgemeinen wurde die deutsche Schreibweise der Namen angewandt, der lateinischen Schreibweise wurde der Vorzug vor der griechischen gegeben.

Einführung

Das Wort »klassisch« hat viele Bedeutungen und führt deshalb zu Mißverständnissen. In diesem Buch wird es in einem alten, engen und besonderen Sinn gebraucht. Es bedeutet hier: die von den Griechen und Römern in alter Zeit bewohnte oder beherrschte Welt. Die chronologische Einordnung kann nicht eindeutig vorgenommen werden, weil weder Anfang noch Ende der Geschichte des klassischen Altertums durch ein bestimmtes Ereignis gekennzeichnet sind. In runden Zahlen ausgedrückt, ist der Beginn ungefähr um 1000 v. Chr. anzusetzen, der Zeit, in der die bedeutende Kultur der Bronzezeit in Griechenland, die sogenannte mykenische Kultur, aufhörte zu bestehen; das Ende, ungefähr 500 n. Chr., legt man mit der endgültigen Teilung des römischen Imperiums in zwei voneinander getrennte westliche und östliche (das byzantinische) Reiche fest.

Während jener Zeitspanne von 1500 Jahren breitete sich der griechisch-römische Einflußbereich auf über drei Kontinenten aus. Zum Zeitpunkt seiner größten Ausdehnung umfaßte er ganz Europa südlich der Rhein-Donau-Linie (hinzu kamen noch Britannien und einige Regionen nördlich der Donau) und ganz Afrika nördlich der Sahara; in Asien reichte er weit nach Osten bis zum heutigen Irak (hinzu kamen noch einige Siedlungen jenseits dieses Gebietes, von denen manche sogar in Afghanistan lagen).

Heute wohnen in jenem Gebiet Völker und Nationen verschiedenartiger Kulturen. Beachtenswert ist dabei zum Beispiel, wieviel von diesem Teil der Welt heute dem arabischen Einfluß unterliegt. Im Altertum herrschte ebenfalls eine große Vielfalt vor. Die Bezeichnung »klassisch« sollte hier nicht irreführen. Die Sprache ist ein guter Prüfstein. Obwohl es eine Zeit gab, in der überall Angehörige der Oberschicht und Gebildete entweder Latein oder Griechisch oder beides sprachen, blieben verschiedene keltische, germanische und semitische Sprachen recht lebendig, besonders unter den Mitgliedern der niederen Volksschichten. Andere Sprachen waren jahrhundertelang im Gebrauch, so wie das Etruskische, bevor sie ausstarben.

Der genannte Zeitabschnitt ist genauso lang wie die Zeit vom Ende des Römischen Reiches bis zu unseren heutigen Tagen. Daher überrascht es kaum, daß die klassische Welt viele Veränderungen erlebte, und zwar in allen menschlichen Bereichen, obwohl Entwicklungen nicht so schnell vonstatten gingen, wie es bei uns heute der Fall ist. Auch war das Tempo in den verschiedenen geographischen Gebieten unterschiedlich, wie unsere Zeittafel verdeutlicht. So war um die Mitte des 5. Jahrhunderts v. Chr., dem Zeitalter des Perikles, als der Parthenon gebaut wurde, ATHEN der mächtigste und reichste griechische Stadtstaat, der auch eine kulturelle Vormachtstellung inne hatte; ROM hingegen war kaum mehr als ein Dorf am Fluß Tiber, das sich kurz zuvor von der etruskischen Herrschaft befreit hatte, und es gab keinerlei Anzeichen dafür, daß es in Zukunft die Rolle des Beherrschers Italiens und schließlich der gesamten klassischen Welt spielen werde. In dieser Zeit war Nordafrika nur geographisch ein Begriff: Ägypten war schwach, obwohl es für das Persische Reich, von dem es unterworfen worden war, wirtschaftlichen Nutzen abwarf; KYRENE war eine autonome griechische Kolonie, und die weiter westlich liegenden Regionen wurden von KARTHAGO beherrscht, das ursprünglich eine Siedlung der Phönizier gewesen war. Gallien und Britannien waren immer noch »unterentwickelt«, mit einer vorwiegend keltischen Bevölkerung, die in kleinen Siedlungen und Stammesverbänden lebte und noch nicht die Schreibkunst erlernt hatte.

Dagegen lebten östlich der Ägäis wesentlich ältere Kulturvölker, deren schriftliche Überlieferungen 2000 Jahre und mehr zurückreichten; sie kamen auch verschiedentlich mit den Griechen in Berührung, waren aber nicht Teil der klassischen Welt (erst durch die Eroberungen Alexanders des Großen gegen Ende des darauffolgenden Jahrhunderts gehörten sie dazu).

Sehr wichtig für die Geschichte der klassischen Welt war demzufolge die Akkulturation (Kulturwandel durch Kulturkontakt), eine Erscheinung, die ebenfalls durch große Uneinheitlichkeit gekennzeichnet ist. Einige der Völker, die von den Griechen oder Römern überrannt worden waren, »verschwanden«, natürlich nicht, ohne sich mit dem Blut anderer Völker zu vermischen, aber doch, was ihr kulturelles und politisches Leben betrifft. Die Thraker, Sikuler und Keltiberer zum Beispiel haben fast überhaupt keine Spuren hinterlassen, abgesehen von einigen Hinweisen bei griechischen und römischen Schriftstellern, verschiedenen Begriffen, die in den griechischen und lateinischen Wortschatz aufgenommen wurden, und gelegentlich einer Gottheit oder einem Ritus, der der Religion der Eroberer einverleibt wurde. In gleichem Maße verschwanden die Etrusker, obwohl die Denkmäler, die sie hinterließen, zeigen, daß sie einmal ein materielles und kulturelles Niveau besaßen, das die Sikuler, Thraker und Keltiberer nicht erreicht hatten. Andere Völker »überlebten« jedoch und schufen mit den griechischen und römischen Führungsschichten Mischkulturen unterschiedlicher Ausprägung. Die antiken Überreste von DOUGGA in Tunesien, von JERUSALEM und von PETRA in Jordanien sind Beispiele solcher mannigfachen Möglichkeiten. Und schließlich war die wechselseitige kulturelle Beeinflussung der Griechen und Römer die interessanteste und bedeutsamste von allen Beziehungen dieser Art.

Jedoch gab es für dieses Phänomen der Akkulturation einen gemeinsamen Ausgangspunkt oder vielmehr jeweils einen: Griechenland im Osten und Rom im Westen. Die Erklärung dafür ist teilweise in der geographischen Umwelt, teilweise in der Art und Weise zu suchen, wie die Griechen und Römer ihren Einflußbereich erweiterten.

Die meiste Zeit ihrer Geschichte hindurch war die griechisch-römische Welt durch das Mittelmeer (die Ägäis mit dem direkten Zugang zum Schwarzen Meer eingeschlossen) miteinander verbunden. Die Römer nannten diesen bedeutenden Verkehrsweg »unser Meer« *(mare nostrum),* auf dem sich Menschen von einem Ort zum anderen bewegten und Ideen verbreitet wurden. Befahrbare Flüsse gab es kaum, abgesehen vom Po, dem Rhein und der Donau an den Grenzen und einigen Flüssen in Frankreich, die in Gebieten lagen, die der klassischen Welt erst relativ spät zugänglich wurden. Der Transport über Land mit Mauleseln und Ochsenkarren dauerte lange und war kaum erschwinglich: Offizielle römische Zahlen zeigen, daß es weniger kostete, eine Schiffsladung Getreide von einem Ende des Mittelmeeres zum anderen zu transportieren, als sie mit Karren fünfundsiebzig Meilen zu befördern.

Das Gebiet um das Mittelmeer stellt das dar, was die Geographen als eine einzige »klimatische Zone« bezeichnen; sie ist durch Winterregen und eine lange Sommerdürre, leichte Böden und Trockenanbau gekennzeichnet. Sie kann verhältnismäßig problemlos besiedelt werden, das Leben dort spielt sich zum großen Teil außerhalb geschlossener Räume ab; in den Küstenebenen und auf den Inlandplateaus wachsen reichlich Getreide, Gemüse, Weintrauben und Oliven; Weideland für Schafe, Schweine und Ziegen ist ebenfalls vorhanden. Diese Region ist für eine seßhafte Lebensweise wie geschaffen; nur die Nomaden in den angrenzenden Wüstengebieten Arabiens, Syriens und Nordafrikas und der – wie zum Beispiel in Italien – notwendige Viehtrieb zwischen den hochgelegenen Sommerweiden und den niedriger liegenden Wintergründen bilden eine Ausnahme.

Natürlich gab es regionale Unterschiede, was Fruchtbarkeit und Reichtum an Bodenschätzen anbelangt (besonders in bezug auf Metalle), aber es stimmt dennoch, daß ein Grieche oder Römer durch das ganze Mittelmeergebiet reisen konnte, ohne eine wesentliche Veränderung der Umwelt festzustellen. Ägypten bildete die große Ausnahme; es wurde in die klassische Welt durch die Eroberung von Alexander dem Großen einbezogen; dort hing alles von der jährlichen Überschwemmung des Nils ab. Der Bewässerungsanbau war ertragreicher als der Trockenanbau und für ein dicht-

bevölkertes Land angemessener, aber er erforderte vielfältigere Anstrengungen und eine zentrale Organisation.
Als dann die Römer bei ihren Eroberungen nach Mittel-und Nordeuropa sowie nach Britannien vorstießen, wurden sie mit einer anderen Umwelt konfrontiert. Das Klima war anders, die Ackerböden, auf denen andersartige Feldfrüchte wuchsen, waren schwerer. Wo es keine befahrbaren Flüsse gab, war die Selbstversorgung lebensnotwendig.
Zu Beginn des christlichen Zeitalters erreichte die Bevölkerungszahl einen Höchststand von schätzungsweise 60 000 000. Die überwältigende Mehrheit war in der Landwirtschaft beschäftigt, als Sklaven, Bauern, Pächter oder Besitzer von großen Ländereien. Jedoch lebten diese Menschen, zumindest im Mittelmeerraum, nicht vereinzelt auf ihren Bauernhöfen, sondern in Gemeinschaften, wie etwa in Dörfern, Kleinstädten oder Großstädten (wie dies heute auch der Fall ist). Mit einem Wort, die Gesellschaft der klassischen Welt war städtisch. So ist die Errichtung der großen Landhäuser in Gallien und Britannien unter der Römerherrschaft als ein Zeichen für das Ende des Altertums und den Beginn des Mittelalters zu werten.
Gemessen an modernen Maßstäben waren die meisten Städte der damaligen Zeit klein. Athen zur Zeit des Perikles hatte weniger als 100 000 Einwohner, hinzu kamen vielleicht noch 175 000 oder 200 000 Menschen in der Hafenstadt (Piräus) und in solchen Orten wie Marathon und Eleusis. Doch war Athen zu jener Zeit die größte Stadt Griechenlands. Unter den römischen Kaisern mögen einige Verwaltungszentren wie Rom selbst, Karthago, Alexandria und ANTIOCHIA die Zahl von einer halben Million Einwohnern erreicht oder überschritten haben. Sie sind aber nicht typisch; in POMPEJI lebten nur 20 000 Menschen, als es im Jahre 79 v. Chr. durch einen Vulkanausbruch zerstört wurde. Diese Zahlen müssen berücksichtigt werden, wenn man Art und Ausmaß der monumentalen Bauten betrachtet, die die Hauptattraktion dieser antiken Baudenkmäler ausmachen.
Monumentale Bauten waren fast ausschließlich öffentlich, d. h. sie wurden vom Staat selber oft finanziert, gefördert und unterhalten. »Öffentlicher Glanz, privates Elend« – dieser Satz beschreibt die griechischen Städte zutreffend. Nach der Zerstörung der mykenischen Welt wurde von den Griechen weder ein Palast noch ein königliches Grab errichtet; dies war erst wieder in den Tagen der hellenistischen Herrscher im Osten der Fall, wie am Palast des Herodes in Jerusalem zu erkennen ist. Nicht einmal die »Tyrannen« von AGRIGENT und SYRAKUS, so größenwahnsinnig sie in ihren baulichen Aktivitäten waren, gaben ihrem Reichtum, ihrer Macht und ihrer Freigebigkeit in ihren privaten Bereichen Ausdruck. Der Reichtum war an den Tempeln, Theatern, Brunnenhäusern, Ratsgebäuden und *stoas* abzulesen, die in den Zentren der griechischen Städte zahlreich vorhanden waren. Sogar große Skulpturen waren in der Regel bei Tempeln zu finden oder in religiösen Bezirken wie OLYMPIA oder DELPHI.
Einige Jahrhunderte lang verfuhren die Römer nicht anders. Sie übernahmen nicht einmal den Brauch der Etrusker, die Gräber reich auszuschmücken und ihren Toten viele Vorräte beizugeben. In dem Maße jedoch, wie die Römer andere Länder eroberten, änderten sie auch ihren Geschmack. Während der Zeit der Republik und sogar während des Kaiserreiches wurden immer mehr kunstvolle Privathäuser und Landvillen gebaut. Die Häuser italienischer Kaufleute auf der Insel DELOS in der Ägäis gehören merkwürdigerweise zu den ältesten und am besten erhaltenen Gebäuden dieser Art. Die römischen Kaiser waren natürlich die Wegbereiter dieser Entwicklung, die ihren Höhepunkt mit dem Bau des drei Hektar großen Palastes des Diokletian erreichte; diese Anlage wurde 305 n. Chr. in SALONA an der dalmatinischen Küste nach der Abdankung des Kaisers errichtet.
Die Griechen bauten ihre öffentlichen Gebäude in Naturstein; normalerweise wurde dem am Ort vorkommenden Stein der Vorzug vor dem Marmor gegeben, der für dekorative Elemente bestimmt war. Ein Tempel ganz aus Marmor wie der Parthenon bildete die Ausnahme. Auch die Römer verwendeten Naturstein reichlich, aber auch häufig Backstein und später Beton. Diese letzteren Materialien erklären mit, warum der Bogen und die Kuppel in der römischen Architektur eine solche Bedeutung erlangten, denn beide sind mit Naturstein schwer zu verwirklichen.
Andere Unterschiede spiegeln noch klarer die grundlegende kulturelle Verschiedenheit wider. Die auffälligsten sind im Bereich der öffentlichen Unterhaltung zu erkennen. Normalerweise nahmen die Römer an den Sportveranstaltungen, Theateraufführungen oder Tänzen nicht selbst teil, wie es die Griechen regelmäßig taten, sondern sie begnügten sich damit, sozial Geächtete und Sklaven bei ihren Vorführungen, die mehr und mehr sadistischen Charakter annahmen, zu beobachten. Daher gab es nicht nur einen bemerkenswerten Unterschied zwischen dem griechischen Theater, wie bei EPIDAURUS oder SYRAKUS, und dem römischen, wie wir es am vollkommensten in ORANGE finden, sondern die Römer entwickelten eine für sie typische Sonderform, das Amphitheater, das für Vorführungen mit wilden Tieren und Gladiatoren entworfen wurde. Es muß jedoch hinzugefügt werden, daß bald nach der Eroberung Griechenlands durch die Römer überall in der griechischen Welt Amphitheater errichtet wurden.
Ein weiterer Unterschied muß beachtet werden. Obwohl die Griechen die Kunst, Befestigungsanlagen zu bauen, beträchtlich entwickelten, verzichteten sie auf ein stehendes Heer und ständige Lager für Soldaten. Die Römer hingegen waren durch ihre territorialen Eroberungen gezwungen, sowohl die Provinzen unter ständiger Kontrolle zu halten als auch die Grenzen zu bewachen und weitere Vorstöße vorzubereiten. So gehören die römischen Lagerbefestigungen und Vorpostenanlagen von Chesters und Housesteads am HADRIANSWALL in Britannien, CARNUNTUM in Österreich und DURA-EUROPUS am Euphrat in Syrien zu den interessantesten klassischen Baudenkmälern. Auch das berühmte römische Straßensystem diente vornehmlich dem Militärtransport.
Im folgenden wollen wir uns mit dem grundlegenden Unterschied zwischen den Griechen und Römern befassen, was ihre politische Ordnung und die Art und Weise betrifft, wie sie ihre Machtbereiche ausdehnten. Vielleicht überrascht es, wenn wir damit beginnen, daß wir uns fragen, was die Begriffe »griechisch« und »römisch« bedeuten. Tatsächlich ist das Wort »griechisch« eine lateinische Bezeichnung; im Altertum (wie auch heute) nannten sich die Griechen in ihrer eigenen Sprache »Hellenen«. Während es heute noch ein genau begrenztes Land mit dem Namen »Hellas« gibt, eine anerkannte politische und territoriale Einheit (in der nur Randprobleme wie die Zypernfrage Unruhe verursachen), bestand nie ein klassisches Hellas in diesem Sinne. Damals verband sich mit diesem Namen die Vorstellung einer Kultur – vergleichbar mit der »Christenheit« –, die Gemeinschaften umfaßte, welche verstreut in dem Gebiet zwischen dem östlichen Teil des Schwarzen Meeres und Marseille in Frankreich bzw. AMPURIAS in Spanien lagen; sie alle besaßen eine gemeinsame Sprache, eine gemeinsame Kultur, eine gemeinsame Religion und einen gemeinsamen Lebensstil, der sie von anderen Völkern unterschied. Und sie alle fühlten sich diesen Gemeinsamkeiten verpflichtet.
Obwohl die Bedeutung der griechischen Einheitlichkeit und Besonderheit nicht übertrieben werden sollte, so waren doch beide Merkmale Wirklichkeit genug, um als typisch zu gelten. Wo immer sich im Altertum ein Grieche in Hellas aufhielt, wurde seine Sprache leicht verstanden, fand er in einer Stadt den ihm bekannten öffentlichen Platz *(agora)* mit den ihm vertrauten Tempeln, Theatern und anderen Gebäuden vor; auch waren ihm die Organisationsform der städtischen Verwaltung, die Rituale und Feste nicht fremd.
Die Stabilität der Institutionen und der Kultur des alten

Die Provinzen des Römischen Reiches zum Zeitpunkt seiner größten Ausdehnung (117 n. Chr.). Der besseren geographischen Orientierung wegen sind die größeren Städte mit ihren neuzeitlichen Namen angegeben.

D A C I A
Bukarest
MOESIA
SUPERIOR
MOESIA
INFERIOR
THRACIA
MACEDONIA
Schwarzes Meer
Kaspisches Meer
Istanbul
BITHYNIA ET PONTUS
Ankara
GALATIA
CAPPADOCIA
ARMENIA
A S S Y R I A
Ägäisches
Meer
Smyrna
Athen
ACHAEA
A S I A
LYCIA ET PAMPHYLIA
CILICIA
SYRIA
Bagdad
MESOPOTAMIA
Rhodos
Cyprus
Creta
Damaskus
Jerusalem
CYRENAICA
Alexandria
AEGYPTUS
A R A B I A
Rotes
Meer

Griechenland ist um so bemerkenswerter, als jegliche zentrale politische und religiöse Macht fehlte. Um 1000 v. Chr., unserem ungefähren Ausgangspunkt, war die griechische Halbinsel von kleinen autonomen Gemeinwesen geprägt. Von dort aus zogen die Griechen mehrere Jahrhunderte hindurch zu anderen Gebieten; dieser Vorgang wird von modernen Historikern als »Kolonisation« bezeichnet, um ihn von der Eroberung mit dem Ziel, sich neue Territorien einzuverleiben, und vom Imperialismus zu unterscheiden. Wo immer die Kolonisten sich niederließen, gründeten sie autonome Gemeinwesen, *poleis* in ihrer Sprache genannt, was üblicherweise mit »Stadtstaaten« übersetzt wird. Obwohl es einigen Stadtstaaten wie Athen, SPARTA oder Syrakus zeitweise gelang, die Vorherrschaft über eine Gruppe von Stadtstaaten zu erringen, hemmten sie in sehr starkem Maße die Schaffung größerer politischer Einheiten.
Dann aber kam der spektakuläre Aufstieg von Alexander, dem König von Makedonien, der innerhalb von 13 Jahren das ganze Gebiet von Griechenland bis zum Hindukusch eroberte. Er starb 323 v. Chr. während eines Feldzuges, so daß es unmöglich ist, etwas über seine weiteren Pläne zu sagen. Seine Nachfolger bekämpften einander eine Generation lang, und als das Gemetzel beendet war, wurden in den östlichen Territorien Monarchien errichtet, in denen eine griechisch-makedonische Elite die ansässigen Völker beherrschte und ausbeutete. Diese Elite gründete sofort »griechische« Städte, in denen sie lebte und die alle typischen Merkmale der griechischen Architektur und Einrichtungen aufwiesen. Sie nannten diese Orte sogar *»poleis«*, obwohl ihre Autonomie eine Farce war. Dieser Kultur der nachalexandrinischen Zeit haben die Historiker die Bezeichnung *hellenistisch* gegeben.
Auf der griechischen Halbinsel und den ägäischen Inseln, wo es nur eine griechische Bevölkerung gab, erlebten die Makedonier unter den Nachfolgern Alexanders, den Antigoniden, einen fortwährenden und erfolglosen Kampf um die Herrschaft. Der mehr als ein Jahrhundert lang andauernde Konflikt wurde schließlich durch das Eingreifen Roms beendet; vor dem Ende des zweiten Jahrhunderts erfolgte die völlige Übernahme des Gebietes durch die Römer. Was die Griechen im Westen betraf, waren sie schon im Jahrhundert zuvor unter die römische Herrschaft geraten.
Eroberung ist das Wort, das die römische Geschichte kennzeichnet, ein Wort, das für die griechische Geschichte vor Alexander ohne Bedeutung ist. Mittelitalien, südlich des Po, war um 1000 v. Chr. größtenteils von Völkern bewohnt, die eine mehr oder weniger gemeinsame Kernkultur aufwiesen und die den einen oder anderen »italischen« Dialekt sprachen. Dann kamen zwei Eindringlinge ins Land: die Etrusker (die nach der vorherrschenden Meinung aus Kleinasien stammten) und die Griechen, die sich im Süden niederließen. Ursprünglich waren die Römer lediglich einer der lateinischsprechenden Volksstämme, die zu der größeren Volksgruppe der Italiker zu zählen sind. Sie waren anderen Volksstämmen in nichts überlegen, vielleicht den Vorteil einer günstigen geographischen Lage am Fluß Tiber ausgenommen. Doch nachdem sich Rom im Jahre 509 v. Chr. von der etruskischen Vorherrschaft befreit hatte, begann es fast sofort eine Reihe von Kriegen zu führen, zunächst gegen seine unmittelbaren lateinischen Nachbarn, dann gegen immer weiter entfernte Stämme, Gemeinwesen und Völker; diese Reihe von Kriegen scheint nie geendet zu haben, und im Rückblick hat es den Anschein, als seien sie unausweichlich gewesen.
Zwei Jahrhunderte lang beschränkten sich die Römer darauf, ihren Machtbereich auf der italienischen Halbinsel auszudehnen; dabei beharrten sie auf der Entschuldigung, sie führten einen »gerechten Krieg« zur Selbstverteidigung. Besiegte Stämme und Gemeinschaften wurden zu »Verbündeten« gemacht, nicht zu Untertanen; aber sie wurden als Verbündete dazu verpflichtet, Streitkräfte für die Kriege Roms unter römischem Kommando bereitzustellen; auch wurden mehr oder weniger große Teile ihres Ackerlandes von Rom konfisziert, das heißt größtenteils zugunsten der römischen Oberschicht.
Im Jahre 264 v. Chr. marschierten römische Legionen unter einem fadenscheinigen Vorwand auf Sizilien ein und leiteten damit die entscheidende Wende in der Geschichte der römischen Herrschaft ein. Zwei sich lange hinziehende Kriege mit Karthago, bekannt als der erste und zweite Punische Krieg, folgten. Mit dem Ende des 3. Jahrhunderts setzten die Römer die Tradition der »Allianzen« nicht mehr fort: Sizilien wurde die erste Provinz, die von römischen Beamten, die dem Senat und der Volksversammlung in Rom unterstellt waren, regiert wurde und schwere Steuerlasten zu tragen hatte.
Die Römer genossen die Vorteile, die ihnen ihr Herrschaftsstreben brachte. Drei Jahrhunderte lang, bis zum Tode des Kaisers Trajan im Jahre 117 n. Chr., führten die Römer ständig Eroberungszüge durch und verleibten sich Provinz um Provinz ein. Dieser Prozeß verlief nicht regelmäßig, ihm lag kein Plan zugrunde, nicht einmal eine klare Absicht, aber er war unaufhaltsam. Um das Jahr 117 hatte das Reich von Osten nach Westen eine Ausdehnung von fast 5000 km und eine Länge von 2800 km von Norden nach Süden erreicht, die Gesamtfläche betrug 2 600 000 km², ungefähr die Hälfte der Landfläche der heutigen Vereinigten Staaten.
Fast die gesamte Zeit der Expansion hindurch hielt Rom das Prinzip der Verwaltung durch den Stadtstaat aufrecht. Obwohl immer mehr Bürger Roms in Militärkolonien und anderen Gemeinwesen innerhalb und außerhalb Italiens lebten, wurden unter der römischen Herrschaft die Wahlen und Amtsgeschäfte für das gesamte Territorium in der Hauptstadt durchgeführt, und dort wurden die wichtigen Entscheidungen gefällt.
Große Umwälzungen innerhalb der römischen Gesellschaft waren unvermeidlich; sie können hier nicht näher untersucht werden. Im letzten Jahrhundert v. Chr. war die Regierung durch einen Stadtstaat ein Anachronismus geworden, obwohl das republikanische System den wachsenden Einfluß der großen Heerführer und die Kämpfe unter ihnen mit bemerkenswerter Hartnäckigkeit überlebte. Schließlich triumphierte Julius Caesar in einem Bürgerkrieg über Pompeius und errichtete 46 v. Chr. eine Einmannherrschaft, die zwei Jahre später mit seiner Ermordung endete. Ein weiterer Bürgerkrieg folgte, aus dem Caesars Großneffe und Adoptivsohn Octavian als Sieger hervorging. Sein Sieg über Antonius und Kleopatra 31 v. Chr. bei Actium, an der Westküste Griechenlands gelegen, kennzeichnet den Beginn der autokratischen Herrschaft. Vier Jahre später nahm Octavian den Namen Augustus an. Von da an war die römische Republik ein Kaiserreich.
Die Welt, die die Römer erobert und sich einverleibt hatten, war sehr heterogen, weil die einzelnen Territorien eine unterschiedliche Geschichte hatten. Das Gebiet, in dem Griechisch gesprochen wurde, reichte von Cyrenaica, Sizilien und Griechenland bis zu den halb griechischen, halb getischen Kulturen des Donaubeckens und den halb griechischen, halb iranischen Kulturen der Halbinsel Krim oder zusammengefaßt, den hellenistischen Staaten des Ostens. Die Gesellschaft in dieser Welt war wohlgeordnet und von der Stadt geprägt; die Römer begnügten sich damit, diese Gebiete zu verwalten und nur in dringenden Fällen einzugreifen; doch zeigt die Verbreitung des Amphitheaters, daß der römische Einfluß dort nicht zu unterschätzen ist.
Italien blieb der privilegierte Mittelpunkt des Imperiums. Alles, was westlich und nördlich von Italien, Sizilien und Cyrenaica lag, war insgesamt unterentwickelt, und deshalb war es für die Römer relativ leicht, in diesem Bereich Länder in Besitz zu nehmen und zu besiedeln. Die römischen Heerführer und Kaiser veranlaßten, daß sich besonders Veteranen im Westen niederließen, wo sie die »Romanisierung« förderten. Sie waren jedoch nicht die einzigen, die aus

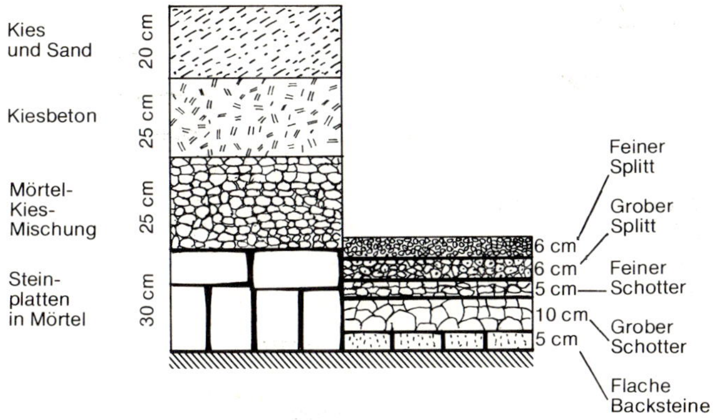

Römerstraße (links) im Vergleich mit einer modernen Straße (rechts)

Eine typische römische Landstraße

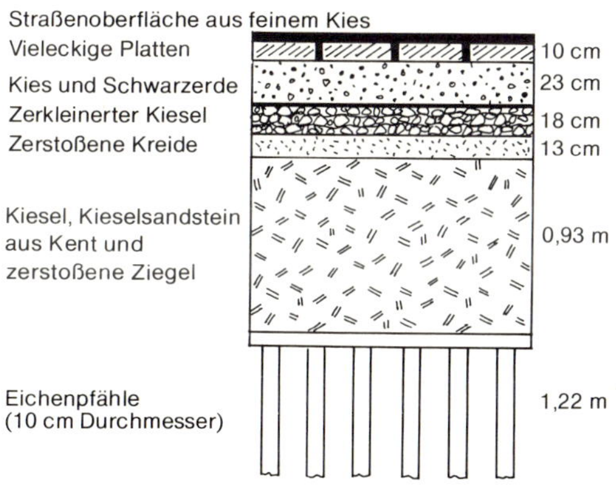

Römerstraße in der Nähe von Rochester (Medway Valley), Kent

Italien kamen und sich dort ansiedelten. Mit den Jahren wurden immer mehr Angehörige der dortigen Oberschicht »romanisiert« und erhielten das römische Bürgerrecht.

Das Wort »Römer« ist daher doppeldeutig: Obwohl es immer die ursprüngliche Bedeutung von »Bürger der Stadt Rom« beibehielt, bekam es mehr und mehr einen zusätzlichen Sinn: »Ein Mensch, der aufgrund seiner Kultur und des Bürgerrechts ein Römer ist, gleichgültig, woher er stammt oder wo er seinen Wohnsitz hat«. Kaiser Trajan war Spanier, Septimius Severus Nordafrikaner und kam aus LEPTIS MAGNA.

Die zwei deutlichsten äußeren Merkmale der Romanisierung waren die Übernahme der lateinischen Sprache und die Errichtung von Städten nach römischem Vorbild, mit dem *forum* als dem zentralen Platz (ähnlich der griechischen *agora),* um den die kultischen und öffentlichen Hauptgebäude gruppiert waren; die Straßen waren schachbrettartig angeordnet und das Ganze durch zwei Hauptstraßen, *cardo* und *decumanus* genannt, in Viertel geteilt.

Die Regierung Roms förderte rege die Entwicklung von Städten im Westen. Abgesehen von der Tatsache, daß Veteranen und andere Siedler darauf beharrten, in einer Stadt zu leben, boten die Städte wirksamere Möglichkeiten, Steuern einzutreiben und Verwaltungen einzurichten. Die Römer fanden in den alten griechischen Siedlungsgebieten an der französischen und spanischen Küste und im früheren Herrschaftsbereich Karthagos, in Nordafrika, bereits Städte vor, zum Beispiel Leptis Magna. Doch mußten viele neue Städte gebaut werden, um die Zehntausende von Siedlern aufzunehmen. Beispiele hierfür sind DJEMILA und TIMGAD in Algerien. Anderswo wurden kleine, von den Ureinwohnern errichtete Gemeinwesen in richtige Städte umgewandelt, so zum Beispiel bei ST. ALBANS oder besonders entlang der Rhein-Donau-Grenze. Viele Städte entstanden praktisch aus dem Nichts.

Wie stark die Romanisierung die Gesellschaft der westlichen Welt prägte, kann man nicht genau bestimmen. In den erhaltenen Literaturdenkmälern ist wenig Interesse an der Kultur von Bauern, Ladenbesitzern und Sklaven zu verspüren, und die archäologischen Funde geben darüber auch wenig Aufschluß. Im Westen war Latein die Universalsprache für die Bereiche Bildung, Literatur und Verwaltung, aber die punischen und keltischen Dialekte wurden immer noch gesprochen; religiöse Vorstellungen und Praktiken aus der vorrömischen Zeit waren immer noch lebendig, ebenso wie dekorative Elemente und andere künstlerische Formen.

Das riesige Reich, das sich die Römer erobert hatten, verlangte von ihnen einen hohen Einsatz an finanziellen Mitteln und Menschen, und dies zudem von einer Gesellschaft, in der die technische Entwicklung zu einem Stillstand gekommen war und die Transportmittel sich als unzulänglich erwiesen hatten. Obwohl es in den Provinzen fast keine Aufstände gab, sieht man einmal von Judäa ab, einem problematischen Krisenherd, wurden Zeichen sozialer Spannungen, einer wachsenden Kluft zwischen der herrschenden Klasse in Italien und den Provinzen und den übrigen Territorien immer deutlicher spürbar; die sozialen Unterschiede traten mehr und mehr hervor, und die steuerliche Belastung wurde immer größer. Auch im sogenannten »Goldenen Zeitalter« des zweiten Jahrhunderts n. Chr. konnte man all diese Anzeichen nicht übersehen. Welche Entwicklung das Römische Reich genommen hätte, wenn es, unbehelligt von äußeren Einflüssen, hätte fortbestehen können, ist eine interessante Frage, auf die man aber keine Antwort finden wird, denn die an seinem Rande wohnenden Völker machten sich immer stärker bemerkbar.

Der erste Kaiser, Augustus, hatte eine Armee von ungefähr 300 000 Soldaten aufgestellt, und bei dieser Zahl blieb es fast zwei Jahrhunderte lang. Sie genügte, um sowohl den innenpolitischen Anforderungen als auch der Verteidigung der Grenzen gerecht zu werden, bis sich gegen Ende des 2. Jahrhunderts n. Chr. die germanischen Völker zu erheben begannen. In der Regierungszeit von Caesar und Augustus hatten sie die Römer vor keine größeren Probleme gestellt; dies war erst unter der Herrschaft von Marcus Aurelius (gestorben 180) der Fall, der viel Zeit damit verbringen mußte, Feldzüge in Böhmen durchzuführen. Von dieser Zeit an war der Druck der »Barbaren« auf das Reich erbarmungslos und unaufhörlich.

Überfälle von außen und innenpolitische Schwierigkeiten wechselten einander ab. In dem halben Jahrhundert zwischen 235 und 284 schien es, als könne das Reich nicht mehr länger bestehen. Daß es schließlich doch noch weiterexistierte, ist teilweise der Entscheidung zuzuschreiben, daß man es nicht nur dem Namen nach in eine östliche und eine westliche Hälfte teilte, wobei jede Hälfte von einem eigenen Kaiser regiert wurde. Das Symbol dieser Teilung ist die Umwandlung von Byzanz, der alten griechischen Stadt am Bosporus, in Konstantinopel (jetzt Istanbul) als einer großen Hauptstadt im Osten durch Konstantin (306–337). In den folgenden Jahrhunderten waren die Beziehungen zwischen dem östlichen und westlichen Reich schwierig, uneinheit-

Darstellung der wichtigsten Einfälle germanischer Stämme und der Hunnen in das Römische Reich. Einige Daten sind mitangegeben.

lich und oft von kriegerischen Auseinandersetzungen begleitet. So war zum Beispiel im 6. Jahrhundert RAVENNA in Italien Teil des Ostreiches (Byzanz), ebenso wie Sizilien und sogar für kurze Zeit Nordafrika.

Unter Konstantin fand dann eine weitere Veränderung statt: das Christentum wurde Staatsreligion. Die bloße Feststellung aber wird dem Sachverhalt nicht ganz gerecht, denn es dauerte mehr als 150 Jahre, bis das Heidentum völlig verdrängt wurde. Doch wird von der Regierungszeit Konstantins an die Vorherrschaft des Christentums schnell sichtbar, was sogar an den archäologischen Funden erkennbar ist. Dieses Buch bietet genügend Beweise dafür.

Fast jede Region des römischen Imperiums ist in unserem Buch vertreten, einige ausführlicher als andere. Das vorliegende Werk ist für das Studium, für die Lektüre »daheim« und auch für den Reisenden gedacht; dies wurde bei der Auswahl der beschriebenen und abgebildeten Orte berücksichtigt. Wir haben Städte und Gebiete, ungeachtet ihrer Bedeutung im Altertum, nicht behandelt, wenn dort nur wenige und uninteressante (für die Experten ausgenommen) Überreste aus der klassischen Zeit zu sehen sind. Deshalb werden z. B. Mykene und Theben in Griechenland oder Alexandria in Ägypten, Palermo in Sizilien oder Lyon in Frankreich nicht aufgeführt.

Alle Autoren der einzelnen Kapitel sind anerkannte Fachleute. Ihnen stand es frei, das Thema so darzustellen, wie sie es für richtig hielten, obwohl ihnen der Schwerpunkt des Buches, die Betonung der historischen, kulturellen und archäologischen Aspekte, bekannt war. Wir haben Gleichförmigkeit weder gewünscht noch gesucht. Nach jeder Einleitung sind Buchhinweise angefügt, vom einfacheren Reiseführer bis zum archäologischen Fachbuch; sie sollen dem Leser helfen, sein Wissen um die klassische Welt zu vertiefen.

Die Baudenkmäler

Das römische Britannien

Zwar ist Britannien eine Insel, doch ist der Zugang zu ihr vom europäischen Kontinent so leicht, daß bereits in prähistorischer Zeit sich wiederholt Bewohner der gegenüberliegenden Küsten hier niederließen. Ihre vorrömische Kultur der Eisenzeit hatte demnach viel mit der des nördlichen Gallien gemein, obgleich manche Sonderentwicklung, bedingt durch die Insellage, festzustellen ist. Auch verband sie mit Nordgallien die Entfernung von den kulturellen Zentren des Mittelmeerraumes. Die Existenz der Britischen Inseln war den Griechen seit dem 6. Jahrhundert v. Chr. bekannt, aber erst durch die Feldzüge von Julius Caesar 55 und 54 v. Chr. wurde das Interesse der Römer an ihnen geweckt.

Caesars eigene Erfahrung war auf den Südosten beschränkt, die archäologischen Funde erlauben uns jedoch, Aussagen über das gesamte Land zu machen. Demnach bestritten die Menschen auf dieser Insel auf verschiedene Weise ihren Lebensunterhalt; Ackerbau und Viehzucht waren dabei fast gleichbedeutend. In den tiefer gelegenen Gegenden wurde mehr Ackerbau, im Hochland mehr Viehzucht betrieben. Die wichtigsten Getreidesorten waren Weizen und Roggen, die auf kleinen »keltischen« Feldern angebaut wurden. Großvieh, Schafe und Ziegen wurden am häufigsten gehalten. Die Bearbeitung von Metall, besonders von Eisen, Bronze und Gold, entwickelte man bis zu hoher Kunstfertigkeit. Die Siedlungen bestanden aus ungeschützten Gehöften und Weilern; im Hochland waren eingezäunte Höfe die Regel. Beide Siedlungsformen befanden sich jedoch in der Nähe von Hügelfestungen, von denen einige eine ständige Besatzung beherbergten, andere lediglich als Zufluchtsstätte dienten. Alle Bewohner, die Menschen im hohen Norden möglicherweise ausgenommen, sprachen einen keltischen Dialekt. Eine Konzentration der politischen Macht war bereits erkennbar, wie das Beispiel von Caesars Widersacher, Cassivellaunus, zeigt; einige Stammesführer prägten bereits Goldmünzen, aber erst im Jahrhundert zwischen den Regierungsperioden von Caesar und Claudius bildeten sich die Hauptstammesgruppierungen heraus. In dieser Zeit entwickelte sich der Handel, besonders mit Gallien; auf der Insel selbst sind die Anfänge einer Geldwirtschaft zu entdecken: Gold-, Silber- und auch Bronzemünzen wurden in Umlauf gebracht.

Die römische Invasion von 43 n. Chr. wurde durch die Flucht von Verica zu Claudius ausgelöst. Verica war der von den Römern anerkannte König der Atrebaten, war aber vertrieben worden. Sueton berichtet, daß die Ruhmsucht von Claudius der Grund für den Einmarsch gewesen sei; hinzu sei noch, wie Tacitus schreibt, die Ansicht gekommen, Britannien sei reich an Gold, Silber und anderen Metallen. Vier Legionen und eine angemessene Anzahl von Hilfstruppen wurden für das Unternehmen eingesetzt, und mit dem Jahre 47 n. Chr. war das Land südlich und östlich der Flüsse Severn und Trent überrannt. Die Entwaffnung der Bewohner dieses Gebietes führte zu einem kleineren Aufstand, aber die Niederlage und Gefangennahme von Caratacus 49 n. Chr. ermutigte die Besatzungstruppen zu weiteren Eroberungszügen. Dieses zu frühe Vorgehen führte zu einer größeren Revolte unter Boudicca im Jahre 60 n. Chr., nach ihrer Niederschlagung drangen die Römer jedoch weiter vor. Frontinus unternahm alle Anstrengungen, Wales zu erobern, ein Ziel, das von Agricola im Jahre 78 n. Chr. erreicht wurde; bis zum Jahr 84 hatte er die römischen Truppen in den hohen Norden, bis zum Moray Firth, geführt und seine Flotte Britannien umsegelt.

Die Besetzung des Flachlandes fand in drei Phasen statt: zuerst wurden die Eroberungszüge durchgeführt, dann wurde ein dichtes Netz von Militärgarnisonen errichtet, die zunehmend durch Straßen miteinander verbunden wurden, und schließlich wurden diese Forts durch Siedlungen für die zivile Bevölkerung ersetzt. Für die erste Phase gibt es natürlich kaum Beweise, hingegen für die zweite, denn es wurden Überreste von ungefähr 40 Forts gefunden, und Entdeckungen von militärischen Ausrüstungsgegenständen lassen auf noch einmal so viele schließen. Die Überbleibsel zeigen, daß nicht nur einzelne Anlagen existierten, sondern ebenso häufig ein ganzer Verbund und daß, mit sehr geringen Ausnahmen, bei der Wahl der Orte für die Errichtung von größeren und kleineren Städten während der römischen Besatzungszeit mehr militärische als wirtschaftliche Gesichtspunkte berücksichtigt wurden (so wurde auch im Mittelalter und später verfahren).

Ähnlich wurde auch bei der Gründung der römischen *coloniae* und der Städte verfahren, die politische und wirtschaftliche Zentren für die einzelnen Stammesgebiete in dieser römischen Provinz werden sollten. Die *colonia* in COLCHESTER wurde 49 n. Chr. gegründet, und die hier angesiedelten Veteranen sollten eine zuverlässige Reserve darstellen und den Ureinwohnern die römische Lebensweise demonstrieren. Die *coloniae* von Lincoln (ungefähr 90 n. Chr. gegründet) und Gloucester (96–98 n. Chr.) wurden dort errichtet, wo sich Stützpunkte der Legionäre befanden, und standen bezeichnenderweise am Rande eines befriedeten Gebietes. Von den vor der römischen Invasion vorhandenen Städten wurden nur Verulamium (ST. ALBANS) und Canterbury nach römischem Vorbild umgestaltet und vor dem Aufstand unter Boudicca mit einem regelmäßigen Straßennetz versehen. Zwar waren beide Städte vorrömische Siedlungen, doch ist es sicher, daß Verulamium eine Garnison beherbergte; für Canterbury trifft dies wahrscheinlich auch zu. Exeter und Wroxeter blieben Legionärskastelle. Ebenso vermutet man, daß in Dorchester, Caistor St. Edmund und Aldborough Forts bestanden. Lediglich in Caerwent und SILCHESTER gibt es keine Hinweise auf ehemalige militärische Anlagen. Man vermutet, daß die Städte der einzelnen Stämme dort überdauerten, wo der Einfluß des römischen Militärs aufhörte.

In den ersten beiden Jahrhunderten wurde Britannien von einem Konsul, *legatus Augusti pro praetore,* regiert, dem ein *procurator Augusti* für die Verwaltung der Finanzen zur Seite gestellt war. Außerdem weiß man, daß es einen Provinzrat gab. Die lokale Verwaltung der *coloniae* war genauso organisiert wie in den anderen Teilen des Römischen Reiches auch, und man nimmt an, daß die Stammesstaaten hierin dem römischen Vorbild folgten. Während ein örtlicher Senat bezeugt ist, gibt es keinen Beleg dafür, daß ihm ein Magistrat vorstand, wie dies in Gallien der Fall war. Entsprechende Hinweise fehlen vielleicht deshalb, weil kaum Inschriften an Zivilbauten überliefert sind: In Britannien wurden die meisten Stadtmauern im späten 2. oder frühen 3. Jahrhundert, vor den Raubzügen barbarischer Volksstämme, gebaut, und für ihre Fundamente wurden keine bereits gebrauchten Steine verwendet, wie in Gallien üblich. Severus teilte Britannien in zwei Provinzen (Britannia Superior und Inferior, mit den Hauptstädten LONDON und YORK) und Diokletian in vier (Britannia Prima, Britannia Secunda, Maxima Caesariensis und Flavia Caesariensis); eine fünfte (Valentia) entstand später durch Teilung.

Zwar beuteten die Eroberer die Erzvorräte schnell aus, kümmerten sich aber nicht um die landwirtschaftliche Produktion, ausgenommen in den *coloniae*. Die meisten Landbewohner bebauten ihre Felder nach der herkömmlichen Weise. Mit der Romanisierung der keltischen Oberschicht jedoch kamen die Landvillen immer mehr in Mode. Von den ungefähr 620 bekannten Villen stammt nur eine Handvoll aus dem 1. Jahrhundert; sie lagen alle im Südosten des Landes. Im 2. Jahrhundert waren sie überall bekannt und erreichten im 4. Jahrhundert ihre größte Verbreitung. Fast alle dienten als Bauernhöfe und Landhäuser. Vergleiche mit anderen Provinzen lassen die Vermutung zu, daß ein Verhältnis zwischen Gutsbesitzer und Pächter bestanden haben mag; aus den ehemals freien Angehörigen eines Stammes müssen dann allmählich abhängige *coloni* geworden sein. Diese gesellschaftliche Teilung scheint sich im 4. Jahrhundert noch verstärkt zu haben, als die Lateinisch sprechende Aristokratie der Städte und der Landadel christlich wurden, während in den ländlichen Gebieten heidnische Tempel weiter fortbestanden und sogar für die Keltisch sprechenden Bauern neue gebaut wurden.

Im Hochland machte die Romanisierung nicht so große Fortschritte. Dem Rückruf von Agricola folgte ein Rückzug, zuerst zur Landenge von Clyde-Forth (das Legionärskastell von Inchtuthil mußte unvollendet zurückgelassen werden), dann weiter zur Linie Tyne-Solway; sie wurde darauf durch den HADRIANSWALL verstärkt. Antoninus Pius eroberte den Süden Schottlands zurück, baute den Antoninuswall und errichtete Vorpostenanlagen bis zum Fluß Tay. Bis zum Ende des 2. Jahrhunderts mußten sich die Römer von dem Wall zurückziehen. Obwohl Severus weite Expeditionszüge nach Schottland hinein unternahm und ein Kastell bei Carpow bauen ließ, wurde der Hadrianswall zur eigentlichen Grenze des römischen Britannien. Zur Bewachung dieser Linie wurden jedoch nicht alle Truppen eingesetzt. Die Funktion des Walles wurde nicht nur durch Vorposten verstärkt, sondern hinter ihm lagen große Garnisonen. In Wales waren nur die Silurer und Demetae unterworfen, so daß in dem Land immer noch eine starke militärische Macht anwesend sein mußte. Im 2. Jahrhundert befanden sich in Britannien drei Legionen und mindestens fünfundsechzig Hilfstruppen, mehr als ein Zehntel der gesamten römischen Streitmacht.

Vorhergehende Seite: Hadrianswall

Militärische Anlage
Legionärskastell
Fort
Nichtmilitärische Anlage
größere Stadt
Stadt
CREONES
CALEDONES
VACOMAGI
TAEZALI
Inchtuthil
VENICONES
Tava
Bodotria
Antoninuswall
EPIDII
DAMNONII
VOTADINI
Trimontium
SELGOVAE
NOVANTAE
Tinea
Hadrianswall
Corstopitum
Clota
Luguvalium
Novantarum Prom.
Ituna
Monavia Ins.
Cataractonium
BRIGANTES
Ouse
Ocelli Prom.
Isurium (Aldborough)
Eburacum (York)
Bremetennacum
PARISI
Petuaria (Brough)
Trisantona
Mona Ins.
Deva (Chester)
Aquae Arnemetiae (Buxton)
Segontium
DECEANGLI
Lindum (Lincoln)
CORNOVII
Deva
CORITANI
Witham
ORDOVICES
Branodunum
Ganganorum Prom.
Viroconium (Wroxeter)
Letocetum
Ratae (Leicester)
Venta (Caister)
Durobrivae
ICENI
Sabrina
CATUVELLAUNI
DEMETAE
Isca
Lactodorum
TRINOVANTES
Octapitarum Prom.
DOBUNNI
Walton Castle
Moridunum (Carmarthen)
Glevum (Gloucester)
Camulodunum
Caesaromagus
SILURES
Corinium (Cirencester)
Verulamium (St. Albans)
Othona
Isca (Caerleon)
Venta (Caerwent)
Tamesis
Londinium (London)
Aquae Sulis (Bath)
ATREBATES
Regulbium
Tanatus Ins.
BELGAE
Calleva (Silchester)
CANTIACI
Rutupiae
Durovernum (Canterbury)
Dubris
Herculis Prom.
Isca
DUROTRIGES
Lindinis
Venta (Winchester)
REGNI
Lemanis
Clausentum
DUMNONII
Isca (Exeter)
Durnovaria (Dorchester)
Noviomagus (Chichester)
Anderita
Gesoriacum (Bononia) (Boulogne)
Vectis Ins.
Antivestaeum (Belerium) Prom.
Dumnonium (Ocrinum) Prom.
N
Kilometer
150
0
Meilen
100

Im 3. Jahrhundert wurden wegen plündernder germanischer Piraten an der Süd- und Ostküste Forts errichtet, die anschließend unter dem Grafen der Sächsischen Küste zu einem Verbund zusammengefaßt wurden. Britannien litt weniger unter den Einfällen barbarischer Stämme als Gallien; sogar nach Überfällen, die 367 von germanischen Stämmen gemeinsam durchgeführt worden waren, gelang es Theodosius, diese Verteidigungsanlagen wiederaufzubauen. Dadurch, daß Truppen für andere Aufgaben wiederholt abgezogen wurden, war die Position der Römer geschwächt, und nachdem Honorius 410 erkannt hatte, daß es unmöglich war, eine rein römische Verwaltung aufrechtzuerhalten, riefen die römisch-britischen Städte germanische »Bundesgenossen« ins Land, um sie zu beschützen. Ihr Aufstand, wahrscheinlich in den Jahren 442 bis 443, führte zum Beginn der angelsächsischen Herrschaft und zur langsamen Auflösung des römischen Britannien.

Bonser, W.: *A Romano-British Bibliography* (bis 1959). Oxford 1964,

Collingwood, R. G. und Richmond, I. A.: *The Archaeology of Roman Britain,* 2. Aufl. London und New York 1969

Frere, S. S.: *Britannia: A History of Roman Britain.* London und Cambridge, Mass., 1967; 2. Aufl. London 1974

Margary, I. D.: *Roman Roads in Britain,* 3. Aufl. London und Atlantic Highlands, N. J., 1973

Ordnance Survey Map of Roman Britain, 3. Aufl. Chessington, 1956

Ordnance Survey Map of Southern Britain in the Iron Age. Chessington 1962

Rivet, A. L. F. (Hrsg.): *The Roman Villa in Britain,* London und New York 1969

Wacher, J. S.: *The Towns of Roman Britain,* London und Berkeley 1975

Britannia, London. Zusammenfassende Berichte über neue Entdeckungen erscheinen jährlich in dieser Zeitschrift.

The Victoria History of the Counties of England (von 1900 an; Kommentare von unterschiedlicher Qualität). In den jeweiligen Bänden sind Abhandlungen über Funde aus der Römerzeit in den Grafschaften Englands zu finden.

1 London

England

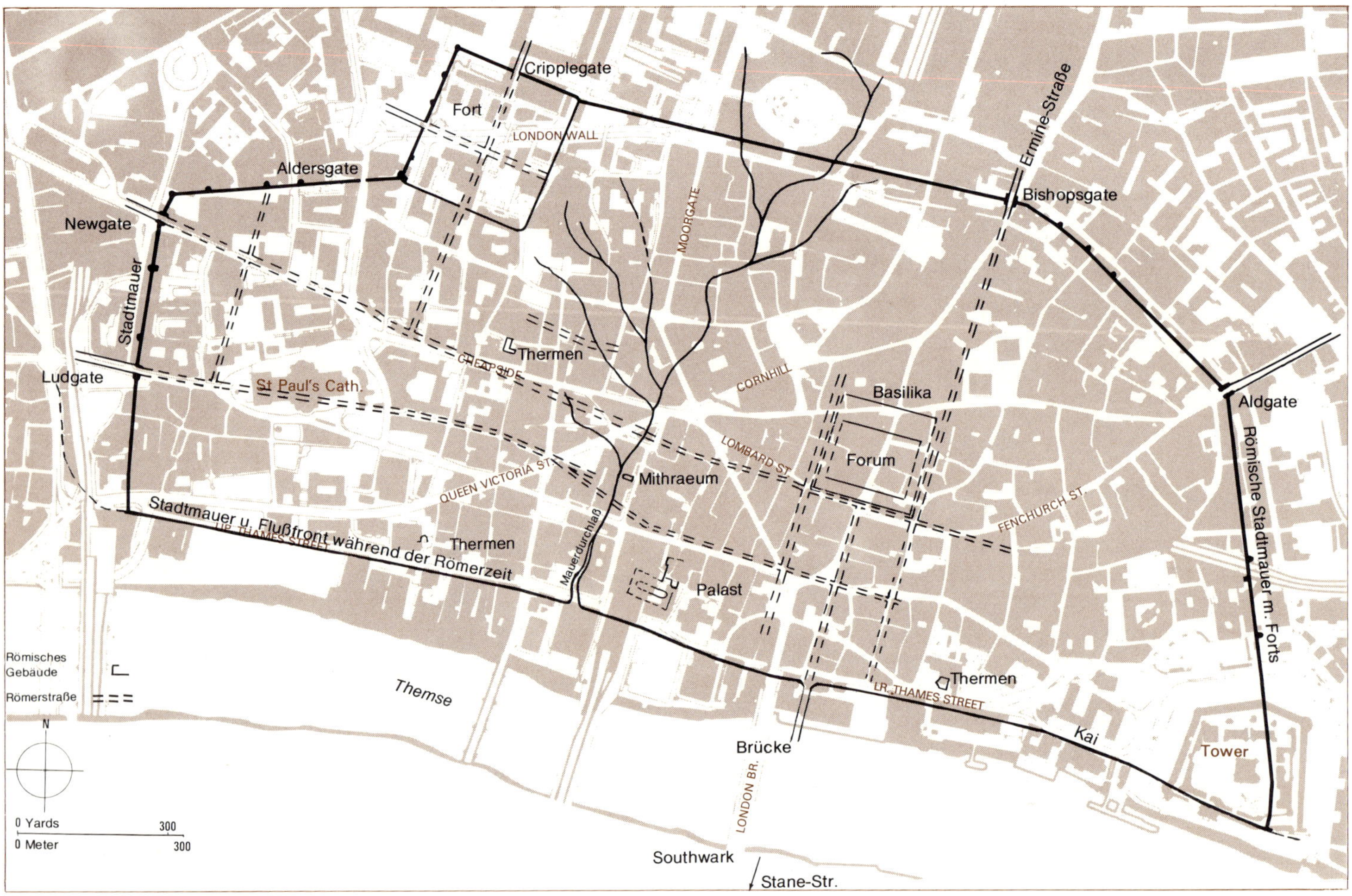

Dort, wo London (Londinium Augusta) gegründet wurde, ist keine vorrömische Siedlung bekannt. Die Stadt verdankt ihren Ursprung der Tatsache, daß in diesem Gebiet ein idealer Hafen angelegt und die Themse noch überbrückt werden konnte. Die Anfänge der Stadt liegen im dunkeln, und das erste hier vermutete Fort ist noch nicht gefunden worden. Daß während des Aufstandes von Boudicca im Jahre 60 n. Chr. London bereits ein blühendes Wirtschaftszentrum war, wird durch Tacitus und durch archäologische Funde bestätigt. Die wichtigsten Gebäude wurden nach der Revolte während der Regierungszeit von Flavius errichtet. Ein riesiges *forum* mit einer Fläche von 3,2 ha wurde im Stadtteil Leadenhall gebaut; daneben entstand eine 150 m lange *basilica*. Zur gleichen Zeit wurde dort, wo jetzt der Cannon-Street-Bahnhof steht, damit begonnen, ein großes Gebäude (vermutlich der Gouverneurspalast) zu errichten, das im frühen 2. Jahrhundert vollendet wurde. Ebenfalls in diese Zeit fällt der Bau eines Forts beim Cripplegate, dessen Steinmauern mehr als 1,25 m dick waren und eine Fläche von nahezu 2 ha umschlossen. Die Nord- und Westmauern des Forts wurden im Laufe der Zeit in den um 300 n. Chr. fertiggestellten Stadtwall einbezogen. Dessen Mauern waren 2,5 m dick und umgrenzten eine Fläche von etwa 134 ha. Der Wall wurde am Fluß entlang und landeinwärts gebaut. Ob die außerhalb von ihm liegenden Bastionen während der Römerzeit oder später im Mittelalter errichtet wurden, ist umstritten. Tacitus berichtet, daß London um das Jahr 60 n. Chr. keine *colonia* gewesen sei, das später entstandene *forum* weist aber auf den Status einer Stadt hin, und der Name Augusta, den London im 4. Jahrhundert erhielt, bedeutet wahrscheinlich, daß es schließlich den Rang einer Kolonie innehatte. Unbestimmt ist, wann es Hauptstadt der Provinz wurde.

Sichtbare Überbleibsel aus dieser Zeit gibt es wenige, weil die meisten Häuser aus Holz gebaut wurden. Der Stadtwall ist bei Tower Hill und an der Nord- und Westseite des Forts erhalten; in seiner Nähe wurde das in den Jahren 1953 bis 1954 am Ostufer des Flusses Walbrook ausgegrabene *Mithraeum* wiederaufgebaut. In der Lower Thames Street kann nach Voranmeldung ein kleines Badehaus besichtigt werden. Funde sind im London Museum und British Museum ausgestellt.

Grimes, W. F.: *The Excavation of Roman and Medieval London.* London und New York 1968

Merrifield, R.: *The Roman City of London.* London und New York 1965

Der Grabstein des Julius Classicianus

2 Silchester

England

Die Stadt im römischen Britannien, über deren Anlage man am meisten Bescheid weiß, heißt Calleva Atrebatum; sie war die Hauptstadt des Stammes der Atrebaten. Auf ihrem Gebiet wurde ein römisches *oppidum* errichtet, wahrscheinlich von Commius. Während der Regierungszeit von Verica wurde sie von den Catuvellauni überrannt, was teilweise die Invasion der Römer zur Folge hatte. Calleva scheint in das Reich des Klientelkönigs Cogidubnus einverleibt worden zu sein; vermutlich ließ er den inneren Erdwall – er umschloß eine Fläche von 32,5 ha – errichten. Nach kurzer Zeit wurde er beseitigt und an seine Stelle ein größerer Erdringwall, der 95 ha – später wurde er auf 86 ha verringert – umschloß, gebaut. Unregelmäßigkeiten in der Fluchtlinie mancher Häuser und die Entdeckung einer Fliese mit einem Muster aus der Zeit Neros weisen darauf hin, daß einige Bauten aus der vorflavianischen Zeit stammen. Während der Regierungszeit der Flavier wurde das *forum* erbaut und ein regelmäßiges Straßennetz errichtet. Die Tatsache, daß viele Straßen außerhalb der späteren Verteidigungsanlagen gebaut wurden, zeigt, daß das Straßensystem in zu großem Maßstab geplant wurde. Diese späteren Ver-

Luftbild von Calleva, von Westen her gesehen; das Straßennetz und Teile des inneren Erdwalles sind deutlich sichtbar.

teidigungsanlagen bestanden aus einem von Antoninus erbauten Erddamm, der mit Steintoren versehen war; hinzu kam im 3. Jahrhundert n. Chr. eine Mauer, die mit Kieselsteinen und Mörtel verputzt wurde.

Vergleicht man Calleva Atrebatum mit anderen römischen Siedlungen, so weist die Anlage dieser Stadt einige Unregelmäßigkeiten auf. Das *forum*, das um einen Hof (43 x 40 m) mit einer *basilica* (84,5 m lang) gebaut wurde, läßt auf einen Baumeister schließen, der bisher militärische Anlagen errichtete. Obwohl das *forum* zentral gelegen ist, befindet sich in seiner Nähe kein Hinweis auf einen Tempel: Die meisten Tempelbauten liegen in einem Bezirk in der Nähe des Osttores. Während das Amphitheater nach dem ersten Grundriß an einer zu erwartenden Stelle gelegen war, befanden sich die öffentlichen Bäder in einem Stadtgebiet, wo man sie nicht vermutet hätte. Es überrascht die Tatsache, daß wenige Häuser entdeckt wurden, die den Ansprüchen der *decuriones* genügt hätten. Über die Zahl der Bewohner von Calleva gehen die Meinungen auseinander; nach neuesten Schätzungen, denen man das Fassungsvermögen der öffentlichen Thermen zugrunde gelegt hat, nimmt man an, daß im 2. bis 4. Jahrhundert ungefähr 1000 Menschen hier lebten. Die einzigen heute noch sichtbaren Denkmäler aus dieser Zeit sind Teile der Stadtmauer, deren Kern nur noch erhalten ist, und die verfallenen Überreste des Amphitheaters. Die Silchester Collection, die Gegenstände aus Handel, Handwerk und Haushalt beherbergt, ist im Reading Museum untergebracht.

Boon, G. C.: *Silchester: the Roman Town of Calleva.* Newton Abbot und North Pomfret, Vt., 1974

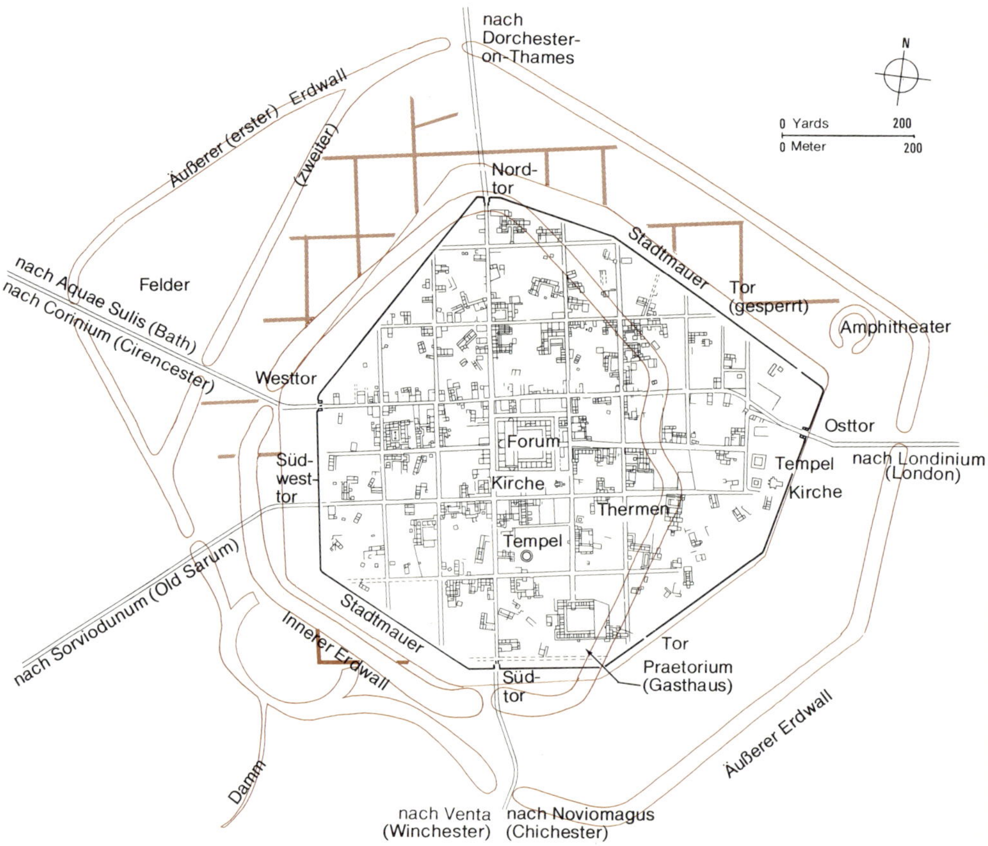

3 St. Albans England

Die römische Stadt Verulamium, jenseits des Flusses Ver im Westen von St. Albans gelegen, wurde auf dem Gebiet eines vorrömischen *oppidum* erbaut. Verulamium scheint zunächst aus militärischen Erwägungen heraus gegründet worden zu sein, entwickelte sich aber schnell zu einer Siedlung für die zivile Bevölkerung. Zusammen mit Canterbury und Colchester zeichnete sie sich dadurch aus, daß sie noch vor dem Aufstand der Boudicca im Jahre 60 n. Chr. mit einem regelmäßigen Straßennetz versehen wurde. Die Häuser aus dieser Periode, obgleich aus Holz, wiesen eine verhältnismäßig kunstvolle Bauweise auf; so waren die Gebäude in der »insula XIV« an der Vorderfront mit Kolonnaden versehen. Sie lassen vermuten, daß Tacitus nicht unrecht hatte, als er schrieb, daß Verulamium ein *municipium* sei. Die ersten Verteidigungsanlagen wurden wahrscheinlich auch in dieser Zeit gebaut.
Der Wiederaufbau nach der Zerstörung durch die Aufständischen ging langsam vonstatten; die Vollendung der *basilica* 79 n. Chr. wird durch eine Inschrift bezeugt. Etwas später wurden daneben ein *macellum* und mindestens zwei Tempel errichtet. Bevorzugt wurde die Holzbauweise, ausgenommen bei öffentlichen Gebäuden; so konnte es geschehen, daß um das Jahr 155 ein verheerendes Feuer die Stadt heimsuchte. Der Wiederaufbau wurde in einem viel größeren Maßstab durchgeführt: In der Nähe des neuen *forum* wurden zwei Tempel gebaut, das Theater entstand in enger Nachbarschaft mit einem Tempel, und die herkömmlichen Holzbauten wichen immer mehr soliden Steinhäusern mit Mosaikböden und bemalten Wänden. Die Verteidigungsanlagen aus dem 1. Jahrhundert wurden dem Erdboden gleichgemacht; lediglich zwei monumentale Bögen blieben noch übrig. Die Tore für die Straßen nach London und Chester verlegte man weiter weg vom Zentrum der Stadt. Diese Tore sollten wohl ursprünglich in den Fosse-Erdwall einbezogen werden, er wurde aber nie vollendet; im frühen 3. Jahrhundert wurden sie schließlich Bestandteil der steinernen Stadtmauer, die eine Fläche von 81 ha umschloß. Im 3. Jahrhundert wurde wenig gebaut; zu Beginn des 4. Jahrhunderts vergrößerte man das Theater, riß viele Häuser nieder und baute neue. Das Theater wurde bis etwa zum Jahre 390 benutzt. Auf dem Grundstück eines mehrfach umgebauten Hauses wurde eine große Halle errichtet; nach ihrem Zusammensturz legte man durch sie eine Wasserleitung aus Holz, wie sie die Römer zu bauen pflegten. Alle diese baulichen Maßnahmen zeigen, daß sich die Verwaltung der Stadt noch lange nach dem Jahre 429, als St. Germanus den Schrein des Märtyrers St. Alban besuchte, am römischen Vorbild orientierte.
Es ist lange umstritten gewesen, wann Alban zum Märtyrer wurde; wahrscheinlich geschah dies während der Regierungszeit von Severus oder Decius und nicht von Diokletian, wie in den Berichten über den Heiligen üblicherweise angegeben wird. Die Abtei von St. Albans steht dort, wo sich nach der Überlieferung die Hinrichtungsstätte befand.
Teile der Stadtmauer sind noch zu sehen; auch sind Reste eines Hauses unter einer Erdschicht erhalten. Das größte vorhandene Baudenkmal jedoch ist das Theater. Es war im Stil des

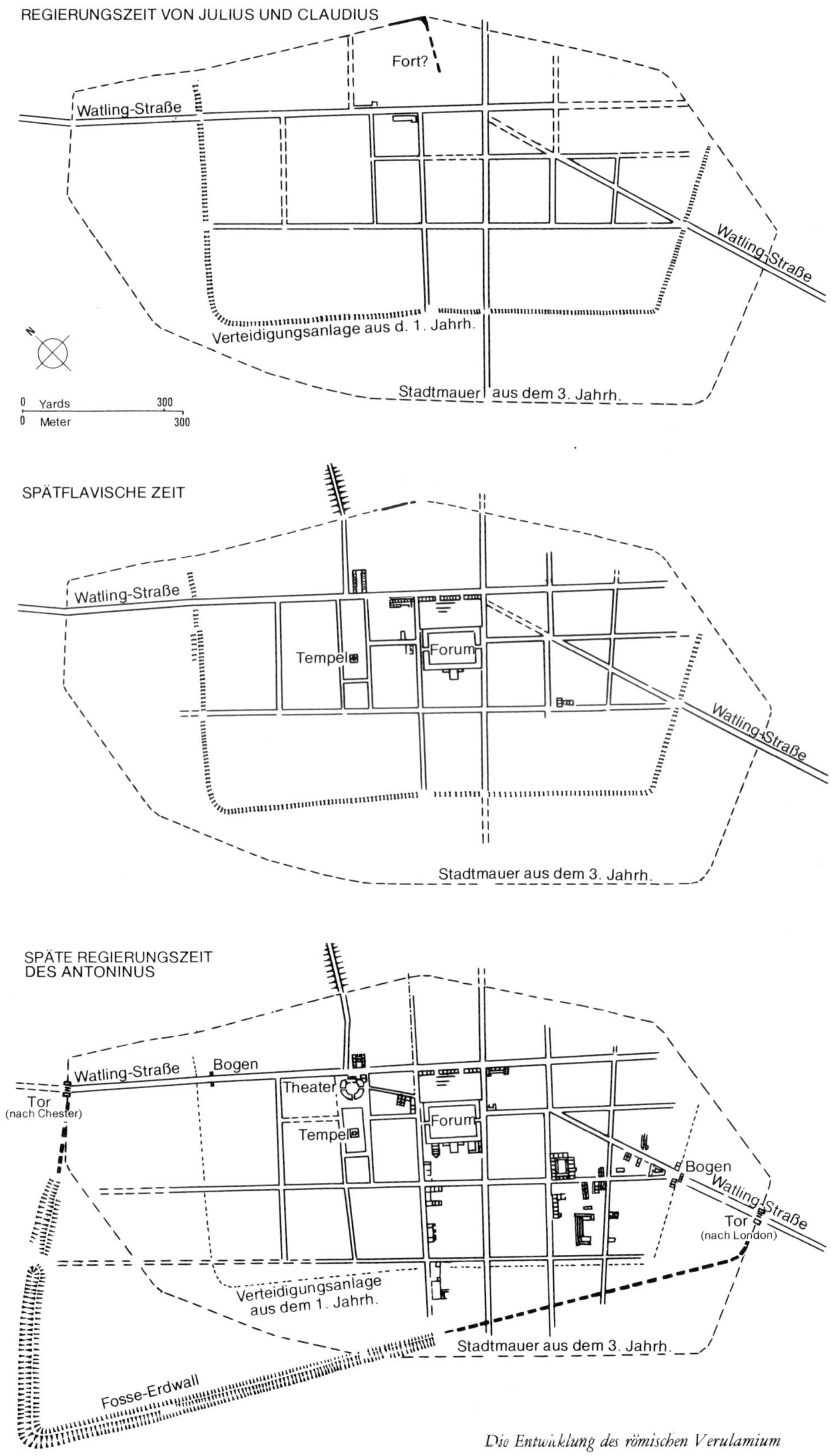

Die Entwicklung des römischen Verulamium

»Kampfplatztheaters« oder des *théâtre-amphithéâtre,* wie es in Nordgallien verbreitet war, errichtet worden. Ursprünglich hatte die *cavea* einen Durchmesser von 49 m; später wurde sie auf 56 m vergrößert, als umfangreichere Bühnenbauten Verwendung fanden, um das Theater der klassischen Form anzugleichen. Der Komplex des *forum* ist nicht sichtbar; auch konnten die Thermen noch nicht lokalisiert werden. Ausgrabungsfunde und Modellabbildungen werden im Verulamium Museum in St. Albans und im British Museum in London aufbewahrt.

Frere, S. S.: ›Verulamium, three Roman Cities‹, in *Antiquity* XXXVIII (1964), S. 103–112

Ders.: ›Verulamium – then and now‹, in *Bulletin* Nr. 4 des *Institute of Archaeology.* London 1964, S. 61–82

Ders.: *Verulamium Excavations I* (Society of Antiquaries Research Report XXVIII), London 1972 (Insula XIV)

Kenyon, K. M.: ›The Roman Theatre at Verulamium‹, in *Archaeologia,* London LXXXIV (1934), S. 213–261

Lowther, A. W. G.: ›Report on Excavations at Verulamium in 1934‹, in *Antiquaries Journal XVII* (1937), S. 28–38 (Tempel)

Richardson, K. M.: ›Report on Excavations at Verulamium, Insula XVII, 1938‹, *Archaeologia,* London, XC (1944), S. 81–126 (macellum)

Wheeler, R. E. M., und T. V.: *Verulamium: a Belgic and two Roman Cities* (Society of Antiquaries Research Report XI), London 1936

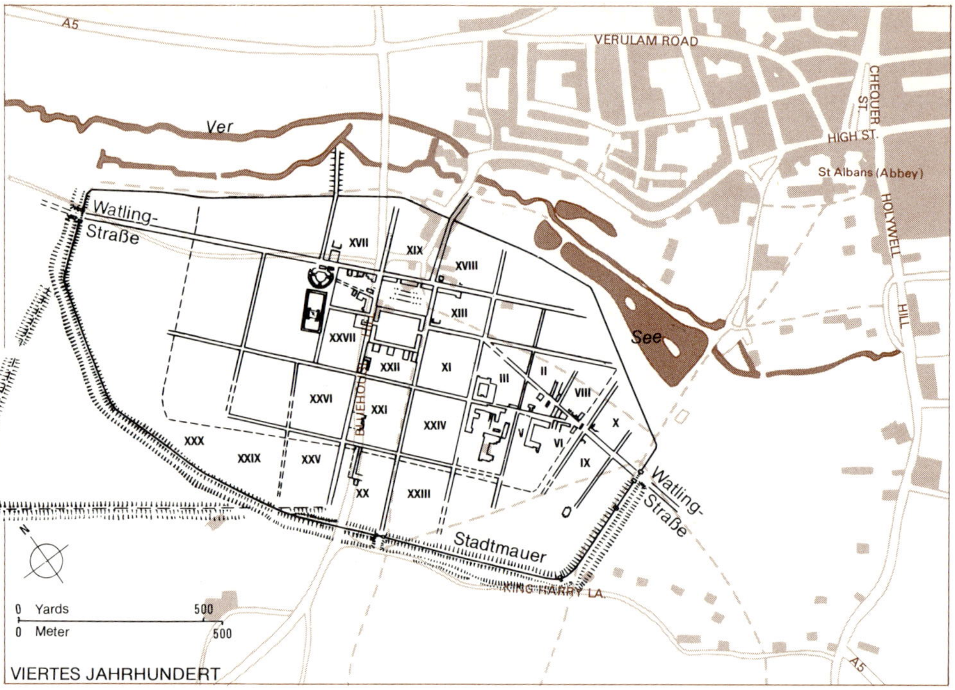

Oben: Verulamium im 4. Jahrhundert n. Chr.

Unten: Luftaufnahme vom Theatergelände

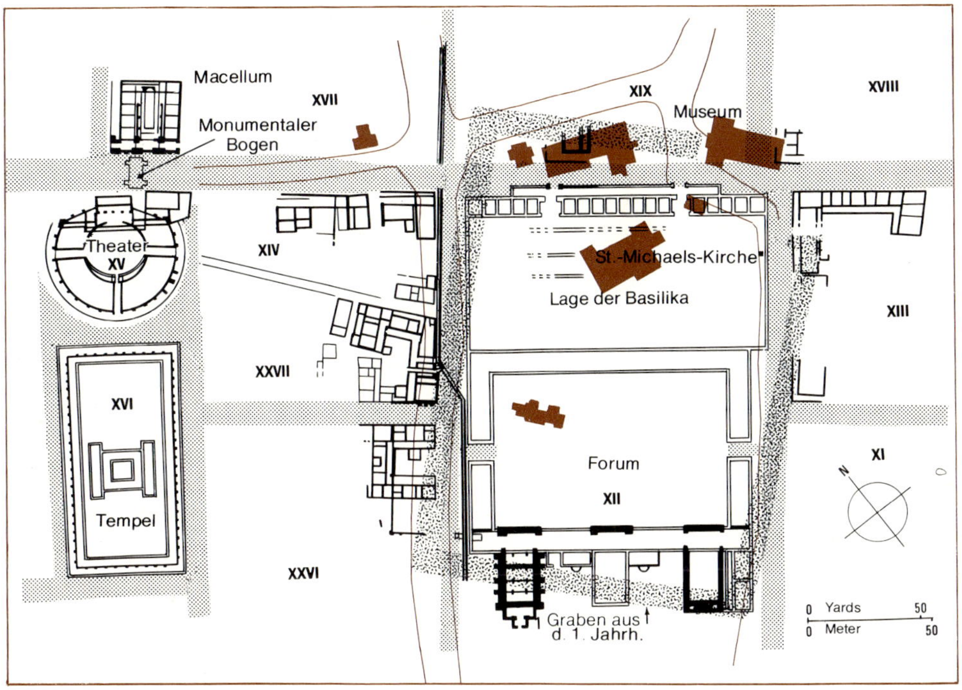

Das Zentrum von Verulamium

4 Colchester England

Camulodunum – »der Hügel des Kriegsgottes Camulos« – war etwa im Jahre 5 n. Chr. als Residenzstadt von Cunobelinus, dem *rex Britannorum,* gegründet worden; sie war das Hauptziel der ersten Invasion durch die Römer. Diese belgische Siedlung dehnte sich auf einer Fläche von 31 km² aus und wurde durch in gerader Linie verlaufende Dämme, besonders im Gebiet Sheepen, geschützt. Nach der Besetzung durch Claudius, 43. n. Chr., wurde dort ein Legionärskastell erbaut; man hatte schon lange vermutet, daß sich in dieser Gegend eine solche Anlage befinden müsse, weil man Grabsteine fand, wie sie damals gefallene römische Soldaten bekamen, aber erst im Jahre 1972 konnte diese Annahme bestätigt werden. 49 n. Chr., als dieses Gebiet eine *colonia* für Veteranen (Colonia Claudia Victricensis Camulodunum) wurde, zog man die hier stationierte Legion XX Valeria ab und setzte sie woanders ein. Ursprünglich gründete man die Kolonie dort, wo sich das Kastell befand; auch wurden einige militärische Bauten weiterbenutzt, doch wurden die Verteidigungsanlagen unklugerweise abgerissen. Östlich der *colonia,* an einem Berghang, wurde eine Kultstätte zur Verehrung des Kaisers gebaut; zunächst war nur ein Altar vorhanden, später kam ein Tempel hinzu, der dem Kaiser Claudius geweiht war und wahrscheinlich erst nach dessen Tod im Jahre 54 errichtet wurde. Mauer und Dach sind nicht mehr vorhanden, lediglich das Podium (24×32 m) ist unterhalb des Hauptturmes der normannischen Burg zu sehen. Der Tempelbereich (mit einer Fläche von 177×107 m) konnte genau lokalisiert werden. *Colonia* und Tempel litten gleichermaßen sehr unter dem Aufstand des Boudicca im Jahre 60 n. Chr.: Feuerspuren, die aus dieser Zeit stammen,

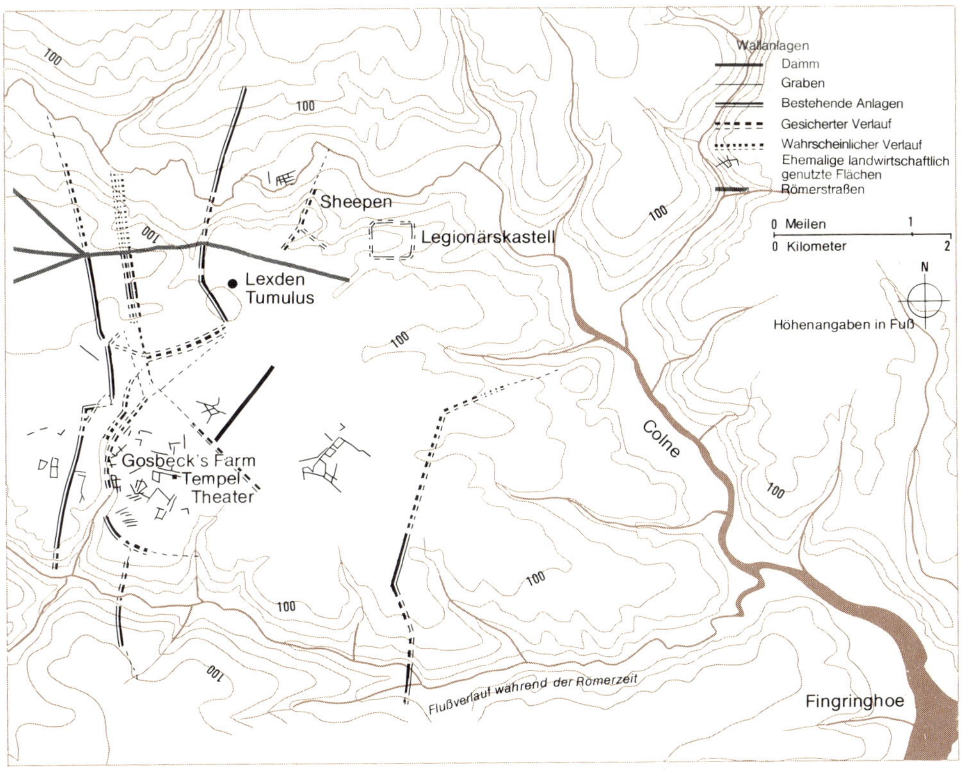

Die Lage von Camulodunum; eingezeichnet sind vorrömische Wallanlagen, das erste römische Legionärskastell und die kultischen Bauten in Gosbeck's Farm

Oben: Luftaufnahme von Colchester, von Süden her gesehen; der Verlauf der Verteidigungsanlagen und der Platz, wo der Tempel des Claudius stand, sind farbig gekennzeichnet.
Rechts: Plan von Camulodunum; die Lage des ersten Legionärskastells, des Tempels des Claudius und der späteren Stadtmauer sind angegeben.

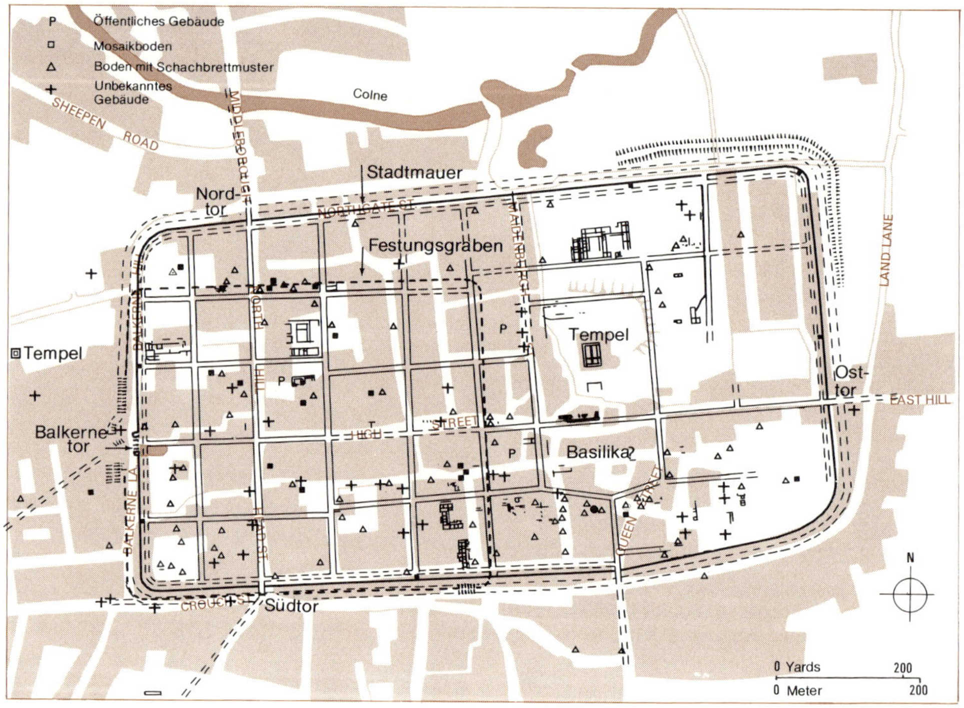

können an allen Ausgrabungsplätzen der Stadt festgestellt werden.

Nach dem Aufstand wurde der Tempel wiederaufgebaut (oder vollendet) und etwa im Jahre 100 n. Chr. eine drei Meter breite Mauer um den Tempelbezirk errichtet; mindestens die Südseite wurde mit einer Kolonnade versehen. Der Aufbau der *colonia* begann ein zweites Mal, doch ging er sehr langsam vonstatten; erst während der Regierungszeit der Flavier führte man ihn in großem Maßstab durch. Im 2. Jahrhundert wuchs die Stadt schnell an Größe und Pracht; so baute man solide Häuser, legte Wasserleitungen und installierte Abwasserkanäle.

Die imposantesten Überreste von Camulodunum sind die Mauern; jedoch wurden sie im Mittelalter in starkem Maße verändert. Das Westtor, auch Balkernetor genannt, war ursprünglich als monumentaler Bogen errichtet worden, durch den zwei Fahrstraßen führten.

Grabsteine des M. Favonius Facilis (links) und Longinus (rechts)

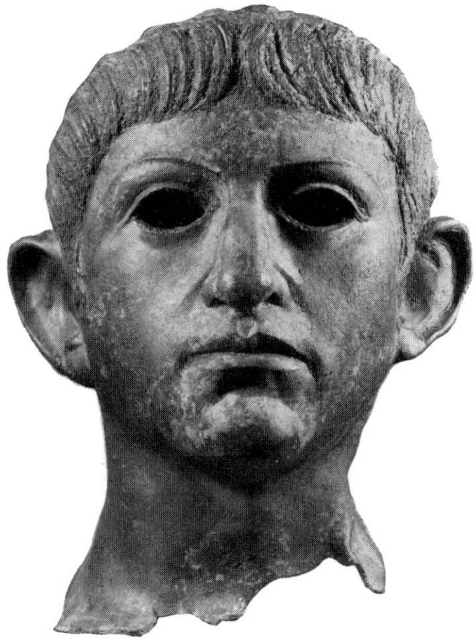

Bronzekopf des Claudius, gefunden im Fluß Alde bei Rendham, Suffolk, 51 km nordöstlich von Colchester; wahrscheinlich in Colchester während der Revolte des Boudicca im Jahre 60 n. Chr. erbeutet.

Ungefähr in der Mitte des 2. Jahrhunderts wurde er in die 2,64 m dicke Stadtmauer einbezogen, deren Sockel 3 m breit war. Die Mauer stand zunächst frei, im Laufe der Zeit wurde sie aber auf der Innenseite durch einen Erdwall abgestützt. Die Mauer war in regelmäßigen Abständen mit Türmen versehen.

Die Mauern umschlossen eine Fläche von 44 ha, doch lagen außerhalb von ihnen ausgedehnte Vorstadtsiedlungen, besonders im Westen, wo man die Lage von sechs Tempeln ausfindig machen konnte; außerdem gab es dort bedeutende Töpfereien. In einigen Brennöfen wurde *terra sigillata* hergestellt. Der interessanteste Fundort außerhalb der Mauern liegt jedoch in Gosbeck's Farm, einem Ort, der sich etwas mehr als 3,5 km südöstlich der Stadt befindet. Hier standen seit etwa 100 n. Chr. in einem Bezirk, der vor den Römern als heilig galt, ein römisch-keltischer Tempel und daneben ein Theater, das einen Gesamtdurchmesser von 82 m hatte und zuerst in Holz, später in Stein erbaut worden war. Sieht man von den fehlenden Thermen ab, so ähnelt diese Anlage vielen solchen Gebäudekomplexen in Gallien. Die Erbauer waren höchstwahrscheinlich Trinovanter, Angehörige des Stammes, in dessen Gebiet die Kolonie gegründet worden war, und nicht die Bewohner der *colonia* selber. Tatsächlich behauptet der Geograph Ptolemäus, Camulodunum sei eine Siedlung der Trinovanter gewesen, doch wer wirklich von Gesetzes wegen über diese Stadt herrschte, bleibt im dunkeln.

Die Stadt Colchester ist deswegen bedeutsam, weil sie die erste römische Siedlung auf britischem Boden war. Doch scheint der Sitz der Provinzregierung früh nach LONDON verlegt worden zu sein. In der Reisebeschreibung des Antoninus wird Camulodunum einfach als »Colonia« bezeichnet. Ihr späteres Schicksal wird nur unter sehr großen Mühen geklärt werden können, weil die Erdschichten aus der römischen und frühen sächsischen Zeit abgetragen wurden. Hinweise lassen aber darauf schließen, daß diese römische Stadt nicht länger als bis ins 5. Jahrhundert hinein existierte. Die meisten Ausgrabungsfunde sind im Colchester und Essex Museum untergebracht.

Crummy, P.: *Colchester: Recent Excavations and Research* (Colchester Excavation Committee), 1974

Dunnet, R.: *The Trinovantes*. London 1975

Hawkes, C. F. C., und Hull, M. R.: *Camulodunum: Excavations 1930–39* (Society of Antiquaries Research Report XIV). London 1947

Hull, M. R.: *Roman Colchester* (Society of Antiquaries Research Report XX). London 1958

5 Chedworth

England

Chedworth ist typisch für eine bemerkenswerte Gruppe von Landhäusern, die in der Gegend von Cotswold um die Stadt Corinium (Cirencester) liegen, in der während der Römerzeit die Dobunni lebten. Blickt man in den Gebäuden nach Osten, so schaut man in ein bezauberndes Tal. Nach dem letzten Umbau umfaßte der Komplex zwei Höfe mit einer Gesamtgröße von mindestens 76×107 m; jedoch sind nur der innere Hof und der nördliche Teil des äußeren Hofes bisher erforscht worden. Die jetzige Anlage ist das Endergebnis einer langen Reihe von Anbauten und Veränderungen, die mit der Errichtung von einzelnen, unverbundenen Gebäuden im frühen zweiten Jahrhundert n. Chr. ihren Anfang nahm. Die Bauten des späteren Südflügels wurden etwa im Jahre 150 durch Feuer zerstört; nach dem Wiederaufbau wurden dort der Amtsraum des Verwalters, Küchen und eine Latrine untergebracht. Auch der Westflügel der Villa wurde völlig neu gestaltet; als er im frühen 3. und später im 4. Jahrhundert umgebaut wurde, stattete man ihn mit einem heizbaren Eßraum und mehreren Badezimmern aus. Letztere kamen erst später hinzu, denn die früheren Bäder befanden sich am Westende des nördlichen Flügels, wo sie schließlich durch ein *laconicum* oder Trockendampfbad als Ergänzung oder Alternative zu den Feuchtdampfbädern im Westflügel ersetzt wurden. Der restliche Teil des Nordflügels enthielt eine weitere Flucht von acht Räumen, von denen einige mit einer Heizung versehen waren. Das Wasser wurde von einer nahe gelegenen Quelle in ein *nymphaeum* geleitet; in einige Steine dieses Wasserleitungssystems war das christliche Monogramm *chi-rho* eingeritzt worden. Ungefähr 800 m südöstlich des Landhauses sind die kärglichen Überreste eines kleinen römisch-keltischen Tempels zu sehen.

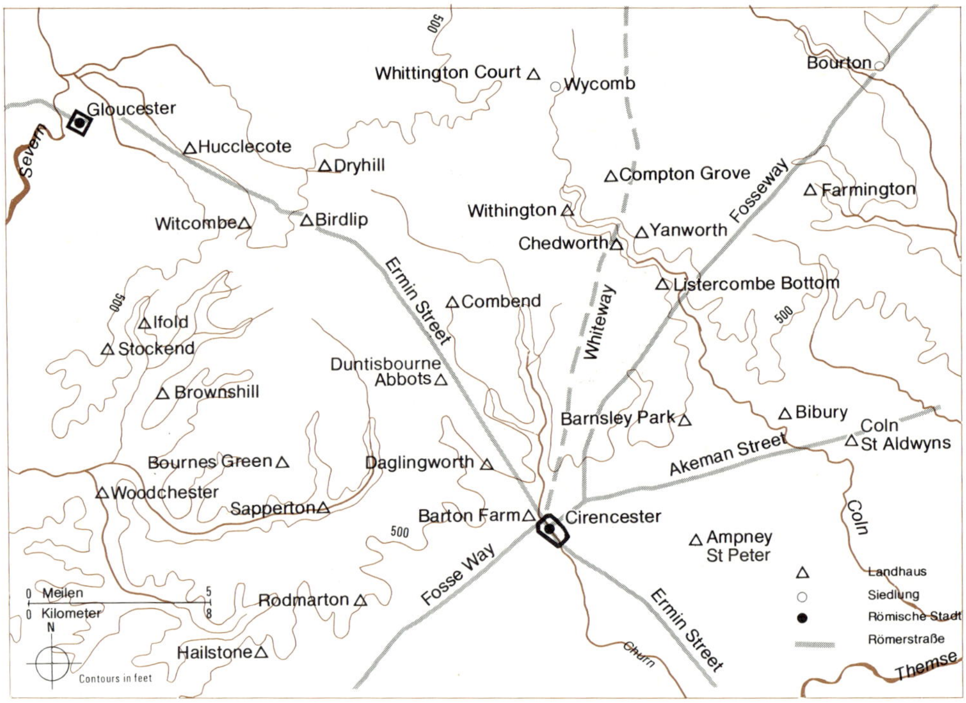

Die Lage von Chedworth und der benachbarten Landhäuser

Unten: Plan des Landhauses von Chedworth; die einzelnen Bauabschnitte sind gekennzeichnet. Rechts: Luftbild des Landhauses von Chedworth. Will man die Größe der Anlage abschätzen, so nehme man den neuzeitlichen Gebäudekomplex in der Mitte zum Vergleich, der aus dem Hause des Museumsverwalters und dem Museum besteht.

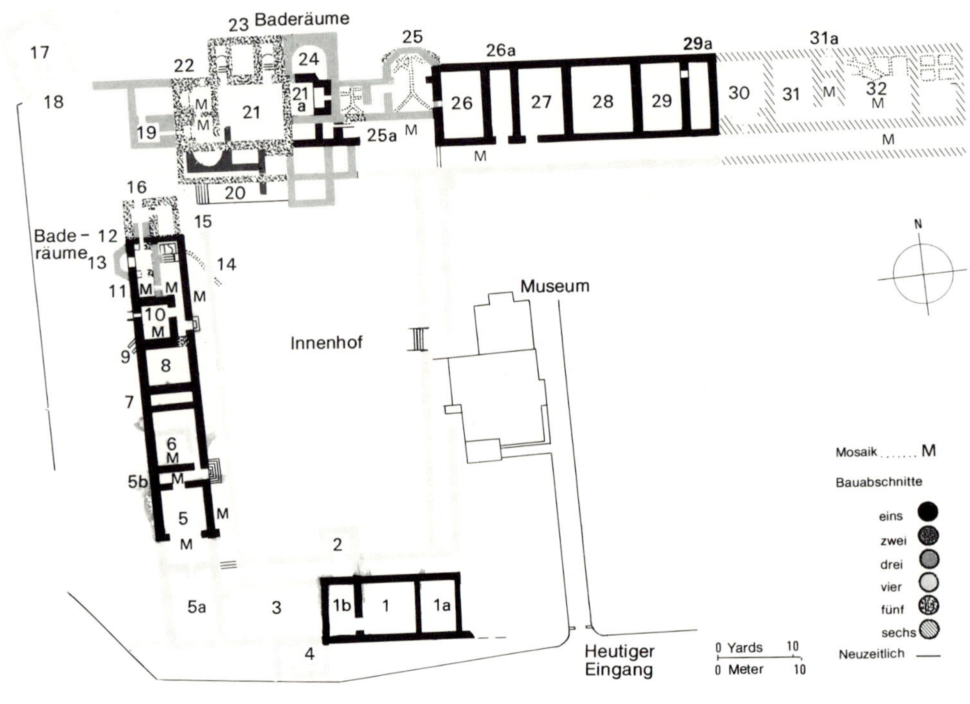

Die Mosaikböden (auf dem Grundrißplan durch ein M gekennzeichnet) vereinen die Muster und Figuren, wie sie für die Mosaikkünstler der Schule des Corinian typisch sind. Die Werke aus dieser Schule sind eine der größten Leistungen der römisch-britannischen Kunst; Mosaikböden dieser Art wurden in Cirencester selbst, in Barton Farm, Withington und Woodchester sowie bei sechs weiteren Baudenkmälern außerhalb des auf der Karte abgebildeten Gebietes gefunden. Besonders war der Schule eine Abbildung geglückt, auf der Orpheus zu sehen ist, wie er die wilden Tiere in seinen Bann schlägt. Die schönste Ausarbeitung dieses Motivs stellt der große Mosaikboden in Woodchester dar.
Das weitere Schicksal des Landhauses von Chedworth ist nicht bekannt. Die archäologischen Arbeiten in der benachbarten Villa von Withington sind einer der wenigen Versuche gewesen, die Behauptung zu beweisen, daß diese Landhäuser von der Römerzeit bis zum Mittelalter ständig bewohnt waren.
Das Landhaus ist dem National Trust unterstellt und zusammen mit einem Freilandmuseum der Öffentlichkeit zugänglich.

Finberg, H. P. R.: *Roman and Saxon Withington: A Study in Continuity*. Leicester 1955

Fox, G. E., in *Archaeologia* XLIV (1887), S. 322–336. – Bericht über die Erstausgrabung

Goodburn, R.: *The Roman Villa, Chedworth*. London 1972. – Allgemeine Darstellung

Richmond, I. A., in *Trans. Bristol and Gloucestershire Archaeological Society* LXXVIII (1960), S. 5–23. – Festlegung der einzelnen Bauphasen.

Links: Der Mosaikboden des Eßraumes in Chedworth
Links unten: ein Teilmotiv (Winter)

Unten: Der große Mosaikboden von Woodchester

6 York

England

Der vieleckige Turm in York

Eburacum, der frühere Name für die Stadt York, ist keltischen Ursprungs. Eine vorrömische Siedlung ist hier nicht gefunden worden. Eburacum war auf dem Rücken einer Moräne gelegen, die sich quer durch das Tal von York zieht und einen natürlichen Verkehrsweg bildet. Der Platz, der für den Bau des Legionärskastells gewählt wurde, war aus anderen Gründen für die römischen Militäringenieure attraktiv: er bot taktische Vorteile, weil er am Zusammenfluß von Ouse und Foss lag, und daß beide Flüsse Gezeiten aufwiesen, bedeutete, daß man von hier Zugang zum Meer hatte. Wann die Römer sich an diesem Ort zum ersten Male niederließen, ist umstritten, auch ist unklar, welche Funktion der erste von Cerialis errichtete Stützpunkt hatte, ob er aus einem Legionärskastell von normaler oder halber Größe bestand oder ob sich hier lediglich ein Vorratslager befand. Während der Regierungszeit der Flavier, höchstwahrscheinlich unter Agricola, wurde das Hauptquartier der Legio IX Hispana in einem Kastell mit der Normalgröße von 477×411 m (19,5 ha) eingerichtet. Als Verteidigungsanlagen dienten Erdwälle, die mit Rasen bepflanzt wurden; die Türme und Gebäude innerhalb der Festung waren aus Holz. Der Neubau der Anlage in den Jahren 107–108 n. Chr. ist durch eine Inschrift belegt; er wurde mit einer 1,5 m dicken Steinmauer versehen; der von Agricola angelegte, 4,25 m breite und 1,35 m tiefe Graben wurde aufgefüllt und 5 m vor dem Wall ein neuer, 8 m breiter und 1,8 m tiefer Graben gezogen. Etwa im Jahre 200 wurde die Steinmauer erneuert; dabei wurde sie etwas breiter gebaut und mit einem stärkeren Fundament versehen. Ungefähr 100 Jahre später fand unter Constantius I. ein weiterer wesentlicher Umbau statt.

Die Frontseite zum Fluß wurde erhöht und mit einer monumentalen *porta praetoria* versehen; sie wurde auf jeder Seite von drei vorstehenden vieleckigen Türmen flankiert. An der Süd- und Westecke wurde je ein zehneckiger Turm errichtet. Über die Bauten innerhalb der Festung ist wenig bekannt; bei Ausgrabungen unter der Kathedrale von York wurden jedoch wesentliche Teile der *principia* und in der südöstlichen Hälfte der *praetentura* Soldatenunterkünfte, ein Badehaus, das Bestandteil eines größeren Gebäudes war, und ein vollständiges Kanalsystem aufgefunden.

Ungefähr im Jahre 120 n. Chr wurde die Legio IX durch die Legio VI Victrix ersetzt; bis in das späte 4. Jahrhundert hinein blieb York der Stützpunkt dieser Einheit. Und an beiden Uferseiten des Flusses Ouse wurden nichtmilitärische Siedlungen gegründet. Einige Zeit vor dem Jahre 237 wurde die Stadt in den Rang einer *colonia* erhoben. Nach der Teilung Britanniens in zwei Provinzen wurde York die Hauptstadt von Britannia Inferior; hier starb Severus im Jahre 211 in dem (nicht lokalisierten) Palast, wie auch Constantius I. im Jahr 206, und hier wurde auch Konstantin der Große zum Herrscher ausgerufen. Die genaue

Einer der Abwasserkanäle des Legionärskastells; der schwarzweiße Stock gibt den Maßstab in Dezimetern an.

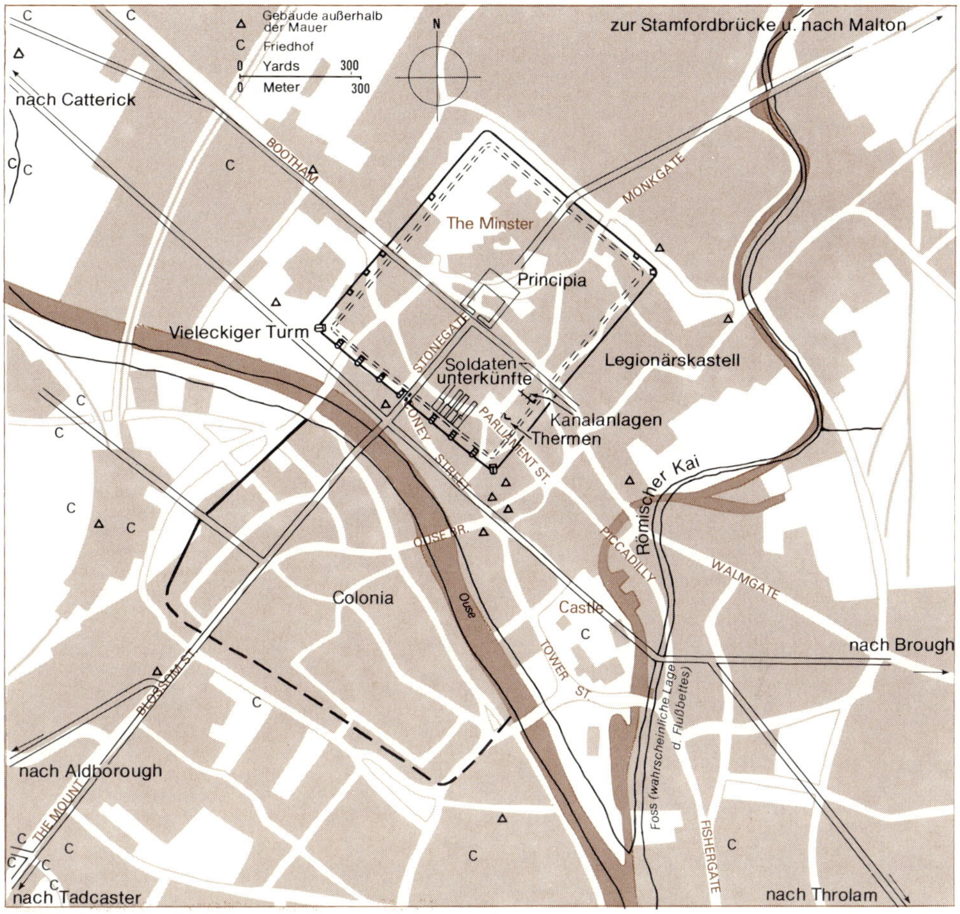

Plan von Eburacum, aus dem die Lage des Legionärskastells und der »colonia« ersichtlich ist

Größe der *colonia* ist nicht bekannt, doch wird angenommen, daß sie den Bereich südlich des Flusses Ouse umfaßte, der später von den aus dem Mittelalter stammenden Mauern umgrenzt wurde. Zweifellos lebten hier sehr viele Menschen, und ebenso sicher ist, daß dieser Ort von großer Bedeutung war. In ausgedehnten Friedhofsanlagen wurden viele persönliche Inschriften gefunden, die bezeugen, daß in dieser Kolonie zahlreiche religiöse Kulte gepflegt wurden, in denen nicht nur römische und keltische Gottheiten, sondern auch Serapis und Mithras verehrt wurden. Obwohl merkwürdigerweise keine Überbleibsel christlichen Ursprungs zu finden sind, war im Jahre 314 ein Bischof aus York der führende britische Vertreter beim Konzil von Arles.

Die wichtigsten aufrecht stehenden Monumente sind die Festungsmauern und besonders der vieleckige Turm an der Westseite; auch die Überbleibsel unterhalb der Kathedrale und die Kanalisationsanlagen können besichtigt werden. Die meisten Funde befinden sich im Yorkshire Museum von York.

Addyman, P. V.: »Excavations at York, 1972–73«, in *Antiquaries Journal* LIV (1974), S. 200–231

Butler, R. M. (Hrsg.): *Soldier and Civilian in Roman Yorkshire.* Leicester and Atlantic Highlands, N. J., 1971

Royal Commission on Historical Monuments (England). *Inventory of the City of York I: Eburacum, Roman York*, HMSO, 1962

7 Der Hadrianswall

England

Der Hadrianswall stellt eine komplexe Anlage dar, die aus verschiedenen Elementen besteht, und zwar mit dem nördlichen Teil des Walles beginnend: einem V-förmigen Graben, ungefähr 9 m breit und 4 m tief; einem flachen, 6 m breiten Bankett; einer 2,4–3 m dicken Steinmauer; Forts, kleineren Schanzen und Türmen, die direkt mit dem Wall verbunden sind; einer Straße, die von Fort zu Fort führt (»Militärstraße« genannt), und dem »vallum«, einem 6 m breiten und 3 m tiefen Graben mit ebenem Grund. 9 m von ihm entfernt befinden sich an beiden Seiten 6 m breite, mit Gras bewachsene Erdwälle. Bis zum 19. Jahrhundert nahm man allgemein an, daß der Hadrianswall lediglich aus dem »vallum« bestand und die Steinmauer von Severus erbaut wurde. Spätere Forschungen haben folgende Zusammenhänge ergeben:

Der Rückzug aus Schottland nach dem Rückruf des Agricola führte schließlich zur Errichtung eines *limes* entlang dem Stanegate, der Straße, die die flavischen Forts von Carlisle und Corbridge miteinander verband. Zu Beginn der Regierungszeit von Hadrian, nach einem Grenzkrieg, zu dessen Gedenken Münzen geprägt wurden, beschloß man, vor dem Limes eine fortlaufende Mauer, die von Newcastle

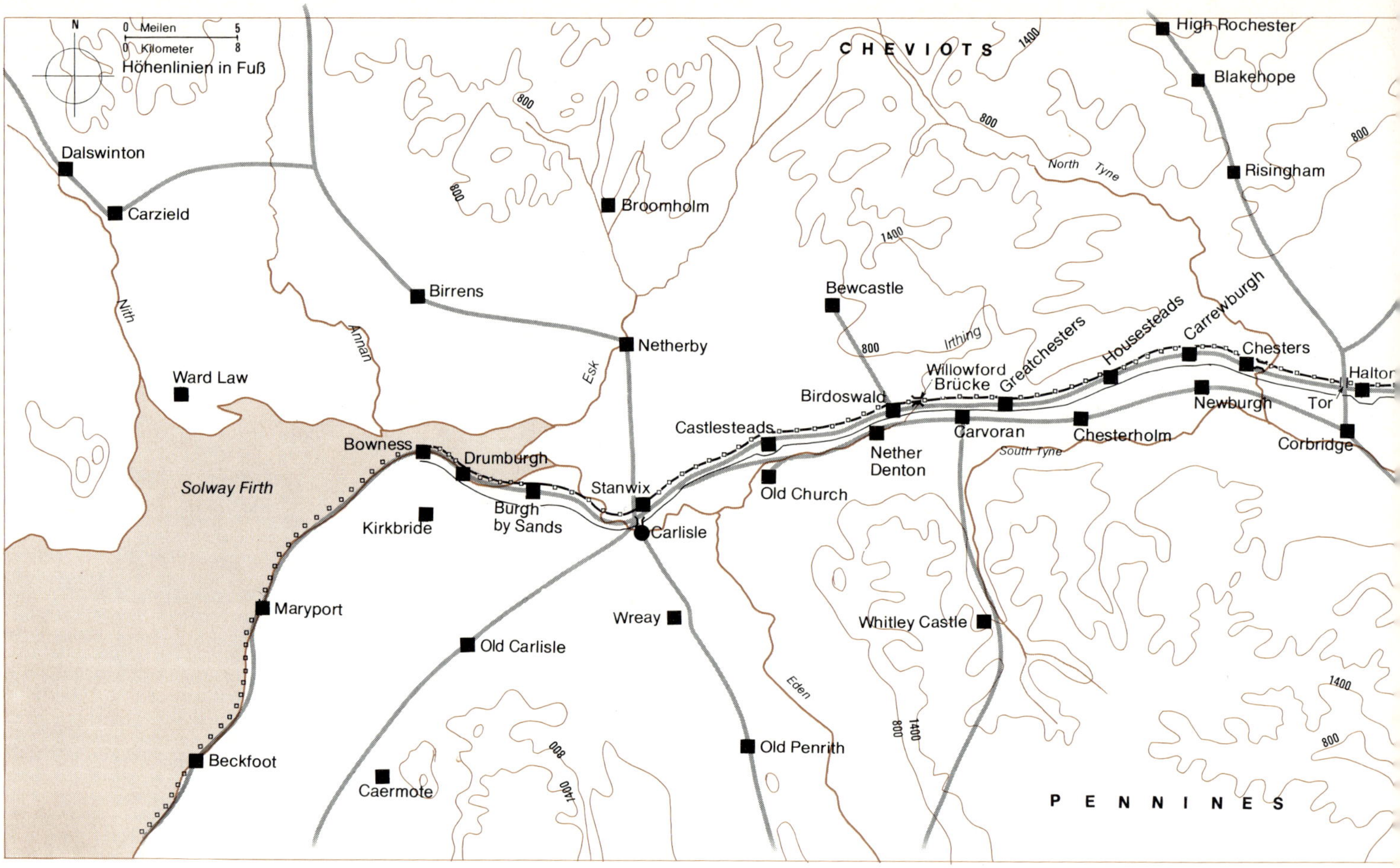

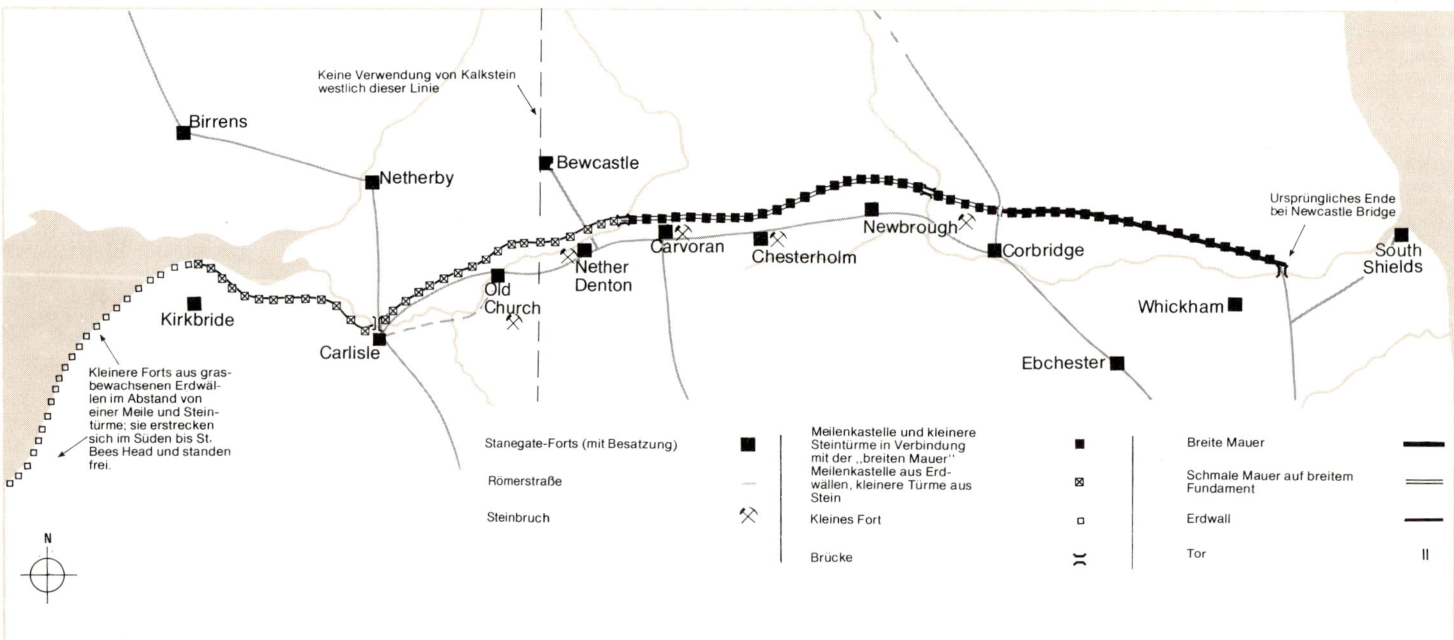

Oben: Landkarte des Gebietes um den Hadrianswall. Mitte: Hadrians ursprünglicher Entwurf in einer komplettierten Darstellung. Rechts: Querschnitt durch eine typische Anlage von Wall und „vallum"

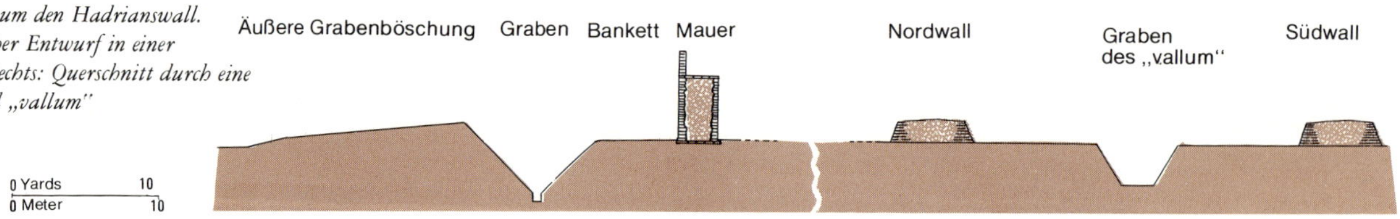

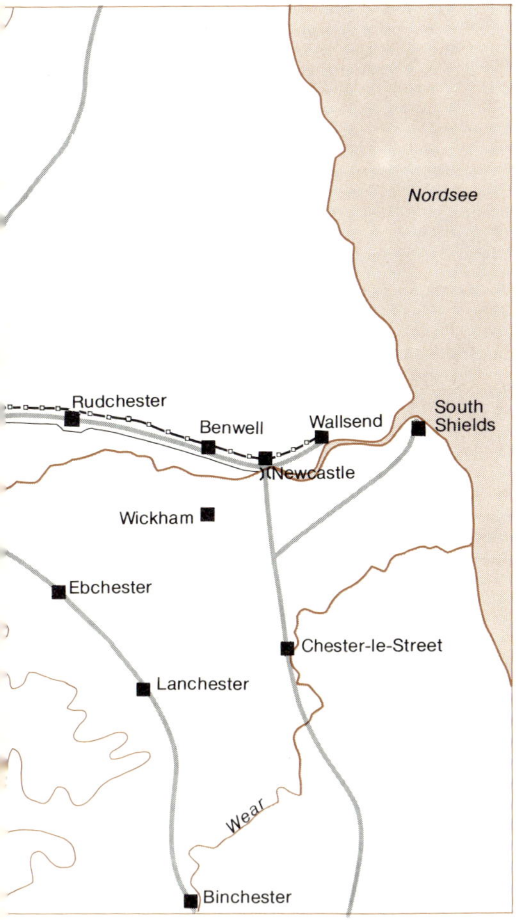

nach Bowness reichen sollte, zu errichten. Der ursprüngliche Plan sah eine Reihe von kleineren Forts im regelmäßigen Abstand von einer römischen Meile (daher »Meilenkastell« genannt) und nach jedem zweiten kleineren Fort zwei Wachtürme (sogenannte »kleinere Türme«) vor. Alle diese Anlagen wurden aus Stein errichtet, ausgenommen im Bereich westlich des Flusses Irthing, wo die Meilenkastelle aus grasbewachsenen Erdwällen bestanden. Diese Meilenkastelle und kleineren Türme sollten mit einer Mauer verbunden werden, die im östlichen Teil ebenfalls aus Stein, im westlichen aus Erde sein sollte. Die Breite der Mauer sollte 3 m betragen – sie wurde als »breite Mauer« bezeichnet –, aber während des Baues wurde sie auf 2,4 m reduziert (sie erhielt die Bezeichnung »schmale Mauer«). Demzufolge ist die Mauer von Newcastle zum Fluß Tyne »breit«, von dort bis zum Fluß Irthing »schmal« und ruht auf einem »breiten« Fundament. Auch wurden Meilenkastelle und kleinere Türme, die nach ihren Abmessungen eigentlich bei der »breiten Mauer« hätten stehen müssen, in die »schmale Mauer« einbezogen. In dem ursprünglichen Plan sollten als Stützpunkte für die Garnison die Forts am Stanegate dienen, die zusammen mit der Straße neben dem Wall einen Nebenverbindungsweg bilden sollten.

Bevor der Bau vollendet wurde, wurde der Plan jedoch wieder geändert. Die meisten Forts an der Stanegate-Linie wurden aufgegeben und neue am Wall selbst entlang gebaut. Die südliche Grenze der Militärzone wurde durch das »vallum« markiert. Das Ineinandergreifen verschiedener Bauphasen hatte eine Reihe von Ergebnissen zur Folge: Einige Forts wurden ohne Rücksicht auf bereits bestehende Fundamente von Meilenkastellen oder kleineren Türmen errichtet; während das »vallum« an Forts, die schon gebaut oder geplant waren, vorbeigeführt wurde, wurde das später erbaute Fort bei Carrawburgh niedergerissen, um der Verteidigungslinie Platz zu machen. Einige Zeit nachdem die schmalere Mauerbreite bevorzugt worden war, wurde der Wall nach Osten bis Wallsend verlängert, wo ebenfalls ein Fort errichtet wurde; auch wurden ungefähr 8 km des grasbewachsenen Walles östlich des Flusses Irthing durch eine Steinmauer ersetzt, wobei die Trassenführung etwas verändert wurde. Der Wall wurde an seinem äußeren westlichen Ende durch eine Reihe von kleineren Forts und Türmen bis hinunter zur Küste nach St. Bees Head verstärkt. Von hier ab war keine Mauer mehr nötig, auch gibt es hier kein »vallum«; Untersuchungen lassen jedoch vermuten, daß die Militärzone durch zwei vor und hinter den kleineren Forts und Türmen parallel verlaufende Gräben gekennzeichnet wurde. Obwohl der Wall ständig als Grenze diente, wurde schließlich nicht das ganze Land nördlich von ihm aufgegeben: an seinem westlichen Ende blieb eine Gruppe von Vorpostenstellungen besetzt (Birrens, Bewcastle, Netherby und wahrscheinlich auch Broomholm), anscheinend, um ein Gebiet jenseits des Walles zu schützen, das den Briganten gehörte.

Der Anteil der Kavallerie an der Gesamtbesatzung in der Garnison und die Lage der Forts zum Wall, die normalerweise drei Nordtore aufwiesen, zeigen, daß der Hadrianswall mehr als Ausgangspunkt für Angriffe als für passive Verteidigungszwecke gedacht war. Jedoch scheint seine Hauptaufgabe darin bestanden zu haben, eine sichere Kontrolle der Grenze zu gewährleisten.

Als im Jahre 140 der Antoninuswall gebaut

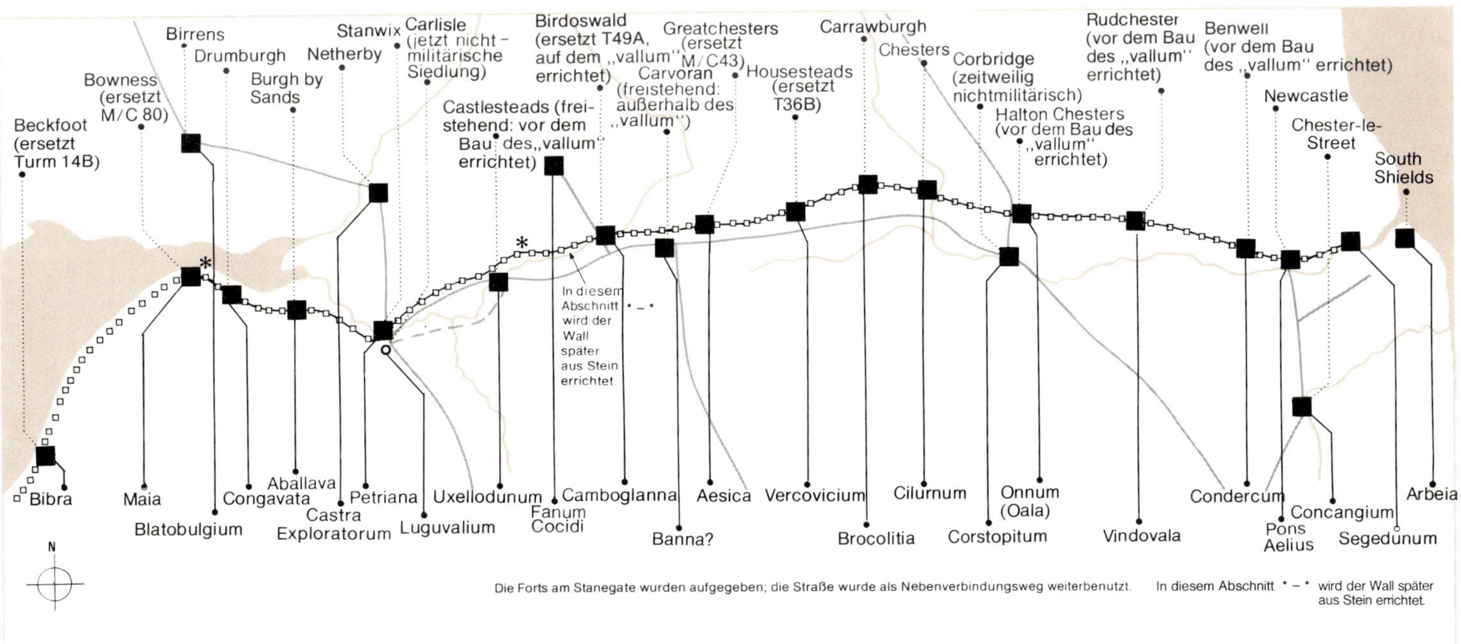

Oben: Der Hadrianswall nach seiner Fertigstellung. Rechts: Querschnitt durch die Steinmauern und den grasbewachsenen Wall. Die Skizze zeigt die ursprüngliche Höhe an.

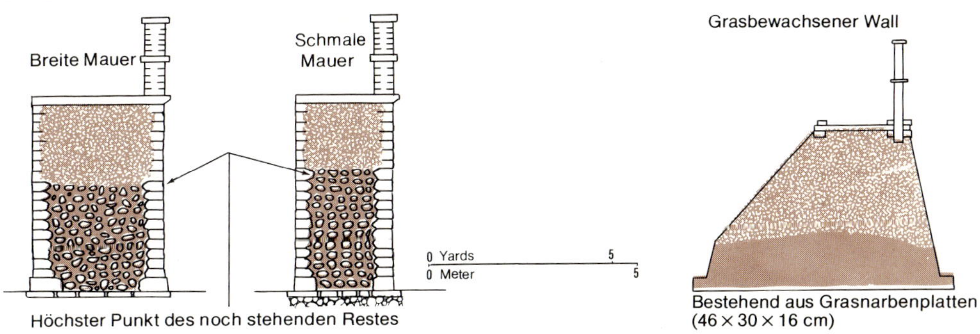

wurde, blieben einige der Forts in Benutzung; doch verlor der Hadrianswall selber dadurch an Bedeutung, daß die Tore der Meilenkastelle beseitigt und Übergänge über das »vallum« geschaffen wurden. Aber ungefähr 15 Jahre später wurde dies wieder rückgängig gemacht. In dieser Zeit wurde auch der Rest des grasbewachsenen Dammes durch eine Steinmauer ersetzt, die eine »durchschnittliche« Breite von 2,74 m besaß. Umstritten ist, was in der zweiten Hälfte des 2. Jahrhunderts an beiden Wällen verändert wurde, jedoch wurde unter Severus ein größerer Teil der Anlage neu erbaut, als die »Militärstraße« angelegt (die an einigen Stellen auf dem nördlichen Erdwall des »vallum« verlief) und ein System von Vorpostenstellungen im östlichen wie im westlichen Teil errichtet wurde. Weitere Veränderungen wurden unter Constantius (etwa im Jahre 300) und nach den großen Raubzügen barbarischer Volksstämme von 367 unter Theodosius durchgeführt. In der *Notitia Dignitatum* sind Garnisonen für die Forts *per lineam valli* aufgeführt, jedoch ist umstritten, inwieweit sie die Situation vor oder nach der Verminderung der Truppenstärke in Britannien, die durch den Aufstand des Maximus (383–388) verursacht wurde, widerspiegelt. Wie überall, so hatte auch die Errichtung von Forts am Wall zur Folge, daß sich Urbewohner des Landes in ihrer Nähe ansiedelten, besonders im 3. Jahrhundert, vornehmlich in Chesters, Housesteads und südlich des Walles in Chesterholm. Hier (in Vindolanda) befand sich ein großes Stanegate-Fort, wo die berühmten Schrifttafeln entdeckt wurden. Das Fort wurde aufgegeben, als mit dem Bau des Hadrianswalles begonnen wurde; während der Regierungszeit des Antoninus wurde es jedoch durch ein kleineres Fort ersetzt; es wurde öfters umgebaut und ist heute noch zu sehen.

Von der Mauer sind große Teile erhalten, ebenso verschiedene Meilenkastelle und kleinere Türme; auch die Forts von Chesters und Housesteads sind noch vorhanden. Weitere Bauten von besonderem Interesse sind der Tempel und der »vallum«-Übergang von Benwell, die Brückenpfeiler in Chesters und Willowford, das *Mithraeum* und »Coventina's Well« in Carrawburgh und das Fort von Birdoswald, an dessen Westseite ein Teil des grasbewachsenen Walles zu sehen ist. Ferner sind die Stadt Corbridge mit dem Fort südlich des Walles und die Siedlung für die Zivilbevölkerung von Chesterholm besonders beachtenswert. Neben den Freilandmuseen in Corbridge, Chesters, Chesterholm und Housesteads sowie einer Sammlung von Steindenkmälern in Lanercost Priory befinden sich die Hauptsammlungen im Museum of Antiquities der Universität von Newcastle und der Art Gallery in Carlisle; in ersterem sind maßstabgetreue Modelle des Walles und der mit ihm verbundenen Bauten zu sehen.

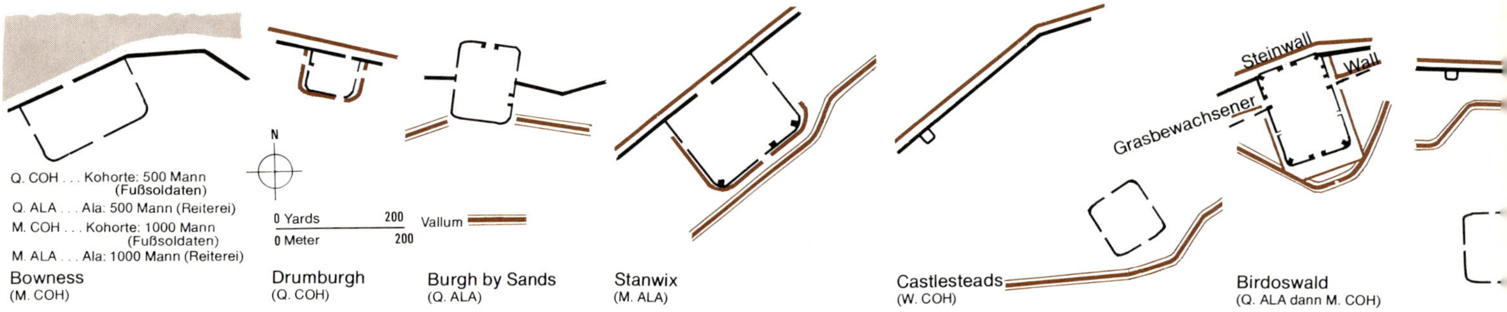

Oben: Umrisse der Forts entlang dem Wall und ihre Lage zum Wall und »vallum«; die Militäreinheiten, für die sie geplant waren, sind mit angegeben. Der Plan des Forts in Newcastle ist nicht bekannt.

Unten: Verovicium (Housesteads), von Südwesten her gesehen. Der Hadrianswall verläuft von A nach B; sein Fundament befindet sich direkt innerhalb der Nordmauer des Forts; sein weiterer Verlauf ist durch Bäume verdeckt; das Fundament des kleinen Turmes 36 b, der aufgegeben wurde, als man das Fort baute, liegt bei C. Am unteren Bildrand sind die Gebäude der nichtmilitärischen Siedlung und das Museum (D) zu sehen.

Birley, E.: *Research on Hadrian's Wall.* Kendal 1961
Collingwood, B. J.: *Handbook to the Roman Wall,* 12. Aufl., rev. I. A. Richmond, Hindson und A. Reid, Newcastle 1966 (13. Aufl. wird vorbereitet)
Ordnance Survey Map of Hadrian's Wall (2 inches für 1 Meile), 2. Aufl., Southampton 1972
James Forde-Johnston: *Hadrian's Wall.* London 1977
Wichtige Abhandlungen findet man in der *Britannia* und den Zeitschriften *Archaeologia Aeliana,* Newcastle-upon-Tyne, und *Transactions of the Cumberland and Westmorland Antiquarian and Archaeological Society,* Carlisle.

Rechts: Plan eines typischen Meilenkastells aus Stein sowie Grundrisse von kleineren Türmen, an denen die Verbindung mit der Steinmauer zu erkennen ist.

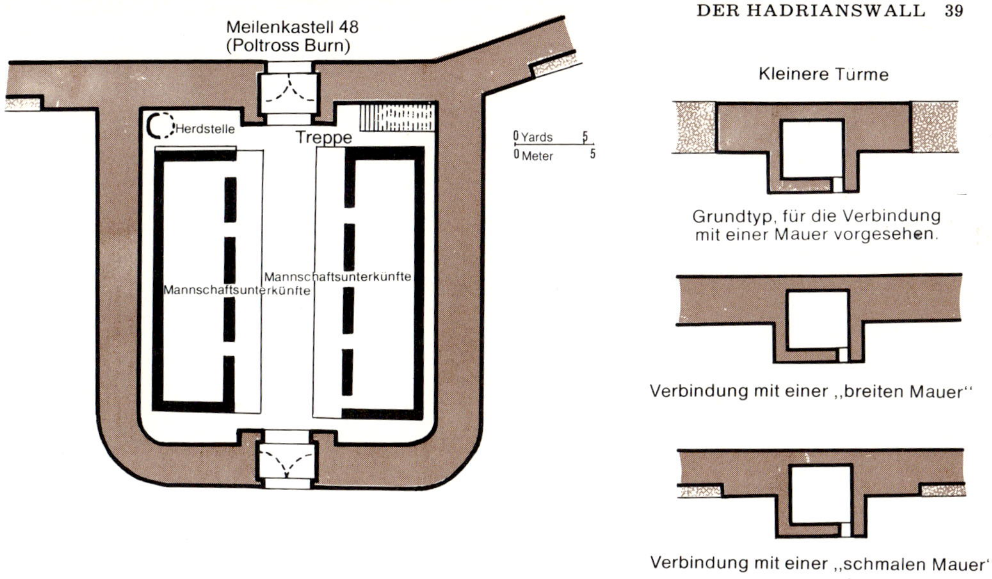

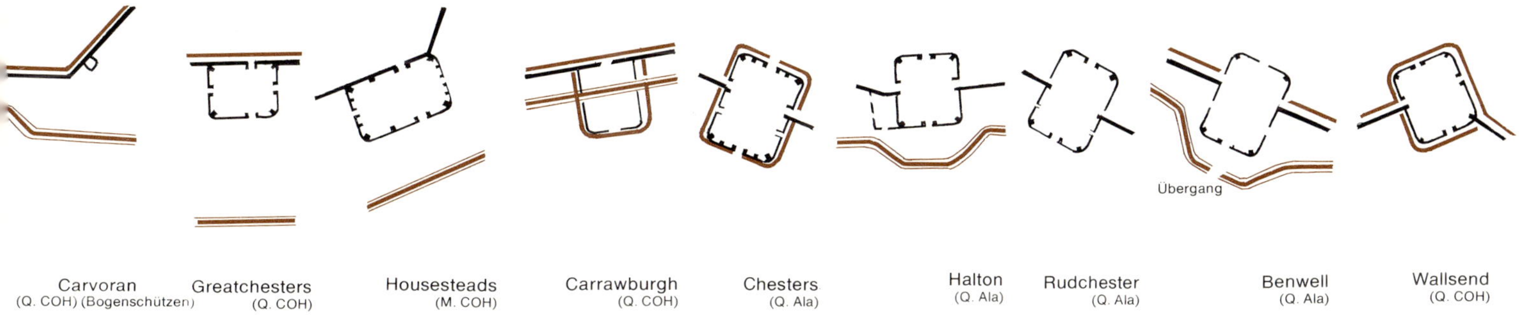

Vindolanda (Chesterholm), von Osten her gesehen. Im Vordergrund befindet sich das spätere Fort (A) mit dem noch erhaltenen Hauptquartiergebäude und den Toren. Etwas weiter davon entfernt sind das Badehaus (B) und die Gebäude der nichtmilitärischen Siedlung (C) zu sehen. Die burgähnliche Anlage (D) ist eine moderne Nachschöpfung; sie wurde aus Bauelementen errichtet, die genau den beim Bau des Hadrianswalles verwendeten Formen und Materialien entsprechen. Die Ausgrabungen im früheren Fort, bei denen Schreibtafeln gefunden wurden, fanden zwischen dieser Burganlage und dem späteren Fort statt.

Die römische Rhein-Donau-Grenze

Das römische Imperium war im Westen durch den Atlantischen Ozean, im Süden durch Wüste und im Osten ebenfalls durch Wüste und das Reich der Parther begrenzt. Die militärische Leistung von Kaiser Augustus bestand darin, den römischen Machtbereich nach Norden bis zum Rhein und zur Donau auszudehnen. Der Errichtung der römischen Provinz Gallia Transalpina im Jahre 121 v. Chr. im Westen nördlich der Alpen folgte der Vorstoß Caesars durch Gallien nach Norden und Westen zum Meer und nach Nordosten zum Rhein. Im 1. Jahrhundert v. Chr. marschierten die Truppen der Prokonsuln der Republik in Makedonien nach Norden entlang der Linie Vardar-Morava und erreichten die Donau bei Belgrad sowie im Nordosten das Donaudelta und das Schwarze Meer. Nach seinem Sieg bei Actium im Jahre 31 v. Chr. begann Augustus Eroberungszüge nach Zentraleuropa in großem Maßstab zu planen. 15. v. Chr. erschlossen seine Stiefsöhne Tiberius und Drusus gemeinsam Wege über die Alpen und überrannten Rätien bis zur Donau; ungefähr zur gleichen Zeit wurde das Klientelkönigreich Noricum annektiert, um den Zugang nach Italien im Nordosten zu schützen. In den Jahren 12 bis 9 v. Chr. überquerten römische Truppen unter Drusus in einer Reihe von Feldzügen den Rhein und stießen bis zur Elbe vor, während unter der Führung von Tiberius vom Nordosten Italiens aus militärische Aktionen durchgeführt wurden, um den Landweg über Illyrien nach Makedonien, Thrakien und Kleinasien zu sichern; gleichzeitig wurde Illyrien bis zum mittleren Donauabschnitt neu unter römische Herrschaft gestellt.

Im Jahre 6 v. Chr., als Tiberius damit beschäftigt war, die Macht von Maroboduus, dem König des germanischen Stammes der Markomannen, die im heutigen Böhmen beheimatet waren, zu brechen, mußte wegen eines Aufstandes in ganz Illyrien zwischen Italien und Makedonien die Armee zu ihren Stützpunkten im Inneren des Landes zurückgerufen werden, um die Kontrolle über diese Provinz wiederzugewinnen. Kaum war dies erreicht, da geriet 9 n. Chr. der römische Heerführer P. Quinctilius Varus im Norden Germaniens zwischen Rhein und Elbe in einen Hinterhalt; drei Legionen seiner Armee wurden von den Germanen unter der Führung des Cheruskerfürsten Arminius, der einmal als Offizier beim römischen Militär gedient hatte, vernichtend geschlagen. Das Ergebnis dieser Rückschläge war, daß die römischen Legionen und Hilfstruppen am Westufer des Rheines und in Illyrien südlich der Donau in ihren Stützpunkten blieben. Zunächst sah man ihre weitere Aufgabe darin, neue Gebiete zu erobern und zu annektieren, und die Armee wartete auf den Befehl, diesem Auftrag wieder nachzukommen.

Ausgehend von einem Überblick des Historikers Tacitus *(Annalen* IV, 5) und anderen Quellen kann man die Stützpunkte folgender Legionen an Rhein und Donau nach dem Aufstand in Illyrien und der katastrophalen Niederlage von Varus bestimmen:

Der römische Vorstoß zum Rhein und zur Donau

GERMANIA INFERIOR
I Germanica (Köln)
XX (Köln)
VV Alaudae (Vetera)
XXI Rapax (Vetera)

GERMANIA SUPERIOR
XIV Gemina (Mainz)
XVI Gallica (Mainz)
II Augusta (Straßburg)
XIII Gemina (Vindonissa)

ILLYRICUM
(etwa im Jahre 9 v. Chr. aufgeteilt in Pannonia und Dalmatia)

PANNONIA
VIII Augusta (Poetovio)
IX Hispana (?Siscia)
XV Apollinaris (Carnuntum)

DALMATIA
VII (Tilurium)
XI (Burnum)

MOESIA
(ungefähr zwischen 9 v. Chr. und 6 n. Chr. als römische Provinz entlang dem unteren Donauabschnitt eingerichtet)
IV Scythica (?)
V Macedonica (Oescus)

Von ungefähr dieser Zeit an wurden die kleineren Formationen, die Kavallerie *(alae)* und die Infanterie *(cohortes)*, die aus Hilfstruppen gebildet wurden, regelmäßig in Lagern zwischen Legionärsstützpunkten am Rhein entlang stationiert. Um die Mitte des 1. Jahrhunderts n. Chr. wurden die Legionen in feste Stützpunkte verlegt. Seit der Regierungszeit von Claudius wurden diese Stützpunkte aus Stein statt aus Holz errichtet. Fast das ganze 1. Jahrhundert hindurch waren am Rhein acht Legionen samt ihren Hilfstruppen stationiert,

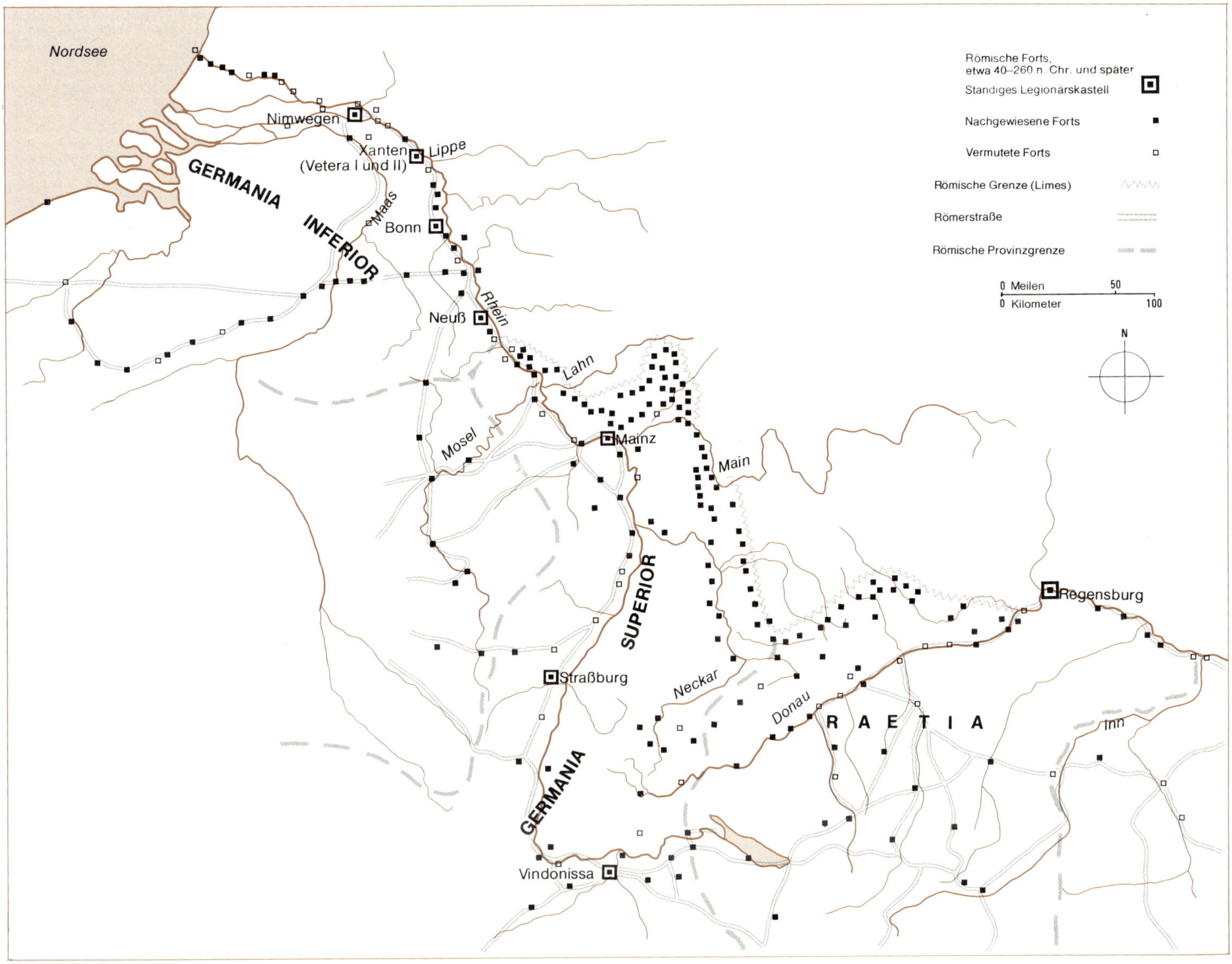

Die römische Grenze in Deutschland

während eine kleinere Zahl, vier bis sieben, entlang der viel längeren Donau in Pannonien, Dalmatien und Mösien lagen; diese Verteilung spiegelt die Mischung aus ehrgeizigem Eroberungsdrang und ängstlicher Verteidigungsbereitschaft wider, die das Vermächtnis aus den Kriegen war, die Augustus geführt hatte.

In den letzten Jahren des 1. Jahrhunderts wurde die Stellung der Römer an der Donau dadurch bedroht, daß bei den Dakern unter der Führung von Decebalus der Gedanke an die Königsherrschaft wieder auflebte. Nach einem größeren Krieg, den Domitian begann und der in mindestens zwei Auseinandersetzungen für die Römer katastrophal endete und den Verlust zweier Legionen zur Folge hatte, wurden die Truppen an der Donau auf mehr als zwölf Legionen samt den dazugehörigen Hilfstruppen verstärkt, bis in zwei Feldzügen (101–102 und 105 n. Chr.) Trajan Decebalus besiegte und Dakien zu einer römischen Provinz machte.

Während der Regierungszeit Hadrians wurde der größere Teil der Streitkräfte an die Donau verlegt:

GERMANIA INFERIOR
XXX Ulpia Victrix (Vetera)
I Minervia (Bonn)

GERMANIA SUPERIOR
XXII Primigenia (Mainz)
VIII Augusta (Straßburg)

PANNONIA SUPERIOR
X Gemina (Wien)
XIV Gemina Martia Victrix (Carnuntum)
I Adiutrix (Brigetio)

PANNONIA INFERIOR
II Adiutrix (Aquincum)

MOESIA SUPERIOR
IV Flavia Felix (Singidunum)
VII Claudia (Viminacium)

MOESIA INFERIOR
I Italica (Novae)
V Macedonica (Durostorum)
XI Claudia (Troesmis)

DACIA
XIII Gemina (Apulum)

Später, im 2. Jahrhundert, wurde die Stellung der Römer an der Donau verstärkt, und zwar durch die Stationierung zweier Legionen, die während der Regierungszeit von Marcus Aurelius aufgestellt wurden (III Italica in Regensburg, Rätien, und II Italica in Lauriacum, Noricum).

Vom Ende der Regierungszeit des Augustus bis zum endgültigen Zusammenbruch Ende des 4. Jahrhunderts blieb der Rhein die römische Grenze in Niedergermanien. Wahrscheinlich spielte die römische Flotte, die in Köln ihren Stützpunkt hatte *(classis Germanica)*, eine wichtige Rolle, weil sie den Rhein kontrollierte. Nach der flavischen Zeit verlor der Fluß in Obergermanien südlich des Taunus seine Funktion als Grenze. Das Gebiet zwischen dem Oberlauf von Rhein und Donau wurde wieder im Jahre 74 annektiert, als eine Straße von dem Kastell in Straßburg nach Rottweil und zur Donau gebaut wurde. Einige Jahre später wurden nach dem Krieg des Domitian gegen die Chatten der Taunus und die Wetterau besetzt. Ungefähr um dieselbe Zeit wurde weiter südlich das Land zwischen Rhein und Neckar relativ schnell annektiert. Zwischen

den Militärstützpunkten entlang dem Taunus wurden Wachtürme und Forts errichtet. Ebenfalls ungefähr zur gleichen Zeit wurden in Rätien Truppen in den Norden des Jura verlegt. Anschließend wurde die Grenze des römischen Gebietes in Obergermanien und Rätien, wo sie nicht dem Flußlauf von Main oder Neckar folgte, durch einen hölzernen Palisadenzaun markiert; vermutlich geschah dies unter der Herrschaft von Hadrian. Die Entwicklung der künstlichen Grenze zwischen dem römischen Imperium und Germanien vom späten 1. bis zum frühen 3. Jahrhundert kann an der untenstehenden Übersicht abgelesen werden.
Während die Hilfstruppen die Forts entlang dem *limes* besetzt hielten und die Legionen in ihren Stützpunkten in Mainz und Straßburg isoliert ließen, wurde das gesamte neu annektierte Land bis zur Grenze zu autonomen *civitates* erklärt.
In der Mitte des 3. Jahrhunderts, während der Herrschaft von Gallienus, verursachten großangelegte Einfälle in das römische Herrschaftsgebiet den vollständigen Zusammenbruch des *limes*, so daß das gesamte römische Territorium jenseits von Rhein und Donau aufgegeben wurde; ebenso wurde ungefähr zehn Jahre später unter Aurelian Dakien im Stich gelassen, weil der Druck der Goten an der unteren Donau zu groß wurde. Es wäre jedoch ein Mißverständnis, würde man annehmen, daß in den Jahren vor solchen katastrophalen Ereignissen die Römer ihre Armee am Rhein und jenseits dieses Flusses zur Verteidigung des Imperiums bestimmt hatten, wo Hindernisse, Flüsse, Wachtürme, kleinere Forts, Hilfsforts und Stützpunkte für Legionen zu einem System vereinigt waren, das jeden größeren feindlichen Angriff abwehren sollte. Als ein echtes Verteidigungssystem notwendig wurde, wie es offensichtlich nach diesen verheerenden Einfällen der Fall war, mußte man die Verteidigung im Inneren des Landes organisieren. Die Forts entlang dem Rhein und der Donau wurden durch massive Mauern verstärkt und durch enge Tore und vorstehende Bastionen geschützt, während zur gleichen Zeit die Anzahl der Beobachtungsposten erheblich vergrößert wurde.
Doch wurden solche teueren Anlagen nicht so sehr deshalb errichtet, um größere Einfälle zu vereiteln, sondern eher, um sicherzustellen, daß die Soldaten einen sicheren Zufluchtsort hatten, wenn der Eindringling in überwältigender Stärke anrückte. Dann konnte, wenn sich die Gelegenheit bot, der Vergeltungsschlag in Etappen durchgeführt werden, obwohl er gewöhnlich erst dann stattfand, wenn der Feind in die reichen Städte und die ländlichen Gebiete des Inneren eindrang. Deshalb bauten viele Städte, die weit von der Grenze entfernt lagen, neue Verteidigungsanlagen und uneinnehmbare Zitadellen.
Dieses System, das in der Spätzeit des Imperiums Anwendung fand, kann man als ein praktischeres, wenn auch pessimistischeres Verfahren bezeichnen, um der Bedrohung von außen Herr zu werden. Es bestand bis zum Ende des 4. Jahrhunderts. Im Jahre 406 überquerte eine große Anzahl von Franken, Vandalen, Alamannen, Sueben, Alanen usw. den Rhein und drang in das Gebiet des römischen Imperiums ein, um niemals wieder in ihre ursprüngliche Heimat zurückzukehren.

Baatz, D.: *Der römische Limes*, 2. Aufl., Berlin 1975
Bogaers, J. E. und Rüger, C. B. (Hrsg.): *Der niedergermanische Limes*, Köln 1974
Mócsy, András: *Pannonia and Upper Moesia*, London 1974
Schönberger, H.: *Journal of Roman Studies*, LIX, London 1969, S. 144–197

	Germanien	Rätien
1.	**Straße durch Wälder, dahinter Wachtürme aus Holz**	**Straße durch Wälder, davor Wachtürme aus Holz**
2.	**Holzpalisade vor der Straße**	**Holzpalisade vor den Türmen und der Straße**
3.	**Anstelle der Wachtürme aus Holz nun Steintürme**	**Anstelle der Wachtürme aus Holz nun Steintürme**
4.	**Zwischen Palisade und Straße vorne ein Graben, dahinter ein Damm**	**Anstelle der Palisade nun eine Steinmauer**

1 Trier

Deutschland

Augusta Treverorum (Trier oder Trèves) war von seiner Gründung unter Augustus bis zu seiner Zerstörung durch die Franken im frühen 5. Jahrhundert das führende politische und wirtschaftliche Zentrum von Nordostgallien. Im 1. Jahrhundert n. Chr. war es bereits der Sitz des Finanzverwalters des Reiches (*procurator*). Im 3. Jahrhundert wurde es kaiserlicher Regierungssitz. Diesen Status hatte es bis ins späte 4. Jahrhundert hinein inne. Zudem war Trier der Sitz der Präfektur für die gallischen Prätorianer. Die Stadt liegt in einem hügeligen Gebiet an einem wichtigen Übergang über die Mosel (im Altertum »Mosella« genannt). Wahrscheinlich wurde an diesem Ort zunächst ein Militärposten errichtet; die Stadt selber wurde während der Regierungszeit des Augustus gegründet. Aus dieser Zeit stammt anscheinend der älteste Kern der *insulae* innerhalb eines später angelegten Straßennetzes. Unter Claudius wurde die Siedlung »Colonia Augusta Treverorum« genannt, als die erste Steinbrücke errichtet wurde, und zwar etwas flußabwärts von der Stelle, wo die spätere Brücke gebaut wurde, deren Pfahlroste noch zu sehen sind. Friedhöfe aus dem 1. Jahrhundert weisen darauf hin, daß die Einwohner romanisiert waren und Lateinisch sprachen.
Bis vor dem Ende des 1. Jahrhunderts wurden wenige große öffentliche Gebäude erstellt. Im Gegensatz dazu war das 2. Jahrhundert eine Zeit großen Reichtums, was sich in einer Anzahl bedeutender privater und öffentlicher Gebäude widerspiegelt, die in diesem Zeitabschnitt hier errichtet wurden. Folgende Anlagen wurden erbaut oder zu bauen begonnen: ein *forum* (ungefähr 400×150 m) mit einem unter der Erde angelegten Portikus (*cryptoporticus*), die neue Brücke mit steinernen Stützpfeilern über die Mosel, ein Amphitheater mit einem Fassungsvermögen von 20 000 Zuschauern, ein riesiger Komplex öffentlicher Bäder (deren heutiger Name »Barbarathermen« von der nahe gelegenen Kirche stammt), eine mehr als 12 km lange Wasserleitung im Ruwertal und ein großer Komplex für kultische Zwecke mit mehr als 50 eng nebeneinander errichteten Schreinen im Altbachtal.
Die beeindruckendsten Monumente der Römerstadt, die bis heute erhalten sind, wurden in der Zeit errichtet, als Trier kaiserliche Residenzstadt war. Das imposante Nordtor der Stadt, die Porta Nigra, war lediglich ein Teil des Verteidigungsringes, der wahrscheinlich in der Mitte des 3. Jahrhunderts gebaut wurde. Eine zweite großartige Bäderanlage (die Kaiserthermen), die im späten 3. oder frühen 4. Jahrhundert errichtet wurde, beansprucht in der Stadt eine ebenso große Fläche wie das *forum* und wurde gegen Ende des 4. Jahrhunderts in wesentlichen Teilen umgebaut. Die große Halle, die Basilika, wahrscheinlich ein kaiserlicher Empfangsraum (*auditorium*) aus dem frühen 4. Jahrhundert, ist noch zu sehen. Mit ihren Ausmaßen (67 m Länge, 27,5 m Breite

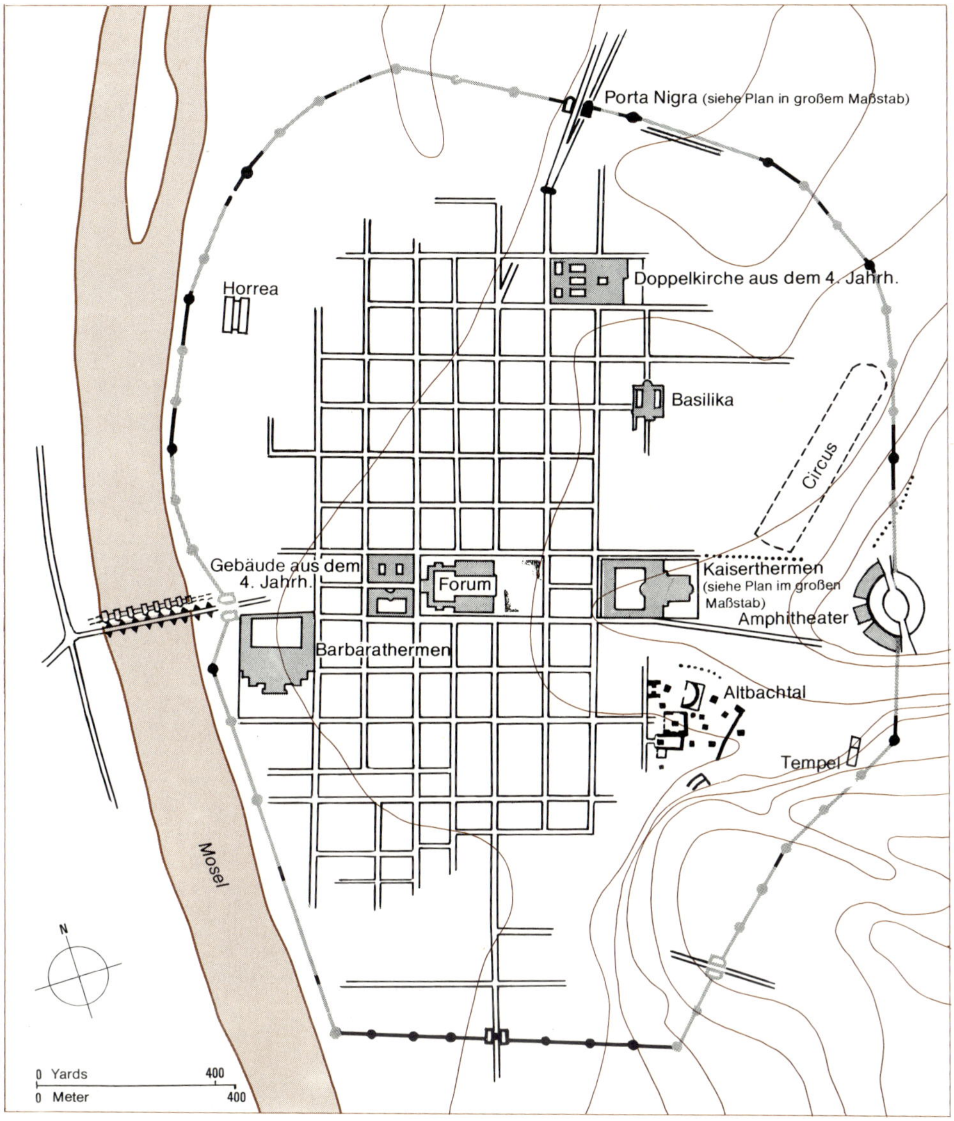

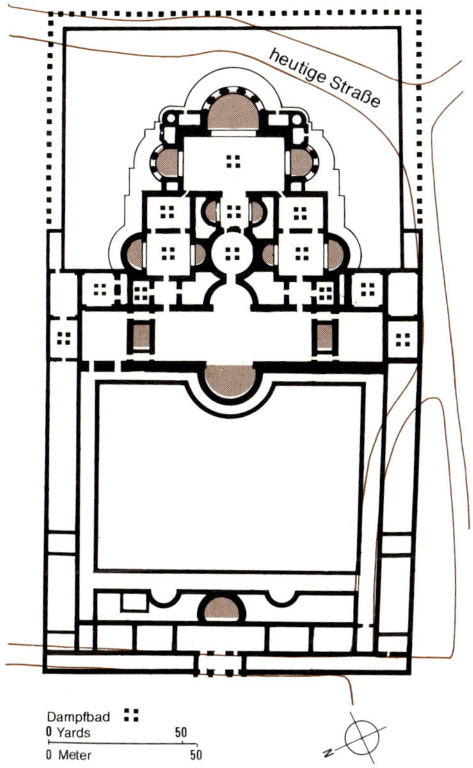

Links: Stadtplan. Oben: Plan der Kaiserthermen. Unten: Teil eines Wandgemäldes, Fundort Trier; das Bild zeigt das Leben in einem römischen Landhaus; eine der drei Figuren stellt einen Bauern mit Wams und Kapuze dar. Eines der wenigen gut erhaltenen Wandgemälde in Gallien.

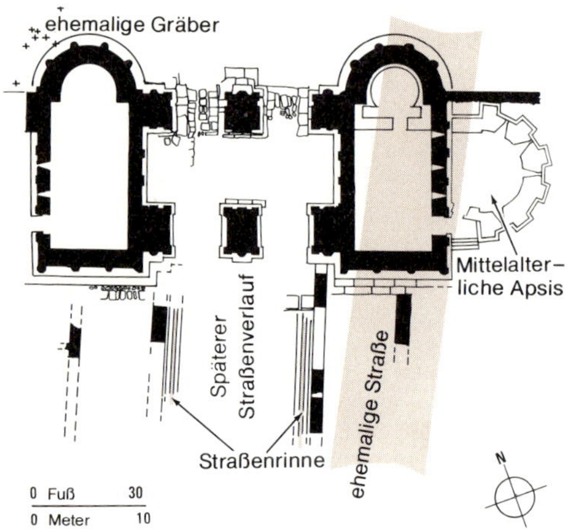

Das römische Nordtor (Porta Nigra) in Trier – oben: Plan; rechts: die Nordseite

und 30 m Höhe) gehört sie zu den beeindruckendsten Gebäuden, die aus dem Altertum erhalten sind. In dem neuzeitlichen Dom und der angrenzenden Liebfrauenkirche befinden sich die Überreste einer großen Doppelkirche aus der Römerzeit, vergleichbar mit den konstantinischen Kirchen in Rom (Sankt Johann Lateran), Bethlehem und Jerusalem.

Ternes, C. M.: »Die römerzeitliche Civitas Trevirorum im Bild der Nachkriegsforschung, I. Von der Gründung bis zum Ende des dritten Jahrhunderts«, in *Aufstieg und Niedergang der römischen Welt,* Hrsg. H. Temporini u. W. Haase. II, 4, Berlin und New York 1975, S. 320–424.

2 Xanten

Deutschland

Die Stadt Xanten ist nicht so sehr wegen ihrer sichtbaren Spuren aus ihrer römischen Vergangenheit bemerkenswert, sondern mehr wegen ihrer Lage am Niederrhein und wegen ihrer Bedeutung für die Besetzung des Rheinlandes durch die Römer im ersten Jahrhundert n. Chr. Vor 9 n. Chr. war der Ort der Stützpunkt der Legio XVIII; der Grabstein des Caelius, der bei der katastrophalen Niederlage von Varus den Tod fand, bestätigt diese Tatsache. Danach beherbergte sie bis ungefähr 46 n. Chr. zwei Legionen, V Alaudae und XXI Rapax, bis die Legion XXI durch die neu ausgehobene Legion XVI Primigenia ersetzt wurde. Im Jahre 70 n. Chr. wurde das Legionärskastell zusammen mit der zivilen Siedlung *(canabae)* durch den batavischen Aufrührer Julius Civilis zerstört.
Dieses Kastell, Vetera genannt, lag auf dem Gletscherhügel Fürstenberg in der Nähe von Birten, ungefähr 2 km vom Rhein entfernt gegenüber der Mündung des Flusses Lippe. Es wurde zunächst in Holz errichtet, später aber unter Claudius durch einen Steinbau ersetzt. Anstelle einer Festung aus Holz, die Tiberius errichten ließ (Länge 800 m, Breite 580 m, Fläche 45 ha), wurde schließlich unter Nero ein Kastell aus Stein mit den Abmessungen 915×630 m (oder 56 ha) gebaut; hinzu kamen eine Steinmauer, vier Tore und ein Doppelgra-

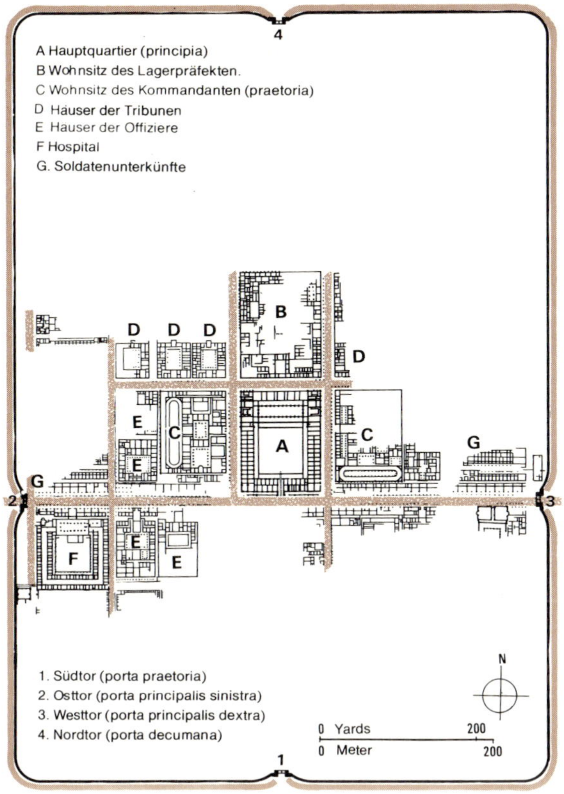

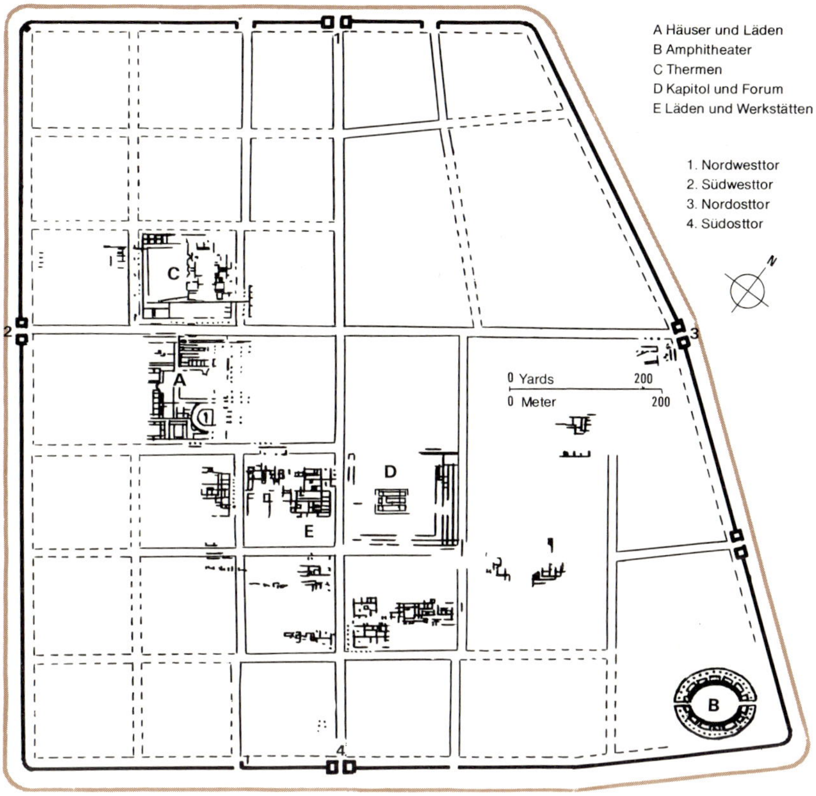

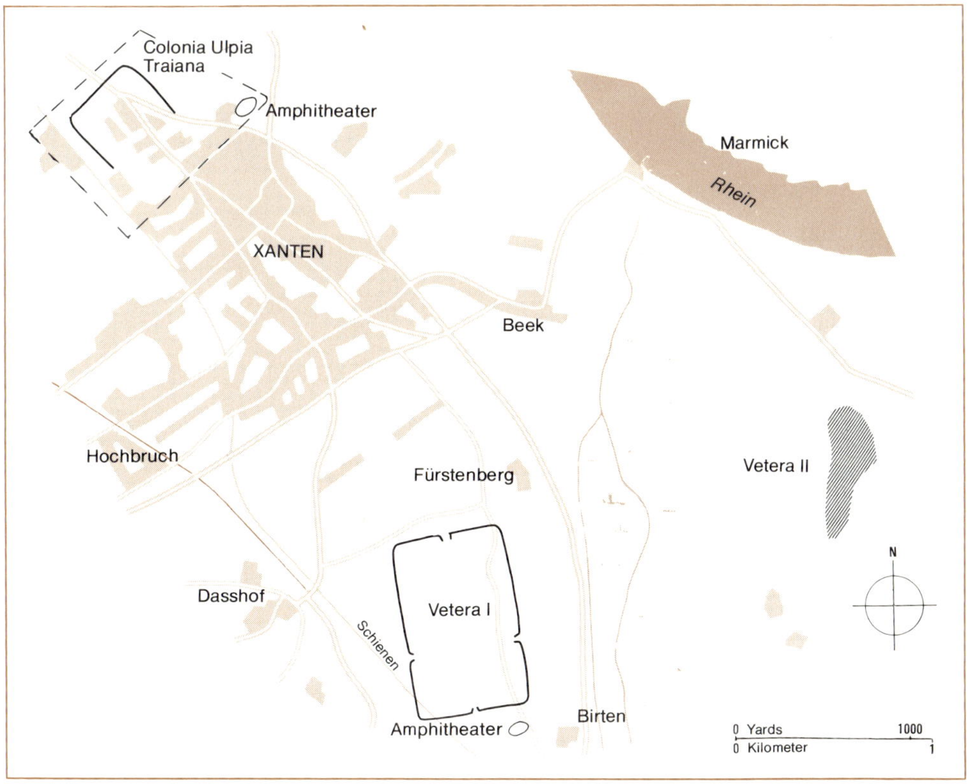

Oben links: Vetera. Plan des Kastells für die zwei Legionen.
Oben rechts: Ulpia Traiana. Plan der »colonia«.
Links: Lage der Kastelle I und II sowie der Colonia Ulpia Traiana.

Gechter, M., in: Bogaers, J. E., und Rüger, C. B. (Hrsg.), *Der Niedergermanische Limes.* Köln 1974, S. 106–111. – Ein Überblick über die Militärgeschichte von Vetera. Auf dem neuesten Stand der Forschung.

Hinz, H.: *Xanten zur Römerzeit,* 5. Aufl., Xanten 1973 – »Colonia Ulpia Traiana. Die Entwicklung eines römischen Zentralortes am Niederrhein: I Prinzipat« in *Aufstieg und Niedergang der römischen Welt. Hrsg. von H. Temporini, II, 4, Berlin und New York 1975, S. 825–869.*

ben. Das Hauptquartier *(principia),* die Wohnsitze für die zwei Befehlshaber der Legionen *(praetoria)* und einige Wohnhäuser für Offiziere sind ausgegraben worden.

Nach 98, aber wahrscheinlich noch vor 105, wurde die Stadt Colonia Ulpia Traiana einige Meilen nördlich am Fluß entlang errichtet. Sie liegt nun am Nordrand der mittelalterlichen und neuzeitlichen Stadt. Eine Steinmauer, in die vier Tore in regelmäßigen Abständen eingelassen waren, umschloß eine Fläche von 83 ha. Der Innenbezirk wurde durch ein regelmäßiges, aber nicht überall symmetrisches Straßennetz in *insulae* geteilt. An größeren Gebäuden, die ganz oder teilweise ausgegraben wurden, sind ein Amphitheater, ein Tempel in der Nähe des Nordosttores, ein *Capitolium (insula VI),* Bäder (II) und ein Palastkomplex (V) zu nennen. Läden und Werkstätten befanden sich in einer anderen *insula* (VII) nahe beim Zentrum. Bis zum Ende des vierten Jahrhunderts herrschte in der Stadt ein blühendes Leben. Funde sind im Museum in Xanten, in privaten Sammlungen und im Landesmuseum in Bonn aufbewahrt.

3 Carnuntum

Österreich

Carnuntum war der Name für ein römisches Legionärskastell und zugleich für eine Stadt, in der eine zivile Bevölkerung lebte; der Ort lag an der Donau östlich von Wien zwischen Petronell und Deutsch-Altenburg. Ursprünglich gehörte Carnuntum zur Provinz Noricum und wurde 14 n. Chr., als die Legion XV Apollinaris von Emona (Ljubljana) nach hier verlegt wurde, Pannonien angegliedert. Das Legionärskastell wurde in den darauffolgenden Jahren zunächst in Holz und später – ungefähr ab 73 n. Chr. – in Stein neu errichtet. Abgesehen von einem Aufenthalt im Osten (von 62 bis 71) blieb die Legion bis ungefähr 114 in Carnuntum; dann wurde sie durch die Legion XIV Gemina Martia Victrix ersetzt. Seit der Teilung Illyriens unter Augustus blieb dieser Ort die Hauptstadt der Provinz Pannonien (später »Pannonia Superior« genannt).

Die Überreste des Kastells sind im Norden durch den Fluß zerstört worden; systematische Ausgrabungen zwischen 1877 und 1911 hatten jedoch zum Ergebnis, daß einer der vollständigsten Pläne für einen Legionärsstützpunkt rekonstruiert werden konnte. Ein unregelmäßiges Viereck (ungefähr 500×400 m) war von einer Steinmauer und einem Doppelgraben umgeben, die mit drei oder vier Toren *(porta principalis, dextra* und *sinistra,* und *porta decumana)* versehen waren; sie sind bis heute noch erhalten. Das Nordtor *(porta praetoria)* ist nicht mehr lokalisierbar. Die Gestaltung des Bezirkes innerhalb der Mauer wurde nach einem Schema durchgeführt, das bis ins 2. Jahrhundert v. Chr. zurückgeht. Im Zentrum befanden sich die Hauptgebäude wie das Hauptquartier *(principia),* der Wohnsitz des Befehlshabers *(praetorium)* mit dem dazugehörigen rückwärtigen Bereich im Süden *(retentura)* und dem vorderen Teil im Norden *(praetentura),* auf dem die rechteckigen Soldatenunterkünfte standen, in denen jeweils eine Wohnung für den Centurio untergebracht war. Außerhalb der nordöstlichen Ecke des Kastells befand sich ein Amphitheater für das Militär, das ungefähr 8000 Personen Platz bot. Ungefähr 12 km westlich vom Kastell liegt unter den Häusern von Petronell die Stadt Carnuntum. Sie wurde unter Hadrian ein *municipium* und unter Septimius Severus, dessen Thronbesteigung im Jahre 193 hier zum ersten Male verkündet wurde, eine *colonia.* Die auffälligsten noch erhaltenen Monumente dieser Stadt sind das sogenannte Heidentor, ein Bogen und zwei Säulen – die Überreste eines vierseitigen Bogens (Höhe 20 m), dessen Zweck unbekannt blieb – sowie das größere Amphitheater für die zivile Bevölkerung, mit den Ausmaßen 68×50 m; es war für 13 000 Zuschauer gedacht. Zudem sind noch Ausgrabungen an zwei Plätzen, auf denen Steingebäude standen, durchgeführt und die Funde gesichert worden: ein Palastkomplex und ein Wohn- oder Geschäftsviertel wurden freigelegt.

Swoboda, Erich: *Carnuntum, seine Geschichte und seine Denkmäler,* 4. Aufl., Graz und Köln 1964

Vorbeck, Eduard und Beckel, Lothar: *Carnuntum: Rom an der Donau,* 2. Aufl., Salzburg 1973. – Bemerkenswerte Luftfotos in Farbe

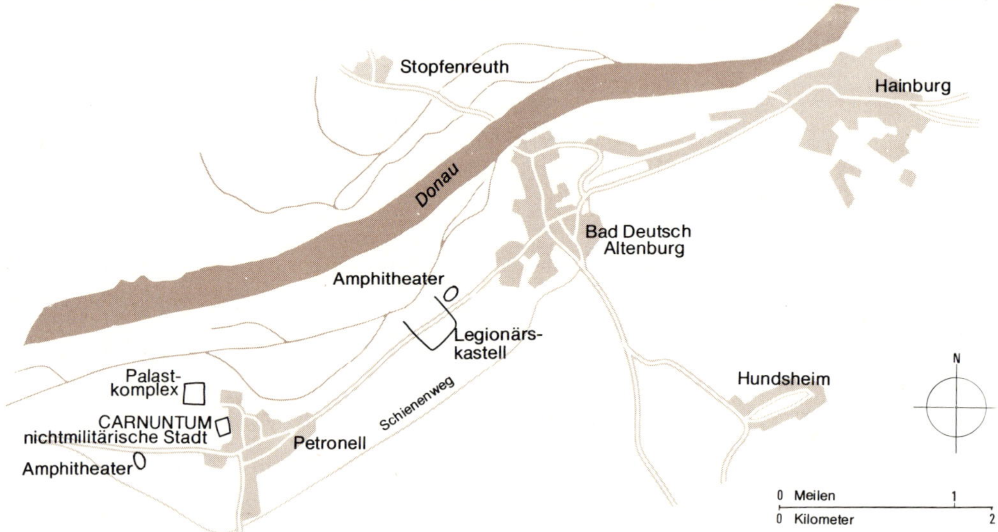

Carnuntum. Oben: die zivilen und militärischen Zentren. Mitte: Plan des Legionärskastells. Unten: Überreste der nichtmilitärischen Siedlung.

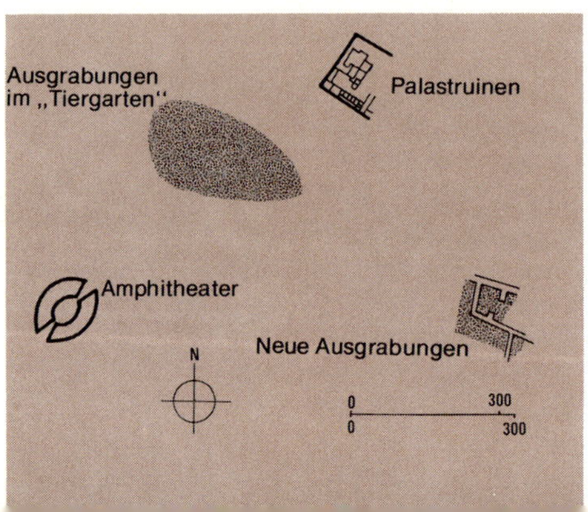

Links: Grabstein des römischen Soldaten Titus Calidius Severus, aufgestellt in Carnuntum. Die Grabinschrift nennt seinen Dienst als »optio« und »decurion« (Unteroffiziersränge) in der Hilfstruppe Prima Alpinorum sowie als »centurion« in der Legio XV Apollinaris, die eine Zeitlang in Carnuntum stationiert war. Er starb im Alter von 58 Jahren, nachdem er 34 Jahre als Soldat gedient hatte. Sein Bruder Q. Calidius errichtete ihm diesen Grabstein. Die drei unteren Bilder stellen seinen Waffenrock, seinen Helm, seine Beinschienen und sein Pferd mit seinem Bediensteten dar. Rechts: Epitaph, aufgestellt von Illo, Sohn des Itedo, zum Andenken an seine Frau Umma, Tochter des Tabico; sie wurde 45 Jahre alt. Das Porträt zeigt sie in ihrer einheimischen Tracht.

4 Magdalensberg

Österreich

Dieser traditionelle heilige Berg (Höhe 1058 m), ungefähr 20 km nördlich von Klagenfurt in Kärnten gelegen, bot vor Angriffen sicheren Schutz und gewährte in alle Himmelsrichtungen freie Sicht. Wasser war reichlich vorhanden, bis in hohe Lagen konnten ein fruchtbarer Boden genutzt und Eisenerz geschürft werden. Im 1. Jahrhundert v. Chr. befand sich hier eine bedeutende Siedlung des Königreiches Noricum. Vom 2. Jahrhundert v. Chr. an existierte auf dem Gipfel des Berges ein keltisches *oppidum,* das durch eine Verteidigungsanlage, ähnlich dem *murus Gallicus,* geschützt wurde; während der Regierungszeit Caesars wurde sie durch einen sinnreich gestalteten *murus duplex* ersetzt. Es besteht kaum Zweifel, daß dieser Ort Noreia die Hauptstadt von Noricum war. Diese Stadt war die größte Siedlung innerhalb einer Mauer in Noricum: sie bedeckte eine Fläche von mehr als 3 km^2.

Vor dem Ende des 2. Jahrhunderts v. Chr. trieben römische Kaufleute in einer 114×55 m großen Niederlassung auf dem Berg in einer Höhe von 920–925 m Handel. Um 100 v. Chr. waren die Gebäude zunächst aus Holz, die Läden und Geschäfte von einzelnen Händlern um einen offenen Platz gruppiert – ein »Handelsforum« im wahrsten Sinne des Wortes. Später wurden Steinhäuser und Läden gebaut, die mit Kellern versehen waren; letztere dienten als Lagerräume. Etwa in der Zeit von 40 bis 20 v. Chr. stand die Siedlung in ihrer größten wirtschaftlichen Blüte; einige Bewohner konnten es sich leisten, ihre Häuser von römischen Malern mit teuren Fresken dekorieren zu lassen. 15 v. Chr. wurde der Ort annektiert und erhielt eine römische Verwaltung. Magdalensberg erlebte dadurch einen weiteren Aufschwung. Zahlreiche Inschriften weisen darauf hin, daß sich in Magdalensberg Handelsfamilien aus Norditalien niedergelassen hatten. Der bedeutendste Fund aus dieser Zeit ist der sogenannte »Helenenberg-Jüngling« (er befindet sich jetzt in Wien), der im Jahre 1502 unter dem Gipfel entdeckt wurde. Er ist eine lebensgroße Bronzestatue, die von einem freigelassenen Familiensklaven um die Mitte des 1. Jahrhunderts v. Chr. dem Gott Mars gewidmet wurde. Die ausgegrabenen und nun gesicherten Gebäude der römischen Siedlung bestehen aus einem klassischen Tempel innerhalb einer Einfassung, flankiert von einer großen Halle mit einem Gerichtshof, einem Ratssaal (»Repräsentantenhaus«), einer Thermenanlage sowie an der anderen Seite des Tempels aus einer Reihe von Läden und Häusern (dem »Handelsviertel«). Alle Bauten stammen ungefähr aus der Zeit von 15 v. Chr. bis 40 n. Chr. Römische und keltische Namen auf den Hunderten von Grabsteinen weisen auf eine gemischte Bevölkerung hin.

Die Gründung einer neuen Stadt bei Virunum im Zollfeld unterhalb von Magdalensberg während der Regierungszeit von Claudius hatte zur Folge, daß letztere schnell aufgegeben wurde; keiner der vielen Funde kann auf einen späteren Zeitpunkt als diese Epoche datiert werden. Die meisten Ausgrabungsgegenstände sind im Museum in Magdalensberg ausgestellt.

Alföldy, Géza: *Noricum.* London 1974, S. 44–77. – Ein ausgezeichneter Überblick in englischer Sprache

Egger, Rudolf und andere: *Führer durch die Ausgrabungen und das Museum auf dem Magdalensberg,* 16. Aufl., Klagenfurt 1973

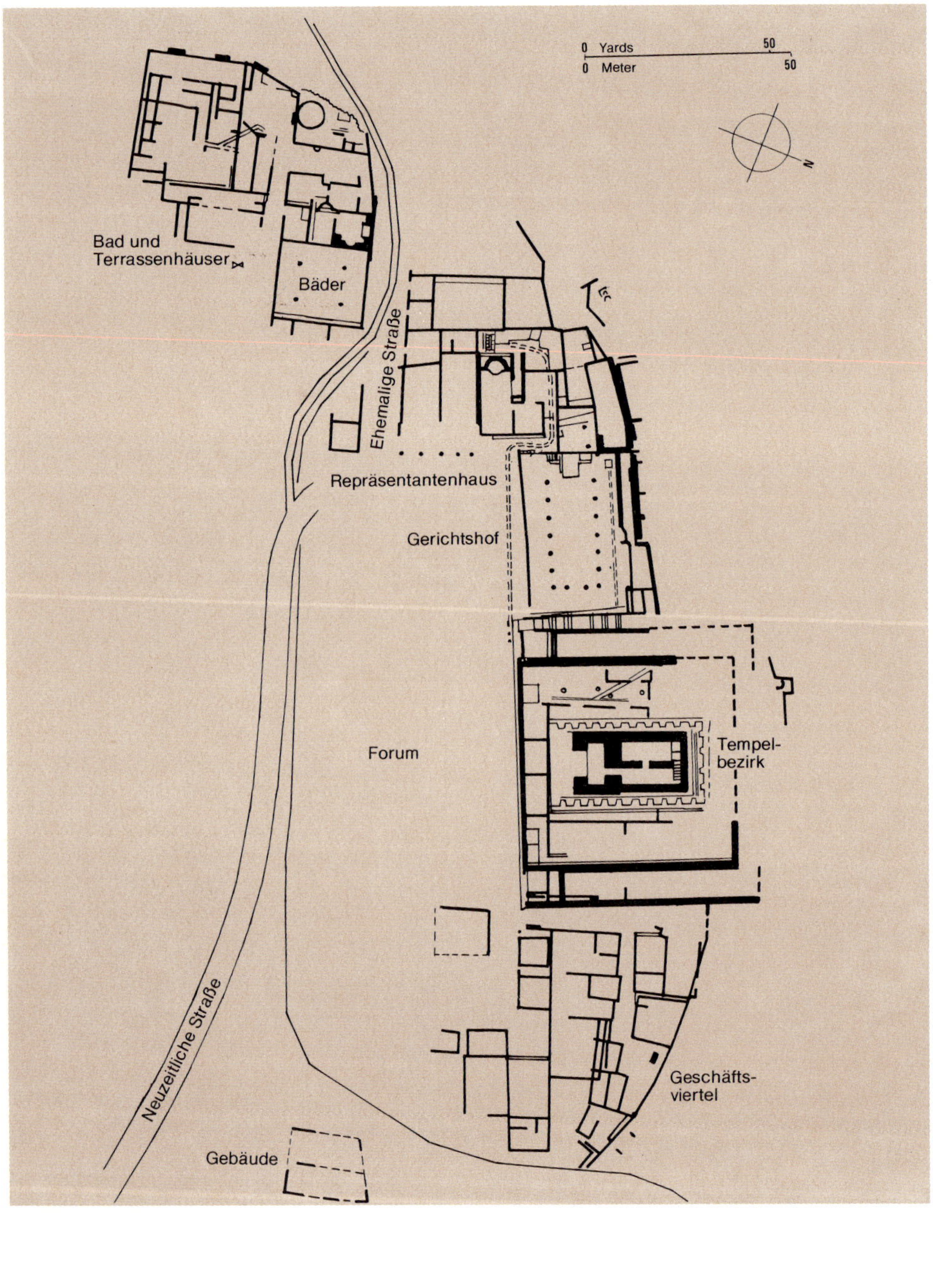

Gegenüberliegende Seite: Der »Helenenberg-Jüngling«, eine lebensgroße Bronzestatue eines jungen Mannes, hergestellt im ersten Jahrhundert v. Chr. in der Tradition der Schule des Praxiteles; die Statue wurde 1502 auf dem Magdalensberg gefunden.

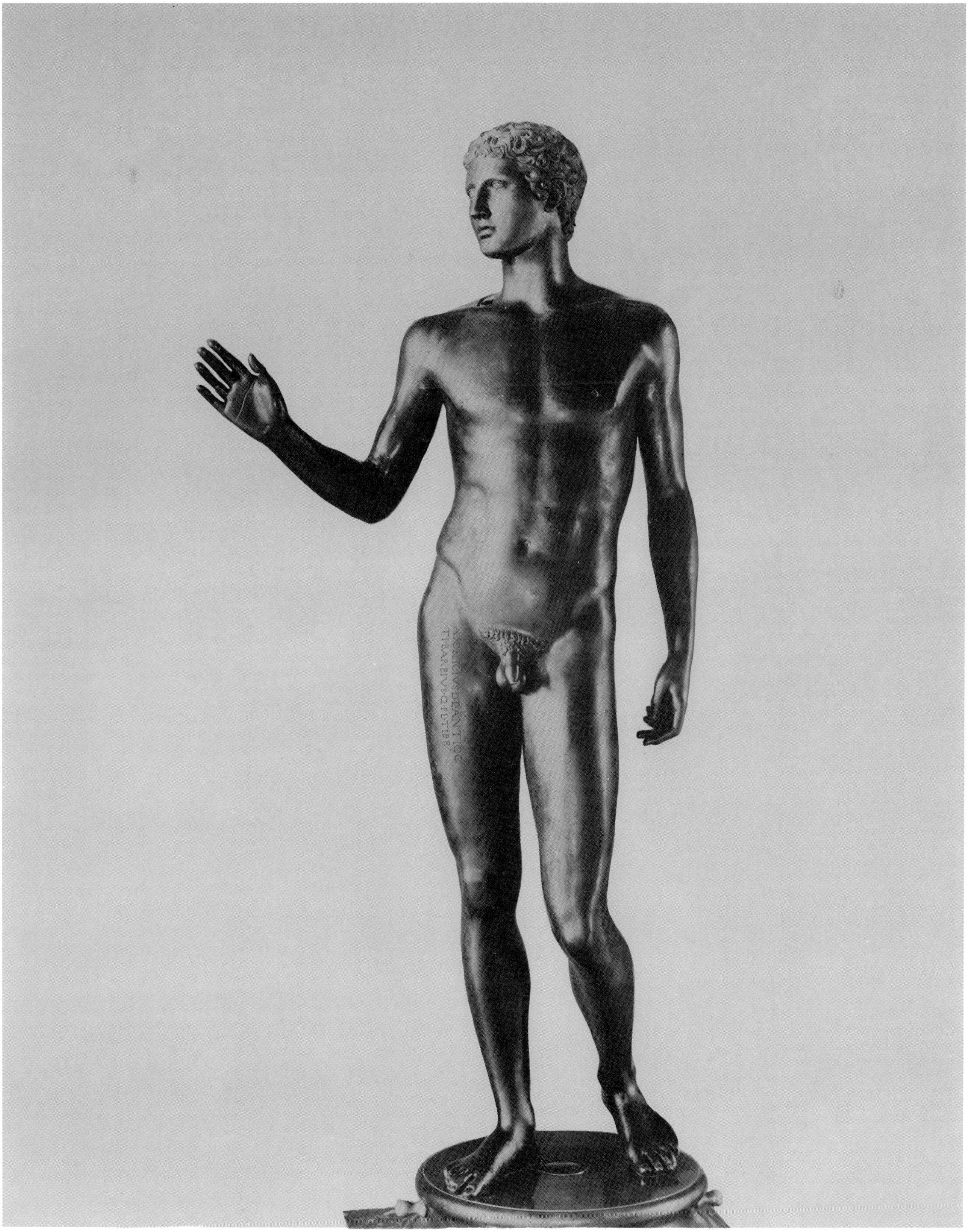
TI·BARBIVS·Q·P·L·TIBE

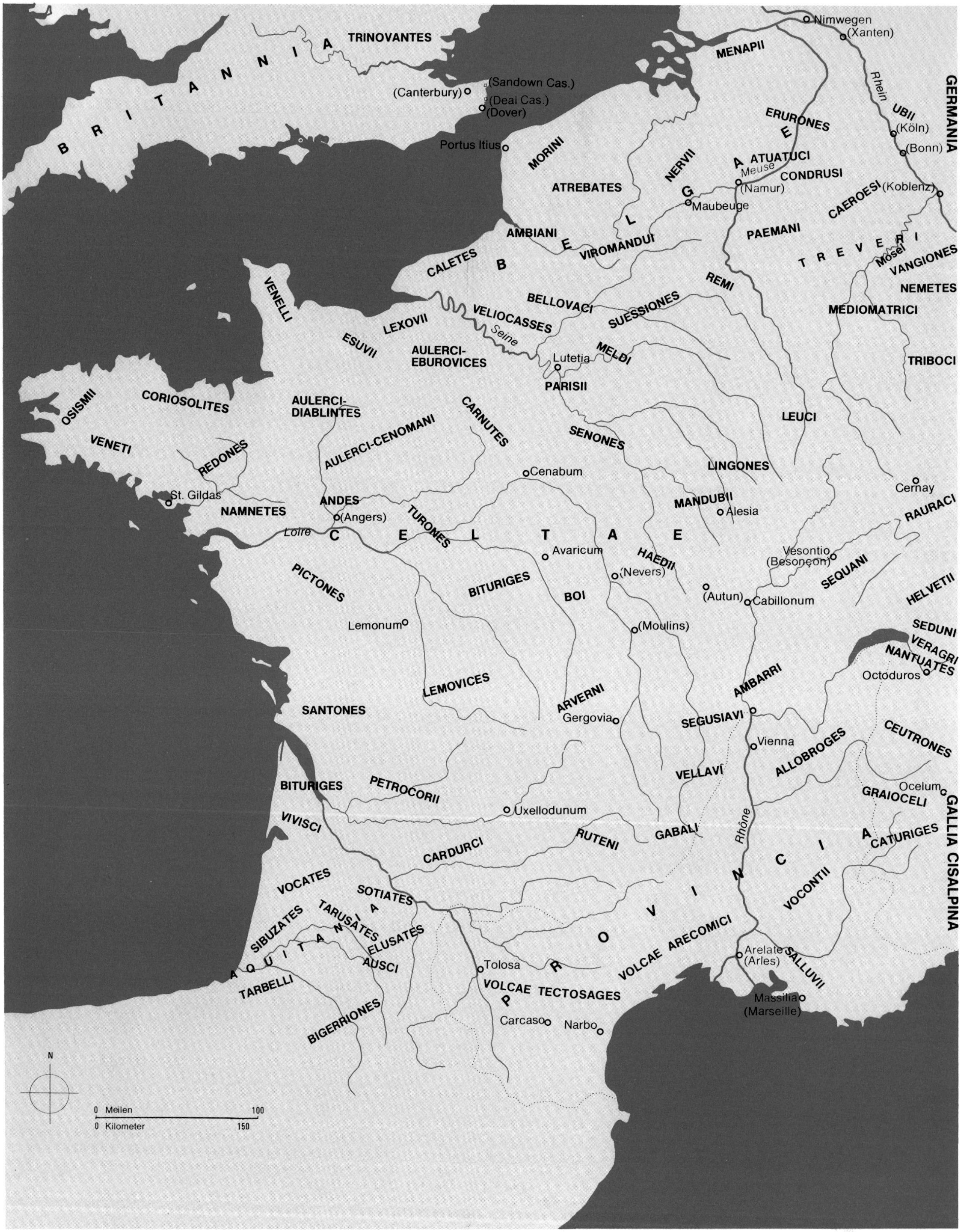
BRITANNIA
TRINOVANTES
(Canterbury)
(Sandown Cas.)
(Deal Cas.)
(Dover)
Portus Itius
MORINI
ATREBATES
AMBIANI
CALETES
VENELLI
LEXOVII
ESUVII
VELIOCASSES
Seine
AULERCI-EBUROVICES
BELLOVACI
SUESSIONES
MELDI
Lutetia
PARISII
MENAPII
Nimwegen
(Xanten)
Rhein
UBII
(Köln)
(Bonn)
GERMANIA
ERURONES
NERVII
ATUATUCI
Meuse
(Namur)
CONDRUSI
Maubeuge
CAEROESI
(Koblenz)
PAEMANI
TREVERI
Mosel
VANGIONES
NEMETES
MEDIOMATRICI
TRIBOCI
BELGAE
VIROMANDUI
REMI
LEUCI
OSISMII
CORIOSOLITES
VENETI
REDONES
AULERCI-DIABLINTES
AULERCI-CENOMANI
CARNUTES
SENONES
LINGONES
Cernay
St. Gildas
NAMNETES
ANDES
(Angers)
Loire
TURONES
Cenabum
MANDUBII
Alesia
RAURACI
CELTAE
Avaricum
HAEDUI
(Nevers)
Vesontio
(Besonçon)
SEQUANI
PICTONES
BITURIGES
BOI
(Autun)
Cabillonum
HELVETII
Lemonum
(Moulins)
SEDUNI
VERAGRI
NANTUATES
Octoduros
LEMOVICES
SANTONES
ARVERNI
Gergovia
AMBARRI
SEGUSIAVI
Vienna
CEUTRONES
ALLOBROGES
VELLAVI
Ocelum
GRAIOCELI
GALLIA CISALPINA
BITURIGES
PETROCORII
Uxellodunum
VIVISCI
RUTENI
GABALI
Rhône
CATURIGES
CARDURCI
VOCONTII
VOCATES
SOTIATES
PROVINCIA
SIBUZATES
TARUSATES
ELUSATES
AQUITANIA
AUSCI
VOLCAE ARECOMICI
Arelate
(Arles)
SALLUVII
Tolosa
TARBELLI
VOLCAE TECTOSAGES
Massilia
(Marseille)
BIGERRIONES
Carcaso
Narbo
N
0 Meilen 100
0 Kilometer 150

Die Provence

Die Provence (von den Römern »Provincia Narbonensis« genannt) muß die griechischen Kolonisten an ihre Heimat, die diesem Land auch klimatisch so ähnlich ist, erinnert haben. Wenn der Mistral vom Norden her über Lagune und Berg bläst, kann es auch ein rauhes Land sein. Zur Zeit der Eroberung durch die Römer lebten hier ungefähr 3 000 000 Menschen. Ein typisches, von den Ureinwohnern gegründetes, mit einem Wall versehenes *oppidum* ist Ensérune, das von griechischen, iberischen und römischen Einflüssen geprägt wurde. Später geriet es in die Abhängigkeit des griechischen Massalia (römisch Massilia, das heutige Marseille), der ältesten Stadt Frankreichs, die Griechen aus Phokäa in Kleinasien ungefähr 600 v. Chr. gründeten. Kürzlich erfolgte Ausgrabungen in Massalia haben nautische Geräte zutage gefördert: verstöpselte Gefäße, die einmal Fischbrühe oder Pech zum Abdichten enthielten, hölzerne Werkzeuge zum Abdichten, Anker aus Blei und Stein, Ballastgewichte aus Blei und Kupfer, Lotblei und Netzgewichte; auch fand man eine Seilerbahn, eine hellenistische Schleppvorrichtung, Pfeiler einer römischen Hafenanlage und den Kiel eines Schiffes.

Massalia war seit seinem Bestehen eine wohlhabende Stadt; vom Jahre 535 v. Chr. an besaß es in DELPHI eine reiche Schatzkammer. Es gründete seinerseits Nizza und Antibes und förderte die Entwicklung des Hinterlandes. Es war Roms Verbündeter im Kampf gegen KARTHAGO, war jedoch, wirtschaftlich gesehen, kein Konkurrent für Rom. Mit der Gründung der römischen »Provincia Narbonensis« (118 v. Chr.) begann der Niedergang Massalias. Doch wurde die rote Meerbarbe, eine Spezialität dieser Stadt, von den im Exil lebenden römischen Gourmets sehr geschätzt sowie von der römischen Bohème seine vielfältigen Zerstreuungsmöglichkeiten. Massalia unterstützte den Verlierer Pompeius gegen Caesar im Jahre 49 v. Chr. und wurde deshalb belagert. Unter der alten Kathedrale liegt ein Tempel der Artemis. An einem Tor in der Mauer entdeckte man eine gepflasterte Römerstraße, die über einer griechischen ungepflasterten Straße angelegt war. Unter Nero finanzierte Crinas, ein ortsansässiger Arzt, teilweise den Bau einer Mauer in der Nähe des Hafens; vielleicht stammen die ausgegrabenen Teile aus dieser Zeit. In dem von der Mauer umgebenen Bereich hätten nahezu 50 000 Menschen wohnen können. Massalia blieb bis zu den Einfällen der Westgoten (489 n. Chr.) bestehen.

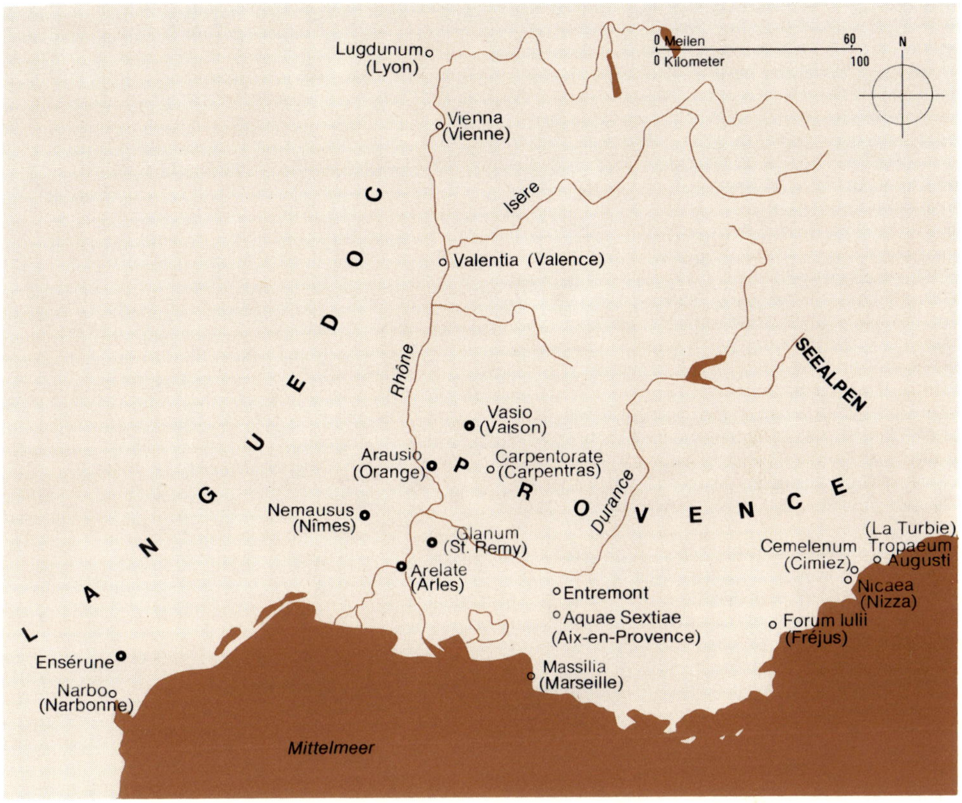

Gegenüberliegende Seite: Gallien während der unter Cäsar geführten Gallischen Kriege (58–51 v. Chr.). Das südliche Gebiet, Provincia (Narbonensis), war bereits eine römische Provinz.

GLANUM war eine Siedlung, die von Massalia aus an einem Ort gegründet worden war, wo sich ein heidnischer Altar befand. Ungefähr 53 km südöstlich davon liegt Aquae Sextiae (Aix-en-Provence), ein römisches Fort, das 123 v. Chr. von dem General C. Sextius Calvinus in der Nähe heißer Quellen im Schutze eines gallischen *oppidum*, Entremont, errichtet wurde. In der Ebene östlich der Stadt schlug im Jahre 102 v. Chr. Marius die Teutonen. Unter Augustus wurde Aix eine Kolonie, und Diokletian machte es zur Hauptstadt der Provinz. Größere Baudenkmäler sind nicht erhalten, doch wurde das Lager des Sextius im Bereich der Kathedrale ausfindig gemacht; vermutlich liegt das *forum* unter dem Place aux Herbes, in der Nähe des Hôtel de Ville. Die 5,8 m breite Via Aurelia bildete den *cardo* der Kolonie, auf deren Fläche von 14 ha 7700 Bewohner Platz gehabt hätten. Während der Blütezeit des Imperiums dehnte sich die Kolonie wahrscheinlich mindestens bis zum Bereich der heißen Quellen aus, und zwar 177 m westlich der Kreuzung von *cardo* und *decumanus*. Tatsächlich wurden Spuren einer Ringmauer 500 m westlich der Thermen gefunden; sie umschloß ein Gebiet von 42 ha – Raum für 23 000 Einwohner (das moderne Aix hat 73 000).

Im Jahre 118 v. Chr. gründeten die Römer eine Kolonie, Narbo Martius, in der Ebene unterhalb einer keltiberischen Hügelfestung; sie wurde die Hauptstadt von Narbonensis, erhielt einen Flußhafen, und durch sie verlief die Route nach Spanien. Nach einem Feuer im Jahre 145 n. Chr. wurde sie in verschwenderischem Stil wiederaufgebaut und besaß danach ein riesiges *capitolium* (48 x 36 m), viermal so groß wie das Maison Carrée in NÎMES, ein Amphitheater (122 × 91 m) – ein Drittel der Größe des Kolosseums –, Bäder, ein *forum* (137×85 m) und ein *cryptoporticus:* Gewölbegänge, die ein Rechteck (52×38 m) bildeten, von dem aus man einen Zugang zu 126 Räumen hatte, in denen wahrscheinlich Getreide gelagert wurde. In ihrer Blütezeit dehnte sich die Kolonie auf einer Fläche von ungefähr 100 ha aus, auf der ein Netz rechtwinkliger Straßen angelegt wurde; vermutlich lebten hier 55 000 Menschen. Später, im frühen 4. Jahrhundert, zog man sich in einen kleineren, von einer Mauer umgebenen Bereich zurück, weil Überfälle durch Barbaren drohten. 462 n. Chr. wurde die Kolonie von den Westgoten erobert.

Nach ARLES gründeten die Römer Vienne: Mark Anton ließ hier im Jahr 43 v. Chr. Veteranen ansiedeln. Die Ringmauer dieser Stadt umschloß eine Fläche von mehr als 200 ha. Augustus errichtete hier das zweitgrößte Theater Galliens mit 10 800 Plätzen; es wurde im griechischen Stil erbaut und verschwenderisch mit Marmor ausgestattet. Vienne besaß auch ein *odeon* (ein überdachtes Theater für Musik- und Tanzaufführungen) für 3000 Zuschauer und – einzigartig in Gallien – ein drittes Theater für die Mysterienspiele des Kybelekultes. Außerdem befanden sich hier eine Bahn für Wagenrennen (Länge 457 m) und ein Tempel, der dem Kaiser Augustus und seiner Frau Livia geweiht war und im Jahre 41 n. Chr. neu erbaut wurde. In dem Vorort Saint-Romain-en-Gal am anderen Ufer der Rhône wurden Mosaiken, unter anderem Abbildungen von Athleten im olympischen Wettkampf – beim Diskuswerfen, Wettlauf und Ringen –, gefunden. Nachdem Augustus 30 v. Chr. in Arausio (ORANGE) Veteranen ansiedeln ließ, benutzte er Caesars Hafenkolonie Forum Iulii (Fréjus) als Stützpunkt für 300 Schiffe, die er bei Actium von Antonius und Kleopatra erbeutet hatte. Der künstliche Hafen, der nun angelegt wurde, hatte eine Ausdehnung von 22 ha, besaß einen Leuchtturm und eine Einfahrt, die von Türmen flankiert und mit einer Sperre aus Ketten versehen war. Die angrenzende Schiffswerft wies Lagerhäuser, ein Arsenal und zwei Kasernen auf; letztere waren mit Türmen und Mauern versehen, enthielten Zisternen, Kornspeicher, Bäder und eine Wäscherei und waren mit eleganten Quartieren mit Mosaikfußböden ausgestattet. Fréjus hatte sowohl eine zivile wie auch eine militärische Funktion – was für Gallien ungewöhnlich war. Die 2,4 m dicke Stadtmauer hatte eine Länge von 2,75 km; wahrscheinlich lebten hier 22 000 Menschen. Durch die Stadt verlief als *decumanus* die Via Aurelia, die von Rom nach Arles führte. Das Westtor ist noch erhalten. Fréjus besitzt ein Amphitheater aus der flavischen Zeit (116×82 m; 12 000 Plätze) und ein schlecht erhaltenes Theater, kleiner als das in Arles. Eine Wasserleitung versorgte die Stadt und ihre Bäder von einer 40 km entfernt gelegenen Quelle.

Nemausus (Nîmes) ist eine weitere augusteische Gründung. 6 v. Chr. errichtete Augustus in La Turbie an der italienischen Grenze ein monumentales Denkmal zur Erinnerung an seinen Sieg über 44 in den Alpen ansässige Stämme, deren Namen in einer Inschrift auf dem würfelförmigen Sockel erwähnt sind. Auf dem Würfel befindet sich ein von Kolonnaden umgebener zylinderförmiger Aufbau; in den Nischen stehen die Statuen der Generale von Augustus, darunter auch die seiner Stiefsöhne Tiberius und Drusus. Auf dem Zylinder ruhte eine Pyramide. Zwölf Stufen führten zu einer Statue in doppelter Lebensgröße und 49 m über dem Boden, die den gottähnlichen Sieger über diese erbärmlichen Eingeborenen darstellt. Als Verzierung dienten Abbildungen kniender Gefangener, erbeuteter Waffen und der Gewänder der Generale.

Vasio (VAISON-LA-ROMAINE) erlebte seine Blütezeit in den Anfängen des Imperiums, ebenso wie Valentia (Valence), eine von Caesar oder den Triumvirn gegründete Kolonie. Carpentorate (Carpentras) ist berühmt wegen seines monumentalen Bogens; seine Überreste sind heute noch zu sehen. Er wurde zur selben Zeit errichtet wie der Bogen in Orange. An seiner Ostseite sind zwei muskelbepackte gallische Gefangene abgebildet, der eine in einem mit Fransen besetzten Gewand, der andere in ein Schafsfell gehüllt; sie sind an einen Baumstamm gekettet, um den herum sich Schwerter, Trompeten und an Zweigen aufgesteckte gallische Helme befinden. Der Teil eines Brustharnisches, eine Doppelaxt und ein Türkensäbel mit Scheide und Gürtel vervollständigen diese ziemlich auffällige Verzierung.

Cemenelum (Cimiez), ein vormalig ligurisches *oppidum*, oberhalb von Nizza gelegen, wurde später eine Garnisonstadt; sie besitzt das kleinste römische Amphitheater der Welt (67×58 m; 3000 Plätze). Während der Regierungszeit der Severer (193–235) wurden auf einer benachbarten Fläche Thermen errichtet, für Männer und Frauen getrennt, zu denen ein Stadion und eine Ringkampfarena gehörten. Als das Imperium den Höhepunkt seiner Blüte erlebte, genossen hier die Reichen in ihren Villen die kühle Luft und den Blick auf die Umgebung.

Die Provence stellte eine Verschmelzung einheimischer, griechischer und römischer Elemente dar. Was an materiellen Annehmlichkeiten die Romanisierung bot, das war in dieser Provinz zu finden. Die Römer nutzten die wirtschaftlichen und landwirtschaftlichen Vorteile dieses Landes, begegneten hier der griechischen Kultur und kontrollierten von diesem Gebiet aus den Zugang nach Spanien. Nur zwei bedeutende gallische Widerstandskämpfer – beides gallische Adelige, denen das römische Bürgerrecht gewährt worden war – betätigten sich in dieser Provinz aktiv. Der eine, Julius Sacrovir, rebellierte im Jahre 21 n. Chr. dagegen, daß sich Gallien bei den Finanzleuten in Rom immer mehr verschuldete: Der Bogen in Orange erinnert an seine Niederlage. Der andere, Julius Vindex, ein bis dahin treuer Offizier Roms, erhob sich im Jahr 68 gegen Nero. Vienne unterstützte ihn; aus Furcht vor Überfällen seiner Anhänger unterbrach man anscheinend den Bau des Amphitheaters in Arles. Aber auch er wurde besiegt und getötet (bei Besançon). Bis zu dem Zeitpunkt, als die Westgoten im frühen 5. Jahrhundert dieses Land eroberten, genossen die Gallier das Leben in solchen Landhäusern wie dem des Sidonius Apollinaris beim Aydat (knapp jenseits der provençalischen Grenze). Im Jahre 418 herrschten die Westgoten in ihrer Hauptstadt Toulouse, aber in weniger als einem Jahrhundert wurden sie von den Franken wieder vertrieben: In der Provence ist heute mehr das römische als das gotische Erbe zu sehen.

Barruol, G.: *Provence Romane 2*, Genf 1977
Brogan, O.: *Roman Gaul*, London und Cambridge, Mass., 1953
MacKendrick, P.: *Roman France*, London und New York 1972
Reclams Kunstführer Frankreich, Bd. 4: *Provence*, Stuttgart 1975
Rouquette, J. M.: *Provence Romane 1*, Genf 1974

1 Arles

Frankreich

Arles (Arelate), die früheste römische Gründung (46 v. Chr.) in Gallien nach der Eroberung, war eine Kolonie für Veteranen. Eines der auffälligsten Monumente ist ihr Amphitheater (137×107 m) mit einer Arena (70×40 m), die etwas größer als die in Pompeii ist. Das Amphitheater in NÎMES entspricht fast völlig diesem Bau in Arles; der Erbauer war T. Crispius Reburrus. In Arles stehen 60 Bögen auf zwei Ebenen, die unteren sind mit dorischen, die oberen mit korinthischen Halbsäulen versehen. Durchbohrte Konsolen hielten die Zeltmaste. 21 000 bis 25 000 Zuschauer fanden darin Platz; hinzu kamen noch die Reservesitze (40 cm breite Rinnen) für religiöse Gruppen, wie die Verehrer des gallischen Gottes Silvanus oder der ägyptischen Isis, oder für Schiffseigentümer, Schiffahrtsgilden und örtliche Verwaltungsbeamte. Unter der Arena befinden sich die Raubtierkäfige: man fand in ihnen Geweihe und Wildschweinhauer. Das Amphitheater ist gut erhalten, weil es im Mittelalter zusätzlich befestigt und genutzt wurde; auf dem Luftbild sind zwei mittelalterliche

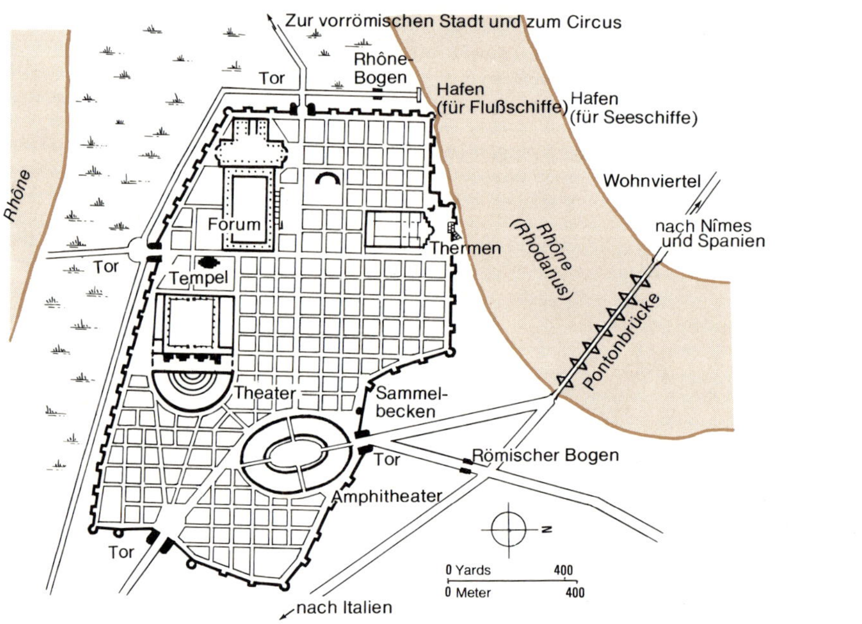

Türme zu sehen. Die Ringmauer um die Kolonie wurde zuerst in Holz errichtet; 16 v. Chr. wurde sie zerstört, um einer Steinmauer Platz zu machen. Das Amphitheater muß jünger als die Kolonie sein: bei seinem Bau wurde nicht das Straßennetz der Siedlung, sondern das eines späteren Viertels berücksichtigt. Die Ausgestaltung des Amphitheaters blieb unvollendet, vermutlich verhinderte der Aufstand des Vindex 68 n. Chr. die Fertigstellung; unter der Arena aufgefundene Tongefäße bestätigen dieses Datum.

Das andere, humanere Baudenkmal ist das Theater; bei seinem Bau wurde das ursprüngliche Straßennetz berücksichtigt – ein Hinweis darauf, daß es nicht lange nach der Gründung der Kolonie errichtet wurde. Eine Statue des Augustus verschönerte die Mitte des Bühnenteils. Zwischen der halbkreisförmigen Orchestra und der *scaenae frons* befand sich eine Vertiefung, in die der eingerollte Vorhang gelegt wurde, bevor das Spiel begann. Die Ausschmückung war verschwenderisch, so wurde die Orchestra mit roten und grünen Marmorsteinen ausgestattet; an der Fassade befanden sich Abbildungen von Stierköpfen, das Emblem der Legio VI, für deren Veteranen Arles gegründet worden war. Unter den erhaltenen Statuen befindet sich eine Venus (jetzt im Louvre, Paris), ein Trio tanzender Mänaden und eine Niobe – alles Charaktere aus dem griechischen Drama. Die Größe des Theaters ist ebenso beeindruckend wie seine Ausgestaltung. Sein Durchmesser beträgt 102 m und bot 7500 Zuschauern Platz, obwohl es nicht so groß war wie die römischen Theater in Lyon oder Vienne.

Dort, wo das moderne Arles, eine Stadt mit 30 000 Einwohnern, liegt, befand sich ein großer Teil der Kolonie. Doch konnte der *cryptoporticus* westlich des Theaters unter dem *forum* ausgegraben werden; er besteht aus drei U-förmigen Doppelgängen (Länge 106×72 m, Breite 3,9 m, Höhe 3,3 m), die von 50 Pfeilern gestützt wurden. Wasserdichte Wände lassen vermuten, daß diese Gänge als Kornspeicher dienten. Griechische Bauleute – wahrscheinlich aus Massalia – ritzten Schriftzeichen in ihrer Sprache ins Mauerwerk. In den Gängen fand man eine Statue des Augustus und das Duplikat eines Schildes, das ihm 26 v. Chr. gewidmet wurde und auf dem seine Tapferkeit, Milde, Gerechtigkeit und Frömmigkeit gepriesen werden. Gegenüber dem *forum* stand ein *capitolium;* der Circus befand sich am Fluß im Südwesten; am anderen Ufer der Rhône enthielt ein Portikus Amtsräume, ähnlich denen des Piazzale delle Corporazioni in OSTIA, Italien. Der Osten der Stadt gehörte früher den Centurionen: hier lagen Grundstücke, die die Veteranen von Arles zu Besitzenden machten.

Constans, L. A.: *Arles Antique,* Paris 1921
Grenier, A.: *Manuel d'archéologie gallo-romaine 3,* Paris 1958, S. 157–171

Oben: Luftbild des Amphitheaters und Theaters in Arles, von Nordwesten her gesehen
Unten: Das Amphitheater in Arles

2 Nîmes

Frankreich

Nîmes (Nemausus) wurde 28 v. Chr. von Augustus als Kolonie an einem Ort gegründet, wo sich eine Heilquelle befand. Die Veteranen, die sich hier niederließen, kamen anscheinend aus Ägypten: die Stadtmünzen – die Kolonie prägte ihre Münzen selbst – zeigen ein Krokodil und eine Palme. Seine besondere Blütezeit erlebte Nîmes unter Antoninus Pius (138–161); die Familie seines Vaters stammte von hier. Im zweiten oder dritten Jahrhundert n. Chr. wurde der Platz, wo sich die Quelle befand, durch folgende Bauten verschönert: einen U-förmigen Doppelportikus, zwei Tempel (Nemausus, einem alten Wassergott, sowie Rom und Augustus geweiht), ein mit Statuen geschmücktes Brunnenhaus (*nymphaeum*) und ein Gebäude mit einem Tonnengewölbe aus der Zeit Hadrians (117–138), das, wie ein ähnlicher Bau in GLANUM, Pilgern vermutlich als Unterkunft für die Nacht diente. Direkt neben der Quelle im Osten befand sich ein kleines Theater; von ihm führten Stufen zu dem auffälligsten Überrest der 16 v. Chr. errichteten Ringmauer, einem der 19 Türme, dem achteckigen Tour Magne, der aus drei jeweils versetzten Teilen besteht und ursprünglich 40 m hoch war. Die Mauer umschloß eine Fläche von 223 ha; doch war nicht der ganze Bereich bewohnt: französische Archäologen schätzen, daß hier höchstens 50 000 Menschen lebten.

Innerhalb der Mauer, in der Nähe der Kreuzung von *cardo* und *decumanus*, baute Agrippa 16 v. Chr. den vielleicht bekanntesten, am besten erhaltenen römischen Tempel in Frankreich, das Maison Carrée. Es erhob sich an der Südseite des *forum*, einer 140 m langen und 70 m breiten Piazza, an deren Nordseite die *curia* stand. Wie beim *forum*, so befinden sich auch beim Tempel Länge und Breite (26×13 m) zueinander im Verhältnis zwei zu eins; seine Höhe von 15 Metern war proportional gegliedert: das Podium und der Dachaufbau waren jeweils 3 m und die korinthischen Säulen 9 m hoch. Die Löcher für die Bronzebuchstaben der Widmungsinschrift ermöglichen es, den Text zu rekonstruieren: Er zeigt, daß der Tempel in dem Jahr 1 oder 2 n. Chr. den Enkeln des Augustus, Lucius und Gaius, ein zweitesmal geweiht worden war; auch im Tempel von Glanum wurden sie verehrt. Gaius Caesar war der Ehrenschutzherr von Nemausus. Das Maison Carrée – ursprünglich Rom und Augustus geweiht – ist eines der ältesten Beispiele für den römischen Herrscherkult in Westeuropa. Seitdem diente das Gebäude als Versammlungshalle, Wohnhaus, Stall, Kirche, Kornspeicher und Sitz der Präfektur; heute ist es ein Museum. Während der Regierungszeit von Ludwig XIV. entging es knapp dem Schicksal, abgebaut und in Versailles aufgestellt zu werden. Thomas Jefferson schwärmte von ihm »wie ein Liebhaber von seiner Geliebten« und nahm es zum Vorbild für das Kapitol seines Heimatstaates Virginia.

Das Amphitheater von Nîmes, ungefähr 366 m südöstlich vom Maison Carrée entfernt gelegen, gleicht fast genau dem entsprechenden Gebäude in ARLES und wurde vom selben Architekten errichtet. Für die Fassade wurden hochwertige Steine aus der Umgebung verwendet; der Bau wurde auf einem Betonfundament erstellt, ohne daß Mörtel oder Eisenklammern benutzt wurden. Dorische Halbsäulen – nicht korinthische wie in Arles – flankieren die Bögen im oberen Rang. 120 durchbohrte Konsolen hielten die Zeltmaste. Im Inneren befanden sich 34 Sitzreihen in drei Abteilungen, 124 Ausgänge und 162 Treppen. Für die Würdenträger der Stadt und die Schiffer auf der Rhône und Saone gab es reservierte Plätze. Fünf strahlenförmige Gänge ermöglichten ein reibungsloses Betreten und Verlassen des Amphitheaters: diejenigen im oberen Bereich haben flache Bögen und verleihen ihnen somit ein gedrungenes, archaisches Aussehen, obwohl das Gebäude aus der flavischen Zeit stammt. Wie in Arles, so diente im Mittelalter auch das Amphitheater in Nîmes den Soldaten der Festung als Unterkunft.

Die Stadt des Wassergottes benötigte mehr Wasser, als ihre Quelle geben konnte. Agrippa legte eine Leitung nach Nîmes vom 24 km Luftlinie entfernten Uzès, doch wurde der Aquädukt doppelt so lang, um das richtige Gefälle, 18 m auf 48 km, zu erhalten. Die Wasserleitung versorgte Nîmes mit ungefähr 400 Litern pro Person; heutzutage muß eine Person mit durchschnittlich 310 Litern auskommen. Ungefähr bei der Hälfte der Wasserleitung, dort wo auf den Bögen des Pont du Gard das Wasser und die Fußgänger den Fluß Gardon überqueren, befindet sich einer der am besten erhaltenen, malerischsten und berühmtesten Abschnitte eines Aquädukts innerhalb der römischen Welt. An dieser Stelle ist die Wasserleitung 54 m hoch; schwindelfreie Besucher können ganz oben, nahezu 300 m hoch, die Steinplatten entlanggehen, unter denen die Wasserkanäle verlaufen, die mit wasserresistentem Zement abgedichtet wurden. Drei nach innen versetzte Bogenreihen tragen den Kanal. Der Gehweg auf der niedrigsten Bogenreihe wurde im 18. Jahrhundert für Fahrzeuge verbreitert. Auf jeder Stufe verringert sich die Breite der Arkaden rechts und links des Zentralbogens. Die Grundstufe, 155 m lang, besteht aus sechs Arkaden, die sich bei niedrigem Wasserstand fast 24 m hoch erheben; ihre Dicke beträgt 6,7 m. Die mittlere Stufe ist 21 m hoch und 265 m lang und besteht aus elf 5 m dicken Bögen. Die obere Stufe hat eine Länge von 300 m, weist 35 Bögen auf, die 8 m hoch und 3 m breit sind. Der Aquädukt steht etwas gegen die Strömung. Die Grundpfeiler sind mit einem Fundament und Wellenbrechern versehen. Der niedrigste Zentralbogen, durch den der Gardon fließt, ist 26 m breit. Beim Bau wurden weder Mörtel noch Eisenklammern verwendet; das Gewicht der Steinblöcke hält die Konstruktion fest an ihrem Platz. Einige dieser Quader haben ein Volumen von ungefähr 1,5 Kubikmetern und ein Gewicht von 6 Tonnen. Die vorragenden Steine – sie sind auf dem Foto zu sehen – dienten dazu, die Gerüste bei Reparaturen zu stützen. Buchstaben in einigen Steinblöcken zeigen an, wo diese eingefügt werden sollten. Man findet altertümliche und moderne Zeichen; in einem Quader ist ein phallisches Symbol eingeritzt, ein Zauber gegen den bösen Blick. Der Aquädukt endet an einem Sammelbecken an der *cardo* in Nîmes.

Grenier, A.: *Maniel d'archéologie gallo-romaine 3,* Paris 1958, S. 143–156; 4, Paris 1960, S. 88–101 (Pont du Gard)

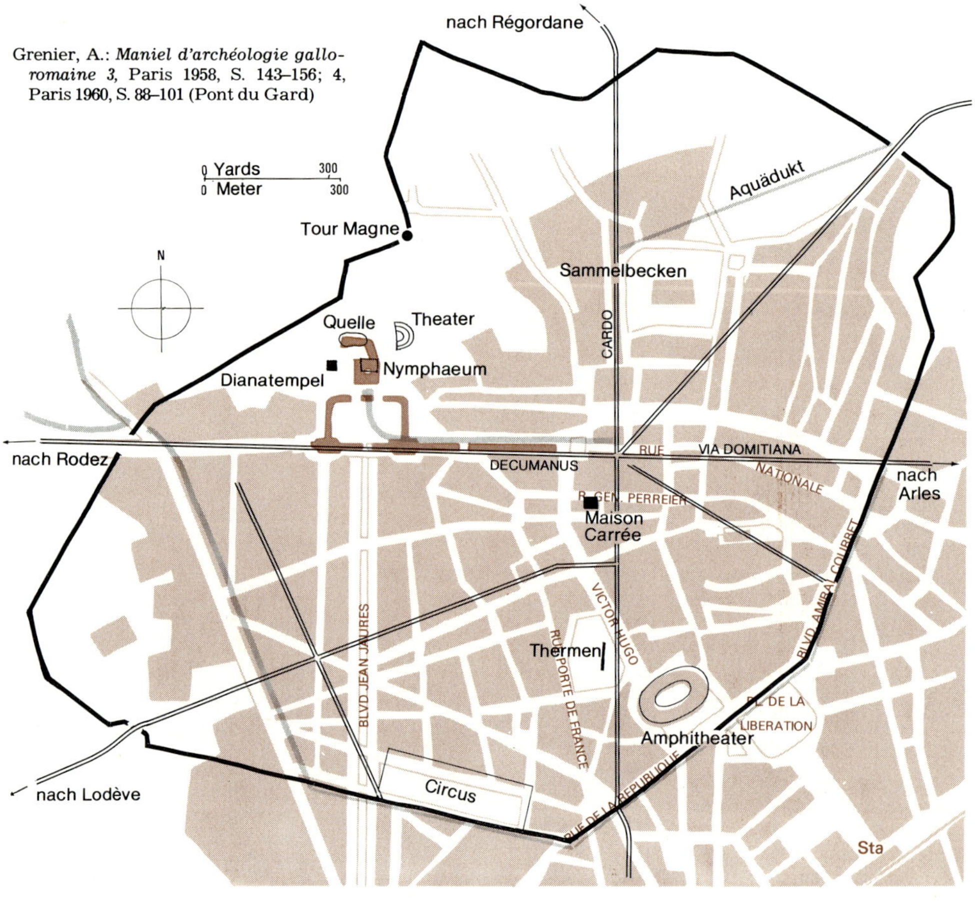

Oben: Der Pont du Gard

Links: Das Amphitheater von Nîmes

3 Orange

Frankreich

Orange (Arausio) war eine Kolonie für Veteranen der Legio II und wurde von Augustus 36/35 v. Chr. gegründet. Ihre beeindruckendsten erhaltenen Überreste sind ein Bogen und ein Theater. Der 19 m hohe und 20 m breite Bogen ist mit militärischen und nautischen Motiven reich geschmückt. Auf den Gewölbesteinen der Seitenbogen sind die Eichenblätter der Bürgerkrone zu sehen. Im oberen Teil sind Trophäen wie Rüstungen, gallische Hosen, Harnische, Sättel, Trompeten, Kriegsfahnen sowie beschriftete und verzierte Schilder abgebildet. Eine Inschrift lautet *Sacrovir:* es war der Name eines gallischen Widerstandskämpfers, der nach der Niederlage durch die hier stationierte Legion 21 n. Chr. Selbstmord beging. Diese Einzelheiten und die Deutung der Löcher für die Bronzebuchstaben, die einmal den Sims geschmückt hatten, lassen den Schluß zu, daß der Bogen 26 n. Chr. während der Regierungszeit des Tiberius errichtet wurde. Auf drei Seiten des Bogens oberhalb der Inschrift befinden sich Friese, auf denen Römer in erfolgreichen Zweikämpfen mit nackten, behaarten Barbaren zu sehen sind. Die Seitenreliefs oberhalb des Frieses zeigen die größte bekannte Ansammlung nautischer Beutestücke (wahrscheinlich aus Actium; sie dienten Propagandazwecken und sollten die Niederlage der Barbaren durch die Römer symbolisieren): Schiffsbuge, Rammböcke, Bugfiguren, Dreizacke, Ruderpinnen, Anker, Heckverzierungen, Takelwerk und Laufplanken. Altarähnliche Vorbauten oberhalb der Trophäen tragen in Form von Reliefs Opfergeräte, wie sie bei der Gründung von Kolonien verwendet wurden. Die zentralen Gewölbesteine zeigen Abbildungen von Früchten, Nüssen, Efeu und Weizenähren, wie sie auch an der Ara Pacis des Augustus in ROM zu sehen sind. Im Giebel und an seinem Rande befinden sich Löcher, mit deren Hilfe man vergoldete Bronzeeinlegestücke – vergoldet deshalb, um die Bildung von Grünspan zu verhindern – befestigte, auf denen ein Kopf, umgeben von Füllhörnern und Tritonen, zu sehen war. Auf der breiten Plattform oberhalb des Giebels befand sich eine Bronzestatue des Tiberius in einem Viergespann. Im Relief am Plattformrand kämpfen Fußsoldaten und Reiter gegen halbnackte, nur mit Hosen bekleidete Gallier. An den 9 m breiten unteren Enden des Bogens befinden sich Reliefabbildungen von männlichen und weiblichen Gefangenen, die an einen mit Waffen behangenen Baum gekettet sind – ein ähnliches Motiv findet man auch in Carpentras. Dies alles vermittelt einem den Eindruck von Chaos, Unordnung, Gewalt und Pathos zugleich, wie man ihn auch bei den Reliefs des Großen Zeusaltars in PERGAMON erleben kann. Hier in Orange diente der hellenistische Realismus den propagandistischen Zielen der römischen Machthaber.

Die Stadtmauer umschließt eine Fläche von 70 ha; möglicherweise lebten hier 38 000 Einwohner. Innerhalb der Mauer befindet sich das Theater; es ist ungefähr so groß wie das in Arles und ebenso alt. In dem ständig vorhandenen Bühnenbild befanden sich einst 76 Säulen und ein Fries, auf dem Amazonen, Zentauren und Perseus sowie die Venus, die Begründerin des julianischen Herrscherhauses, und Augustus selber, dieser in doppelter Lebensgröße, abgebildet sind. Ein Fragment am Fuße des Kaisers zeigt einen knienden, mit einer Hose bekleideten Gallier, der Augustus um Milde anfleht – eine Darstellung, mit der der Herrscher für sich warb.

Ein wichtiger Fund aus Orange ist eine nur im Fragment erhaltene Übersichtskarte des Gebietes um die Stadt; sie ist aus Marmor und stammt aus dem Jahre 77 n. Chr. (der Regierungszeit von Vespasian). In dieser Karte wurde verfügt, daß illegale Ansiedler, meistens städtische Beamte, das von ihnen genutzte öffentliche Land wieder in den ursprünglichen Zustand bringen mußten. Auch ist auf ihr erwähnt, daß bei einem Steuerrückstand 6 Prozent Zinsen gezahlt werden mußten. Einige ursprüngliche Besitzer oder ihre Erben bekamen einen Teil des Landes zurück. Der gebirgigste und unfruchtbarste Teil des Gebietes wurde den eingeborenen Galliern überlassen; ein weiterer Teil wurde zum kommunalen Weideland erklärt. Das Dokument, das dazu diente, die Unzufriedenheit der Gallier zu dämpfen, zeigt beispielhaft, nach welchen Vorstellungen die Römer Gesetze erließen; sie widmeten dem Einzelfall ihre Aufmerksamkeit und verfuhren dabei nach dem Prinzip der Gerechtigkeit: den Galliern wurde mehr Recht zuteil, die Römer hingegen mußten nur ein wenig nachgeben.

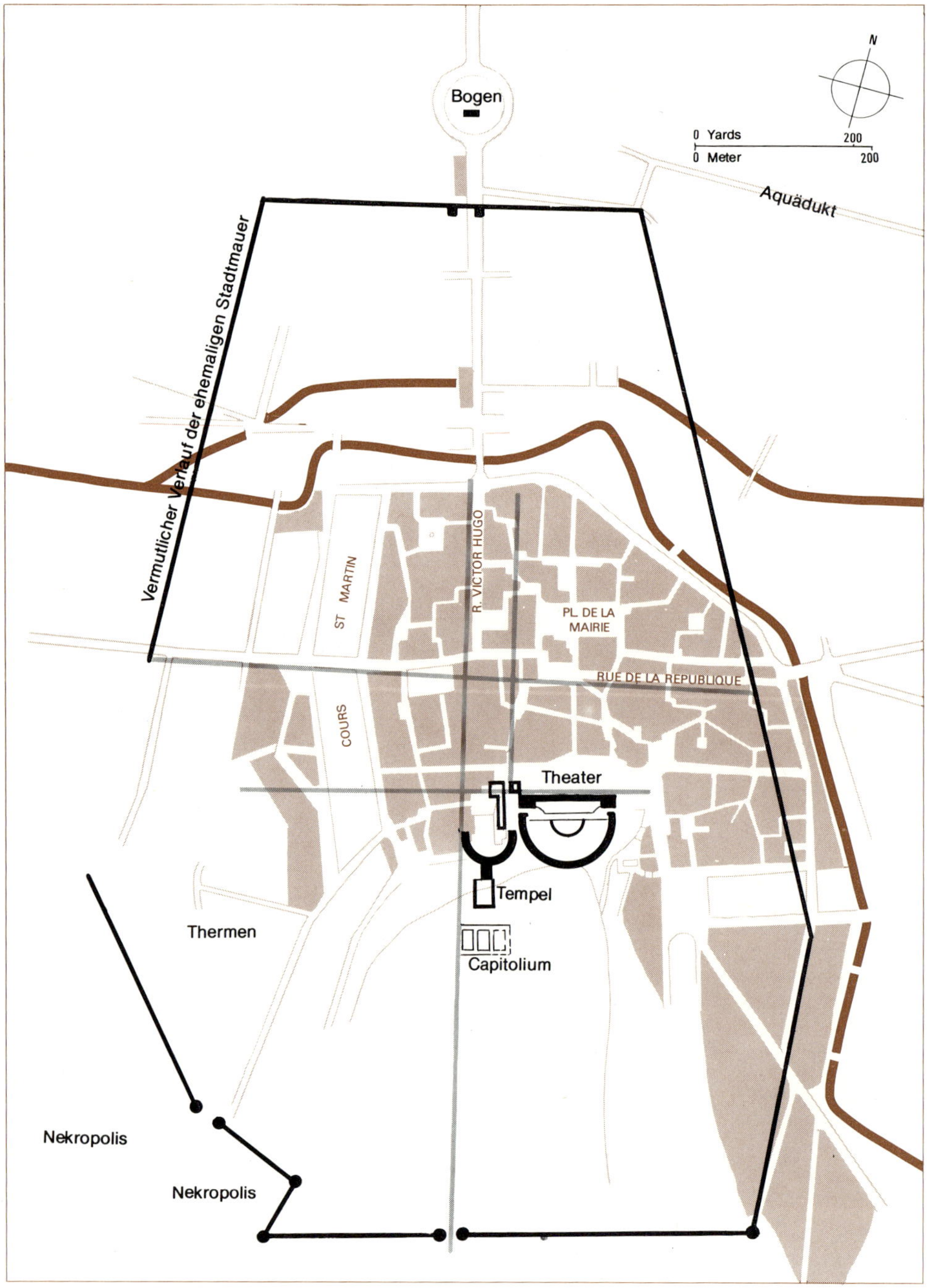

Amy, R, u. a.: ›*L'Arc d'Orange*‹, *Gallia*, Suppl. 16, Paris 1969
Grenier, A.: *Manuel d'archéologie gallo-romaine 3*, Paris 1958, S. 172–193

Oben: das Theater von Orange

Unten: Fragment des Theaterfrieses, Orange

4 Vaison-la-Romaine

Frankreich

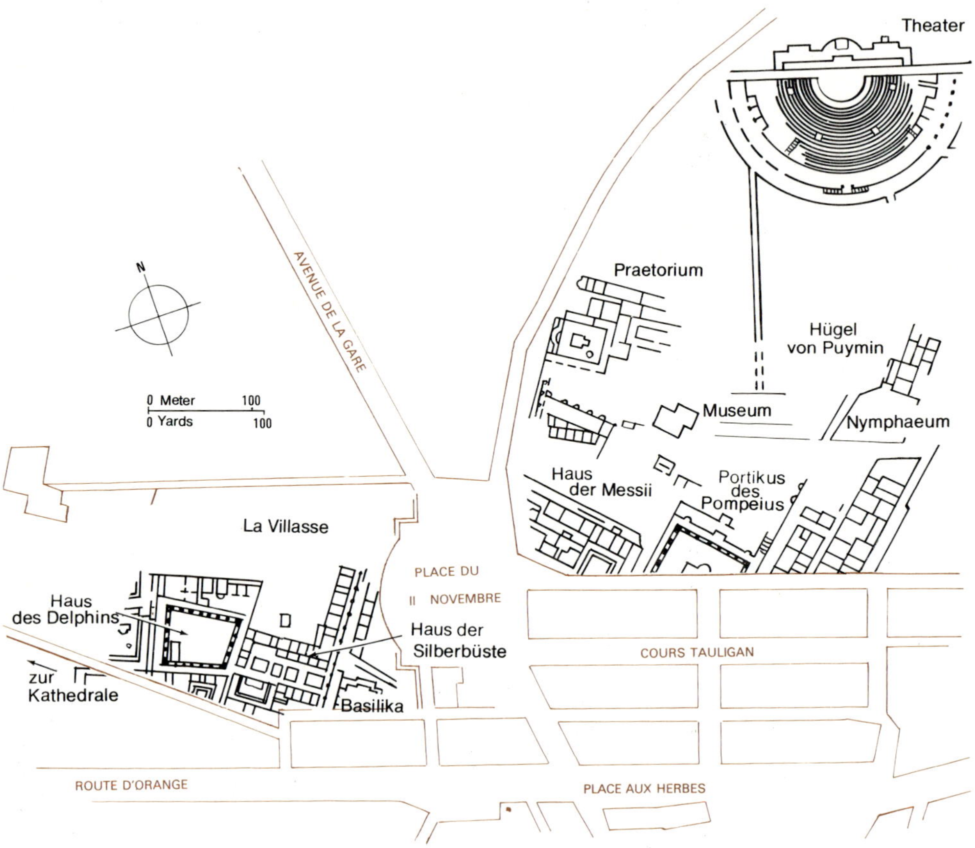

Vaison-la-Romaine (Vasio) liegt etwas mehr als 25 km nordöstlich von Orange; es ist das Pompeji der Provence. Die Ausgrabungen an diesem Ort sind das Ergebnis der fast 50 Jahre währenden hingebungsvollen Arbeit des begabten Amateurs Abbé (später Chanoine) J. Sautel. Vasio war die Hauptstadt der Vicontii, die auf der Anhöhe südlich des Flusses Ouvèze lebten. Ungefähr 20/19 v. Chr. zogen sie zu einem ebener gelegenen Ort. Hier blieben sie und wurden wohlhabend, bis Barbaren sie dorthin vertrieben, wo sie hergekommen waren. Bis jetzt sind zwei Viertel der Siedlung ausgegraben: Puymin und La Villasse.

In Puymin grub Sautel das prunkvolle Haus der Messii aus, in dem sich ein Schwimmbecken, ein Säulengang, eine Latrine, Thermen, Mosaikböden und Wände mit Fresken befanden. Die Fresken stammen aus dem 1. Jahrhundert n. Chr.; die Thermen wurden später hinzugefügt. Der »Portikus des Pompeius« hat seinen Namen von einer bruchstückhaft erhaltenen Inschrift, die in dieser Anlage gefunden wurde. Im Mittelpunkt des Gartens befindet sich ein Wasserbecken, in dessen Wänden Fischnester aus zersägten Amphorenhälften eingelassen sind. Eine Nische enthielt eine römische Kopie des Diadumenos von Polyklet; sie stellt einen Athleten dar, der sich sein Haar zurückbindet. Die Marmorkopie wurde in den sechziger Jahren des 19. Jahrhunderts gefunden und an das Britische Museum verkauft; was der Besucher *in situ* erblickt, ist ein Gipsabdruck. Die Mauer, in der der Diadumenos stand, war ursprünglich mit schwarzem, rotem und grünem Stuck versehen. Die hier aufgefundenen Münzen stammen aus der Zeit, in der Augustus und Diokletian regierten, die jüngsten demnach aus dem Jahr 305 n. Chr.

In Puymin gibt es auch Gebäude, die an Größe und Ausstattung wesentlich bescheidener sind als das Haus der Messii. Von dem *nymphaeum* führte ein unterirdischer Gang zum Theater. Es ist kleiner als das in ARLES, war aber mit einer beträchtlichen Anzahl von Statuen geschmückt, die nun in dem am Ausgrabungsort befindlichen Museum zu bewundern sind. Eine dieser Statuen stellt Tiberius dar; mit ihrer Hilfe konnte man die Entstehungszeit des Theaters während seiner Herrschaft festlegen; man nahm an, daß es nicht später gebaut wurde, weil Tiberius so unbeliebt war, daß man eine Statue von ihm wohl schwerlich nach seiner Regierungszeit errichtet hätte. Im Jahr 20 oder 21 war es besonders üblich, diesem Kaiser Statuen zu widmen. Auch gibt es Standbilder, die die Mitglieder der Familie des Tiberius, Hadrian mit einer Frau, entweder seine Frau Sabina oder seine Schwiegermutter Matidia, darstellen, ferner die Venus, die Juno und den Apollo; ebenso findet man zwei Statuen des Bacchus, des Schutzherrn des Dramas.

Keine besonders glückliche Hand bewies man bei der Restaurierung des Theaters, so daß man sogar von Betrug sprach: man verwendete moderne Säulen und täuschte Bearbeitung mit dem Meißel vor, man führte künstliche Schäden herbei und behandelte die Kanten von Blöcken mit dem Hammer, damit sie ein rauhes Aussehen bekamen. Dies alles tat man, um vorzutäuschen, Vandalen hätten im Altertum diese Stätte heimgesucht. Auf Vorwürfe entgegnete Sautel, daß seine Restaurierungsarbeiten das Theater vor dem Zerfall bewahrt hätten und nur Material aus der ersten Zeit seiner Entstehung beim Wiederaufbau benutzt worden sei. Für das Anpflanzen von Büschen und Blumenrabatten fand er keine Entschuldigung. Südwestlich vom Theater befindet sich das *praetorium* (das militärische Hauptquartier), in dem vermutlich ein Tempel der Isis stand. Bemerkenswert sind die gelben, roten und grünen Fresken. Die vielen Austernschalen, die hier aufgefunden wurden, lassen vermuten, daß die Offiziere Feinschmecker waren. Münzen geben einen Hinweis darauf, daß das Gebäude bis zum Jahr 244 n. Chr. benutzt wurde.

In La Villasse befand sich die *basilica* für die Zivilbevölkerung; sie war mit einem Bogen versehen und besaß einen vielfarbigen Marmorboden, grüne Wandsockel, über dem rote Fresken mit einem gelben Randstreifen angebracht waren, und eine Latrine mit fünf Sitzen. Die jüngsten Münzen stammen aus der Zeit von Constantius II., der im Jahre 361 n. Chr. starb. Auf der anderen Seite des *cardo* steht das Haus der Silberbüste, dessen Portikus und Läden zur Straße weisen. Die Büste zeigt den Besitzer als einfachen Bourgeois. Er dehnte seinen Besitz nach Westen aus, erwarb das angrenzende Anwesen, baute einen weiteren Säulengang und brachte noch mehr ziemlich grellfarbene Fresken an. Eine *oscilla,* die im Säulengang hing, zeigt einen Hasen, der eine Frucht aus einem Korb frißt. Die jüngsten Münzen stammen aus dem Jahre 375. Das mit farbenfrohen Fresken versehene Atriumhaus war bis in die Regierungszeit von Constantius II. hinein bewohnt. Ein Raum weist einen Sockel mit gelber Vertäfelung und rotem Randstreifen auf; darüber befindet sich eine rote Vertäfelung mit weißen Leisten und schwarzem Rand. In den anderen Räumen sind die Sockel rot oder schwarz; der Rand darüber ist in der jeweils anderen Farbe; die Vertäfelung ist blau, ihr Rand rot. Im Norden des großen Säulenganges befindet sich das farbige Haus der Fresken; sie sind orange und rosa und stellen Tiere dar: einen Leoparden, ein Seepferd, einen Hirsch, einen Löwen, eine Ziege, einen Mann mit einer Hindin und ein Rebhuhn in Mosaik. Das Haus des Delphins (es besitzt zwei Säulengänge und einen Mosaikfußboden) ist nach einem Fund bezeichnet, auf dem ein Cupido abgebildet ist, der auf einem Delphin reitet.

Grenier, A.: *Manuel d'archéologie gallo-romaine 3,* Paris 1958, 194–210

Sautel, J.: *Vaison dans l'antiquité,* 3 Bände. Avignon und Lyon 1927–42

Straße, zur Straße gelegener Portikus und Eingang zum Haus der Silberbüste in Vaison-la-Romaine

5 Glanum

Frankreich

In Glanum, genau südlich von Saint-Rémy und 24 km nordöstlich von Arles, befand sich ursprünglich ein heidnischer Altar. Im 3. Jahrhundert v. Chr. ließen sich hier Griechen nieder. Nach der Zerstörung im 2. Jahrhundert bewohnten Römer diesen Ort, der in einem engen Tal unterhalb der mit Kiefern bewaldeten Berghänge der Alpilles liegt. Aus der hellenistisch-griechischen Zeit stammt das *bouleuterion* (Haus, in dem die Ratsversammlungen stattfanden), ursprünglich ein Gebäude (12×7,5 m) mit Sitzreihen entlang der Innenwand, wie sie auch im hellenistischen Priene zu sehen sind. Die Schatzkammer mit zwei Räumen, gegenüber dem *bouleuterion,* und der dorische Portikus stammen aus der Zeit der hellenistischen Besiedlung. Der Portikus mag als Schlafunterkunft für Pilger, die unterwegs zum Altar waren, gedient haben. Glanum weist auch Privathäuser hellenistischen Ursprungs auf: ein zweistöckiges Gebäude mit einem Säulengang, Mosaikpflaster aus Kieselsteinen, vertäfelten Wänden in strahlenden Farben, einer Latrine, die mit fließendem Wasser aus einem Becken gespült wurde, und einem Anbau, der als Stall diente. Unter den Funden ist eine kleine Statue bemerkenswert, die einen Neger in gebückter Haltung darstellt; ferner ist auf ihr ein Bergkristallring eingraviert. Wahrscheinlich zerstörten die Kimbern Glanum. Nachdem Marius sie besiegt hatte, wurde die Stadt wieder bewohnt. Sie ist eine der wenigen römischen Siedlungen vor Caesar. Links von der Hauptstraße befinden sich römische Thermen; sie ähneln den Forum-Thermen in Pompeii und stammen aus dem Jahre 80 v. Chr. Auch sie besitzen Vertäfelungen in strahlenden Farben, Glasfenster und eine *palaestra.* Bei Ausgrabungen wurde auch eine *basilica* gefunden sowie die 24 Stützpfeiler eines mit einem Portikus und einer Vorderfront aus Kalkstein versehenen Gebäudes. Es hatte einen Fußboden aus Pflastersteinen und maß 41×30 m. Eine Statue des Augustus schmückte die Apsis. Südlich des Gebäudes erinnert ein Siegerdenkmal vermutlich an den Feldzug Domitians nach Germanien (83 n. Chr.). Im Süden davon befanden sich zwei gleiche Tempel (9 – 7 vor Christus), die den Enkeln des Augustus, Lucius und Gaius, geweiht waren. In einem Brunnen zwischen diesen Bauten fand man die Köpfe zweier Skulpturen, der Schwester des Augustus, Octavia, und seiner Tochter Julia. Ein weiteres Gebäude ist ein Altar des Gottes Valetudo (der Gesundheit), den Agrippa, ein Leutnant des Kaisers Augustus, stiftete.

Im Norden stehen die zwei bedeutendsten Baudenkmäler aus der Zeit, als Glanum römisch war: das Mausoleum und der Juliusbogen. Unter dem konischen Dach des Mausoleums befanden sich die Statuen des Julius, eines reichen Galliers, dem Caesar das Bürgerrecht verliehen hatte; ersterer gab sie zusammen mit seiner Frau in Auftrag. Die Verzierungen weisen auf seine prohellenische Neigung hin: auf den Abbildungen kämpft Theseus gegen die Amazonen, streiten die Lapithen gegen Centauren; außerdem sind die kalydonische Eberjagd und der Tod des Adonis und der Niobiden sowie die Heldentaten des Patroklus wiedergegeben. Alle Figuren sind

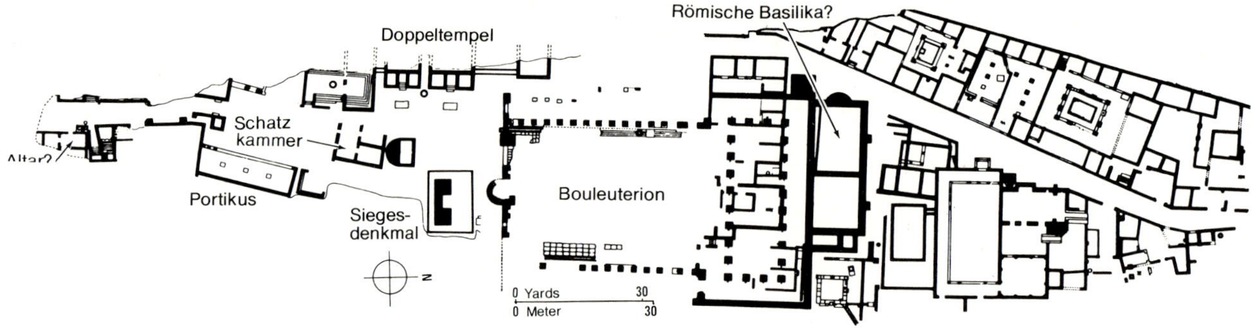

jedoch nach der Mode des Jahres 40 v. Chr. gekleidet. Auf dem Bogen sind gallische Gefangene, die an Trophäen gekettet sind, ein Römer, der einen gefangenen Gallier befreit, und Opfergeräte zu sehen. Ein Fries am Rand des Torbogens besteht aus Eichenlaub, Ahornblättern, Weintrauben, Reben, Efeu, Kiefernzapfen, Granatäpfeln und Reisern des Olivenbaumes. Ähnliche Motive findet man am Ara Pacis des Augustus in Rom und am Tiberiusbogen in ORANGE.

Rolland, H.: *Fouilles de Glanum* I, 1946, II, 1958.
Ergänzungsbände zu Gallia I, II

Der Juliusbogen in Glanum

6 Ensérune

Frankreich

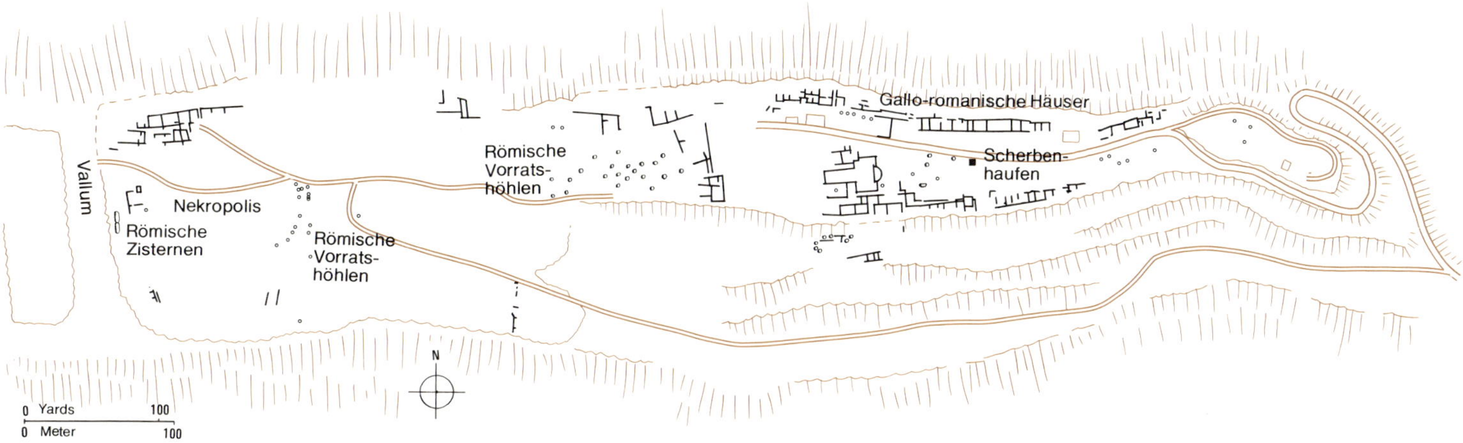

Ensérune ist ein typisches vorrömisches *oppidum* und liegt auf einem dreieckigen, 15 ha großen Plateau 120 m oberhalb der fruchtbaren Küstenebene zwischen Béziers und Narbonne. Die älteste Siedlung (ungefähr 550 v. Chr.) bestand aus Hütten, die mit Hilfe von Lehm und Ruten errichtet wurden und einen Durchmesser von 3,6 m hatten. In die Fußböden waren Vorratshöhlen gegraben worden; sie enthielten Knochen vom Schaf und vom Schwein, Schalentiere, Gewichte zum Weben, einige Werkzeuge aus Stein und Tongefäße. 150 Jahre später, in der zweiten Phase, lebten die Dorfbewohner in Häusern aus unbehauenem Stein mit verputzten Innenwänden; die Gebäude waren auf Terrassen gebaut worden und untereinander durch Stufen verbunden. Die Bewohner bestrichen ihre Zisternen mit wasserdichtem Zement und bauten einen riesigen Mauerring aus großen unregelmäßigen Steinen.

Von etwa 225 v. Chr. an ist an Bauten und Tongefäßen ein römischer Einfluß festzustellen, doch sprach man zu dieser Zeit Iberisch. In der Totenstadt fand man (absichtlich verbogene) Waffen, Gürtelschnallen, Fibeln und billiges Geschmeide – zudem wertvolle italienische und griechische Vasen. An diesem Ort lassen sich griechische, keltische, iberische und römische Einflüsse feststellen. Die ältesten Tongefäße sind in ionisch-griechischem, später in attischem und danach in süditalienischem Stil angefertigt. Seit etwa 330 v. Chr. verwendete man hier Geschirr aus der römischen Campagna. Der Gebrauch der iberischen Sprache zeigt, daß in vorrömischer Zeit die Pyrenäen keine Kulturbarriere darstellten.

Nach der Gründung des nur 12 km entfernten Narbo im Jahre 118 v. Chr. wird der römische Einfluß deutlicher spürbar. Die Ureinwohner ahmten nun die römische Bauweise in großem Stil nach: sie verwendeten wasserdichten Zement, Pflastersteine, deckten die Dächer mit Ziegeln und versahen die Innenräume mit Stuck. Doch übernahmen sie nicht von den Römern solche Annehmlichkeiten wie z. B. die Zentralheizung. Bei ihnen waren römische Münzen und römische Tongefäße in Gebrauch, Lateinisch wurde jedoch nicht gesprochen. Ein Jahrhundert später verließen die Einwohner das *oppidum*, und im ersten Jahrhundert n. Chr. hörte die Stadt auf zu existieren.

Jannoray, J.: *Ensérune*, 2 Bände, Paris 1955

Terrassenhäuser in Ensérune

Die Iberische Halbinsel

Die archäologischen Arbeiten auf der Iberischen Halbinsel geben Zeugnis von der langsamen militärischen und wirtschaftlichen Eroberung, der sich die Ureinwohner widersetzten und die durch die geographische Lage erschwert wurde. Da an drei Seiten der Halbinsel das Meer angrenzt, kann man leicht in das Land eindringen; das Innere jedoch besteht aus kahlen Plateaus und Gebirgen, durch die keine Wege führen; das Klima ist unwirtlich, Straßen sind wenige vorhanden, und die Flüsse sind zum größten Teil nicht befahrbar. Diese Umstände verhinderten einen Zusammenschluß der Bewohner, erschwerten aber auch ihre Unterwerfung. Doch seit frühesten Zeiten zog der Reichtum an Erzen – Gold, Silber, Kupfer, Eisen – Kaufleute und Eroberer an.
Die Höhlenmalereien von Altamira (ungefähr 12 500 v. Chr.) mit ihren herrlichen, vielfarbigen Abbildungen von Tieren zeigen, daß Spanien in der Steinzeit auf einem ebenso hohen kulturellen Stand war wie Südwestfrankreich (z. B. Lascaux), zu dem es offensichtlich Kontakte gab. Während der Regierungszeit von König Salomo segelten, angelockt durch den vermeintlichen Reichtum, Schiffe aus dem Nahen Osten nach Tartessus (vielleicht das biblische Tarschisch), dessen Lage man nie genau ausfindig machen konnte, jedoch in der Nähe der Mündung des Guadalquivir (Baetis) gesucht werden muß. Ungefähr 550 v. Chr. gründeten griechische Siedler aus Massalia (Marseille) Emporion (römisch »Emporium«, das moderne AMPURIAS). Das punische KARTHAGO hatte ein wirtschaftliches Interesse an Spanien. Der Konflikt Karthagos mit dem römischen Verbündeten Saguntum (das moderne Sagunto) war der Anlaß für den 2. Punischen Krieg, als Hannibal die Stadt belagerte und einnahm. Die Römer bauten sie wieder auf. Die noch bestehenden Mauern zeigen iberische, punische und römische Einflüsse. Das (restaurierte) Theater besaß eine 66 m lange Bühne und 6000 Plätze; es wurde nach griechischem Stil in dem Abhang eines Hügels hinter der Stadt errichtet.
Bei seinem Versuch, Spanien zu erobern, weil es von dem Wunsch besessen war, kostbare Metalle zu besitzen, schwächte sich Rom selber empfindlich. 133 v. Chr. war das Zentrum des spanischen Widerstands Numantia, eine keltiberische Bergstadt von 4000 Einwohnern, die auf der Hochfläche von Altkastilien lag. Die Keltiberer Numantias lebten in Hütten aus Ziegeln und Strohdächern; Fenster waren keine vorhanden. Diese Behausungen boten Mensch und Tier Unterkunft; Vorräte wurden

in Kellern gelagert. Ein rechtwinklig angelegtes Straßennetz durchzog die Siedlung, die von einer 6 m dicken Steinmauer umgeben war. Die einzigartigen Tongefäße zeigen Abbildungen, auf denen das Zureiten von Pferden, kriegerische Auseinandersetzungen, Zweikämpfe, Tänze und religiöse Zeremonien zu sehen sind. Der Römer Scipio Aemilianus umgab Numantia mit einer Wallanlage, zu der auch sieben Lager gehörten (sie alle wurden ausgegraben), und hungerte die Stadt durch eine acht Monate dauernde Belagerung aus. Von da ab lebten nur noch wenige Einwohner in Numantia, bis Augustus neue Gebäude errichten ließ, die Ziegeldächer, Abflußanlagen, Mosaiken, Fresken und kleine Säulengänge aufwiesen. Erst mit den Einfällen der Barbaren im 5. Jahrhundert hörte die Stadt auf zu bestehen. Augustus eroberte das Gebiet nördlich des Flusses Tagus bis zur Nordküste. Die neue Provinz Lusitania (das moderne Portugal) hatte MÉRIDA zur Hauptstadt.
Die Bevölkerung der Halbinsel verlor ihre Unabhängigkeit und tauschte dafür Neuerungen ein, die ihr Leben bequemer machten, so z. B. den immer noch funktionierenden Aquädukt von Segovia, 96 km nordwestlich von Madrid. Seine 128 noch erhaltenen, ohne Mörtel errichteten Granitbögen sind auf einer Strecke von 800 m in zwei Ebenen angebracht und erheben sich in der Mitte der jetzigen Stadt mehr als 27 m über den Straßen. Das römische Spanien gewann besonders unter den zwei spanischen Kaisern Trajan und seinem Neffen Hadrian an Bedeutung; beide wurden in der Flußhafenstadt Italica, 9 km nordwestlich von Sevilla, geboren. Während der Regierungszeit dieser beiden Herrscher erlebte Italica, eine von Scipio Africanus als Veteranenkolonie gegründete Siedlung, ihre Blütezeit. Ihre mit Türmen versehene Ringmauer war fast 3 km lang. Das Amphitheater mit seinen 30 000 Plätzen war das viertgrößte im ganzen Reich und nur um ein Fünftel kleiner als das Kolosseum in Rom. Das Amphitheater konnte schnell betreten und verlassen werden; die Stufen waren mit Marmor verkleidet; unter der Erde waren die Käfige für die Tiere, denen sich die Christen später gegenübersahen. Die Straßen von Italica waren 13 bis 15 m breit, hatten ein Abflußsystem, Gehsteige und Säulengänge; in den zweistöckigen Häusern befanden sich Wasserbecken, Brunnen, Mosaiken und mit Marmor verkleidete Wände. Zwei öffentliche Thermen wurden durch eine 38 km lange Leitung mit Wasser gespeist. Die jüngsten Münzen stammen aus dem 4. Jahrhundert n. Chr., als die Barbaren in das Land eindrangen. Kaiser Trajan ließ im Jahre 103 n. Chr. die größte und berühmteste Brücke im Römischen Reich über den Fluß Tagus bei Alcántara schlagen; sie ist 47 m hoch und ruht auf sechs Granitbögen. Für diese Brücke zahlten elf lusitanische Städte; ein lusitanischer Architekt baute sie.
Der Niedergang der Städte begann im 4. Jahrhundert. Barcino (Barcelona), einst eine blühende augusteische Stadt, wehrte die Barbaren ab, indem es als Notbehelf eine 9 m hohe, mit 78 Türmen bewehrte Mauer errichtete, für die Anlagen aus einer glücklicheren Epoche verwendet wurden. Die Mauer umschloß eine Fläche von 12 ha und mag ungefähr 6600 Menschen Schutz geboten haben. Die Archäologie der Iberischen Halbinsel erzählt eine vertraute Geschichte: Die Ureinwohner leisteten Widerstand, die Römer eroberten und festigten durch ihre Friedenskünste das, was sie durch ihre Kriegskünste gewonnen hatten.

MacKendrick, P.: *The Iberian Stones Speak*, New York 1969
Tovar, A. und Blázquez, J. M.: *Historia de la Hispania Romana*. Madrid 1975
Wiseman, F. J.: *Roman Spain*. London 1956

1 Ampurias

Spanien

Ampurias (griechisch »Emporion«, römisch »Emporium«) am Golf von Rosas, Costa Brava, war von Massalia aus im Jahre 550 v. Chr. gegründet worden. Die vermutlich im dritten Jahrhundert errichtete vieleckige, aus riesigen, unbehauenen, nicht mit Mörtel verbundenen Steinen bestehende Mauer umgrenzt eine Fläche von etwa 2,5 ha und beherbergte wahrscheinlich eine Bevölkerung von 1300 Menschen. Innerhalb der Mauer wurden ein Tempel des griechischen Gottes der Heilkunst, Äskulap, die mit einem Portikus versehene *agora* (Marktplatz), Straßen mit Kolonnaden, das Haus der Ratsversammlung, eine Zisterne mit einer Vorrichtung, um Wasser durch Holzkohle und Sand filtern zu können, ein Tempelbezirk des griechisch-ägyptischen Gottes Serapis und Häuser mit Säulengängen identifiziert. Überreste einer Wurfmaschine zeigen, daß das griechische Emporion sich nicht ohne Gegenwehr den Römern ergab.
Die Römer benutzten Emporium als Ausgangspunkt für ihre nichtendenwollenden Kriege in Spanien. Julius Caesar erhob es zur Veteranenkolonie; die von den Römern errichtete, 19 ha umschließende Mauer hätte 10 000 Menschen Schutz bieten können. Im Süden steht immer noch ein Teil der Mauer; er ist noch 5 m hoch und aus groben, viereckigen Steinblöcken gebaut; der obere Teil besteht aus Beton. Außerhalb der Mauer befand sich ein kleines Amphitheater, halb so groß wie das Kolosseum. Innerhalb der Mauer waren Läden, ein Tempel, der der Stadt Rom und Augustus geweiht war, ein bepflastertes und mit ei-

Römischer Mosaikfußboden in einem der ausgegrabenen Häuser von Ampurias, etwa 25 v. Chr.

nem Portikus versehenes *forum* und eine *basilica*, die zusammen als Gerichtshof und überdachter Marktplatz dienten. Nordöstlich des *forum* sind zwei elegante Häuser aus der späten republikanischen Zeit zu sehen; sie liegen in Gärten und besitzen Mosaiken, letztere restauriert, wobei man Abbildungen von Zypressen, Lorbeer, aromatischen Pflanzen in Gefäßen und Gitterwerk verwendete. Ein Haus besaß Thermen, eingebaute Bänke, Stuckwände und einen von einer Mauer umgebenen Kinderspielplatz. Unter den Mosaikbildern findet man eine griechische Schauspielermaske und ein Rebhuhn, das an einem Korb mit Würmern pickt. Ein Teil der Stadtmauer wurde abgetragen, um den Besitzern einen besseren Ausblick auf das Meer zu gewähren – ein Beispiel dafür, wie sicher sich die Römer fühlten. In den Frauengemächern dieses Hauses entdeckte man das Porträt der einstigen Besitzerin, einer Frau mit einem vollen Gesicht. Nach der Haartracht zu urteilen, stammt das Bild aus dem Jahre 25 v. Chr. Ein weiteres Haus ähnelt mit seinen drei Säulengängen, zwei Brunnen und zwei griechischen Säulen mit einer Hermesbüste einem hellenistischen Palast, obwohl es während der Römerzeit errichtet wurde. Die Wände eines Säulenganges sind in schwarzem Stuck, seine Säulen haben eine rote Farbe; ein Altar zeigt einen bemalten Hahn und Schlangen, die aus einer Weinschale trinken. In einem dritten Säulengang befinden sich ein bequem gekrümmter Gartensitz (*exedra)*, ein Mosaik, auf dem schwarze und weiße Sterne zu sehen sind, und private Thermen. Das römische Emporium übernahm die griechische Kultur, und dies in einer so kleinen Stadt am Rande der Welt. Ungefähr 300 n. Chr. setzten die Barbaren ihr ein Ende.

Almagro, M.: *Ampurias*. Barcelona 1967

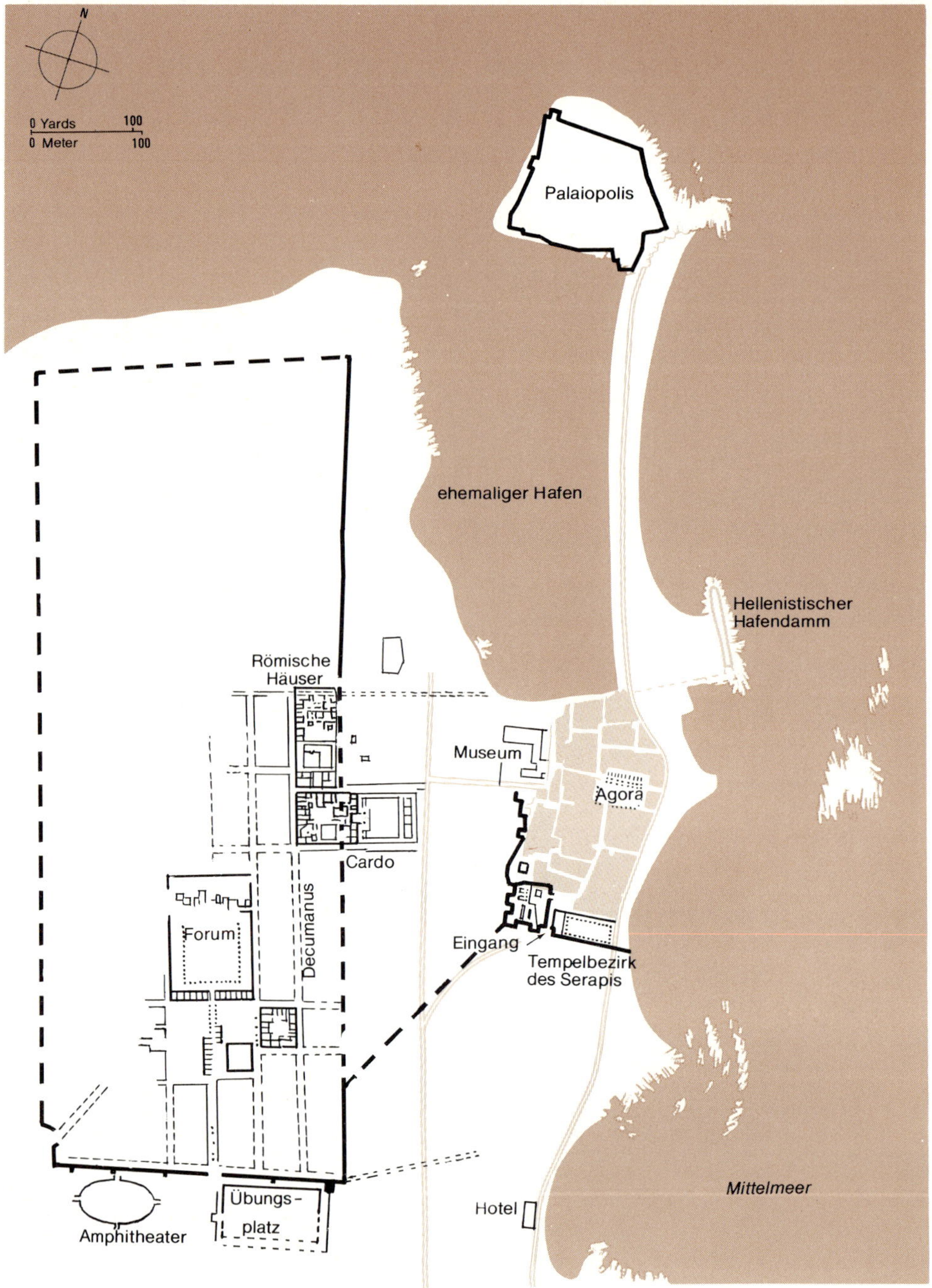

2 Mérida

Spanien

Mérida (Emerita Augusta) war die Hauptstadt der neuen Provinz des Augustus, Lusitania (Nordportugal). Sie wurde 25 v. Chr. von Agrippa, einem Offizier des Kaisers, als Veteranenkolonie gegründet. Im 4. Jahrhundert n. Chr. war sie die neuntgrößte Stadt des Imperiums und rangierte noch vor ATHEN. Nach ihrer endgültigen Fertigstellung umschloß die Mauer eine Fläche von 50 ha. An Baudenkmälern sind besonders zwei Brücken, ein Flußhafen, zwei Wasserreservoirs, drei Aquädukte, Kanalanlagen, Tempel, ein Theater, ein Amphitheater, ein Circus und luxuriös ausgestattete Privathäuser hervorzuheben, ferner Monumente, die an ein Ereignis oder eine Person erinnern sollen, über 200 Inschriften und 70 Skulpturen. Die Hauptbrücke von Mérida ist 760 m lang und hat 60 Bögen. Eines der Reservoirs faßte 10 Millionen Kubikmeter Wasser. Der größte Aquädukt war 11 km lang; von ihm sind 27 mit Stützen versehene, aus Zement und Ziegelstein errichtete Pfeiler erhalten; die drei Stockwerke mit den Bögen sind über 24 m hoch. Durch Ausgrabungen freigelegte Kanalanlagen lassen den Straßenverlauf während der Römerzeit erkennen. Ein Tempel ist dem Gott Mars geweiht. Der »Concordia-Tempel« liegt unter einem Gebäude, das nacheinander als Konvent, Gefängnis und Regierungshotel diente. Aufgrund von Inschriften und Statuen konnte man feststellen, daß zwei Tempel den Göttern Serapis und Mithras, letzterer der persische Gott, der besonders von Seeleuten und Soldaten verehrt wurde (Mérida war eine Flußhafenstadt), geweiht waren. Das besonders beeindruckende Theater von

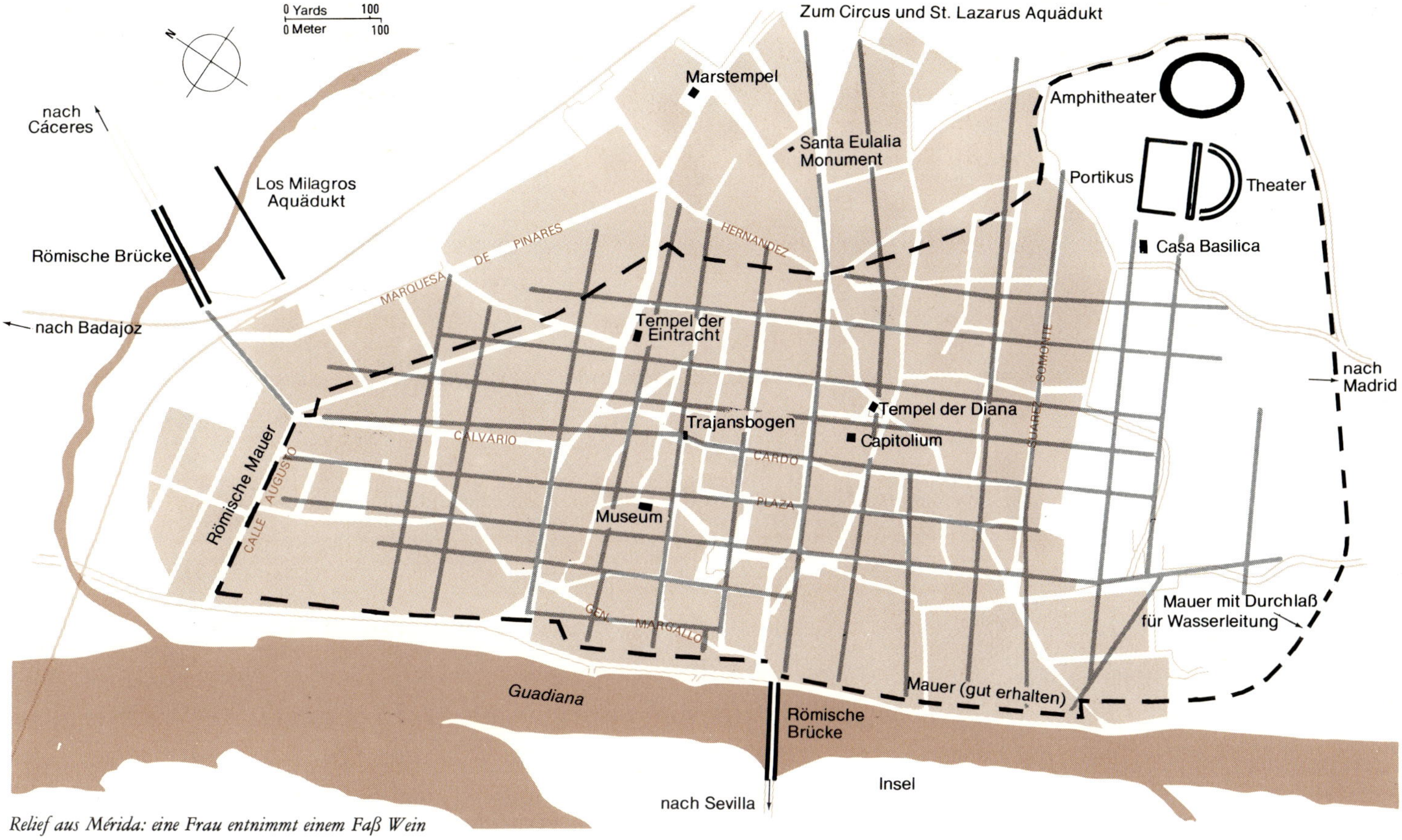

Relief aus Mérida: eine Frau entnimmt einem Faß Wein

Mérida wurde 27 v. Chr. von Agrippa errichtet. Das Theater war luxuriös mit Marmorsäulen, Simsen, Friesen, Standbildern und Inschriften ausgestattet und bot 5500 Besuchern Platz. Angehörige der Oberschicht und Plebejer saßen getrennt. Die Orchestra war mit blauem und weißem Marmor versehen. An der Vorderseite der Bühne waren abwechselnd reckteckige und halbkreisförmige Nischen mit schwarzen und weißen Marmorsimsen angebracht. Drei Türen führten zur kleinen, doppelstöckigen Bühne, deren Fassade mit mehrfarbigem Marmor verkleidet war. In den Nischen standen Statuen von Göttern und Kaisern. Hinter der Bühne bot ein in herkömmlicher Bauweise gestalteter Portikus Schutz vor Regen. Im angrenzenden Amphitheater (8 v. Chr.) fanden 15 000 Zuschauer Platz, in ihm waren Aufenthaltsräume für die Gladiatoren und unterirdische Raubtierkäfige untergebracht. In Mérida befand sich auch ein Circus für Wagenrennen. Er hatte 30 000 Sitze und wurde bis ins 4. Jahrhundert n. Chr. hinein benutzt. Im frühen 4. Jahrhundert wurde ein prächtig ausgestattetes Haus zu einer christlichen Basilika und Taufkapelle umgebaut. In einem anderen Gebäude nahe dem Amphitheater befindet sich ein Mosaik aus dem frühen 3. Jahrhundert, auf dem drei kräftig aussehende Figuren abgebildet sind, die Weintrauben treten. Unter den Funden im Museo Arqueológico de Mérida ist vor allem ein künstlerisch fein gearbeiteter, für eine Opferhandlung verschleierter Kopf des Augustus besonders bemerkenswert. In einer Reliefinschrift gedenkt ein Gasthausbesitzer seiner verstorbenen Frau; eine Abbildung zeigt sie, wie sie aus einem auf Sägeböcken ruhenden Faß Wein in einen Krug füllt.

Almagro, M.: *Guia de Mérida*. Madrid 1961

Nordafrika

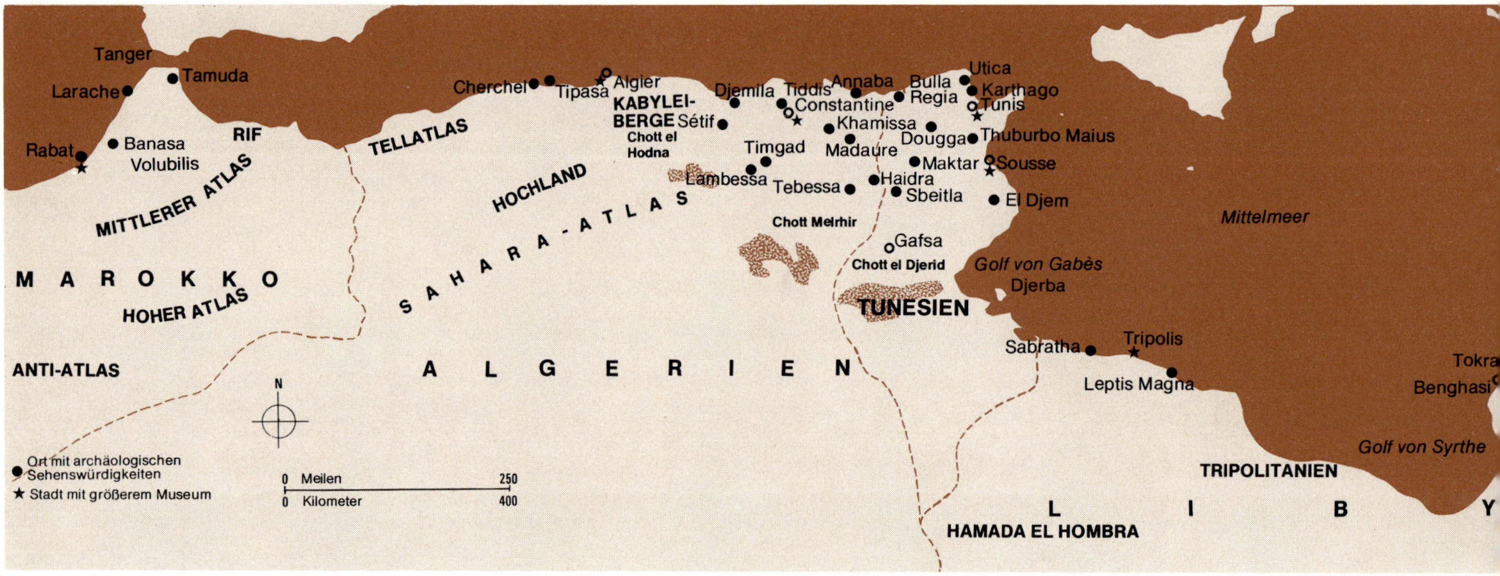

Ende des 2. Jahrtausends v. Chr. landeten die Phönizier an der Nordküste Afrikas. Die Suche nach Metall – das Silber und Zinn Spaniens – veranlaßte Levantiner und Griechen, in den fernen Westen zu ziehen; sie gingen an der maghrebinischen Küste, zwischen Tunesien und Marokko, an Land, wo sie sich mit Trinkwasser versorgten und mit den »Libyern« (so nannten die Griechen die dort ansässigen Bewohner) etwas Tauschhandel trieben. Schließlich wanderten vom 8. Jahrhundert v. Chr. an viele Menschen von den Küstenstädten Syriens, von Griechenland und der Ägäis auf der Suche nach Land in westliche Gebiete aus – nach Italien, Sardinien, Spanien und, in geringerem Umfang, nach Nordafrika. Für diese Entwicklung gab es verschiedene Ursachen, unter anderem wuchs die Bevölkerung dort relativ schnell, wo die Einwanderer herkamen, und wurden die Länder am östlichen Mittelmeer durch politische Unruhen erschüttert. Aus diesen Gründen entstanden die phönizischen Kolonien Utica und Karthago in Tunesien sowie Leptis Magna (das moderne Lebda) und Sabratha in Tripolitanien. Ungefähr um die gleiche Zeit ließen sich Griechen von der Insel Thera (Santorin) in Cyrenaica nieder. Mit dem 5. Jahrhundert v. Chr. gewann Karthago im phönizischen Einflußbereich eine Vormachtstellung. Dann spürte Kyrene als erste den Druck des Nachbarn Ägypten, bis im späten 4. Jahrhundert v. Chr. die ptolemäischen Könige Ägyptens die griechischen Stadtstaaten an der nordafrikanischen Küste unterwarfen.

Die Ureinwohner Libyens wohnten nicht nur in den frühen Siedlungen, sie ließen auch zu, daß ihre Frauen und Mädchen die Fremden heirateten, sie arbeiteten dort und leisteten Wehrdienst, zudem stellten sie, wenn auch nur für kurze Zeit, eine konzentrierte politische Kraft dar; sie gehorchten einheimischen Führern und lebten in zentral gelegenen Hauptstädten, wie zum Beispiel Cirta (Constantine) in Algerien, Dougga in Tunesien und Volubilis in Marokko. Während die libyschen Königreiche die punische (das heißt die phönizische) und später die hellenistische Kultur übernahmen, entwickelte sich in vielen punischen Städten, so z. B. in Leptis Magna, von Anfang an eine Mischkultur, weil Libyer und Phönizier zusammen lebten. Im 3. Jahrhundert v. Chr., als Karthago seinen Einflußbereich auf große Teile Tunesiens ausdehnte, waren es die libyschen Könige, besonders Massinissa, die die Römer veranlaßten, in Afrika zu intervenieren.

Der Konflikt zwischen Rom und Karthago, der in Sizilien begann, nahm in den Ebenen Tunesiens ein Ende, als Hannibal Barkas, der berühmteste General Karthagos, 202 v. Chr. von Scipio bei Zama besiegt wurde. Schließlich wurde das punische Karthago, das mit seinen libyschen Nachbarn in Auseinandersetzungen verwickelt war, im Jahre 146 von den Römern zerstört und sein Gebiet der neuen römischen Provinz Afrika einverleibt. Bald danach wurde Kyrene, das die Ptolemäer Rom überließen, im Verlauf des 1. Jahrhunderts v. Chr. zögernd annektiert und bildete die zweite nordafrikanische Provinz.

Obwohl das fruchtbare Land in Tunesien und entlang der tripolitanischen Küste viele römische und italienische Siedler anzog, wurde erst unter der Regierung von Julius Caesar und Augustus im späten 1. Jahrhundert v. Chr. eine Emigration in diese Länder bewußt gefördert. Dies hatte eine Reihe neuer städtischer Siedlungen zur Folge, in denen entweder römische Veteranen oder Einheimische lebten; den Städten wurde eine autonome Verwaltung garantiert. Die Anzahl der römischen Ansiedler nahm sprunghaft zu; sie vermischten sich mit dem punischen und libyschen Adel sowie mit den bereits dort lebenden römischen Einwanderern. Rom war an Afrika besonders wegen seines landwirtschaftlichen Nutzens interessiert. Während der Regierungszeit Caesars war Leptis Magna eine der wichtigsten Olivenölzentren. Im 1. Jahrhundert v. Chr. waren die Getreideanbaugebiete Tunesiens eine lebenswichtige Steuereinnahmequelle für die Stadt Rom. Die römischen Kaiser selber erwarben für sich große Ländereien im Reichsgebiet, indem sie diese Gebiete einfach konfiszierten.

Mittlerweile waren die Grenzen nach Süden und Westen hin vorgetrieben worden. Augustus gliederte Numidien (das östliche Algerien) der Provinz Afrika an und setzte Juba II., einen Marionettenkönig libyscher Herkunft, als Herrscher über Mauretanien mit seinen zwei Hauptstädten Cherchel (dem alten Caesarea) und Volubilis ein. Schwierigkeiten mit den Stämmen in dem Gebiet Fessan und ein Aufstand, der im südlichen Grenzland zwischen Tunesien und Algerien losbrach und von Tacfarinas, einem Einheimischen, angezettelt worden war, führten dazu, daß römische Truppen nach Süden verlegt wurden und eine Legion in Haidra (Ammaedara), später in Tebessa (Theveste), Stellung bezog. Nach dem Tode von Juba II. wurden im Westen zwei neue Provinzen, Mauretania Caesariensis und Mauretania Tingitana, gegründet. Nach weiteren Aufständen begann während der Regierungszeit der flavischen Kaiser (70–96 n. Chr.) eine Periode relativen Friedens. Von jener Zeit an wurde das gesamte Territorium von einer einzigen Legion, der Legio III Augusta, kontrolliert, die ihren Stützpunkt in Lambessa (dem alten Lambaesis, in der Nähe von Batna gelegen) am Rande des Aures-Gebirges hatte. Im Süden und Westen entlang den Wüstenrouten wurden weitere Vorposten errichtet; jenseits der Wüstenvorgebirge gab es jedoch keine zivile römische Siedlung.

Je größer der römische Einflußbereich in Afrika wurde, desto mehr bemühte man sich um eine Sicherung der römischen Bürger, indem man an strategisch wichtigen Orten Städte gründete. So entstanden Tebessa, Djemila

(Cuicul), Sétif (Sitifis) und TIMGAD (Thamugadi), in denen Veteranen angesiedelt wurden. Natürlich gab es auch andere Städte (wie Dougga), die sich aus Zentren der Ureinwohner entwickelten; außerdem legte man Städte an, um Nomadenstämme seßhaft zu machen, (so z. B. Khamissa und Madaure an der Ostgrenze Algeriens).

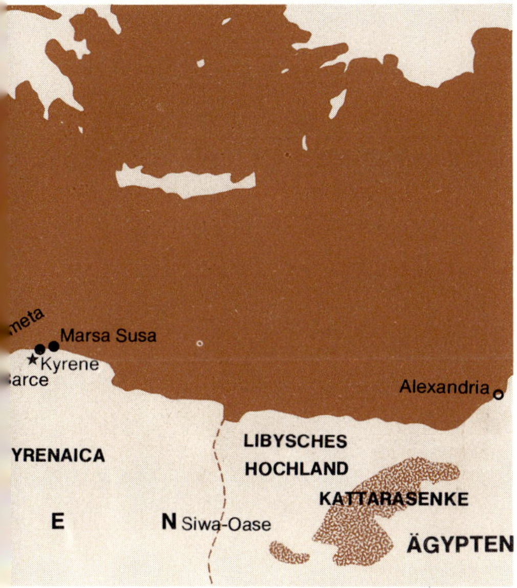

Die römischen Städte waren keine Wohnzentren im heutigen Sinne. Die Mehrzahl der Bürger wohnte im ländlichen *territorium* außerhalb des Stadtgebietes. Nur die reichen Großgrundbesitzer und die Stadtaristokratie besaßen Häuser in der Stadt – abgesehen von den Menschen, die die städtischen Einrichtungen zu betreuen hatten und in den wenig bedeutenden Werkstätten arbeiteten. Im wesentlichen stellte die Stadt ein ländliches Markt-, Religions-, Vergnügungs- und Verwaltungszentrum für die zivile Bevölkerung dar. Deshalb beanspruchen auch die öffentlichen Gebäude – die Gerichtshöfe, Theater, Thermen und Tempel – einen unverhältnismäßig großen Raum, manchmal (wie z. B. in Timgad) ein Drittel der Stadtfläche.

Alle Städte im römischen Afrika neigten zu einer bestimmten Gleichförmigkeit, sie wurden, wie ein römischer Schriftsteller es ausdrückte, »zu einem kleinen Abbild und einer Kopie Roms«. In den älteren Siedlungen bildete das *forum*, ein offener Platz, ungefähr in der Mitte der Stadt, das Zentrum, um das die öffentlichen Gebäude, der Gerichtshof *(basilica)*, das Rathaus *(curia)* und der Stadttempel, der Rom und Augustus oder der kapitolinischen Triade (daher der Name Kapitol) oder einer anderen Schutzgottheit geweiht war, errichtet wurden. Der Rest der Stadt wurde durch zwei Hauptstraßen, dem *cardo maximus* und dem *decumanus maximus* in Viertel geteilt; parallel verlaufende kleinere Straßen teilten den Lebensraum in Wohnblöcke. In den Städten, die schon vor der Eroberung durch die Römer existierten, wird die Strenge dieses Schachbrettsystems durch von Menschenhand oder die Natur geschaffene Kurven und Unregelmäßigkeiten gemildert. Die Städte Leptis Magna und Hippo (Annaba) mit ihren Häfen und Hafenanlagen sind dafür ein Beispiel. Einige Siedlungen der Ureinwohner (wie das kleine Tiddis in der Nähe von Constantine oder Dougga) verloren nie ihre gewundenen Straßen und ihr verwirrendes Aussehen.

Im späten 2. und frühen 3. Jahrhundert n. Chr., während der antoninischen Regierungszeit und unter der Herrschaft der Severer, erlebte der Städtebau einen großen Aufschwung. Neue Stadtmauern und monumentale Tore vergrößerten die Stadtfläche oft um das Vierfache. Man baute große Häuser mit Innengärten und Kolonnaden, legte breite, mit Kolonnaden versehene Straßen an und verband sie mit den alten Vierteln durch Triumphbögen und große Plätze und gab das frühere strenge, rechtwinkelig angelegte Straßensystem auf. Die Städte Timgad, Djemila, Volubilis und – ganz besonders – Leptis Magna, die Heimatstadt des afrikanischen Kaisers Septimius Severus, sind typische Beispiele dieser Entwicklung.

Später wurde trotz der Unruhen in den Nomadengebieten und Gebirgsregionen der römische Einfluß in Nordafrika durch die Massenbewegung des Christentums verdrängt; in jedem Stadtzentrum wurden neue Kirchen und Bischofssitze errichtet. Entgegen der allgemeinen Ansicht kann man nicht von einem Niedergang des römischen Afrika im 4. oder gar im 5. Jahrhundert sprechen. Obwohl die Römer zeitweilig in gewalttätige Auseinandersetzungen verwickelt waren, z. B. als die Libyer Raubzüge nach Tripolitania unternahmen, beweisen riesige öffentliche Thermen, eine Vielzahl von Kirchen und Taufkapellen, Skulpturen und prunkvolle Mosaiken den Reichtum, der in der Spätzeit des Imperiums herrschte. Die Unruhen waren meist politischer und sozialer Natur – die ruhelosen Nomadenstämme im Inneren der Provinzen und die Häresien in der Kirche (der Montanismus, Manichäismus und besonders der Donatismus) beschworen immer wieder Konflikte herauf. In dieser unruhigen Welt lebte Augustinus, der Bischof von Hippo, im späten 4. Jahrhundert, und hier fand 411 das große Kirchenkonzil in Karthago statt.

Im Jahre 429 drangen die Vandalen von Spanien nach Afrika ein, besetzten Karthago und herrschten ein Jahrhundert lang über das Gebiet von Nordafrika; doch unternahmen sie nichts gegen plündernde Stämme. 533 besiegte Justinian, der Kaiser des Byzantinischen Reiches, mit Hilfe seiner Generäle Belisarius und Solomon den Vandalen Gelimer im südlichen Tunesien. Eine kurze Zeit lang wurde die afrikanische »Diözese«, die nun in sieben Provinzen aufgeteilt war, aber flächenmäßig wesentlich kleiner war, durch eine Anzahl monumentaler Kastelle geschützt, die aus den Überresten der halbzerstörten Städte errichtet worden waren. Im späten 6. und frühen 7. Jahrhundert wurde die Verwaltung der Provinzen für kurze Zeit von Karthago nach Sbeitla im Süden verlegt, weil Gebietsverluste, Streitigkeiten innerhalb der Kirche, Aufstände unter der einheimischen Bevölkerung und der arabische Druck aus dem Osten die Sicherheit der Stadt gefährdeten. 642 fiel Cyrenaica, und im Jahre 668 errichtete der arabische Befehlshaber Oqba ibn Nafi sein Lager in Kairouan, bevor er über die südliche Grenze nach Maghreb vorstieß.

Broughton, T. R. S.: *The Romanization of Africa Proconsularis.* Baltimore Neudruck 1968

Charles-Picard, G.: *La civilisation de l'Afrique romaine.* Paris 1959. Einzelheiten über das Alltagsleben im Römischen Reich.

Gsell, S.: *Histoire de l'Afrique du Nord,* 2. Auflage, Bände I–VIII, Paris 1929. Immer noch das bekannteste und ausführlichste Werk über Nordafrika bis zur Zeit des Augustus.

Raven, S.: *Rome in Africa.* London 1969. Ein unterhaltsamer Führer, von einem Laien für Laien verfaßt.

1 Karthago

Tunesien

Das heutige Karthago stellt eine Enttäuschung dar. Es war die erfolgreichste phönizische Kolonie, es beherrschte als unabhängiger Stadtstaat jahrhundertelang das westliche Mittelmeer, und es war schließlich eine der bedeutendsten Städte des römischen Imperiums. Doch heute ist von seinem früheren Ruhm nur noch wenig zu sehen. Es liegt auf einer leicht zu verteidigenden, relativ stark verschlammten Halbinsel, und es war nur natürlich, daß Einwanderer den Hügel von Byrsa, der den Golf von Tunis überblickt, wählten, um sich dort niederzulassen. Obwohl nach der Überlieferung eine Fürstin aus Tyros im Jahre 814 Karthago gegründet haben soll, stammen die archäologischen Funde aus der Mitte des 8. Jahrhunderts v. Chr. Am Strand unterhalb des Hügels Byrsa im *tophet* oder dem Grabheiligtum (heute unter dem romantischen Namen »Salammbô«, nach dem Roman von Flaubert, bekannt), das neben den beiden punischen (das heißt karthagischen) Binnenhäfen liegt, wurden alte Tonscherben gefunden. Die anderen Überbleibsel, die offensichtlich aus der Zeit der ersten Stadtgründung stammen, sind die Grabkammern, die in den Abhängen der Hügel um Byrsa zu finden sind; sie erstrecken sich von Dermech (der Gegend des jetzigen archäologischen Parks und des Theaters) bis zu den Hügeln der Juno und der Ste. Monique-Saïda. Die Macht Karthagos rührte von seinen Handelsschiffen, seinem Zugang zu Erzen und der Kraft seiner afrikanischen Menschen her, die vom 5. Jahrhundert v. Chr. an das südliche Spanien, Sardinien, den Westen Siziliens und die nordafrikanische Küste von Tripolitania bis Marokko zu beherrschen begannen. Die berühmteste Stunde in der Geschichte Karthagos schlug, als am Ende des 3. Jahrhunderts v. Chr. Hannibal Barkas seinen Einfall nach Italien unternahm. Er hatte zwar den nahen Sieg vor Augen, doch erlitt er schließlich eine katastrophale Niederlage, und mit der grausamen Zerstörung der Stadt im Jahre 146 v. Chr. hörte das punische Reich auf zu bestehen. Die Mau-

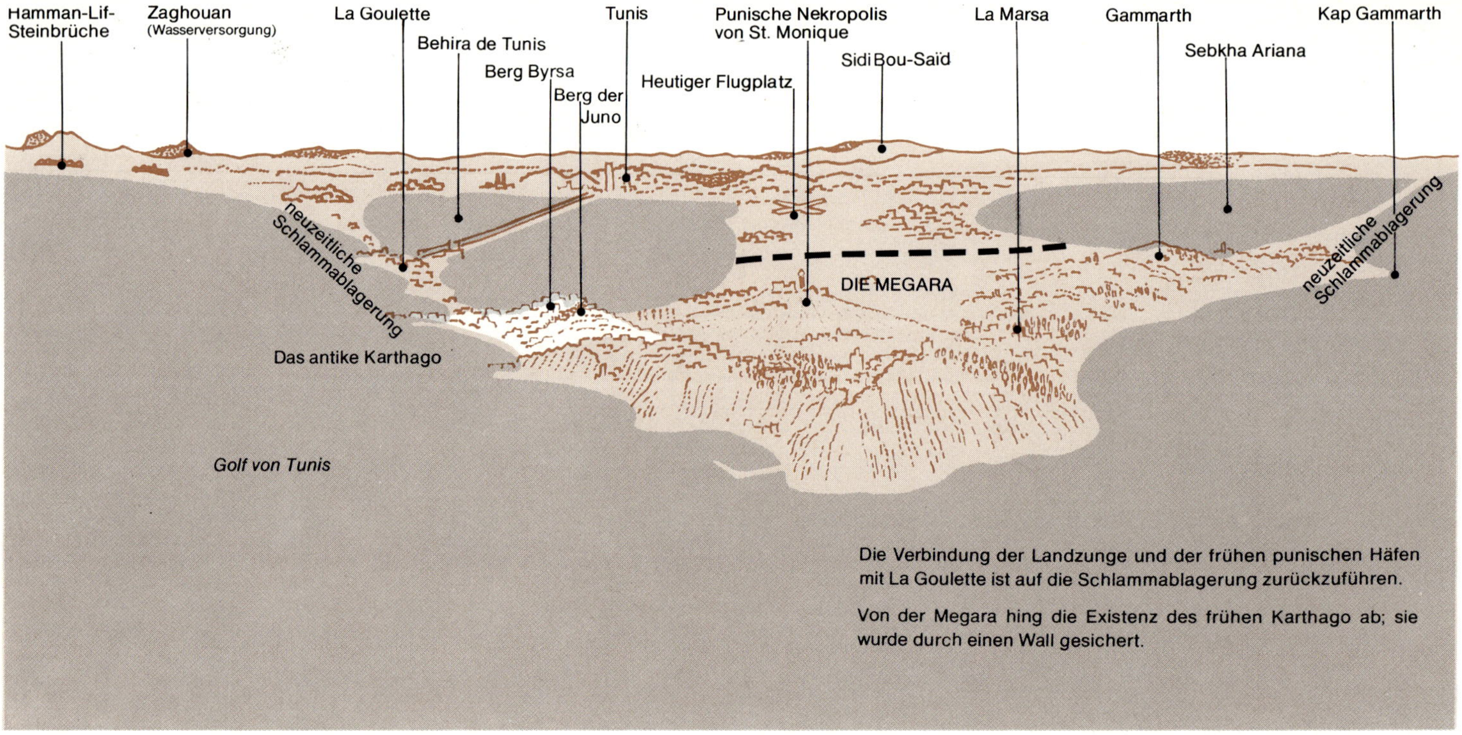

Die Verbindung der Landzunge und der frühen punischen Häfen mit La Goulette ist auf die Schlammablagerung zurückzuführen.

Von der Megara hing die Existenz des frühen Karthago ab; sie wurde durch einen Wall gesichert.

ern der Zitadelle, die vielstöckigen Häuser, die öffentlichen Gebäude, Tempel und Portiken, die die Historiker beschrieben hatten, sind verschwunden. Die besten Fundstücke aus der punischen Zeit Karthagos sind in den Museen zu finden. Der Ort, wo Karthago stand, wurde mit einem Fluch belegt und blieb deshalb – abgesehen von einer unbedeutenden römischen Siedlung, die im Jahre 133 v. Chr. gegründet wurde – ein Jahrhundert lang unbewohnt.

Die neue Besiedlung Karthagos, die von Caesar geplant und von Kaiser Augustus gegen Ende des 1. Jahrhunderts v. Chr. verwirklicht wurde, war für die Stadt der Beginn eines goldenen Zeitalters. Karthago, nun die Hauptstadt der römischen Provinz Afrika, wurde Schritt für Schritt mit allen Annehmlichkeiten der römischen Zivilisation ausgestattet und breitete sich auf einer Fläche aus, die weit größer war als die etwa 262 ha der ursprünglichen Stadt. Auf dem Höhepunkt dieser Entwicklung betrug die Zahl der Einwohner ungefähr 300 000; in dieser Zahl sind nicht diejenigen Menschen berücksichtigt, die in dem ungewöhnlich weit ausgedehnten, ländlichen *territorium* Karthagos lebten. Ihre regste Bautätigkeit entfaltete die Stadt im 2. und frühen 3. Jahrhundert n. Chr., als die großartigen antoninischen Thermen (ungefähr im Jahre 160) mit ihren Wasserzisternen, das Theater (Mitte des 2. Jahrhunderts), das *odeum* oder überdachte Theater (im Jahre 207) und wahrscheinlich viele andere Baudenkmäler wie das Amphitheater und der Circus errichtet wurden. Das *forum* und das Verwaltungszentrum der Stadt sind bisher noch nicht aufgefunden worden. Das *capitolium*, der Tempel also, befand sich höchstwahrscheinlich auf dem Hügel Byrsa. In dem schönen archäologischen Park und dem Villenviertel im nordöstlichen Teil des Straßennetzes sind genügend private Wohnhäuser der karthagischen Oberschicht erhalten, so daß man einen Eindruck von dem Reichtum der damaligen Stadt bekommt. Im allgemeinen jedoch müssen wir uns mit den Rekonstruktionen der Zeichner zufrieden geben, um uns solche Baudenkmäler wie die an-

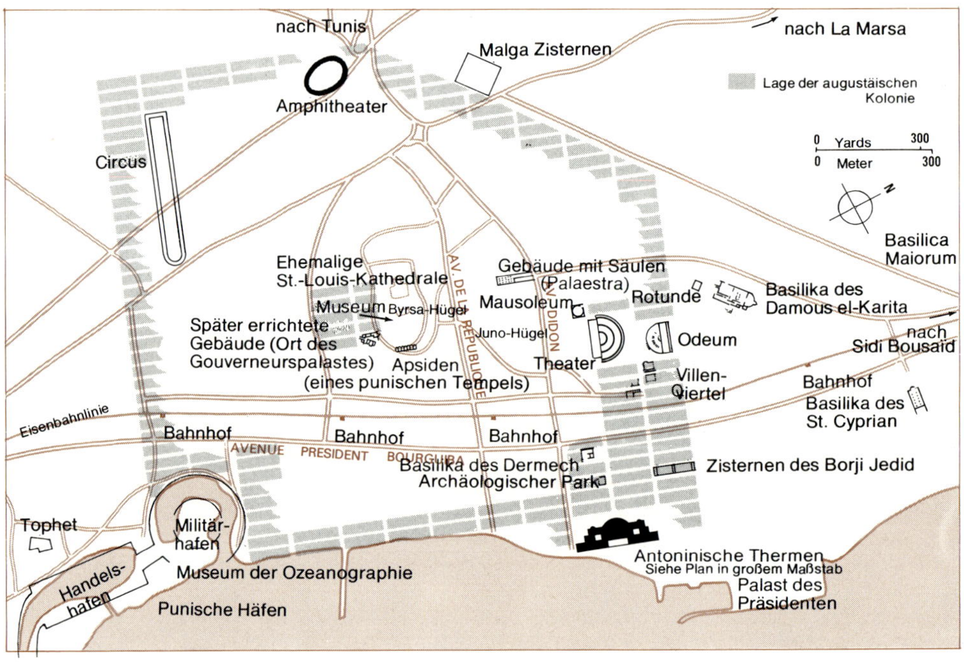

Oben: Stadtplan von Karthago mit den römischen Anlagen *Unten: Plan der Antoninischen Thermen*

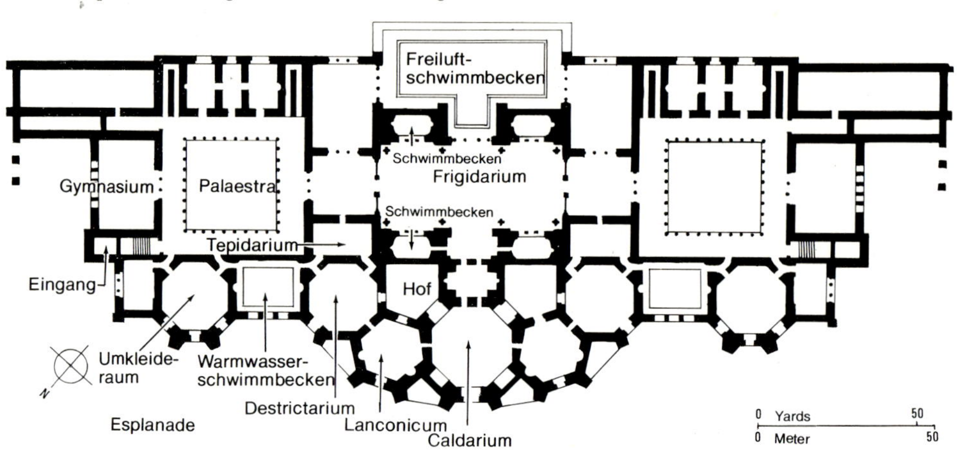

toninischen Thermen vorstellen zu können, einst die größte Bäderanlage Afrikas und der Welt außerhalb Roms; sie wurden von Quellen in Zaghouan aus gespeist, deren Wasser mit Hilfe eines großartigen Aquädukts in die Stadt geleitet wurde (er ist noch erhalten).
Im spätrömischen und byzantinischen Karthago wurde fast genauso eifrig gebaut. Trotz der große Unruhe stiftenden Rebellionen und der Schäden, die sie verursachten, wurden im späten 3. und frühen 4. Jahrhundert n. Chr. die Hafenanlagen wieder neu aufgebaut und die öffentlichen Gebäude instand gesetzt; und vor allem wurden Kirchen errichtet. Karthago, der Ort, wo Märtyrer der frühen Christenheit den Tod fanden, beeinflußte eine ganze Reihe von Kirchenvätern, so Tertullian, Cyprian und den großen Augustinus von Hippo. Es überrascht nicht, daß hier eine Vielzahl von Kirchen gebaut wurde: die Basilica Maiorum, die herrlich gelegene Basilika des St. Cyprian und – am besten von allen erhalten – die Basilika »Damous el-Karita« (vermutlich eine Verstümmelung von *Domus Caritatis* – »Haus der Gnade«).
Aus Furcht vor den Vandalen und Angriffen der Mohren befahl Theodosius II. im Jahre 425 den Bau der Stadtmauern. Doch die Vandalen eroberten 430 Afrika und gründeten ein afrikanisches Königreich mit der Hauptstadt Karthago; es bestand ein Jahrhundert lang, hinterließ aber merkwürdigerweise kaum eine Spur.
Die Neubesetzung Karthagos durch Byzanz im Jahre 533 unter den fähigen Generälen Justinians, Belisar und später Solomon, führte dazu, daß die von Thedosius errichteten Mauern wieder ausgebessert wurden und man die Festung Mandracium baute, um die Häfen der Stadt zu schützen. Die endgültige Zerstörung der Stadt durch arabische Invasoren 692 veranlaßte Byzanz zu einem kurzen, aber vergeblichen Vergeltungsschlag.
Das Musée National auf dem Byrsa in Karthago und das Musée National du Bardo in Tunis enthalten ausgezeichnete Sammlungen von Funden aus der punischen und römischen Zeit.

Charles-Picard, G., und Picard, C.: *La vie quotidienne à Carthage,* Paris 1958 (deutsch 1959). Eine etwas eigenwillige Darlegung, bietet aber eine gute Übersicht über Ausgrabungen aus der punischen Zeit.
Lapeyre, G. G. und Pellegrin, A.: *Carthage latine et chrétienne.* Paris 1950. Geschichte und Archäologie des römischen Karthago.
Warmington, B. H.: *Carthage.* Harmondsworth und New Orleans 1964. Bietet hauptsächlich eine Geschichte des punischen Karthago.

2 Dougga

Tunesien

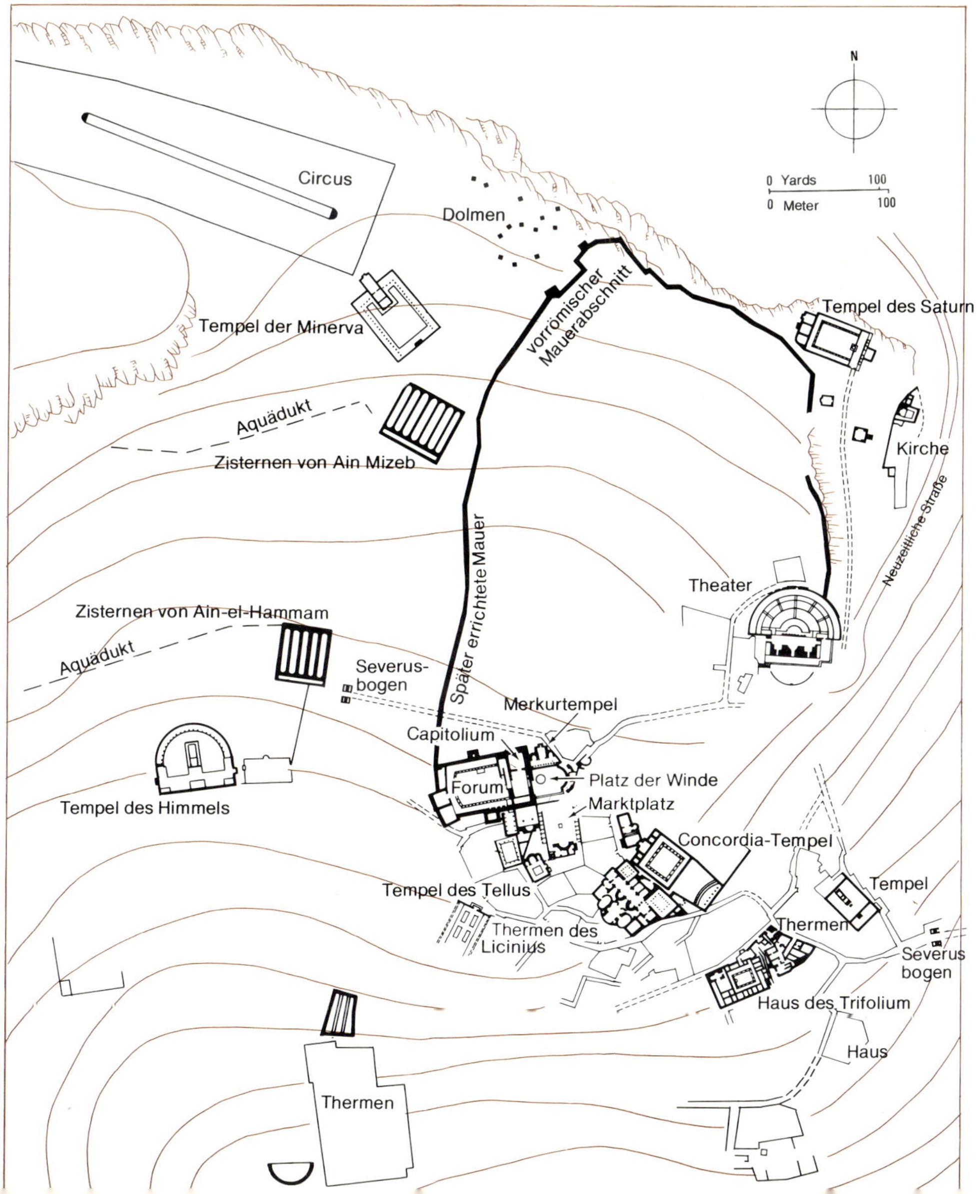

Dougga, ungefähr 100 km südwestlich von Karthago, war eine prähistorische libysche Siedlung, die im zweiten Jahrhundert v. Chr. zu einer der wichtigsten Städte im Reich des libyschen Königs Massinissa wurde. Im weiteren Verlauf wurde Dougga punisch und während der Römerherrschaft von Karthago aus verwaltet. Die Stadt war das Zentrum des Landwirtschaftsgebietes im Medjerdatal, das viele römische und italische Siedler anzog, die in kleinen Gemeinschaften in der Nähe der bereits bestehenden Städte lebten. Sie liegt hoch über einem Tal und ist ein ausgezeichnetes Beispiel für die Vermischung der libyschen, punischen und römischen Kultur in Nordafrika. Unter dem rechtwinkelig angelegten römischen *forum* und dem *capitolium,* dem Markt (dem »Platz der Winde«), dem Theater, den Thermen und prunkvollen Häusern liegen prähistorische Steingräber, unregelmäßige, gewundene Straßen, kultische Tempel und andere Baudenkmäler in punischem Stil. Die römischen Anlagen sind sehr gut erhalten, und zusammen mit ihrer reizvollen Lage entschädigen sie einen etwas für die Enttäuschung, die man beim Anblick Karthagos erlebt.

Poinssot, C.: *Les ruines de Dougga.* Tunis 1968

Dougga. Das »Capitolium«

3 Volubilis

Marokko

Volubilis lag auf einem Plateau über der fruchtbaren Rharb-Ebene am Fuße des Zerhoun-Massivs und entwickelte sich zu einem strategisch wichtigen Ort zwischen Gebirge und Ebene. Der prähistorische Grabhügel in der Mitte der späteren Stadt war sicher von den ersten Einwohnern von Volubilis verehrt worden. Frühestens im dritten Jahrhundert v. Chr., zur Zeit der ersten »maurischen« Könige in Marokko, wurde hier eine Reihe von Häusern errichtet, deren Lage sich am unregelmäßigen Verlauf der vorrömischen Mauer orientierte. Die Stadt unterhielt Beziehungen zu Karthago: sie übernahm punische Einrichtungen, wie frühe Inschriften bezeugen. Die Intervention Roms in Afrika zur Unterstützung einheimischer Fürsten im späten zweiten Jahrhundert führte zur Annektierung Nordmarokkos und dessen Einverleibung in das Reich des Marionettenkönigs Juba II. im Jahre 25 v. Chr. Juba bestimmte wahrscheinlich Volubilis zu seiner westlichen Hauptstadt und vergrößerte den Ort nach Südwesten hin (dieses Gebiet ist zum größten Teil noch nicht ausgegraben); seinen Palast baute er wahrscheinlich dort, wo der spätere »Palast des Gordian« stand. Jubas Tod und die Hinrichtung seines Erben Ptolemäus riefen einen Aufstand im westlichen Maghreb hervor. Doch blieb Volubilis Rom treu; letzteres hatte vielen Bürgern der Stadt, als sie der Verwaltungssitz der neuen Provinz Mauretania Tingitana wurde, das römische Bürgerrecht gewährt.

Die ersten römischen Gebäude wurden während eines Baubooms, der in der ersten Hälfte des dritten Jahrhundert n. Chr. seinen Höhepunkt erreichte, niedergerissen und durch neue ersetzt. So wurde das *forum* der alten Stadt anders angelegt, der massive Triumphbogen des Caracalla wurde errichtet (etwa 211), das *capitolium*, das an einer Ecke des *forum* emporragte (216), und die herrliche *basilica* (der Gerichtshof) an dessen Ostseite wurden gebaut. Sie bestand aus dem grauen Stein des Zerhoun-Gebirges und wird gegenwärtig restauriert. Zur gleichen Zeit wurde die Anlage der Stadt völlig neu gestaltet: man lehnte die »primitive und wirre« Anordnung der Häuser und Straßen der Altstadt im südlichen Teil ab und bevorzugte den neuen, im Nordosten gelegenen Wohnbezirk mit seinen im griechischen Stil gehaltenen Häusern – sie besaßen Höfe und Gärten mit Säulengängen – entlang dem breiten, mit Portiken versehenen *decumanus maximus*, der durch das »Tanger-Tor« bis zum renovierten Sitz des Gouverneurs (dem »Palast des Gordian«) führte. Nicht mehr als 10 000 bis 12 000 Menschen lebten in dieser Stadt, die ihren im Wesen ländlichen Charakter beibehielt – ein Beweis dafür sind die vielen Olivenpressen und Getreidemühlen in unmittelbarer Nähe der großartigen Häuser im Nordosten von Volubilis. Die schönen Mosaiken und die ungewöhnlich hohe Anzahl von Bronzestatuen, von denen diese und andere Häuser der Stadt ihre Namen haben, befinden sich im Museum von Volubilis oder in dem Musée des Antiquités in Rabat.

Trotz des schwindenden Einflusses der Römer in der Spätzeit des Imperiums wurde Volubilis weiterhin von romanisierten Berbern bewohnt und diente Idris I. im Jahre 788 als Zufluchtsort. Im zehnten Jahrhundert lebten hier zum letzten Mal Menschen, und zwar spanische Flüchtlinge; dann wurden die Steine der Stadt zur Errichtung von Bauten in Fez und Meknes verwendet.

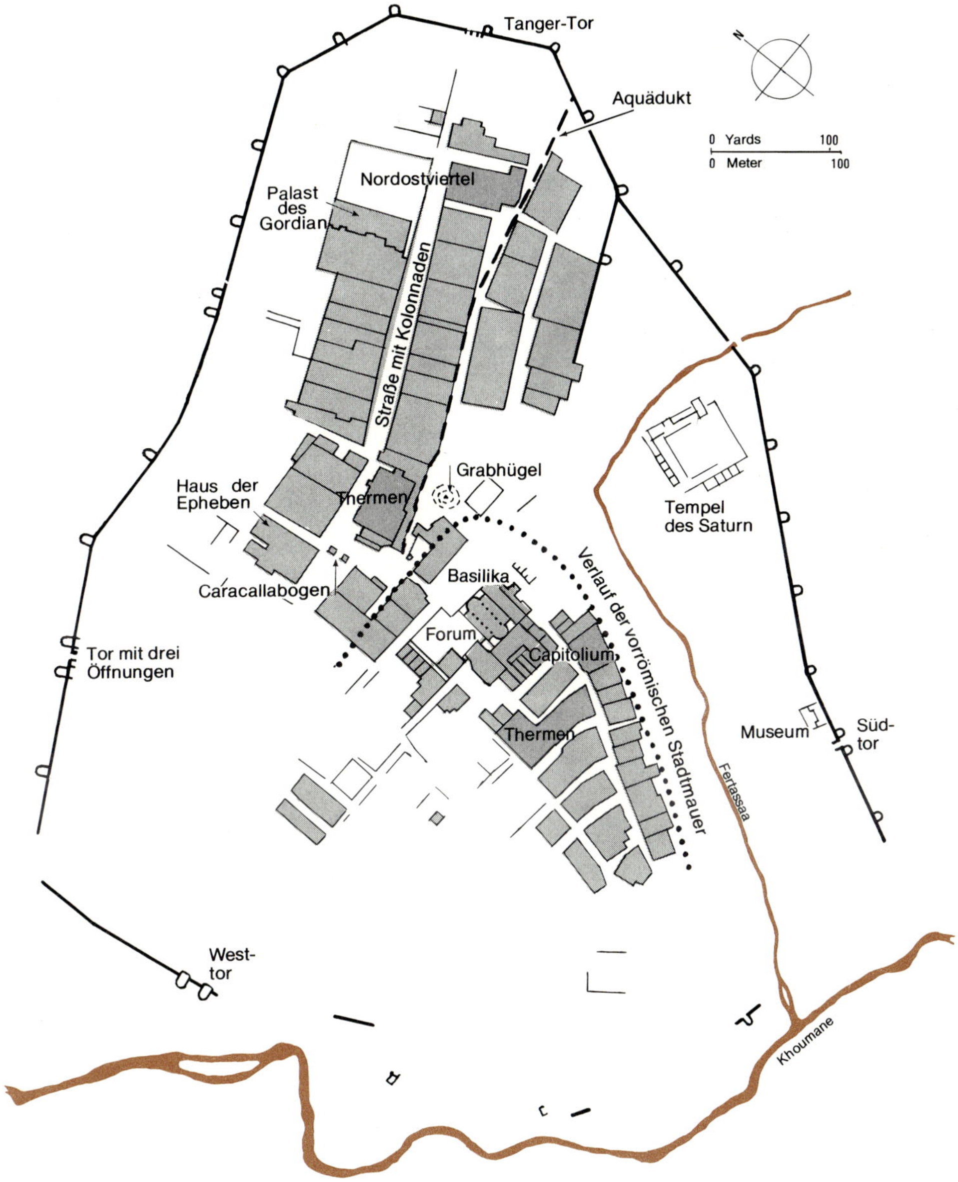

Étienne, R.: *Le quartier nord-est de Volubilis.* Paris 1960. Eine ausführliche Darstellung des Lebens in dieser Stadt.

Thouvenot, R.: *Volubilis.* Paris 1949

Jüngste Veröffentlichungen in: *Bulletin Archéologique du Comtié des Travaux Historiques.* Paris 1965–66.

4 Constantine und Djemila

Algerien

Constantine (im Altertum Cirta genannt), ein prähistorischer Zufluchtsort, die Hauptstadt der numidischen Könige, wurde 44 v. Chr. als römische Provinzhauptstadt neu gegründet. Sichtbare Zeichen ihrer Geschichte findet man jedoch nicht, lediglich ihre Lage, oberhalb der zerklüfteten Bergschlucht von Oued Rhumel, ist bekannt. Sie allein und die Brücken, die die Schlucht überspannen, sind in ihrer Großartigkeit unvergeßlich. Das Musée de Cirta ist voller Funde, die aus dieser Region stammen, darunter auch eine Vielzahl handwerklicher Gegenstände römischer Herkunft aus Tiddis, einer der befestigten Satellitenstädte in der Umgebung des römischen Constantine. Djemila (das alte Cuicul) gehörte nicht zu diesen Satellitenstädten, doch lag es etwa 80 km westlich von Constantine an der Straße nach Sétif. Dieser ursprünglich libysche Ort am Rande der Kleinen Kabylie-Berge beherbergte offensichtlich eine römische Veteranenkolonie, die in den letzten Jahren des 1. Jahrhunderts n. Chr. gegründet wurde, um die Westroute nach Algerien zu schützen.

Für das Wachstum und die Geschichte Djemilas gibt es kaum Hinweise, beides kann aber aus dem Plan der Stadt erschlossen werden. Der älteste römische Teil der Stadt stammt aus dem späten 1. und frühen 2. Jahrhundert n. Chr. und lag augenscheinlich an dem *cardo maximus*, der den Bergrücken entlang hinunter zum unteren Nordtor führte. Vermutlich befanden sich alle übrigen Straßen parallel und im rechten Winkel zu dieser Hauptstraße. Im Zentrum war das mit Portiken versehene *forum* gelegen, das zur Hauptstraße hin durch die *basilica* abgeschlossen und an seiner Nordseite von dem Tempel der kapitolinischen Götter beherrscht wurde. In der Nähe des *forum* legte eine ortsansässige Adelsfamilie den Markt an, von dem aus offene Zellen zu einem überdachten Portikus führten. Dort steht noch ein Steintisch; mit Hilfe der darauf angebrachten Maßstäbe wurden offizielle Messungen vorgenommen. Viele Angehörige der Oberschicht finanzierten zum großen Teil die öffentlichen Gebäude und lebten im Zentrum in prachtvollen Häusern, so zum Beispiel im »Haus der Europa« im Nordteil der Stadt.

Der zweite Abschnitt in der Entwicklung von Djemila fand im späten 2. und frühen 3. Jahrhundert statt. Die Hauptstraße wurde in eine andere Richtung verlegt: sie führte nun vom Bogen des *cardo* zum Südtor; deshalb weisen die Tempel und Häuser an der Südostseite des *cardo* eine merkwürdige trapezartige Form auf. Der bedeutendste Bau aus dem frühen 3. Jahrhundert war der beeindruckende neue Platz außerhalb des alten Südtores. Er war auf zwei Seiten mit Portiken versehen und durch den großartigen Triumphbogen des Kaisers Caracalla erreichbar. Erst durch diesen Platz kommt der höhergelegene Tempel, der der kaiserlichen Familie der Severer geweiht war, zu vollkommener Geltung. In seiner Nähe befinden sich die in diesem Sektor bereits vorhanden gewesenen Gebäude – das Theater, die Großen Thermen und die Privathäuser, so zum Beispiel das stattliche Haus des Bacchus (nach dem großen Mosaik in einem der Räume benannt, es ist jetzt im Museum zu besichtigen).

In der dritten Phase wurde der südöstliche Teil der Stadt – das Christenviertel – im 4. und 5. Jahrhundert ausgebaut. Drei Basiliken, eine – völlig restaurierte – kreisförmige Taufkapelle und das große bischöfliche Wohnviertel geben Zeugnis von dem Reichtum der Christen und der Stadt in einer Zeit, von der häufig angenommen wurde, daß sie vom Niedergang gekennzeichnet gewesen sei. Trotz seiner Pracht blieb das antike Cuicul immer eine unbedeutende Stadt mit einer relativ geringen, hauptsächlich ländlichen Bevölkerung von nicht mehr als 9000 bis 10 000 Menschen; viele von ihnen waren Libyer. Außerhalb des modernen Museums ist eine Sammlung religiöser *stelae* zu sehen, die zum Tempel des Saturn – der Saturnkult entwickelte sich aus der Verehrung des punischen Gottes Baal – gehörten: ein Zeichen dafür, welch großen Einfluß die einheimische Kultur besaß. Unklar ist, welches Schicksal Djemila während der Herrschaft der Vandalen und der byzantinischen Kaiser erlitt. Eine Inschrift läßt vermuten, daß Vandalen im Jahre 463 die Stadt eingenommen hatten.

Allais, Y.: »Le quartier occidental de Djemila«, *Antiquités Africains V*, Paris 1971, S. 95–119. Ein Bericht über die neuen Ausgrabungen.

Février, P. A.: *Djemila*. Algier 1968

Stadtplan von Djemila

Die Oued-Rhumel-Schlucht

Djemila. Im Vordergrund der Bogen des Caracalla, der den Eingang zu dem neuen Viertel der sich ausbreitenden Stadt bildete. Rechts befindet sich der Tempel der Severer.

5 Timgad

Algerien

Timgad (das antike Thamugadi) stellt das fast vollkommene Modell einer römischen Provinzhauptstadt dar. Das »Pompeii Afrikas«, sein Zentrum ähnelt einem Wald aus Stein, ist schachbrettartig angelegt und liegt auf einer fast genau quadratischen Fläche mit einer Seitenlänge von 1200 römischen Fuß. Die heute sichtbare Anlage wurde 100 n. Chr. als römische Siedlung für die Veteranen der Legio III Augusta auf Befehl des Kaisers Trajan von Militärbauleuten der nahe gelegenen Stadt LAMBESSA (Lambaesis) gegründet. Sie war nur eine der strategisch wichtigen Städte in der langgestreckten Ebene genau nördlich des Aures-Gebirges, die den Zugang zu den Pässen versperren sollten.

Der *cardo maximus* beginnt am Nordtor und führt direkt zum *forum*, wo ihn der *decumanus maximus* kreuzt; beide Straßen teilen die Stadt in fast genau gleiche Viertel, und die Gebäude in den »Inseln« *(insulae)* gleichen einander völlig, was ihr Aussehen und ihre Zahl anbelangt; jedoch war trotz dieser Regelmäßigkeit und der planvollen Entwicklung das endgültige Ergebnis nicht ganz vollkommen: an der Westseite existieren nur fünf anstelle von sechs Reihen von »Inseln«. Es überrascht sehr, daß innerhalb von fünf Jahren nach der Gründung außerhalb des Stadtbezirkes in dem südwestlich gelegenen Vorort der riesige Tempel der kapitolinischen Triade ohne Rücksicht auf die Lage der sich kreuzenden Straßen errichtet wurde, obwohl die Stadt einen Sektor für öffentliche Gebäude wie *forum, basilica,* Rathaus *(curia)* und Theater aufwies. Bald danach wurden auch die öffentlichen Thermen außerhalb der Haupttore im Norden gebaut.

Innerhalb von einhundert Jahren entstand eine völlig neue Stadtgrenze, deren Umfang heute an den zwei weit voneinander entfernt gelegenen Torwegen im Osten und Westen der Stadt erkennbar ist; sie umfaßte ein riesiges Gebiet, das viermal so groß war wie die ursprüngliche Stadtfläche. In den Vorstädten des Südens und Westens wurde der *decumanus maximus* verlängert und mit Portiken versehen; im Norden machte er einen Knick und wurde durch das berühmteste Baudenkmal Timgads, den sogenannten Trajansbogen, mit der alten schachbrettartigen Straßenführung verbunden. Dieser aus drei Bögen bestehende großartige Triumphbogen steht in einem leicht schrägen Winkel zum alten *decumanus;* mit Trajan hat er offensichtlich nichts zu tun. Die Ausdehnung im Südwesten war wahrscheinlich auf einen einheitlichen Plan des reichen Stadtadligen Marcus Plotinus Faustus Sertius zurückzuführen, den dieser im frühen 3. Jahrhundert n. Chr. entwarf. Sein sehr großes Haus befindet sich in der südwestlichen Ecke der alten Stadt.

Die Einwohnerzahl der Stadt und des sie umgrenzenden Gebietes betrug nie mehr als 15 000; sie war eine durchschnittliche Provinzhauptstadt, in der jedoch einige wohlhabende Bürger wohnten, die der Bequemlichkeit dienende Einrichtungen finanzierten: eine reizvolle Bibliothek im Nordostviertel, einen Marktplatz mit einer Doppelapsis im Südosten der Stadt und vor allem Thermen; von ihnen gab es mindestens zwölf, einige davon in beträchtlicher Größe. In das Pflaster des *forum* sind die treffenden Worte eingeritzt: »Jagen, Baden, Spielen und Lachen – das nennt man Leben«. Timgad wird in der Geschichte kaum erwähnt, doch war die Stadt im späten 4. und frühen 5. Jahrhundert ein Zentrum der häretischen Bewegung der Donatisten, als der Bischof Optatus eine Bande, bestehend aus »Circumcelliones« – wandernden Erntearbeitern –, gründete, um seine katholischen Gegner zu be-

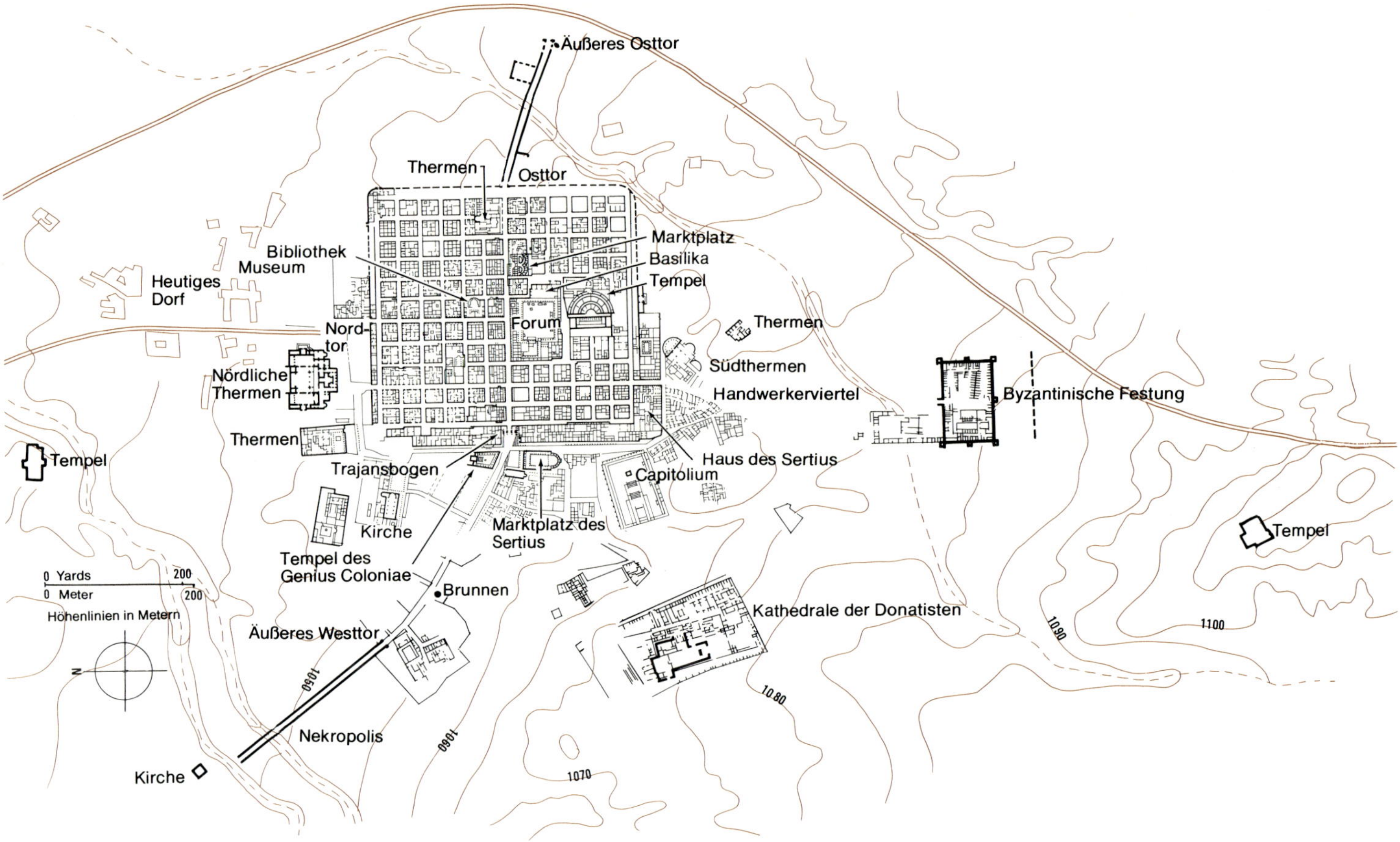

Unten: Timgad, vom westlichen Ende her gesehen. Im Vordergrund der Trajansbogen, das Forum und das Theater; im Hintergrund das Aures-Gebirge.

drohen. Die riesige Kathedrale des Optatus, sein Haus mit vollständig erhaltenen Inschriften, eine Taufkapelle und ein ganzer Gebäudekomplex in der Nähe der Kathedrale sind jenseits des *capitolium* in der südwestlich gelegenen Vorstadt zu sehen. Der Historiker Procopius erwähnt das byzantinische Kastell von Timgad, ein Überbleibsel aus dem 6. Jahrhundert, als Byzanz wieder ein Interesse an Afrika zeigte und Justinian seinen Feldherrn Solomon dort Eroberungszüge durchführen ließ. Das Kastell gehört zu den am besten erhaltenen Bauten, die Solomon errichtete, und entstand dort, wo sich früher eine extravagante Anlage, bestehend aus Wassergärten, Tempeln und Portiken, befand.
Was schließlich aus Timgad wurde, ist nicht bekannt, doch war die Stadt noch mindestens ein Jahrhundert lang bewohnt.

Courtois, C.: *Timgad, antique Thamugadi.* Algier 1951
Lassus, J.: »Une opération immobilière à Timgad«, *Mélanges Piganiol,* III, Paris 1966, S. 1221–31. Gibt einen Überblick über die neuesten Forschungen.

6 Lambessa

Algerien

Lambessa, das alte Lambaesis, liegt ungefähr 20 km westlich von Timgad über der El-Kantara-Schlucht zwischen dem Aures-Gebirge und den Hodna-Bergen. Es war das militärische Zentrum des römischen Afrika und seit dem frühen zweiten Jahrhundert n. Chr. das Hauptquartier der Legio III Augusta, bis es im späten 3. Jahrhundert aufgegeben wurde. Drei Viertel der Lageranlagen sind noch zu sehen, aus denen der Gesamtgrundriß mit den Soldatenunterkünften, dem Aufenthaltsbereich für die Offiziere, den Kornspeichern und den Wasserzisternen zu erschließen ist. Den auffallendsten Überrest stellt der vierseitige Bogen dar, fälschlich *praetorium* genannt, ein sehr großer, zweistöckiger, rechteckiger Bau (23×36 m), der in der Mitte des dritten Jahrhunderts als monumentaler Torweg diente und dann zu einem großen Hauptquartier *(principia)* umgebaut wurde. Die *principia* bestand aus einem breiten, gepflasterten und mit Portiken versehenen Platz, an dessen Seiten sich verschiedene Räume befanden. Im Südteil führten Stufen zu einer Plattform, von der aus man wahrscheinlich zu einer *basilica* gelangte. Hier wurden die Standarten des Regiments aufbewahrt; dahinter lag eine Anzahl Räume *(scholae),* die von den Militärzünften *(collegia)* *– sie entstanden im dritten Jahrhundert – benutzt wurden. Hinter der principia* waren Thermen, Läden und andere Gebäude, auf denen nun ein neuzeitliches, ehemals französisches Gefängnis steht. Außerhalb der Anlage sind ein Amphitheater und weitere Thermen zu sehen.

Cagnat, R.: *L'Armée romaine d'Afrique,* 2. Auflage, Paris 1912

Lambessa: das Hauptquartiergebäude (»principia«) des römischen Legionärslagers. Nur die Eingangshalle ist erhalten.

7 Leptis Magna und Sabratha

Libyen

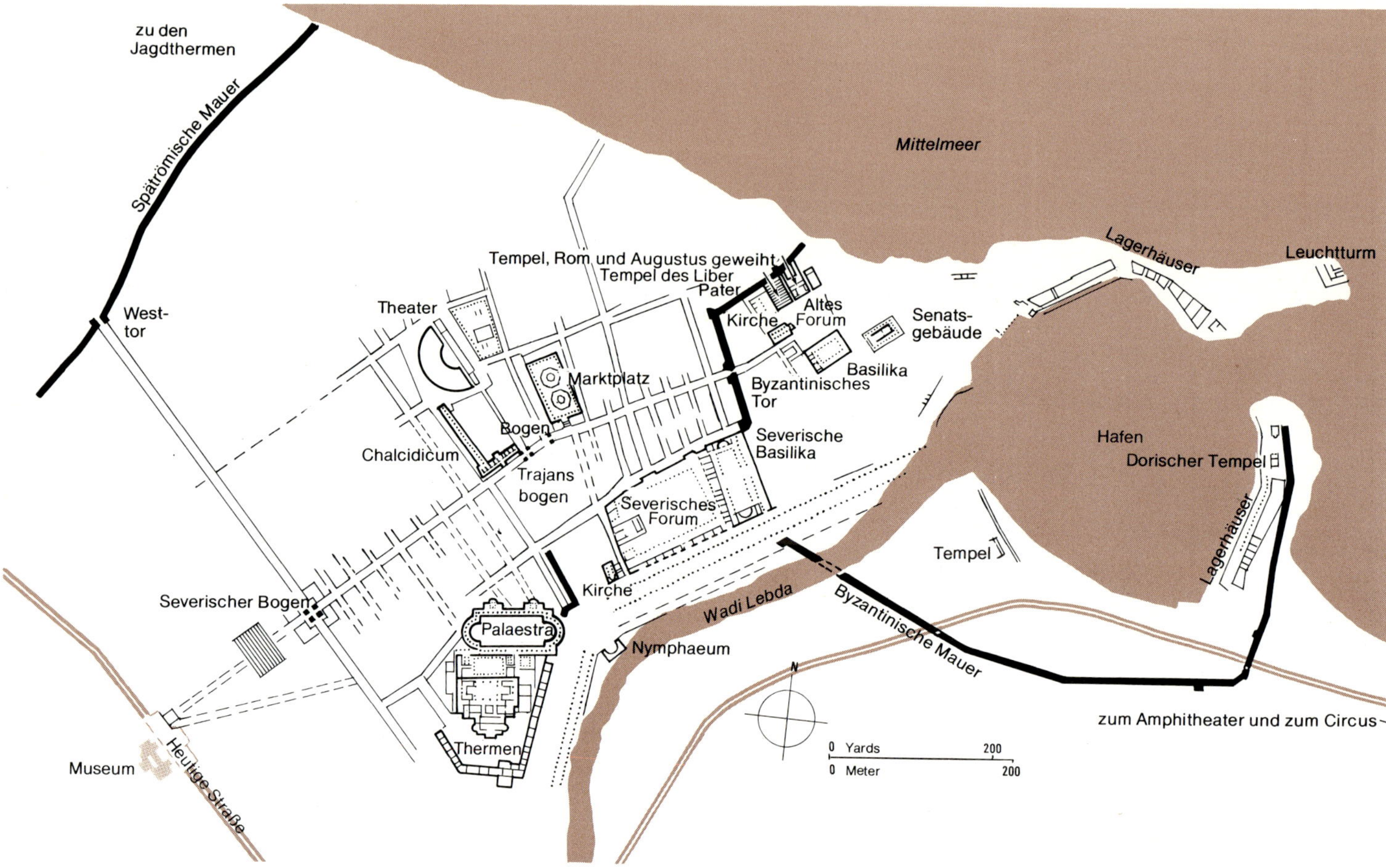

Zwei grundlegende Tatsachen bestimmten Wachstum und Entwicklung von Leptis magna (das moderne Lebda): seine geographische Lage und sein berühmtester Sohn, Septimius Severus, römischer Kaiser von 193 bis 211. Zusammen mit Oea (das heutige Tripolis) und Sabratha – die Drei Städte oder »Tripolis« – diente Leptis den reichen Getreide- und Olivenregionen an der Küste, in der Antike Emporia genannt, als Lagerplatz; von hier aus wurden wegen des natürlichen Hafens Sklaven, Halbedelsteine und wilde Tiere aus dem Inneren Libyens ausgeführt.

Im 7. Jahrhundert v. Chr. erkannten phönizische Siedler als erste die Bedeutung dieses Hafens am Fluß Wadi Lebda; auch prägten sie den Charakter der Bevölkerung bis weit in die Zeit der Römerherrschaft hinein. Die Fundamente eines alten Lagerhauses, einige punische Gräber, punische Inschriften jüngeren Datums und Statuen sind alles, was nach einer sechshundertjährigen Besetzung durch die Phönizier und Karthager von diesen Zeugnis gibt.

Nach dem Untergang Karthagos und nach einer kurzen Zeit libyscher Herrschaft gerieten die tripolitanischen Städte unter römischen Einfluß.Die ersten römischen Gebäude wur-

Oben: Plan von Leptis Magna. Unten: Sabratha. Die wiederhergestellte Bühne und proscenium *des Theaters*

Leptis Magna. Die severische »basilica« (links) und einer der mit Figuren und Ornamenten versehenen Pilaster (oben)

den im ursprünglichen Stadtzentrum nahe dem Westhafen errichtet: das *forum*, die zwei Tempel an seiner Westseite und die – später wiederaufgebaute – alte *basilica* an seiner Ostflanke. Ausgehend vom alten *forum*, dehnte sich die römische Stadt nach Süden entlang der Hauptstraße *(cardo)* bis zum Marktplatz (9–8 v. Chr.), dem *Chalcidium* (wahrscheinlich ein weiterer Marktplatz, 11–12 n. Chr.) und dem Theater (1–2 n. Chr.) aus. Bereits zu dieser Zeit mußten die Bürger reich gewesen sein; so stiftete Annobal Rufus das Theater und den prächtigen Marktplatz, der mit seinen achteckigen Pavillons und behauenen Verkaufstischen zu den am besten erhaltenen Marktplätzen Afrikas gehört. Etwas später wurde ein Amphitheater, das größte in Afrika, ungefähr 800 m östlich vom Hafen gebaut; es wird gegenwärtig ausgegraben.
Im 2. Jahrhundert n. Chr. wurden (ebenso wie in Sabratha) weitere römische Gebäude errichtet, als sich Leptis weiter nach Süden und Westen ausdehnte; unter anderem erstellte man auf der Hauptstraße den vierseitigen Triumphbogen des Trajan, am Wadi Lebda eine neue öffentliche Therme in massiver Bauweise mit einem Sportplatz *(palaestra)*, der von Kolonnaden umgeben war, und am Westrand der Stadt die gut erhaltenen »Jagdthermen« (nach den Stuckmalereien benannt).
Die bedeutendsten Bauten stammen jedoch aus dem frühen 3. Jahrhundert, der Regierungszeit der Severer; Septimius Severus selber und viele einflußreiche Angehörige des Hofes stammten aus Leptis oder anderen afrikanischen Städten. Severus verlieh Leptis den Status einer italienischen (d. h. steuerfreien) Stadt und regte offensichtlich den Bau des mit einer Marmorfassade versehenen Komplexes, bestehend aus *forum*, *basilica* und Kolonnadenstraße entlang dem Wadi Lebda, an. Die gesamte Anlage wurde von dem vierseitigen Severusbogen am Südeingang der Stadt gekrönt (ein Modell davon ist im Museum am Ort zu sehen). Der für das neue severische *forum*, die *basilica* und den Bogen verwendete Marmor wurde von griechischen Meisterhandwerkern aus der Levante (wahrscheinlich aus Aphrodisias in Kleinasien) bearbeitet. Die meisten Marmorsteine wurden dafür verwendet, um die Böden auszulegen; sie befinden sich zusammen mit den Pilastern der »basilica«, deren Ornamente an »Spitzenarbeit« erinnern, am Ort. Severus mag auch für den Bau der schönen Lagerhäuser am Hafen, des Leuchtturmes und des neuen Zirkus für Pferderennen in der Nähe des Amphitheaters verantwortlich gewesen sein.
Von Leptis ist bisher so wenig ausgegraben worden, daß Vermutungen darüber, was den Niedergang der Stadt verursachte oder wie viele Menschen in ihr lebten, müßig sind. Die im späten 3. und 4. Jahrhundert errichtete römische Mauer im Westen sollte vor Überfällen libyscher Stämme schützen. Für kurze Zeit wurde Leptis im späten 4. und 5. Jahrhundert von libyschen Stämmen und Vandalen besetzt gehalten und teilweise zerstört. Als Belisar 533 in Tripolitania landete, hatte der Sand hier bereits die ersten Schäden angerichtet. Die byzantinischen Mauern und der monumentale Torweg, die in der Nähe des *forum* zu sehen sind, gehörten zu den Befestigungsanlagen des strategisch wichtigen Hafens; in sie wurde die severische *basilica* einbezogen (sie wurde zu einer Kirche umgebaut).
Nach der byzantinischen Herrschaft, die ein Jahrhundert lang gedauert hatte, wurden die tripolitanischen Städte von den Arabern erobert. Sie raubten Steinsäulen und -blöcke, um damit ihre nahe gelegenen Moscheen und Gräber zu schmücken, bis europäische Abenteurer sie zu exportieren begannen. Und schließlich bedeckte alles der Sand.

Bianchi Bandinelli, R.: *The Buried City: Excavations at Leptis Magna*, übers. v. Ridgeway, D., London und New York 1966. Ausgezeichnete Bilder und Informationen über die neuesten Entdeckungen.
Haynes, D. E. L.: *Antiquities of Tripolitania*. London 1955. Aktuelle Forschungsergebnisse findet man in den Berichten der »Society for Libyan Studies«, London.

8 Kyrene

Libyen

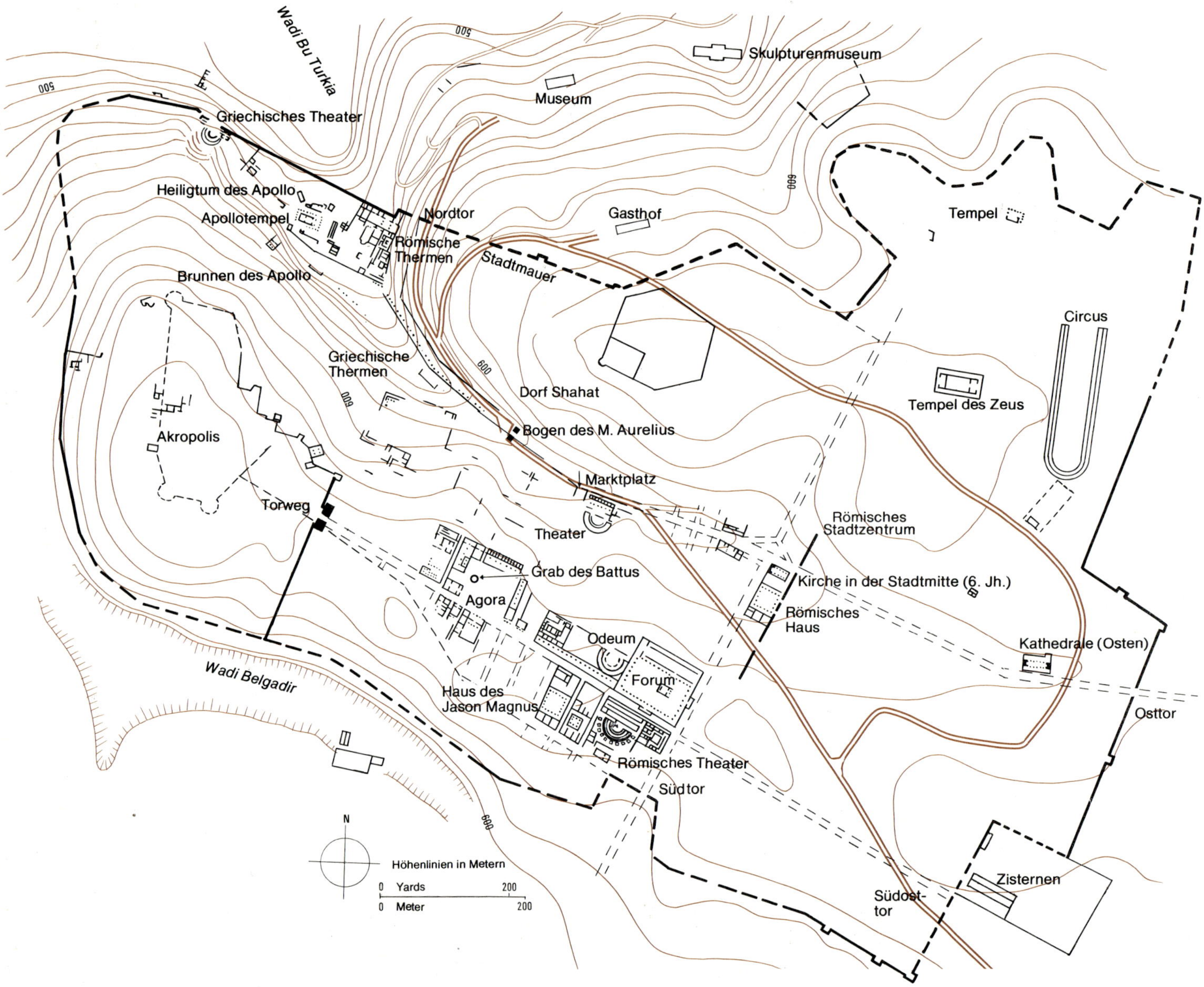

Die Geschichte der Gründung Kyrenes (etwa 631 v. Chr.) durch griechische Auswanderer aus Thera (Santorin) wird von dem griechischen Historiker Herodot erzählt. Die reizvolle Lage auf einem hohen, terrassenförmigen Berg, von dem aus man über eine fruchtbare, landwirtschaftlich genutzte Ebene blickt, wurde von Libyern entdeckt, die die Kolonisten willkommen hießen, sich mit ihnen vermischten, ihnen Frauen gaben, die Arbeit auf den Feldern übernahmen und sie mit einer wildwachsenden, medizinisch wertvollen Pflanze vertraut machten, die sie *silphium* nannten und mit der sie Tauschhandel trieben. Der großartige dorische Tempel des Apollo, dessen schöne Säulen aus hiesigem Kalkstein teilweise restauriert wurden, ist das älteste Baudenkmal dieses Ortes. Er steht in einem Einschnitt zwischen zwei Ausläufern eines Plateaus längs einer lebenspendenden Quelle, die nach der Nymphe Kyrene benannt wurde. Das Heiligtum des Apollo, der religiöse Mittelpunkt der Kolonie, war durch einen »Heiligen Weg« mit dem südlichen Ausläufer des über ihm gelegenen Plateaus verbunden, wo sich die *akropolis* (ein befestigter Zufluchtsort) und die *agora* (das Stadt- und Marktzentrum) befanden. Nach seiner Gründung wurden von Kyrene aus weitere Kolonien in Libyen errichtet, wie z. B. Euhesperides (Benghazi) und Apollonia (das moderne Marsa Susa, der Hafen von Kyrene), die alle als die »Fünf Städte« oder als »Pentapolis« im 3. Jahrhundert v. Chr. bekannt wurden, als das ganze Gebiet unter die Herrschaft der Ptolemäer in Ägypten geriet. Am interessantesten unter den hellenistischen und ptolemäischen Gebäuden sind die griechischen Thermen.

Im 1. Jahrhundert v. Chr. übernahmen die Römer Cyrenaica ohne Blutvergießen von den Ägyptern, doch spielte diese Provinz eine unbedeutende Rolle im römischen Imperium. Zu den bemerkenswerten Ereignissen seiner Geschichte zählt der blutige Beginn des jüdischen Aufstandes von 115 n. Chr., der von den großen jüdischen Gemeinden der Diaspora an der levantinischen Küste angezettelt wurde; auch Kyrene war von ihm betroffen: von der immensen Zerstörung, die diese Revolte verursachte, sind heute noch Spuren sichtbar.

Während der Römerzeit übernahmen die Einwohner der griechischen und hellenistischen Stadt die Ordnungen und Sitten der neuen Herren, doch verlor der Ort nie seinen im wesentlichen griechischen Charakter. Viele der älteren Baudenkmäler wurden wiederhergestellt, so das Heiligtum des Apollo und die *agora;* das griechische Theater wurde in ein Amphitheater umgebaut und das Heiligtum mit einer neuen Vorhalle *(propylaeum)* versehen,

Kyrene. Das Heiligtum des Apollo und das griechische Theater unterhalb der eigentlichen Stadt

um es den großen römischen Thermen des Trajan (frühes 2. Jahrhundert n. Chr.) anzupassen. Nach dem jüdischen Aufstand verlagerte sich das Zentrum weg von der *agora* und der *akropolis* nach Osten und Norden, wo sich die römischen Hauptstraßen kreuzten. Wahrscheinlich wurden der Zirkus auf dem Nordhügel und der massive Zeustempel (trotz seines dorischen Aussehens) auch in dieser Zeit errichtet. Das an die *agora* angrenzende große Haus des kyrenäischen Adligen Tiberius Jason Magnus demonstriert den Reichtum der städtischen Oberschicht. Schließlich wurden das mit Portiken versehene *forum* (oder »Caesareum«, es wurde in eindrucksvoller Weise restauriert) und der Gerichtshof zusammen mit dem römischen Theater erbaut; sie bilden den östlichen Abschluß eines monumentalen Gebäudekomplexes, der bis zur *agora* reicht und an jedem Ende einen Zugang durch jeweils ein *propylaeum* (Torweg) besitzt. Die Stadt war jedoch nie größer als 24 Quadratkilometer, und die Zahl der sowohl städtisch als auch ländlich orientierten Einwohner überstieg nie 30 000.

Nach einem schrecklichen Erdbeben im Jahre 365 verlor Kyrene seinen Status als Provinzmetropole. Der Schaden, der dadurch verursacht wurde, konnte nie wieder behoben werden. Doch verraten die christlichen Kirchen und Privathäuser aus dieser Zeit, daß die Stadt immer noch wohlhabend war. Die Kathedrale (und die Taufkapelle) am äußeren Ostende des Stadtgebietes war eine der vielen, die in der Spätzeit der Stadt errichtet wurden. Im 6. Jahrhundert, nachdem Kyrene byzantinisch geworden war, wurde der Ort durch Berberstämme bedroht, und die Bewohner suchten hauptsächlich hinter den Mauern um den Marktplatzbereich Schutz. Schließlich fiel Kyrene 643 in die Hände der Araber, blieb jedoch relativ unversehrt, bis im 11. Jahrhundert die Hilals über Nordafrika hinwegfegten.

Chamoux, F.: *Cyrène sous la monarchie des Bathades.* Paris 1953. Behandelt hauptsächlich die Anfänge der Geschichte Kyrenes.

Goodchild, R. G.: *Cyrene and Apollonia*, 2. Aufl., London 1963

Sizilien

Sizilien ist eine knapp 26 000 Quadratkilometer große Insel, nicht viel größer als das nahe gelegene Sardinien. In der Antike war sie berühmt wegen ihrer Fruchtbarkeit – auf ihr gediehen Weizen, Oliven, Wein und Früchte – und wegen ihrer Wälder, die von den Bergregionen südlich und westlich des Berges Ätna bis nach Agrigento reichten. Der Insel fehlt es an Bodenschätzen, besonders an Metallen und hartem Gestein, das man für Bauten verwenden könnte; sie wird von Erdbeben heimgesucht und besitzt mit dem Ätna den höchsten, noch tätigen Vulkan Europas (3270 m).
Die Fruchtbarkeit der Insel und ihre zentrale Lage im Mittelmeer – sie ist von Italien durch die etwas mehr als 3 km breite Straße von Messina getrennt und an ihrem Afrika am nächsten gelegenen Punkt im Westen weniger als 160 km von diesem Kontinent entfernt – haben ihr in anderer Hinsicht eine überraschende historische Bedeutung verliehen: Griechen, Phönizier, Italiker, Juden, Vandalen, Sarazenen, Normannen, Iberer und andere Völker wanderten nach Sizilien aus oder beherrschten irgendwann einmal die Insel. In der Steinzeit wurden prähistorische Siedlungen – wahrscheinlich vor 20 000 v. Chr. – angelegt, doch beginnt ihre eigentliche Geschichte mit der Ankunft der ersten Griechen und Phönizier im achten Jahrhundert v. Chr. Sie fanden drei Völker vor, die von Sizilien Besitz ergriffen hatten: die Sikuler in der östlichen Hälfte, die Sikaner im Westen und die Elymer im Nordwesten. Schließlich wurde das Land vollständig hellenisiert und pflegte die griechische Sprache und Kultur, bis im neunten Jahrhundert n. Chr. die Araber die Insel eroberten. Sie war vor diesem Zeitpunkt in die griechische Welt integriert und wurde deshalb auch von griechischen Dichtern und Dramatikern wie Pindar und Aischylos besucht; auf ihr wurde im fünften Jahrhundert v. Chr. ein großer Philosoph, Empedokles von Akragas (Agrigent), und im dritten Jahrhundert v. Chr. der größte griechische Naturforscher, Archimedes von Syrakus, geboren. Die christlichen Gemeinschaften auf Sizilien hatten eine große Ähnlichkeit mit den christlichen Kirchen des Ostens.
Die monumentalen Überreste des antiken Siziliens sind daher zum großen Teil griechischen Ursprungs, trotz der römischen und christlichen Einflüsse, die an den einzelnen Bauten erkennbar sind, wenn man einmal von den typisch römischen Amphitheatern absieht. Die Lage der Baudenkmäler gibt jedoch keinen Hinweis darauf, welche Siedlungen auf dieser Insel bedeutsam und wie die Machtverhältnisse in der Antike beschaffen waren. In Messina und Catania zum Beispiel, beides alte griechische Städte, sind keine Überreste aus dem Altertum zu finden, weil sie durch Erdbeben (Messina vor nicht allzu langer Zeit, 1908) oder Ausbrüche des Ätna (Catania, 1693) große Zerstörungen erlitten. Palermo hingegen, eine Gründung der Phönizier, wurde erst in der Römerzeit bedeutsam (die Stadt hieß damals Panormus) und ist seit der Besetzung durch die Araber die Hauptstadt Siziliens; sie wurde mehrfach in einem Stil und Umfang neu erbaut, die ihrem Status und ihrer wachsenden Größe entsprach (heute leben in ihr mehr als 500 000 Menschen).
Die griechischen Einwanderer begannen sich vor 750 v. Chr. in Sizilien niederzulassen, und weitere kamen in den darauffolgenden zwei Jahrhunderten. Obwohl die Historiker diese Bewegung als »Kolonisation« bezeichnen, waren die neuen Gemeinschaften von Anfang an unabhängig und wiesen typische griechische Merkmale auf, was ihre Lage an und in der Nähe der Küste, ihre politische Form und Entwicklung und ihren Wunsch nach Autonomie der einzelnen Siedlungen anbelangt. Während des sechsten Jahrhunderts v. Chr. wurden die meisten Gemeinschaften von »Tyrannen« regiert, wie dies auch in Griechenland der Fall

war; es waren dies Männer, denen es gelungen war, Macht zu erlangen und Dynastien zu gründen. Vom fünften Jahrhundert v. Chr. ab – seine zweite Hälfte ausgenommen – verläuft die Geschichte Siziliens und Griechenlands in verschiedenen Bahnen; so waren im griechischen Sizilien die Tyrannen die Norm.
Es mag stimmen, daß, wie Voltaire verächtlich bemerkte, Sizilien unter seinen Tyrannen »irgendeinen Wert für die Welt besaß«, doch war der Preis dafür hoch. Tyrannei in Sizilien bedeutete fortwährend eine Politik der Gewalt, sowohl im Innern als auch nach außen: Eroberungskriege, Massaker, Vertreibung und Umsiedlung von Menschen, Korruption – eine zerstörerische Macht – in den Gemeinschaften. In der Mitte des vierten Jahrhunderts v. Chr. war das Land so entvölkert, daß Timoleon von Korinth, der zunächst mit einem kleinen Söldnerheer in Sizilien landete, die meisten Tyrannen entmachten und selber die Herrschaft über Syrakus übernehmen konnte; er mußte mit Hilfe finanzieller Versprechungen viele Einwanderer nach Sizilien locken (wahrscheinlich kamen ungefähr 60 000), um eine lebensfähige, in Wohlstand lebende Gesellschaft neu zu schaffen. Schließlich wurde die Regierungsform der Tyrannei in eine Monarchie nach dem Vorbild der neuen hellenistischen Staaten des Ostens umgewandelt. 212 v. Chr. setzten die Römer der Unabhängigkeit ein Ende. Seitdem gab es kein unabhängiges Sizilien mehr, ausgenommen während der bemerkenswerten Zeit der normannischen Herrschaft (1071 – 1194).
Die Tyrannei in Sizilien wurde durch ihre zentrale Lage und die Anziehungskraft, die sie auf ihre mächtigen Nachbarn, die Etrusker, Karthager und schließlich die Römer ausübte, sehr gefördert. Obwohl die rein phönizischen Siedlungen streng auf kleine Küstengebiete im Westen Siziliens beschränkt blieben, die als Anlaufhäfen der Schiffe dienten, die zwischen Nordafrika und Südeuropa verkehrten, gab es Zeiten, in denen Karthago Anstalten zu treffen schien, die Herrschaft über die gesamte Insel zu übernehmen. Tatsächlich waren Einfälle der Karthager in Sizilien so häufig, daß sich manche Historiker versucht fühlten, den Kampf gegen Karthago als die größte Gefahr der Insel während ihrer griechischen Periode zu sehen; in ihren Augen bedeutete diese Auseinandersetzung zugleich einen unvermeidbaren »rassischen« Konflikt. Diesen Vermutungen muß widersprochen werden. Es gab langewährende Friedenszeiten, in denen der Handel mit Nordafrika den Wohlstand zum Beispiel von Selinus (SELINUNT) und Akragas sicherte; auch existierten in dieser Zeit karthagische Enklaven in Syrakus und griechische in MOTYA. Und Griechen, die sich von anderen Griechen bedroht fühlten, zögerten nicht, Karthago um militärische Hilfe zu bitten (später wandten sie sich mit dem gleichen Anliegen an die Römer und Araber).
So geschah der erste karthagische Einmarsch auf eine Bitte des in Himera abgesetzten Tyrannen Terillus hin; er wurde von Rhegium und wahrscheinlich Selinus unterstützt, die sich gegen die wachsende Macht von Syrakus und Akragas zur Wehr setzten. Der Umfang der karthagischen Anstrengungen wird vielleicht durch die allgemeine unübersichtliche Situation im westlichen Mittelmeerraum erklärlich. In der Schlacht von Himera wurde 480 v. Chr. eine ganze Armada, für deren Aufstellung man drei Jahre benötigt hatte, völlig vernichtet. Im gleichen Jahr wurde eine ähnlich starke persische Flotte, die Griechenland bedrohte, in der Bucht von Salamis geschlagen, und die Legende entstand, daß Griechenland an einem Tag zwei Siege zugefallen seien, »die Hellas aus der Gewalt der Sklaverei befreiten«, wie der Dichter Pindar schrieb.
Im fünften Jahrhundert griff Karthago die Insel erneut an und richtete große Verwüstungen an. 378 v. Chr. teilte es sich mehr oder weniger die Herrschaft über Sizilien mit Dionysios I. von Syrakus. Eine Generation später gelang es Timoleon gerade noch, das Land vor der völligen Herrschaft Karthagos zu retten, und gegen Ende des vierten Jahrhunderts drehte Agathokles von Syrakus den Spieß herum und fiel seinerseits in Nordafrika ein; doch mußte er im Jahre 306 seine Unternehmung abbrechen, weil sein Stützpunkt in Sizilien bedroht wurde. Schließlich landeten im Jahre 264 römische Legionen auf der Insel; sie waren von den Mamertinern, Söldnern aus der Campagna in Italien, die über Messina herrschten, ins Land gerufen worden. Zwei lange, unerbittlich geführte Auseinandersetzungen mit Karthago, die sogenannten »Punischen Kriege« (abgeleitet von *poeni* – Phönizier –, der lateinische Name für die Karthager), waren die Folge. Der erste Krieg wurde in Sizilien ausgetragen (264–241) und fügte der Bevölkerung großen Schaden zu; der zweite (218–201) fand in Spanien, Italien und Afrika statt und brachte nach der Eroberung von Syrakus (212) Sizilien völlig unter die Herrschaft Roms.
Auf diese Weise wurde die Insel die erste römische Besitzung außerhalb Italiens, die erste römische Provinz. Abgesehen davon, daß sie für Rom einen größeren Machteinfluß bedeutete, war die Insel für die neuen Eroberer hauptsächlich wegen des Getreides und der Möglichkeit, Grundbesitz zu erwerben, interessant. Mit dem Zehnten, der in Waren entrichtet wurde, stellte man zum größten Teil die Lebensmittelversorgung des römischen Heeres und später der Einwohner Roms sicher. Einige Römer brachten auf der Insel große Besitztümer an sich, besonders während der römischen Bürgerkriege, indem sie Land beschlagnahmten. Zu den prominentesten Landbesitzern gehörten die römischen Kaiser selber. Sie alle ließen sich gewöhnlich nie auf ihren Ländereien blicken. Im Laufe der Geschichte erwarben sich die Päpste auf Sizilien – wir wissen nicht, auf welche Weise – ebenso viele Besitztümer wie die Kaiser. Die Mehrheit der Grundbesitzer, meist Städter, waren jedoch Sizilianer griechischer Herkunft, von denen einige ausgedehnte Güter besaßen. Die Folge davon war, daß die Insel zwei der drei großen Sklavenaufstände der Antike erlebte, den ersten etwa 139–132, den zweiten ungefähr 104–100 v. Chr. An ihnen beteiligten sich annähernd 100 000 Sklaven. Obwohl die Revolten fehlschlugen, konnten die Aufrührer zeitweilig Erfolge verbuchen, sogar gegen römische Legionen; so errichteten sie für eine kurze Periode Monarchien nach hellenistischem Vorbild.
Wie in allen ihren Provinzen, so gestatteten die Römer auch hier den Bewohnern Siziliens, daß sie sich selber verwalteten, solange die Steuern bezahlt wurden und sich kein Widerstand regte; auch mischten sie sich nicht in die kulturellen Angelegenheiten der Insel. Mehrere Jahrhunderte lang war das römische Sizilien ein ruhiges, ziemlich wohlhabendes Land, bis es in den letzten Jahrhunderten des römischen Imperiums in die politischen Wirren mit hineingezogen wurde. So litt es unter Einfällen der Vandalen und geriet für kurze Zeit unter ihre Herrschaft, die aber nicht sehr streng war. Als dann der byzantinische Kaiser Justinian einige westliche Gebiete des ehemaligen römischen Imperiums zurückeroberte, fiel Sizilien 535 dem Feldherrn Belisar ohne großen Widerstand zu und wurde eine byzantinische Provinz. Dies vertiefte die Bindung der Insel an den griechisch orientierten Osten und die Griechische Kirche; doch konnten die Päpste bis ins achte Jahrhundert hinein ihre Besitztümer behalten. Ein byzantinischer Kaiser, Konstans II., der sich beinahe in einen Bürgerkrieg verwickelt sah, verlegte sogar den Regierungssitz nach Syrakus, wo er fünf Jahre später, 668, ermordet wurde.
Über die ersten Jahrhunderte christlicher Geschichte in Sizilien gibt es kaum Anhaltspunkte. Man kennt die Namen einiger christlicher Persönlichkeiten aus den ersten drei Jahrhunderten n. Chr. und drei oder vier Märtyrer. Die ersten christlichen Gräber stammen aus dem zweiten Jahrhundert. Jedoch läßt die Geschwindigkeit, mit der sich das Christentum nach Konstantins »Toleranzedikt« (313) besonders in den Städten verbreitete, vermuten, daß es in der Zeit, in der diese Religion verboten war, bereits viele Christen gab. Bischof Chrestus von Syrakus nahm 314 am Konzil von Arles teil, und mit dem Ende des sechsten Jahrhunderts übten mindestens 12 Bischöfe auf der Insel ihr Amt aus. Katakomben und andere Begräbnisstätten waren so zahlreich und auf einem in architektonischer Hinsicht hohen Stand, so daß Sizilien das »klassische Land der frühchristlichen Grabarchitektur« genannt wurde.
Das Ende des antiken (oder zumindest byzantinischen) Sizilien kam mit den Arabern Nordafrikas und Spaniens. 827 wurde der aghlabidische Emir von Tunesien von einem Rebellen gegen den Kaiser von Byzanz aufgefordert, Sizilien als Provinz zu übernehmen. Er nahm an, und ein erbarmungsloser, ein halbes Jahrhundert währender Krieg folgte, der 878 mit der Eroberung von Syrakus endete. Obwohl Taormina bis 902 und Rometta in den Bergen westlich von Messina bis 965 den Arabern standhielt, war mit dem Fall von Syrakus das Schicksal der Insel entschieden; diese Stadt hatte auch in dieser Hinsicht eine Schlüsselfunktion, wie auch sonst in der Antike.

Finley, M. I.: *Ancient Sicily to the Arab Conquest.* London und New York 1968
Führer, J. und Schulze, V.: *Die altchristlichen Grabstätten Siziliens.* Berlin 1907
Guido, M.: *Sizilien. Studienreiseführer zu den klassischen Stätten.* Stuttgart 1973
Koldewey, R. und Puchstein, O.: *Die griechischen Tempel in Unteritalien und Sizilien,* 2 Bde., Berlin 1899
Pace, B.: *Arte e civiltà della Sicilia antica,* 4 Bde. Rom und Neapel 1936 – 49 (2. Aufl. von Bd. 1, 1958)
Touring Club Italiano, *Sicilia,* Mailand 1968. Ein vorbildlicher, 791 Seiten starker Führer.

1 Syrakus

Sizilien

Syrakus wurde in der Mitte des 8. Jahrhunderts v. Chr. in einem Gebiet gegründet, in dem bereits in der Jungsteinzeit Menschen gelebt hatten; die ganze Antike hindurch war es die erste Stadt Siziliens, bis 878 n. Chr, nach der Eroberung durch die Araber, Palermo die Hauptstadt wurde. Die Wirtschaftskraft von Syrakus beruhte auf den zwei beeindruckenden Häfen, einem fruchtbaren Hinterland und dem Untergrund aus Kalkstein, der reichlich gebrochen wurde.

Es fällt einem schwer zu erklären, warum Syrakus von Anfang an auf Aggression und Eroberung ausgerichtet war. Die Stadt lag als einzige der frühen griechischen Siedlungen an der Ostküste Siziliens und nahm eine feindselige Haltung gegenüber den einheimischen Sikulern ein; sie unterwarf die Angehörigen dieses Stammes, die in ihrer unmittelbaren Nähe lebten, verpflichtete sie zur Zwangsarbeit oder siedelte sie in eine »Reservation« um, in die südöstliche Ecke der Insel, und errichtete drei Festungen, in Acrae (dem heutigen Palazzolo Acreide), Casmenae und Helorus, um sie unter Kontrolle zu halten. Da die Bevölkerung ständig wuchs, dehnte sich die Stadt bald aus, über den Bereich des ursprünglichen Stützpunktes auf der engen Insel Ortygia (Länge: 1600 m) hinaus bis aufs Festland, mit dem Ortygia etwa 550 v. Chr. durch einen Dammweg verbunden wurde. Die Stadt wurde immer größer, wie die archäologischen Forschungen an den Friedhöfen und monumentalen Überresten bestätigen, bis sie schließlich mit ihren vielleicht 250 000 Einwohnern Athen den Rang als Stadt mit der größten Bevölkerungszahl streitig machte. Die wichtigsten Wohngebiete auf dem Festland waren die Stadtviertel Achradina und Neapolis (die »Neue Stadt«), in der die größeren Baudenkmäler zu finden sind.

Die genauere Geschichte von Syrakus bis zur Eroberung durch Gelon, den Tyrannen von Gela, im Jahre 485 ist nicht bekannt. Gelon verlegte seinen Stützpunkt und die Hälfte der Einwohner von Gela nach hier und machte sich zum mächtigsten Mann der griechischen Welt, vielleicht ganz Europas. 480 errang er in HIMERA zusammen mit anderen Bundesgenossen einen berühmten Sieg über die Karthager. Zur Feier dieses Ereignisses ließ er zwei großartige dorische Tempel, einen in Himera selber, den anderen auf Ortygia, den er der Göttin Athene weihte, erbauen. Der Tempel auf Ortygia besitzt 8,70 m hohe Säulen, die auf einer 52×22 m großen Plattform ruhen; er ist ungefähr so groß wie zwei ältere, schmalere und architektonisch weit weniger bedeutsame Tempel in Syrakus. Der eine wurde ein Jahrhundert zuvor auf Ortygia errichtet und war dem Apollo geweiht, der andere Zeus im Tal des Anapus außerhalb der Stadt; mit dessen Bau war im Jahre 560 begonnen worden. Der Tempel der Athene wurde aus Kalkstein gebaut und mit eingeführtem Marmor reichlich geschmückt; später kamen Wandmalereien und mit Goldnägeln und Elfenbeinschnitzereien versehene Tore hinzu. Im 7. Jahrhundert n. Chr., vermutlich unter Bischof Zosimus, wurde der bereits zu einer christlichen Kirche umgestaltete Tempel völlig umgebaut, um als Kathedrale zu dienen; doch blieben die ursprünglichen Säulen in der Innen- und Außenmauer erhalten und sind heute noch zu sehen.

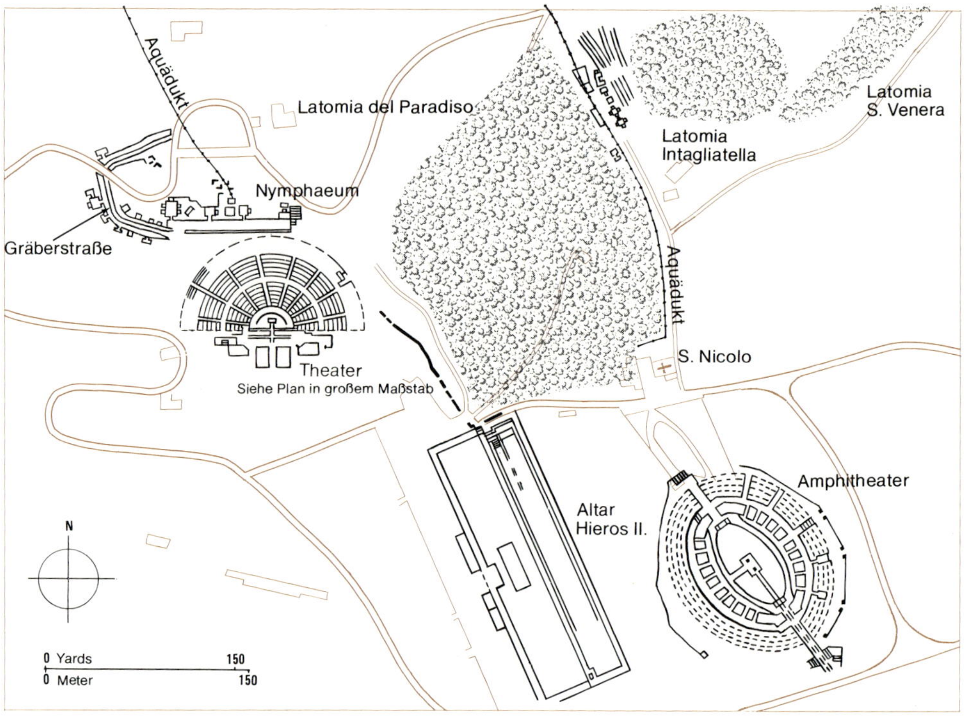

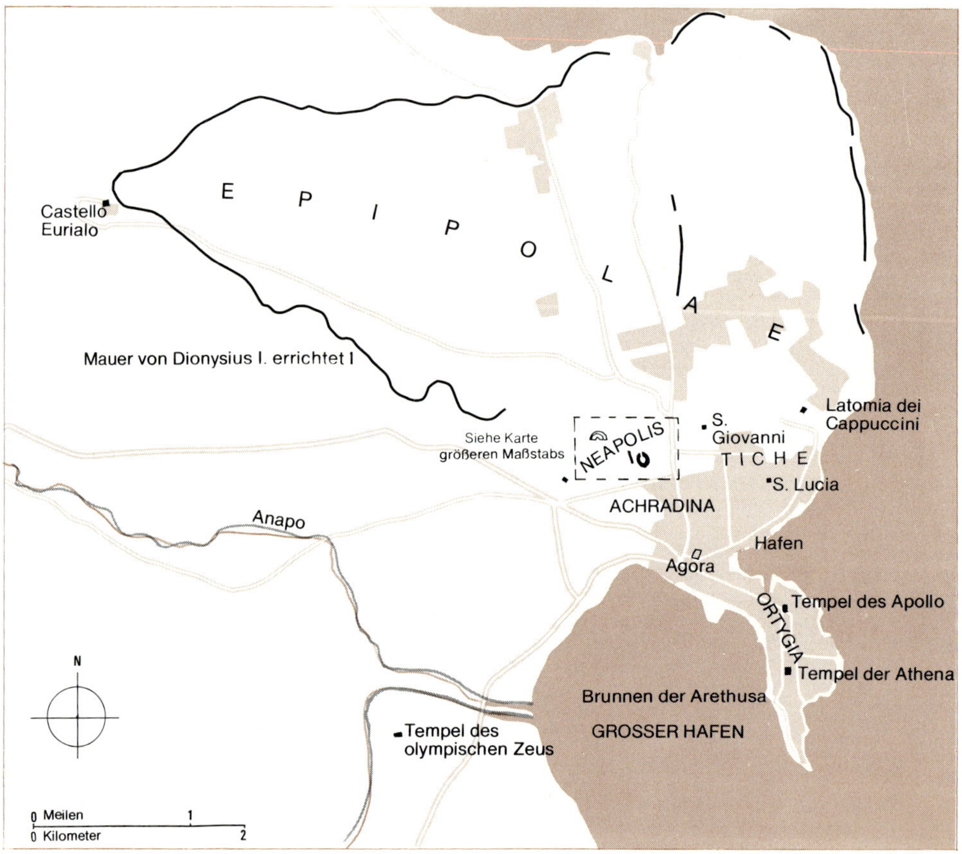

Unten: Das Gebiet »Neapolis« von Syrakus. Oben: Stadtplan von Syrakus.

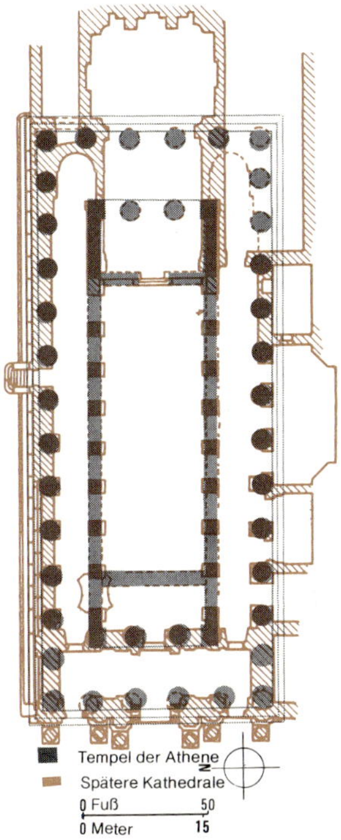

Oben: Plan der Kathedrale von Syrakus, die um den aus dem fünften Jahrhundert v. Chr. stammenden dorischen Tempel der Athene errichtet wurde. Links: Ein Nebenschiff der Kathedrale von Syrakus mit einer Kolonnade des ursprünglichen Tempels. Der Boden und die Eisentore sind aus der Renaissance.

Der Nachfolger Gelons war sein Bruder Hiero (ab 476), der die Konfliktpolitik mit den anderen sizilianischen Gemeinschaften fortsetzte und ebenfalls über »Barbaren«, 474 in der Bucht von Neapel über die Etrusker, einen großen Sieg errang.
467, nach seinem Tod, kam es zu einer kurzen Auseinandersetzung der Bevölkerung mit den Söldnern, denen die Tyrannen das Bürgerrecht verliehen hatten. Das Ergebnis war die Einsetzung einer demokratischen Regierung in Syrakus (und bald darauf in fast ganz Sizilien), die bis 405 Bestand hatte. Die Stadt wurde zwangsläufig in den großen Krieg zwischen Athen und Sparta hineingezogen, in dem sie ein starkes athenisches Heer, das auf der Insel gelandet war, nach zwei Jahren (415–413) knapp besiegte. 410 v. Chr. fielen Karthager wiederholt ein und wurden gerade noch zurückgeworfen. Diese Auseinandersetzungen brachten wieder die Tyrannei in der Person des Dionysios zurück, dem es gelang, mit Karthago Frieden zu schließen, indem er dem Gegner den äußersten westlichen Teil Siziliens überließ.
Dionysios regierte bis zu seinem Tode im Jahre 367; auf dem Höhepunkt seiner Macht herrschte er über mehr als die halbe Insel, dazu noch über einige griechische Siedlungen in Süditalien. Er befand sich fast ständig im Krieg mit den Karthagern, plünderte Städte der Etrusker und versuchte sogar, in Griechenland einzufallen; seine Söldner und Untertanen nutzte er rücksichtslos für seine Ziele aus. Nichtsdestoweniger fand er beim Volk Unterstützung und setzte die Tradition der Tyrannen aus dem 5. Jahrhundert fort, Dichter und Dramatiker zu fördern. Baudenkmäler hingegen ließ er keine errichten; seine Anstrengungen galten dem Bau von Befestigungsanlagen (das Kernstück des Systems, eine komplexe und technisch fortschrittliche Festung, unter dem Namen Castello Eurialo bekannt und am nördlichen Stadtrand von Syrakus gelegen, ist in seinem gegenwärtigen Zustand allerdings zum großen Teil das Werk der ihm nachfolgenden Herrscher gewesen).
Die ständigen von Dionysios geführten Kriege und Plünderungen sowie die Einfälle der Karthager schwächten und entvölkerten allmählich Syrakus und die restliche Insel. Unter seinem Sohn Dionysios II. brachen Unruhen im Lande aus, die ein Vierteljahrhundert andauerten; danach erholte sich die Insel unter Timoleon und einem anderen Tyrannen, Agathokles, bemerkenswert schnell von den Folgen dieser Ereignisse. Letzterer herrschte in Syrakus von 317 an und nahm ungefähr im Jahre 305 nach der Rückkehr von seiner vier Jahre währenden Invasion in Nordafrika den Titel »König« (*basileus*) an. Dann betrat unter König Hiero II., der in Syrakus von 269 bis 215 herrschte, Rom die Szene. Hiero und Syrakus profitierten sehr von dem Bündnis und der Freundschaft mit Rom; nach dem Tode Hieros jedoch wurde diese freundschaftliche Beziehung aus unerklärlichen Gründen von feindseligen Auseinandersetzungen abgelöst, die zu einer zwei Jahre andauernden Belagerung von Syrakus durch die Römer führten. 212 ergab sich die Stadt und wurde erheblich geplündert.
Viele Jahrhunderte lang war Syrakus die reiche Hauptstadt der römischen Provinz Sizilien und das Ziel vieler Reisenden; sie scheint jedoch nie wieder die Größe und Bevölkerungszahl aus ihrer griechischen Glanzzeit im 5. und 4. Jahrhundert v. Chr. erreicht zu haben. Das herausragende römische Baudenkmal ist das Amphitheater; es ist eines der größten noch bestehenden Gebäude dieser Art, wurde in elliptischer Form gebaut (140×119 m) und stammt aus dem späten 2. Jahrhundert n. Chr. Vor seiner Errichtung wurden Gladiatoren-

Oben: Luftbild des römischen Amphitheaters zu Syrakus. Links: Marmorsarkophag der Adelfia, der Frau des Adeligen Valerius, aufgefunden 1872 in der San-Giovanni-Katakombe; jetzt im Museo Archeologico Nazionale, Syrakus. Unten: Ursprünglicher Plan des aus dem dritten Jahrhundert v. Chr. stammenden griechischen Theaters in Syrakus. Gegenüber: Grundriß der San-Giovanni-Katakombe in Syrakus.

kämpfe im Theater durchgeführt. Das Theater wurde in den letzten Jahren der Herrschaft von Hiero II. für 15 000 Zuschauer geplant, jedoch im 1. Jahrhundert n. Chr. und später verschiedentlich umgebaut. In seiner Nähe befindet sich ein hervorragendes Beispiel sizilianischen »Größenwahns«: ein riesiger, reich geschmückter Steinaltar (198×22,8 m), den Hiero für öffentliche Opfer während des Festes für Zeus Eleutherios errichten ließ.

Die Existenz einer christlichen Gemeinschaft kann bis ungefähr 200 n. Chr. zurückverfolgt werden, dank ihrer Gewohnheit, die bis in das

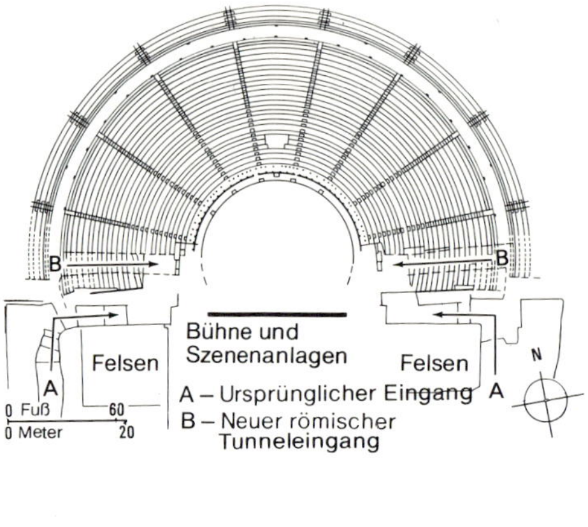

6. Jahrhundert hinein geübt wurde, ihre Toten in Katakomben zu begraben. Die älteste und größte von ihnen heißt Santa Lucia (ein moderner Name nach der Heiligen, die nach 300 den Märtyrertod erlitt), die architektonisch interessantere ist jedoch die später angelegte San-Giovanni-Katakombe; sie ist wie eine römische Stadt, nach dem Gittersystem, mit einem breiten Mittelgang als Achse entlang dem Bett eines nicht mehr benutzten Aquädukts gestaltet. Insgesamt gesehen sind die sizilianischen Katakomben größer und grandioser als diejenigen Roms.

Funde aus der Vergangenheit, von der prähistorischen Zeit an, sind im Museo Archeologico Nazionale in Syrakus zu sehen.

Drögemüller, H.-P.: *Syrakus. Zur Topographie und Geschichte einer griechischen Stadt.* Heidelberg 1969

Guido, M.: *Syracuse.* London und Chester Springs, Pa., 1958. Ein kurzgefaßter Führer.

Loicq-Berger, M. P.: *Syracuse. Histoire culturelle d'une cité grecque.* Brüssel 1967

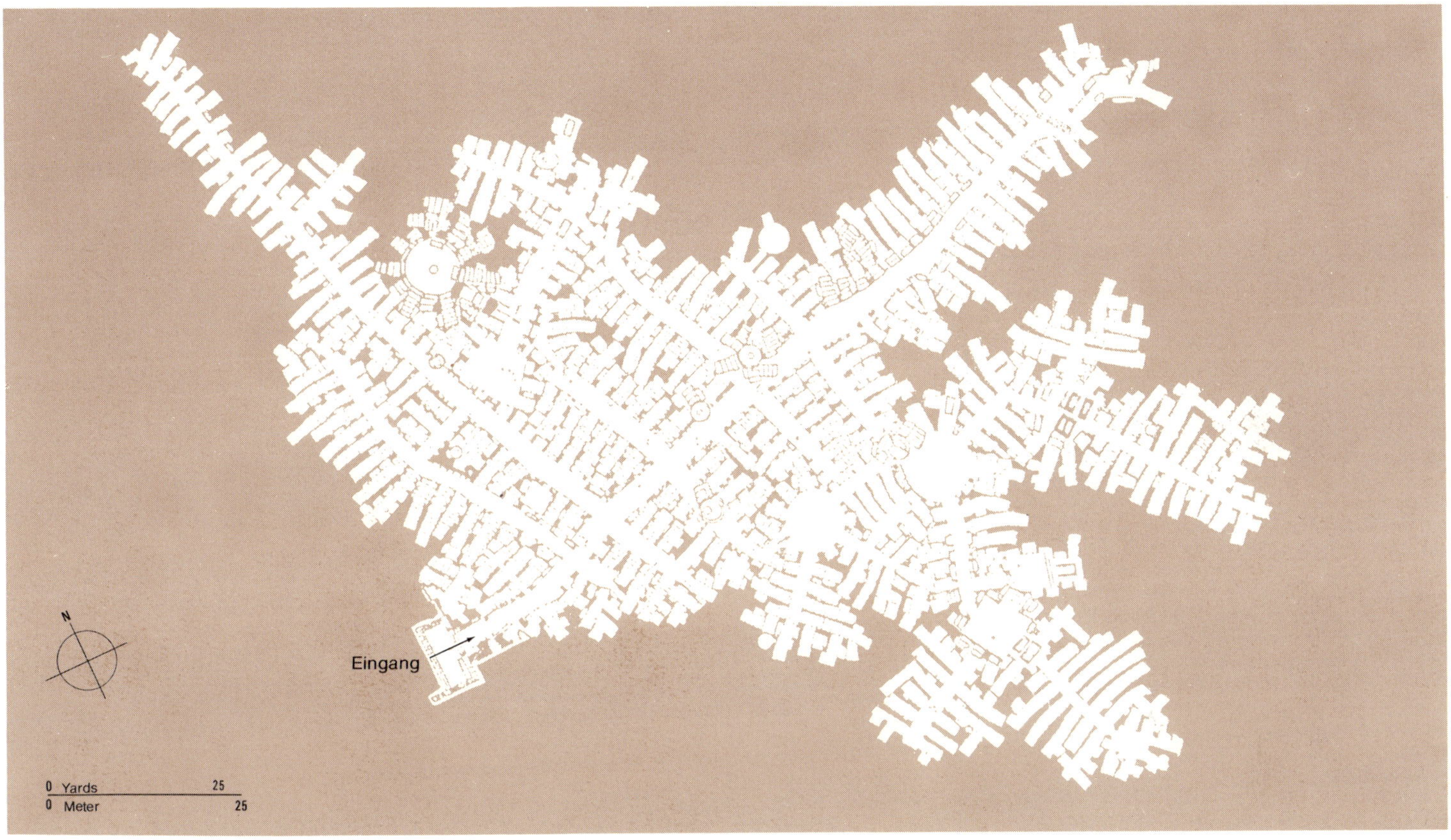

2 Megara Hyblaea

Sizilien

Megara war die letzte, kleinste und ärmste der von griechischen Einwanderern in der Mitte des 8. Jahrhunderts v. Chr. an der Ostküste Siziliens gegründeten Siedlungen. Der Ort liegt in einer Küstenebene, die sich etwas mehr als 15 km entlang dem Meer hinzieht und etwa 6 bis 7 km breit ist, genau hinter dem Vorgebirge, an dessen Fuß die moderne Hafenstadt Augusta (sie wurde erst im 13. Jahrhundert gegründet) angelegt wurde. Die Gegend war unbewohnt, als die Griechen dort ankamen; sie unterhielten freundschaftliche Beziehungen zu den in den benachbarten Bergen lebenden Sikulern, nachdem sie von deren Stammesführer Hyblon (daher nach der Überlieferung der Name Megara Hyblaea) die Erlaubnis zum Ansiedeln erhalten hatten. Ein weiteres Wachstum verhinderten zwei etwas ältere und mächtigere griechische Städte, die weniger als 16 km entfernt waren: SYRAKUS im Süden und Leontinoi im Westen. Daher verließ ungefähr 630 v. Chr. ein Teil der Bevölkerung Megara

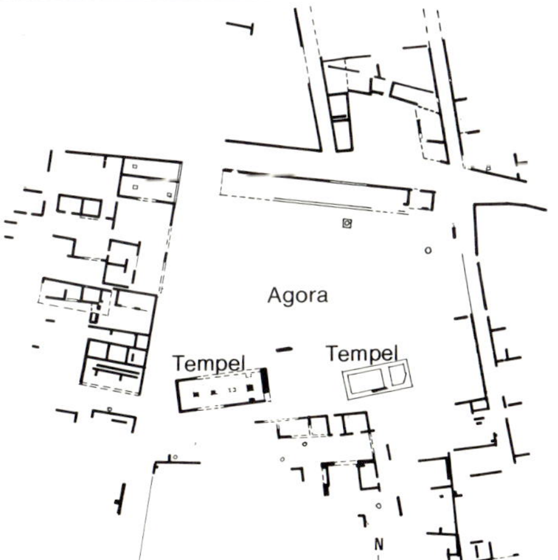

und gründete die Siedlung Selinus (SELINUNT) an der Südküste. 483 wurde die Stadt durch Gelon, den Tyrannen von Syrakus, zerstört. Timoleon baute die Stadt im Jahre 340 wieder auf, vertrieb die Tyrannen von Syrakus und erstellte in Westsizilien ein umfassendes Programm zur Neubesiedelung. Während des Krieges gegen Hannibal zerstörten die Römer 213 v. Chr. erneut die Stadt; sie diente anschließend ein oder zwei Jahrhunderte lang Ansiedlern als Heimat.

Dank ihrer geringen Größe und Abgeschiedenheit stellt Megara die eine griechische Siedlung im Westen dar, bei der die Archäologen in der Lage waren, zumindest ihren Hauptgrundriß von der Zeit ihrer Entstehung an zu rekonstruieren. Im Stadtzentrum standen Häuser mit nur einem Raum in regelmäßiger Anordnung an Straßen, die auf einen offenen, trapezförmigen Platz (ungefähr 65×75 m) zu verliefen oder an ihm entlang führten (eine *akropolis* befand sich dort jedoch

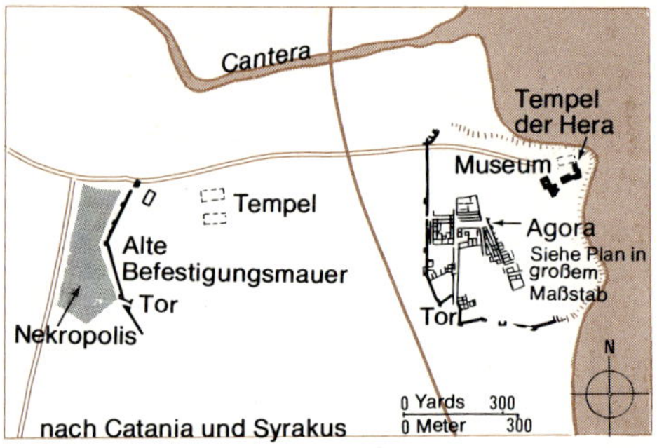

nicht). Dieser immer unbepflastert gebliebene Platz war offenbar von Anfang an als zukünftiger Stadtplatz, die *agora*, gedacht und wurde bis zu dem Tag unbebaut gelassen, an dem die Einwohner die Tempel, *stoas* und anderen öffentlichen Gebäude errichten konnten, die eine richtige griechische *polis* kennzeichneten. Der Tag kam, als in der zweiten Hälfte des 7. Jahrhunderts v. Chr. eine Reihe von Bauten erstellt wurde: Alle Ruinen an der *agora* stammen aus dieser kurzen Zeitspanne. Obwohl bisher nicht alle Gebäude ausfindig gemacht werden konnten, ist die Gesamtlage aus dem Plan der *agora* erkennbar.

Die Funde, darunter eine überraschend hohe Anzahl von Standbildern, sind im Museo Archeologico Nazionale in Syrakus und in einem kleinen Museum am Ort ausgestellt.

Vallet, G.: »Mégara Hyblaea«, *Kokalos*, Palermo, Bde. XIV–XV (1968–69), S. 468–475

Vallet, G. und Villard, F.: *Mégara Hyblaea*, Paris (bis jetzt veröffentlicht: II, 1964, über Töpfereien; IV, 1966, über den Tempel aus dem vierten Jahrhundert)

3 Selinunt

Sizilien

Selinus (der griechische Name bedeutet »Sellerie«) war der antike Name von (Marinella) Selinunt. Der Ort liegt an der Südküste und war die westlichste der alten griechischen Siedlungen in Sizilien. Sie wurde ungefähr 630 v. Chr. auf Initiative von Auswanderern aus MEGARA HYBLAEA hin gegründet; sie schützten einen »Gründer« namens Pammilus vor ihrer eigenen »Vaterstadt« (Megara) in Griechenland. Bald wurde Selinus einer der wohlhabendsten sizilianischen Stadtstaaten. Im sechsten Jahrhundert prägte er selber in ziemlichem Umfang Silbermünzen (mit dem Sellerieblatt als Emblem) – mehr als zum Beispiel SYRAKUS – und war wegen der Anzahl und Größe seiner Tempel bekannt. Sein Reichtum beruhte vermutlich auf dem ausgedehnten fruchtbaren Gebiet, in dem er lag; von ihm aus wurden landwirtschaftliche Produkte nach Nordafrika ausgeführt.

Bemerkenswert wenig weiß man von der Geschichte der Stadt. Sie lag in ständigem Konflikt mit ihrem nördlichen Nachbarn, dem elymianischen SEGESTA, und war in endlose kriegerische Auseinandersetzungen mit den Griechen Siziliens verwickelt. 409 v. Chr. eroberten die Karthager die Stadt, plünderten sie und töteten die männliche Bevölkerung. Auf ihrem Boden wurde recht schnell eine wesentlich kleinere und ärmere Siedlung errichtet, die die Karthager stark prägten. In den folgenden eineinhalb Jahrhunderten stand Selinus die meiste Zeit über unter dem Einfluß Karthagos, doch wurde die Stadt während des Ersten Punischen Krieges im Jahre 250 wieder von den Karthagern heimgesucht, die die Einwohner nach Lilybaeum (dem modernen Marsala) deportierten. Seit dieser Zeit ließ sich hier niemand mehr nieder, vielleicht deshalb nicht, weil die sumpfigen Mündungen der zwei kleinen Flüsse, die den Ort begrenzen, malariaverseucht waren.

Am Südende der Stadt, an der Küste, befand sich die *akropolis*, ein etwa 3,25 ha großes Plateau, das man zusätzlich verstärkte und mit einem regelmäßigen Straßennetz und einer massiven Mauer versah; ein Drittel der Anlage wurde mit Bauten besetzt, die der Verehrung der Götter dienten. Nachdem sich die Selinunter anfänglich mit primitiven Holzbauten begnügt hatten, begannen sie vor der Mitte des sechsten Jahrhunderts ein ausgedehntes Bauprogramm mit Gebäuden aus Stein zu verwirklichen: vier dorische Tempel auf der *akropolis*, drei etwa 1 km östlich davon entfernt, und ein Heiligtum der Demeter Malaphorus

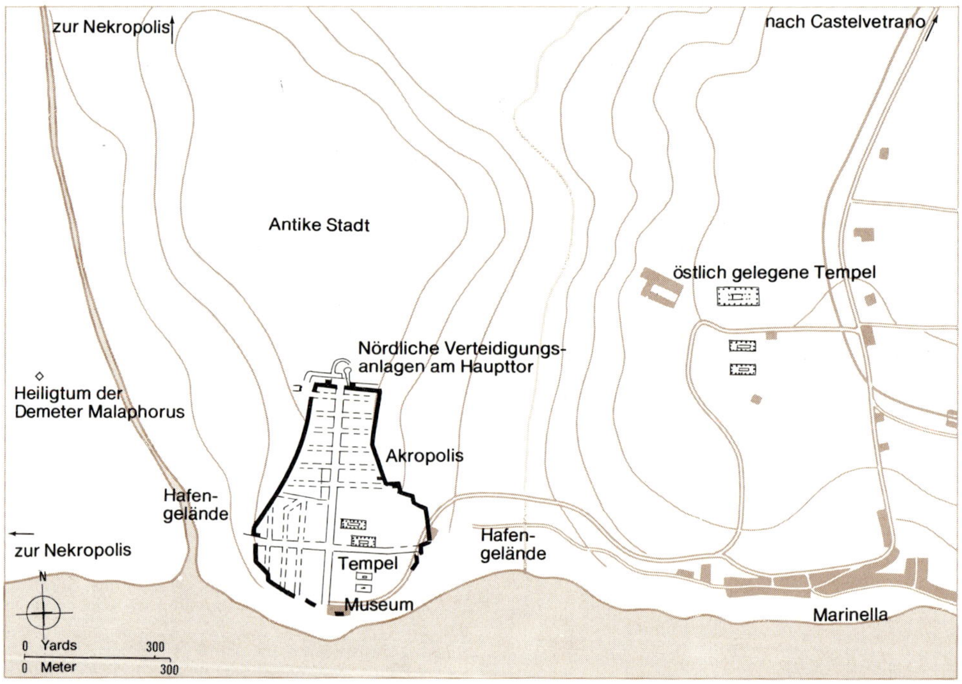

im Westen jenseits des Flusses. (Da in den meisten Fällen die Götter, denen die einzelnen Tempel geweiht waren, unbekannt sind, werden diese gewöhnlich mit Buchstaben des Alphabets gekennzeichnet.) Für die Bauten wurde weiches Gestein aus der Gegend verwendet; ein großer Teil davon wurde in dem 10 km westlich liegenden Rocche di Cusa gebrochen, wo immer noch unbenutzt gebliebene Säulenzylinder herumliegen. Der Tempel C, der größte und älteste auf der *akropolis*, besitzt eine 24×64 m lange Plattform und wird von 6×17 Säulen eingefaßt. Er wirkt fast winzig, vergleicht man ihn mit der Anlage G (sie war Apollo geweiht), die zu den im Osten liegenden Tempeln gehört; sie weist 8×17 Säulen auf einer 50×110 m langen Plattform auf und ist so breit, daß Innensäulen das Dach der *cella* stützen mußten. Dieser riesige Tempel war, wie Gebäude solcher Größenordnung an anderen Orten auch, unvollendet, als die Karthager ihn 409, ein Jahrhundert nach Baubeginn, zerstörten. Die Selinunter hatten absichtlich einen Kolossalbau errichten wollen: ähnliche Bau-

Rechts oben: Drei Metopen des Tempels C, Selinus; jetzt im Museo Archeologico Nazionale, Palermo. Rechts unten: mittlere Metope: Perseus schneidet der Medusa den Kopf ab.

ten gibt es nur wenige in der griechischen Welt, lediglich der Tempel des olympischen Zeus in Akragas auf Sizilien übertrifft ihn, sowohl was die gesamte Anlage als auch die einzelnen Konstruktionselemente betrifft.
An den Tempeln zeigt sich in vielen Einzelheiten eine überraschend freie und ungewöhnlich reiche Gestaltungsweise, wie an den wenigen gemalten *antefixes* belegt werden kann. An einigen Tempeln befanden sich reizvolle, aus Skulpturen bestehende *Metopen,* auf denen mythologische Szenen abgebildet sind; sie sind in Sizilien recht selten. Archäologen haben einheimischen Einfluß vermutet, doch gibt es dafür keine Anhaltspunkte. Bestimmt aber ist das Heiligtum der Demeter Malaphoros, in dem ein aus Megara stammender Kult gepflogen wurde und das in einem bereits heiligen Bezirk stand, rein griechischen Ursprungs. Demeter war die griechische Göttin der Fruchtbarkeit (*malaphoros* bedeutet »Apfel tragend«), und in den Ruinen wurden mehr als 10 000 weibliche Terrakottafiguren gefunden.
In der Spätzeit der Römerherrschaft zerstörte ein Erdbeben das, was von den Tempeln übriggeblieben war; jedoch haben moderne Wiederaufbauten auf der *akropolis* eine vielbesuchte Geisterstadt erstehen lassen. Die *Metopen* sind in einem Sonderraum des Museo Archeologico Nazionale in Palermo ausgestellt.

Giuliani, L.: *Die archaischen Metopen von Selinunt,* Mainz 1977
Gàbrici, E.: »Studi archeologici selinunti«, *Monumenti antichi,* Rom, Band 43 (1956), S. 205 – 407
White, D.: »The Post-Classical Cult of Malaphorus at Selinus«, *American Journal of Archaeology,* New York, Band 71 (1967), S. 335 – 352

4 Agrigent

Sizilien

Im Jahre 580 wurde Akragas als letzte größere griechische Siedlung im Süden der Insel Sizilien, etwas von der Küste abgelegen, zwischen Selinus (SELINUNT) und Gela von Gela selber und Rhodos gegründet. Während der Römerzeit hieß die Stadt Agrigentum, seit der Eroberung durch die Araber im Jahre 827 Gergent, bis 1927 Mussolini ihr wieder den römischen Namen gab. Der Ort liegt auf einem Südhang eines steil hochragenden Plateaus (325 m Höhe) und reicht etwas mehr als drei Kilometer hinunter bis zu einem engen, von Osten nach Westen verlaufenden Bergrücken. Um die Stadt erstreckt sich ein ausgedehntes fruchtbares Gebiet, in dem Obst und Getreide reichlich wachsen. Mit diesen Erträgen trieben die Einwohner von Akragas Handel mit Nordafrika und machten dadurch ihre Stadt in Sizilien zum einzig ernsthaften Konkurrenten von SYRAKUS und vermutlich eine Zeitlang zur viertgrößten Stadt Europas. In seiner Blütezeit hatte Akragas doppelt so viele Einwohner wie heute (50000). Sein Reichtum wird an dem triumphalen Empfang sichtbar, der dem Sieger im olympischen Wettlauf, Exaenetus, 412 v. Chr. bereitet wurde, als man ihn in einem Zug von 300 Wagen in die Stadt geleitete.

Zuerst siedelten sich die Griechen am Plateau und seinen Abhängen an; innerhalb einer Generation aber hatten sie einen Verteidigungsgürtel angelegt, der den gesamten Bereich bis hinunter zum Bergrücken umfaßte. Ein großer Bezirk am Westrand des Rückens war bereits bei den eingeborenen Sikulern heilig; dort errichtete man ein Heiligtum der Demeter, der Göttin der Fruchtbarkeit. Auf den Höhen wurden zwei oder drei Tempel erbaut; ihre Lage hat man bis jetzt noch nicht ausfindig machen können. Ein Schreiber aus späterer Zeit berichtet, daß Phalaris etwa 570 v. Chr. das Geld für den Bau dieser Tempel unterschlagen haben soll, um damit an die Macht zu kommen. Berüchtigt wurde er dadurch, daß er seine Widersacher in einem hohlen ehernen Stier bei lebendigem Leibe rösten ließ. Im Be-

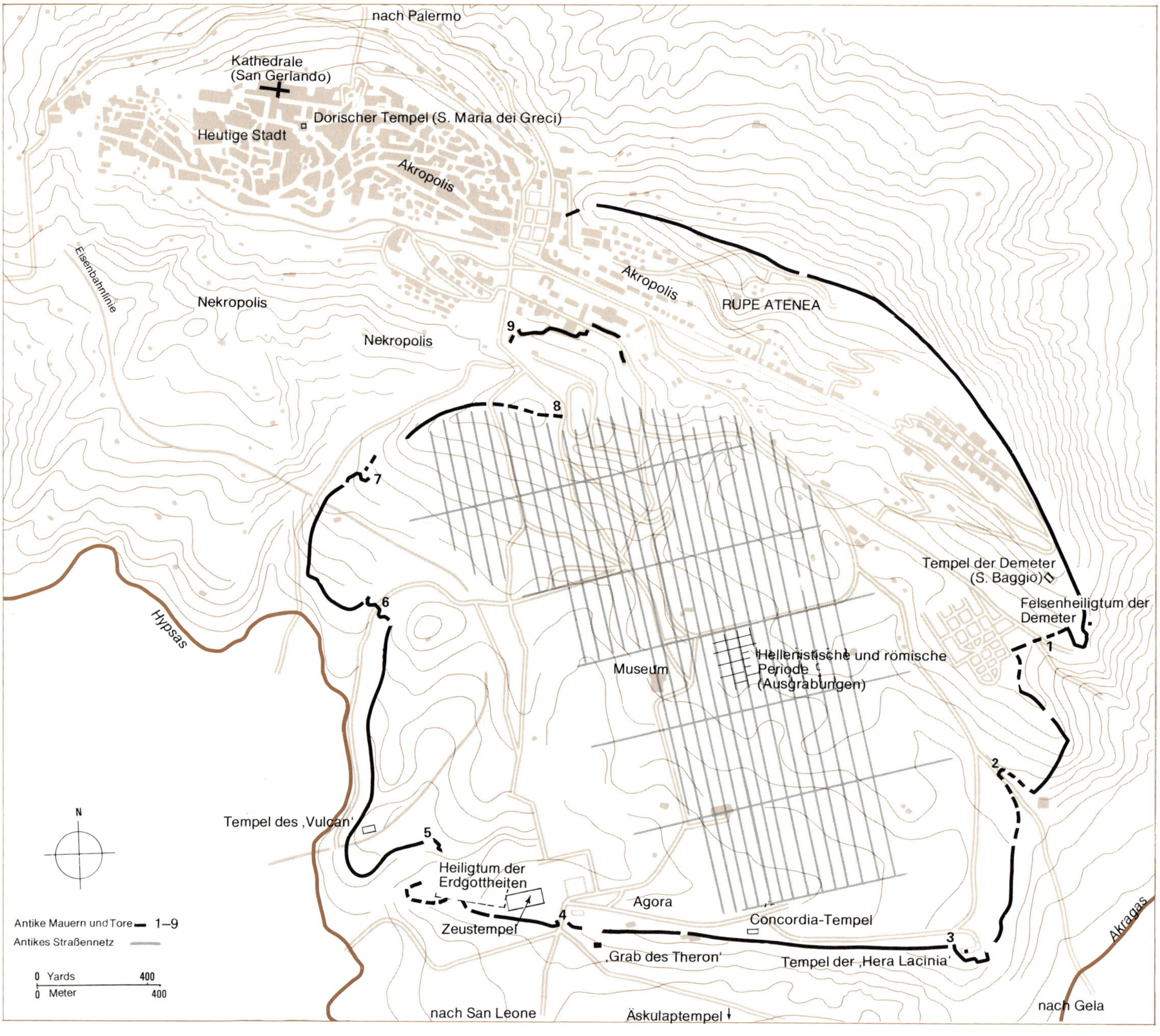

Oben: der sogenannte Concordia-Tempel in Agrigent.
Darunter: Rekonstruktion des Tempels des olympischen Zeus in Agrigent

zirk des Heiligtums der Demeter wurden später im 6. Jahrhundert der Bau von zwei Tempeln begonnen, aber nicht vollendet. Schließlich fing man vor 500 v. Chr. damit an, den ältesten, noch erhaltenen monumentalen, ausgewogenen dorischen Tempel auf dem Bergrücken am Hauptsüdtor zu errichten. Seine Größe (die Grundfläche beträgt 61×25 m) läßt vermuten, daß die Einwohner von Akragas mit ihm Selinus und vielleicht Syrakus übertrumpfen wollten.

Ein anderer Tyrann, Theron (488 – 471 v. Chr.), begann ein einzigartiges Bauprogramm durchzuführen. Wie bei Gelon in Syrakus, so war auch für Theron der Sieg über die Karthager 480 bei HIMERA der Anlaß dazu; unverdientermaßen sicherte er sich einen Anteil an dem Ruhm, den zahlreichen Gefangenen, der Beute und den Entschädigungszahlungen. Er und das demokratische Regime, das seinem Sturz folgte, übertrafen Gelons Bauaktivität zur Erinnerung an den Sieg und errichteten acht oder neun Tempel. Theron selber war für den Bau von drei Anlagen verantwortlich: den kleinen Tempel der Demeter auf dem Rupe Atenea, der keine Säulen aufwies und später in die mittelalterliche Kirche San Biagio einbezogen wurde; einen zweiten Tempel auf dem Bergrücken, den er der gleichen Göttin weihte; von ihm ist nur noch eine Ruine vorhanden; 1836 wurde eine Ecke wiederaufgebaut, wobei man den ursprünglichen Stil in phantasievoller Weise nachzuahmen versuchte. Der Tempel ist bekannt als das Stadtemblem und wird fälschlicherweise »Tempel von Castor und Pollux« genannt. Der dritte Tempel war dem olympischen Zeus geweiht; er war 2,75 m breiter als Tempel G in Selinus und in damaliger Zeit das größte Gebäude in der griechischen Welt. Auch er blieb unvollendet (das Dach fehlte), als die Karthager 406 v. Chr. die Stadt plünderten.

Der Architekt schlug einen revolutionären Weg ein, um ein solch riesiges Gebäude zu errichten. Anstelle der herkömmlichen tragenden Säulenreihen baute er feste Mauern mit Halbsäulen (18 m hoch und 4 m im Durchmesser), die der gigantischen Größe den Eindruck von Festigkeit verliehen. Auf etwas mehr als der halben Höhe war ein wuchtig wirkendes Gesims angebracht, auf dem zwischen den Säulen nackte, muskelbepackte atlasähnliche Figuren standen, die mit ihren Armen und Häuptern das Säulengebälk stützten. Die Säulen bestanden aus kleinen Blöcken und nicht aus massiven Zylindern. Skulpturen am Giebel (die einzigen in Akragas) zeigten Szenen aus zwei mythologischen Themenbereichen: dem Krieg der Götter gegen die Giganten und die Eroberung Trojas.

Nach Theron kehrte die Stadt zu einer herkömmlicheren Bauweise zurück; mit dem kleinen »Concordia-Tempel«, der wahrscheinlich zwischen 460 und 450 entstand, errichtete sie ein Bauwerk, das in seiner Linienführung und seinen Proportionen einen Vergleich mit dem Parthenon nicht zu scheuen braucht. Er ist nur etwas mehr als halb so groß wie der Parthenon-Tempel und sogar kleiner als der Altar außerhalb des Zeustempels (der die Ausmaße von 17,5×54,4 m hatte). Zusammen mit dem Hephaesteum in Athen ist er dank des Bischofs am Ort, San Gregorio, der am besten erhaltene griechische Tempel, den dieser 597 n. Chr. zu einer Kirche umbaute, indem er die *cella* öffnen ließ und sie zu einer Basilika mit drei Schiffen umgestaltete. Schließlich befanden sich auf dem Bergrücken fünf Tempel, und ein sechster, der »Tempel des Asklepius«, stand in der Nähe von Mineralquellen außerhalb der Mauern.

Nach der Plünderung durch die Karthager erlebte die Stadt eine wechselhafte Geschichte, die hauptsächlich von äußeren Einflüssen bestimmt war. Während der Kriege zwischen Rom und Karthago wurde sie 261 v. Chr. von den Römern erobert (25 000 Einwohner wurden in die Sklaverei verkauft), 254 brannten die Karthager die Stadt nieder, und 211 wurde sie erneut von den Römern eingenommen (die wiederum die Bevölkerung auf dem Sklavenmarkt feilboten). Danach spielte Agrigent in der römischen Provinz Sizilien eine untergeordnete Rolle. 197 v. Chr. befahl der Senat dem Provinzstatthalter, Agrigent wiederaufzubauen und zu diesem Zweck Menschen von der Insel dort anzusiedeln. In den folgenden Jahrhunderten wuchs die Bevölkerung ständig, und die Stadt wurde immer größer, was man an den regelmäßig angelegten Wohnbezirken zwischen den Nordhöhen und dem Bergrücken, wo die Tempel standen, und an den ungefähr 100 v. Chr. errichteten Häusern in römischem Stil erkennen kann. Unter den römischen Kaisern erlebte die Stadt einen weiteren wirtschaftlichen Aufschwung, als die nahe gelegenen Schwefellagerstätten – vermutlich zum erstenmal – abgebaut wurden, anscheinend ein kaiserliches Monopol.

Die Funde sind hauptsächlich im neuen Museo Archeologico Nazionale in Agrigent ausgestellt, darunter eine Rekonstruktion eines »Atlas« vom Zeustempel (ein weiterer befindet sich am Tempel im Freien).

Marconi, P.: *Agrigento*, Florenz 1929
Waele, J. A. de: *Acragas Graeca I*, The Hague 1971 (II erscheint in Kürze)

5 Himera

Sizilien

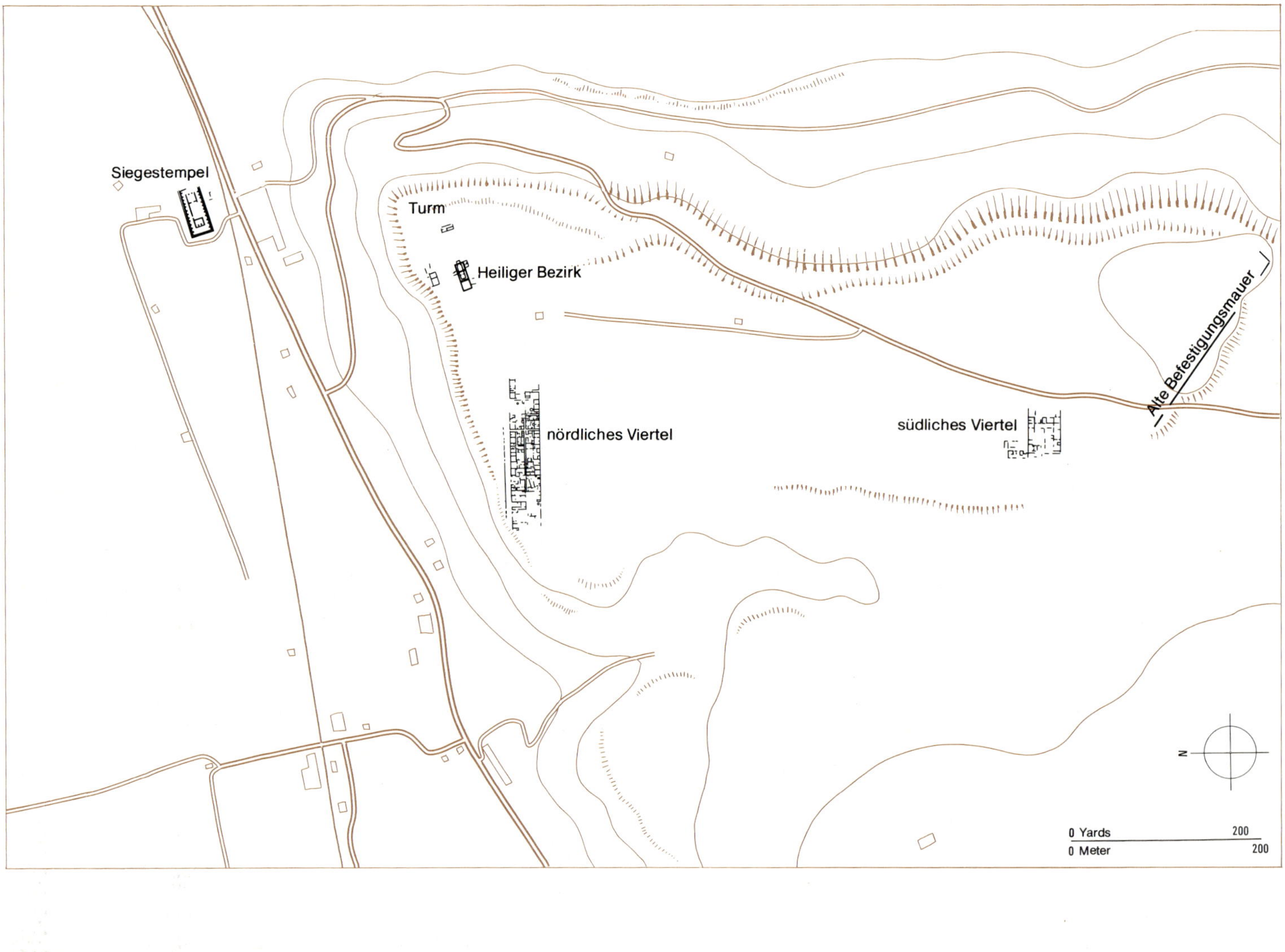

Himera wurde etwa 650 v. Chr. von Auswanderern aus Zancle (dem späteren Messina) und Flüchtlingen aus SYRAKUS gegründet. Der Ort hat einen günstigen Hafen, aber nur wenig Hinterland, und es erscheint rätselhaft, daß Himera eine der ersten Städte in Sizilien war, die Silbermünzen prägte. Sie ist seit langem wegen der Ruine (nur noch das Fundament ist zu sehen) eines großen klassischen Tempels in dorischem Stil berühmt, die gleich neben der Küstenstraße zu sehen ist. In den sechziger Jahren unseres Jahrhunderts begonnene Ausgrabungen haben nun die Siedlung selber freigelegt; sie lag jenseits eines Berges im Süden. Ebenso wurden drei ältere, kleinere Tempel – einer von ihnen stammt aus dem späten 7. Jahrhundert – entdeckt.

Himeras Ruhm beruht auf einer einzigen Schlacht. 483 v. Chr. nahm Theron von Akragas die Stadt ein und vertrieb den dort herrschenden Tyrannen Terillus, der die Karthager ins Land rief; sie kamen und wurden 480 v. Chr. von den verbündeten Heeren unter Führung von Gelon von Syrakus vernichtend geschlagen. Zur Erinnerung an den Sieg wurde ein Tempel, der der Göttin Nike (der Siegesgöttin) geweiht war, errichtet; seine ungewöhnliche Lage, außerhalb der Stadt, mag deshalb gewählt worden sein, weil an diesem Ort die Schlacht stattgefunden hatte. 409 kehrten die Karthager zurück, zerstörten die Stadt, massakrierten die Hälfte der Bevölkerung und verschleppten die Überlebenden nach Thermae (dem jetzigen Termini Imerese). Himera selber wurde nie wiederaufgebaut. Funde, darunter die am besten erhaltenen, prächtigen Wasserspeier in Löwenkopfform, können im Museo Archeologico Nazionale in Palermo besichtigt werden.

Himera I (veröffentlicht vom Istituto d'Archeologia, Univ. von Palermo, Rom 1970)
Marconi, P.: *Himera.* Rom 1931

6 Segesta

Sizilien

Segesta, das bedeutendste elymianische Zentrum im Nordwesten, liegt 300 m über dem Meeresspiegel und 17 km von Castellammare del Golfo entfernt, wo sich vermutlich sein antiker Hafen befand; nach Segesta führt eine moderne Straße. Von seiner Geschichte weiß man wenig, ebenso von seinen Beziehungen zu anderen Städten, ausgenommen dem ständigen Konflikt mit Selinus (SELINUNT), der im frühen sechsten Jahrhundert v. Chr. seinen Anfang nahm. Mehr als einmal suchte Segesta Hilfe außerhalb von Sizilien; zuerst wandte sich die Stadt an Karthago, dann 416 v. Chr. an Athen (und veranlaßte somit die für Athen so verhängnisvolle Unternehmung gegen SYRAKUS), 410 wieder an Karthago (ihre Bitte führte die Zerstörung von Selinus durch die Karthager herbei), schließlich im Ersten Punischen Krieg an Rom. Nach 410 verlor Segesta seine Autonomie, es wurde von Karthago abhängig, abgesehen von einer kurzen Zeit in der zweiten Hälfte des vierten Jahrhunderts v. Chr., als seine Bevölkerung 10 000 betragen haben soll; anschließend geriet Segesta unter römischen Einfluß. Die tatsächlichen Überreste der Stadt zeigen, daß der Ort im sechsten Jahrhundert v. Chr. eine rasche Hellenisierung erfuhr, wie

Der dorische Tempel bei Segesta, fünftes Jahrhundert v. Chr.

man auch an der Ausgabe von Silbermünzen in griechischem Stil und an der Verwendung des griechischen Alphabets erkennen kann (obwohl die bisher noch nicht identifizierte elymianische Sprache immer noch in Gebrauch war), ebenso an einem Abkommen mit Selinus – was überrascht –, nach dem Heiraten zwischen Mitgliedern beider Gemeinschaften anerkannt wurden.

Zwei Baudenkmäler haben Segesta zu einer größeren Attraktivität verholfen, beide sind ihrer Art und ihrer Lage wegen bedeutsam: Außerhalb der Stadt befinden sich im Westen auf einem alleinstehenden Hügel in einem ausgedehnten, unbewohnten Tal die tragenden Teile eines unvollendet gebliebenen dorischen Tempels. Er muß fast sicher das Werk eines bedeutenderen griechischen Architekten gewesen sein, einen so durchgebildeten und wenig an herkömmliche Vorstellungen gebundenen Eindruck machen die Teile, die noch zu sehen sind. Man vermutet, daß mit der Errichtung des Baus im Jahre 416 begonnen wurde, um Athen zu beeindrucken – das Datum stimmt zumindest –, nach der Niederlage der Athener wurde aber der Plan aufgegeben, weil der Grund dafür weggefallen war. Das zweite Baudenkmal ist ein halbkreisförmiges hellenistisches Theater; es hat einen Durchmesser von 63 m und wurde in der Römerzeit baulich verändert. Es liegt auf dem höchsten Punkt der Stadt in Richtung Norden; von ihm aus hat man einen wunderbaren Blick auf die Berge und das Meer.

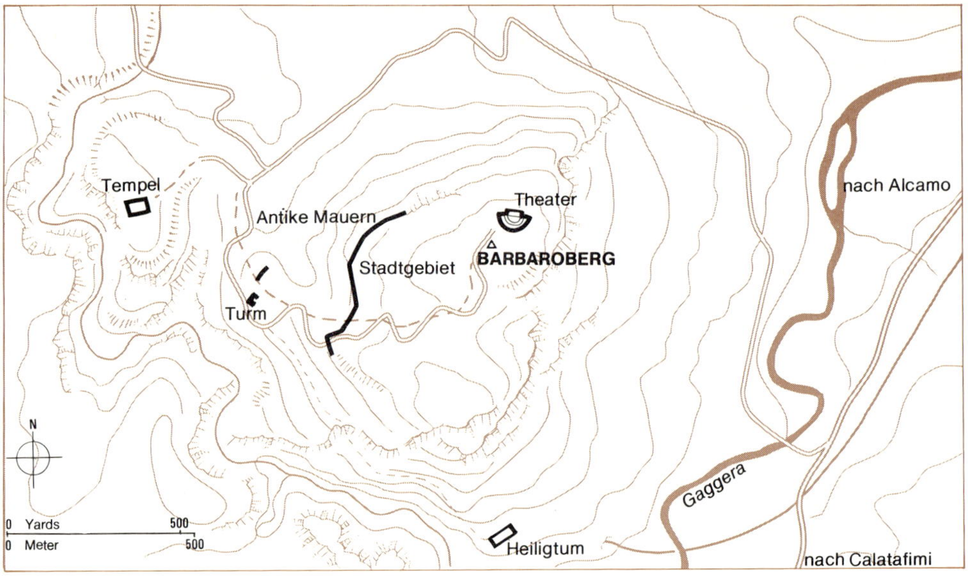

Burford, A.: »Temple Building at Segesta«, *Classical Quarterly,* Oxford, Band XI (1961), S. 87 – 93

Van Compernolle, R.: »Ségeste et l'Hellénisme«, *Phoibos,* Brüssel, Band V (1950 – 51), S. 183 – 228

7 Erice

Sizilien

Erice (das antike Eryx) war eine elymianische Siedlung auf einem 750 m hohen Berg, etwa 6 km vom Hafen von Trapani (dem antiken Drepana) entfernt. Es ist der geheimnisvollste Ort Siziliens und zugleich der Ort mit dem schönsten Panorama. Eryx war das Zentrum eines einheimischen Kultes, von dem es bisher keine archäologischen Spuren gibt. Hier wurde die karthagische Göttin Tanit (oder Astarte) und später die griechische Aphrodite verehrt, die jedes Jahr für einige Tage mit ihren Tauben von Eryx nach Nordafrika flog. In Tunesien, in Sicca Veneria (dem heutigen El Kef), im Inneren des Landes an der Westgrenze des karthagischen Reiches, wurde ein Tochterschrein errichtet. Zweifelhaften antiken Quellen zufolge soll in beiden Heiligtümern die heilige Prostitution ausgeübt worden sein. Während des Zweiten Punischen Krieges gelobte der römische Feldherr Fabius Maximus, der Aphrodite von Eryx einen Tempel in Rom zu weihen, wenn die Göttin den römischen Armeen helfen würde. 215 v. Chr. ließ er tatsächlich einen Tempel auf dem Kapitol errichten. Während eines anderen Krieges wurde ein zweiter Tempel für die Venus Erucina (der lateinische Name der Göttin) vor dem gallinischen Tor erbaut, wo der »Tag der Dirnen« gefeiert wurde. Danach erfahren wir wenig über Eryx, obwohl hier immer noch Menschen lebten. Die Normannen verwendeten die Steine des Tempels für eine Festung; ihre Überreste sind noch zu sehen. 1167 wurde der Name Eryx in Monte San Giuliano abgeändert, den der Ort bis 1934 beibehielt. Aus der antiken Zeit sind lediglich Teile der Stadtmauer erhalten.

Cultrera, G.: »Il 'temenos' di Afrodite Ericina e gli scavi del 1930 e del 1931«, *Notizie degli scavi,* Rom 1935, S. 294–328

Kienast, D.: »Rom und die Venus von Eryx«, Hermes, Wiesbaden, Band XCIII (1965), S. 478–89.

Unten: Eine silberne Tetradrachme aus Eryx, etwa 400 v. Chr. Links, die Vorderseite: Nike (die Siegesgöttin) fliegt einem in Fahrt befindlichen vierspännigen Wagen entgegen, um den Fahrer zu krönen. Rechts, die Rückseite: sitzende Aphrodite; eine Taube läßt sich auf ihrer rechten Hand nieder, während ein geflügelter Eros seinen Arm zu ihr hebt.

8 Motya

Sizilien

Motya (das heutige San Pantaleo) ist eine flache Insel mit einem Umfang von 2,4 km und liegt in einer seichten Lagune an der Nordwestküste Siziliens. Es war der erste Stützpunkt der Phönizier auf Sizilien, den diese zusammen mit ihren ersten Niederlassungen auf Sardinien von 700 v. Chr. an errichteten; einige Jahrzehnte später gründeten sie Palermo. Dank intensiver archäologischer Ausgrabungsarbeiten stellt Motya die beste Informationsquelle für Merkmale der westlichen punischen Kultur außerhalb Nordafrikas dar. Schon sehr früh gab es in Motya griechische Erzeugnisse und Einwohner. Auf dieser Insel war die meiste Zeit ihrer Geschichte über eine friedliche Koexistenz die Regel. Die kleine Insel war befestigt, und am Eingang der Lagune befanden sich Wellenbrecher. Im 5. Jahrhundert v. Chr. wuchs die Bevölkerung so stark, daß ein neuer Friedhof erforderlich wurde, den man im Gebiet Birgi auf dem sizilianischen Festland anlegte, mit dem die Insel durch einen mehr als einen Kilometer langen Damm verbunden war. Im Krieg zwischen Dionysios I. von Syrakus und Karthago war Motya das erste Ziel des Tyrannen: Nach einer mehrere Monate andauernden Belagerung, bei der er zum erstenmal fortschrittliches Belagerungsmaterial verwendete, das seine Militärtechniker erfunden hatten, eroberte er die Insel, ließ die Bewohner massakrieren und die Stadt zerstören. Die Griechen von Motya, die loyal blieben, wurden gekreuzigt. Bald gewann Karthago das Gebiet wieder zurück, errichtete aber nun in Lilybaeum (Marsala) seinen wichtigsten befestigten Vorposten, und

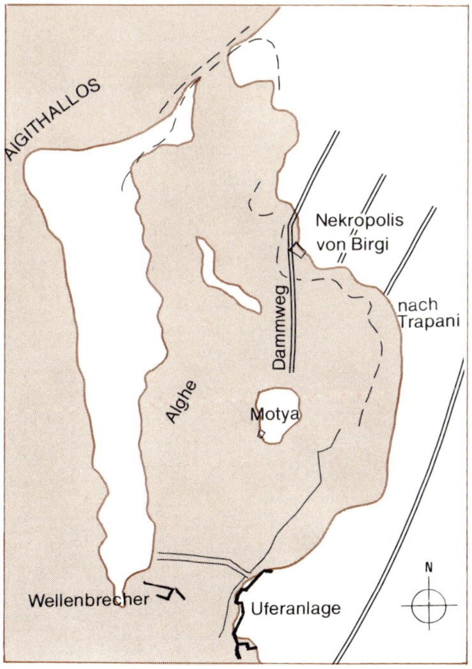

Oben: Teil eines punischen »tophet« (Begräbnisstätte der Kultopfer) von Motya; die Ausgrabung erfolgte 1965

Motya und seine Anlagen

Motya versank für etwa ein Jahrhundert in Bedeutungslosigkeit.
Die Tongefäße und andere kleinere Funde sind griechischen und karthagischen, die Mauern und größeren Bauten jedoch hauptsächlich griechischen Ursprungs. Verwaltung und Kult waren vorwiegend punisch. Das wichtigste religiöse Zentrum war anscheinend ein von einer Mauer umgebener heiliger Bereich (27,4×35,4 m), der von den Archäologen Cappiddazzu genannt wird und im Norden in der Nähe des Birgi-Dammes liegt. Das älteste Gebäude wurde im 7. Jahrhundert v. Chr. errichtet; unter anderem befand sich dort ein größerer Tempel. Die vielen dort befindlichen Tierknochen stammen von den Opferhandlungen. Ungefähr 100 m westlich davon ist der Begräbnisplatz für die Opfer, das beste bis heute erhalten gebliebene Beispiel eines *tophet* mit seinem typischen Inhalt: besonderen Grabsteinen, Terrakottamasken und Aschenurnen, in denen noch Spuren von Kinder- und kleinen Tierknochen zu finden sind. Obwohl die Griechen sich damit gebrüstet hatten, daß Gelon die Karthager nach seinem Sieg in Himera 480 v. Chr. gezwungen habe, keine Menschen mehr zu opfern, zeigt doch der Befund im *tophet*, der vom 6. Jahrhundert bis etwa 250 v. Chr. in ständigem Gebrauch war, daß diese Praxis erst allmählich um 400 v. Chr. aufgegeben wurde. Funde sind im Ortsmuseum untergebracht.

Mozia (erscheint in unregelmäßiger Folge; herausgegeben vom Centro di Studio per la Civiltà Fenicia e Punica, Rom; letzte Ausgabe: Nr. VIII, 1973)
Whitaker, J. I. S.: *Motya*. London 1921

9 Piazza Armerina

Sizilien

In einem bewaldeten Tal bei Casale, 6 km südwestlich von Piazza Armerina (einer mittelalterlichen Gründung an der Hauptstraße von Gela nach Enna), liegen die guterhaltenen Überreste eines palastähnlichen Jagdhauses aus dem frühen vierten Jahrhundert n. Chr. Es wurde in verschiedenen Ebenen erbaut, wie das Terrain es verlangte, und bestand aus fast fünfzig Räumen, Höfen, Galerien, Thermen und Gängen, die in vier komplexen Gruppierungen angeordnet waren; in das Innere der Anlage gelangte man durch einen monumentalen Eingang. Die Villa war bis zur Eroberung der Insel durch die Araber bewohnt und danach für kurze Zeit wieder unter den Normannen, bis sie von Wilhelm dem Bösen im späten zwölften Jahrhundert zerstört wurde. Im achtzehnten Jahrhundert wurden die Gebäude geplündert, und die Archäologen begannen sich für sie zu interessieren, aber erst in unserem Jahrhundert wurde die Villa systematisch ausgegraben, und die Überreste wurden vor dem Verfall geschützt. Sie ist nun überdacht und steht Besuchern offen.
Von den aus Marmor bestehenden Teilen, den Skulpturen und Wandgemälden ist nur noch wenig zu sehen, dagegen viel von den vollendet gestalteten Mosaikböden, die ursprünglich

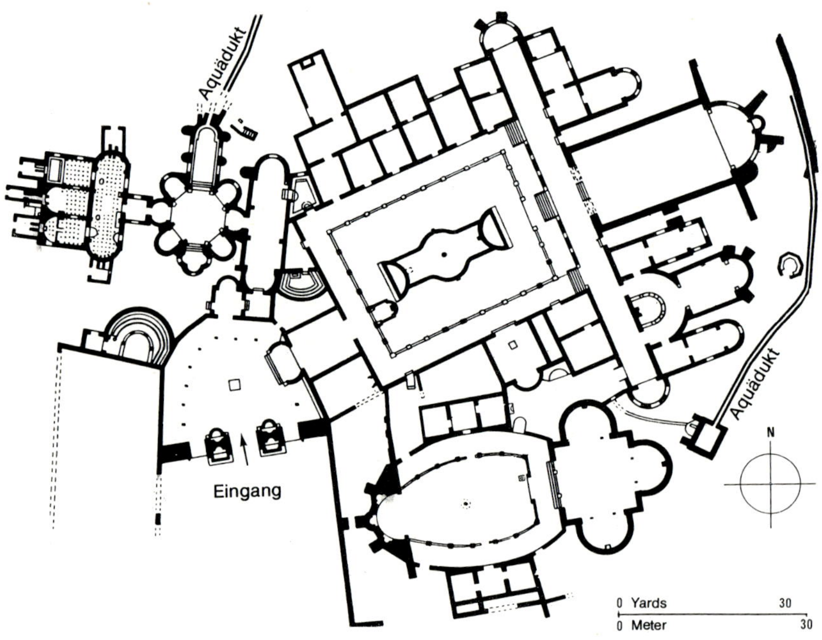

Teil eines Mosaikbodens in der Villa in Casale (Piazza Armerina); er zeigt das Ende eines Wagenrennens. Die gesamte Darstellung ist von hohem künstlerischen Wert und erstreckt sich über die ganze Länge des Raumes (mehr als 20 m)

eine Fläche von fast 4000 Quadratmetern bedeckten und in ihrer Größe und ihrem Wert einzigartig sind. Wer der Besitzer war und wann die Villa erbaut wurde, ist umstritten. Im amtlichen Führer wird die Meinung vertreten, daß wir es hier mit einer kaiserlichen Villa des Imperators Maximian und seiner Familie zu tun haben. Wahrscheinlicher ist, daß die Villa Privatleuten gehörte, vermutlich den Eigentümern der nahe gelegenen *massa Philosophiana*, einem der größten Besitztümer im römischen Sizilien; man nimmt ferner an, daß sie etwas später errichtet wurde und nach einem alten römischen Reiseführer als Kutschenstation auf der Inlandroute von AGRIGENTUM nach Catania diente.

Die Mosaiken sind fast sicher das Werk nordafrikanischer Handwerker, und man hat geschätzt, daß zehn Arbeitsgruppen ein halbes Jahrhundert lang an diesem Boden hätten arbeiten müssen. Den Mosaiken liegt ein einheitlicher Stil zugrunde – den man »römisch-kaiserlich« nennen kann –, doch werden unterschiedliche Themen dargestellt. Natürlich dominieren Jagd- und Fischfangszenen, aber die Skala der Abbildungen reicht von geometrischen Figuren über Bade- und Tanzmotive bis zu komplizierten Bildkompositionen, auch erzählenden Charakters; die meisten Motive stammen aus der griechischen Mythologie oder geben bei den Griechen übliche Spiele wieder. Das Ganze stellte eine heidnisch-griechische Lebensweise zur Schau.

Ampolo, C., und andere: »La villa del Casale a Piazza Armerina«, *Mélanges de l'École française de Rome*, Band LXXXIII (1971), S. 141–281

Cagiano de Azeveda, M.: »Questioni vecchie e nuove di Piazza Armerina«, in *Rendiconti* der Pontifica Accademia Romana di Archeologia, Rom, Band XL (1967–68), S. 123–150 (verteidigt die Ansicht, die Villa sei im späten vierten Jahrhundert gebaut worden)

Carandini, A.: *Ricerche sullo stile e cronologia dei mosaici della villa di Piazza Armerina*. Rom 1964

Kähler, M.: *Die Villa des Maxentius bei Piazza Armerina*, Berlin 1973

Italien

Aufgrund seiner zentralen Lage im Mittelmeerraum wurde Italien zu einer der archäologisch bedeutsamsten Regionen der klassischen Welt, die von den Römern beherrscht wurde. Dabei stellt das Land keine geschlossene geographische oder politische Einheit dar. Fast seine gesamte Geschichte bis 1870 n. Chr. bestätigt diese Wahrheit. Geographisch gesehen, besteht Italien aus zwei deutlich voneinander getrennten Zonen: der Ebene im Norden, die von den Alpen flankiert wird, und der Apenninen-Halbinsel, die sich bis nach Sizilien erstreckt. Im Norden zog das Po-Tal zwischen den Ausläufern der Alpen und des Apennin Siedler wegen seines reichen, angeschwemmten Bodens an. Zudem war der Zugang vom Norden und Osten her nicht so schwierig, wie es den Anschein hat, denn gut begehbare Pässe wie der Brenner ermöglichten die Benutzung von relativ niedrig gelegenen Routen nach Venetien und dem oberen Teil des Adriatischen Meeres. Die Pässe im Nordwesten wie der Kleine St. Bernhard (der in der Antike dem Großen St. Bernhard vorgezogen wurde) waren schwieriger zu überqueren, doch konnte man von der Provence aus die Küste entlang den Norden Italiens erreichen. Heutzutage wird dieses Gebiet landwirtschaftlich intensiver genutzt als die übrige Halbinsel; im Altertum wurde auf ihrem fruchtbaren, mit Wasser gut versorgten Boden vermutlich nicht so stark angebaut wie heute. Der hauptsächlich aus Kalkstein bestehende Apennin stellt das Rückgrat der Halbinsel Italien mit ihrer Länge von 1000 km und einer durchschnittlichen Ausdehnung in westöstlicher Richtung von 200 km dar. Die Berge, die im Gran Sasso eine Höhe von 2914 m erreichen, ihre Ausläufer und die großen Flußtäler des Arno und Tiber teilen das Land in eine Reihe abgeschlossener Gebiete. Die Berge bedecken ungefähr drei Viertel der Gesamtfläche; die Ebenen sind jedoch besonders fruchtbar – mit Ausnahme der ständig ausgedörrten Küstenebene Apuliens – und haben mehr Regenfälle als andere vergleichbare Gegenden. Die wirtschaftliche Macht der Halbinsel Italien lag schon immer im Reichtum des landwirtschaftlich genutzten Hinterlandes solcher Städte wie CHIUSI (Clusium) und auch Rom, wo die fruchtbaren, vulkanischen Böden der Campagna einen verstärkten Anbau ermöglichten.

Weiter südlich erlangte die Fruchtbarkeit der Campagna mit Capua als Zentrum eine gewisse Berühmtheit; sie war zusammen mit dem milden Klima und der reizvollen Landschaft der Grund dafür, daß die BUCHT VON NEAPEL die höchste Bevölkerungsdichte von Italien aufwies. Doch gerade ihre Fruchtbarkeit rief Konflikte hervor, als Griechen, Etrusker, Samniten und zuletzt Römer versuchten, die Vorherrschaft über dieses Gebiet zu gewinnen und seinen Reichtum zu nutzen. Weiter südlich blieben die Bemühungen der Griechen, sich anzusiedeln, unbehelligter. Viele Küstenorte litten aber ständig unter dem Problem, daß sie keine Häfen mit genügend tiefem Wasser besaßen. Noch in der Kaiserzeit waren die Küstenlagunen im Westen malariaverseucht, und den Versuchen, für Rom einen künstlichen Hafen anzulegen, war nur teilweise Erfolg beschieden.

Dies alles fand jedoch lange nach dem Beginn des Jungsteinzeitalters in Italien statt. Diese Zeit ist deshalb wichtig, weil im Südosten Siedlungen gegründet wurden, die ihre Spuren auf dem apulischen Tavoliere hinterließen und vermutlich auf kulturelle Verbindungen mit den Ländern auf der anderen Seite der Adria hinweisen. Ebenso müssen höchstwahrscheinlich Stämme aus dem Balkan, dem Donaugebiet und vielleicht auch von den Alpenseen nach Süden in die nördliche Ebene Italiens gezogen sein. Die bereits hier lebende Bevölkerung wurde durch sie mit der auf einer noch primitiven Stufe stehenden landwirtschaftlichen Nutzung des Bodens vertraut gemacht oder dazu ermutigt, Ackerbau zu betreiben. Während des 2. Jahrtausends kam Italien mit der Welt der Ägäis in Berührung; so trieben die Mykener Handel mit Sizilien, den Liparischen Inseln und Süditalien. Zur gleichen Zeit wurde die sogenannte Bernsteinstraße über den Brenner eröffnet, was zur Ausbeutung der Kupferlager in Österreich führte. Das unterschiedliche kulturelle Niveau in der Mitte des 1. Jahrtausends kann man an der Art der Metallbearbeitung ablesen. Die Bewohner der *terramare* im Po-Tal lebten in Dörfern und ernährten sich durch Weidewirtschaft und einen relativ fortschrittlichen Ackerbau; auch zeigten sie gewisse Fertigkeiten in der Herstellung von Bronzegegenständen. Im Süden lebten ihre Zeitgenossen fast ausschließlich von der Jagd und der Haustierhaltung.

Zu Beginn des 1. Jahrtausends beschleunigte sich die kulturelle Entwicklung, nachdem man eine größere Fertigkeit im Umgang mit Eisen erlangt hatte, was eine Voraussetzung für den technischen Fortschritt darstellte, der, zusammen mit einer besonderen Art der Totenverbrennung, für die Villanovakultur – so benannt nach einem Ort in der Nähe Bolognas – typisch war. Während sich die im Apennin heimische Kultur nur über den größeren Teil der Halbinsel ausbreitete, sind Zeugnisse der Villanovakultur (mit lokalen Varianten) im südlichen Po-Tal, an der Westküste, am Tiber und in der Gegend zu finden, die später das Zentrum von Etrurien wurde. Die Frage, warum und wie die Villanovaperiode von der etruskischen zu Beginn des 8. Jahrhunderts v. Chr. abgelöst wurde, hat die Geschichtsschreiber der Antike und die Archäologen unserer Tage gleichermaßen beschäftigt, ebenso wie das Problem, wo die Etrusker herkamen. Was ihre Herkunft betrifft, so gibt es in der Antike darüber zwei einander widersprechende Berichte, auf die man sich berufen kann; doch wurde vielleicht die Ansicht mehr vertreten, daß sie Einwanderer aus Kleinasien waren. Lange Zeit hindurch übernahmen die Ureinwohner recht wenig von den Sitten und Gebräuchen der Etrusker. Die »Kanopen«, Krüge, die in den nördlich gelegenen Zentren wie Chiusi gefunden wurden, weisen einen unverhältnismäßig großen, aber realistisch gestalteten Terrakottakopf auf einem kleinen Körper auf; sie waren die Vorbilder für die aus einer späteren Zeit stammenden Porträts auf den Stein- oder Terrakottasarkophagen. Die hüttenförmigen Aschenurnen aus dem südlichen Etrurien, dem Rom der Frühzeit und von den Albaner Bergen Latiums zeigen eine Verwandtschaft mit den berühmten Hausgräbern, die in TARQUINIA auf Bildern zu sehen oder in CERVETERI auf Reliefs dargestellt sind. Zweifelsohne verschafften ein vermehrter Reichtum, neue Begräbnisformen und seit der Mitte des 7. Jahrhunderts der Gebrauch einer Sprache, die überhaupt keine Ähnlichkeit mit den indoeuropäischen Dialekten des übrigen Italien hatte, Etrurien eine Sonder- und Vormachtstellung. Rom war damals lediglich ein kleiner Stadtstaat, der unter der politischen Herrschaft der Etrusker stand.

Der wachsende politische Einfluß der Etrusker hatte unterschiedliche Auswirkungen. Die gitterförmige Anordnung der Straßen von Marzobotto zeigt, daß man bei der Stadtplanung in den etruskischen Kolonien fortschrittlichen Ideen gegenüber aufgeschlossen war. SPINA, an der Nordküste des Adriatischen Meeres gelegen, besaß ebenfalls ein regelmäßiges Straßennetz. Diese etruskische Handelskolonie war stark von griechischen Einflüssen geprägt. Im Süden gerieten wegen der geographischen Verhältnisse Griechen und Etrusker in einem Interessenkonflikt aneinander. Die griechischen Kolonisten in Italien folgten den Routen, die anfänglich die Händler im 2. Jahrtausend genommen hatten; seit 730 v. Chr. verstärkten sie ihre Anstrengungen, Siedlungen zu gründen, nachdem sie in Cumae die erste Kolonie auf dem italienischen Festland errichtet hatten. Der Ort war die nördlichste griechische Niederlassung und lag am Seehandelsweg zu den Kupfer- und Eisenerzlagerstätten der Insel Elba und der etruskischen Küste. Später wurden weitere griechische Kolonien die Südküste Italiens entlang gegründet. Einige wie PAESTUM sind annähernd in ihrer ursprünglichen Form erhalten; nur an einigen Stellen errichtete man später auf den alten Anlagen neue Gebäude. Andere wie METAPONTUM waren so groß, daß erst jüngst erfolgte Ausgrabungen ihre Ausdehnung und Leistungen in bezug auf Stadtplanung und Landaufteilung im 6. Jahrhundert v. Chr. erkennen ließen.

Die Fruchtbarkeit der Campagna war die Ursache für die Auseinandersetzung zwischen Griechen und Etruskern. 650 v. Chr. hielten die Etrusker Capua besetzt; doch verhinderten mehrere Niederlagen, die die Griechen ihnen 524 und 474 v. Chr. zusammen mit anderen Verbündeten beibrachten, weitere Expansionsbemühungen in dieser Region. Die Griechen hingegen konnten ihren Einflußbereich auch nicht weiter ausdehnen, weil die Stadtstaaten untereinander in Streit lagen, und dies zu einer Zeit, da die Etrusker nicht vereint handeln konnten, besonders als es darum ging, die Stadt VEII gegen die wachsende Macht Roms zu unterstützen. So profitierten zunächst die im Inneren des Landes wohnenden Samniten – mit ihrer Hauptstadt BENEVENTUM – von dem Machtvakuum im Süden; doch wurde der Einfluß Roms immer stärker, bis die Stadt schließlich die Herrschaft über diese Ebene erlangte.

Der Aufstieg Roms von einem kleinen Stadtstaat, der von dem mächtigen etruskischen Nachbarn abhängig war, zu einer einflußreichen Macht in Italien und schließlich zur Metropole eines Imperiums ist ein Stück faszinierender Geschichte. Die folgende kurze Über-

Alpen
Alpen
Meilen 0 125
Kilometer 0 200
N
Augusta Praetoria
Comum
Mediolanum
Brixia
Verona
Aquileia
Ticinum
Placentia
Patavium
Adige
Augusta Bagiennorum
Fidentia
Po
Veleia
Parma
Spina
Regium Lepidum
Mutina
Bononia
Marzabotto
Forum Cornelii
Ariminum
Luca
Iader
Arno
Florentia
APENNINEN
Chiusi
Asculum
Cosa
Acqua Rossa
Adriatisches Meer
Tarquinii
Veii
Alba Fucens
Cerveteri
Tiber
Roma
Ostia
Norba
Capua
Beneventum
Cumae
Neapolis
Herculaneum
Pompeii
Poseidonia
Metapontum
Heraclea
Thurii
Tyrrhenisches Meer
Liparische Inseln
Ionisches Meer
Mittelmeer
Caulonia
Zancle
Locri
Rhegium
Selinus
Karthago
Megara Hyblaea
Simitthu

sicht befaßt sich nur mit den archäologischen Aspekten der Vergangenheit Roms. Alle Ausgrabungsergebnisse auf dem Palatin und unterhalb des Forums bestätigen im wesentlichen den Wahrheitskern, der den legendären Berichten über die Gründung Roms (753 v. Chr.) zugrunde liegt. Der Kampf gegen einige Nachbarn, wie die mächtige etruskische Stadt Veii, war lang und schwer; doch gelang es Rom in der frühen und mittleren Periode der Republik, Italien zu vereinen. Der Schlüssel für diesen Erfolg war wahrscheinlich die Tatsache, daß Roms Führer besonders bei ihren südlichen Nachbarn, den Latinern, niemals vergaßen, daß sie es nicht mit besiegten Fremden, sondern mit italienischen Landsleuten und letztlich potentiellen Verbündeten zu tun hatten. Ende des 3. Jahrhunderts v. Chr. hatte Rom dem Einfall des Königs Pyrrhus von Epirus nach Italien erfolgreich Widerstand geboten, und auch im Zweiten Punischen Krieg gelang es Hannibal nicht, Roms Macht auf der Halbinsel zu brechen. Die Errichtung strategisch wichtiger Kolonien wie Cosa (273 v. Chr.) verstärkte die Kontrolle über Italien, und das relativ früh angelegte *castrum* in OSTIA schützte Roms maritime Interessen an der Westküste. Im 2. Jahrhundert richtete Rom sein Augenmerk auf den Südosten des Mittelmeerraumes, und mit dem Ende des 1. Jahrhunderts waren die hellenistischen Königreiche unter seiner Herrschaft.

Die Ausdehnung des Machtbereichs nach Norden bis in das Po-Tal gelang erst dann, als man die Via Aemilia baute. Diese strategisch wichtige Straße nach Süden hin wurde durch die Gründung von Orten wie VELEIA geschützt, das an einer Bergstraße lag, die nach Südwesten führte. Im von Rom aus fernen Nordosten sicherte die Errichtung einer Kolonie in AQUILEIA nicht nur die Kontrolle über diese Region, sondern sie stellte ebenso eine wichtige Handelsverbindung zu Wirtschaftszentren jenseits der Alpen und im Donaugebiet dar. Im Westen war nach den Punischen Kriegen ein großer Teil Spaniens Rom zugefallen, während Caesar Gallien unterworfen hatte. In dieser Zeit stellte sich heraus, daß der Verwaltungsapparat eines Stadtstaates nicht das geeignete Instrumentarium dafür war, ein Imperium zu lenken, und die Kämpfe zwischen den Führern, wie Pompeius, Caesar und Crassus, im 1. Jahrhundert v. Chr. spiegelten das Bedürfnis nach einer starken, zentralistischen Herrschaftsform wider, die auch schließlich verwirklicht wurde, nachdem der Erbe Caesars, Octavian, 31 v. Chr. Mark Anton in der Schlacht von Actium besiegt hatte.

In der mittleren Periode der Republik wurden Architektur und Kunst in Rom von den Griechen und Etruskern beeinflußt. Die Siege römischer Feldherren in der hellenistischen Welt während des 2. Jahrhunderts förderten eine regelrechte, immer mehr um sich greifende Sucht der Reichen, griechische Kunstschätze zu erwerben. Der Höhepunkt dieser Entwicklung wurde 133 v. Chr. erreicht, als durch die Annektierung des Königreiches von Pergamon die Schätze der Attaliden in die Hände Roms fielen. Was nicht durch Eroberungen erworben werden konnte, lieferte ein Heer von griechischen Künstlern, die oft ältere klassische Bildsäulen oder Bilder nachahmten.

Doch war in der übervölkerten Metropole der Platz für Bauten rar, und so ist diese Stadt nicht der geeignete Ort, um die römischen Vorstellungen über Architektur kennenzulernen. Wenn man die fremdartigen Elemente, mit denen die bizarren Vorstellungen der hellenistischen Monarchen nachzuahmen versucht wurden, und wenn man die Fortschritte in der Konstruktion von Betongewölben studieren will, verläßt man am besten die Hauptstadt Italiens und begibt sich zu Orten wie z. B. dem Heiligtum der Fortuna Primigenia in Palestrina. Die größere Fertigkeit in der Herstellung von Betongewölben verband sich mit einer immer seltener werdenden funktionellen und dafür um so dekorativeren Verwendung der klassischen Ordnungen. Die herkömmlichen Gebäude in der römischen Welt, die *fora*, Basiliken, Theater und Amphitheater, wurden in der Spätzeit der Republik im klassischen Stil errichtet. Diese Gebäude prägten die Architektur im gesamten Imperium, denn sie gehörten zu der Vielzahl der Bauprogramme, die von Augustus veranlaßt worden waren. Er war es auch, der behauptet hatte, mit Rom eine Stadt aus Backstein vorgefunden und sie als Stadt aus Marmor verlassen zu haben. Doch ist es schwierig, bei der Fülle von baulichen Veränderungen diesen Anspruch richtig zu werten. An den Zentren in Norditalien, wie z. B. an VERONA, und vor allem an den Hauptstädten der Provinzen, kann man am besten den Fortschritt erkennen, der bei der Stadtplanung erzielt wurde.

Obwohl Italien in dem Maße an Bedeutung verlor, wie das Imperium an Größe zunahm, bis die Halbinsel nach der Herrschaft der Severer fast wie eine beliebige Provinz behandelt wurde, blieb sie von großem archäologischen Wert. In Ostia können wir z. B. die Entwicklung einer ganzen Stadt in der Zeit zwischen dem 1. und 4. Jahrhundert n. Chr. kennenlernen. Dies ist in POMPEII und HERCULANEUM nicht möglich, wie spektakulär und informativ die vielen Anlagen sein mögen, die nach der Zerstörung im Jahre 79 n. Chr. zu sehen sind. In Rom wurde mehr die Porträtier- und Mosaikkunst weiterentwickelt und nicht so sehr die Architektur, bei der die Stadt sich im wesentlichen der klassischen Tradition verpflichtet fühlte, was man auch an den zunächst herkömmlichen Motiven erkennen kann, die nach der Regierungszeit Hadrians an den Sarkophagen der Reichen angebracht wurden. Im 2. Jahrhundert wurden die Regeln der klassischen Baukunst nicht mehr so streng beachtet. Der berühmte Konstantinsbogen ist neben dem Kolosseum das vollendetste Beispiel klassischer römischer Baukunst, doch bedeutet die Wiederverwendung von Skulpturen in den Reliefs aus einer vergangenen Epoche eine Abkehr von den anerkannten Regeln der klassischen Zeit.

Doch wäre es falsch, nur von Abkehr oder gar Rückschritt zu sprechen, ohne zu berücksichtigen, daß es auch neue Tendenzen gab, die alle die Bemühung erkennen ließen, den klassischen Formen mehr Vielfalt zu verleihen. Die künstlerische Gestaltung der Innenräume mag hierfür als Beleg gelten. Weil aus allen Regionen Material herbeigeschafft wurde, war es auch möglich, mehr Mosaikfarben zu verwenden. Im 4. Jahrhundert hatte sich nicht nur der Geschmack bei der Verwendung von Marmor geändert, man wandte sich auch ab von der Verzierung des Bodens und hin zur Dekoration von Wänden, Gewölben und Kuppeln. Die Mosaiken in dem Gewölbe von Santa Constanza, wahrscheinlich 354 n. Chr. als Mausoleum in Rom errichtet, nehmen bereits die klare Frische und den Glanz der byzantinischen Mosaiken vorweg. Ebenso verdrängte die Schaffung einer christlichen Tradition bei der Gestaltung von Sarkophagen die Motive aus der klassischen Mythologie und verlieh der christlichen Kunst des Mittelalters neue Impulse. Der Realismus der römischen Porträts findet sich in der christlich geprägten Malerei wieder, wie man an dem Bild »Christus der Herrscher« aus der Katakombe der Domitilla erkennen kann; dieses Bild verbindet eine harte Konturenzeichnung mit einer impressionistischen Maltechnik.

Auch in der Architektur wandte man sich von der rein klassischen Tradition neuen Bauformen zu. Wegen der wirtschaftlichen Lage in der Spätzeit des Imperiums konnten natürlich nicht so viele größere Bauten erstellt werden; man konzentrierte sich dafür besonders auf die Gestaltung der Stützelemente von Innenräumen. Die riesige Haupthalle der Thermen des Caracalla besaß ein Kreuzgewölbe, das von acht massiven Pfeilern gestützt wurde. In den Thermen des Diokletian war der umbaute Raum noch größer. Bei der Basilika des Konstantin wurde auf die herkömmliche Form der Basilika, bei der Stützsäulen verwendet wurden, verzichtet und eine ähnliche Konzeption wie bei den großen Hallen in den Thermen verwirklicht. So entwickelten sich einerseits in den letzten Jahren des Imperiums aus der traditionellen Form der *basilica* die christlichen Basiliken RAVENNAS, andererseits ermöglichten die Experimente mit neuen Gewölbeformen und die Entdeckung des kugelförmigen Pendentifs, das die senkrechte Mauer durch das Kuppeldach ablöste, den Bau von Rundkirchen, wie z. B. der Kirche San Vitale in Ravenna und schließlich solche Meisterwerke wie St. Irene und Hagia Sophia in ISTANBUL. Diese Entwicklung wurde natürlich durch die Verbreitung des Christentums gefördert und durch die Art und Weise, wie es verwirklicht wurde. Der christliche Glaube prägte Kunst und Architektur neu, gab ihnen neue Ziele und neue Quellen der Inspiration, bis in der Renaissance die klassische Tradition wiederentdeckt wurde.

Barfield, L.: *Northern Italy before Rome.* London 1971; New York 1972

Boethius, A., und Ward-Perkins, J. B.: *Etruscan and Roman Architecture.* London und New York 1970

Brunt, P. A.: *Italian Manpower 225 BC–AD 14,* Oxford und New York 1971

Chilver, G. E. F.: *Cisalpine Gaul.* Oxford 1941

Frank, T. (Hrsg.): *An Economic Survey of Ancient Rome,* Bde. I, V, Baltimore 1933, 1935

Guido, Margaret: *Südliches Italien. Ein Kunst- und Reiseführer zu den antiken Stätten.* Stuttgart 1973

Kähler, H.: *Rom und sein Imperium.* Darmstadt 1976

Paget, R. F.: *Central Italy, an Archaeological Guide.* London und Park Ridge, N. J., 1973

Salmon, E. T.: *Samnium and the Samnites.* Cambridge und New York 1967

1 Aquileia

Italien

Die römische Kolonie Aquileia am nördlichen Ende der Adria wurde mit der Absicht errichtet, Eindringlinge auf ihrem Weg durch die Carnischen Alpen im Norden und die Julischen Alpen im Osten aufzuhalten. 181 v. Chr. wurde die Stadt unter der Führung von P. Scipio Nasica, Gaius Flaminius und L. Manlius Acidinus als latinische Kolonie von 6000 Reitern und Fußsoldaten gegründet; man erkannte ihre Bedeutung schnell und siedelte 169 v. Chr. weitere 1500 Menschen hier an. Bald stellte man durch die Via Annia und Via Postumia eine Verbindung mit dem restlichen Norden Italiens her. Dank seiner strategischen Lage wurde Aquileia im 2. Jahrhundert v. Chr. die Ausgangsbasis für Feldzüge in den Nordosten Italiens und später ein Stützpunkt für Handelsbeziehungen mit Noricum (dem heutigen Kärnten) und Istrien. Der augusteische Expansionsdrang jenseits der Alpen stärkte die Stellung der Stadt und machte sie reich; nur der Einfall der Markomannen 167 n. Chr. und der sogenannte Krieg von Aquileia, der mit der Ermordung von Maximinus Thrax außerhalb der Mauern der belagerten Stadt endete, warfen sie in ihrer Entwicklung zurück.

Der Reichtum der Stadt ist an den archäologischen Funden erkennbar, besonders an den mächtigen Kaianlagen am Fluß Natiso, am Amphitheater, dem großen Zirkus, der in die Stadtmauern eingeschlossen ist, und vor allem an den prunkvollen, individuell gestalteten Grabmälern. Die bedeutendsten Überreste sind jedoch die christlichen Gebäude, die von Bischof Theodor bald nach dem Jahre 313 n. Chr. errichtet wurden und in denen einige der berühmtesten Mosaiken der Christenheit zu finden sind. In dem Bereich der christlichen *basilica* (1021–1031 erbaut) befindet sich eine Reihe bedeutsamer Mosaiken mit frühchristlichen Symbolen. Den Mosaikboden der *basilica* ließ Bischof Theodor unmittelbar nach dem Jahre 313 n. Chr. anfertigen; die Abbildung des Kampfes zwischen einem jungen Hahn und einer Taube, Symbole der Dunkelheit und des Lichtes, verdeutlicht die Auseinandersetzung zwischen Christentum und Heidentum. Weiter findet man Darstellungen des Guten Hirten, der Geschichte Jonas und der Eucharistie. Eine posthume Inschrift in der Mitte des Chores bestätigt, daß Bischof Theodor den Bau der ursprünglichen Anlage veranlaßte. In der unmittelbaren Nähe des ausgegrabenen Fundamentes des Campanile sind ebenfalls sehenswerte Mosaiken zu bewundern. Ausgrabungen in den Krypten dieses Bereiches förderten Mosaiken zutage, die zu einem Privathaus aus der frühen Kaiserzeit gehörten. Sie befanden sich unterhalb des von Theodor errichteten Versammlungshauses, das an der Nordseite der Kapelle angebaut worden war. Die dargestellten Vögel und Landtiere haben eine versteckte, symbolische christliche Bedeutung. Die Überreste des Versammlungshauses wiederum waren von den Ruinen einer großen Kirche aus dem späten vierten Jahrhundert bedeckt.

Als der Hafen immer stärker verschlammte, verlor auch die Stadt mehr und mehr an Bedeutung; im Mittelalter wurde sie von der Malaria heimgesucht; heute liegt sie mehrere Meilen vom Meer entfernt. – Funde sind im Museo Archeologico in Aquileia aufbewahrt.

Brusin, G.: *Aquileia,* Padua 1962

2 Spina und Ravenna

Italien

Eines der bemerkenswertesten Ergebnisse der modernen Archäologie in Italien war die Entdeckung und Erforschung der etruskischen Siedlung in Spina, am Küstenverlauf der Adria in der Antike, in der Nähe einer der früheren Mündungen des Po gelegen. Die Siedlung war ein Vorposten der Etrusker, als diese sich daran machten, weitere Gebiete für sich zu erobern. Dank ihrer Lage wurde sie vor den Einfällen der Gallier (etwa 390 v. Chr.) zu einem sehr wichtigen Ort an der nördlichen Adria, wo man Vorräte lagerte. Veränderungen der Küstenlinie haben das Hinterland Spinas versandet; archäologisch blieb dieses Gebiet jedoch von einzigartiger Bedeutung.

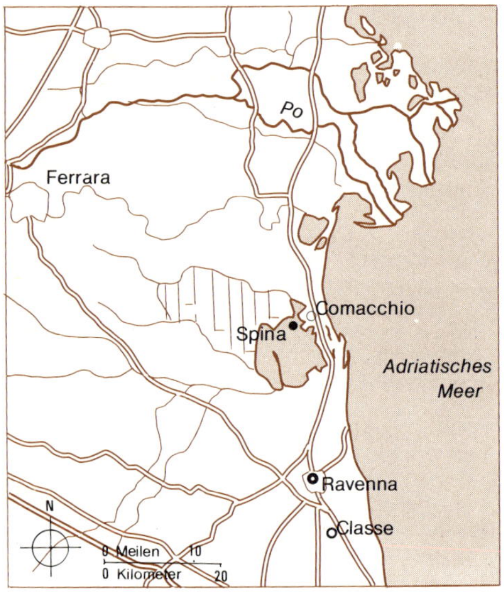

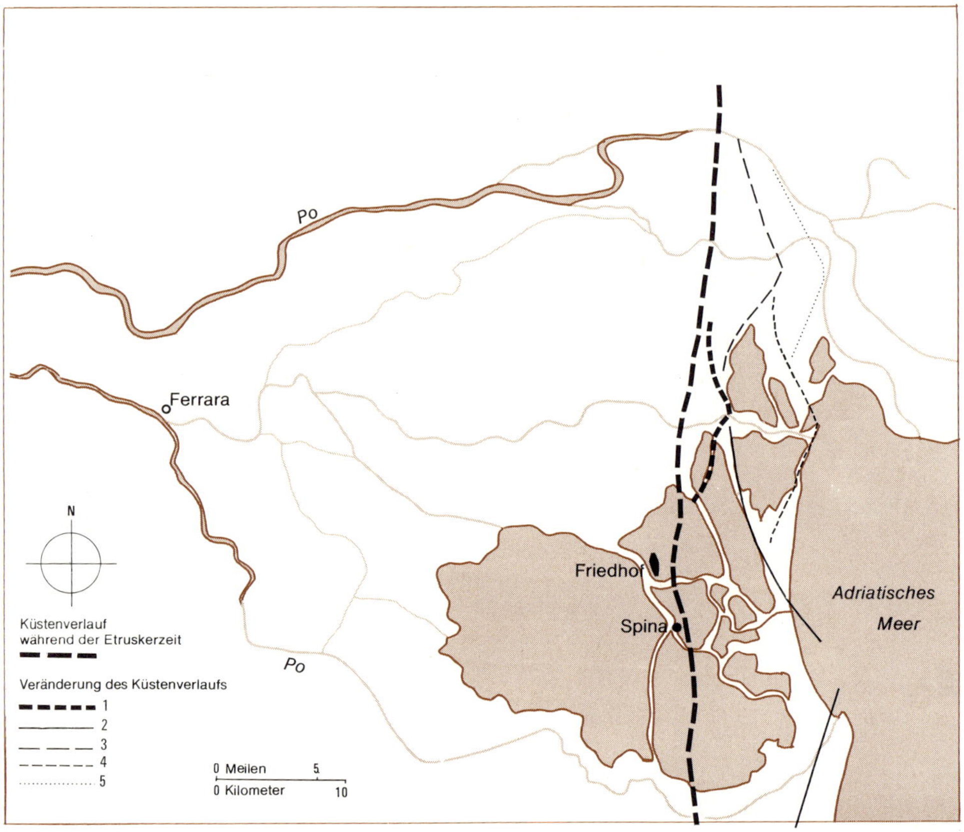

Innerhalb der Stadt wurden wenige Ausgrabungen vorgenommen. Im Jahre 1922 konzentrierte man sich auf die Friedhöfe, wo unter angeschwemmten Ablagerungen in 1213 Gräbern außerordentlich reichhaltige Grabbeigaben gefunden wurden. Die Grabanlagen standen voll unter Wasser, das unter anderem Holzsärge konservierte, die deshalb einer genauen Untersuchung unterzogen werden konnten. Die Tongefäße und anderen Gegenstände aus dem Friedhof von Valle Trebba zeigen einen starken griechischen Einfluß; er ist nicht nur an den Keramiken zu erkennen, unter denen sich einige kostbare schwarz- und rotfigurige befinden – sie sind jetzt im Museo Archeologico di Spina zu Ferrara untergebracht –, sondern auch an den griechischen Inschriften, in denen die griechischen und etruskischen Namen der verstorbenen Besitzer aufgeführt sind. 1953 förderten weitere Ausgrabungen im Süden, im Pega-Tal, 1195 Gräber zutage, und 1956 wurde an Hand von Luftaufnahmen die Lage der angrenzenden Stadt, die die außerordentlich große Fläche von 283 ha bedeckt, ausfindig gemacht. Spina war wie Venedig von Kanälen – darunter einem 30 m breiten *decumanus* – durchzogen, was ein Netz von Gebäudeblocks schuf; die Gebäudereste sind noch nicht archäologisch untersucht worden.

Die sich ständig verändernde Küstenlinie be-

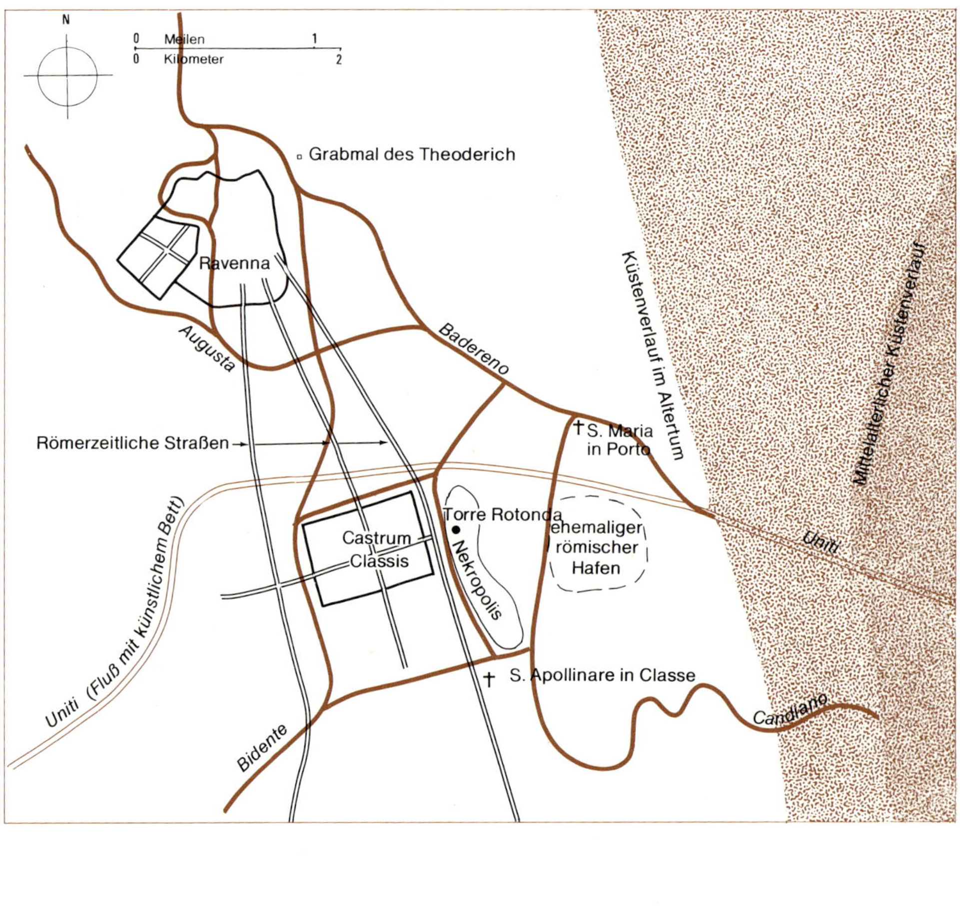

Unten: Ravenna. Das Mausoleum der Galla Placidia
Ganz unten: Detail aus dem Deckenmosaik
Gegenüber, oben: Karte der Gegend um Spina
Gegenüber, unten: Karte der Gegend um Ravenna in der römischen Spätzeit

Unten: Ravenna. Das Grabmal des Theoderich (gest. 526), 1719 restauriert

einflußte auch das Wachstum der Stadt Ravenna in der klassischen Zeit. Heute ist sie wohl wegen ihrer vielen Gebäude berühmt, die während der Spätzeit des Imperiums bis in die byzantinische Epoche hinein errichtet wurden. Dieser relativ späte Aufschwung der Stadt hat historische Gründe, die ihrerseits mit der geschützten geographischen Lage dieses von einer Mauer umgebenen Gemeinwesens zusammenhängen. Ravenna war unter Honorius und Galla Placidia (403 – 476) die Hauptstadt des Restes des westlichen Römischen Reiches, dann der Sitz der Germanenkönige, die im Namen der Ostkaiser (476 – 540) regierten, und später der Sitz der Exarchen, der Statthalter der Ostkaiser (540 – 751). Von der ersten Hälfte des fünften bis zur zweiten Hälfte des sechsten Jahrhunderts n. Chr., von Honorius bis Justinian, wurden einige Kirchen nach dem Vorbild der Basiliken und andere in Rundform erbaut, die ihresgleichen in Italien suchen. Die großartigen Basiliken San Giovanni Evangelista (stark restauriert), San Apollinare Nuovo, San Michele in Africisco und San Apollinare in Classe haben je drei Schiffe, eine Apsis, aber kein Querschiff; der bei allen Kirchen anzutreffende längliche Grundriß ähnelt dem der frühchristlichen Basiliken Roms. Das neonische Baptisterium und San Vitale sind hingegen in Rundform errichtet, ähnlich den später erbauten byzantinischen Kirchen. San Vitale ist berühmt wegen seiner Mosaiken; besonders beachtenswert ist die Abbildung, auf der Kaiser Justinian und seine Frau, Kaiserin Theodora, bei der Einweihung zu sehen sind. Auch im gewölbten Inneren des aus

Gegenüber: Ravenna. Die Kirche San Vitale: Blick in das Innere der Apsis mit einigen Mosaiken

Backsteinen errichteten Mausoleums der Galla Placidia sind Mosaiken zu bewundern.
Die meisten der bekannten Bauten liegen innerhalb der Stadtmauern, die aus der Frühzeit des Imperiums stammen. Von den Anfängen der Stadt ist wenig bekannt, man konnte lediglich Teile des Straßennetzes rekonstruieren; doch hatte das Gebiet bereits eine strategische und wirtschaftliche Bedeutung erlangt, als Octavian an dem antiken Küstenverlauf den Verteidigungshafen in Classe (*classis* = »Flotte« im Lateinischen) erbauen ließ, um seiner Flotte in der Adria einen besseren Schutz zu bieten. Obwohl sich die Küste seither stark verändert hat, konnte dank kürzlich geschossener Luftaufnahmen die Lage der Festung und des Hafenbeckens in Classe nahezu 3 km südöstlich zwischen der heutigen Stadt und der Kirche San Apollinare in Classe ausfindig gemacht werden. Bis auf die Mosaiken befinden sich die Funde im Museo Nazionale von Ravenna.

Alfieri, N. und Arias, P. E.: *Spina*. Florenz 1958

Aurigemma, S.: *Il R. Museo di Spina in Ferrara*. Ferrara 1936

Bovini, G.: »Il Problema della ricognizione archeologica del 'Portus Augusti' di Ravenna e del 'Castrum Classis'«, *Atti del I. Congresso Internazionale di Archeologia dell'Italia Settentrionale*. Turin 1963

Chierichetti, S.: *Ravenna*. Mailand 1958

Mansuelli, G. A.: *Geografia e storia di Ravenna Antica*, Corsi di Cultura sull'Arte ravennate e bizantina XIV, Ravenna 1967. S. 157–190

3 Verona

Italien

Die Stadt verdankt ihre Bedeutung ihrer Rolle als Handels- und Verkehrszentrum, das den Übergang über den Fluß Adige (im Altertum Atesis genannt) nahe am Nordrand der norditalienischen Ebene kontrollierte. Sie überwachte auch das südliche Ende der Handelsroute über den Brennerpaß und lag gegenüber der Ostwest-Route, die am Nordrand des Po-Tales entlang zur Handelsstadt AQUILEIA führte. Man hat allgemein angenommen, daß das rätische *oppidum*, das ehemals vor der Römerstadt existierte, unter dem Castel San Pietro lag, dem nördlich des Flusses Adige befindlichen Hügel. Das regelmäßige Straßennetz der römischen Siedlung wurde südlich davon in einer Flußschleife – die im Altertum vermutlich breiter war als heute – auf einer ebenen, durch Anschwemmung entstandenen Fläche angelegt. Zunächst wurde 69 v. Chr. in Verona unter Pompeius Strabo eine latinische Kolonie gegründet. Von dieser Stadt, in der der berühmte Dichter Catull aufwuchs, sind anscheinend alle Spuren durch eine spätere, von Augustus nach dem Vorbild früherer augusteischer Niederlassungen in Gallia Cisalpina errichtete Siedlung zerstört worden.
Am heutigen Straßensystem lassen sich immer noch Spuren des regelmäßigen Straßennetzes der Römerstadt feststellen; zwei Tore kennzeichnen die Lage der südlichen und östlichen Mauern. Der Flußlauf bedingte den kreisförmigen Plan der Stadt, den man zum Teil rekonstruieren konnte. Die Siedlung selber reichte im Südosten bis zum Amphitheater, das 265 n. Chr. unter Gallienus erbaut wurde. Der heutige Straßenverlauf weist dort, wo er sich nach den römischen Straßen orientiert, auf ein regelmäßiges Straßennetz hin; der Corso Porta Borsari und der Corso Cavallotti zeigen den Verlauf des *decumanus* (die Nord-Südachse) und die Via Cappello sowie die Via S. Egidio den des *cardo* (Ost-Westachse). Wie in Turin, so maßen auch hier die einzelnen *insulae* (Straßenblöcke) 260 römische Quadratfuß; die Zahl weist darauf hin, daß zwei Stadtteile, jeder ein *iugerum* (ein Viertel Hektar) groß, geplant waren. Das Amphitheater wurde so errichtet, daß seine Achse parallel zu dem *cardo* verlief. Zwischen dem Fluß und der Nordmauer wurde später ein *circus* erbaut. Von hier schlug man eine Brücke über den Fluß und schuf so eine Verbindung zu dem Platz, wo man das Theater in den Hügel von San Pietro hineingebaut hatte; eine ausgedehntere Siedlung ist auf dieser Seite des Adige jedoch nicht bekannt. An Verona wird vielleicht noch mehr als an Turin die Anlage einer alten römischen Siedlung in Norditalien erkennbar. Der Plan stammt wie der Turins aus der Regierungszeit des Augustus, als die südlichen Alpen 28 und 15 v. Chr. erobert wurden.

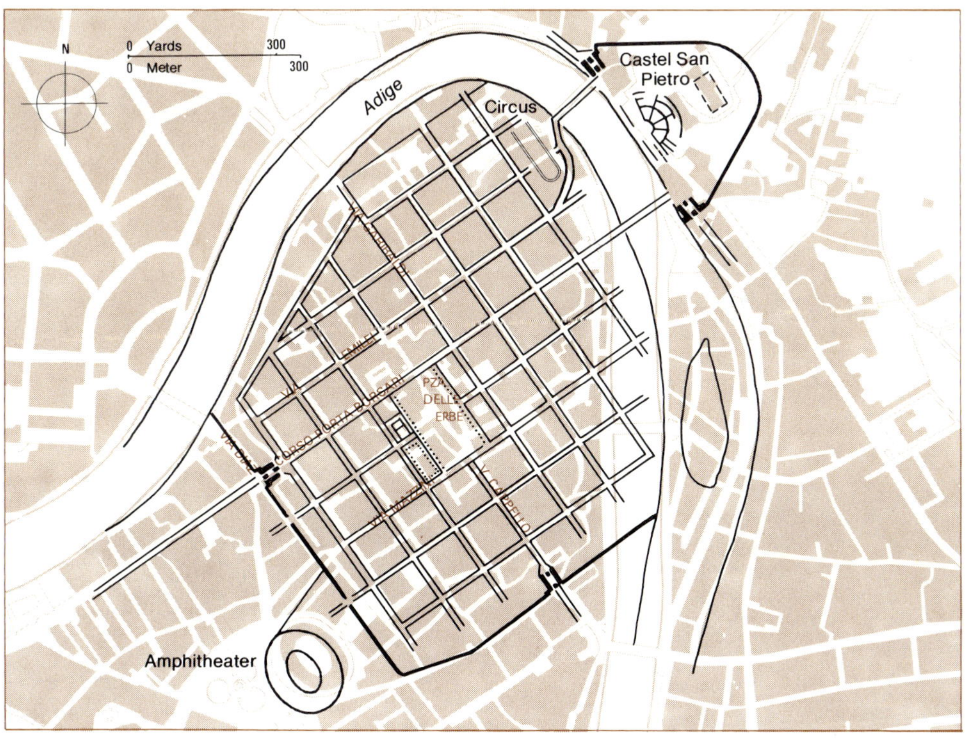

Richmond, I. A., und Holford, W. G.: »Roman Verona: the Archaeology of its Town Plan«, *Papers of the British School at Rome*, XIII (1935), S. 69–76

Zorzi, F., u. a.: *Verona e il suo Territorio*, Bd. I (1961)

4 Veleia

Italien

Veleia wurde 89 v. Chr. als latinische Kolonie gegründet. Sie lag südlich von Piacenza an den Abhängen des Apennin über dem Tal des Flusses Chero. Dank ihrer strategisch günstigen Lage kontrollierte sie die Bergroute von Parma nach dem an der Küste gelegenen Luni. 1760 wurde unter den Bourbonen mit Ausgrabungen begonnen; die Ergebnisse vermitteln uns ein umfassendes Bild von der Anlage einer kleinen Provinzhauptstadt in Norditalien. Das *forum* war genau nach den Himmelsrichtungen ausgerichtet; seine Gesamtfläche betrug 72×50 m; auf ihm befanden sich ein Portikus mit Kolonnaden und ein gepflasterter Innenhof. Im Norden lag das *capitolium*, im Süden die *basilica*. Über den Thermen im Südwesten hatte man teilweise moderne Gebäude errichtet; das Amphitheater im Südosten der Stadt konnte hingegen vollständig freigelegt werden.

Veleia ist jedoch nicht nur wegen seiner archäologischen Funde bedeutsam. Man entdeckte hier eine Inschrift auf Bronzetafeln – eine ähnliche fand man in BENEVENT – aus den Jahren 109 bis 112 n. Chr., nach der »Mädchen und Knaben bedürftiger Eltern in allen italienischen Städten Unterstützung auf Staatskosten« zu gewähren sei. Dieses Gebot, das den Reichtum Italiens mehren sollte, wurde als *alimenta* -System bekannt. Die Finanzverwaltung des Reiches, *fiscus* genannt, veranlaßte die Landbesitzer, Anleihen aufzunehmen, die so hoch sein konnten wie der Wert eines kleinen Teils der Besitztümer. Die Zinsen aus der Anleihe flossen in einen städtischen Fonds, mit dem die Kinder nicht bemittelter Eltern unterstützt wurden. Dieses System verschaffte den Landwirten Geld, für das sie weniger Zinsen als üblich zahlen mußten, sicherte den Fortbestand der Familien und sorgte dafür, daß der Landwirtschaft genügend Arbeitskräfte zur Verfügung standen. Nach dem Verzeichnis, das man in Veleia fand, betrug der Zins für die Anleihe 8% vom Wert des Landes, das als Sicherheit diente. Das Register ermöglicht uns aber auch einen Einblick in den Niedergang der Agrikultur Italiens, der hauptsächlich durch die immer größere Bedeutung der ausgedehnten Ländereien, der *latifundia*, verursacht wurde. Die etwa 300 Bauernhöfe, die im Register von Veleia aufgeführt waren, gehörten nur 48 Gutsbesitzern, von denen einige ihren Wohnsitz nicht in der Stadt oder der Umgebung hatten.

Atti del III. Congresso di Studi Veleiati. Mailand 1969
Calvani, M. M.: *Veleia.* Parma 1975
Duncan-Jones, R. P.: *The Economy of the Roman Empire.* Cambridge und New York 1974, Kapitel 7

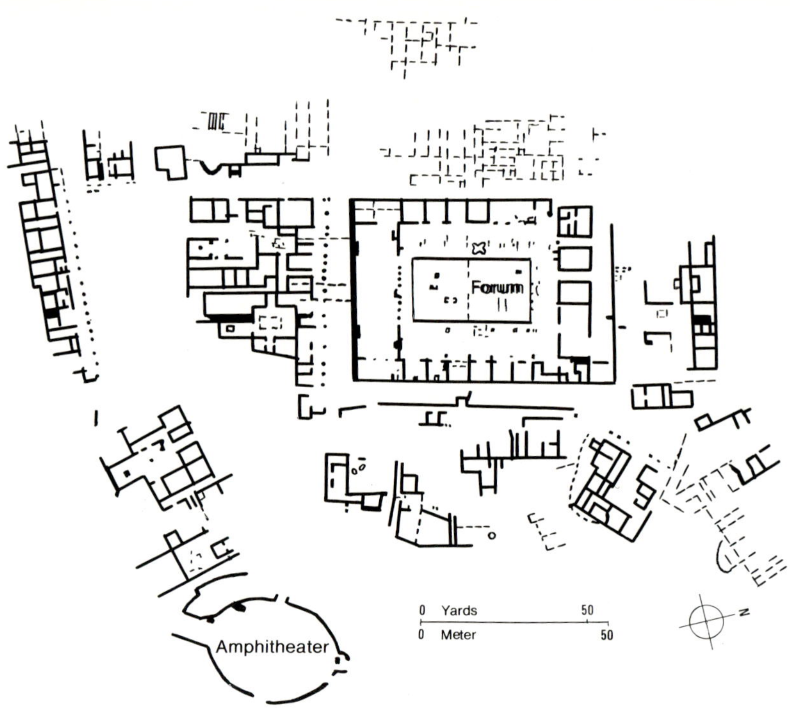

Oben rechts: Das Forum von Veleia. Rechts: Plan von Veleia; Bereich um das Forum.

5 Rom, Ostia und Tivoli

Italien

Rom liegt in der Mitte einer Ebene, in der Erosionen ihre Spuren hinterlassen haben; sie bildet einen breiten Sattel im vulkanischen Plateau zwischen den Albanischen Bergen im Süden und den Sabatinischen im Norden. Dieses Gebiet stellt eine geographische Einheit dar und reicht von der Tibermündung am Tyrrhenischen Meer ungefähr 50 km in das Landesinnere bis zu den Sabiner Bergen, einem aus Kalkstein bestehenden Ausläufer des Apennin. Im Norden wird die Ebene von den Tolfa-Bergen, im Süden von den Pontinischen Sümpfen begrenzt. Die obere Bodenschicht dieses Landstriches besteht aus vulkanischer Asche oder Tuffstein, durch den sich der größte Fluß des Gebietes, der Tiber, sein Bett bis hinunter zu den Lehmschichten aus dem Eozän grub. Im Pleistozän entstand ein 35 km langer Trog, den ein bis zum Kalksteinausläufer des Monte Soracte reichender See ausfüllte. Dieser besaß einen Abfluß – in seinem Bett fließt nun der Tiber –, dessen Lauf an dem den Vatikan überragenden Monte Gianicolo vorbei durch den Sattel zwischen den zwei am nördlichsten gelegenen Vulkanen führte. Im Laufe der Zeit fraß sich der Fluß ungefähr 50 m tiefer in den Boden hinein; von den vulkanischen Erhebungen im Süden und Norden flossen Wasserläufe in allen Richtungen in die Ebene, zerklüfteten die Erdoberfläche und senkten sie ab. Das Ergebnis war die Entstehung von abgeflachten Ausläufern zwischen den Tälern, die noch weiter abgetragen und häufig voneinander abgeschnitten wurden, wenn kleinere Flüsse bei Schlechtwetter ihr Wasser dem Hauptstromtal zutrugen. An der Südseite des Flusses wurde auf solchen vereinzelt hochragenden Hügeln, die sich von den übrigen Erhebungen dieser Gegend in nichts unterscheiden, die Stadt Rom gegründet. Die wichtigsten Hügel waren unter anderem der Palatin und der Kapitolinische Hügel, von dem aus ein Übergang zur Insel in der Tiberkrümmung bewacht wurde.

Nach der Überlieferung wurde Rom zunächst 753 v. Chr. von Alba Longa aus besiedelt. In der Fassung des Dichters Vergil, der die Äneassage literarisch gestaltete, genoß der griechische Held die Gastfreundschaft des am Tiber ansässigen Stammesführers Evander und bewohnte eine bescheidene Hütte auf dem Palatin. Archäologen konnten diese Angaben zum Teil bestätigen, ohne natürlich Beweise für die in der Sage vorkommenden Personen zu finden. Bei zwei Ausgrabungen auf dem Palatin, die in diesem Jahrhundert durchgeführt wurden, stieß man im vulkanischen Tuffstein auf Gräben, in denen zweifelsfrei Fundamente für Hütten aus Holz und Ruten eingelassen waren. Die ältesten Funde stammen aus dem 8. Jahrhundert v. Chr.

Aus den darauffolgenden zwei Jahrhunderten, der sogenannten Königszeit, sind ebenfalls Funde vorhanden; in dieser Periode war Rom eine arme Vasallenstadt der blühenden etruskischen Städte des Nordens und wurde von einem etruskischen König regiert. Ein Teil der Funde stammt nicht vom Palatin, sondern aus einer Totenstadt unterhalb des Forums im Nordosten. Im 6. Jahrhundert, jedoch vor der Errichtung der *cloaca maxima* (ungefähr 575 v. Chr.), dem Hauptabwasserkanal der Innenstadt Roms, diente der sumpfige Talgrund als Friedhof für die Bevölkerung des Palatin und vermutlich der anderen benachbarten Hügel. Die Toten wurden zum großen Teil verbrannt und ihre Asche in hüttenförmige Urnen gefüllt, die man in Nischen des Felsgesteins am Fluß aufbewahrte. Diese Bestattungsart ist in Alba Longa und an einigen anderen Orten im Norden des Landes bezeugt.

Alle diese Belege, die auf eine relativ frühe Existenz Roms hinweisen, können nur dann sinnvoll bewertet werden, wenn man sie mit den Überresten anderer Siedlungen aus dieser Zeit vergleicht. So wird man feststellen, daß das kulturelle Niveau Roms ziemlich weit unter dem der reichen etruskischen Städte lag. Doch war Rom der unmittelbare Nachbar Etruriens; die mächtige Stadt Veii war nur etwa 20 km entfernt, Cerveteri etwas mehr. In dieser Zeit dehnte sich der etruskische Einflußbereich am weitesten nach Süden entlang dem Cassino-Korridor bis in die Campania hinein aus. Obwohl Rom nicht an der Hauptverbindungsroute lag, geriet es wegen seiner Nähe zu Etrurien unvermeidlich unter etruskische Herrschaft. Die Stadt war während der Königszeit, von etwa 700 bis 509 v. Chr., von ihren mächtigen Nachbarn abhängig. Wenn man der literarischen Überlieferung glauben darf, beseitigte das Volk auch deshalb die Monarchie, weil die Könige Fremde waren, die man einer einheimischen Bevölkerung aufgezwungen hatte. Nur wenige Herrscher genossen die Gunst der Bewohner Roms, so auch Servius Tullius, der, so wird berichtet, den Bau der älteren Ringmauer angeordnet haben soll; Reste dieser Mauer sind vor allem neben dem Hauptbahnhof (Stazione Termini) zu sehen. Die archäologische Forschung jedoch datiert ihre Errichtung auf einen späteren Zeitpunkt, um das Jahr 378 v. Chr., in der mittleren republikanischen Periode.

Leider sind nur wenige Baudenkmäler aus der republikanischen Epoche Roms erhalten. Eine Ausnahme bilden vor allem die vier Tempel am Largo Argentina und auf dem Forum Boarium. Der Rundtempel, mit dessen Bau zu Beginn des 1. Jahrhunderts v. Chr. begonnen wurde, ist besonders bedeutsam, weil er das älteste erhaltene Marmorgebäude der Stadt darstellt. Griechische Bauleute importierten eine hellenistische Bauform, errichteten den Tempel aus einem in Griechenland bekannten Material, Marmor vom Berg Pentelikon, und brachen so völlig mit der bisherigen traditionellen Baukunst Italiens. Der prächtige Tempel steht am Anfang einer Reihe römischer Marmorbauten, die nach der Regierungszeit von Augustus erstellt wurden; er war der Kaiser, der sich rühmte, eine Stadt aus Backstein vorgefunden und sie als Stadt aus Marmor verlassen zu haben. Seine Behauptung ist keine bloße Angabe, wenn man bedenkt, daß er nicht weniger als 82 Tempel bauen oder restaurieren ließ.

Die wichtigsten Bauten der Kaiserzeit stammen aus dieser Epoche. Für neue Gebäude gab es auf dem alten *forum* kaum Platz; an seiner Längsseite gegenüber der zur Zeit der Republik erbauten *curia*, dem Haus des Senats, standen die alten *basilicae* und gegenüber der Via Sacra das Haus der Vestalischen Jungfrauen. Trotz des geringen Raumes wurden auf dem Forum weitere kaiserliche Bauten errichtet, die jedoch nicht so groß ausfielen wie

Oben: Karte von Rom in der Frühzeit. Unten: Rom während der republikanischen Zeit

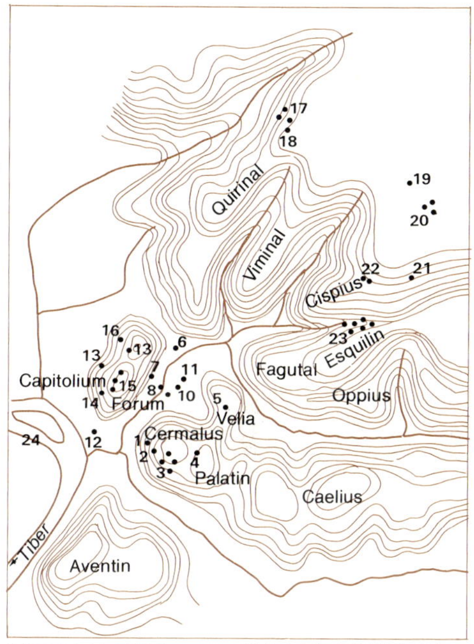

1. Mauern auf dem Palatin
2. Hütten
3. Hütten, Gräber, Zisternen, usw.
4. Alte Hütten
5. Hütten auf Velia
6. Gräber unter dem Forum Augusti
7. Hütten am Equus Domitiani
8. Hütten und Gräber neben dem Cäsar-Tempel
9. Funde in der Nähe des Vesta-Tempels
10. Regia
11. Gräber und Hütten an der Sacra Via
12. Forum Boarium mit Tempeln
13. Mauern auf dem Capitolium
14. Tempel des Jupiter Capitolinus
15. Funde auf dem Capitolium
16. Gesimsverzierung der Arx
17. Grab auf dem Quirinal
18. Schutzwall auf dem Quirinal
19. Schutzwall auf dem Esquilin (an d. Staz. Term.)
20. Gräber auf dem Esquilin
21. Schutzwall auf dem Esquilin
22. Hütten auf dem Cispius
23. Gräber auf dem Esquilin
24. Flußübergang

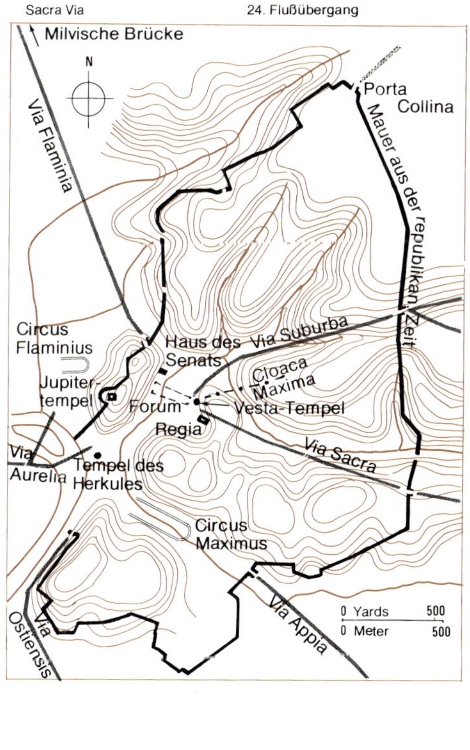

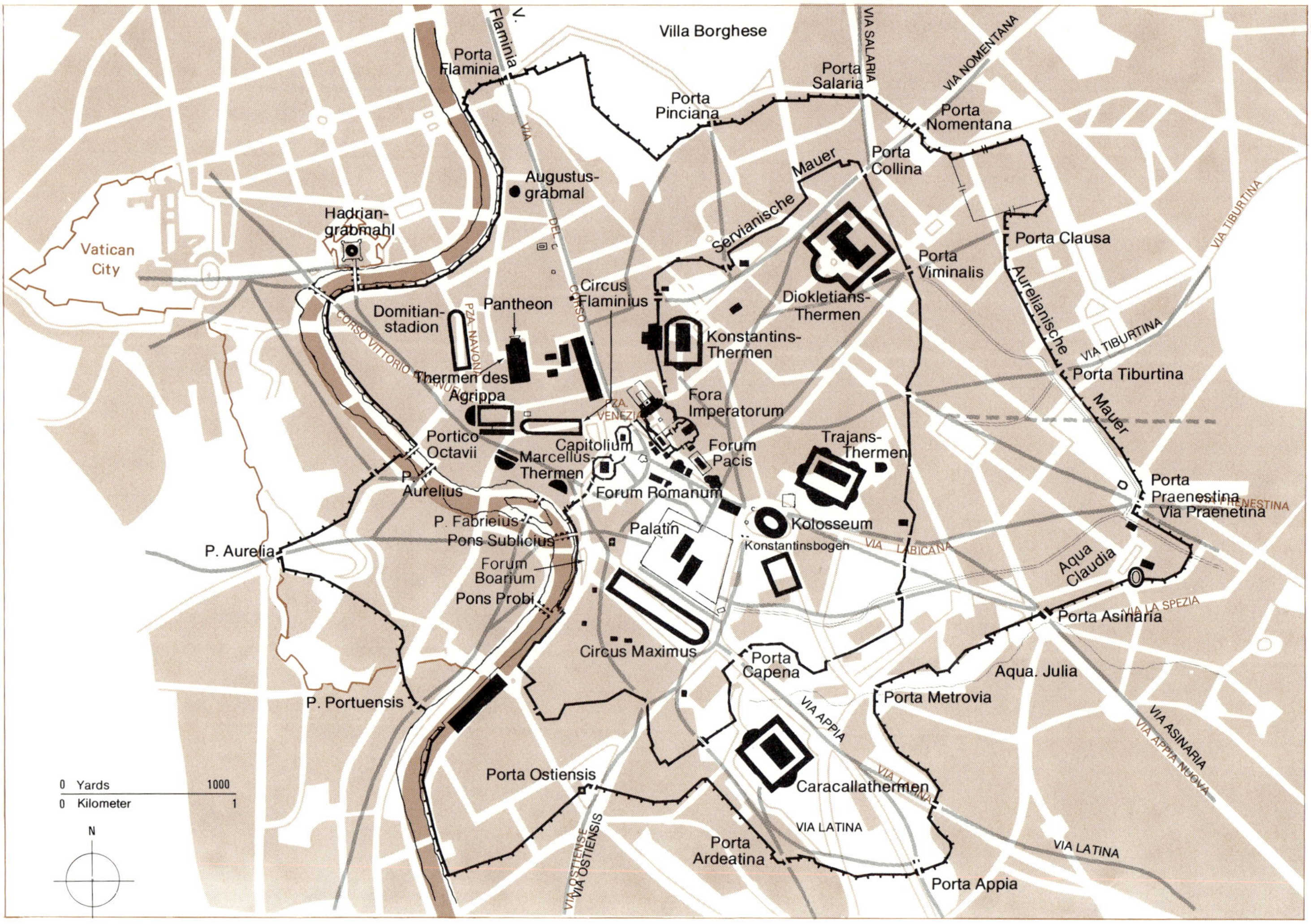

Oben: Karte des kaiserlichen Rom (die heutige Stadt ist braun eingefärbt). Rechts: der Portunus-Tempel (der Rundtempel) auf dem Forum Boarium. Gegenüber: der Romulus-Tempel auf dem Forum Romanum.

z. B. der Triumphbogen des Severus und der des Titus mit der berühmten Abbildung von der Plünderung Jerusalems 70 n. Chr. Die kaiserlichen *fora* wurden im Norden der Stadt angelegt, wo das *forum* des Augustus später durch das von mehrstöckigen Gebäuden umgebene Trajans-Forum und den Trajans-Markt mit seiner Säule, auf dessen Tafelaufsatz die Kriege gegen die Daker wiedergegeben sind, viel von seiner Großartigkeit verlor. Im Osten konnten wegen des großen Feuers, das 64 n. Chr. ausbrach, die wahnwitzigen Pläne Neros in Angriff genommen werden, unter anderem der Bau des Goldenen Hauses gegenüber einem See, der von einer riesigen Statue des Kaisers beherrscht wurde. Die Flavier, die ihn ablösten, vernichteten schnell die sichtbaren Spuren dieser kühnen Vorhaben, indem sie zunächst ein Amphitheater, das Kolosseum – es faßte unter Vespasian mindestens 60 000 Zuschauer – und die Thermen des Titus errichteten, in deren Fundament das Goldene Haus einbezogen wurde; später erbaute man an ih-

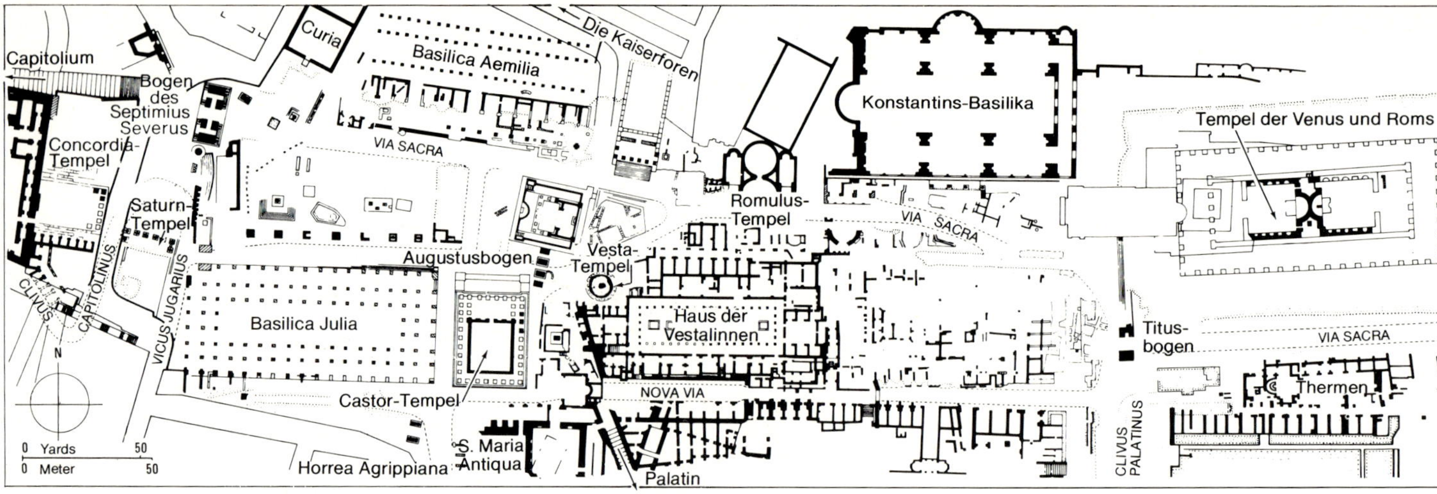

Das Forum Romanum

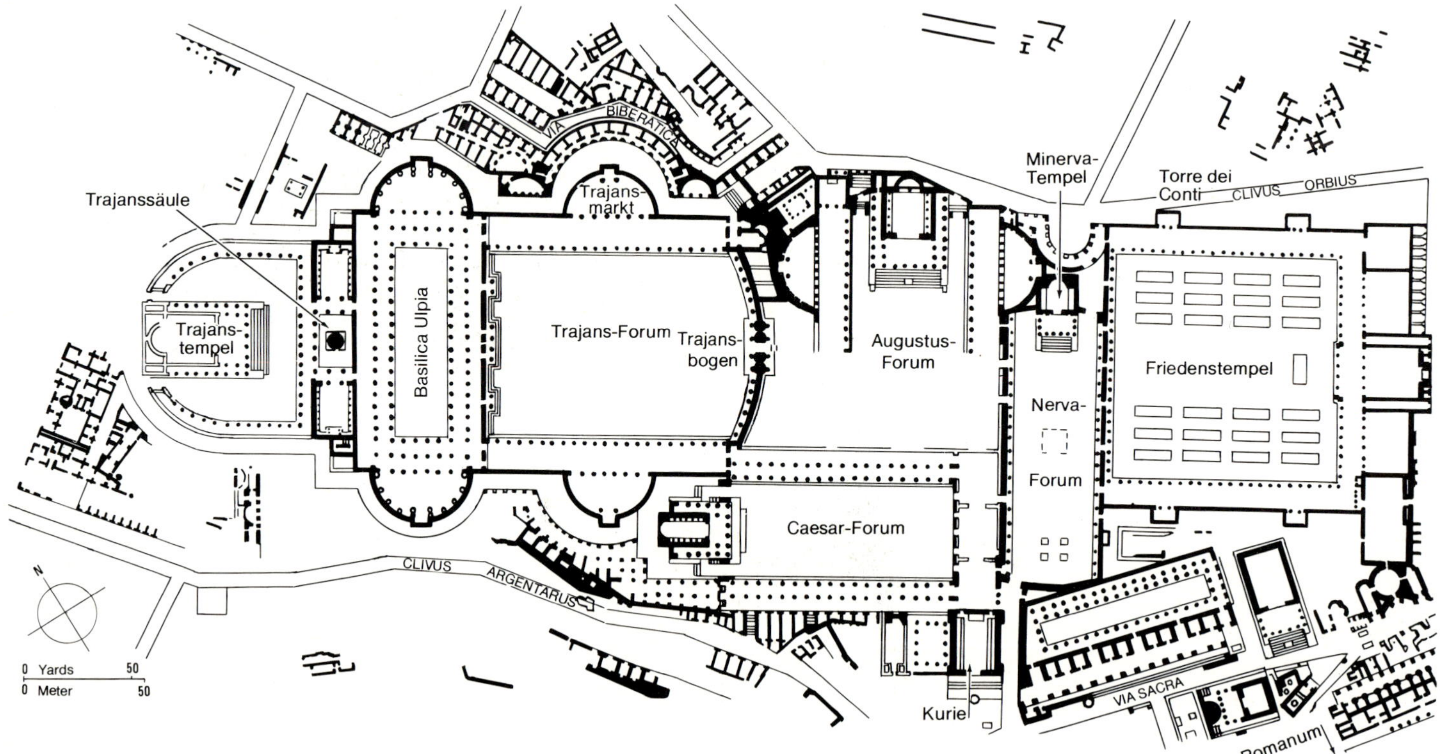

Die kaiserlichen »fora«

rer Stelle die Trajans-Thermen. Die Kaiserthermen sind typisch für die Architektur in der Spätzeit Roms. Auf dem Platz der wenig bekannten Antoninus-Thermen baute man die berühmten Thermen des Caracalla, Diokletians und schließlich Konstantins. Alle Bäder dienten als gesellschaftliche Treffpunkte; so wird aus dem Plan der Caracalla-Thermen nicht nur deutlich, daß die Badenden von einem wärmeren Becken zum anderen wechselten, sondern auch in Bibliotheken und Aufenthaltsräumen Entspannung suchten.

In dieser Zeit hatte sich das Aussehen des Palatin völlig verändert. Während Augustus für seine Bauten relativ wenig Platz beanspruchte, überzogen seine Nachfolger die Kuppe des Hügels mit einer Fülle von Palästen; den Anfang machten Tiberius und Caligula mit ihren Prachtbauten, den Abschluß bildete die nach strengeren architektonischen Grundsätzen errichtete Domus Flavia (der Domitians-Palast), die zusammen mit dem sogenannten Stadion auf der anderen Seite des Hügels eine bauliche Einheit bildete. Das Gebäude besaß eine Reihe von Terrassen, von denen aus man auf den Circus Maximus blicken konnte, der sich unterhalb des Palastes befand. Heute steht der Konstantin-Bogen an der nordöstlichen Ecke des Hügels; im Altertum krönte das fremdartig anmutende Septizonium des Kaisers Severus die Spitze des Hügels im Südosten. Vom Zentrum der Stadt abgelegen, in der Gegend, die von der Tiberkrümmung begrenzt wird, sind viele Monumente teilweise erhalten; sie wurden im Laufe der Geschichte mehrfach umgebaut. Die Lage des Theaters des Pompeius läßt sich am heutigen Straßenverlauf erkennen, während sich auf der Piazza Navona ursprünglich das *stadium* des Kaisers Domitian befand. Den bedeutendsten Bau in diesem Stadtteil stellt jedoch das Pantheon dar, das Agrippa 27 v. Chr. erstellen ließ; 80 n. Chr. baute Domitian es wieder auf, nachdem es von einem Feuer zerstört worden war; 126 n. Chr. nahm Hadrian weitere Umbauten vor. Das Gebäude besteht aus einem mächtigen Betonrundbau mit einer Fassade aus Ziegelsteinen, an dessen Vorderseite ein giebelförmiger Portikus angefügt wurde. Die antiken Bronzetüren sind noch erhalten; doch wurden Teile der Bronzeverzierung im siebzehnten Jahrhundert entfernt. Von den kaiserlichen Gräbern ist das Mausoleum des Augustus erhalten. In seiner Nähe befindet sich der rekonstruierte

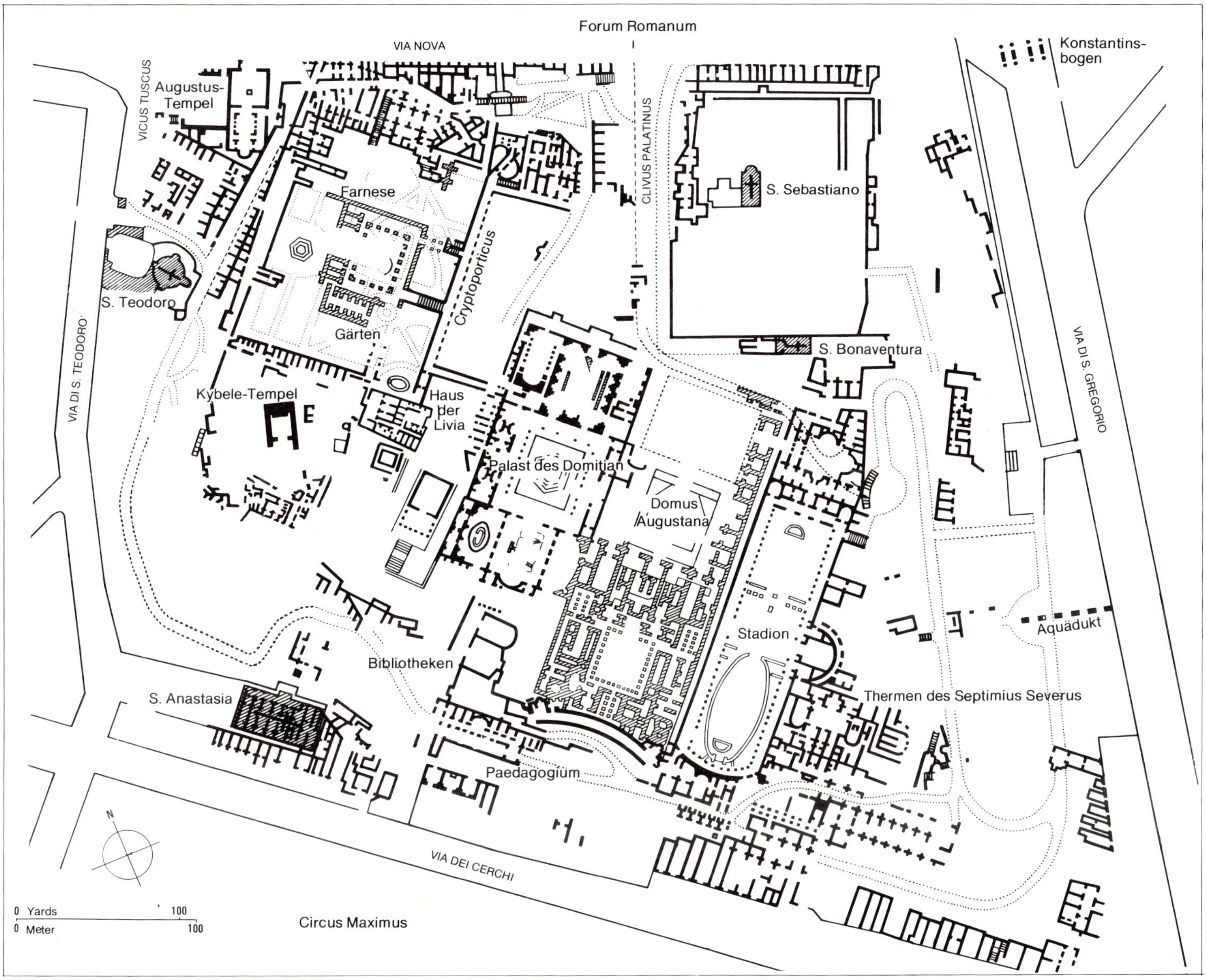

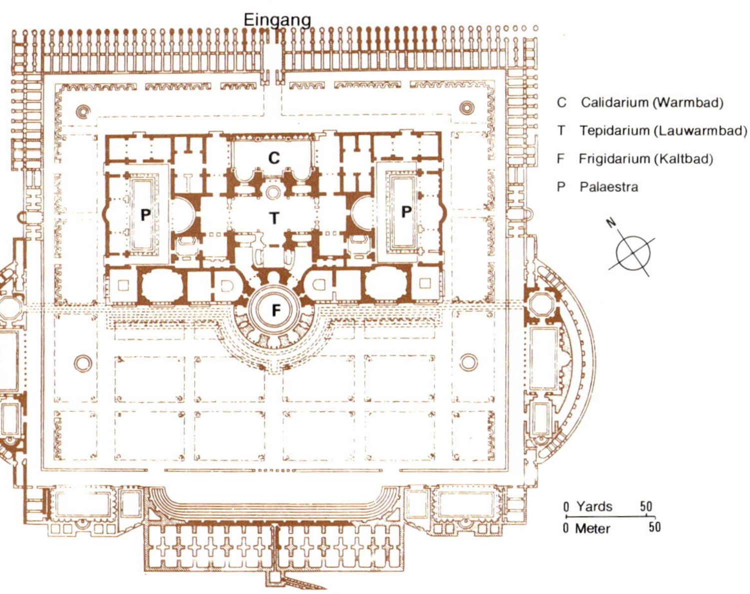

Oben: Plan des Palatin. Unten links: Plan der Caracalla-Thermen

reliefgeschmückte Altar, *Ara Pacis* genannt, der 9 v. Chr. zur Feier des im ganzen Reiche wiederhergestellten Friedens eingeweiht wurde. Auf der gegenüberliegenden Seite des Flusses, in der Vatikanstadt, steht das Hadrian-Mausoleum, das man heute besser unter dem Namen Engelsburg kennt. Beide kaiserlichen Grabmäler haben mit ihren massiven zylindrischen Kuppelaufbauten etruskische Hügelgräber, wie man sie in Cerveteri sehen kann, zum Vorbild. Im Nordosten der Stadt befindet sich der sogenannte Tempel der Minerva Medica; in Wirklichkeit ist er ein *nymphaeum*, von dem man annimmt, daß es zu den Gärten des Licinius gehört. Der aus dem 3. Jahrhundert stammende Bau ist deshalb bedeutsam, weil er Merkmale der späteren römisch-byzantinischen Architektur vorweg-

nahm. Das zehneckige Gebäude wird von einer gerippten Kuppel gekrönt und weist an zwei Seiten kreisförmige Vorsprünge auf. Die kaiserliche Wache war in der nahe gelegenen *Castra Praetoria* untergebracht; die Soldatenunterkünfte waren in die von Kaiser Aurelian (270–275 n. Chr.) erbaute Stadtmauer einbezogen worden. Die ursprünglichen Befestigungsanlagen wurden unter Maxentius (305 bis 312 n. Chr.) verstärkt, indem man die Mauer erhöhte und bessere Toreinfahrten baute; unter Honorius (395 – 423 n. Chr.) wurden sie noch einmal verändert.
Die Torwege der Stadt haben im Mittelalter viele Umbauten erfahren; an der Porta Appia (Porta San Sebastiano) wird jedoch der ursprüngliche einfache Plan des Tores mit einigen später durchgeführten Veränderungen erkennbar. Die Porta Asinaria in St. Johannes Lateran ist jetzt fast völlig freigelegt; an ihr kann man ersehen, wie der aurelianische Grundriß unter Maxentius umgestaltet wurde.

Oben: Rom zur Zeit Konstantins, Blick vom Palatin zu den Caracalla-Thermen. Rekonstruktion von I. Gismondi. Rechts: Titus-Bogen (Detail)

Die Stadttore bringen uns natürlich zu den berühmten Wasserleitungen, die bei ihnen in die Stadt führen. Am Südrand der Stadt, in der Campagna, sind Bogenpfeiler der Aquädukte zu sehen; am Ostrand der Stadt, an der Porta Praenestina, befinden sich besonders gut erhaltene Teile einer Wasserleitung. In den meisten Fällen wurden die Tore nach den Orten benannt, die man auf den Straßen erreichte, welche durch die Tore führten. Am Rand einer jeden Route lagen ursprünglich Gräber; am besten erhalten sind diejenigen an der Via Appia, wo auch einige christliche Katakomben in der Nähe der Porta Appia besichtigt werden können.

Obwohl in der römischen Campagna Tausende von archäologisch bedeutsamen Überresten aus dem Altertum bekannt sind, verdient der Hafen von Ostia besondere Aufmerksamkeit. Zu bestimmten Jahreszeiten trat der Tiber über seine Ufer und erschwerte dadurch regelmäßig den Schiffstransport von Gütern zwischen Ostia und der Metropole, deren antiker Hafen heute etwa fünf Kilometer von der jetzigen Küstenlinie von Ostia entfernt liegt. Ursprünglich befand sich dort ein *castrum* oder ein Lager; sein Grundriß ist im Stadtzentrum immer noch erkennbar. Wahrscheinlich wurde es in der Mitte des 4. Jahrhunderts v. Chr. gegründet und umfaßte die Fläche des *forum* und *capitolium*. Was die Hinweise über das Alltagsleben in der Antike betrifft, so ist Ostia für die Archäologen in vieler Hinsicht ergiebiger als Rom. Am Haupt-*decumanus*, im Norden vom Theater, liegt der Piazzale delle Corporazione; auf diesem von Kolonnaden umgebenen Platz, auf dem auch der Ceres-Tempel stand, befanden sich die Geschäftsräume vieler Kaufleute, die in der Stadt ihrer Tätigkeit nachgingen. Die Mosaiken an ihren Außenseiten verweisen darauf, welcher Gilde die Kaufleute angehörten und welche Waren sie hauptsächlich einführten. Über den Hafen wurde vornehmlich Getreide nach Rom importiert; doch zeigen die Mosaiken auch, daß man Wein, Bauholz und sogar exotische Tiere für die Amphitheater Roms aus anderen Ländern bezog. In der Nähe des Flusses sind die Kornspeicher zu sehen, in denen das Getreide bis zur weiteren Verschiffung gelagert wurde. Die Horrea Epagathiana stellt einen solchen Kornspeicher dar; vermutlich wurde er nach einem Kaufmann (aus dem östlichen Mittelmeerraum) benannt, der mit dem Getreidehandel befaßt war.

Die Stadt vermittelt uns auch ein Bild von der Entwicklung verschiedenster Badehäuser in vier Jahrhunderten. Die elf *mithraea* (Mithrastempel) sind die am besten erhaltenen Tempel ihrer Art; ihre große Zahl ist ein Hinweis darauf, daß der aus dem östlichen Mittelmeergebiet stammende Mysterienkult sehr viele Anhänger unter dem Proletariat hatte, das zum großen Teil von Sklaven gebildet wurde. Während in Rom nur ein Wohnhaus erhalten ist (neben dem Trajansmarkt), gibt es in Ostia eine Fülle enger und lärmerfüllter Mietwohnungen, wie in der Casa di Diana, in der im Altertum die ärmeren Einwohner der Stadt untergebracht waren; viele von ihnen sind in bescheidene Gräber an der Straße nach dem Norden bei Isola Sacra gebettet. Diese Straße führte zu den kaiserlichen Hafenanlagen.

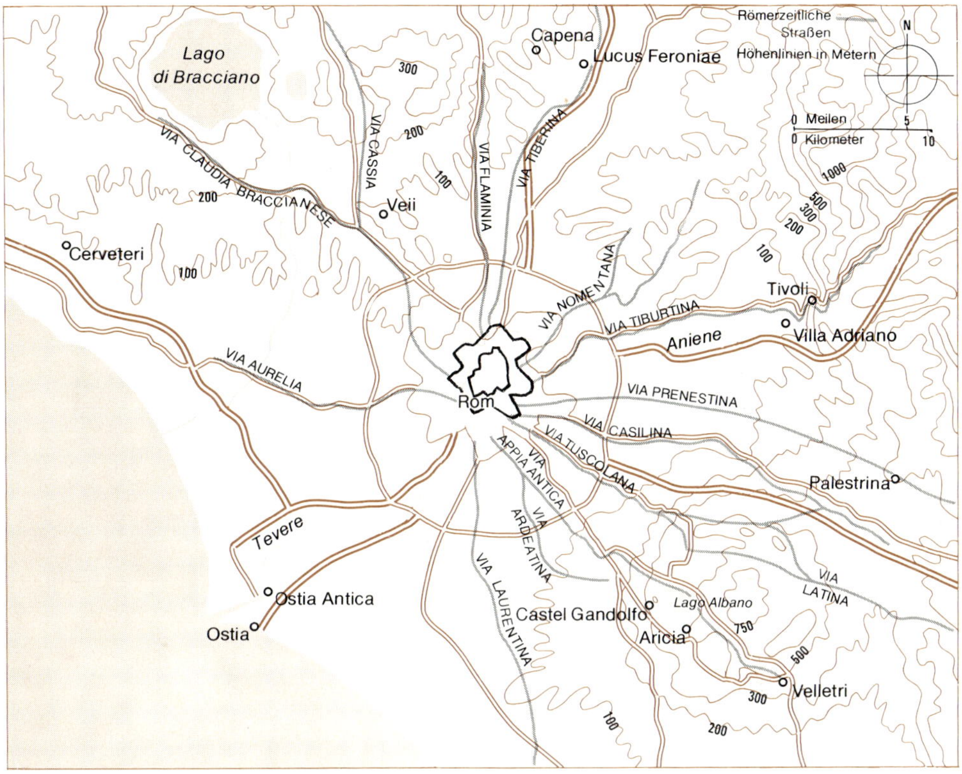

Oben rechts: Karte von der Umgebung Roms
Rechts: Die Horrea Epagathiana, Ostia

Die Ablagerungen, die wegen der Überschwemmungen des Tiber entstanden, veranlaßten die römischen Kaiser, im Norden, ungefähr 6 km von der Stadt entfernt, mit dem Bau eines künstlichen Hafens zu beginnen. Hinweise auf den ersten Versuch dazu, der unter Kaiser Claudius gewagt wurde, kannte man nur aus literarischen Quellen, bis bei der Errichtung des Flughafens Fiumicino Teile eines Wellenbrechers freigelegt wurden. Der Plan zum Bau des Hafens war zum Scheitern verurteilt, weil man nicht mit dem Problem fertig werden konnte, wie man das Becken vom Schlamm freihielt. So erbaute Trajan in der Südostecke des von Claudius angelegten Hafenbeckens einen kleineren Hafen. Das achteckige, von Warenhäusern umgebene Hauptbecken des Trajanshafens ist noch erhalten (jedoch nicht dem Publikum zugänglich: es befindet sich heute auf dem Grundstück des Landgutes Torlonia).
Tibur, das moderne Tivoli, lag am Rande der Campagna, dort, wo die Ausläufer des Apennin in die Ebene übergehen. Es bildet einen völligen Kontrast zur Stadt Ostia mit ihren von Menschen wimmelnden Straßen. Um Tivoli herum liegen viele Überreste von Villen und Tempeln, doch verdient die einzigartige, bizarre Villa des Kaisers Hadrian besondere Beachtung. Von allen kaiserlichen Villen zeichnet sich diese Anlage besonders durch ihr Vielerlei an architektonischen Elementen aus. Hadrian selber war leidenschaftlich an der Baukunst interessiert und wahrscheinlich persönlich für die bunte Ansammlung von Bauten verantwortlich, die diese Villa umfaßte. Die gesamte

Ganz oben: (Rekonstruierte) Fassade einer insula *in der Via di Diana, Ostia; im Erdgeschoß befindet sich eine Taverne*
Oben: Inneres der Taverne

Oben: Ostia: Latrinen an der Via della Forica

Gegenüber, oben: Plan des antiken Ostia.
Unten: Ostia: Häuserblock in der Via di Diana

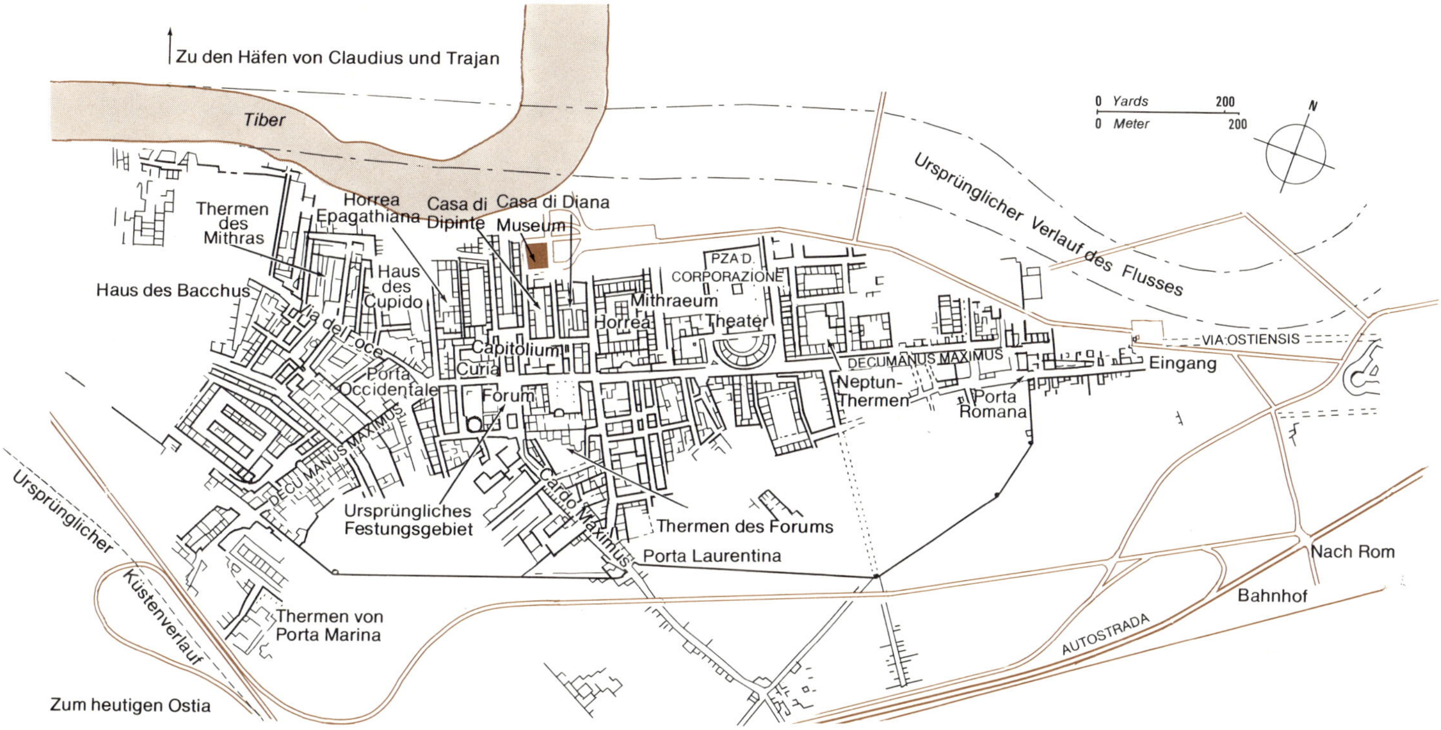
Zu den Häfen von Claudius und Trajan
Tiber
0 Yards 200
0 Meter 200
N
Ursprünglicher Verlauf des Flusses
Thermen des Mithras
Horrea Epagathiana
Casa di Dipinte
Casa di Diana
Museum
Haus des Bacchus
Haus des Cupido
PZA D. CORPORAZIONE
Mithraeum
Horrea
Theater
Via della Foce
Capitolium
Curia
Porta Occidentale
Forum
DECUMANUS MAXIMUS
Neptun-Thermen
Porta Romana
Eingang
VIA OSTIENSIS
Cardo Maximus
Ursprüngliches Festungsgebiet
Thermen des Forums
Porta Laurentina
Nach Rom
Bahnhof
AUTOSTRADA
Ursprünglicher Küstenverlauf
Thermen von Porta Marina
Zum heutigen Ostia

Anlage hat eine Länge von 1000 m und hat an einer Stelle eine Breite von annähernd 500 m; sie enthält palastähnliche Empfangssäle, eine *basilica*, Pavillons, eine Inselvilla und Bibliotheken sowie einen Palast, der nur für den Kaiser zugänglich war, und Thermen. Vor diesen Bauten befand sich die berühmte *Poikile*, ein bemalter Portikus, und der *Canopus*, ein längliches Wasserbecken, an dessen schmalem Ende ein in Fels gehauener Serapistempel stand. Die Gestaltung der Villa spiegelt die Persönlichkeit eines Menschen wider und war in der römischen Welt einmalig.

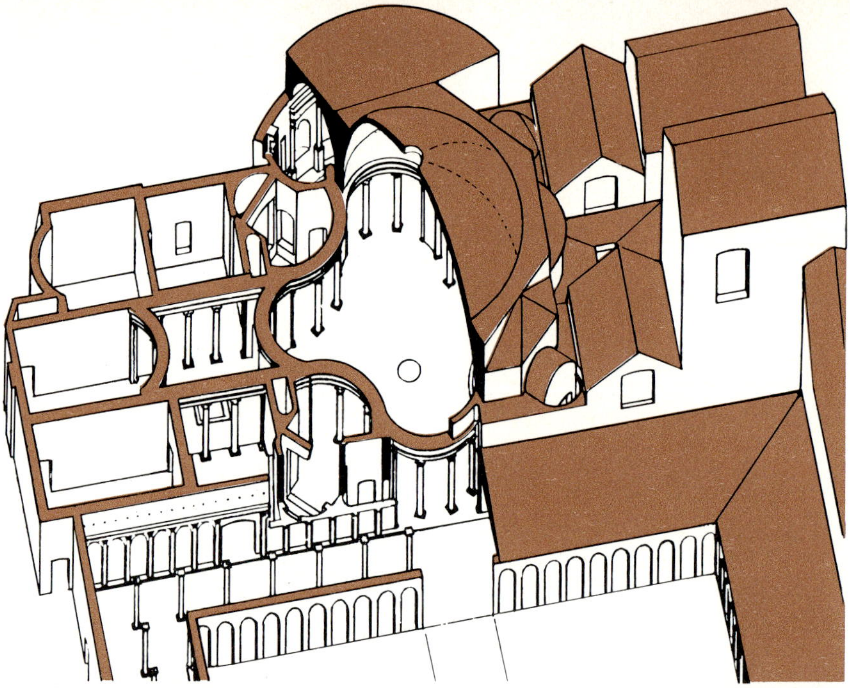

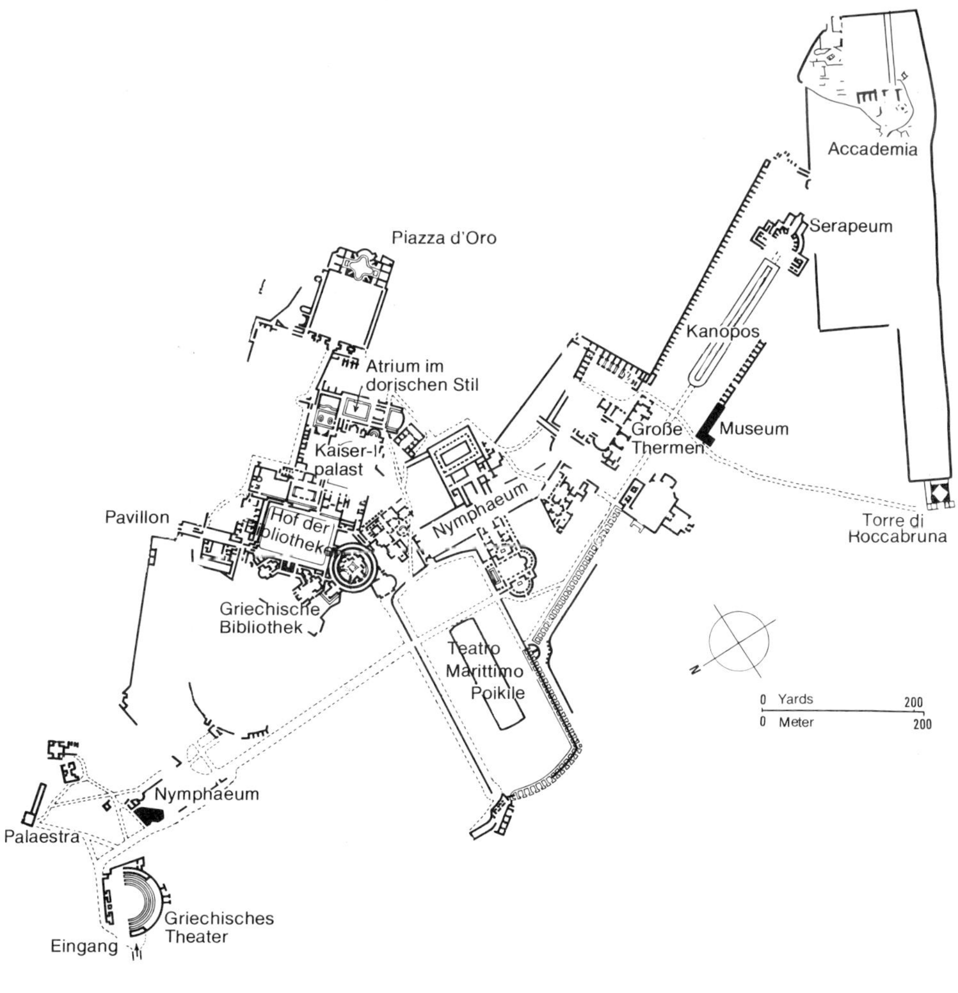

Die Villa Hadriana bei Tivoli. Gegenüber, oben: die Piazza d'Oro von schräg oben. Gegenüber, unten: das Teatro Marittimo. Oben: der Canopus. Links: Grundriß des Villenkomplexes

Ashby, T.: *Aqueducts of Ancient Rome.* Oxford 1935

Aurigemma, S.: *Villa Adriana.* Tivoli 1955

Calza, G., und Becatti, G.: *Ostia* (amtlicher Führer), Rom

Dudley, D. R.: *Urbs Roma,* London 1967. Eine Fundgrube klassischer Texte über die Stadt und ihre Baudenkmäler

Gjerstad, E.: *Early Rome,* Bde. I – IV. Lund 1956–63

Kähler, H.: *Hadrian und seine Villa bei Tivoli.* Berlin 1950

Lugli, G.: *I Monumenti Antichi di Roma e Suburbio,* I–III, Rom 1938

Meiggs, R.: *Roman Ostia,* 2. Aufl., Oxford und New York 1974

Nash, E.: *Pictorial Dictionary of Rome,* 2 Bde., London und New York 1968

Wachmeier, G.: *Rom. Die antiken Denkmäler,* Zürich und München 1975.

6 Die Etrusker

1964 fanden Archäologen bei Ausgrabungsarbeiten in Pyrgi, dem Hafen der etruskischen Stadt CERVETERI, verschiedene Schriftrollen aus Gold, von denen zwei in einer jeweils anderen Sprache geschrieben waren, jedoch eindeutig den gleichen Inhalt wiedergaben. Die Sprache der einen Schriftrolle war etruskisch, die der anderen phönizisch; letztere konnte man entschlüsseln. Unglücklicherweise war keiner der beiden Texte lang genug, um Wesentliches zum Verständnis der etruskischen Sprache beitragen zu können; doch zeigt diese Entdeckung auch, wie wenig wir von den Etruskern wissen, die das größte Volk waren, das vor dem Aufstieg Roms die italienische Halbinsel beherrschte. Es sind fast 9000 etruskische Inschriften bekannt, nur ist der größte Teil von ihnen lediglich auf Grabsteinen zu finden und nennt daher ausschließlich die Namen der Verstorbenen. Man kennt drei längere Texte: einen fand man durch einen äußerst merkwürdigen Zufall in den Tüchern, in die eine Mumie eingehüllt war (sie befindet sich jetzt in Zagreb); ein zweiter auf einer Schriftrolle, die man in einem Grab in TARQUINIA fand, und ein dritter ist auf einem Ziegelstein zu lesen, den man in Campania entdeckte. Keiner dieser Texte ist so lang, daß man eine Grammatik der etruskischen Sprache rekonstruieren könnte, obwohl man die Bedeutung der einzelnen Wörter zu entschlüsseln in der Lage ist.

Mit dem Ende des 8. Jahrhunderts v. Chr. bildete sich die sogenannte etruskische Kultur in dem Gebiet zwischen Tiber und Arno, dem antiken Etrurien, heraus und verbreitete sich relativ geschlossen bis nach SPINA im Po-Tal und in die Campagna nach Süden. Allmählich verlor sie jedoch wieder ihren Einfluß und in der Spätzeit der Herrschaft Roms ihren unverwechselbaren Charakter. Ihre engen Nachbarn, die Römer, die ihnen lange unterworfen waren, fürchteten die Etrusker und lernten gleichzeitig von ihnen. Bereits im Altertum umgab sie ein Schleier des Geheimnisvollen, und Grabplünderungen riefen die Neugierde wach, mehr über dieses Volk zu erfahren. Dieses Interesse regte sich zum erstenmal in der Renaissance, der Zeit, aus der uns auch der erste Raub etruskischer Grabschätze bekannt ist (1489). Weil praktisch keine etruskische Stadt je archäologisch untersucht worden ist, vermitteln deshalb ironischerweise der Goldschmuck, die herrlichen Waffen und wunderbaren Vasen, die in allen bedeutenden Museen zu finden sind, ein lebendiges, wenn auch einseitiges Bild der etruskischen Kultur.

In unserem Jahrhundert haben Archäologen sich mit der Frage nach der Herkunft der Etrusker befaßt und sie in gewisser Hinsicht geklärt. Auch gewannen sie darüber Aufschluß, was für den Städtebau und die Religion der Etrusker typisch war und wie ihr Alltagsleben ausgesehen haben muß. Die Literatur des Altertums, die Sprachwissenschaft und archäologische Forschungsergebnisse geben uns Hinweise auf den Ursprung der etruskischen Kultur. Unter den Geschichtsschreibern der Antike herrschte Uneinigkeit darüber, woher die Etrusker kamen. Der griechische Historiker Herodot nimmt an, daß sie aus Kleinasien stammten; andere antike Schriftsteller bestätigten seine Ansicht. Dagegen behauptete Dionysios von Halikarnassos, daß die Etrusker schon immer in Italien beheimatet waren. Diesen Behauptungen kann man allerdings keine große Beweiskraft beimessen, da sich die klassischen Autoren allgemein auf bloße Vermutungen und Legenden beriefen. Die sprachlichen Belege geben schon zuverlässigeren Aufschluß, besonders weil sie nicht willkürlich gedeutet werden konnten. Wir wissen, welche Sprache die Etrusker im 7. Jahrhundert v. Chr. benutzten. Auch besitzen wir genügend Kenntnisse über andere Sprachen, die zu dieser Zeit in Italien gesprochen wurden. Keine von ihnen, außer dem Faliskischen, war mit der etruskischen Sprache verwandt, ebensowenig das Griechische wie auch, so weit wir wissen, das Lydische. Lydien war das Gebiet in Kleinasien, aus dem – nach Herodot – die Etrusker stammen sollten.

Allmählich gelang es in unserer heutigen Zeit, alle archäologischen Befunde über die Etrusker zusammenzutragen, obwohl man nur unter Schwierigkeiten an Hand dieser Ergebnisse eine zusammenhängende kulturelle Entwicklung rekonstruieren konnte. Anscheinend existierte im 8. Jahrhundert v. Chr. und früher in Etrurien und außerhalb dieser Gegend eine Eisenzeit-Kultur – sie ist bekannt unter der Bezeichnung Villanova-Kultur. Sie wird allgemein einer einheimischen italischen Bevölkerung zugeschrieben und erreichte das Niveau sonstiger Eisenzeit-Kulturen, zeigte aber kaum Ansätze zur Städtebildung. Mit dem Ende des 8. Jahrhunderts jedoch entstand dort, wo die etruskischen Städte lagen, eine wesentlich vielgestaltigere Kultur. Die etruskische Kultur zeichnet sich dadurch aus, daß sie eine größere Vielfalt an Grabbeigaben aufwies, die

Gegenüber: Karte von Etrurien.
Unten: die etruskische Totenstadt von Cerveteri

künstlerischen Fertigkeiten der Villanova-Kultur weiterentwickelte und sich griechischen und orientalischen Einflüssen öffnete, die zunächst im gleichen Maße gegeben waren; im Laufe des 7. Jahrhunderts aber wandten sich die Etrusker immer mehr der griechischen Kultur zu.

Allgemein gibt es zwei Theorien, die die Herkunft der Etrusker zu erklären versuchen. Nach der einen waren sie Einwanderer, nach der anderen Ureinwohner oder zumindest ein naturalisiertes Volk, bevor sich die »etruskische« Kultur herausbildete. Dabei ist die herkömmliche Ansicht die, daß sie von Einwanderern nach Italien gebracht wurde. Diese Vorstellung wird dadurch gestützt, daß sich die etruskische Kultur plötzlich – oder sehr schnell – bemerkbar machte, sich anderen in Italien zur gleichen Zeit existierenden Kulturen überlegen zeigte und in der Kunst Verbindungen zur östlichen Mittelmeerwelt erkennen ließ; ferner übernahmen die Etrusker vermutlich aus dem Orient bis ins einzelne festgelegte Kulthandlungen und bedienten sich wahrscheinlich einer nichtitalischen Sprache. Alle diese Merkmale scheinen die Ansicht, daß die Etrusker Fremde waren, überzeugend zu belegen, doch geht man ins Detail, so tauchen Schwierigkeiten auf. Auch die Theorie, daß die Etrusker Ureinwohner waren, steht auf schwachen Füßen, wenn man bedenkt, daß die Verbreitung der etruskischen Kultur zu plötzlich vonstatten ging, als daß sie fast über Nacht von den Trägern der Villanova-Kultur, den Bauern, hätte hervorgebracht werden können. Ebenso fällt es einem schwer zu erklären, warum allein in dem Gebiet, wo die Villanova-Kultur zu Hause war, eine solche Entwicklung festzustellen ist.

Die Etrusker organisierten sich in Stadtstaaten wie VEII, Tarquinia, CHIUSI (Clusium) und Cerveteri. Die zwölf wichtigsten Zentren waren in einem politisch-religiösen Bund vereint, obwohl Entfernung und unterschiedliche Interessen kaum ein gemeinsames Handeln ermöglichten und jede Stadt darauf bedacht war, ihre Unabhängigkeit zu bewahren. Doch gelang es ihnen, zuerst unter Königen, später unter der Herrschaft von Aristokraten, ihren Einfluß auf die gesamte italienische Halbinsel auszudehnen. Ihre militärischen Erfolge sind ohne Zweifel auf die Verbesserung der schweren Rüstung und die Entwicklung von Streitwagen aus Bronze zurückzuführen. Die geographische Lage Etruriens brachte es mit sich, daß Rom und Praeneste für eine bestimmte Zeit von den Etruskern beherrscht wurden; die Ausdehnung ihres Machtbereiches in die Campagna führte ungefähr 650 v. Chr. zur Eroberung von Capua. Im Norden wurden etruskische Kolonien in Marzabotto (im nördlichen Apennin) und in Spina in der Nähe der Po-Mündung an der Adria gegründet. Innerer Zwist und die wachsende Macht der Römer und Latiner, Niederlagen, die ihnen 524 und 474 v. Chr. griechische Flotten bei Cumae beibrachten, und der Verlust Capuas 440 v. Chr. ließen die Etrusker an Einfluß verlieren. Plündernde Gallier suchten im späten 5. Jahrhundert v. Chr. Etrurien heim, und schließlich gerieten die etruskischen Stadtstaaten unter die Herrschaft der Römer, als diese schrittweise ihren Machtbereich ausdehnten. Trotz ihres schwindenden Einflusses als historische Kraft überdauerten ihre kulturellen Leistungen die Jahrhunderte; so sind viele technische Neuerungen der Römer, besonders auf dem Gebiete der Hydraulik, vermutlich auf den Erfindungsgeist der Etrusker zurückzuführen. Zwar mögen letztere stark von den Griechen und den Völkern des Orients beeinflußt worden sein, doch trug die Kunst der Etrusker, was die Bildhauerei, Metallbearbeitung und Malerei anbelangt, wesentlich zur kulturellen Entfaltung der Halbinsel Italien während der Römerherrschaft bei.

Banti, Luisa: *The Etruscan Cities and their Culture,* London und Berkeley, Kalif., 1973
Bloch, R.: *Die Etrusker.* Genf 1970
Reden-Claes, S. V.: *Die Etrusker,* Bergisch Gladbach 1977
Dennis, G.: *Cities and Cemeteries of Etruria,* 2 Bde., London 1883
Hencken, H.: *Tarquinia and Etruscan Origins,* London und New York 1968
Pallottino, M.: *The Etruscans,* Neuaufl., London 1975
Randall-MacIver, D.: *Villanovans and Early Etruscans.* Oxford 1924

6a Die Etrusker: Veii

Italien

Die große etruskische Stadt Veii lag ungefähr 20 km nordöstlich von ROM und übertraf im 7. und 6. Jahrhundert v. Chr. ihren unscheinbaren Nachbarn an Glanz und Bedeutung. Sie war eine der wichtigsten Städte von Etruria Tiberina und lag von allen etruskischen Orten am südlichsten; sie gewann in dem Maße an Einfluß, wie sich der wirtschaftliche und politische Machtbereich der Etrusker nach Süden zu den Bergen um Cassino und in die Campagna hinein ausdehnte. Das mag auch der Grund dafür gewesen sein, daß sich Veii nicht der allgemeinen Entwicklung hin zur Oligarchie anschloß, wie man sie bei anderen Städten feststellen konnte; es war einer der letzten etruskischen Stadtstaaten, in denen die Herrschaftsform der Monarchie aufrechterhalten wurde, und so ist es auch erklärlich, warum Veii keine politischen Beziehungen zu anderen etruskischen Orten unterhielt – eine Tatsache, die Aufschluß darüber geben kann, wieso es schließlich im Jahre 396 v. Chr. von Rom besiegt wurde.

Trotz der Nähe zum heutigen Rom ist der Ort, wo sich Veii befand, zum größten Teil unverändert geblieben. Er ist von einer solch riesigen Ausdehnung, daß man seine Größe nur sehr schwer feststellen kann. Zwei Flüsse, die sich ein tiefes Bett gegraben haben, der Fosso Cremera und der Fosso del due Fossi, nähern sich einander bei dem Dorf Isola Farnese, entfernen sich wieder voneinander und fließen fast drei Kilometer südlich, unterhalb der Zitadelle Piazza d'Armi, zusammen. Auf dem gesamten Plateau, das von den beiden Flüssen umgrenzt wird, dehnte sich die Stadt aus, die schließlich noch von einer Mauer umgeben wurde. Auf dem Plateau konnten einige Überreste identifiziert werden, nur stammen die meisten erhaltenen Baudenkmäler aus der späteren Römerzeit; die ältesten Überbleibsel befinden sich nicht auf dem Plateau, sondern an dessen Rande. Das bedeutendste Gebäude ist der Tempel Portonaccio, wo die berühmte Apollo-Statue von Veii geborgen wurde. Die Torwege gehören zu einer Reihe von Straßen, die strahlenförmig von der Stadt ausgingen und zu den prächtigsten Friedhöfen des südlichen Etrurien führten; besonders bemerkenswert ist der Friedhof Quattro Fontanili, auf dem Begräbnisurnen und andere Grabbeigaben gefunden wurden, die Ähnlichkeiten mit eingeführten Tongefäßen griechischer Herkunft aufwiesen. In der Umgebung des Ortes finden sich die besten Beispiele etruskischer Ingenieurskunst, besonders was die Hydraulik betrifft. So sicherte man Überreste einer Wassermühle; auch stellt der sogenannte Ponte Sodo einen Tunnel dar, mit dessen Hilfe der Fluß Cremera umgeleitet wurde. Im Osten liegen die vielleicht beeindruckendsten Überreste der Stadt: mehrere Kilometer lange *cuniculi*, unterirdische Entwässerungskanäle, die die Erosion des Ackerbodens in den fruchtbaren Tälern verhindern sollten; die landwirtschaftlichen Erträge aus diesen Tälern waren für die Bewohner von Veii lebenswichtig.

Die Plünderung der Stadt im Jahre 396 v. Chr. war der erste Schritt Roms zur Expansion nach Norden, in das Gebiet von Etrurien; ihr folgte bald darauf die Eroberung von Capua und Falerii. Die Ringmauer von Veii, die an manchen Stellen 5 m hoch ist, wurde nach

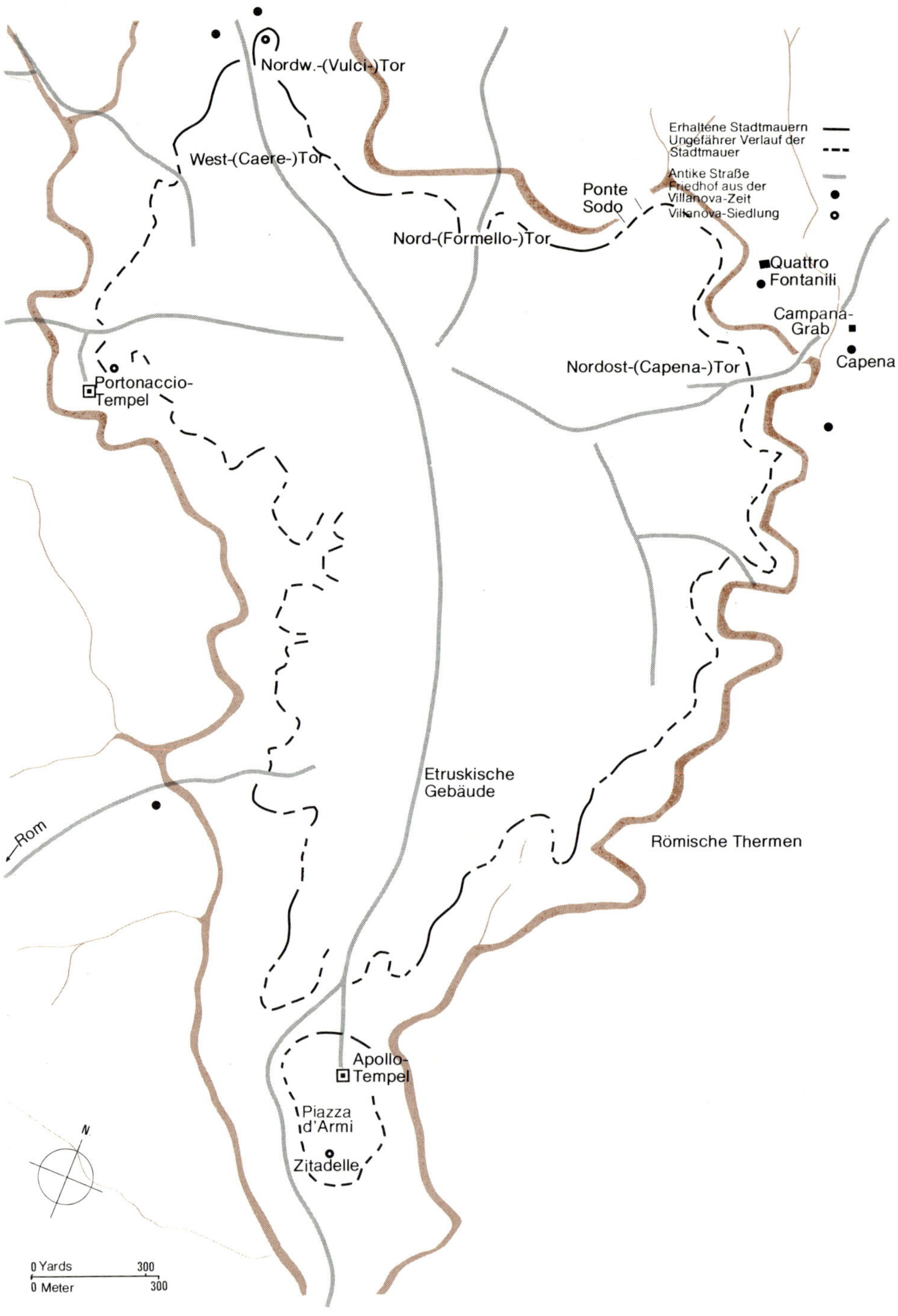

450 v. Chr. mit der Absicht erbaut, die Stadt besser vor der drohenden Auseinandersetzung mit den Römern zu schützen. Der Konflikt brach aus, als beide Parteien über die Benutzung des Tiber als Handelsstraße und den strategisch wichtigen Flußübergang bei Fidenae, zwischen Rom und Veii am Ende des Cremera-Tales gelegen, in Streit gerieten. Der Sieg Roms sicherte seinen Einwohnern die Ausgangsbasis für weitere Eroberungen nach Etrurien hinein.

Ward-Perkins, J. B.: »Veii: The Historical Topography of the Ancient City«, *Papers of the British School at Rome*, XXIX (1961)

6b Die Etrusker: Cerveteri

Italien

Die etruskische Stadt Cerveteri (die die Griechen Agylla, die Römer Caere und die Etrusker Cisra nannten) lag an der Küste nördlich von Rom, ungefähr 9 km von ihrem Hafen Pyrgi (Santa Severa) landeinwärts. Man weiß wenig von dieser einst blühenden Stadt, die 351 v. Chr. von Rom einverleibt wurde und seit dieser Zeit mehr und mehr an Bedeutung verlor. Doch zeugt die berühmte, ausgedehnte Totenstadt auf dem Berg Banditaccia, die eine Fläche von mindestens 270 ha umfaßte, von dem ehemaligen Reichtum des Ortes. Die Stadt selber lag auf einem steil hochragenden, oben abgeflachten Plateau zwischen den Flüssen Fosso del Manganello und Fosso della Mola, die sich ähnlich wie bei VEII vereinigen und den Zugang zum Ort vom Nordosten her erschweren. Es gibt Hinweise darauf, daß eine Ringmauer teilweise die Stadt schützte; von den Bauten in Cerveteri ist wenig übriggeblieben, sieht man von sechs Tempeln und einer Vielzahl kleinerer architektonischer Überreste ab. Doch muß die Stadt zweifelsohne wohlhabend und bedeutend gewesen sein und konnte sich in dieser Beziehung durchaus mit TARQUINIA messen. Letzteres war im 8. Jahrhundert das Hauptzentrum des Kupfer- und Bronzehandwerks, weil in seiner Nähe die reichen Tolfa-Minen lagen. Im frühen 7. Jahrhundert jedoch war es Cerveteri, das hauptsächlich diese Erzlager ausbeutete und die wirtschaftlich erfolgreichste Periode seiner Zeit einleitete, als es Handelskontakte mit Griechenland und Kleinasien knüpfte.

Die etruskische Stadt lag unterhalb der heutigen Siedlung. Der Hauptfriedhof lag auf der Banditaccia, einem Bergrücken im Norden der Stadt. Viele Gräber lagen an Straßen und bestanden aus zylinderförmigen Kammern, die in den Tuffstein gehauen waren. Während man über die Stadt kaum etwas weiß, vermitteln uns dic Gräber ein eindrucksvolles Bild vom Alltagsleben und dem Kunstsinn der Etrusker. Das einzigartige Grab mit den Stuckverzierungen enthält nicht nur Nischen mit den Betten für die Geister der Verstorbenen, sondern auch Darstellungen von Werkzeugen, Waffen und Haustieren, die an den Mittelsäulen und Wänden angebracht sind. Eine Reihe von Rundgräbern, die einen Durchmesser bis zu 40 m aufweisen, besaßen in ihrem Inneren Gegenstände von großem archäologischem Wert. Luftaufnahmen und geophysikalische Untersuchungen, wie sie auch in Tarquinia durchgeführt wurden, haben ergeben, daß der gesamte Bergrücken von einfacheren und aus dem Fels gehauenen Gräbern wabenförmig bedeckt gewesen sein muß, die bis zur Villanova-Epoche zurückreichen. Vermutlich nahm der Friedhof bis in das 3. Jahrhundert v. Chr. hinein die Toten von Cerveteri auf.

Im Süden der Stadt findet man weitere Friedhofsanlagen. Das berühmte Regolini-Galassi-Grab ist bekannt wegen seines Goldschmucks, den man hier fand (er ist jetzt im Vatikan-Museum zu bewundern), und stammt aus dem späten 7. Jahrhundert v. Chr. Im Südosten, auf dem Monte Abetone, einem weiter abgelegenen Bergrücken, liegt das Campana-Grab; dort entdeckte man aufgrund von Luftaufnahmen einen weiteren Friedhof. Pyrgi, einer der beiden Häfen von Cerveteri, im Westen von

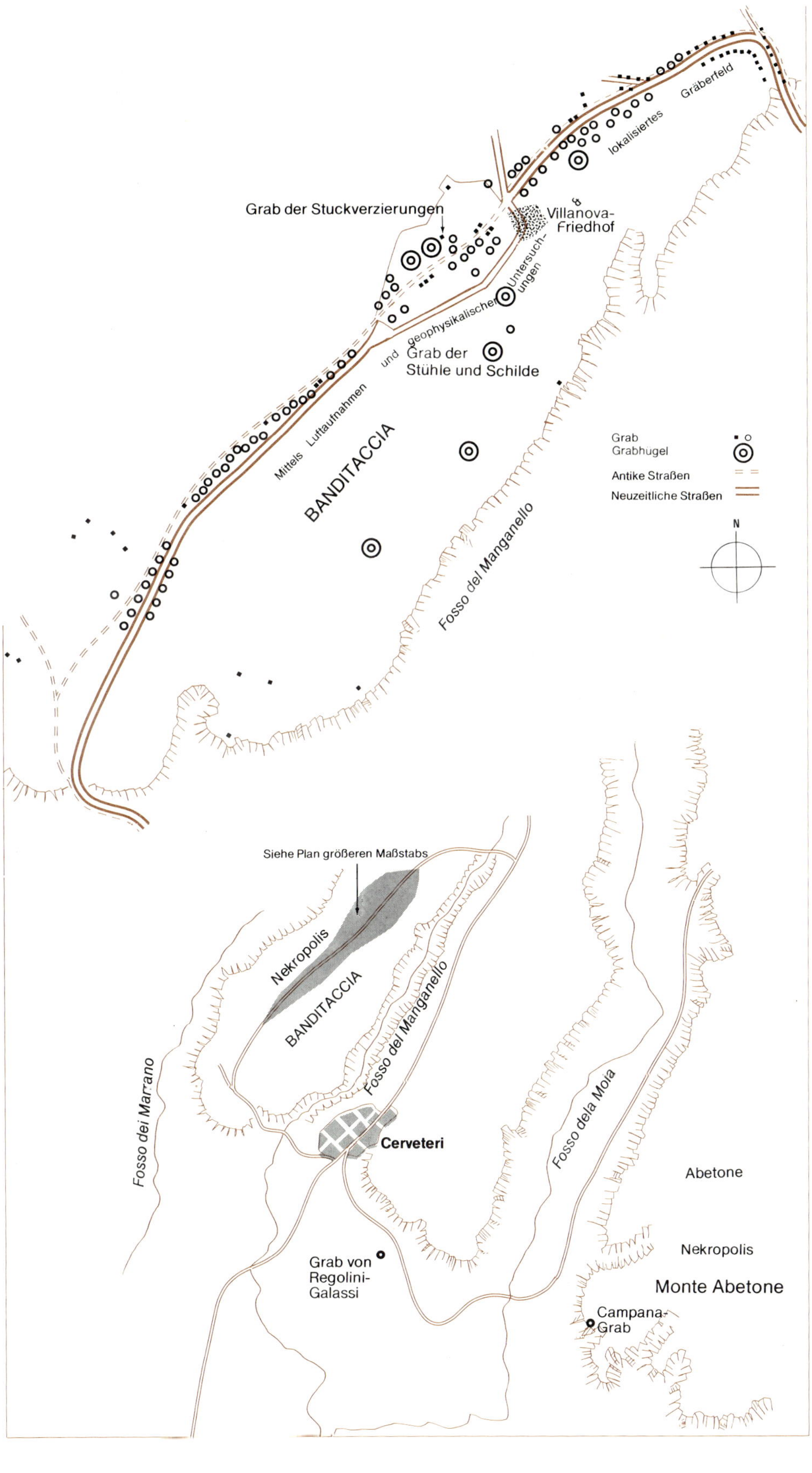

Oben: Cerveteri: das Grab mit den Stuckverzierungen

Santa Severa, verdient besondere Erwähnung; bei kürzlich erfolgten Ausgrabungen fand man dort eine zweisprachige Schreibtafel aus Gold, auf der man etruskische und phönizische Wörter entzifferte.

Pallottino, M.: *Cerveteri* (Amtlicher Führer), Rom

6c Die Etrusker: Tarquinia

Italien

Ungefähr 70 km nordwestlich von Rom lag Tarquinia, eine der bedeutendsten etruskischen Städte; ihre berühmten, mit Malereien versehenen Gräber locken seit Jahrhunderten Besucher an. Der sehr große Ort umfaßt einen Stadtbereich, der sogar weitläufiger ist als der von Veii, und ausgedehnte Friedhofsanlagen im Südosten der modernen Stadt entlang dem Monterozzi-Bergrücken.

Tarquinia wurde auf dem Plateau eines Bergrückens, ungefähr 2 km östlich vom Fluß Marta entfernt, gegründet; die Stadt entstand aus einer Villanova-Siedlung. Im 3. Jahrhundert v. Chr. umschloß ein 8 km langer Wall das zu verteidigende Areal; einige Bereiche am Bergrand blieben vermutlich unbefestigt. Es ist jedoch unwahrscheinlich, daß das gesamte Gebiet zur gleichen Zeit bewohnt war. Zwar wurden innerhalb des Ringwalles relativ wenige Ausgrabungen vorgenommen, doch nimmt man an, daß das Zentrum der Stadt im Westen lag. Der wichtigste erhaltene Überrest im übrigen Teil der von dem Wall umschlossenen Fläche stellt das mächtige Fundament eines Tempels dar, das den Namen Ara della Regina erhielt.

Die Überreste der Stadt sind wenig beeindruckend; hingegen gehören die Friedhöfe am Monterozzi-Bergrücken zu den prächtigsten Bauten dieser Art von ganz Etrurien. Die Gräberanlagen dehnen sich mindestens 5 km entlang dem Bergrücken aus und liegen südöstlich von der Stadt. Archäologen haben die er-

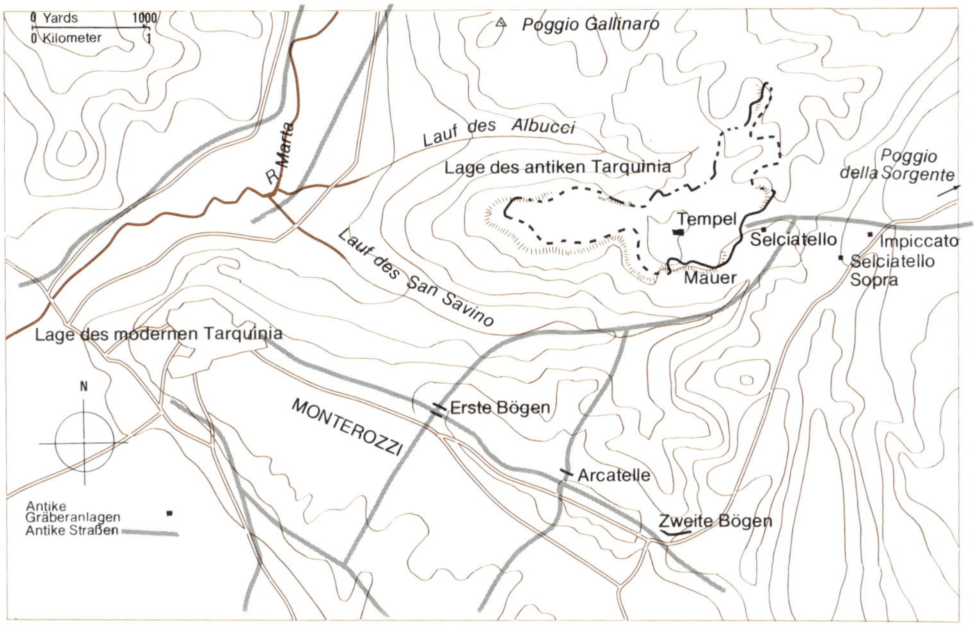

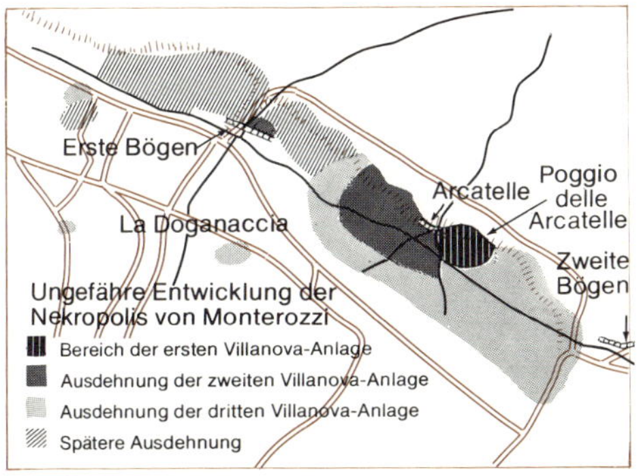

sten Villanova-Gräber ausfindig gemacht, und zwar liegen sie bei Arcatelle. Während dieser Epoche wurden nach Westen hin weitere Gräber angelegt, bis schließlich etwa 3 km des Bergrückens von Begräbnisstätten bedeckt waren. Mit Hilfe von Luftaufnahmen und geophysikalischen Untersuchungen werden immer mehr Gräber lokalisiert. Das Hauptaugenmerk richtet sich jedoch auf die mit Malereien versehenen Gräber der Totenstadt, die vorwiegend aus dem 6. bis 3. Jahrhundert v. Chr. stammen. Im Gegensatz zu den Reliefskulpturen vieler Gräber in CERVETERI sind die in Fels gehauenen Grabkammern in Tarquinia mit Fresken bemalt; häufig sind Begräbnisfeiern, Sportwettkämpfe, Motive aus der Mythologie und Kriegsszenen abgebildet. Die meisten Begräbnisstätten sind in ausgezeichnetem Zustand und die Malereien von heiterem Charakter; dies trifft auch auf die Wiedergabe von Begräbnisszenen zu. Dagegen strahlen die Figuren aus der Unterwelt, die in den jüngeren Gräbern abgebildet sind, eine düstere Stimmung aus.

In dieser einzigartigen Totenstadt sind auch Szenen aus dem Alltagsleben, Bilder vom Fischfang und der Vogeljagd dargestellt; sie vermitteln uns über die Etrusker einige Hinweise, die der Ort, wo die Stadt lag, nicht zu geben vermochte. Die bedeutsamsten Funde, die unter den Überresten der Stadt entdeckt wurden, sind vielleicht die großartigen Terrakottapferde, die von der Fassade eines Tempels stammen und jetzt im Palazzo Vittelleschi aufbewahrt sind. Dieses Gebäude beherbergt nun das Museum; von dort aus geleitet ein Führer die Besucher zu einer Reihe von Gräbern, die natürlich nicht ständig geöffnet sind, um Plünderungen zu verhindern.

Hencken, H.: *Tarquinia and Etruscan Origins.* London und New York 1968
Pallottino, N., in: *Monumenti Antichi,* 36,I, (1937)
Romanelli, P.; *Tarquinia: la necropoli e il museo.* Rom 1954

Ganz oben, links: Karte der Umgebung von Tarquinia. Oben rechts: Teil der Gräberanlagen auf dem Monterozzi-Bergrücken. Oben links: Fresken im Grab der Auguren. Links: Sarkophag eines Magistrats; jetzt im Ortsmuseum

6d Die Etrusker: Chiusi

Italien

Chiusi (das antike Clusium), im Süden des Sees mit dem gleichen Namen, im oberen Teil des Tales, durch das die Chiana fließt, gelegen, war die berühmteste Stadt des nördlichen Etrurien und der Geburtsort des legendären Königs Porsenna. Um Chiusi und dem Val Chiana westlich des Trasimenischen Sees muß es aufgrund der Funde in den dort liegenden Friedhöfen eine große Zahl von Siedlungen aus der Villanova- und Etruskerzeit gegeben haben. Die wichtigste antike Stadt der Gegend, Chiusi, liegt unterhalb des heutigen Ortes, doch sind in der Umgebung zahlreiche Grabbeigaben und andere archäologisch bedeutsame Gegenstände gefunden worden; aus ihnen besteht zum großen Teil die Sammlung des Museo Archeologico von Florenz.

Während es Hinweise dafür gibt, daß im Norden, in Poggio Renzo, eine relativ große Siedlung aus der Villanova-Zeit existierte, gewann offensichtlich im siebten Jahrhundert v. Chr. Chiusi (das in etruskischen Inschriften manchmal Clevsin und vom römischen Geschichtsschreiber Livius Camars genannt wurde) eine Vormachtstellung im nordöstlichen Etrurien. Das Hinterland der Stadt war außerordentlich fruchtbar, und man konnte von ihm aus den Tiber mit dem Schiff erreichen. Die landwirtschaftlichen Erträge dieser Gegend waren der Grund für den Reichtum des Ortes. Grabbeigaben, die im siebten Jahrhundert eingeführt wurden, zeigen, daß Chiusi in der Kunst von den Küstenstädten und dem Süden beeinflußt wurde. Die berühmte ›François-Vase‹, die man in Fonterotella entdeckte, gehört zu den griechischen Erzeugnissen, die den Weg zu dieser Stadt fanden. Wegen der vielen Kunstgegenstände, die man in den Gräbern fand, nimmt man an, daß der Ort im sechsten Jahrhundert ein Zentrum künstlerischer Betätigung gewesen sein muß.

Funde lassen vermuten, daß die Stadt gutgehende Werkstätten beherbergte, in denen Terrakotten und andere Statuen, Bilder und Metallarbeiten angefertigt wurden. Besonders bemerkenswert ist eine Anzahl von Standbildern, die sich auf Urnen befanden und zwischen dem sechsten und vierten Jahrhundert v. Chr. in einem strengen archaischen Stil geformt wurden. Es sind wenige stehende Figuren erhalten, jedoch sehr viele liegende, wie zum Beispiel auf dem großartigen Sarkophag Thanunia Tlesana und dem Sarkophag, auf dem zwei Ehegatten beieinander liegen. Bei den Malereien zeigt sich ein starker Einfluß Tarquinias; so sind die Themen und Motive der Abbildungen in den Grabkammern denen ähnlich, die man in TARQUINIA zu sehen bekommt und die aus dem sechsten und fünften Jahrhundert stammen, nur scheinen hier die griechischen Elemente nicht so stark vertreten zu sein. Von den erhaltenen, mit Malereien ausgeschmückten Gräbern sind zwei besonders sehenswert; eines befindet sich auf dem Casuccini, das andere trägt den Namen *Tomba della scimmia* (das Grab des Affen). Beide stammen aus der Mitte des fünften Jahrhunderts; die gemalten Figuren sind in den bekannten Fest- und Tanzszenen wiedergegeben und bilden einen Fries, der sich über alle Wände der Kammern hinzieht. Das »Grab des Großen Herzogs« wurde später angelegt und ist ein Beispiel für die kleinen, in Fels gehauenen *hypogaea*, die in dieser Gegend sehr zahlreich zu finden sind.

Obwohl kein Zweifel darüber besteht, daß Clusium während der Etruskerzeit wohlhabend und reich an Kunstgegenständen war, hat die Stadt nicht die aufsehenerregenden Funde wie die am Meer gelegenen Städte aufzuweisen. Trotzdem spielte die Siedlung eine wichtige Rolle in der Entwicklung dieser Region; ihr Reichtum kann am besten an den Schätzen abgelesen werden, die im Museum zu Florenz ausgestellt sind. Auch befindet sich in Chiusi ein Museum.

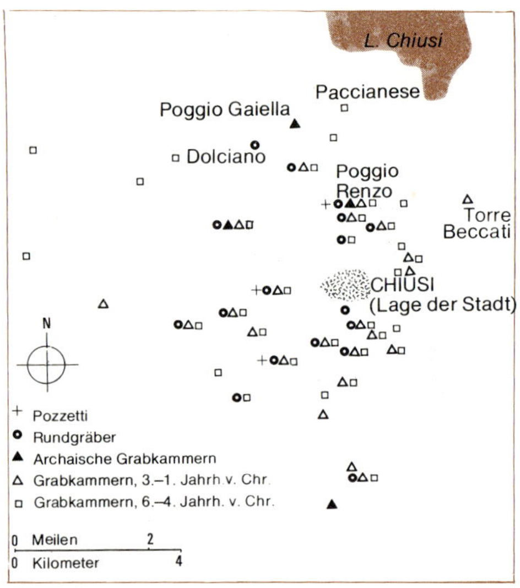

Oben: Karte von Chiusi und Umgebung. Darunter: Chiusi und seine Gräberanlagen

Links: Deckel einer Aschenurne, 650 v. Chr.; jetzt im Ortsmuseum

7 Herculaneum und Pompeji

Italien

An der Küste der Bucht von Neapel, unterhalb des Vesuvs, lagen die antiken Städte Pompeji und Herculaneum. Beide antiken Städte wurden 63 n. Chr. von einem Erdbeben heimgesucht, doch erlitten sie in der endgültigen Katastrophe von 79 n. Chr. ein unterschiedliches Schicksal, das sich für die archäologische Forschung bedeutsam erweisen sollte. Herculaneum (von den Griechen *Herakleion* genannt) lag näher zum Vulkan und wurde bis zu einer Höhe von sieben Metern von Lavaschlamm anstatt von vulkanischer Asche, wie dies mit Pompeji geschah, bedeckt. Die Lava wirkte wie ein luftdichtes Siegel, so daß häufig sogar architektonische Details im Innern der Häuser, wie Stützen aus Holz, sowie einige Bauten unversehrt erhalten blieben.

Die Überreste in Herculaneum unterscheiden sich von denen in Pompeji, der wesentlich größeren Stadt. In den letzten Jahrhunderten wurden Tunnels durch die Lava gegraben – man hoffte, Schätze und Kunstgegenstände finden zu können – und beträchtliche Teile der Stadt erforscht, so auch das Theater, das 1719 entdeckt wurde, als ein Kommandeur der Kavallerie des Königs von Neapel einen Brunnen in seinem Garten grub. Der Ort war vermutlich nicht mehr als 20 ha groß. Ausgegraben wurde ein Viertel, das hauptsächlich aus Wohnhäusern bestand und im Süden der Stadt in der Nähe des Strandes lag. Die sichtbaren Überreste, die die neuzeitlichen Ausgrabungen seit 1927 zutage förderten, liegen an einem Haupt-*decumanus*, an dessen Nordrand eine Seite des *forum* lokalisiert wurde. Dieser Bereich der Stadt wird von einer Reihe enger Straßen durchzogen. Die *insulae* beherbergen die öffentlichen Thermen und im Südosten eine große *palaestra*. Sonst finden sich hier noch Läden und in großzügigem Stil errichtete Häuser, die um so luxuriöser ausgestattet sind, je näher man dem Strand kommt. Sie sind alle meist gut – bis zur Decke des ersten Stockwerkes – erhalten. Die Fensterflügel und die in die Straßen hineinragenden Balkons der Läden lassen einen erahnen, wie sich das Leben in dieser Stadt abgespielt haben muß. Die größeren Villen, die hauptsächlich in der Nähe der Südmauer zu finden sind, ähneln denen, die man im nördlichen Viertel Pompejis freilegte.

Unterhalb der Stadtmauer, am – nun ungefähr 200 m von der Küste entfernten – Strand, lagen der Friedhof und die vor nicht allzu langer Zeit ausgegrabenen Vorstadt-Thermen. An diesen Thermen kann man sich vielleicht am besten ein Bild von der Wirkung des Vulkanausbruchs machen, und deshalb stellen sie auch wohl das beeindruckendste Gebäude der Stadt dar: Die Wucht des Lavaschlammes hatte die Türen eingedrückt und das Innere des Baus vollständig mit der Masse ausgefüllt, sonst aber die Anlage im wesentlichen unversehrt gelassen; sogar das gesamte Heizsystem für das Warmbad war intakt geblieben. Obwohl Herculaneum bisher vermutlich nur bis zu einem Viertel ausgegraben wurde, vermittelt uns der Ort eine Vorstellung von einer antiken Stadt, die den Eindruck, den man in Pompeji gewinnt, wieder korrigiert. Herculaneum war relativ klein, zum großen Teil ein Ort, in dem man nur wohnte; doch sind in ihm Häuser in einer verfeinerteren Bauweise zu finden als bei seinem Nachbarn im Südosten.

Soweit man Aussagen darüber zu machen in der Lage ist, spiegelt der Grundriß der Stadt eine vorrömische Planung wider, wie man sie auch am Straßennetz von Olynthus in Griechenland erkennen kann. Die Gebäude und Inneneinrichtungen sind in Herculaneum wesentlich besser erhalten als in Pompeji.

Die vorrömische Periode wird durch die *Casa Samnitica* (das Samnitische Haus) repräsentiert – ein Haustyp, wie er um 200 v. Chr. üblich gewesen sein muß. In seinen verzierten Fußboden ist ein schmückendes *impluvium* eingelassen, das mit einem Marmorrand versehen ist. Im ersten Stockwerk befanden sich eine Loggia und ein Gang, beide im ionischen Stil; sie wurden später zugemauert. Die gesamte Gestaltung der Loggia stammt aus den Anfängen der Stadt (obwohl der Ort bereits 307 v. Chr. formell erobert worden war, geriet er erst nach 89 v. Chr. unter stärkeren römischen Einfluß). In der Nähe dieses Gebäudes stand die *Casa del Tramezzo di Legno* (das Haus mit der hölzernen Trennwand), die mit dem Samnitischen Haus vieles gemein hat und wahrscheinlich der am besten erhaltene Bau der beiden vom Vulkan verschütteten Städte darstellt. In dem großartigen Haus wohnte zunächst eine einzelne wohlhabende Familie; später wurde es in kleinere Wohneinheiten aufgeteilt. Es erhielt seinen Namen von einer großen Wand, die das *atrium* vom *tablinum* trennte und aus drei wunderschön getäfelten Doppeltüren bestand. Im gleichen Bezirk lagen auch die öffentlichen Thermen, die in einem

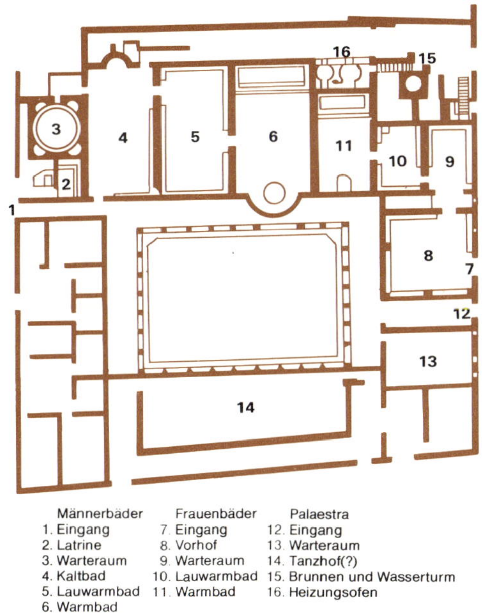

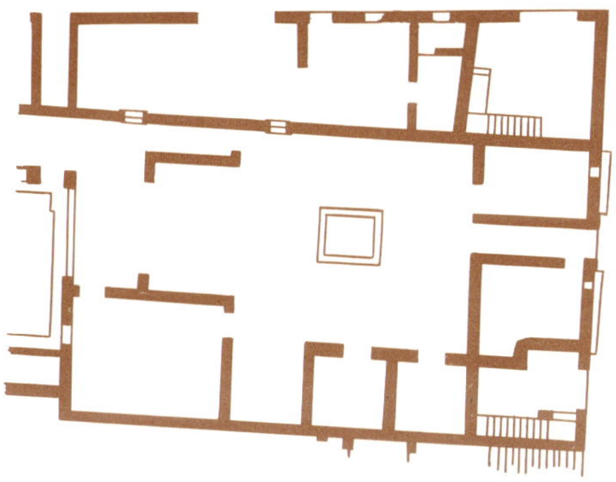

Gegenüber: Die Vorstadt-Thermen von Herculaneum. Ganz oben links: Plan der Forum-Thermen. Oben: Plan des Hauses mit der hölzernen Trennwand. Oben rechts: Haus der Neptunmosaiken. Rechts: Wohnstraße in Herculaneum. Das Haus mit dem Balkon ist das Haus des Opus Craticium. *Rechts grenzt das Haus mit der hölzernen Trennwand an.*

außergewöhnlich guten Zustand erhalten sind. Die Räume waren dunkel und schlecht beleuchtet. Jetzt noch kann man die Wasserheizanlagen für Männer und Frauen erkennen, nach deren System sich die Bewegung der Menschen vom *apodyterium* (Umkleideraum) zum *caldarium* (Warmbad) richtete.
An der Südwestmauer oberhalb des Strandes standen fünf großzügig gestaltete Villen. Sie vermitteln uns ein genaues Bild vom Leben der Reichen. Die *Casa dell'Atrio a Mosaico* (das Haus mit dem Atrium und dem Mosaik) ist bis zur Dachrinne fast vollständig erhalten, ebenso das *atrium*, die offizielle Empfangshalle. Am anderen Ende, südlich des Gartens, lagen über der Terrasse die Räume der Familienmitglieder sowie der Eßsaal und die Sonnenloggia. Aufgrund seiner Lage war Herculaneum ein ruhiger Badeort, wenn man ihn mit seinem dichter bevölkerten Nachbarn vergleicht.
Das berühmte Pompeji an der Bucht von Neapel war ursprünglich eine kleine Siedlung, die im 6. Jahrhundert v. Chr. in der Nähe der Mündung des Flusses Sarno von Ureinwohnern gegründet wurde. Ihre Lage brachte es mit sich, daß sie Beziehungen zu Griechen und Etruskern unterhielt. Im letzten Viertel des 5. Jahrhunderts v. Chr. fiel sie unter die Herrschaft der Samniten und wurde schließlich etwa 80 v. Chr. eine römische Kolonie. Wie

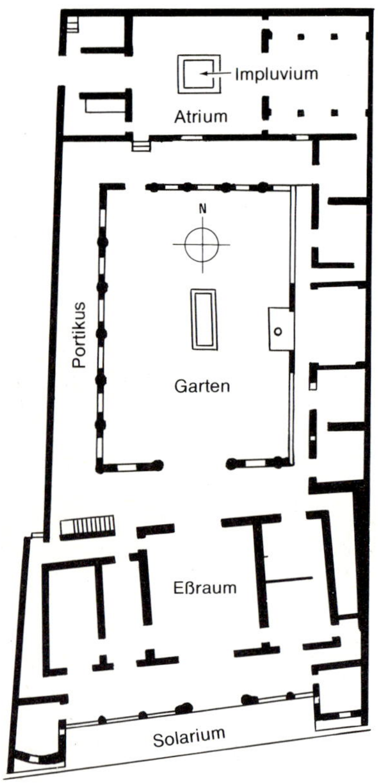

Herculaneum: Das Haus mit dem Atrium und dem Mosaik

Herculaneum so wurde auch Pompeji durch den Ausbruch des Vesuvs 79 n. Chr. völlig zerstört; bereits etwa 17 Jahre früher richtete ein Erdbeben einen beträchtlichen Schaden an vielen Häusern an. Die Stadt wurde jedoch nicht wie Herculaneum mit Lavaschlamm bedeckt, sondern durch einen Schlackenhagel vernichtet. Archäologen haben in der festen Schlackenmasse Hohlstellen gefunden, die verkrümmte Menschen und Tiere hinterlassen hatten, die während des Ausbruchs erstickten. Von allen antiken Siedlungen ist der Gesamtplan der Stadt Pompeji am genauesten bekannt. Obwohl noch einige Einzelheiten ungeklärt sind, nimmt man allgemein an, daß der Stadtkern, dessen enge Straßen sich im rechten Winkel kreuzten, in der Südwestecke lag.
Die Stadt muß sich sehr schnell ausgedehnt haben; gleichzeitig erhielt sie eine Ringmauer, die eine viel größere Fläche umgrenzte, als die Stadt selber aufwies; die Mauer ist heute noch zu sehen und wurde wahrscheinlich unter dem Eindruck der Schlacht bei Cumae (474 v. Chr.) errichtet; ihr unregelmäßiger Verlauf ist dadurch zu erklären, daß man die bereits bestehenden Straßen in den größeren Plan einbezog.
In einer Hinsicht ist Pompeji für die Archäologie außerordentlich bedeutsam: Innerhalb der Mauern sind alle öffentlichen Gebäudetypen der damaligen Zeit vereint. Das *forum* stellte, so wie es zur Zeit des Ausbruchs aussah, das offizielle Zentrum einer Provinzstadt in der Mitte des 1. Jahrhunderts n. Chr. dar. Der nördliche Bereich des Platzes wurde vom Jupiter-Tempel beherrscht; im Jahre 79 n. Chr. wurde gerade an ihm der Schaden, den der vorhergegangene Ausbruch verursacht hatte, behoben. Hinter der eindrucksvollen Kolonnade, die die Westseite des Forums flankierte, lagen das *macellum* und das Amtsgebäude für Maße und Gewichte. Neben ihm befand sich der Apollotempel, von dem aus man zu der eindrucksvollen *basilica* blickte; sie stand an der Südseite und ragte etwas in das Forum hinein. Dieses Gebäude diente vermutlich als Gerichtshof und öffentliches Versammlungshaus zugleich. In den drei Gebäuden an der Südseite des Platzes hielt der Stadtrat *(curia)* seine Sitzungen ab. Die Ostseite des *forum* ist außergewöhnlich interessant, weil dort zwei kleine Tempel erhalten sind, die mit dem Kaiserkult in Beziehung standen. Sie vermitteln uns ein klares Bild davon, in welchem Maße die Kaiser im Alltagsleben Italiens verehrt wurden, auch wenn man sie zu ihren Lebzeiten nicht vergöttlichte.
Im Süden der Stadt lag das Theater und die *palaestra*. Beide Gebäude stellen eine Einheit dar; das große Theater war im herkömmlichen Stil gebaut; neben ihm hatte man ein *odeum* für eine kleinere Zahl von Besuchern errichtet. Diese Bauten sind direkt mit einer *palaestra* verbunden, die bis zur südlichen Mauer der Stadt reicht. Am äußersten Ostende der Mauer befanden sich die Überreste einer großen *palaestra* und ein mächtiges Amphitheater. Zur Zeit des Vesuvausbruches hatte es schon mehrere Jahre leergestanden, weil Kaiser Vespasian seine Benutzung verboten hatte, als nach einigen Krawallen zwischen Bewohnern von Pompeji und Besuchern aus der benachbarten Stadt Nuceria Tote zu beklagen waren.
Die Stadt ist auch wegen einer Reihe von Thermen bemerkenswert, die die gängigen Vorstellungen über solche Bauten zu korrigieren vermögen. Die Wahrheit ist, daß die meisten Bäder des frühen 1. Jahrhunderts n. Chr. immer noch überfüllte, beklemmende, schlecht beleuchtete Anlagen darstellten, die Seneca

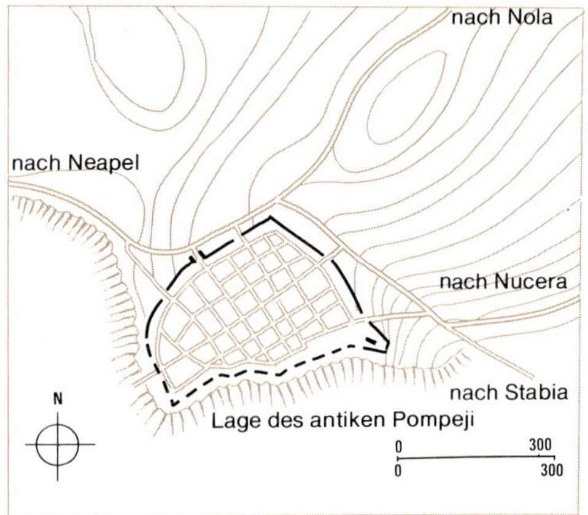

wegen der dort herrschenden unappetitlichen Verhältnisse zu Recht brandmarkte. Pompeji und Herculaneum belegen diese Zustände, im Gegensatz zu den später errichteten Bädern in OSTIA. Die Forum-Thermen sind sehr gut erhalten, auch ihr Dach ist unversehrt. Von vielleicht noch größerem Interesse sind die Stabianer Thermen, die uns etwas Aufschluß über die Auffassung von der Gleichheit der Geschlechter in dieser Stadt geben. Die Bäder waren in zwei voneinander getrennte Bereiche, für Männer und Frauen, geteilt, jedoch war die Sektion für die Männer besser ausgestattet und besaß eine vorteilhaftere Heizungsanlage; die Damen hingegen mußten sich mit dem dunklen, schlechter versorgten Teil des Gebäudes begnügen. Zur Zeit des Ausbruchs verbesserten sich aber die Zustände in den Thermen. Die Neuen Thermen im Osten der Stadt wurden völlig anders gestaltet; so ließen die großen Fenster mehr Luft und genügend Licht in das Innere, und ein ausgeklügeltes Wasserheizungssystem wurde in das gesamte Gebäude installiert.
Im nördlichen Viertel der Stadt befanden sich hauptsächlich die Wohngebäude. Die *insulae* in Form von Parallelogrammen enthielten eine Reihe von Villen; ihre architektonischen Besonderheiten geben uns einen Aufschluß über den Geschmack der damaligen Zeit. Der Grundriß dieser Villen ähnelt denen in Herculaneum. Hinweise in der Villa der Mysterien, in der man die berühmten, aber rätselhaften Bilder mit dionysischen Motiven bewundern kann, die Kopien griechischer Originale darstellen, deuten darauf hin, daß am Rande der Stadt noch größere Gebäude dieser Art existiert hatten. Die Haupteinkaufsstraße, die Via dell'Abbondanza, die die Ost-Westachse der Stadt bildet, verschafft uns nicht nur einen Einblick in das Wirtschaftsleben hinter den Fassaden der Geschäfte, sondern auch in die Gedanken und Gefühle der Bürger: An vielen Stellen blieb der Wandverputz mit aktuellen Sprüchen aus dem Bereich der Politik und des Sports, Liebesgedichten, kurzen Versen und Obszönitäten erhalten. Dank seiner Vielfalt an Überresten kann uns Pompeji die genaueste Vorstellung darüber geben, wie in der Antike das Alltagsleben in einer italienischen Provinzstadt ausgesehen haben muß.

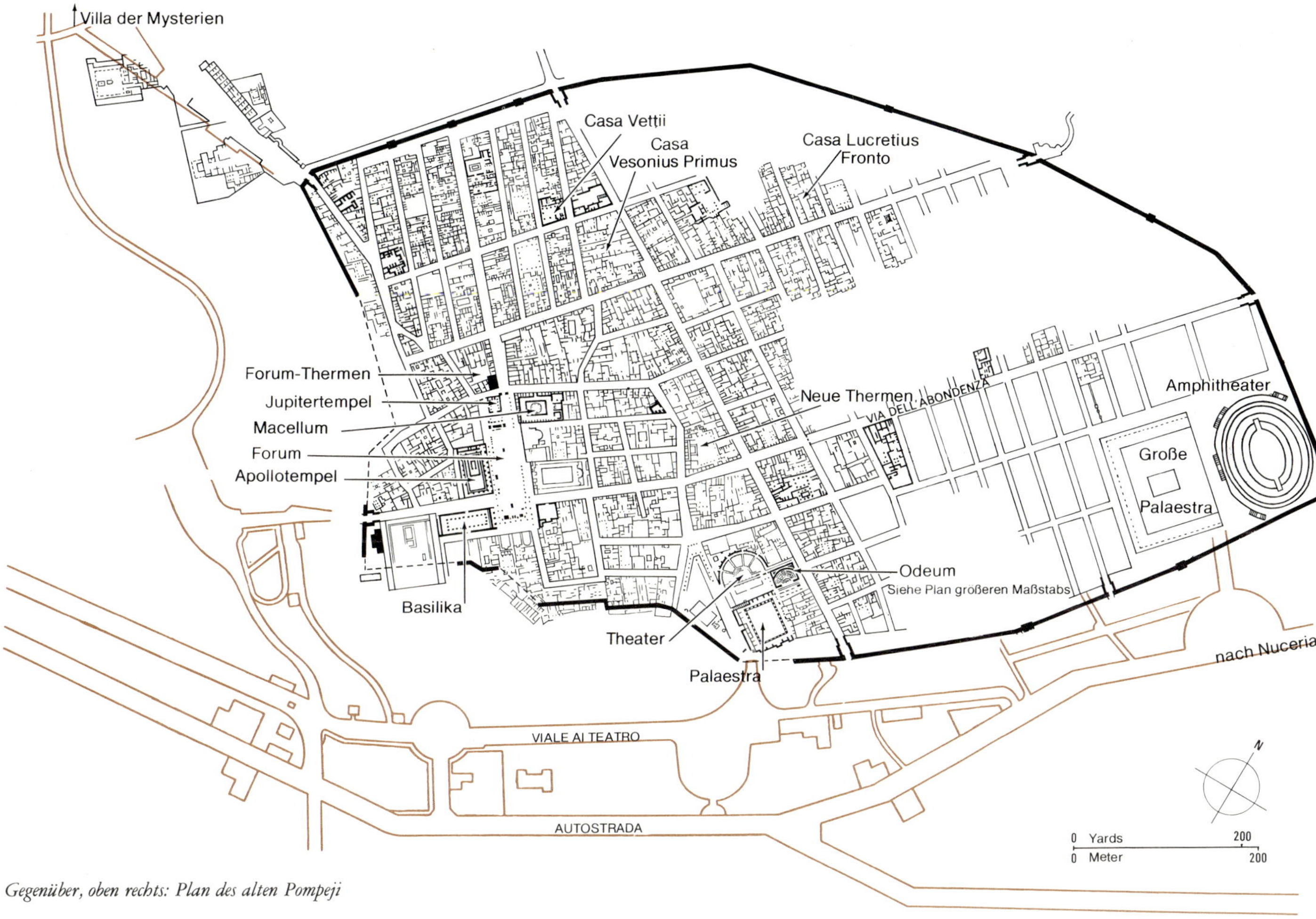

Gegenüber, oben rechts: Plan des alten Pompeji

Oben: Stadtplan von Pompeji. Unten: Die Forum-Thermen von Pompeji: der Raum mit dem Warmbad

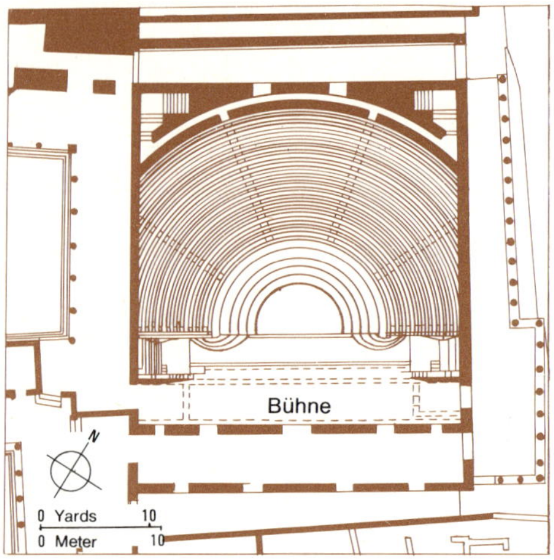

Oben: Plan des odeum *von Pompeji. Rechts: Pompeji: das* atrium *im Haus des Menander*

Becatti, C.: *Pitture murali campane.* Florenz 1955
Buren, A. W. van: *A Companion to the Study of Pompeji and Herculaneum.* Rom 1938
Carrington, R. C.: *Pompeii.* Oxford 1936
Diehl, E.: *Pompejanische Wandinschriften.* Berlin 1930
Diess, J. J.: *Herculaneum.* London und New York 1966
Gerkan, A. van: *Stadtplan von Pompeji.* Berlin 1940
Maiuri, A.: *Herculaneum* (Amtlicher Führer), Rom
Ders.: *Pompeii* (Amtlicher Führer), Rom
Ders.: *Pompei ed Ercolano: tra case e abitanti.* Mailand 1958
Tanzer, H. H.: *The Common People of Pompeii.* Baltimore 1939
Zuntz, C.: *On the Dionysiac Fresco in the Villa dei Misteri,* Proc. British Academy, Nr. 49, Oxford 1963

8 Paestum

Italien

Im 7. Jahrhundert v. Chr. gründeten Kolonisten der weiter südlich gelegenen griechischen Metropole Sybaris diese Stadt. Es gibt Beweise dafür, daß der Ort bereits in der Bronzezeit besiedelt war. Die Stadt war ursprünglich unter ihrem griechischen Namen, Poseidonia, bekannt; sie wurde im späten 5. Jahrhundert von den Lukanern erobert und 273 v. Chr. als römische Militärkolonie, Paestum genannt, neu gegründet. Die Mauern wurden entweder von den Griechen oder Lukanern errichtet und umgrenzten ursprünglich eine größere Fläche als das Straßennetz bedeckte, das, so wie es jetzt erhalten ist, aus dem späten 6. Jahrhundert stammt. Die Fluchtlinien der Tempel und die versetzte Lage des Nordtores lassen vermuten, daß ein früheres Straßennetz existiert hatte, dessen Anordnung etwas von dem später angelegten abwich. Genau die gleichen Verhältnisse lagen in SELINUS auf Sizilien vor und ebenso in MEGARA HYBLAEA, nur wich die Lage der beiden Straßensysteme stärker voneinander ab.

In Selinus wie in Paestum wurden im Zentrum der Orte die öffentlichen Gebäude errichtet, wobei die Tempel in Paestum besonders hervorzuheben sind. Der älteste Tempelbau, von Altertumsforschern früherer Zeiten fälschlich als »Basilika« bezeichnet, stammt aus der Mitte des 6. Jahrhunderts und war wahrscheinlich der Göttin Hera geweiht. Außergewöhnlich an ihm sind die ungerade Zahl von Säulen an der Vorderseite und der extrem breite Wandelgang. Die Kalksteinsäulen besitzen an ihrer Spitze eine Anschwellung bzw., um einen Fachausdruck zu gebrauchen, eine *entasis* unter den breiten und flachen Kapitellen, welche ein früher Typus sind, wie er in Paestum üblich war. Gleich im Norden dieses Baus steht der Neptun-Tempel, einer der am besten erhaltenen griechischen Sakralbauten; er stammt etwa aus dem Jahre 475 v. Chr. Die *cella* im Inneren ist deshalb bemerkenswert, weil ihre zweistöckige Kolonnade und der untere Teil einer Treppe erhalten sind. Im Norden dieser zwei dorischen Tempel liegen das *forum* (es wurde vermutlich in der Spätzeit der Römerherrschaft angelegt) und in der Nähe des Nordtores der kleine Cerestempel (ob er dieser Göttin geweiht war, ist nicht sicher). Die reichhaltigen gemeißelten Verzierungen

Gegenüber: Der Neptun-Tempel, vom Hera-Tempel aus gesehen.

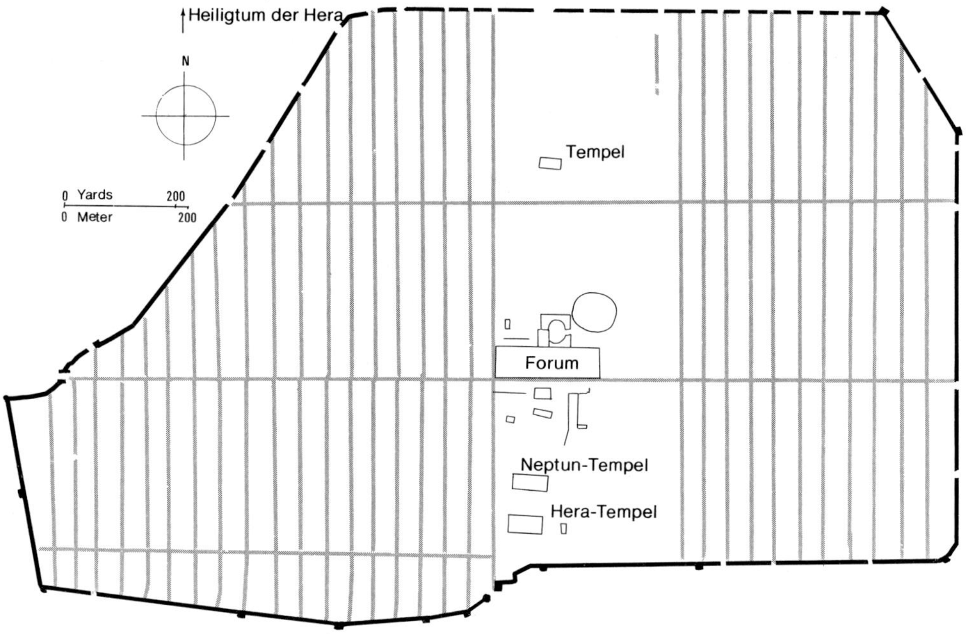

und sonstigen Ornamente verleihen dem Tempel eine Individualität, die in Magna Graecia ihresgleichen sucht. Die drei Tempel im Zentrum der Stadt, bei denen sich die klassische Tradition mit den für Paestum typischen dekorativen Elementen verband, stellen eine Einheit dar, die in der klassischen Welt einzigartig ist. Jenseits des Nordtores liegt die prähistorische Totenstadt Contrada Gando, die 1943 entdeckt wurde und aus der Jungsteinzeit stammt. An der Mündung des Flusses Sele, 12 km von der Stadt entfernt, befindet sich das berühmte, langgesuchte Heiligtum der Hera, das nach der Überlieferung von Jason, dem Anführer der Argonauten, errichtet wurde; es wurde 1934 ausfindig gemacht und stammt offensichtlich aus dem 7. Jahrhundert v. Chr. Die Anlage besteht hauptsächlich aus einem Tempel (39×18,5 m) und einem *thesaurus,* von dem fast das gesamte dorische Fries geborgen werden konnte.

Bradford, J. S. P.: *Ancient Landscapes.* London 1957
Castagnoli, F.: *Orthogonal Town Planning in Antiquity.* London und Cambridge, Mass., 1972
Sestieri, P. C.: *Paestum* (Amtlicher Führer), Rom
Zancani Montuoro, P., u. Zanotti Bianco, P.: *Heraion alla Foce del Sele.* Rom 1951

9 Benevent

Italien

Die Ausdehnung des römischen Machtbereiches im 4. Jahrhundert v. Chr. beschwor einen Konflikt mit dem mächtigsten Volk im südlichen Teil von Mittelitalien, den Samniten, herauf, besonders als die Römer die Herrschaft über die nördliche Ebene der Campagna und über Capua erlangten. Der erste (343–341 v. Chr.) und zweite (326–304 v. Chr.) Samnitische Krieg verschafften den Römern die ersten bescheidenen militärischen Erfolge, aber auch eine katastrophale Niederlage, als 321 v. Chr. in der Schlacht in den Caudinischen Engen die Konsuln und 40 000 römische Soldaten in die Hände ihrer Feinde fielen. Als sich das Glück 312 v. Chr. wieder den Römern zuwandte, baute Appius Claudius Caecus die Via Appia, die Hauptverkehrsstraße nach dem Süden, die schließlich durch Benevent, das alte Beneventum (oder besser Maleventum, wie die Stadt von den Römern genannt wurde), nach Brindisi führte. Der dritte Samnitische Krieg (298–290 v. Chr.), an dem auch die Etrusker als Gegner Roms teilnahmen, machte die Samniten zu abhängigen Verbündeten und verhalf der Kolonie, die wegen ihrer Lage an der Via Appia stets ihre Bedeutung beibehielt, zu einem angemessenen Namen.
Heute sind in Benevent nur wenige archäologisch bedeutsame Überreste erhalten; Spuren des antiken Grundrisses der Stadt sind zu sehen, ebenso sind ein Stadttor und der Ponto Leproso in der Nähe der Via Appia erhalten. Nicht ganz geglückt ist die Restaurierung des Theaters. Unter Trajan wurde der südliche Abschnitt der Via Appia durch eine mehr östlich durch Apulien verlaufende Route ersetzt, die Via Traiana genannt wurde. Der Bogen zur Erinnerung an die Errichtung der neuen Straße, den man an den Beginn der Via Traiana gesetzt hatte, wurde vom Senat und Volk Roms zwischen dem 10. Dezember 113 und dem 9. Dezember 114 zu Beginn des Feldzuges von Trajan gegen die Parther eingeweiht. Der Bogen gleicht sehr dem Titusbogen auf dem Forum Romanum; er wurde erst nach 117 n. Chr. vollendet, als Hadrian die Macht übernahm. Die friedlichere Politik Hadrians mag der Grund dafür sein, daß die dargestellten Themen an dem Bogen in Benevent im völligen Gegensatz zu den einen eindeutigen Expansionsdrang symbolisierenden Motiven an der Trajanssäule in Rom stehen, die zur Erinnerung an die Kriege gegen die Daker errichtet wurde. Während sich die Darstellungen auf einigen Tafeln auf die Anlage der neuen Straße beziehen und andere Themen von lokalem Interesse aufgreifen, sind an den zwei Hauptfassaden Szenen wiedergegeben, die einander in ihren Aussagen ergänzen. Reisende, die sich dem Bogen von Osten näherten, erblickten Tafeln, auf denen die Vorzüge der römischen Provinzpolitik gepriesen wurden; diejenigen, die von Rom kamen, oder die Bewohner der Stadt wurden mit Bildern konfrontiert, die die Erfolge der Innenpolitik für Italien und auch für die Region Benevent herausstellten. Eine Tafel zeigt, wie der Kaiser eine Opfergabe anläßlich der Einweihung der neuen Straße darbrachte. Auf einem sich daneben befindlichen Bild sind Trajan und sein Gefolge zu sehen, wie sie den armen und bedürftigen Familien der Gegend Geldmittel übergeben. Eine im Ort aufgefundene Inschrift bezeugt tatsächlich diesen Vorgang, der nicht unüblich war, da das *alimenta*-System bestand, das wir bereits in VELEIA kennenlernten. Bestimmte Szenen beziehen sich auf politische Vorkommnisse vor den Partherkriegen, jedoch nicht auf die militärischen Ereignisse selber. Der Bogen ist in seiner Art einzigartig, weil er die Leistungen des »besten aller Kaiser« in Friedenszeiten verdeutlicht. Wegen der Darstellung dieses Themas ist er vielleicht das geglückteste Beispiel kaiserlicher Propaganda, sowohl was die Aussagen als auch die künstlerische Gestaltung betrifft. – Funde aus der Antike sind im Ortsmuseum untergebracht.

Pietrangeli, C.: *L'Arco di Traiano a Benevento* (Documentario Fotografico Athenaeum), 1943
Hassel, K. J.: *Der Trajansbogen in Benevent.* Berlin 1966

Gegenüber: Der Trajansbogen von Benevent

IMP·CAESARI·DIVI·NERVAE·FILIO
NERVAE·TRAIANO·OPTIMO·AVG
GERMANICO·DACICO·PONTIF·MAX·TRIB
POTEST·XVIII·IMP·VII·COS·VI·P·P
FORTISSIMO·PRINCIPI·SENATVS·P·Q·R

10 Die Bucht von Neapel

Italien

Die Bucht von Neapel ist eine der archäologisch ergiebigsten Gegenden Italiens; ihre Geschichte wurde durch die Verschmelzung griechischer und italienischer Einflüsse entscheidend bestimmt. Die gegenwärtige Geographie dieser Region wird von einer Anzahl erloschener Vulkane und dem zur Zeit ruhigen Vesuv geprägt. Die Vulkane umringen die Ost- und Nordseite der Bucht und erstrecken sich in Form einer Inselkette über Baiae und das Kap Misenum; unter den Inseln befinden sich Procida und ihr größerer Nachbar Ischia. Im Süden liegt die Insel Capri, ein Kalksteinausläufer der sorrentinischen Halbinsel. Diese wie eine Schüssel geformte Bucht mit der fruchtbaren Campagna als Hinterland muß schon seit jeher Menschen angezogen haben, obwohl es hier kaum Anzeichen für prähistorische Siedlungen gibt.

In der vorgeschichtlichen Zeit war die Gegend um die Bucht von außerordentlich großer Bedeutung. Nachdem man die Entwicklung der griechischen Tongefäße zeitlich genauer bestimmen kann, ist man auch in der Lage, das Datum exakter festzusetzen, an dem die Griechen ihren Fuß zum ersten Mal auf das italienische Festland setzten; auch wurde nun die seit langem bestehende Auseinandersetzung darüber entschieden, wer Cumae gegründet hatte: demnach wurde die großartige *akropolis* von Cumae von der ältesten griechischen Niederlassung aus, dem Ort Pithecussae auf der Insel Ischia, besiedelt. Ausgrabungen auf dem Friedhof im Valle San Montano (unterhalb des Platzes, wo man Pithecussae vermutete, am Monte di Vico auf Ischia) förderten Gegenstände zutage, die aus dem 1. Drittel des 8. Jahrhunderts v. Chr. stammen. Wie auch immer die Stadt ausgesehen haben mag, sie muß mit der wirtschaftlichen Nutzung von geschmolzenem Eisenerz zu tun gehabt haben.

Obwohl Cumae keinen nahen Hafen besitzt, stellte die *akropolis* einen zu günstigen Stützpunkt dar, als daß sie in der prähistorischen Zeit nicht besetzt worden wäre. Um 730 v. Chr. wurde die griechische Kolonie auf der *akropolis* gegründet und schließlich, spätestens im 5. Jahrhundert v. Chr., ein Tempel (der sogenannte Jupitertempel) errichtet, der die Anhöhe beherrschte. Der Sakralbau wurde mehrfach umgebaut und später zum Teil zerstört. Der sogenannte Apollotempel stand auf einer niedriger gelegenen Terrasse. Wahrscheinlich im 5. Jahrhundert erhielt die *akropolis* einen Verteidigungswall, der sich um die gesamte Anlage zog. 1932 wurde die berühmteste Sehenswürdigkeit von Cumae, der Stollen und die Grotte der Sibylle (Seherin), gefunden; sie waren in den Tuffsteinfelsen gehauen und führten zu einem Raum, der durch Vergil berühmt wurde: nach ihm soll Aeneas dort die Prophezeiungen der Sibylle erhalten haben.

Viele der in Cumae erhaltenen Überreste aus der Antike müssen noch genauer untersucht werden. Doch ist eindeutig, welche historische Rolle diese Stadt spielte: sie war das Zentrum der Opposition gegen den wachsenden Einfluß der Etrusker in der Campagna. Cumaes Macht beruhte auf seinen Seestreitkräften; zweimal wurden die Etrusker besiegt, einmal 524 v. Chr. auf dem Festland und dann 474 v. Chr. zusammen mit griechischen Verbündeten in Sizilien und in der Campagna. Zu dieser Zeit waren Neapolis (Neapel) und vermutlich auch Puteoli (Pozzuoli) Cumae unterworfen. Die ursprüngliche Siedlung in Neapel lag auf dem Pizzofalcone, im Westen des modernen Hafens. In der Mitte des 5. Jahrhunderts wurde eine neue Stadt nördlich vom Hafen gegründet (dies erklärt auch den Namen des Ortes). In vielen während des Mittelalters errichteten Stadtteilen sind immer noch die drei der vier von Osten nach Westen führenden Straßen und eine Reihe von Gassen zu erkennen, die in der Antike angelegt wurden und dem Straßenverlauf einer Nachbarstadt, Thurii, ähneln.

Die griechischen Küstenstädte gerieten zu-

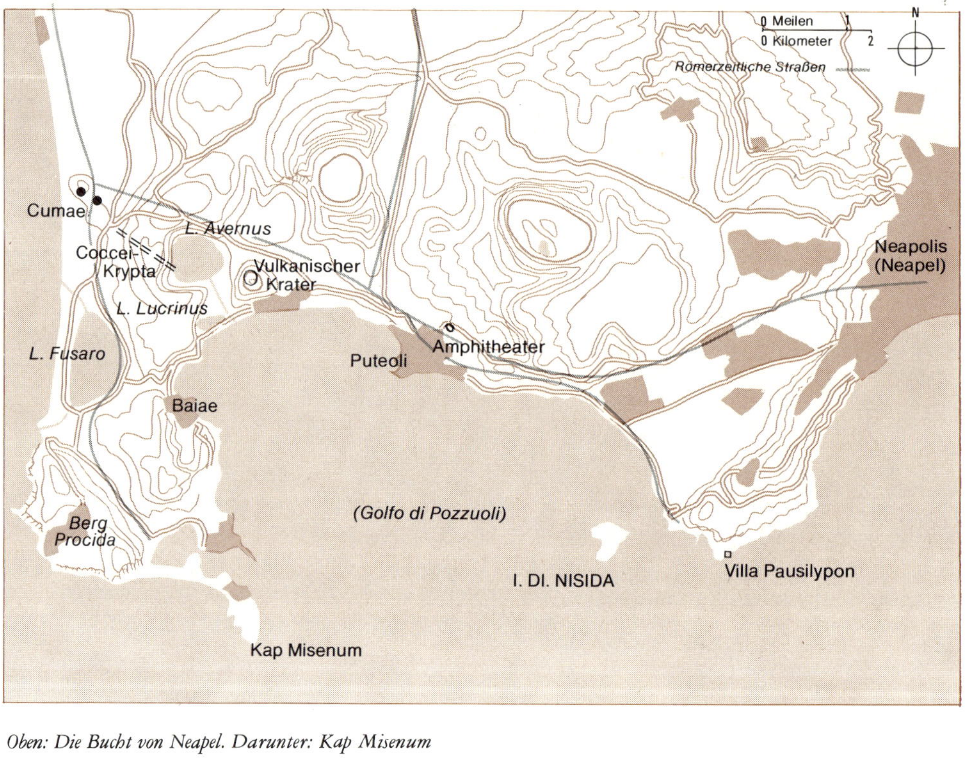

Oben: Die Bucht von Neapel. Darunter: Kap Misenum

nächst unter die Herrschaft der Samniten (421 v. Chr.) und schließlich unter die der Römer (338 v. Chr.). Während der Bürgerkriege am Ende der republikanischen Periode führte der Heerführer Octavians, Agrippa, in diesem Gebiet mehrere Feldzüge durch. Die Griechen nannten die Region zwischen Neapel und Misenum die Phlegräischen (feurigen) Felder, eine Bezeichnung, die durch die heute noch sichtbaren Überreste der vulkanischen Vergangenheit wie die heißen Quellen und Solfataren bei Pozzuoli und die offensichtlich erloschenen, wassergefüllten Krater – den Averner See und die zwei Buchten von Misenum – bestätigt wird. Auf der Suche nach sicheren Stützpunkten für seine Schiffe schob Agrippa die dunklen Legenden über den Averner See beiseite und machte ihn zu einem Ankerplatz für seine Schiffe; er ließ einen Kai und einen Kanal bauen, der die Anlegestelle mit dem Lucriner See und dem Meer verband. Zu diesem großen Vorhaben gehörte auch die Errichtung eines Straßentunnels – der *Crypta Neapolitana* – durch den bis zum Kap Pausilypon reichenden Bergrücken; der Tunnel durchstieß den Berg zwischen Neapel und Pozzuoli und verband die beiden Orte miteinander. In seiner Nähe wurde Vergil beerdigt, wo aber sein Grab genau liegt, ist umstritten. Der von Agrippa erbaute Tunnel wurde an der Westseite des Averner Sees verlängert (dieser Abschnitt wurde Krypta des Cocceius, nach dem Baumeister des Agrippa, genannt) und führte durch den Berg Grillo nach Cumae. Unterhalb der *akropolis* verlief ein weiterer Tunnel von Ost nach West. Alle drei Anlagen hatten strategische Bedeutung. Später, im 1. Jahrhundert n. Chr., wurde die Via Domitiana angelegt, auf der man Cumae vom Norden her über die Sümpfe erreichte.

Außer Neapel, Herculaneum und Pompeii lagen noch weitere Städte an der Bucht, Stabiae, das moderne Castellamare di Stabia, und Puteoli, von den Griechen Dicaearchia genannt, ein natürlicher Hafen, an dem 529 v. Chr. eine Siedlung gegründet wurde. Die Stadt war der wichtigste Handelshafen der Campagna und drei Jahrhunderte lang der bedeutendste Hafen Italiens überhaupt, bis die künstlichen Häfen in OSTIA an der Tibermündung angelegt wurden. Die Überreste im Hafenbezirk bestehen unter anderem aus einem Damm und dem sogenannten Serapistempel, der eigentlich ein *macellum* (Marktplatz) war. Anlagen mit einem ähnlichen Grundriß findet man in TIMGAD und DJEMILA in Nordafrika. Der Bau ist aus geologischen Gründen interessant: er zeigt genau die langsamen Bewegungen der Erdoberfläche an, die seit der Römerzeit durch die unterirdischen vulkanischen Kräfte verursacht wurden. Zwischen dem 13. und 16. Jahrhundert sank der Boden des *macellum* um fast 5,7 m; anschließend hob er sich wieder etwas, doch zur Zeit sinkt er um ungefähr 2 cm pro Jahr. Im oberen Stadtteil befinden sich die Überreste der Thermen und zwei Amphitheater aus der augusteischen und aus der flavischen Zeit. Das flavische Amphitheater ist deshalb besonders bemerkenswert, weil dort Hebevorrichtungen für die Tierkäfige zu besichtigen sind. Auf der anderen Seite der Bucht, auf das Kap Misenum zu, lag der Badeort Baiae; seine Heilquellen und das milde Klima machten ihn zum berühmtesten Heilbad Italiens. In der Spätzeit der Republik besaßen Marius, Pompeius, Caesar, Varro und Cicero dort luxuriöse Villen, die allmählich in kaiserlichen Besitz übergingen. In einer dieser Villen starb die Kaiserin Agrippina. An den Abhängen der Sella di Baiae war in verschiedenen Ebenen ein großer Bau errichtet worden, der von den drei Kuppeln der sogenannten Diana-, Merkur- und Venusthermen beherrscht wurde. Erstere war das *sudatorium* einer Bäderanlage, und man vermutet, daß die übrigen Gebäude dem gleichen Zweck dienten. Die sogenannte Merkurtherme – sie ist um fast 21,55 m kleiner als der halbe Durchmesser des Pantheon (44,8 m) – ist die älteste Konstruktion und deshalb von besonderem Interesse für die Geschichte des Kuppelbaus. Der gesamte Komplex stammt aus der hellenistischen Zeit und wurde – so vermutet man – von den Severern als Palast benutzt. Der julisch-claudische Palast ist nur in sehr geringen Überresten erhalten, er lag auf dem Berghang in der Nähe der jetzigen Burg. Weiter an der Küste entlang boten die zwei Hafenbecken von Misenum den Flotten eine sichere Zuflucht; oberhalb von ihnen befand sich eine große Wasserversorgungsanlage, die Piscina Mirabilis.

Auf der gegenüberliegenden Seite der Bucht, besonders in Stabiae und Surrentum (Sorrent), lag eine Vielzahl weiterer Villen, die den Reichen gehörten. Östlich von Pompeii, im Landesinneren, vermitteln die einander benachbarten Orte Boscoreale und Boscotrecase einen Eindruck von dem landwirtschaftlichen Reichtum der Gegend, der den wohlhabenden Familien ein angenehmes Leben ermöglichte. Die Insel Capreae (Capri) nimmt jedoch eine Sonderstellung ein, denn sie wurde von Augustus und besonders Tiberius in ihrer kulturellen Entwicklung auf einzigartige Weise gefördert. Die Villa Damecuta auf dem Plateau unterhalb des Berges Solaro, die ursprünglich nur vom Meer aus zugänglich war, lag auf einem Platz, der als Aussichtspunkt diente; sie stellt ein hervorragendes Beispiel einer Portikusvilla dar. In ihrem Grundriß und ihrer Ausführung ähnelt sie zum Teil der Villa Jovis, dem auf einer 320 m hohen Klippe errichteten »Horst« des Kaisers Tiberius im Nordosten der Insel; man vermutet deshalb, daß beide zur gleichen Zeit erbaut wurden. Der kaiserliche Zufluchtsort besaß ein ausgeklügeltes Wasserversorgungssystem und war als ganzjähriger Wohnsitz gedacht. Von ihm aus konnte man die gesamte Bucht von Neapel überblicken, und der dort einsam lebende Kaiser mußte – ähnlich wie Strabo, der ungefähr zur gleichen Zeit lebte – den Eindruck gehabt haben, daß sie von einer Kette von Städten, Wohnsitzen und Grünanlagen umgeben war, die alle ineinander übergingen und somit eine einzige große Stadt darstellten. Das bedeutendste Museum dieser Region ist das Museo Archeologico in Neapel.

Buchner, G.: *Metropoli e colonie di Magna Grecia.* Neapel 1964, S. 263–274
D'Arms, J. H.: *Romans on the Bay of Naples,* Cambridge, Mass., 1970
Maiuri, A.: *Capri: Storia e monumenti* (Amtlicher Führer), Rom
Ders.: *The Phlegraean Fields* (Amtlicher Führer), Rom
McKay, A. G: *Ancient Campania.* Hamilton, Ont., 1972
Reclams Kunstführer Italien, Bd. 6: *Neapel und Umgebung.* Stuttgart 1971
Ridgway, D.: »The First Western Greeks«, *Greeks, Celts and Romans* (Hrsg. v. C. F. C. u. S. C. Hawkes), London und Totowa, N. J. 1973, S. 5.–37

11 Metapont

Italien

Metapont war ein Zentrum der einheimischen Messapier, als wahrscheinlich in der späten zweiten Hälfte des achten Jahrhunderts v. Chr. sich griechische Kolonisten hier niederließen. Um die Mitte des siebten Jahrhunderts wurde es von den Samniten zerstört und später von dem Achäer Leukippos erneut als Kolonie gegründet; sein Porträt erscheint im vierten Jahrhundert v. Chr. auf den Stadtmünzen. Der Reichtum der Stadt ist auf die Fruchtbarkeit des Küstengebietes zwischen Bradano und Basento zurückzuführen – eine Tatsache, die auch auf den Münzen in Form von Weizenähren symbolisiert ist. Die Stadt erlebte eine wechselvolle Geschichte; zuerst war dieser Zufluchtsort des Philosophen Pythagoras in den Pyrrhischen und Zweiten Punischen Krieg – als er für eine Zeitlang Hannibal und seinem Heer als Hauptquartier diente – verwickelt. Der wirtschaftliche Niedergang setzte nach den Punischen Kriegen und vermutlich auf Grund der Nachwirkungen des Sklavenaufstandes von Spartacus ein. Als Cicero 50 v.Chr. eine Pilgerreise zum Haus des Pythagoras unternahm, war der Verfall der Stadt bereits sehr fortgeschritten. In der Mitte des zweiten Jahrhunderts n. Chr. waren an-

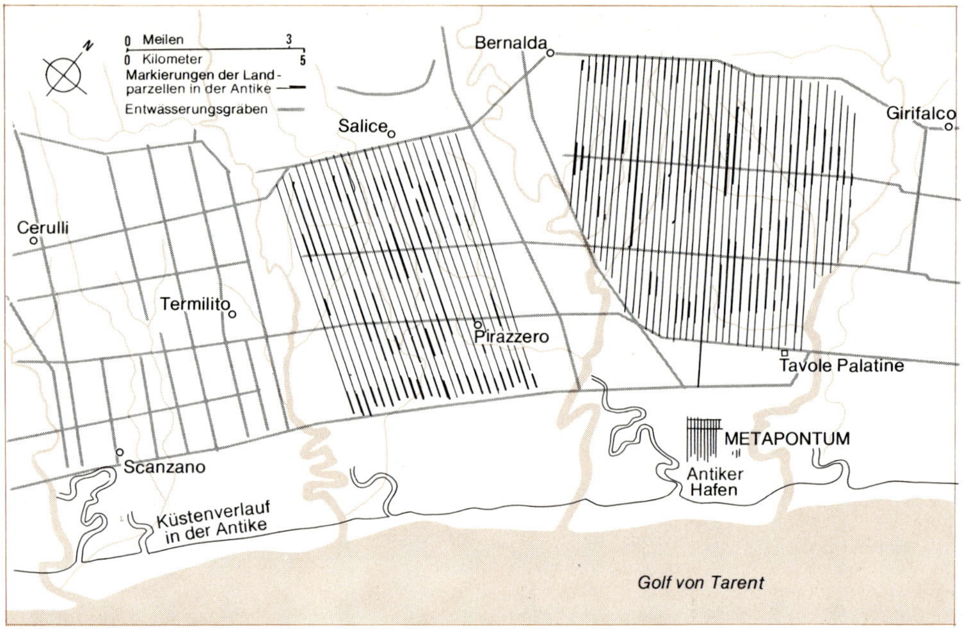

scheinend nur noch die Mauern und das Theater relativ unversehrt erhalten.

Der Grundriß der Stadt ist aus einigen versuchsweise vorgenommenen Ausgrabungen und Luftaufnahmen bekannt. Wie bei dem ausgedehnten Straßennetz in Ptolemais in Cyrenaica wurden auch hier breite, in Ost-West-Richtung verlaufende Straßen angelegt, die von zahlreichen kleineren Straßen gekreuzt wurden; dadurch entstanden längliche, senkrecht zu den Hauptstraßen liegende *insulae.* Den Straßenkomplex umgrenzte eine unregelmäßig angelegte Ringmauer. Unterhalb der Stadt war der antike Hafen, der jetzt völlig versandet ist und sich mehr als einen Kilometer von der jetzigen Küste entfernt befindet. Ein elliptisch geformter Platz im Stadtzentrum war vermutlich die *agora;* im Osten davon markiert eine konkave Vertiefung den Standort des Theaters. In seiner Nähe liegen die Überreste des Tempels verstreut, der dem Apollo Lycius geweiht war (seine Abmessungen waren 41,5×22,5 m); dort fand man auch eindrucksvolle Architrave und Metopen, von denen einige im Museum zu Potenza ausgestellt sind.

Die bedeutendsten Überreste liegen außerhalb der Stadt, fast 2 km nordöstlich von ihr bei den sogenannten *Tavole Palatine.* Sie gehörten zu einem dorischen Tempel im Hexastil (einer Front aus sechs Säulen) aus dem späten sechsten Jahrhundert v. Chr., der 34×14 m maß; er besaß 10 und 5 Säulen, die an der Süd- und Nordseite erhalten sind. Bei mehreren Ausgrabungen im neunzehnten Jahrhundert wurde ein Großteil des Baus freigelegt, und viele bemalte Terrakotta-Bruchstücke, Votivstatuetten aus dem sechsten und frühen fünften Jahrhundert sowie der rechte Arm eines Kultstandbildes wurden aufgefunden. Vor kurzem erforschte man Spuren einer ausgedehnten Landaufteilung: Zwei Flächen, 104 und 91 Quadratkilometer umfassend, waren in ihrer Länge durch Entwässerungsgräben in Abschnitte geteilt worden, die jeweils ungefähr 205 m lang waren. Alle 323 m hatte man in der Breite Grenzlinien gezogen und so Parzellen geschaffen, insgesamt 60 griechische *schoinoi;* vermutlich wurden die Grundstücke den Kolonisten zur Verfügung gestellt. Diese Entdeckungen weisen darauf hin, daß die Griechen in den Jahren 470 bis 460 v. Chr. über eine fortschrittliche Vermessungstechnik verfügten; bei der Errichtung des Grabensystems scheinen sie auf Verfahren zurückgegriffen zu haben, die bei den Landaufteilungen in der Mitte des sechsten Jahrhunderts angewandt worden waren.

Uggeri, R., in *Parola del Passato,* XXIV (1969), S. 51–71

Rechts: Dorischer Tempel bei den sogenannten Tavole Palatine

Illyrien, Mösien und Dakien

Im Norden der Balkanhalbinsel, ungefähr zwischen Wien und dem Schwarzen Meer, zwischen Makedonien, der Adria und den Karpaten, errichteten die Römer vier große Provinzen, die alle während ihres Bestehens oder zumindest die meiste Zeit von kaiserlichen Statthaltern der höchsten Rangstufe verwaltet wurden. Illyrien im Westen wurde von Augustus erobert und etwa 9 n. Chr. in zwei unabhängige Provinzen, Pannonien im Norden und Dalmatien im Süden, geteilt. Das Gebiet weiter östlich entlang der Donau bis hinunter zum Balkangebirge stellte zur selben Zeit die Provinz Mösien dar. Dakien nördlich der Donau entsprach etwa dem Gebiet Transsylvanien diesseits der Karpaten und wurde 105 n. Chr. von Trajan erobert.

Die Ureinwohner dieser Länder benutzten Dialekte zweier zur indoeuropäischen Familie gehöriger Sprachen: des Illyrischen im Westen und des Thrakischen im Osten, zu dem auch das Dakische und Getische gehörten. Obwohl beide Sprachgruppen lange Zeit mit der klassischen Welt in Beziehung standen, so übernahmen sie jedoch nur langsam kulturelle Errungenschaften der Griechen und Römer; dies betraf nicht nur die sozialen Ordnungen, sondern auch materielle Dinge. Abgesehen von Gegenden, in denen unter kaiserlicher Oberaufsicht Erze in großen Mengen geschürft wurden, ernährten sich die hauptsächlich auf dem Lande verstreut lebenden Bewohner von der Weidewirtschaft und dem Ackerbau. Einige Regionen, besonders Pannonien und Dakien, waren sehr fruchtbar, während in den Provinzen Dalmatien und Mösien überwiegend nur einfache Weidewirtschaft betrieben wurde. In Pannonien und Dakien war eine fortschrittliche Agrikultur zu Hause; hier lebten auch wohlhabende Landbesitzer.

Erst unter den Römern wurden in allen vier Provinzen Städte gegründet. Alle Imperatoren, von Caesar bis Hadrian, errichteten Kolonien, in denen gewöhnlich aus der Armee entlassene Veteranen lebten. So entstanden die größeren Küstenstädte in Dalmatien (SALONA, Iader, Narona, Epidaurum und andere), ebenso einige Orte im Inneren Pannoniens (Emona, Savaria, Scarbantia, Siscia, SIRMIUM und Poetovio), in Mösien (Scupi, Ratiaria, Oescus, Ulpianum und Nicopolis) und Dakien (Apulum, Napoca, Porolissum, Romula, Sucidava, ULPIA TRAIANA = SARMIZEGETUSA und wahrscheinlich noch andere). Gleichzeitig waren in all diesen Provinzen, Dalmatien ausgenommen, das seine Legion vor dem Ende des 1. Jahrhunderts n. Chr. abgeben mußte, stehende Legionärsarmeen und *auxilia*, jeweils bis zu 50 000 Mann, entlang der Donau, oder, im Falle Dakiens, in einem Netzwerk von Verteidigungsstützpunkten stationiert. Das Straßensystem, das Norditalien, das Rheingebiet und den Nordwesten der Ägäis mit Kleinasien und dem Osten verband, wurde aus militärischen Gründen angelegt; keinesfalls verband die kaiserliche Verwaltung mit seiner Errichtung direkte wirtschaftliche Ziele. Später wurden sogar einige größere Siedlungen der Ureinwohner, die von den Hauptstraßen weiter entfernt lagen, Römerstädte, weil einerseits von der Zentralregierung Druck auf sie ausgeübt wurde, andererseits aber unter der Bevölkerung der Wunsch nach Urbanisierung immer stärker wurde. Ironischerweise war die relative Rückständigkeit dieser Provinzen der

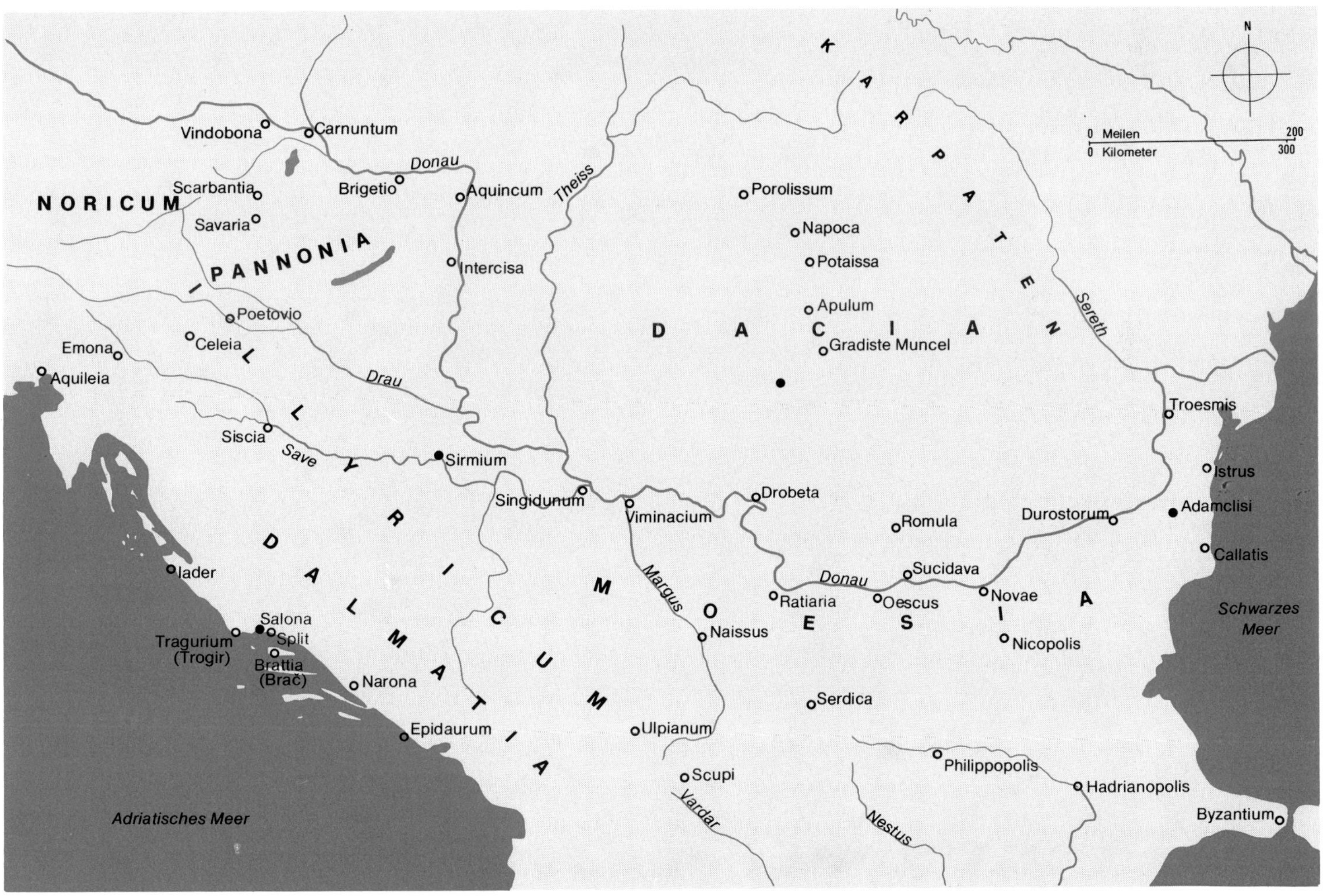

Grund dafür, daß das Imperium viele kräftige Illyrer und Thraker rekrutieren konnte, die die Eindringlinge zurückschlugen, als diese den Rhein und die Donau während der mittleren Jahrzehnte des dritten Jahrhunderts zu überqueren versuchten. Etwa im Jahre 274 mußte Dakien aufgegeben werden; doch erholte sich das Reich als Ganzes dank der Anstrengungen fähiger und willensstarker Kaiser, die aus den illyrischen Provinzen kamen und aus einfachen Verhältnissen stammten. Hier sind zu nennen: Claudius Gothicus (aus Dalmatien oder Dardanien), Aurelian (Dacia Ripensis, dem früheren Mösien), Probus (Sirmium in Pannonien), Diokletian (Salona in Dalmatien), Maximian (Sirmium), Galerius (Serdica), Constantius I. und sein Sohn Konstantin (Naissus in Mösien). Nach der Reichskrise blieben die Provinzen dem Imperium mehr oder weniger erhalten, bis Barbareneinfälle im frühen 5. Jahrhundert die Römer in Pannonien zurückdrängten. Im 6. und frühen 7. Jahrhundert ging Dalmatien an slawische Eindringlinge verloren, doch blieben noch viele Jahre lang große Gebiete Mösiens unter byzantinischer Herrschaft.

Wilkes, J. J.: *Dalmatia.* London 1969

Mócsy, András. *Pannonia and Upper Moesia.* London 1974

Hoddinott, R. F.: *Bulgaria in Antiquity: An Archaeological Introduction.* London 1975

MacKendrick, Paul: *The Dacian Stones Speak,* Chapel Hill, N. Car., 1975. Ein knapper, aber klarer Überblick über antike Orte und ihre Geschichte.

1 Salona und der Palast des Diokletian

Jugoslawien

Salona (das heutige Solin in der Nähe von Split) lag am östlichen Ende einer großen Bucht im mittleren Abschnitt der dalmatinischen Küste am Fuße steil aufragender Hügel, die in die Berge Kozjak und Mosor übergehen; beide versperren den Zugang zur Küste vom Landesinneren. Der Ort war ursprünglich eine Festung der Dalmatiner und wurde 118–117 v. Chr. und 78–76 v. Chr. von den Römern besetzt. Bis zum Jahre 47 hatte er sich zu einer römischen Handelsstadt entwickelt, die stark genug war, die Partei Caesars im Bürgerkrieg gegen Pompeius zu ergreifen. Bald danach wurde sie eine Kolonie (Colonia Martia Julia Salona) und unter Augustus die Provinzhauptstadt von Dalmatien.

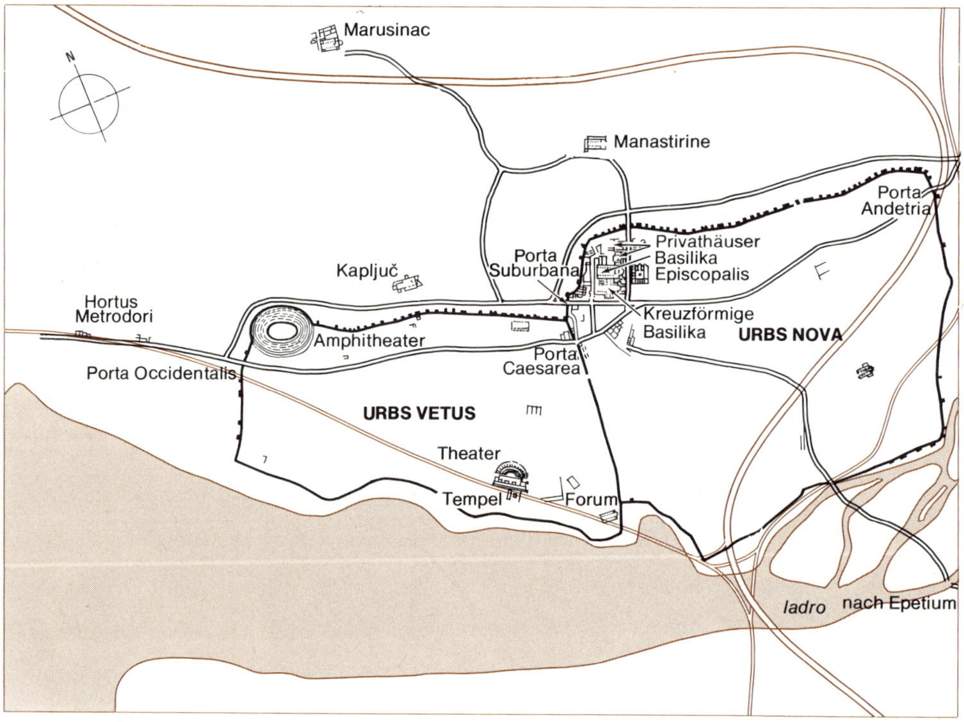

Seit der Antike blieb der Ort Salona unbewohnt, abgesehen von einigen kleinen Dörfern am Ortsrand. Trotz der Ausgrabungen, die im großen Maßstab durchgeführt wurden, weiß man fast nichts über die Geschichte der Stadt. Die vier Kilometer langen Ringmauern umschließen eine Fläche von 1400×700 m. Die zwei Ringmauern haben eine Seite gemeinsam; innerhalb der einen Mauer liegt die westliche Stadt, von den Archäologen *urbs vetus* genannt, und innerhalb der anderen die östliche Stadt, *urbs nova* mit Namen. Die ältere westliche Ringmauer stammt vermutlich aus der Regierungszeit Caesars, obwohl die sogenannte *porta Caesarea,* die die *urbs vetus* mit der *urbs nova* verbindet, eindeutig unter Augustus errichtet wurde; im 4. Jahrhundert baute man sie weitgehend um. Die Verteidigungsanlagen der östlichen *urbs nova* wurden offensichtlich während der Regierungszeit von Marcus Aurelius erstellt, im 4. und in der Mitte des 6. Jahrhunderts renovierte man die gesamte Anlage und baute massive vorspringende Türme an. Andere sichtbare Baudenkmäler sind unter anderem das im späten 1. oder 2. Jahrhundert errichtete Amphitheater, das 15 000 Zuschauer faßte und später in den Verteidigungsring der Stadt einbezogen wurde und als breite Bastion diente, sowie ein kleines halbkreisförmiges Theater im römischen Stil, das eine erhöhte Bühne aufwies; daneben lag ein Tempelbezirk.

Die wichtigsten Bauten stammen jedoch aus der frühchristlichen Zeit. In der Nordwestecke der *urbs nova* befand sich eine christliche Basilika und eine Kirche in Kreuzform, die beide zusammen mit ihren Taufkapellen im 4., 5. und 6. Jahrhhundert mehrfach umgebaut wurden. Außerhalb der Stadt gab es mindestens vier christliche Friedhöfe, auf denen sich Gedenkstätten der Märtyrer befanden, die während der großen Verfolgung unter Diokletian (etwa 303–304) den Tod fanden; der Friedhof bei Crkvina wurde völlig zerstört, als man dort Zement abbaute. Andere bei Manastirine, Marusinac und Kapljuč wurden von Archäologen ausgegraben; auch gewann man Kenntnisse über die architektonische Entwicklung der dort aufgefundenen Schreine, deren jüngste Exemplare aus dem Ende des sechsten Jahrhunderts stammen.

Der vielleicht berühmteste Sohn dieser Region aus der Umgebung von Salona war Diokletian. Diokletian wurde 246 geboren und lenkte 21 Jahre erfolgreich die Geschicke des Imperiums (284–305); danach dankte er ab und zog sich ins Privatleben zurück; zu diesem Zwecke erbaute er eine Villa an der Küste in der Nähe von Salona, wo er bis zu seinem Tode im Jahre 315 lebte. Später wurden Teile des kaiserlichen Wohnsitzes in eine kaiserliche Textilfabrik *(gynaecium)* umgewandelt. Während des 6. Jahrhunderts, als die Slawen anrückten, wurde die Villa zu einem Zufluchtsort für Flüchtlinge. Um sie herum wuchs die mittelalterliche Stadt Spalato (Split), deren Häuser und Geschäfte bis vor kurzem einen Großteil der römischen Bauten verbargen.

Der Palast bedeckte eine Fläche von ungefähr 3 ha; die Anlage bildete ein unregelmäßiges Viereck (216×180 m), dessen Nordseite nur 175 m lang war. Die Mauern bestanden aus einfachem Bruchkalkstein, der von der Insel Brattia (dem heutigen Brač) oder von dem nahe gelegenen Tragurium (Trogir) stammte. Ihre Nordseite war 17 m, ihre Südseite 24 m hoch. Auf der Oberseite der Nord-, Ost- und Südmauer befand sich ein von einer Arkade geschützter Gang; ferner wies die Südmauer eine Galerie mit drei Loggien auf. Die Tore an der Nord-, Ost-und Westmauer waren außen von achteckigen Türmen flankiert; an den Ecken und in regelmäßigen Abständen von den Achtecktürmen standen viereckige Türme, von denen drei samt Zwischenmauer fast vollständig bis zu ihrer ursprünglichen Höhe erhalten sind. Das Innere des Palastes wurde zwischen dem Ost- und Westtor durch eine Straße geteilt, an deren Seiten sich Säulenreihen befanden. Man weiß wenig über die Lage und Funktion der Bauten in der Nordhälfte, in der vermutlich die Leibwache und Diener sowie die Werkstätten usw. untergebracht waren. Im Süden der Straße lagen das achteckige Mausoleum des Diokletian (jetzt die Kathedrale von Split) und ein klassischer Tempel mit seinem umschlossenen Bezirk, einem nach beiden Seiten offenen, gepflasterten Platz, der von Kolonnaden umgrenzt war; heute wird er als Peristyl bezeichnet. Von hier betrat man die Privatgemächer, die sich über dem Erdboden auf einem fast acht Meter hohen Tonnengewölbe als Unterbau befanden.

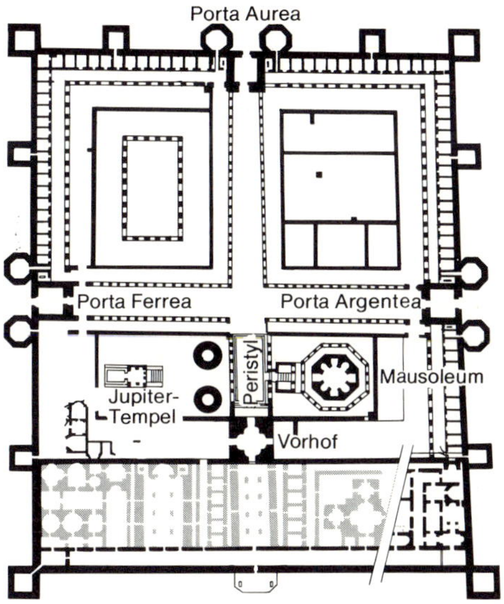

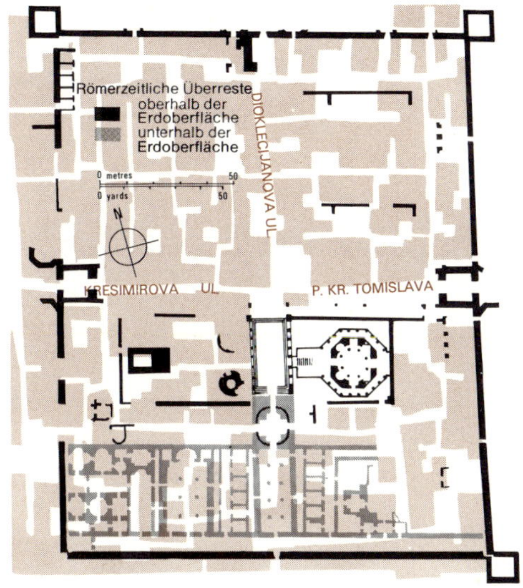

Der Diokletianspalast. Oben links: ursprünglicher Grundriß. Oben rechts: Römerzeitliche Überreste oberhalb und unterhalb der Erdoberfläche. Unten: Modell nach der Rekonstruktion von E. Hebrard

Von den ursprünglichen Hallen, Gängen, Vorhöfen und Zimmerfluchten ist fast nichts mehr erhalten, ausgenommen ein großes kreisförmiges Vestibül; die ursprüngliche Anordnung der Räume kann jedoch dem Grundriß der unterirdischen Kammern, die sie trugen, entnommen werden. Funde sind im Archäologischen Museum zu Split untergebracht.

Marasovic, J. und T.: *Diocletian Palace.* Zagreb 1968
Wilkes, J. J.: *Dalmatia,* London 1969

2 Sirmium

Jugoslawien

Sirmium, das heutige Sremska Mitrovic, lag am Nordufer des Flusses Sava im Südosten Pannoniens, nicht weit weg von dem Zusammenfluß mit der Donau, in der Nähe von Belgrad. Während der Eroberung Illyriens unter Augustus wurde der Ort ein römischer Militärstützpunkt, und unter den Flaviern wurde hier eine Kolonie (Colonia Flavia) errichtet, in der – nicht wie bei früheren Kolonien – die einheimische Bevölkerung eine wichtige Rolle spielte. Bei der Stadt kreuzten sich die Hauptrouten, die zu den Donauprovinzen führten; zu Beginn des dritten Jahrhunderts erhielt sie

Unten: Stadtplan von Sirmium
Rechts: Der südliche Teil der Stadt Sirmium

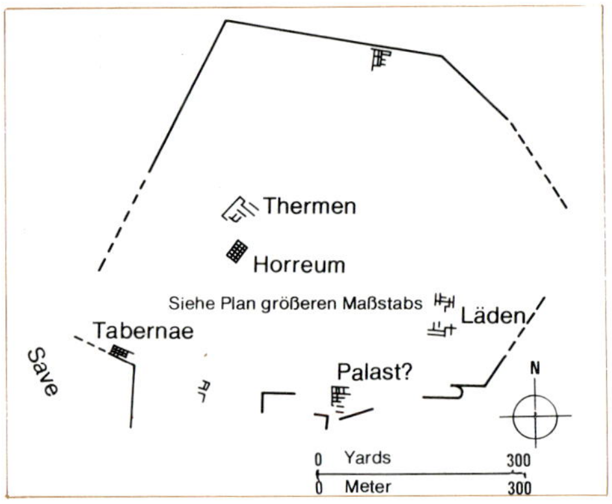

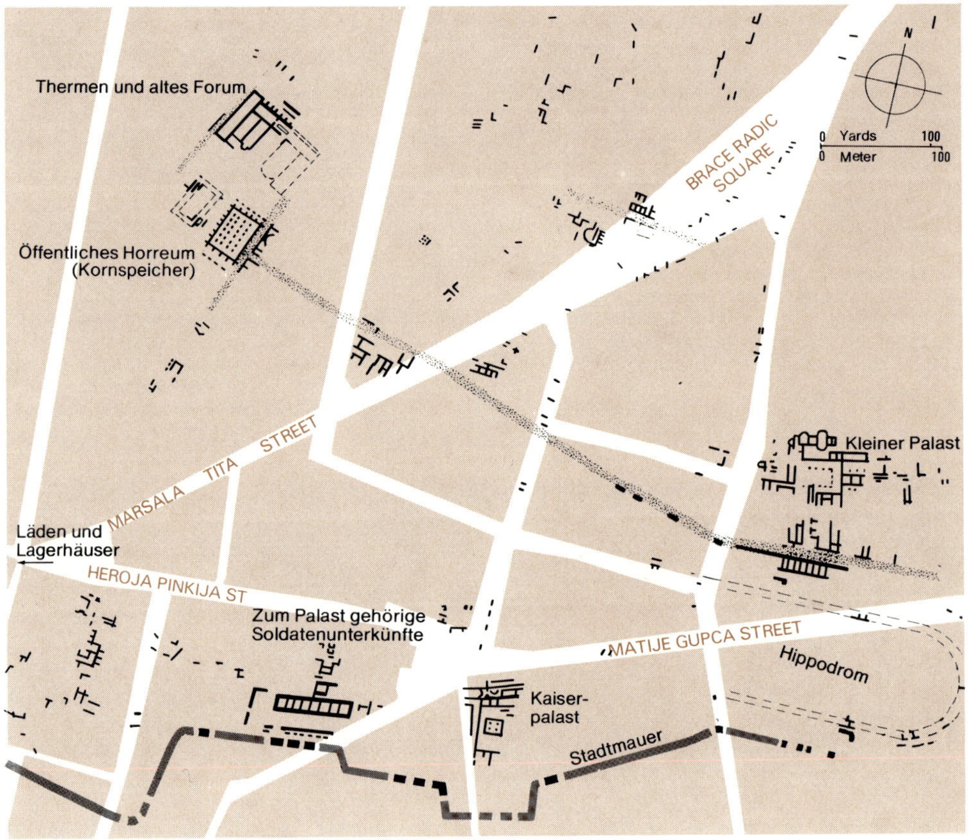

strategische Bedeutung, und seit der Herrschaft des Galerius war sie ein ständiger kaiserlicher Wohnsitz. In den Jahren vor 582 wurde Sirmium schließlich von den Avaren zerstört; aus dieser Zeit stammt auch der dramatische Hilferuf, der an ein Backsteingebäude geschrieben wurde.

Heute finden sich in dieser Stadt viele beeindruckende Überreste aus dem Altertum, doch fällt es einem schwer, ihre Bedeutung richtig zu verstehen; auch stellt die Topographie der Stadt als ganzes ein Problem dar. Klar scheint jedoch zu sein, daß in Sirmium Monumentalbauten aus Backstein – wahrscheinlich ohne Rücksicht auf die Kosten – errichtet wurden, nachdem die Stadt kaiserliche Residenz geworden war. Abgesehen von einer riesigen Bäderanlage, sind hier ein großräumiges Lagerhaus mit Fußböden auf Steinsäulen – wie dies bei den Kornspeichern *(horreum)* üblich war –, Überreste eines Gebäudes, das vermutlich zu den kaiserlichen Gebäuden gehörte, eine Reihe von Läden, die Teil des Stadtmarktes waren, ein Hippodrom, das ebenfalls dem Kaiserpalast zuzuordnen ist, und einige luxuriöse Privathäuser in Backstein zu sehen, die anscheinend den kaiserlichen Beamten gehörten. Die Inschriften weisen darauf hin, daß die Einwohner der Stadt vorwiegend christlich waren. Funde, die vor 1918 geborgen wurden, sind im Archäologischen Museum zu Zagreb, andere im Vojvodina Museum in Novi Sad und im Nationalmuseum in Belgrad untergebracht.

Hoffiller, Viktor, *VI. Int. Kongr. für Arch. Berlin 1939.* Berlin 1940, S. 517–526
Mócsy, András: *Pannonia and Upper Moesia.* London 1974, S. 321f.
Ochsenschlager, E. und Popović, V.: *Sirmium, I–III,* Belgrad und New York; 1971–1973

3 Ulpia Traiana (Sarmizegetusa)

Rumänien

Ulpia Traiana, die ursprüngliche Hauptstadt des römischen Dakien, lag im heutigen Haţeg, ungefähr 8 km östlich der Transsylvanischen Eisernen Tore. Während der Eroberungszüge von Trajan war der Ort ein Militärstützpunkt, um den eine Siedlung entstand; zwischen 108 und 110 n.Chr. wurde er Ausgangspunkt für eine Veteranenkolonie (Colonia Ulpia Traiana Augusta Dacia). Unter Hadrian erhielt sie den Namen der alten dakischen Hauptstadt, Sarmizegetusa, die 60 km östlich in den Bergen lag. Ulpia Traiana war der Wohnsitz des Reichsstatthalters *(procurator)* für die drei Provinzen Dakiens. Unter Severus Alexander (222–235) wurde ihr der ungewöhnliche Titel *metropolis* verliehen, doch nach der Mitte des 3. Jahrhunderts erlebte die Stadt einen schnellen Niedergang und war seitdem nicht bewohnt. Das Zentrum der Kolonie war von einer Steinmauer in Form eines Rechteckes (600×540 m) umschlossen; ihre Ecken waren abgerundet. Hier legte man einige wichtige Bauten frei. Zu dem *forum,* das teilweise ausgegraben wurde, gehörte eine *basilica* (85×

10 m), die in drei Bauabschnitten errichtet worden war, und drei Fundamente für Statuen, darunter eines, das das Standbild des Statthalters M. Sedatius Severianus trug, aufwies. An der Rückseite der *basilica* führte eine Treppe zu einem beheizten Raum, wahrscheinlich die *curia*, wo der Stadtrat und im 3. Jahrhundert der Rat der drei dakischen Provinzen ihre Sitzungen abhielten. Im Süden der Basilika lag ein offener Platz (85×42 m), der mit Fliesen belegt und von einem überdachten Portikus umgrenzt war. Im Norden des *forum* befinden sich die Überreste eines großen rechteckigen Gebäudes, das ursprünglich zwei Stockwerke und mit Stützpfeilern versehene Außenmauern aufwies; der gesamte Bau (*aedes Augustalium* genannt) von 85×65 m war anscheinend das Zentrum eines besonderen Kaiserkultes, das den reichen Freigelassenen *(Augustales)* als Ausgleich dafür zur Verfügung gestellt wurde, daß sie für normale Stadtämter nicht gewählt werden konnten. Hinter dem Gebäude lag der Altar *Roma et Augustus;* darunter hatte man unterirdische Zisternen angelegt.

Außerhalb des von Mauern umgebenen Bezirkes befinden sich die Überreste des Amphitheaters, das direkt auf dem Erdboden errichtet wurde und 5000 Besuchern Platz bot. Man hat die Lage von über einem Dutzend Tempeln ausfindig gemacht, die einer Reihe klassischer und orientalischer Gottheiten geweiht waren. Ebenso bemerkenswert ist das Privatmausoleum der Familie Aurelius, das ungefähr 600 m östlich der Stadt lag und in Kreisform mit einem Durchmesser von 21 m erbaut wurde. Wahrscheinlich stammt es aus der Mitte des 2. Jahrhunderts, als die Familie eine wichtige Rolle in der Politik des Ortes spielte. Weiter von der Stadt entfernt wurden viele wertvolle Funde bei Ausgrabungen römischer Bauernhäuser *(villae rusticae)* geborgen, die den wirtschaftlichen Aufschwung widerspiegeln, den die Gegend im 2. Jahrhundert genommen hatte. Funde sind im Museum am Ort, in Deva und Cluj sowie im Nationalmuseum zu Bukarest untergebracht.

Daicoviciu, C. und H.: *Ulpia Traiana (Monumentele patriei noastre)*, Bukarest 1962

Unten: Ulpia Traiana. Stadtplan

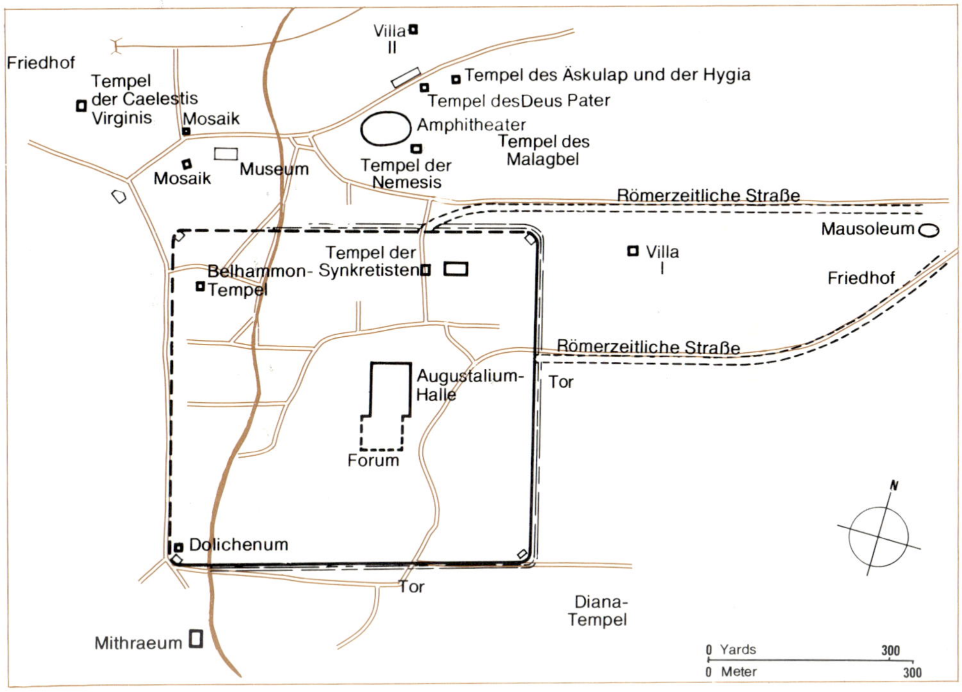

4 Adamklissi

Rumänien

Dieses berühmteste römische Kriegsdenkmal wurde zur Erinnerung an die Eroberung Dakiens durch Trajan in Form eines monumentalen *tropaeum* ungefähr 60 km südwestlich von Constanţa und 16 km südlich der Donau in Moesia Inferior errichtet. Warum es an dieser Stelle stand, ist nicht klar; wahrscheinlich wurde es zusammen mit einem mehrere hundert Meter entfernten Altar erbaut, auf dem die Namen der Soldaten eingemeißelt waren, die in einem der dakischen Kriege – entweder in dem, den Domitian (86–88 n. Chr.) oder den Trajan führte – gefallen waren. Eine Inschrift, die zweimal an dem sechseckigen Podest zu lesen war, das das 8 m hohe Siegeszeichen trug, berichtet, daß das *tropaeum* im Jahre 109 dem Rachegott Mars *(Mars Ultor)* geweiht wurde. Es bestand aus einem kompakten Betonsockel mit einem Durchmesser von 30 m, der auf einer mit neun Stufen versehenen Plattform erbaut wurde. Ursprünglich zogen sich um das Rund ein Fries mit Ornamenten und sieben einfache Bänder aus Kalkstein, die 54 Metopen einrahmten; sie befanden sich entweder in der Mitte des Sockels oder direkt unterhalb des Simses. Wie die einzelnen Bestandteile des

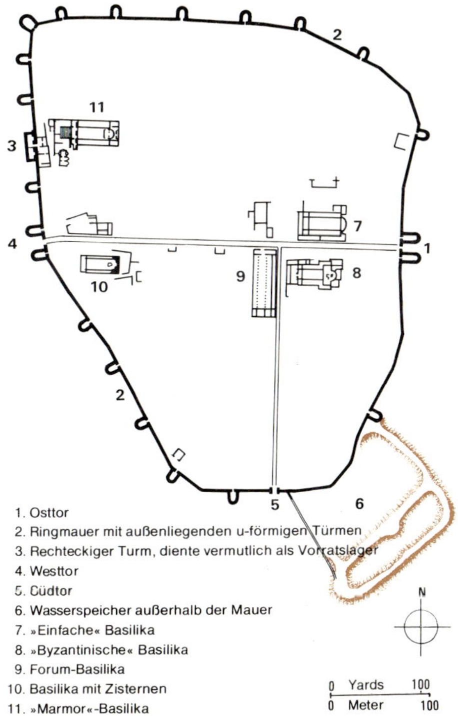

1. Osttor
2. Ringmauer mit außenliegenden u-förmigen Türmen
3. Rechteckiger Turm, diente vermutlich als Vorratslager
4. Westtor
5. Südtor
6. Wasserspeicher außerhalb der Mauer
7. »Einfache« Basilika
8. »Byzantinische« Basilika
9. Forum-Basilika
10. Basilika mit Zisternen
11. »Marmor«-Basilika

Baus aussahen und vor allem, in welcher Reihenfolge die Metopen angebracht waren, ist umstritten. Eine jüngst von Florea Bobu Florescu vorgenommene Anordnung, wie sie zur Zeit an dem Denkmal zu sehen ist, beruht auf einer Untersuchung darüber, wie die Metopen und der Fries angefertigt wurden; außerdem berücksichtigte man die Lage der Metopen, die nach einem größeren Erdbeben abgefallen waren. Auf den Reliefs der einzelnen umrahmten Metopen ist eine Vielzahl von Themen dargestellt, unter anderem Kampfszenen zwischen Römern und Dakern (auch germanische und sarmatische Verbündete sind zu sehen); Trajan und sein Gefolge sind mehrfach abgebildet, ebenso dakische Wagen sowie Frauen und Kinder bei ihrer Gefangennahme. In dem Tal unterhalb des Denkmals entstand eine Stadt, die unter dem Namen Tropaeum Traiani bekannt wurde. Die meisten der bedeutenden Überreste stammen aus der Regierungsperiode von Konstantin I. und der Zeit danach, als die Stadt nach der Zerstörung durch die Goten völlig wiederaufgebaut wurde; dieser Neubeginn ist in einer wortreichen Inschrift aus dem Jahre 316 n. Chr. belegt. Die

Unten links: Römisches Kriegsdenkmal (tropaeum), von Kaiser Trajan bei Adamklissi errichtet und 109 n. Chr. zur Erinnerung an die Siege der Römer über die Daker eingeweiht. Rechts: Grundriß des Trajan-Denkmals

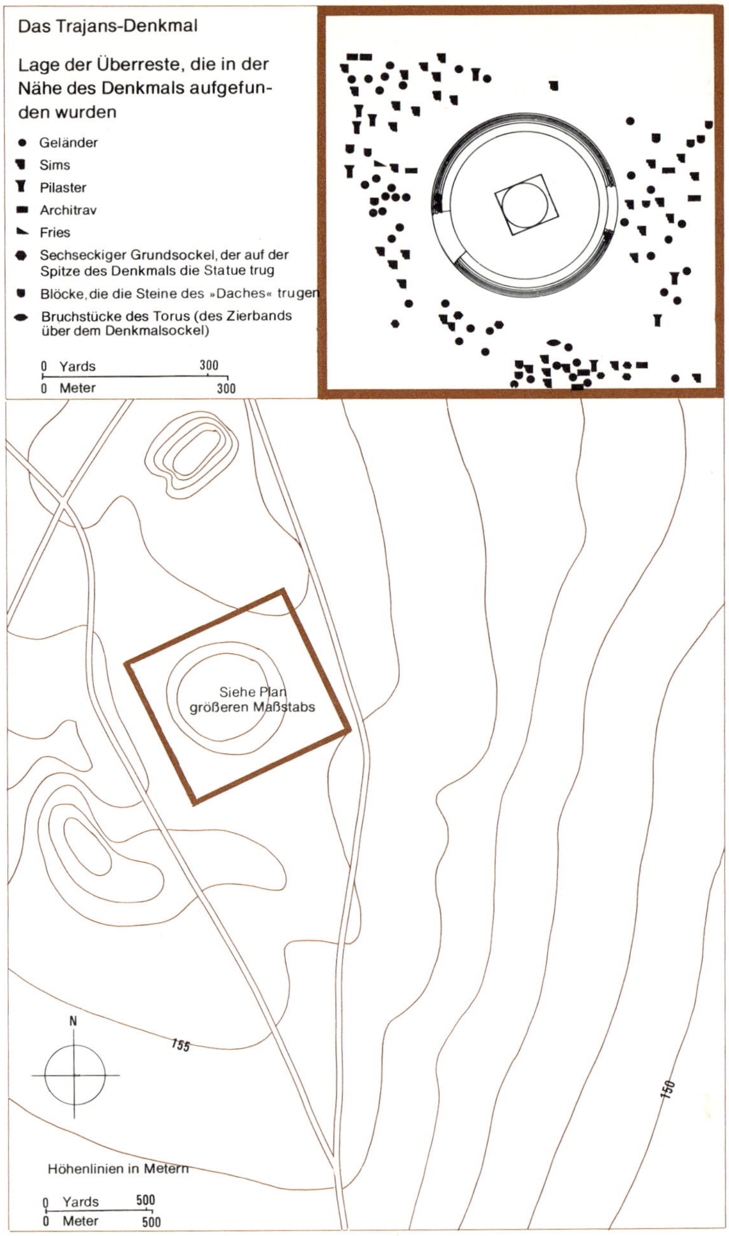

Stadtmauern waren 4 m breit und besaßen zweiundzwanzig vorragende Türme; sie umschlossen eine Fläche von 10 ha. Von den drei Toren waren diejenigen an der Ost- und Westseite von Türmen flankiert; das dritte Tor im Süden stellte jedoch nicht mehr als eine schmale Hintertür dar. An den Seiten der gepflasterten Straße zwischen den zwei Haupttoren befanden sich überdachte Portiken. An der Ecke einer Seitenstraße, die zum Südtor führte, stand die große *basilica* (60×26 m) mit zwei Reihen von jeweils achtzehn Säulen. Vier weitere ähnliche Gebäude dienten als christliche Kirchen; eine von ihnen wurde im sechsten Jahrhundert weitgehend umgebaut. Die Stadt wurde über drei Aquädukte mit Wasser versorgt, von denen einer zu dem außerhalb der Stadtmauern im Südosten gelegenen Reservoir führte. Gegen Ende des sechsten oder zu Beginn des siebten Jahrhunderts wurde die Stadt wieder bei einem feindlichen Überfall zerstört und blieb seitdem unbewohnt.

Funde sind im Museum zu Constanţa und in dem Archäologischen Institut in Bukarest ausgestellt.

Florescu, Florea Bobu: *Das Siegesdenkmal von Adamklissi.* Bonn 1965. Deutsche Ausgabe der detaillierten Beschreibung des *tropaeum*

Richmond, I. A.: *Papers of the British School at Rome,* XXXV, 1967, S. 29–39

Vulpe, R. und Barnea, I.: *Din Istoria Dobrogei,* 2, Bukarest 1968, S. 383–386, 507–509. Zusammenfassende Darstellung des gegenwärtigen Wissensstandes über Adamklissi aus rumänischer Sicht

Griechenland

Griechenland, das östlichste der im Süden gelegenen Länder Europas, wird hauptsächlich von Gebirgszügen aus Kalkstein mit häufig mehr als 1500 m hohen Kämmen geprägt, die von Norden nach Südsüdosten bzw. Südosten verlaufen und sich in den Inselketten im Ägäischen Meer fortsetzen. Nur ein Fünftel des Landes kann landwirtschaftlich genutzt werden; Reisen über Land sind oft mit Schwierigkeiten verbunden, und Schiffsrouten können nur in beschränktem Umfang benutzt werden, da im Winter viele Stürme toben und günstig gelegene Häfen vom Lande her schwer zugänglich sind. Auch muß man mit Erdbeben rechnen, besonders am Golf von Korinth; ebenso gibt es bei Thera (Santorini) und auf Nisyros immer noch tätige Vulkane; diese natürlichen Gefahren haben jedoch die Menschen nicht abschrecken können, sich hier anzusiedeln. Die bemerkenswerteste geologische Änderung seit der Antike besteht in der ungleichen Anhebung des Meeresspiegels, die vermutlich 2 m im Durchschnitt betrug – eine Höhe, die genügte, um viele Hafenanlagen untergehen zu lassen. Sieht man von einigen Schwankungen ab, so scheint das Klima mit heißen Sommern und einer jährlichen Regenmenge – die meist nur im Winter gemessen werden kann – von 500 mm an der Ostküste und 1000 mm oder mehr an der Westküste in den letzten zwei- oder dreitausend Jahren gleich geblieben zu sein. Da aber Kalkstein durchlässig ist, nützen die Regenfälle kaum etwas; auch führen wenige Flüsse Griechenlands das ganze Jahr über Wasser, und keiner kann für die Schiffahrt genutzt werden. Die wichtigsten Feldfrüchte waren Getreide, Oliven und Trauben, die in den Ebenen und auf den steinigen Terrassen der Berghänge wuchsen. In den höheren Lagen wurden den Sommer über Schafe und Ziegen geweidet. Außerdem hielt man noch Großvieh (als Zugtiere) und Schweine; Pferde wurden für landwirtschaftliche Arbeiten nicht herangezogen. Auf einigen Gebirgszügen war der Baumbestand größer als heutzutage.

Obwohl in der späten Bronzezeit (während der mykenischen Periode) ein griechischer Dialekt in Griechenland gesprochen wurde, wäre es irreführend zu behaupten, in diesem Land hätte zu dieser Zeit eine »griechische« Kultur existiert. Die mykenische Kultur wies eine durchgebildete und autokratische Ordnung auf, deren Mittelpunkt einige große, gewöhnlich befestigte Paläste bildeten , die sehr luxuriös ausgestattet waren; auch unterhielten ihre Bewohner vielfältige Beziehungen zum Ausland. Als die Paläste – hauptsächlich im 13. Jahrhundert v. Chr. – zerstört wurden, waren die hochentwickelten handwerklichen und administrativen Fähigkeiten nicht mehr länger gefragt, und die damals noch kaum entwickelte griechische Gesellschaft übernahm, nachdem viele ihrer Mitglieder vertrieben worden waren oder den Tod gefunden hatten, von den Mykenern einige religöse Vorstellungen, Legenden und wichtige oder leicht erlernbare Fertigkeiten; doch waren ihre Maßstäbe und Zielvorstellungen in sehr starkem Maße von ihrer bäuerlichen Lebensweise geprägt. Diese neue Gesellschaft setzte sich aus hundert oder mehr meist kleinen Gemeinschaften zusammen, die keinen sehr großen kulturellen Ehrgeiz entwickelten. Sie nahmen höchstens mit ihren Nachbarn an Festen teil, wobei sie an Heiligtümern zusammenkamen, sonst waren sie eifersüchtig auf ihre Unabhängigkeit bedacht.

Dieses Verhalten ist auch keineswegs überraschend, wenn man bedenkt, daß für eine Vereinigung der Gemeinschaften keine wirtschaftlichen Gründe vorhanden waren, und dem Druck, den ein mächtigerer Nachbar ausübte, begegnete man oft durch ein Bündnis mit einem älteren Feind des Aggressors. Die Ausnahme bildete SPARTA, das den von ihm nicht besiedelten Teil Lakoniens und 700 v. Chr. auch Messenien unterwerfen konnte; allerdings mußte sich die spartanische Gesellschaft in außergewöhnlichem Maße an militärischen Notwendigkeiten orientieren. Auch ATHEN gelang es, die übrigen Gemeinschaften Attikas zu einem friedlichen Bund zu vereinen.

Jede unabhängige Gemeinschaft nannte sich *polis* (»Stadtstaat«). Das gängige Regierungssystem war dreigeteilt: Es bestand aus einer Exekutive, einem Rat und der allgemeinen Versammlung aller erwachsenen männlichen Bürger, doch wechselten Zusammensetzung und Machtbefugnisse dieser drei Gewalten. Ursprünglich wurde die Exekutive vom König wahrgenommen; der Rat – bestehend aus den Mitgliedern des Adels – hatte beratende Funktion, und die Versammlung konnte lediglich zu Beschlüssen ihre Zustimmung geben. In den meisten Staaten wurde das Königtum relativ bald – im 8. Jahrhundert v. Chr. allgemein – von einem jährlich neu gewählten Gremium adeliger Beamter abgelöst – ein System, das verhindern sollte, daß ein einzelner beständig die Macht innehatte. Die tatsächliche Regierungsgewalt lag beim Rat, die Beamten konnten jedoch von der Versammlung gewählt werden. Später, als andere Bedingungen gegeben waren, wurde dieses aristokratische Herrschaftssystem seinerseits in Frage gestellt und in den meisten Stadtstaaten durch die Regierungsform der Oligarchie oder der Demokratie abgelöst; bei ihr konnten sehr viele oder – in extremen Fällen – alle Bürger in Ämter gewählt werden, und die Versammlung hatte die größte Machtbefugnis, obwohl ein gewählter Rat die politischen Entscheidungen vorbereitete. Diese Regierungssysteme benötigten, sogar als sie mehr Öffentlichkeitscharakter erhielten und vielfältigere Aufgaben wahrnahmen, keinen größeren Verwaltungsapparat; die Regierungsgeschäfte wurden in kleinen Amtsstuben und einem Ratssaal *(bouleuterion)*, einem offenen Versammlungsplatz (der auch das Theater sein konnte) und, falls nötig, einem umschlossenen Gerichtsbezirk abgewickelt. Auch mögen besondere Räume für die Aufbewahrung von Unterlagen vorhanden gewesen sein. Soweit dies möglich war, befanden sich die entsprechenden Bauten auf der *agora*, dem üblichen Versammlungsplatz der Bürger, später wurden auf diesem Platz häufig die Märkte abgehalten. Das Bürgerrecht stellte, besonders in der Demokratie, ein kostbares Privileg dar, und im allgemeinen beschränkten die griechischen Stadtstaaten dieses Vorrecht streng auf die männlichen Nachkommen verheirateter Bürger.

Über die Frühe Eisenzeit in Griechenland (11. bis 8. Jahrhundert v. Chr.) wissen wir wenig. In den mündlichen Überlieferungen, auf die sich die ersten griechischen Geschichtsschreiber im 5. Jahrhundert v. Chr. beriefen, wird sie fast völlig ignoriert. Funde aus dieser Zeit wurden, abgesehen von bemalten Tongefäßen, bis vor kurzem kaum archäologisch untersucht. Anfänglich wanderten Griechen nach der Westküste der Türkei aus, wo eine Vielzahl von Stadtstaaten entstand; eine Reihe wurde dort gegründet, wo bereits mykenische Siedlungen bestanden hatten.

Obwohl die Kolonisten Verbindung mit dem Mutterland hielten, begannen sie, mit noch weiter entfernt gelegenen Ländern Handel zu treiben. In ihrer ursprünglichen Heimat befand sich die Kultur auf einer niedrigen Stufe, und die Bevölkerung wurde ständig vom Meer her und an den Landesgrenzen bedroht (wie die Lage der Orte ZAGORA und EMPORIO beweist). In dieser Zeit wurden keine ehrgeizigen architektonischen Pläne verwirklicht, Skulpturen sind aus dieser Epoche nicht bekannt, die kleinen Tonfiguren, die in dieser Periode angefertigt wurden, waren ungeschlacht, und diejenigen aus Bronze, die vor dem 8. Jahrhundert entstanden, nicht minder. Die bemalten Tongefäße waren lediglich mit einfachen, aber harmonisch angeordneten Ornamenten verziert.

Im frühen 8. Jahrhundert änderte sich die wirtschaftliche und politische Lage; einige Stadtstaaten konnten ihre Einwohner kaum noch ernähren, die wohlhabenden Bürger verlangten nach immer kostbareren Luxusgütern, die aus den östlicher gelegenen Ländern importiert wurden, so trieben griechische Geschäftsleute Handel in Syrien, aber auch in Italien. Dies regte die griechischen Handwerker selber an, ähnliche Erzeugnisse herzustellen. Auch übernahmen sie das Alphabet und führten die Schriftsprache wieder – diesmal in vereinfachter Form – ein, eine Fertigkeit, die nach dem Zusammenbruch des mykenischen Reiches verlorengegangen war. In Italien waren die griechischen Händler besonders an Eisen und Bronze interessiert, die die Etrusker feilboten. Bald jedoch begann die Emigration in dieses Land, und im späten 8. und frühen 7. Jahrhundert wurden an der süditalienischen und sizilianischen Küste viele griechische »Kolonien« (wie sie genannt wurden, obwohl sie neue unabhängige Stadtstaaten darstellten) errichtet. Später gründete man im Norden der Ägäis, am Marmarameer und Schwarzen Meer weitere Kolonien. In den meisten dieser neuen Siedlungen wurde Landwirtschaft betrieben, deren Überschüsse man nach dem Mutterland exportierte. So konnten Städte wie Korinth expandieren, indem sie Nahrungsmittel gegen Fertigwaren tauschten. Dieser wirtschaftliche Wandel hatte einschneidende und unterschiedliche Folgen für die politische Entwicklung, das geistige und kulturelle Leben. In der archaischen Zeit bildeten sich die wesentlichen Merkmale der »griechischen« Kultur heraus.

Während die Stadtstaaten des europäischen Griechenland sich nur gegenseitig bekämpften, stießen die griechischen Gemeinschaften in Asien auch auf fremde Feinde; 550 v. Chr.

N
0 Meilen 50
0 Kilometer 80
Die dunklere Färbung zeigt Land über 200 m Meereshöhe an
THRA
Dyrrhachium
MACEDONIA
ILLYRIA
Philippi
Pella
Thasos
Samothrake
Thessalonica
Olynth
Lemnos
EPIRUS
Corcyra
Dodona
THESSALIEN
Ägäisches
Lesbos
AETOLIEN
EUBOEA
PHOKIS
Delphi
Chalcis
Eretria
Meer
Chios
Theben
BOEOTIA
Empo
ACHAEA
ATTIKA
Megara
Athen
Andros
Korinth
Aegina
Zagora
ARCADIA
Argos
Olympia
Epidaurus
PELOPONNES
Delos
MESSENIA
Sparta
Paros
Naxos
LACONIA
Melos
Thera
Mittelmeer
KRETA

wurden sie Untertanen der lydischen und später der persischen Könige, die ihren Herrschaftsbereich bis nach Thrakien ausdehnten. 490 v. Chr. überquerte eine kleine persische Flotte das Ägäische Meer, um Athen und Eretria dafür zu bestrafen, daß sie die asiatischen Griechen in einem Aufstand unterstützt hatten, der allerdings niedergeschlagen worden war. Eretria wurde eingenommen, und seine Einwohner wurden nach Mesopotamien verschleppt – die Perser behandelten sie menschlicher, als sie es von einem griechischen Sieger hätten erwarten können. Die Athener hingegen besiegten zusammen mit ihren Verbündeten, den Plataeern (die von Athen abhängig waren, da es ihnen gegen Theben Schutz gewährte), die persischen Truppen bei Marathon. 480 v. Chr. kamen die Perser, diesmal auf dem Landwege, mit einem größeren Heer zurück, um ganz Griechenland zu annektieren. Die Staaten nördlich des Isthmus von Korinth waren klug genug zu kapitulieren, ausgenommen Athen und Plataeae, die nichts zu verlieren hatten. Unter der Führung von Sparta beschlossen die meisten Stadtstaaten auf dem Peloponnes, sich am Isthmus den Persern entgegenzustellen (nur Argos, Spartas Rivale, schloß sich diesem Unternehmen nicht an). Die Folge war, daß sich die Bevölkerung aus Attika zurückzog und dieses Gebiet systematisch verwüstet wurde. Glücklicherweise gelang es der griechischen Flotte, die zum weitaus größten Teil aus athenischen Schiffen bestand, ihren Gegner in die Meerenge von Salamis zu locken und entscheidend zu besiegen. Im darauffolgenden Sommer schlugen die vereinigten griechischen Truppen das persische Heer bei Plataeae, das sich dann nach Asien zurückzog.

Sparta war mehr daran interessiert, seine von ihm unterworfenen Stadtstaaten unter Kontrolle zu halten, und wollte deshalb den Feldzug gegen die Perser nicht fortsetzen; Athen hingegen stellte nicht nur eine Seemacht dar, sondern war kurz zuvor eine Demokratie geworden, und Demokratien (in denen auch die Armen mitentscheiden konnten) neigten allzu schnell dazu, sich auf Abenteuer einzulassen, die Profit verhießen. So machte sich Athen daran, die griechischen Untertanen Persiens zu befreien; zu diesem Zwecke schloß es mit ihnen und anderen von den Persern bedrohten Stadtstaaten ein Bündnis zur gegenseitigen Hilfeleistung, das bald darauf die Vorherrschaft Athens begründete. Die Abgaben, die die Bündnispartner entrichten mußten, machten Athen zur reichsten und größten Stadt Griechenlands und zum geistigen und künstlerischen Zentrum des Landes zugleich. Der Versuch, seinen Einflußbereich zu erweitern, führte 431 v. Chr. zu einem Krieg gegen Sparta und seine Verbündeten, der im Jahre 404 mit der völligen Niederlage Athens, dem Verlust der Vorherrschaft und seiner Einkünfte endete. In den folgenden dreißig Jahren beherrschte Sparta Griechenland, bis es von Theben abgelöst wurde; schließlich machte sich 338 v. Chr. Philipp II., der König der Makedonier – eines nach allgemeiner Auffassung nichtgriechischen Volkes, das vermutlich auch nicht Griechisch sprach –, zum Herrscher Griechenlands. In dieser »klassischen« Zeit, vom frühen 5. bis zum 4. Jahrhundert v. Chr., in der in der Kunst und Architektur vollendete Werke geschaffen wurden, herrschte in Griechenland ein noch nie dagewesener Reichtum. Im Jahre 336 v. Chr. wurde Philipp ermordet. Sein Sohn Alexander der Große schlug den zwangsläufig ausbrechenden Aufstand der Griechen nieder, griff danach das Perserreich an, eroberte Asien bis einschließlich Pakistans, unterwarf Ägypten und verbreitete dort, wo seine Soldaten hinkamen, die griechische Kultur. Als er 323 starb, ließ er ein Kind als Erben und sieben begabte Generale zurück, die bald über seine Hinterlassenschaft in Streit gerieten. Schließlich gingen vier »hellenistische« Königreiche aus der Auseinandersetzung hervor: Makedonien, Pergamon (in der westlichen Türkei), Syrien, zu dem einige unbedeutende Gebiete weiter im Osten gehörten, und Ägypten. Griechenland selber, das inzwischen unabhängig geworden war und dessen Städte sich wieder untereinander bekriegten, spielte nur eine untergeordnete Rolle, obwohl für die vielfältigsten Aufgaben im syrischen und ägyptischen Königreich Griechen herangezogen wurden und es – teilweise wegen seiner politischen Ohnmacht – als kultureller Mittelpunkt der damaligen Welt Verehrung genoß. Im zweiten Jahrhundert begannen die Römer sich für Griechenland zu interessieren: sie annektierten Makedonien und erlangten die Kontrolle über Griechenland, die sie jedoch nur sehr oberflächlich ausübten, bis 27 v. Chr. (von da ab beginnt für die Archäologen die »römische« Periode Griechenlands) Kaiser Augustus es zur Kolonie mit Korinth als Hauptstadt machte. Die Reichen wurden bald willige Partner der Römer, die Armen hingegen, die nun ihrer bisherigen Vorrechte beraubt waren, konnten sich lediglich damit zufriedengeben, daß in dem Land Ruhe herrschte. Bis zur Mitte des 2. Jahrhunderts n. Chr. trugen reiche Bewunderer zur Erhaltung einiger antiker Orte und Heiligtümer bei; andere Städte und Baudenkmäler verfielen jedoch oder verschwanden völlig vom Erdboden, und als der Reichtum des römischen Imperiums zu schwinden begann, war Griechenland mehr und mehr auf seine eigenen schwachen Mittel angewiesen. Ein Einfall der germanischen Heruler im Jahre 267 n. Chr. richtete große Zerstörungen an; obwohl im Jahre 330 die Hauptstadt des Römerreiches nach dem griechischen Byzantion (ISTANBUL) verlegt wurde, bedeutete die Anerkennung des Christentums als Staatsreligion sogar den Verlust des kulturellen Ansehens von Griechenland. Als 1832 das moderne Griechenland geschaffen wurde, blieb von seiner antiken Vergangenheit ein kleiner Rest von Ruinen übrig, von denen die in ihrer Nähe lebenden Bewohner sich auf bequeme Weise mit Baumaterial versorgten.

In der Kunst der Frühen Eisenzeit dominierte die einfache, aber ausgewogene Anordnung abstrakter Muster, und erst in der Mitte des 8. Jahrhunderts versuchte man ernsthaft, Figuren, wenn auch in abstrakter Gestaltung, zu formen. In der Hauptsache wurden bemalte Tongefäße und Metallarbeiten hergestellt. In der zweiten Hälfte des 8. Jahrhunderts wandte man sich neuen Tier- und Pflanzenmotiven zu, die man in der orientalischen Kunst vorfand, kopierte und adaptierte, besonders diejenigen Syriens; diesen neuen griechischen Stil nannte man den »orientalischen«. Im frühen 7. Jahrhundert wurden Skulpturen angefertigt, und ungefähr zur gleichen Zeit entstanden die ersten anspruchsvollen Bauwerke. In der Bildhauerei und Malkunst wurde zunächst jeder Teil des menschlichen Körpers frontal oder im Profil dargestellt; das beständige Bemühen der Griechen um anatomische Genauigkeit jedoch, das keinerlei Beschränkung durch religiöse oder politische Weltanschauungen erfuhr, veranlaßte sie um 500 v. Chr., verdrehte und schräge Stellungen der Körper wiederzugeben. Diese Entwicklung kann man klar an den bemalten Vasen verfolgen, die in großen Mengen hergestellt wurden ; sie sind zu den hervorragendsten Kunstwerken der Zeit bis zum 5. Jahrhundert zu zählen. Die Bildhauerei im 5. Jahrhundert erreichte eine klare Ausgewogenheit zwischen Natur und Form; im 4. Jahrhundert herrschte die szenische Anordnung und Darstellung aktueller Begebenheiten vor, und im 3. und 2. Jahrhundert wurden verschiedene neue Ausdrucksformen, vom Barocken bis zum Sentimentalen, verwirklicht; dann allerdings machte das schöpferische Schaffen dem Kopieren älterer Werke Platz, weil man römische Kunden zufriedenzustellen hatte. Die Griechen hatten eine große Vorliebe für Marmor- und Bronzestatuen, die in Heiligtümern und auf anderen öffentlichen Plätzen aufgestellt wurden; doch blieben wenige Exemplare erhalten. Erwähnt werden sollte noch, daß die Marmorstatuen bemalt wurden, um sie natürlicher erscheinen zu lassen, und daß bei den Bronzestandbildern Augen, Lippen und Brustwarzen eingesetzt wurden.

Die griechische Architektur lehnte sich stark an die Bildhauerei an und orientierte sich mehr am Schönen als am Nützlichen. Die wichtigsten Bauelemente waren Sturz und Stützpfosten; dies bedeutete, daß bei Zwischenräumen von mehr als 6 Metern Zwischenstützen benötigt wurden. Als Material verwendete man quadratische Steinblöcke, die genau aufeinander paßten und ohne Mörtel miteinander verbunden wurden. Bogen und Gewölbe, gebrannte Ziegel und Beton waren vor der Römerzeit kaum bekannt. Die wichtigsten architektonischen Ordnungen waren das Dorische und das weniger schwerfällige und dekorativere Ionische. Der Tempel stellte den wichtigsten Gebäudetyp dar: er bestand aus einem länglichen Bau, der von einer Kolonnade umgeben war. Er diente als Aufbewahrungsort von Kultgegenständen und wertvollen Opfergaben; häufig war in seinem Inneren eine eindrucksvolle Statue des Schutzgottes aufgestellt. Als Aufbewahrungsort für die wertvollen Weihegeschenke dienten kleinere Häuser mit Säulenportalen. Das *propylon*, ein großer Torweg, besaß auf beiden Seiten ein ähnliches Portal, ebenso vermutlich das Brunnenhaus, und zwar dort, wo sich die Ausgußröhren befanden. Die *stoa* – die Bedeutungsverengung des Wortes stammt aus der Moderne – lag normalerweise an der *agora* oder bei einem Heiligtum. Meistens bestand sie aus einer langen Halle mit einer offenen Kolonnade auf einer Seite und diente als überdachte Promenade, hinter der sich gewöhnlich Geschäfte befanden. Die *palaestra* war ein viereckiger Platz, der von Kolonnaden umgrenzt war, hinter denen Räume lagen; sie diente als Trainingsplatz für sportliche Betätigungen. Ein größerer Platz mit einer Rennbahn von ungefähr 200 m Länge wurde allgemein als *gymnasium* bezeichnet. Diese Sportanlagen befanden sich oft am Rande der Stadt. Die Räume für den Rat waren in annähernd quadratischen Gebäuden untergebracht, die häufig Säulenportale aufwiesen. Aus Sparsamkeitsgründen wurden die Theater in Berghänge hineingebaut; ihr ästhetischer Reiz lag nicht so sehr in ihrer ornamentalen Ausgestaltung, sondern in der Anlage selber. Erst in der Römerzeit wurden Auditorium und Bühne zu einem Komplex zusammengefaßt. Die Privathäuser, ganz gleich, wie groß sie waren, besaßen einen Innenhof.

Im allgemeinen legte man diejenigen Städte, die aus Dörfern heraus entstanden, ohne einen besonderen Plan an; die neuen Siedlungen hingegen besaßen ein rechtwinkliges Straßennetz. Die Ursache dafür lag anfänglich wohl darin, daß die Grundstücke so leichter verteilt werden konnten. Die *agora* und auch die Heiligtümer, wenn sie älteren Datums waren, hatten einen unregelmäßigen Grundriß, der jedoch begradigt wurde. Die Stadtmauern, eine notwendige Anlage für die unabhängigen Stadtstaaten Griechenlands, folgten dem natürlichen Bodenverlauf; ebenso wurde die *akropolis* (Zitadelle) angelegt, ohne den Grund einzuebnen. Überhaupt nahm man wenig Rücksicht auf die Lage der Gebäude zueinander – zumindest war dies vor dem 6. Jahrhundert v. Chr. der Fall; erst danach sind einige Beispiele axialer Anordnung bekannt. Auch war bis zu dieser Zeit eine regelmäßige Fluchtlinie (ausgenommen bei einem regelmäßigen Straßennetz) kaum gegeben. Für die griechischen Baumeister war die Stadt als Ganzes entscheidend.

Burn, A. R.: *The Pelican History of Greece.* Harmondsworth und Santa Fe 1966. Eine nützliche Darstellung in einem Band

Cook, R. M.: *Greek Art.* London und New York 1972; Paperback-Ausgabe 1976. Ein knapper Überblick

Kirsten, E., und Kraiker, W.: *Griechenlandkunde.* 5. Aufl., 2. Bde., Heidelberg 1967.Die beste kurzgefaßte Darstellung der archäologisch bedeutsamen Orte

Wycherley, R. E.: *How the Greeks Built Cities,* 2. Aufl., London und Totowa, N. J., 1962. Eine klargefaßte Darstellung der Siedlungstypen und ihrer Grundrisse

Jährliche Berichte über archäologische Arbeiten in Griechenland werden in *Archaeological Reports* (eine Beilage des *Journal of Hellenic Studies,* London) und im *Bulletin de correspondance hellénique,* Paris, veröffentlicht

1 Zagora

Griechenland

Der Ort ist unter dem slawischen Namen Zagora bekannt und liegt mehr als 150 m über dem Meeresspiegel auf einer ungefähr 6,7 ha großen Landzunge an der Westküste der Insel Andros. Er ist an drei Seiten von unüberwindbaren Klippen und dort, wo die Landzunge beginnt, von Senken umschlossen. An jeder Schmalseite der Landzunge liegt eine kleine Bucht. Zagora besitzt keine natürliche Wasserversorgung, die am nächsten gelegenen Trinkwasserquellen liegen etwa 400 m vom Ort entfernt. Es ist daher unwahrscheinlich, daß Zagora immer bewohnt war, ausgenommen zu den Zeiten, da man ständig befürchten mußte, angegriffen zu werden. Glücklicherweise existierte die Stadt nur im neunten und achten Jahrhundert v. Chr. Sie wurde von ihren Bewohnern – nach den Überresten zu schließen, vermutlich freiwillig – wahrscheinlich deshalb verlassen, weil friedlichere Zeiten die Besiedlung einer günstigeren Gegend erlaubten.

Die Stadt war durch eine etwa 140 m lange und mindestens 2 m dicke Steinmauer geschützt; an ihrer Südseite befand sich ein gutbewehrtes Tor. Die Gebäude waren aus einheimischem Schiefer errichtet und wurden anscheinend mit Lehm abgedichtet; die Fußböden bestanden aus bloßer Erde; die Dächer der Häuser waren flach und mit Steinplatten sowie Lehm

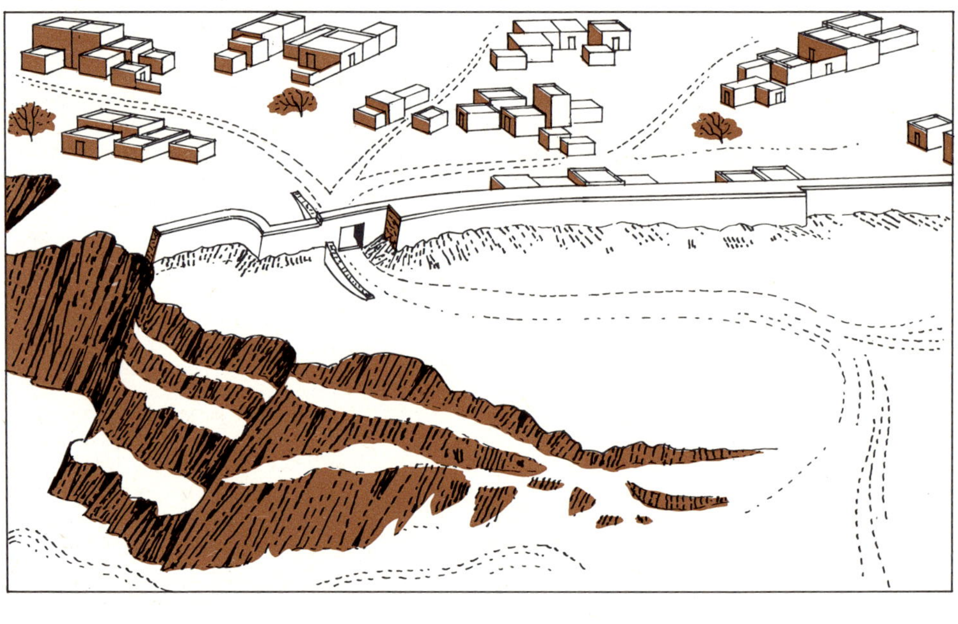

Oben: Zagora. Versuch einer Rekonstruktion; von Osten her gesehen

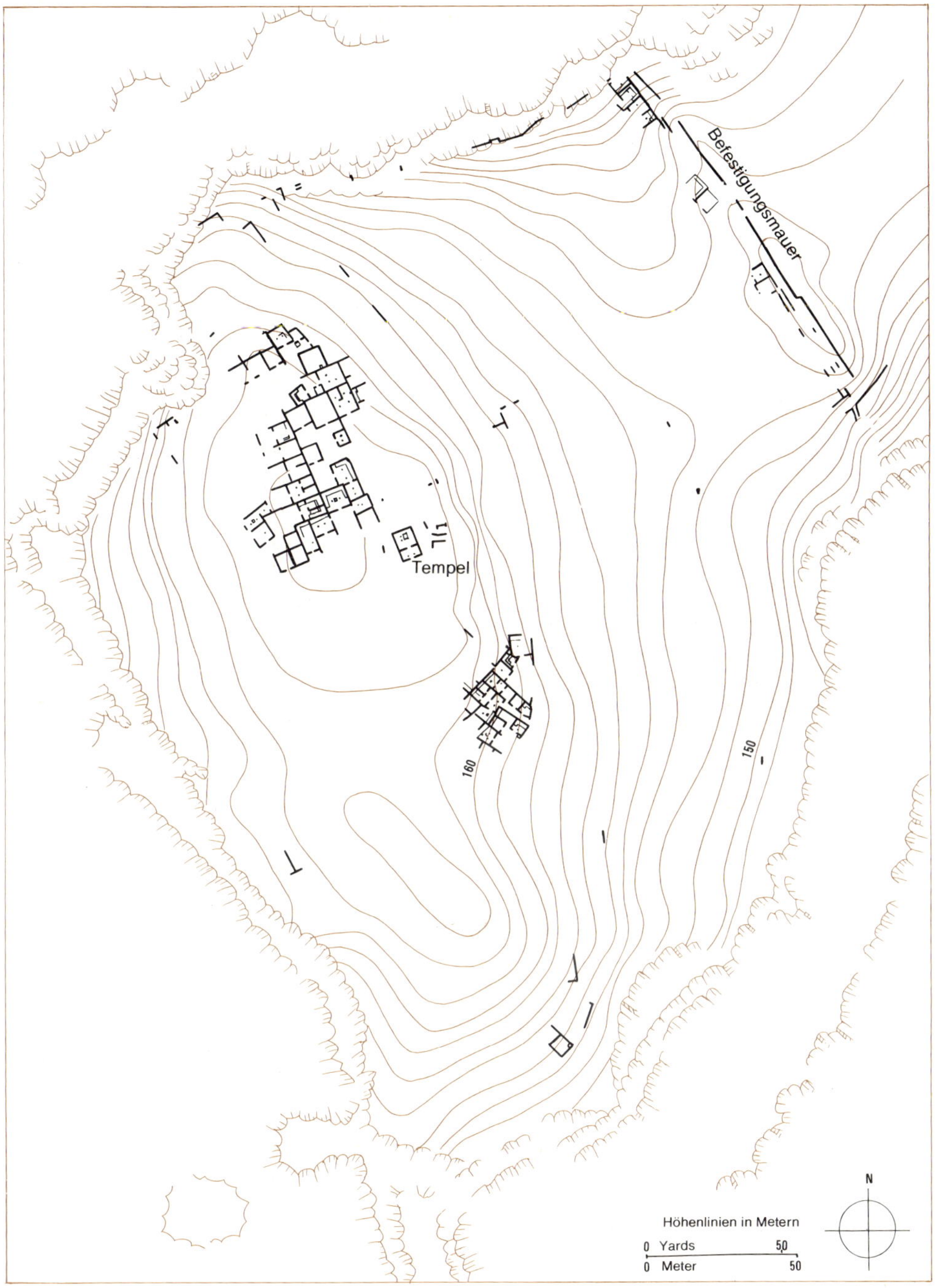

bedeckt. Die ungefähr quadratischen Räume hatten eine unterschiedliche Größe, von 5,5 bis zu mehr als 65 Quadratmetern. Viele Bauten besaßen mehrere Räume; Stockwerke existierten wahrscheinlich nicht. Die Gebäude bestanden wohl zunächst aus einem einzigen großen Raum, an den später ein weiterer Komplex – ein Hof, ein oder mehrere Wohnräume, eine Vorratskammer (erkennbar an einer mit Löchern versehenen Plattform, um Gefäße darin aufzubewahren) und vielleicht noch ein Stall angebaut wurden. Die Gebäude waren jedoch nicht einheitlich gestaltet, und ihre Größe war unterschiedlich, aber keiner der bisher ausgegrabenen Bauten war so ausgedehnt, daß man von ihm Rückschlüsse auf die Existenz eines Oberhauptes der Gemeinschaft hätte ziehen können. Der Platz um den Tempel stellte den heiligen Bezirk der Stadt dar; der Tempel selber stammte erst aus der Mitte des sechsten Jahrhunderts v. Chr.; dies läßt vermuten, daß sich die Einwohner nicht weit von Zagora entfernt niederließen, damit sie und ihre Nachkommen das alte Heiligtum besuchen und verehren konnten. Obwohl sie wahrscheinlich nur von der Landwirtschaft und dem Fischfang lebten, scheinen sie relativ wohlhabend gewesen zu sein – zumindest fand man in den Häusern bemalte Tongefäße aus Euböa, ATHEN und KORINTH. Diese und andere kleine Funde werden noch an den Ausgrabungsstätten aufbewahrt.

Cambitoglou, A. u. a.: *Zagora I* –, Sydney 1971 –. Bericht über die Ausgrabungen

2 Emporio **Griechenland**

Emporio – wie der Ort in der Antike hieß, ist unbekannt – liegt auf der Insel Chios, an der südlichen Spitze der Ostküste, an einem geschützten Hafen, von dem aus ein fruchtbares Tal in das Landesinnere führt. Im Süden erhebt sich ein kleiner und im Norden ein größerer, steil aufragender, mehr als 220 m hoher Berg, auf dem sich im späten 8. und frühen 7. Jahrhundert v. Chr. ein Dorf befand. Die Spitze dieser Erhebung war von einer gut 2 m dicken, fast überall gleich hohen Mauer aus grob zugehauenen Steinen umgeben. Dieser 800 m lange Ring umschloß eine Fläche von 2,5 ha. Im Inneren, in der Nähe des Torweges, standen ein großes Haus (das *megaron*) mit den Außenmaßen von 18×6,5 m und ein einfacher Tempel. An dem Berghang unterhalb der Mauer standen mehr als 50 kleinere Häuser auf Terrassen. Man lebte in zwei Arten von Häusern: einem länglichen Bau mit einem Portal, das von zwei Pfosten gestützt wurde (dem *megaron*-Typ), und einem viereckigen Gebäude ohne Portal (dem »Bank«-Typ, so genannt, weil es eine erhöhte Plattform enthielt, auf der man – ähnlich wie heutzutage auch noch üblich – zu schlafen pflegte). Alle Häuser, auch die größeren, waren sehr einfach gehalten: sie besaßen nur einen Raum, einen Erdfußboden, rohe Wände und – nach der unregelmäßigen Anordnung der Fundamente für die Stützbalken zu urteilen – abgeflachte Dächer aus Lehm. Der *megaron*-Typ dürfte der ältere der beiden Gebäudeformen gewesen sein. In

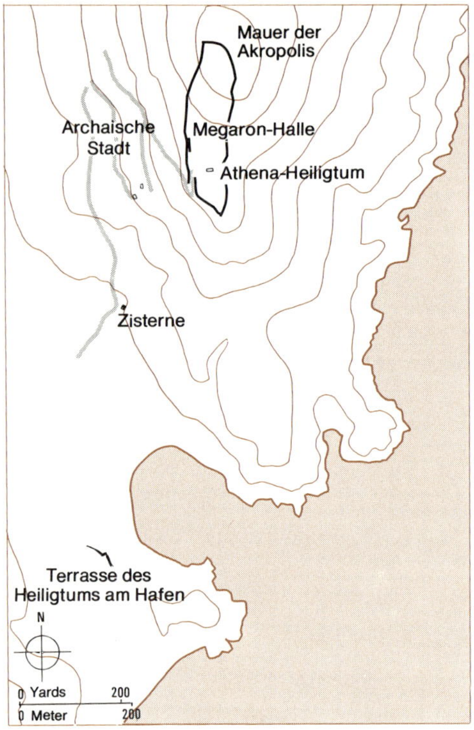

der Mitte des sechsten Jahrhunderts v. Chr. wurde auf einem offenen Platz der Tempel erbaut, als man die Siedlung aufgab.

Obwohl der Ort kein sehr eindrucksvolles Bild bietet, ist er, historisch gesehen, bedeutsam: Bisher sind nur wenige Siedlungen aus dieser Zeit erforscht worden und lediglich ZAGORA vollständig. Wahrscheinlich lebten hier nicht mehr als 500 Menschen, die sich vermutlich von der Landwirtschaft und dem Fischfang ernährten; Hinweise, daß hier Handwerker ihrer Tätigkeit nachgingen, wurden nicht gefunden; bemalte Tongefäße und andere handwerkliche Gegenstände bezog man von der Stadt Chios. In unsicheren Zeiten wurden auf den Ägäischen Inseln häufig ähnliche Orte zur Ansiedlung ausgewählt: nicht zu nahe an einem Landeplatz und nicht zu leicht zugänglich von einem Hafen aus, damit man nicht von wenigen Piraten überraschend angegriffen werden konnte. Die offensichtlich friedliche Räumung des Dorfes um 600 v. Chr. (Zeichen für eine gewalttätige Zerstörung gibt es nicht) läßt vermuten, daß man mit solchen Gefahren nicht mehr rechnete und die Bewohner zu dem günstiger gelegenen Gebiet um den Hafen zogen, wo sich bereits ein Heiligtum befand. Wahrscheinlich wurde das Dorf von dem Bewohner des *megaron* regiert, einem adeligen Landbesitzer. Die Tatsache, daß dieses Haus als einziges innerhalb der Mauer lag, bedeutet wohl kaum, daß er sich vor den Dorfbewohnern schützen mußte, da der umschlossene Bezirk für die landwirtschaftliche Nutzung durch einen Haushalt zu groß war. Falls das Wasser auf halbem Wege zwischen Haus und Hafen geholt werden mußte, war er vielleicht der einzige Bewohner des Ortes, der für diese Aufgabe Arbeitskräfte – Freie oder Sklaven – zur Verfügung hatte. Der Lebensstandard, auch der der adeligen Familie, war sehr niedrig; Emporio war nun einmal eine wirtschaftlich wenig bedeutende Siedlung. – Für den Fachmann interessante Funde sind im Museum zu Chios ausgestellt.

Boardman, J.: *Excavations in Chios, 1952–1955: Greek Emporio,* London 1967. Eine umfassende wissenschaftliche Darstellung

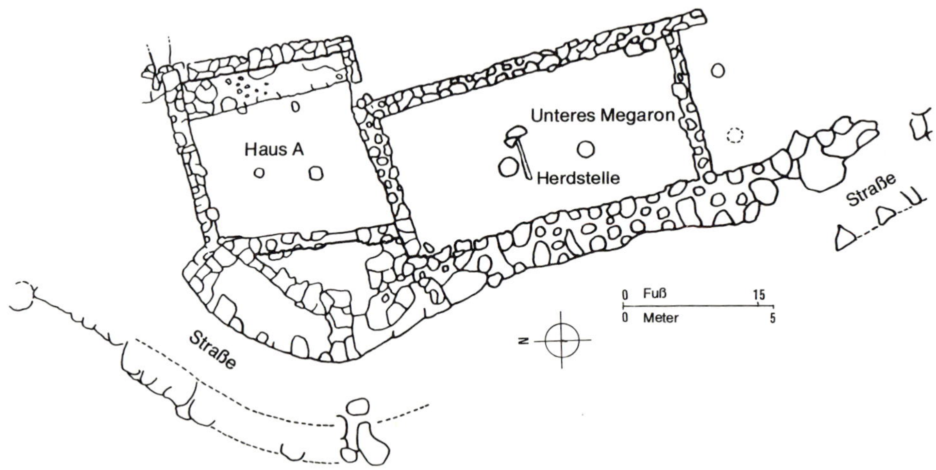

Oben: Emporio: Haus »A« und »unteres Megaron«. Haus »A« gehört zum »Bank«-Typ, das andere zum »Megaron«-Typ

Ganz oben rechts: Emporio, von Norden her gesehen; Versuch einer Rekonstruktion. (Der Tempel – er war Athene geweiht – wurde erst errichtet, nachdem die Siedlung aufgegeben worden war; alle Häuser hatten vermutlich flache Dächer)

3 Athen

Griechenland

Attika bildete die südöstlich Ecke des griechischen Festlandes und umfaßte ein Gebiet von ungefähr 2500 Quadratkilometern; zwei Fünftel davon bestanden aus Gebirge. Es besaß günstige Naturgrenzen: im Westen die rauhen Berge zwischen Eleusis und Megara, im Norden den etwa 1400 m hohen Parnaß, einen Gebirgszug, und im Osten und Süden das Meer; nur Oropus im Nordosten stellte geographisch und politisch eine Ausnahme dar. Vier Ebenen durchziehen diese Region: die Ebenen von Athen, Eleusis, Mesogeion und Marathon, die nach griechischen Maßstäben verhältnismäßig fruchtbar waren. Ferner fand man hier Silber in den Bergen um Laurion, brach Marmor (was zwar, wirtschaftlich gesehen, uninteressant war, doch den athenischen Bildhauern und Baumeistern als Material diente) und gewann Ton von guter Qualität. Wegen der Größe Attikas lebte eine große Anzahl der Bevölkerung in einiger Entfernung von Athen, zum Teil in einigen kleineren befestigten Landstädten.

Athen erlangte rein zufällig seine Vorrangstellung. Es lag weder am Meer noch an einer Hauptverkehrsroute, obwohl dies in den unruhigen Zeiten eher ein Vorteil für eine schwache Stadt war. Doch stellte die *akropolis* trotz der Tatsache, daß sie damals weniger steil war als heute, nach antiken Maßstäben den besten natürlichen Zufluchtsort in der athenischen Ebene dar. Es gelang der Stadt als Metropole der zentral gelegenen größten und vermutlich auch volkreichsten Region Attikas, den Rest dieser Halbinsel unter ihre Herrschaft zu bringen. Diese Vereinigung Attikas, die so früh stattfand, daß man schon im 5. Jahrhundert v. Chr. nicht mehr wußte, wie sie im einzelnen zustande kam, war geopolitisch gesehen nicht unvermeidlich, denn Böotien blieb geteilt und Argos kontrollierte seine gesamte Ebene erst ab den sechziger Jahren des vierten Jahrhunderts v. Chr. Das Ergebnis war jedenfalls, daß Athen ein außergewöhnlich großer griechischer Staat wurde. Später, 492 v. Chr., überredete Themistokles seine Mitbürger, eine Seestreitmacht zu schaffen, mit dem unerwarteten Ergebnis, daß Athen nach der Niederlage

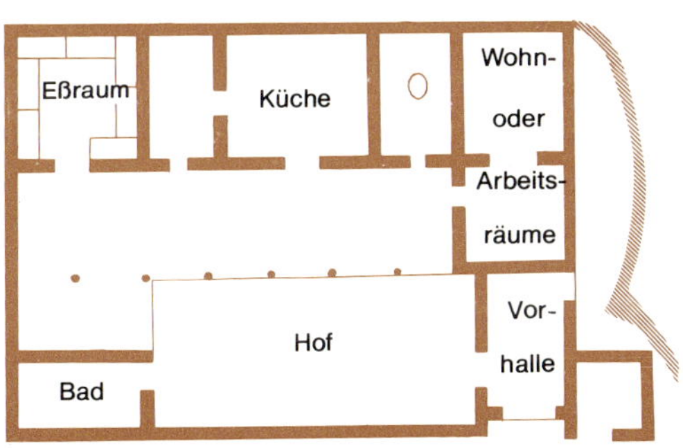

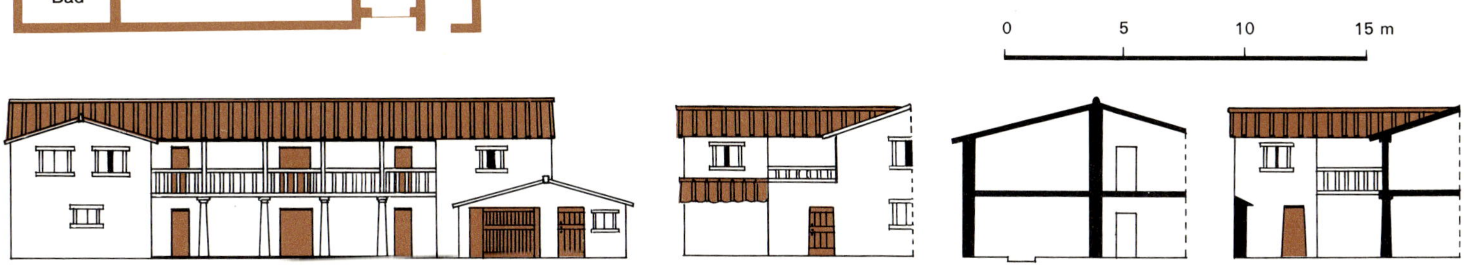

Oben: Karte von Attika. Links und unten: Grundriß und Rekonstruktion eines Landhauses in der Nähe der Dema-Mauer, Attika, um 420 v. Chr. Die erwähnten Funktionen der Räume sind lediglich Annahmen.

der Perser im Jahre 479 ein Reich in der Ägäis und entlang der türkischen Westküste errichtete. Die Einnahmen machten Athen nicht nur zum reichsten griechischen Stadtstaat mit einer Bevölkerung von vermutlich 300 000 Menschen, deren eine Hälfte in der Hauptstadt und deren andere in Piräus (das heute mit Athen durch die »Langen Mauern« verbunden ist) lebte, sondern auch zum künstlerischen und geistigen Mittelpunkt der griechischen Welt. Und als 404 v. Chr. das Reich verlorenging, blieb seine kulturelle Vormachtstellung erhalten. Obwohl die Zahl der Einwohner ständig geringer wurde und schließlich Korinth wegen seiner günstigen geographischen Lage die wirtschaftlich bedeutendste Stadt Griechenlands wurde, besaß Athen immer noch den unangetasteten Status einer Stadt der Gelehrsamkeit, die die Plünderungen durch die Römer 86 v. Chr. und die große Zerstörungswut der Heruler 267 n. Chr. überstand, bis ihre heidnische Kultur von den kriegerischen christlichen Kaisern geächtet wurde.

Vom antiken Athen sind die Akropolis und die Agora mit ihren öffentlichen Gebäuden am gründlichsten erforscht. In der Späten Bronzezeit erhielt die Akropolis, auf der sich vermutlich ein mykenischer Palast befand, eine Befestigungsmauer; sie blieb bis in die Frühe Eisenzeit hinein erhalten. Innerhalb der Mauer wurden die Grundrisse für kultische Bauten abgesteckt, doch finden sich keine Spuren von

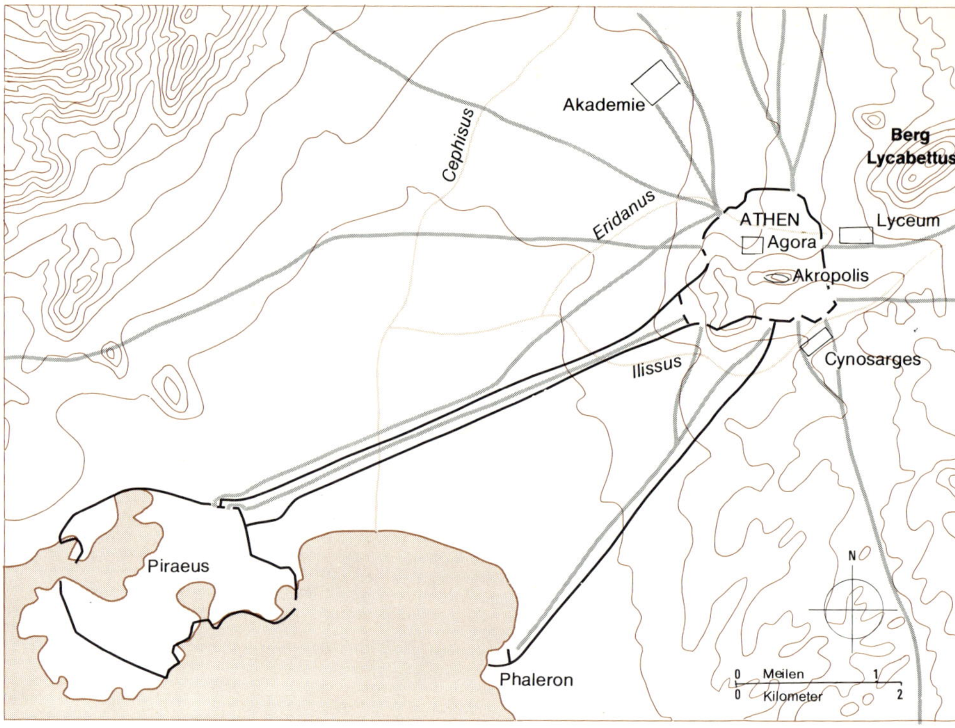

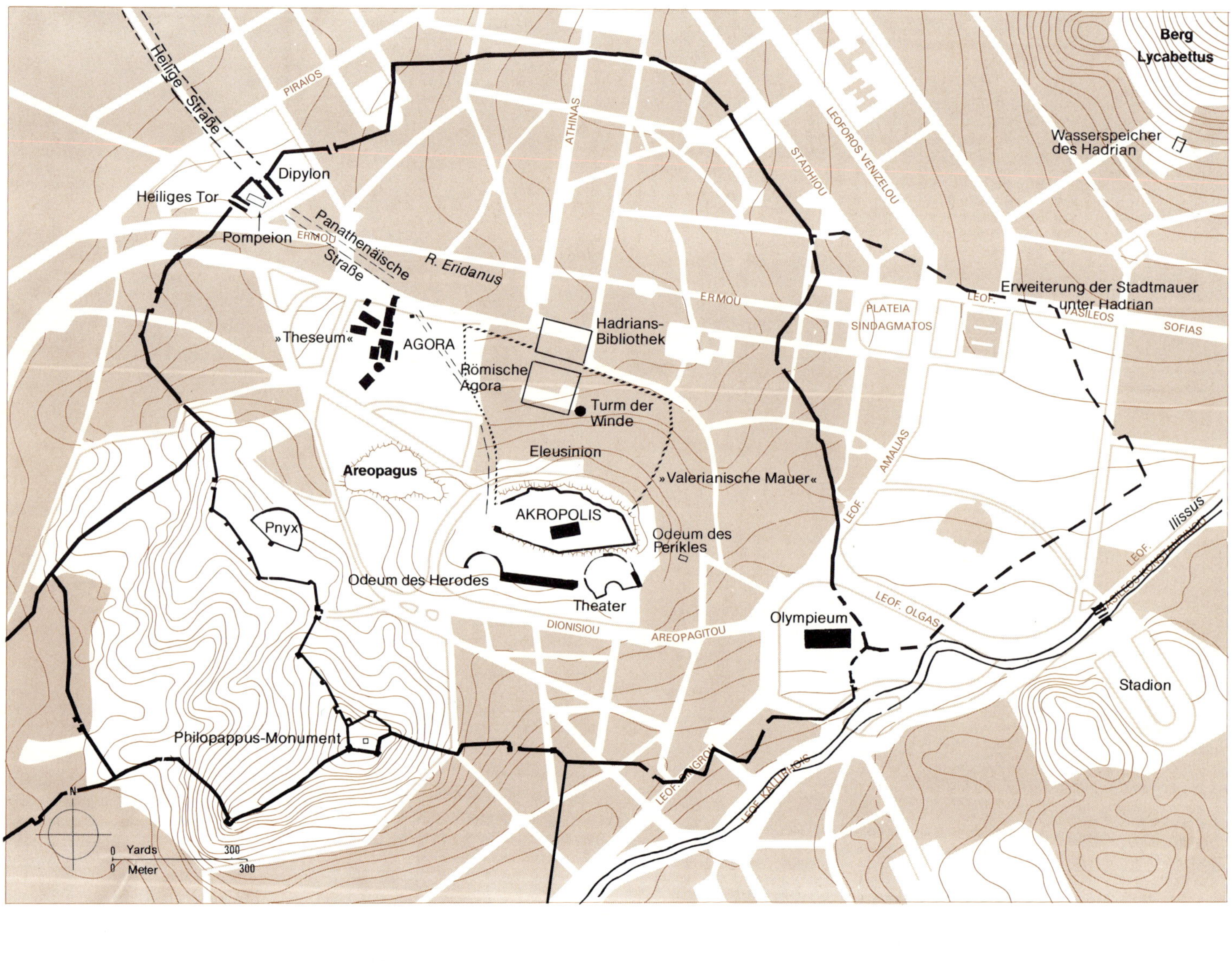

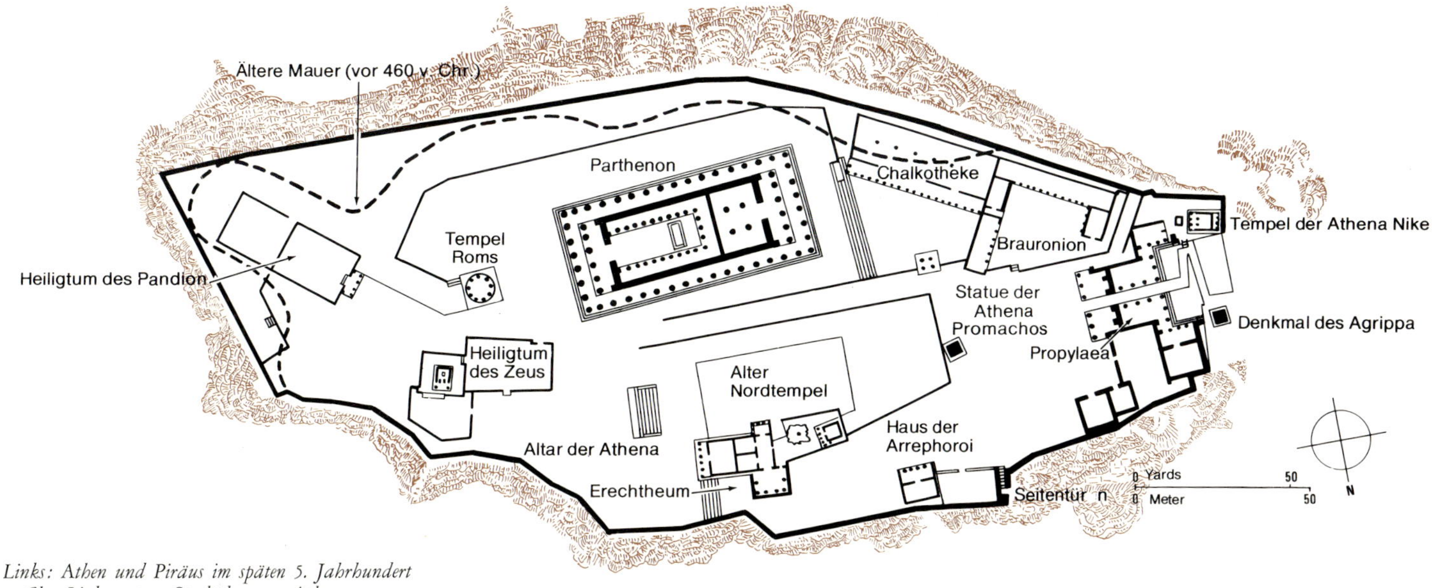

Links: Athen und Piräus im späten 5. Jahrhundert v. Chr. Links unten: Stadtplan von Athen. Oben: Die Akropolis von Athen, 1. Jahrhundert n. Chr. Unten: Modell der Akropolis im 4. Jh. v. Chr., von Nordwesten gesehen

Gebäuden, die aus der Zeit vor dem 6. Jahrhundert v. Chr. stammen. In der Zeit danach wurden zwei dorische Tempel (einer genau im Süden des späteren Erechtheums und der andere dort, wo der Parthenon sich befindet), einige Schatzhäuser und ein *propylon* erbaut. Sie alle wurden 480 v. Chr. von den Persern zerstört. 30 Jahre später begann der Wiederaufbau in größerem Maßstab. Der Parthenon, der zwar die Akropolis beherrschte, für den Kult aber nicht der wichtigste Bau war, wurde 447 bis 432 v. Chr. in dorischem Stil errichtet, doch besaß er an seinen Schmalseiten acht an Stelle der üblichen sechs Säulen und hatte eine Grundfläche von 30,9×69,5 m. In seinem Inneren befand sich die von Phidias angefertigte Kolossalstatue der Athene. Die Propyläen (437 bis 432 v. Chr.), ein außergewöhnlich komplexer Torbau im dorischen Stil, wurden als nächstes erbaut. Das ionische Erechtheum (etwa 421 bis 406 v. Chr.) besaß einen unregelmäßigen Grundriß und enthielt den Hauptaltar und das Kultbild der Athene. In der Nähe der in dieser Zeit begradigten und verlängerten Schutzmauer standen weitere Bauten, von denen nur noch der kleine ionische Tempel der Athene Nike erhalten ist. Zwar stellten diese Hauptgebäude den Teil eines einheitlichen Bauprogrammes dar, doch waren sie unterschiedlich ausgefluchtet. Den großen Altar der Athene vor dem alten Tempel südlich des Erechtheums ließ man an seinem Platz; hier wurden die Statuen und andere kultische Gegenstände aufbewahrt – sie sind auch in anderen Heiligtümern zahlreich zu finden. Auch legte man wenig Wert auf einen repräsentativen Zugang zur Akropolis: er bestand aus einem einfachen Zickzackpfad; der heutige monumentale Treppenaufgang wurde von den Römern angelegt.

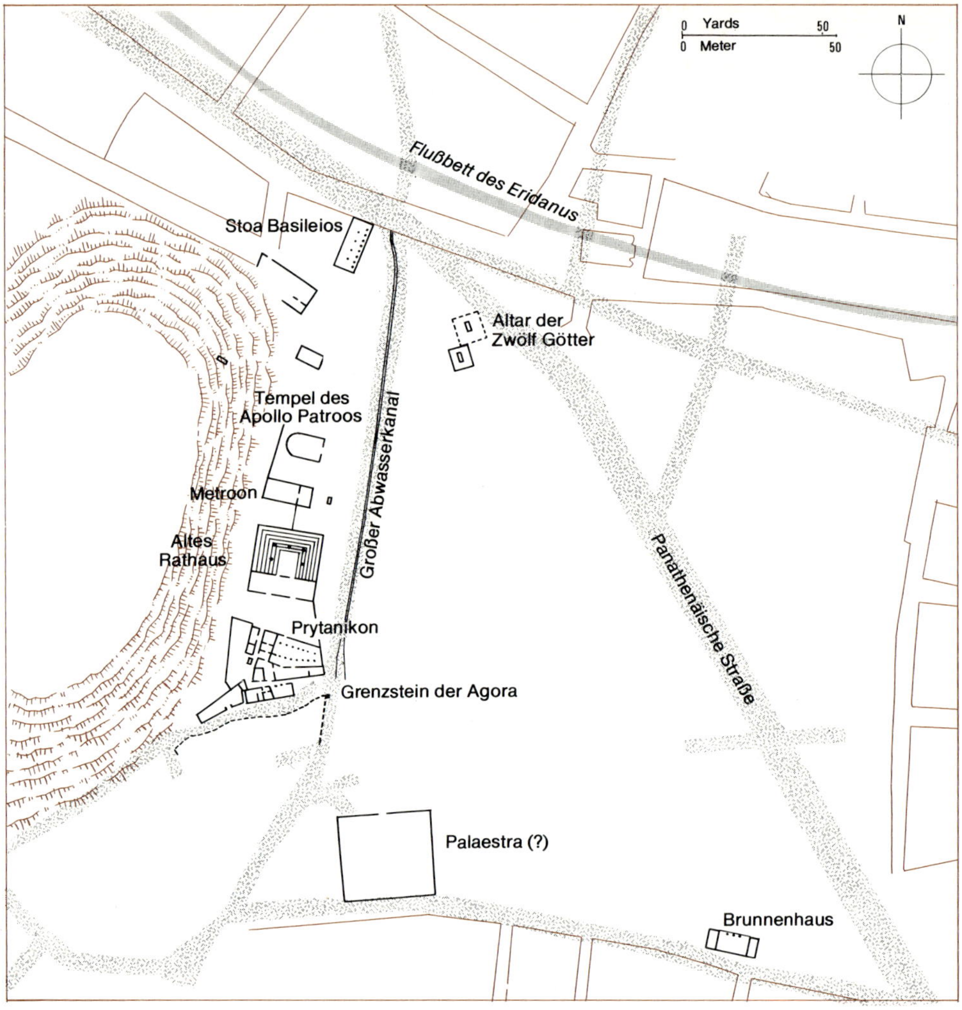

Vermutlich befand sich der Versammlungsplatz für die Bürger zunächst an der Westseite der Akropolis; seit dem 6. Jahrhundert aber lag die Agora im Norden unterhalb des Abhanges der Akropolis auf einer ziemlich ebenen, unregelmäßigen Fläche mit einer Seitenlänge von jeweils ungefähr 150 m. An ihrer West- und Südseite errichtete man einige mit der Zeit immer anspruchsvoller gestaltete Bauten, die 480 v. Chr. von den Persern zerstört wurden. Einige baute man notdürftig wieder auf, doch war eine völlig neue Planung nötig, als vermehrte Regierungsaufgaben neue Gebäude erforderten und das Selbstbewußtsein der Bürger sich entsprechend darstellen wollte. Bis 400 v. Chr. wurde die Westseite beinahe vollständig von Bauten zugedeckt; das sogenannte »Theseum« (ein Tempel, der dem Gott Hephaistos geweiht war) errichtete man auf einer Erhebung hinter diesen Anlagen. *Stoas* und andere öffentliche Gebäude begrenzten die Nord- und Südseite des Platzes. Die zweigeschossige Stoa des Attalus im Osten wurde etwa 150 v. Chr. gestiftet; sie wurde originalgetreu wiederaufgebaut und vermittelt einen guten Eindruck von der Funktion und den Vorzügen eines solchen Baus. Die Panathenäische Straße wurde für Prozessionen benutzt und verband das Dipylonische Tor mit der Akropolis; sie führte diagonal über die Agora; auf einem Abschnitt dieser Straße fanden Wettrennen statt, bis das Stadion im späten vierten Jahrhundert angelegt wurde.

Die Pnyx diente als Versammlungsort der Bürger und lag auf einem Berghang gegenüber der Akropolis; wahrscheinlich wurde sie gegen Ende des 6. Jahrhunderts v. Chr. errichtet, als Athen eine Demokratie wurde; im späten 4. Jahrhundert gab man sie zugunsten des Theaters auf, das man ausgebaut hatte. Das Theater selber lag am Südrand der Akropolis und stammte mindestens aus dem frühen 5. Jahrhundert, doch wurde es mehrere Male umgebaut. Das weiter im Westen befindliche Odeum wurde in der Mitte des 2. Jahrhunderts n. Chr. von Herodes Atticus errichtet und ist ein Zeichen römischer Großmannssucht. Das Olympieum östlich vom Theater war ein ungewöhnlich großer Tempel; sein Grundriß betrug 41×108 m. Mit seiner Erbauung wurde gegen Ende des 6. Jahrhunderts v. Chr. begonnen, im 2. Jahrhundert v. Chr. wurde die Fertigstellung vorangetrieben und im 2. Jahrhundert n. Chr. die Anlage – unter Hadrian – vollendet. Solche Unterbrechungen waren nicht ungewöhnlich: die Propyläen zum Beispiel erhielten nie ihre ursprünglich geplanten Ostflügel; auch wurden andere bauliche Details nicht verwirklicht.

Die meisten Straßen Athens waren eng, gewunden und ungepflastert und die Häuser unterschiedlich groß; sie besaßen oft eine unregelmäßige Form und waren, sofern es die Platzverhältnisse erlaubten, um einen Innenhof angelegt. Das Wasser bezog man von einigen Quellen, von denen Leitungen zu öffentlichen Brunnenhäusern führten; daneben gab es zahlreiche private Brunnen. Eine ausreichende Wasserversorgung war erst mit dem 2. Jahrhundert n. Chr. gesichert, als die römischen Kaiser einen Aquädukt erbauen ließen; doch war er nicht lange in Betrieb. Ein Abwassersystem war nur bruchstückhaft vorhanden.

Vor der Zerstörung durch die Perser im Jahre 480 v. Chr. war die Stadt von einer Mauer umgeben; nach diesem Ereignis zog man eine neue Mauer um ein größeres Stadtgebiet. In den sechziger Jahren des 4. Jahrhunderts war Athen mit dem Hafen Piräus durch lange Mauern verbunden. Dieser Hafen war selber befestigt; seine Errichtung war das folgerichtige Ergebnis der athenischen Seemachtspolitik und sicherte den Zugang zum Meer, wenn die Hauptstadt vom Land her angegriffen wurde. Außerhalb der Stadttore an den Straßenseiten lagen die Friedhöfe; die besten Grabplätze befanden sich dabei an der Straßenfront. Man kann sich eine kleine Vorstellung von dem Aussehen dieser Anlagen machen, wenn man den ausgegrabenen Ceramicus-Friedhof vor dem Dipylonischen Tor besichtigt. Auch das Stadion wurde außerhalb der Mauern erbaut; dies überrascht nicht, da die Rennbahn eine *stade* – ungefähr 180 m – lang sein und Platz für etwa 60 000 Zuschauer geschaffen werden mußte. Es wurde 331 v. Chr. erbaut, 144 n. Chr. von Herodes Atticus mit Marmor verkleidet und um 1900 von einem weiteren Gönner restauriert.

Eleusis, eine kleine befestigte, vermutlich ehemals unabhängige Stadt, lag 16 km westlich von Athen in einer Ebene. In ihr befand sich das berühmteste griechische Heiligtum der Demeter, der Göttin des Ackerbaus. An den bescheidenen Ruinen des Telesterions (wo die Mysterienfeiern abgehalten wurden) kann man gut erkennen, wie die griechischen Baumeister in der Mitte des 5. Jahrhunderts v. Chr. das Problem lösten, eine große Halle zu überdachen. Sunium an der Ostküste Attikas, besaß ebenfalls Heiligtümer, Teile des Tempels aus den vierziger Jahren des 4. Jahrhunderts sind noch erhalten; vermutlich wurde er von dem Architekten des »Theseum« erbaut. In Thoricus und in den Bergen westlich des Ortes sind die eindeutigen Überreste antiker Bergwerksanlagen zu sehen. In dem Heiligtum zu Brauron wurden Mädchen erzogen; ihre Schlafräume können heute noch besichtigt werden. Zu Rhamnus gab es zwei Tempel und eine befestigte Stadt. Das Amphiareum in der Nähe von Oropus war ein Heiligtum, in dem Kranke geheilt wurden; es besaß Unterkünfte für Besucher und ein Theater. Die anderen Orte Attikas, an denen Überreste aus dem Altertum gefunden wurden, sind weniger eindrucksvoll, ausgenommen einige Grenzfestungen. Gyphtokastro (vermutlich das antike Eleutherae) ist von ihnen am leichtesten zugänglich, und an ihm kann man ausgezeichnet erkennen, von welchen strategischen Überlegungen die Besatzung bei der Verteidigung der Anlage im 4. und 3. Jahrhundert v. Chr. geleitet war. Man hat nur sehr wenige Gehöfte aus der Antike entdeckt; eines – aus dem späten 5. Jahrhundert v. Chr. – liegt in der Nähe der Dema-Mauer zwischen Athen und Eleusis. Von ihm ist so viel erhalten, daß man es auf dem Papier rekonstruieren kann.

Die Künstler Athens waren außergewöhnlich erfolgreich. Sie führten die sogenannte protogeometrischen und geometrischen Stilrichtungen bei den bemalten Vasen zur Vollendung und zeigten dabei eine außergewöhnlich schöpferische Phantasie. Zwar gewann Korinth im späten 8. Jahrhundert bei der Herstellung von Tongefäßen eine Vormachtstellung, doch beherrschte Athen von der Mitte des 6. Jahrhunderts ab zweihundert Jahre lang die griechischen Märkte für diese Erzeugnisse;

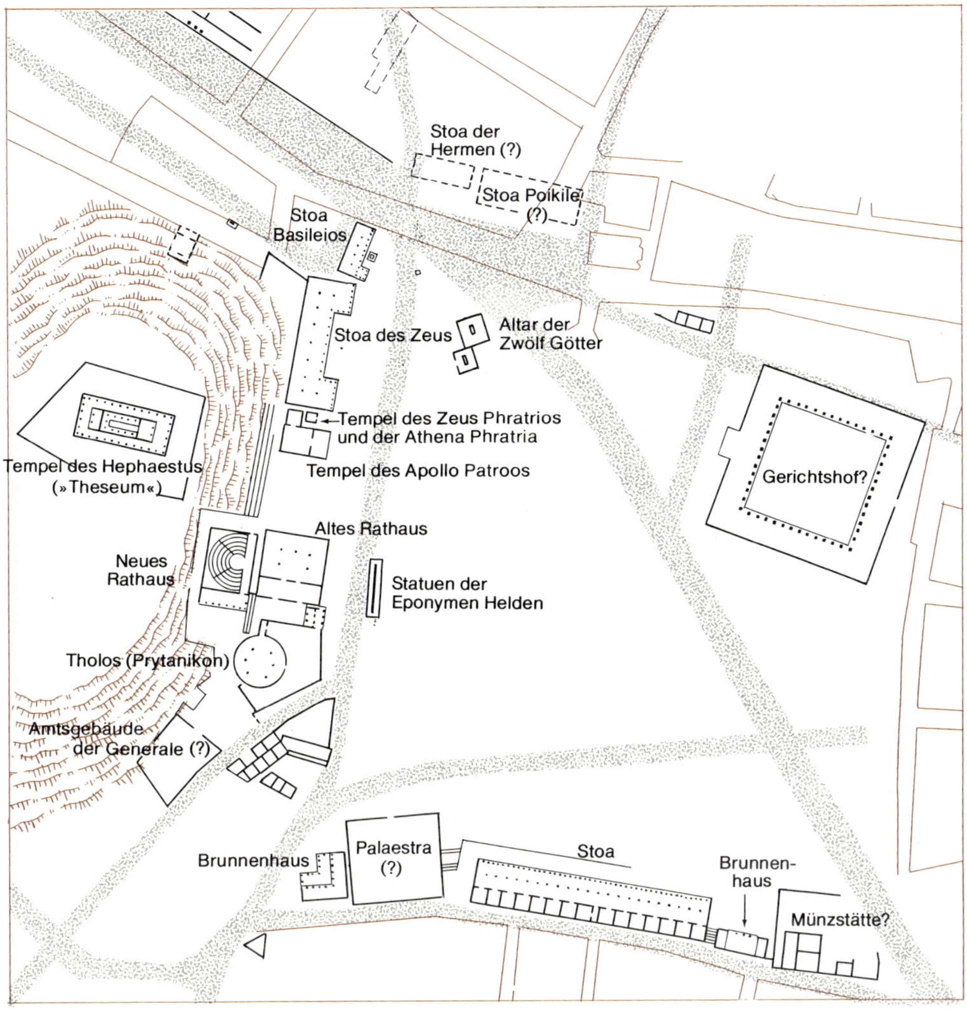

Gegenüber: Plan der Agora von Athen um 480 v. Chr. Links: Plan der Agora um 300 v. Chr. Unten: Modell der Westseite der Agora im 2. Jahrhundert n. Chr., von Südosten her gesehen.

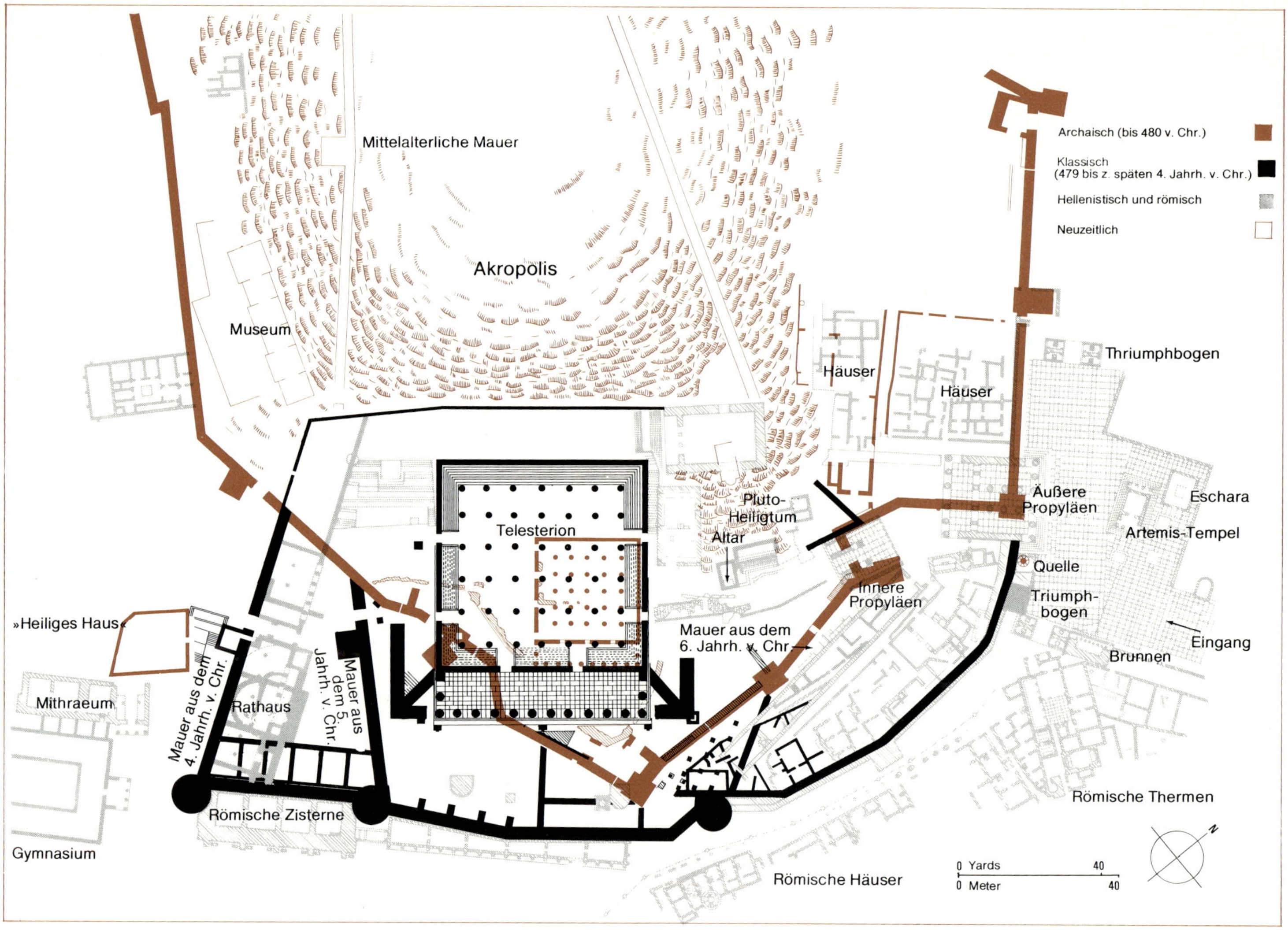
Archaisch (bis 480 v. Chr.)
Klassisch (479 bis z. späten 4. Jahrh. v. Chr.)
Hellenistisch und römisch
Neuzeitlich
Mittelalterliche Mauer
Akropolis
Museum
Häuser
Häuser
Thriumphbogen
Äußere Propyläen
Eschara
Artemis-Tempel
Pluto-Heiligtum
Altar
Telesterion
Quelle
Innere Propyläen
Triumph-bogen
Eingang
Brunnen
Mauer aus dem 6. Jahrh. v. Chr.
»Heiliges Haus«
Mithraeum
Rathaus
Mauer aus dem 4. Jahrh. v. Chr.
Mauer aus dem 5. Jahrh. v. Chr.
Römische Zisterne
Gymnasium
Römische Thermen
Römische Häuser
0 Yards 40
0 Meter 40
N

nur in Italien und Sizilien mußte es im 4. Jahrhundert Einbußen hinnehmen. Vor etwa 600 v. Chr. sind keine attischen Skulpturen erhalten, im 6. und 5. Jahrhundert hingegen scheinen die Bildhauerarbeiten Athens denen anderer Städte an Qualität in nichts nachgestanden zu haben. In der klassischen Zeit und später existierten vermutlich kaum örtliche Kunstschulen, aber solche, die von Künstlern gegründet wurden; so lebten in Athen einige herausragende Bildhauer (wie Phidias und Praxiteles), die auch hier geboren worden waren. In späteren Zeiten waren die Werkstätten Athens mehr mit dem Kopieren alter als mit der Schaffung originärer Kunstgegenstände befaßt. Über die athenische Malerei weiß man wenig, doch war die Metropole im 5. Jahrhundert v. Chr. wahrscheinlich das wichtigste Zentrum dieser Kunstgattung, und im 4. Jahrhundert wurden hier bedeutende Bilder gemalt. Was die Architektur betrifft, so hatten die Athener bereits im späten 6. Jahrhundert genügend Ehrgeiz entfaltet, und als in der zweiten Hälfte des 5. Jahrhunderts die Schäden, die die Perser verursacht hatten, beseitigt wurden, setzten sie bei den dorischen und ionischen Ordnungen neue Maßstäbe, indem sie diese verfeinerten und bei der letzteren auf eine strengere Einhaltung der Formgesetze achteten. In der Spätzeit der Klassik waren die Beiträge Athens zur Entwicklung der Baukunst weniger bedeutsam.

Im Akropolis-Museum von Athen sind viele Bildhauerwerke ausgestellt, die nach der Verwüstung durch die Perser 480 v. Chr. verschüttet wurden; ebenso finden sich hier Skulpturen aus dem 5. Jahrhundert, die statische Funktionen an Bauten erfüllt hatten; allerdings hatte Elgin viele Exemplare vom Parthenon wegschaffen lassen. Das Nationale Archäologische Museum ist das bedeutendste Museum der Welt auf dem Gebiete der griechischen Kunst; in ihm sind Funde aus ganz Griechenland ausgestellt. Seine Skulpturen vervollständigen die Sammlung des Akropolis-Museums; ferner besitzt es eine vollständige Serie bemalter Tongefäße aus der attischen Schule. Gebrauchsgegenstände sind im Agora-Museum (Stoa des Attalos) aufbewahrt. Der Parthenon, das Erechtheum, die Propyläen, der Nike-Tempel, das »Theseum«, das Lysikratesdenkmal und der »Turm der Winde« sind so gut erhalten, daß sie selber als Ausstellungsstücke gelten können. Außerhalb Griechenlands gibt es wenige Skulpturen aus Athen zu besichtigen, ausgenommen die »Elgin Marbles« im Britischen Museum von London; die meisten großen Museen des Westens besitzen Sammlungen attischer Tongefäße, einige haben sogar feinere Exemplare als die Museen in Athen aufzuweisen; sie stammen aus dem 6. und 5. Jahrhundert v. Chr., als viele Tonvasen nach Etrurien und anderswohin exportiert wurden.

The Athenian Agora, Princeton 1953. Genaue Berichte über die Ausgrabungen

The Athenian Agora: A Guide, 2. Aufl., Athen 1962. Eine klare Darstellung, in der allerdings die neuesten Entdeckungen nicht berücksichtigt sind.

Hesperia, Princeton 1932. Bietet u. a. verschiedene Berichte über Ausgrabungen auf der Agora und an anderen Fundorten in Athen

Hill, I. T.: *The Ancient City of Athens*, London und Cambridge, Mass., 1953. Ein leicht faßlicher Überblick, der bezüglich der Agora nicht mehr auf dem neuesten Stand ist

Travlos, J.: *Pictorial Dictionary of Ancient Athens*, London und New York 1971. Eine kurze, gut bebilderte Darstellung der wichtigsten und weniger wichtigen Orte von archäologischer Bedeutung

Wachmeier, G.: *Athen*, Zürich und München 1976.

Gegenüber, oben: Das Heiligtum der Demeter in Eleusis. Links: Teil des Ostfrieses am Parthenon in Athen (Marmor, etwa 440 v. Chr.). Der Ausschnitt zeigt versammelte Götter. (Ältere Aufnahme. Der Fries ist heute noch mehr beschädigt.)

Oben: Votivrelief auf der Akropolis von Athen: Athene betrachtet die neue Mauer der Akropolis (?); Marmor, etwa 460 v. Chr.

4 Korinth

Griechenland

Korinth war der strategisch und wirtschaftlich am günstigsten gelegene Ort Süd- und Mittelgriechenlands; doch wurde seine Bedeutung wegen der Uneinigkeit unter den unabhängigen Stadtstaaten nur von den Makedoniern und Römern voll erkannt. Der weniger als 6 km breite Isthmus stellt die einzige Landverbindung zwischen dem Peloponnes und dem griechischen Festland dar; er liegt zwischen zwei tiefen Meerbusen, wobei der eine zum Ionischen Meer, der andere zur Ägäis gehört. Der Akrokorinth war der am besten geschützte Zufluchtsort in der Nähe der Stadt. Wegen seiner Höhe erschien es sinnvoll, auf ihm nur eine Zitadelle zu errichten; auch war er fast zu groß, um von einer kleineren Siedlung verteidigt zu werden. Lange Zeit hindurch war Korinth, das im tiefer gelegenen Teil der Landzunge um den Apollotempel lag, lediglich eines der Dörfer in dieser Region. Im südlichen Teil Korinthias befindet sich eine etwa zwei bis drei Kilometer lange Küstenebene, die von dem steilen Abhang eines Plateaus, das bis zum Akrokorinth hochreicht, begrenzt wird. Dieses Plateau besteht aus Kalkstein und einem Konglomerat verschiedener Gesteinsarten, beides poröse Schichten; darunter liegt eine Lehmschicht, so daß man dort mit guten Quellen rechnen kann, wo der Lehm an die Oberfläche tritt, wie in der Peirene-Rinne. Für Korinth war Sicherheit nur dann gegeben, als die Bevölkerung so stark angewachsen war, daß sie eine Befestigungsanlage bauen und bemannen konnte, die so weit nach Süden reichte, daß sie auch den Akrokorinth umschloß. Die Errichtung dieser Anlage war erst in der archaischen Zeit möglich.

Nach den Funden zu urteilen, hatte Korinth bis zum 8. Jahrhundert v. Chr. nur lokale Interessen und lebte wohl hauptsächlich von der Landwirtschaft. Als dann der Seehandel – sowohl auf den östlichen wie auch den westlichen Meeren – an Bedeutung gewann, wurde der Ort wohlhabend. Zu dieser Zeit war Korinthia vereinigt und besaß Häfen in Lechaeum und Cenchreae; nur der kleine Staat Cleonae bewahrte sich seine Unabhängigkeit durch ein Bündnis mit ARGOS – was nahelag. Im frühen 6. Jahrhundert wurde der *diolkos* erbaut, eine bepflasterte oder in den Felsen gehauene, eineinhalb Meter breite Spur, auf der Schiffe oder ihre Fracht auf Untergestellen über den Isthmus gezogen wurden. Vor 400 v. Chr. errichtete man zwei parallel verlaufende Mauern, die die Stadt mit Lechaeum verbanden. Zu dieser Zeit lebten in der beinahe an allen Seiten befestigten Stadt vermutlich 90 000 Einwohner. 338 v. Chr. machten die Makedonier Korinth zum Treffpunkt ihrer Liga griechischer Staaten; bis 243 v. Chr. besaßen sie auf dem Akrokorinth eine Garnison. 146 v. Chr. wurde die Stadt von den Römern völlig zerstört und blieb unbewohnt, bis sie 44 v. Chr. als »Kolonie« neu gegründet wurde; viele Siedler waren Italiker, die jedoch bald von den benachbarten Griechen assimiliert wurden. 27 v. Chr. wurde das neue Korinth die Hauptstadt der römischen Provinz Achaea; sie umfaßte Griechenland bis einschließlich Thessalien. Die Stadt war im Mittelalter relativ wohlhabend. In Korinthia, am Isthmus, befand sich auch das Heiligtum des Poseidon, bei dem – wie in Nemea in der Region Cleonae auch – eines der vier Sportfeste der Griechen abgehalten wurde. Das Vorgebirge, in dem Perachora lag, war für die Korinther so wichtig, daß sie es ständig besetzt hielten (an der Spitze des Vorgebirges befand sich eine Befestigung nahe dem kleinen Heiligtum der Hera), solange sie noch eine Flotte besaßen und unabhängig waren; für die Römer besaß es keine strategische Bedeutung mehr.

Von der antiken griechischen Stadt sind nur noch wenige Überreste vorhanden. Der älteste bemerkenswerte Bau ist der dorische Apollo-Tempel, er wurde ungefähr 540 v. Chr. aus Kalkstein errichtet, den man in der Umgebung brach. Sein Grundriß betrug 21,5×54 m. Bevor seine Steine anderweitig verwendet wurden, besaß die Erhebung, auf der er stand, weniger steile Abhänge. Im Norden lagen eine *stoa* und Thermen und östlich davon, in der Peirene-Rinne, ein Marktgebäude (in dessen Läden sich kleine Fischbecken befanden), ein Heiligtum des Apoll und das Brunnenhaus Peirene, das häufig umgebaut und vergrößert wurde, als man lange Stollen bis zu den Lehmschichten vortrieb. Im Süden liegen einige kleinere kultische Bauten und die »Nordwestliche Stoa«. Ihr gegenüber befand sich eine Rennbahn, in die Startlöcher für die Läufer eingelassen waren. Noch weiter im Süden stand die 165 m lange »Südliche Stoa«, ein zweigeschossiger Häuserblock mit Tavernen und Herbergen, der unmittelbar nach 350 v. Chr. errichtet worden war; der ebenerdige Fußboden des Westflügels ist noch erhalten. Das im 4. Jahrhundert v. Chr. erstellte und in der Römerzeit mehrfach umgebaute Theater faßte ungefähr 18 000 Besucher. Das Heiligtum des Asklepius, 400 m nördlich davon an der Stadtmauer gelegen, enthielt Bauten aus dem 4. Jahrhundert v. Chr.; der dort ausgeübte Heilkult war jedoch älter, nach den hier aufgefundenen Gliedmaßen und anderen Körperteilen aus Terrakotta, die Opfergaben darstellten, zu urteilen. Daneben, jedoch etwas tiefer gelegen, befand sich ein Hof (Lerna genannt), der von Eßräumen umgeben war. Die Römer restaurierten die »Südliche« und »Nordwestliche Stoa« sowie das Brunnenhaus Peirene oder bauten sie um; sonst nahmen sie aber wenig Rücksicht auf die Lage anderer Gebäude: Die Straße nach Lechaeum wurde begradigt und verbreitert und das südliche Stadtviertel wie das Zentrum (wahrscheinlich lag es vor der Römerzeit woanders) bebaut; man ebnete die Fläche ein und bepflasterte sie. Eine Ladenreihe teilte diesen Bereich in zwei Terrassen; im Osten und Süden errichtete man Basiliken und im Westen mehrere kleine Tempel. Weitere bemerkenswerte Römerbauten sind das *odeum* in der Nähe des Theaters und 1,2 km weiter östlich davon ein Amphitheater.

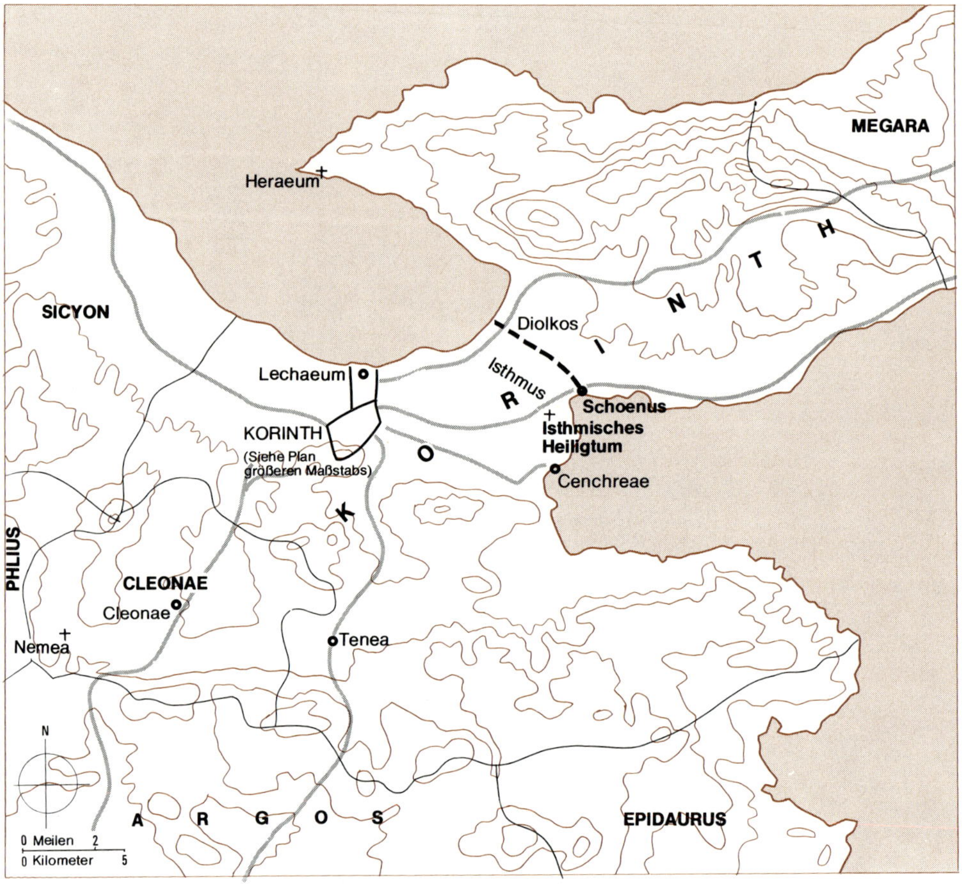

Oben: Korinthia. Gegenüber oben: Das Zentrum von Korinth. Rechts: Apollo-Tempel und Akrokorinth

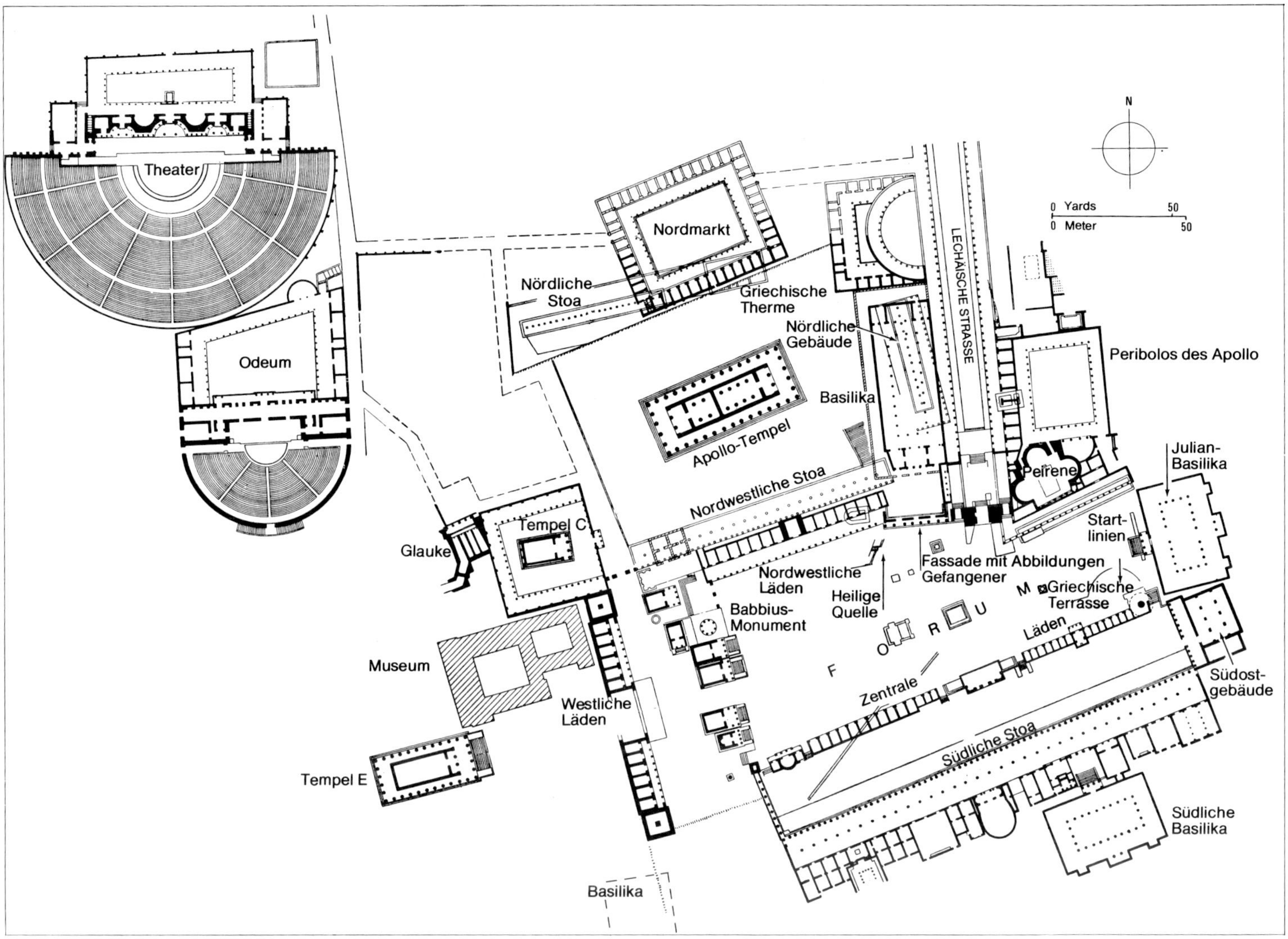
Theater
Odeum
Nordmarkt
Nördliche Stoa
Griechische Therme
Nördliche Gebäude
LECHÄISCHE STRASSE
Peribolos des Apollo
N
0 Yards 50
0 Meter 50
Apollo-Tempel
Basilika
Julian-Basilika
Peirene
Nordwestliche Stoa
Tempel C
Glauke
Start-linien
Fassade mit Abbildungen Gefangener
Nordwestliche Läden
Heilige Quelle
Babbius-Monument
Griechische Terrasse
F O R U M
Läden
Museum
Zentrale
Südost-gebäude
Westliche Läden
Südliche Stoa
Tempel E
Südliche Basilika
Basilika

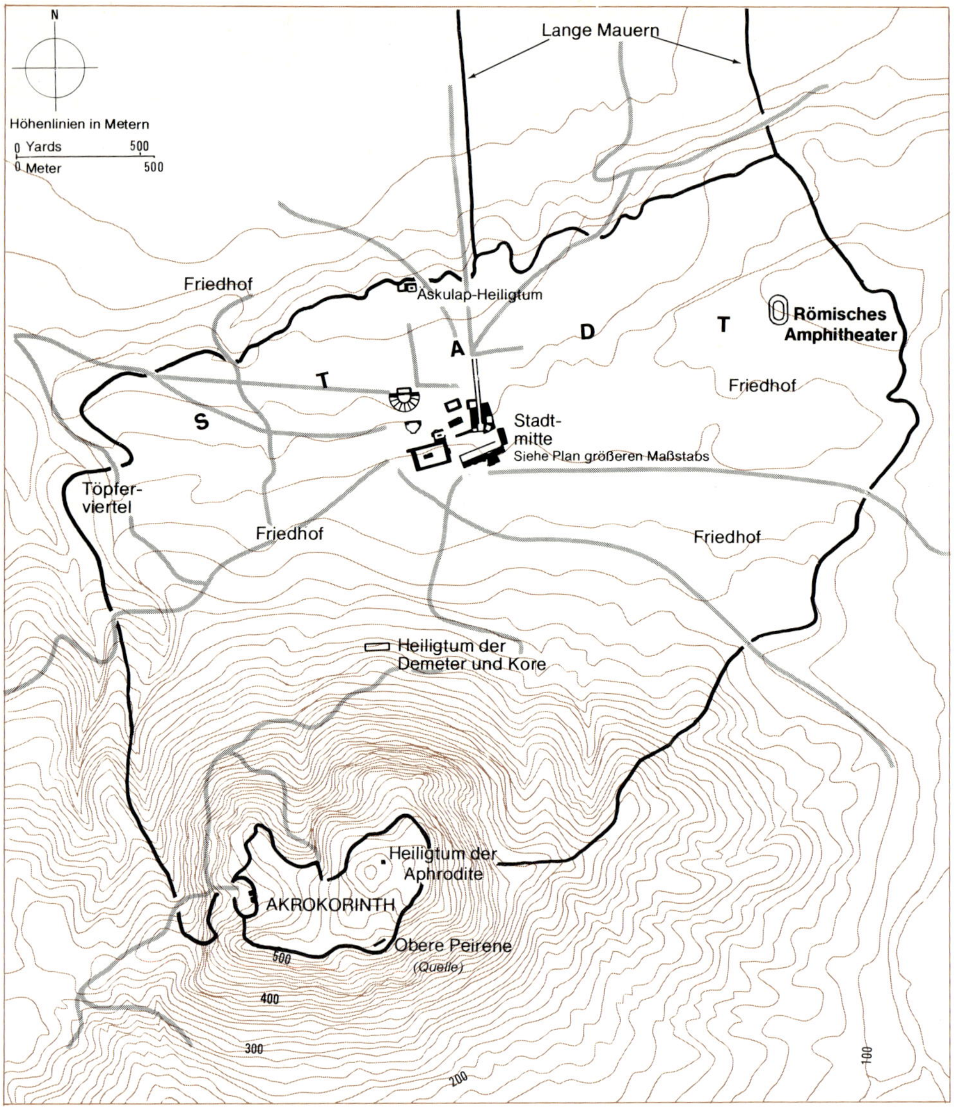

Die korinthischen Kunstwerke der Früheisenzeit waren anspruchslos gestaltet; nach 750 v. Chr. aber wandte man sich radikal von der geometrischen Tradition ab und entwickelte in kurzer Zeit eigene ornamentale Formen. Die bemalten Tongefäße aus Korinth, seine bekanntesten Erzeugnisse, waren bis zum frühen 6. Jahrhundert für die übrigen griechischen Staaten stilbestimmend. In der Baukunst scheint es die dorische Ordnung entwickelt zu haben; auch für die Bildhauerei der frühgriechischen Zeit mag es bedeutsam gewesen sein, und seine Bronzearbeiten waren von hoher Qualität. Von der korinthischen Kunst der klassischen und hellenistischen Zeit wissen wir nur wenig, doch besaßen die Handwerker dieser Stadt offensichtlich einen guten Ruf. Korinth war nie ein besonderes Zentrum geistiger Aktivität gewesen, obwohl Diogenes hier seinen Lebensabend verbrachte; der Grund hierfür lag wohl nicht so sehr am konservativen Klima einer gewöhnlich oligarchischen Herrschaft, sondern eher darin, daß hier keine Anregungen zur geistigen Auseinandersetzung vorhanden waren, wie sie im 5. Jahrhundert Athen dank seines großen Reichtums bieten konnte.

Das schön gelegene Museum am Ort des alten Korinth birgt die meisten Funde der hier von amerikanischen Archäologen durchgeführten Ausgrabungen (die seit 1896 im Gange sind) und aus dem Isthmischen Heiligtum; Funde aus Perachora befinden sich hauptsächlich im Nationalen Archäologischen Museum von Athen. Andere aus Korinth stammende Gegenstände können in allen bedeutenden Museen Westeuropas und Amerikas besichtigt werden.

Sakellariou, M., und Faraklas, N.: *Corinthia-Cleonaea.* Athen 1971. Eine gründliche Darlegung über diese Gegend.

Corinth, Princeton usw., 1929 –. Detaillierte Berichte über die Ausgrabungen.

Oben: Die Stadt Korinth und der Akrokorinth. Darunter: Rekonstruktion des Brunnens von Peirene in Korinth, 2. Jahrhundert v. Chr. Die Schöpfbecken des Brunnens befinden sich zwischen den Pfeilern; links ist das Ende einer dorischen stoa *und rechts die Lechaeische Straße zu sehen. Im Hintergrund der untere Teil der »südlichen Stoa«. Gegenüber: Der »Apollo von Tenea«, eine Marmorstatue von einem Grab in Tenea, etwa 560 v. Chr. (Oberteil)*

5 Argos

Griechenland

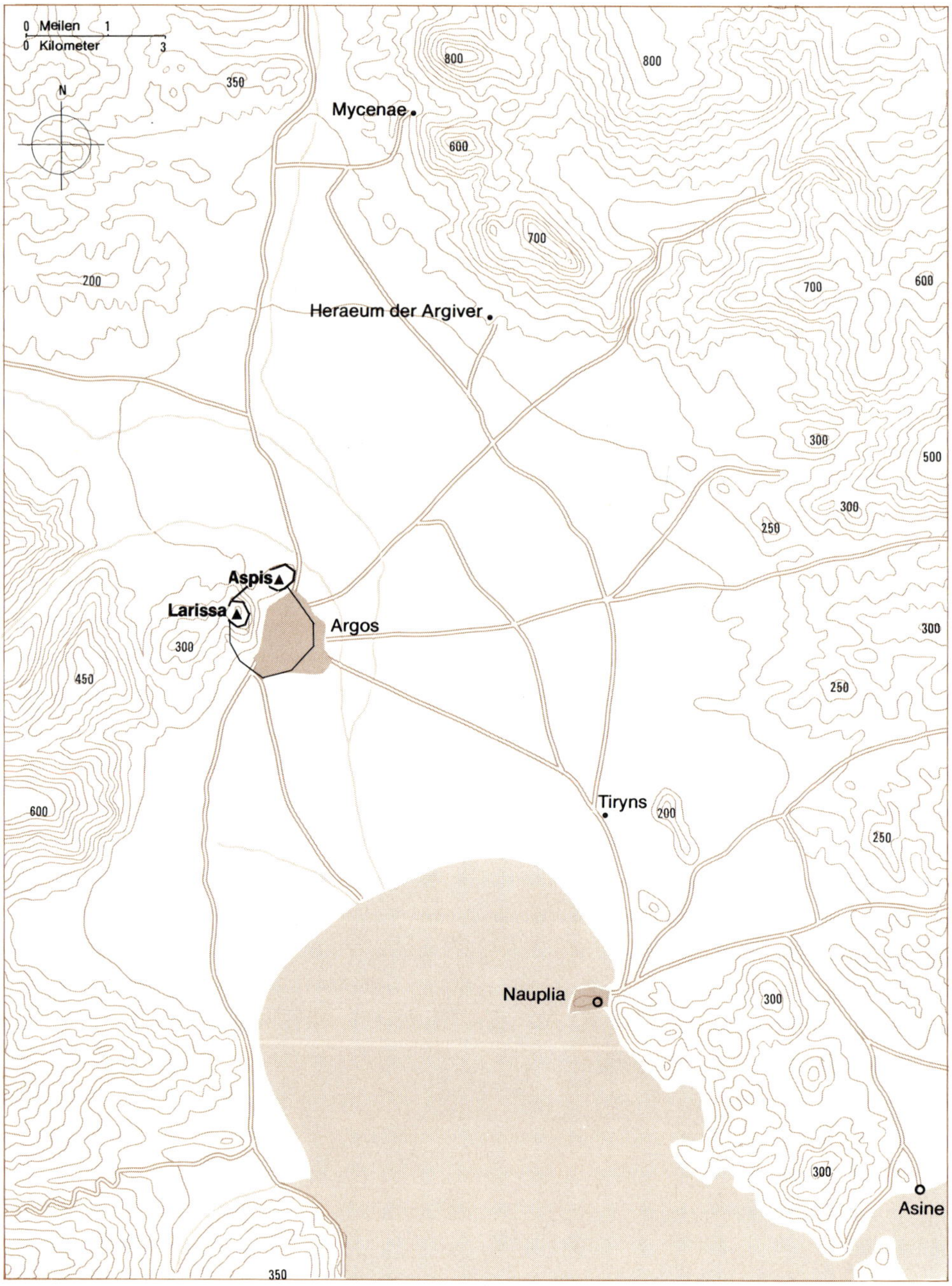

Die Landschaft Argolis war von einer relativ weiten Ebene und Berghängen bestimmt, die sie von drei Seiten umschlossen. Ein großer Bereich der Küste war sumpfig, nur im Osten lagen trockene Strände. In der Früheisenzeit wurde diese Region unter fünf Stadtstaaten aufgeteilt: Argos, Mykene, Tiryns, Nauplia und Asine. Der größte und kriegerischste von ihnen war bald Argos: gegen 700 v. Chr. wurde Asine erobert, ein Jahrhundert später Nauplia und Tiryns sowie Mykene in den sechziger Jahren des 4. Jahrhunderts. Während Nauplia wegen seines Hafens erhalten blieb, wurden die anderen Stadtstaaten zerstört. Zwar siedelten sich hier im 3. Jahrhundert v. Chr. wieder Menschen an, doch wurden diese Orte im 2. Jahrhundert erneut verlassen, vermutlich deshalb, weil mächtige private Grundbesitzer diese Gebiete erworben hatten. Wegen seiner ständigen Versuche, seinen Machtbereich auszudehnen, lag Argos vom 7. bis zum 4. Jahrhundert v. Chr. in Konflikt mit SPARTA.
Vor der Römerzeit war Argos die größte Stadt auf dem Peloponnes: in ihr lebten bis zu 50 000 freie Bürger und vermutlich ebensoviele Unfreie. Ihre Lage an der Hauptroute zum mittleren und südlichen Peloponnes spielte vermutlich keine wesentliche Rolle, weil sie hauptsächlich von der Landwirtschaft lebte; sie besaß jedoch eine günstige Wasserversorgung, und dank ihrer Lage konnte sie relativ leicht verteidigt werden: An ihrem Rand lag eine kleine und niedrige Akropolis (»Aspis«), und als die Stadt sich ausdehnte, fand man Zuflucht auf einer größeren (»Larissa«). Die wichtigsten Überreste liegen an der *agora:* das etwa 300 v. Chr. errichtete, später jedoch umgebaute Theater, das ungefähr 20 000 Besucher faßte, die römischen Thermen aus dem 2. und 4. Jahrhundert n. Chr. und ein römisches *odeum* (ein überdachtes Theater), das auf dem Versammlungsplatz der Bürger von Argos erbaut wurde; die noch sichtbaren, geradlinig verlaufenden Sitzreihen gehören zu der ursprünglichen Anlage. Am Berghang der Aspis stehen noch die Überreste eines Heiligtums des Apollo.
Von dem vorrömischen Mykene und von Tiryns ist wenig bekannt, da bei den ersten Ausgrabungen nur nach Funden aus der Bronzezeit gesucht wurde. Die aus älterer Zeit stammenden Mauern von Mykene wurden mehrfach ausgebessert; im 7. Jahrhundert v. Chr. erbaute man auf den Überresten eines ehemaligen Palastes einen Tempel und im 3. Jahrhundert ein kleines Theater, das in das »Grab der Klytämnestra« gehauen wurde. Auch in Tiryns entdeckte man Spuren eines Tempels aus dem 7. Jahrhundert v. Chr. In Nauplia wurden Teile der Mauer des Itch Kale um 300 v. Chr. erbaut; der Ort war wesentlich größer, als es jetzt den Anschein hat. Wie in Nauplia, so stammen auch in Asine die meisten Überreste von hellenistischen Befestigungsanlagen. Die Bewohner von Argolis besaßen ein prächtiges Heiligtum der Hera, das Heraeum der Argiver, das wohl anfänglich allen Stadtstaaten von Argolis gehörte. Es liegt am Ostrand der Ebene, etwa 5 km südlich von Mykene. Dieses Heiligtum gewann im späten 8. Jahrhundert an Bedeutung; vermutlich vor 600 v. Chr. wurde in seinem Bezirk ein großer dorischer Tempel errichtet und nach seiner Zerstörung 423 v. Chr. ein anderer etwas weiter unterhalb des Berghanges. Andere ältere Bauten stammen hauptsächlich aus dem 6. und 5. Jahrhundert, unter anderem verschiedene *stoas*, eine vierschiffige Halle und ein von Eßräumen umgebener Hof (an solchen Plätzen feierten die Griechen gerne ihre Feste). In der Römerzeit wurde noch eine Bäderanlage dazugebaut.
Argos war ein bedeutendes Zentrum griechischer Kunst. Im 9. und 8. Jahrhundert v. Chr. wurde die Qualität seiner in geometrischem Stil bemalten Vasen nur von denen Athens übertroffen. Bereits von 600 v. Chr. an stellten seine Handwerker hervorragende Skulpturen her. Besondere Erwähnung verdient Polykleitos, einer der berühmtesten Künstler um die Mitte des 5. Jahrhunderts. Auch die Baumeister von Argos schufen nicht unbedeutende Werke. Viele, im allgemeinen wenig aufsehenerregende Funde aus Argolis befinden sich im Nationalen Archäologischen Museum von Athen. Das Ortsmuseum von Argos besitzt eine schöne Kollektion von Tongefäßen im geometrischen Stil und das in Nauplia rätselhafte, groteske Terrakottamasken aus dem Tiryns des frühen 7. Jahrhunderts.

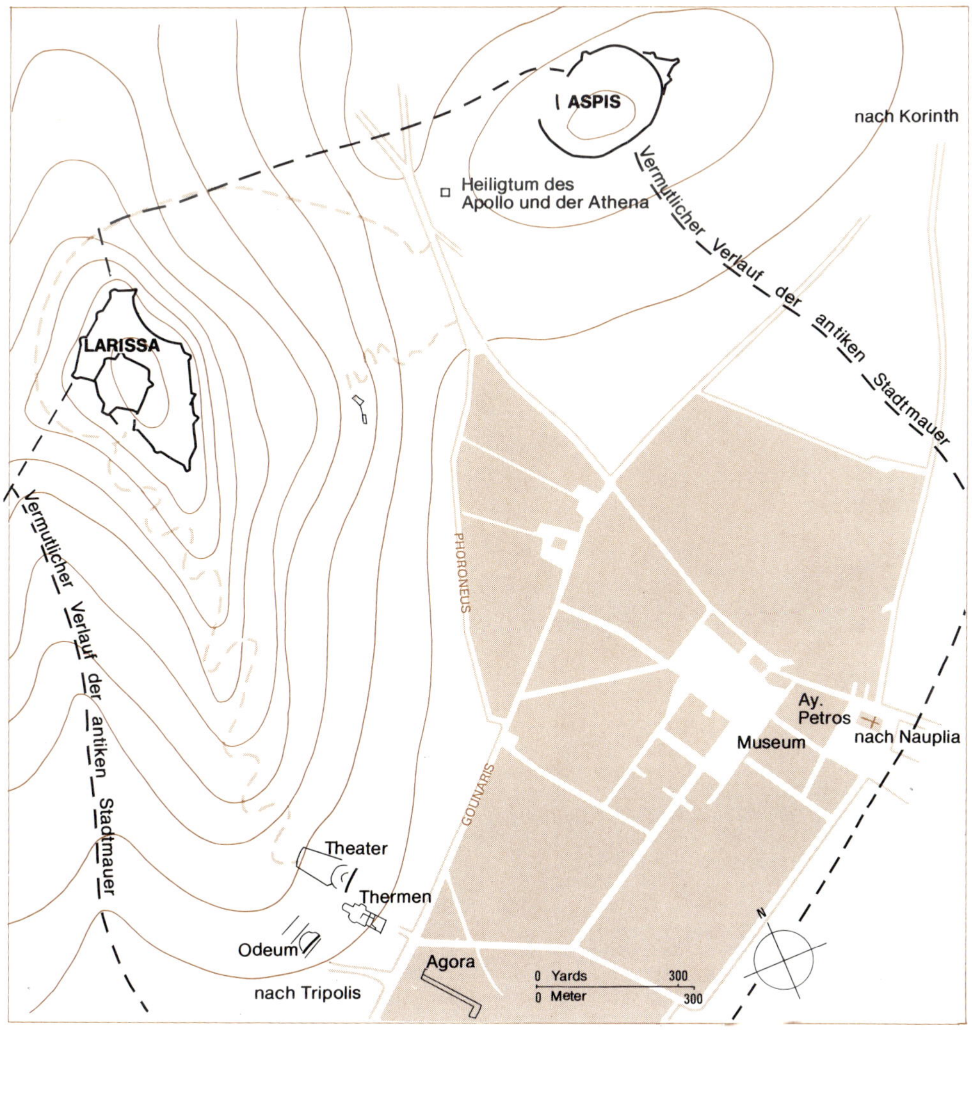

Ganz oben: Argos. Blick von Südosten: in der Mitte die »Larissa«, recht: Teil des »Aspis«. Links: Stadtplan von Argos. Oben: Teil einer Relieftafel, vermutlich von einem Altar; Kalkstein, etwa 635 v. Chr. Fundort: Mykene

Bulletin de correspondance hellénique, LXXVII, Athen und Paris (1953). Aktuelle Berichte über Ausgrabungen in Argos

Waldstein, C.: *The Argive Heraeum,* Boston, Mass., 1902. Ein genauer Bericht über die Hauptausgrabung

6 Epidaurus

Griechenland

Epidaurus: Blick nach Nordwesten über das Theater zum Heiligtum des Äskulap

Östlich von Argolis, in einer armen und entlegenen Gegend an der Küste gegenüber der Insel Ägina, standen die Häuser der Stadt Epidaurus; das Heiligtum des Äskulap lag etwa 8 km landeinwärts. Als gegen Ende des 5. Jahrhunderts v. Chr. Äskulap unter den Griechen als Gott der Heilkunst bekannt wurde, benötigte Epidaurus als Ziel vieler Pilger entsprechende Gebäude; diese wurden im Laufe der folgenden 100 oder 150 Jahre in mehreren Abschnitten errichtet. Der Tempel des Äskulap (sein Grundriß betrug etwa 11,8×23 m) stammt vermutlich aus den siebziger Jahren des 3. Jahrhunderts; er bestand aus Kalkstein und wurde in dorischem Stil erbaut. In einer Inschrift, die über den Bau berichtet, ist zu lesen, daß man für ihn vier Jahre und acht Monate benötigte und er so viel kostete wie der Lohn eines erfahrenen Arbeiters für 140 000 Tage. Der etwas spätere *tholos,* ein dorischer Rundbau (22 m Durchmesser), war aus Marmor und kostete deshalb doppelt soviel; welche Funktion er hatte, ist unbekannt. In seiner Nähe bildeten zwei *stoas* das *abaton,* wo die Kranken schliefen, in der Hoffnung, ihre Träume und handfestere Ratschläge der Priester könnten sie heilen. Im Südosten lag das *katagogion* (die Herberge), ein quadratisches Gebäude mit einer Seitenlänge von 76 m, das 160 Räume enthielt. Das jährlich stattfindende Fest zog auch viele Besucher an, so daß man nicht mehr umhin konnte, ein *stadion* und ein Theater für ungefähr 14 000 Zuschauer zu errichten. Wann es erstellt wurde, vornehmlich im späten vierten oder frühen dritten Jahrhundert v. Chr., ist umstritten. In dieser Zeit erlebte das Heiligtum einen besonders großen Besucherandrang, wie einige Gebäude zeigen. Seit der Antike hat sich an der Gegend landschaftlich nicht viel

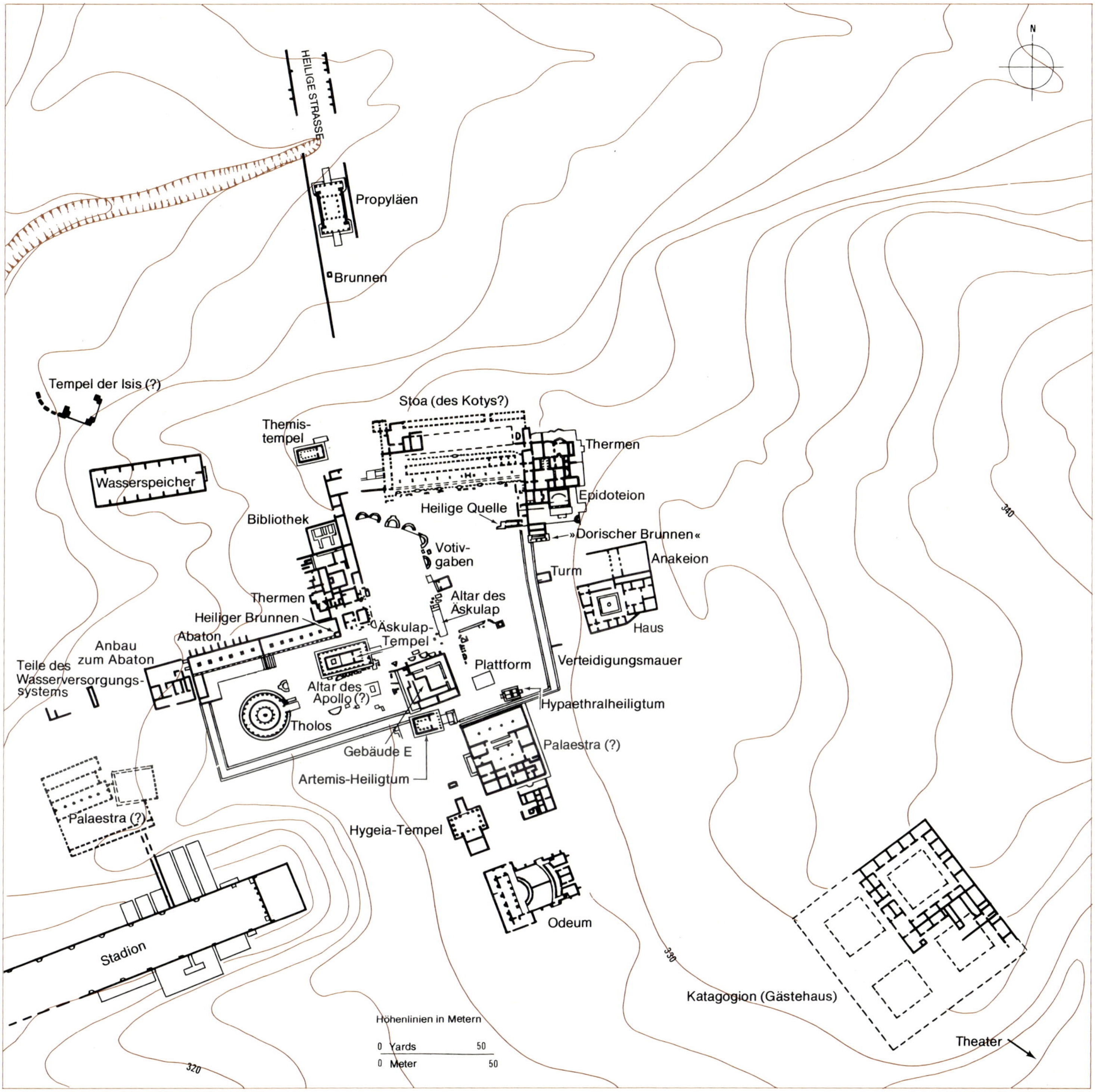

Oben: *Das Heiligtum des Äskulap in der Nähe von Epidaurus. Links: Das Theater beim Heiligtum des Äskulap. Rekonstruktion der ursprünglichen Bühne, vom Zuschauerraum aus gesehen.*

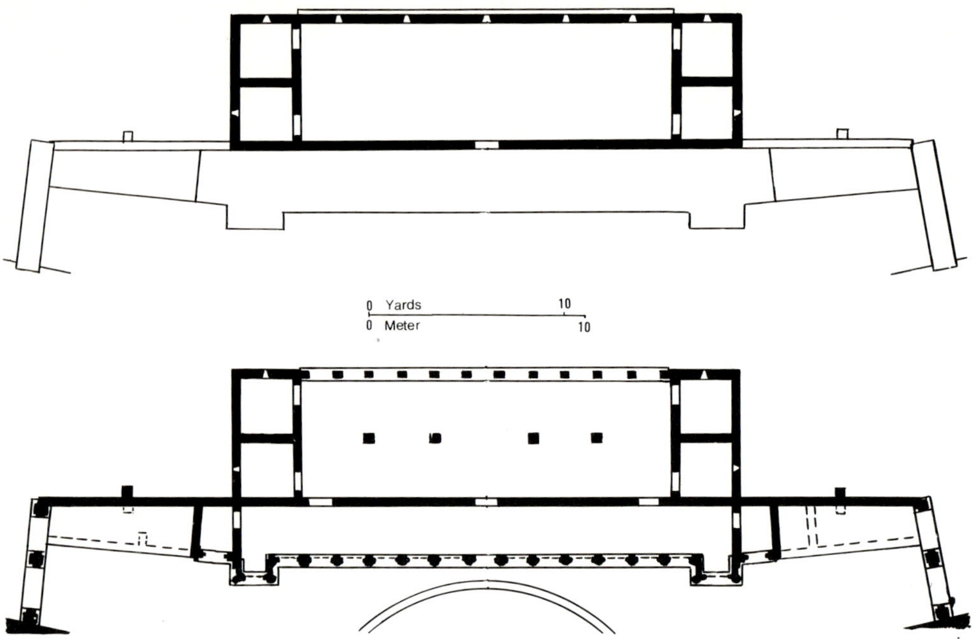

Die Theaterbühne von Epidaurus. Oben: Grundgeschoß. Darunter: Obergeschoß.

geändert, nur wächst hier dank der künstlichen Bewässerung eine üppigere Vegetation. Etwa 1 km östlich vom Heiligtum entdeckte man auf einer Anhöhe Spuren eines wesentlich kleineren Heiligtums des Apollo, das wahrscheinlich der Vorläufer des Heiligtums des Äskulap war.
Epidaurus besaß keine eigene Kunstschule; es beschäftigte Bildhauer und Architekten aus anderen Orten. Ein Großteil der Statuen ist verschwunden, doch sind einige schöne Figuren aus dem Äskulap-Tempel erhalten (sie befinden sich jetzt in Athen). Im Museum am Ort des alten Epidaurus sind lehrreiche Rekonstruktionen von Teilen des Tempels und des *tholos* zu sehen.

Burford, A.: *The Greek Temple Builders at Epidauros.* Liverpool und Toronto 1969. Befaßt sich hauptsächlich mit den Verträgen, die in bezug auf die Bauten abgeschlossen wurden
Cavvadias, P.: *Fouilles d'Épidaure,* I, Athen 1891. Bericht über die Hauptausgrabung
Gerkan, A. v./Müller-Wiener, W.: *Das Theater von Epidauros,* Stuttgart 1961
Pharaklas, N.: *Epidauria,* Athen 1972. Eine Darstellung über die Gegend von Epidaurus mit nützlichen Plänen des Asclepieum
Roux, G.: *L'Architecture de l'Argolide.* Paris 1961. Bietet u. a. ausführliche Untersuchungen über verschiedene Gebäude des Asclepieum

7 Sparta

Griechenland

Sparta und Taygetus, von Osten gesehen

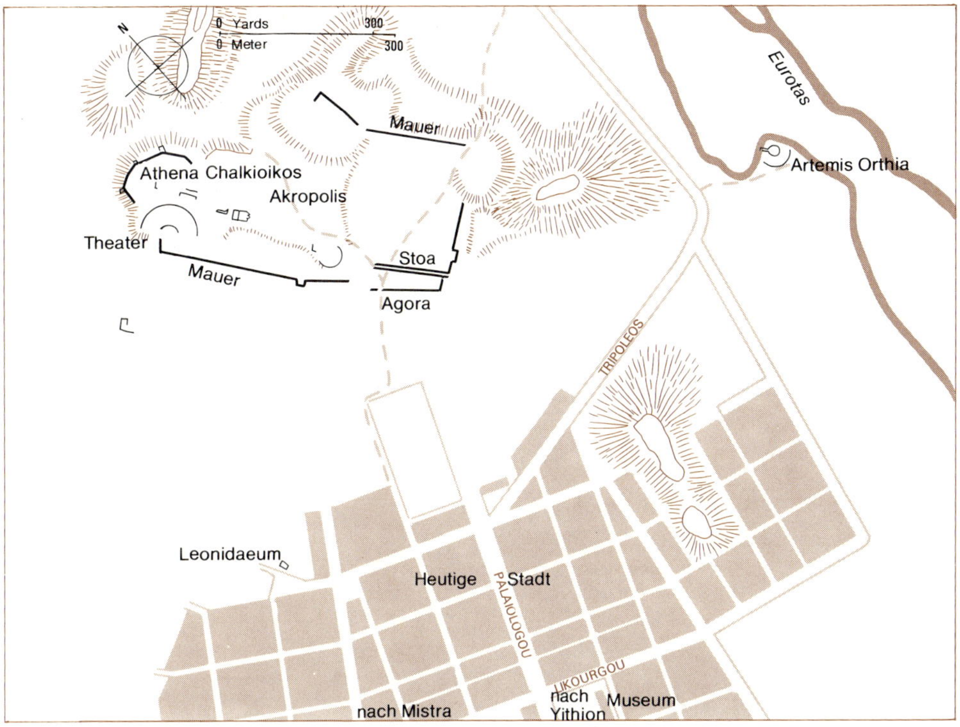

Sparta, am Fluß Eurotas in einer fruchtbaren Ebene gelegen, war die mächtigste Stadt Lakedämoniens. In der Früheisenzeit machte es die Mitglieder anderer Gemeinschaften zu Sklaven (Heloten) oder zwang sie in die politische Abhängigkeit *(perioeci = Periöken)*; bis 700 hatte es Messenien erobert und den meisten anderen Staaten auf dem Peloponnes einen Bündnisvertrag aufgezwungen. Um diese Vormachtstellung zu halten, bildete die kleine spartanische Elite eine kriegerische Lebensgemeinschaft und stellte das schlagkräftigste schwerbewaffnete Heer in der griechischen Welt auf. Erst 371 v. Chr. wurde es von den Thebanern auf Grund einer neuen Taktik entscheidend geschlagen. In den darauffolgenden zwei Jahrhunderten blieb Sparta ein Störenfried und versuchte, seinen verlorengegangenen Einfluß wiederzugewinnen; schließlich mußte es sich doch mit der kleinen Ebene begnügen, in der es lag; ihm blieb nur übrig, in sentimentaler Erinnerung an seine Vergangenheit einige seiner abstoßenden Riten wiederaufleben zu lassen. Um 400 v. Chr. lebten in Lakonien und Messenien vermutlich mehr als 200 000 Menschen; ein Drittel von ihnen waren Freie, und nur 8000 gehörten zur spartanischen Elite.

Die unstete Geschichte Spartas hinterließ ihre Spuren in der Anlage der Stadt und in ihren Bürgern. Solange eine militärisch orientierte Regierung herrschte, benötigte man keine Verteidigungsbauten, und so wurde die erste Stadtmauer etwa im Jahre 192 v. Chr. errichtet. Die Häuser der Siedlung mußten aus diesem Grunde auch nicht dicht beieinanderstehen, und da die Stadt nur von einigen Beamten regiert und in der Öffentlichkeit (wenn nicht im privaten Bereich) Einfachheit als Tugend gepriesen wurde, findet man hier wenige Beispiele einer anspruchsvollen Baukunst. Dies hatte auch Thukydides im späten fünften Jahrhundert festgestellt, der bemerkte – und daran sollten sich die Archäologen öfter erinnern –, daß man die Bedeutung einer Stadt nicht nach ihren Überresten beurteilen kann. Das antike Sparta lag auf dem Gebiet der heutigen Stadt und reichte nach Norden bis zu der niedrigen *akropolis*. Hier wurden Teile eines Tempels der Athene aus dem sechsten Jahrhundert v. Chr. freigelegt. Unterhalb der Akropolis befanden sich ein Theater aus der hellenistischen Zeit und im Osten die ebenfalls spät erbaute *agora* und eine *stoa*. Im Süden lag ein kleiner Tempel, der allgemein als »Grab des Leonidas« bezeichnet wird, obwohl er aus dem 3. Jahrhundert v. Chr. stammt. Im Nordosten am Fluß ist das kleine Heiligtum der Artemis Orthia zu sehen: es besitzt einen einfachen Tempel und einen Altar, die in ein kleines Theater aus dem dritten Jahrhundert v. Chr. einbezogen wurden. In der Umgebung fand man auch Überreste luxuriöser römischer Häuser, von denen einige mit Mosaikböden ausgestattet waren.

In der archaischen Zeit existierten in Lakonien – vermutlich dank der *perioeci* – Schulen von provinzieller Bedeutung, in denen jedoch ansehnliche bemalte Tongefäße, Bronzestatuetten und -utensilien sowie Skulpturen und Terrakotten zur Verzierung von Bauten – natürlich nicht von Spartanern – hergestellt wurden. Im Archäologischen Museum von Sparta ist eine schöne Auswahl davon zu sehen, die Töpfer- und Bronzearbeiten sind jedoch in den Museen außerhalb Griechenlands verstreut.

Annual of the British School at Athens, XII–XVI und XXVI–XXX, London 1906–1932. Enthält verschiedene Abhandlungen über die Ausgrabungen in Sparta.

Dawkins, R. M. (Hrsg.): *Artemis Orthia*. London 1929. Ein ausführlicher Bericht über das antike Sparta und die Funde

Forrest, W. G.: *A History of Sparta, 950–192 B C*. London und New York 1968. Die beste Kurzdarstellung in englischer Sprache

8 Olympia

Griechenland

Das Zeus-Heiligtum in Olympia liegt im bewaldeten Tal des Alpheus, eines das ganze Jahr über Wasser führenden Flusses, ungefähr 12 km von der Westküste des Peloponnes entfernt. Diese ländliche und politisch unbedeutende Region gehörte zunächst Pisa, dann Elis. In der Früheisenzeit wurde hier ein lokales Sportfest durchgeführt, das allmählich immer mehr Wettkämpfer aus anderen Gegenden anzog, bis Olympia im siebten Jahrhundert v. Chr. die wichtigste sportliche Begegnungsstätte der gesamten griechischen Welt wurde. Das Fest wurde alle vier Jahre in der heißesten Jahreszeit abgehalten und dauerte fünf Tage. Die Disziplinen, in denen gekämpft wurde, waren die Wettläufe über eine *stade* (etwas mehr als 190 m), über zwei *staden*, ein Langstreckenlauf (vermutlich über 24 *staden*), Boxen, Ringen, *pankration*, der Fünfkampf (ein Rennen über eine *stade*, Weitsprung, Speerwerfen, Diskus und Ringen), Pferderennen und ein Wagenrennen (bei dem dem Besitzer des Gespannes der Preis und der Ruhm zuteil wurde); später kam noch ein Rennen in voller Rüstung hinzu. Zu dem Wettkampf konnten sich nur einzelne freigeborene Griechen melden und nicht wie bei den modernen Spielen Staaten; die Preise bestanden lediglich aus Kränzen der wilden Olive; doch waren die Stadtstaaten sehr stolz auf Siege ihrer Bürger und belohnten sie oft reichlich, so daß es falsch wäre, hier von einem reinen Amateurdenken zu reden. Während des 4. Jahrhunderts v. Chr. verbreitete sich das Berufsathletentum. Die Olympischen Spiele blieben aber weiter bestehen; ihr Verbot 391 n. Chr. erfolgte, um das christliche Gewissen zu besänftigen.

Das Ansehen der Spiele bereicherte das Heiligtum um Bauten und Weihegaben. Obwohl die Römer viele Statuen fortschaffen ließen, blieben doch viele am Ort; Pausanias berichtete in der Mitte des 2. Jahrhunderts n. Chr. über sie. 267 n. Chr. wurden viele Gebäude abgerissen, um die Steine für die Errichtung einer Verteidigungsmauer um den Zeus-Tempel und einige andere angrenzende Bauten benutzen zu können. Die übrigen Anlagen verfielen oder wurden – wahrscheinlich im 6. Jahrhundert – durch Erdbeben zerstört. Danach bedeckten Fluten und Erdrutsche fast alle Überreste mit Sand, Kies und Schlamm. Das Ergebnis war, daß die einzelnen Bestandteile der Gebäude ungewöhnlich gut erhalten blieben. Leider wurden die meisten Statuen von Abfallhändlern des Mittelalters geborgen: die Bronzestandbilder schmolz man ein, und aus den Marmorstatuen wurde Kalk gebrannt.

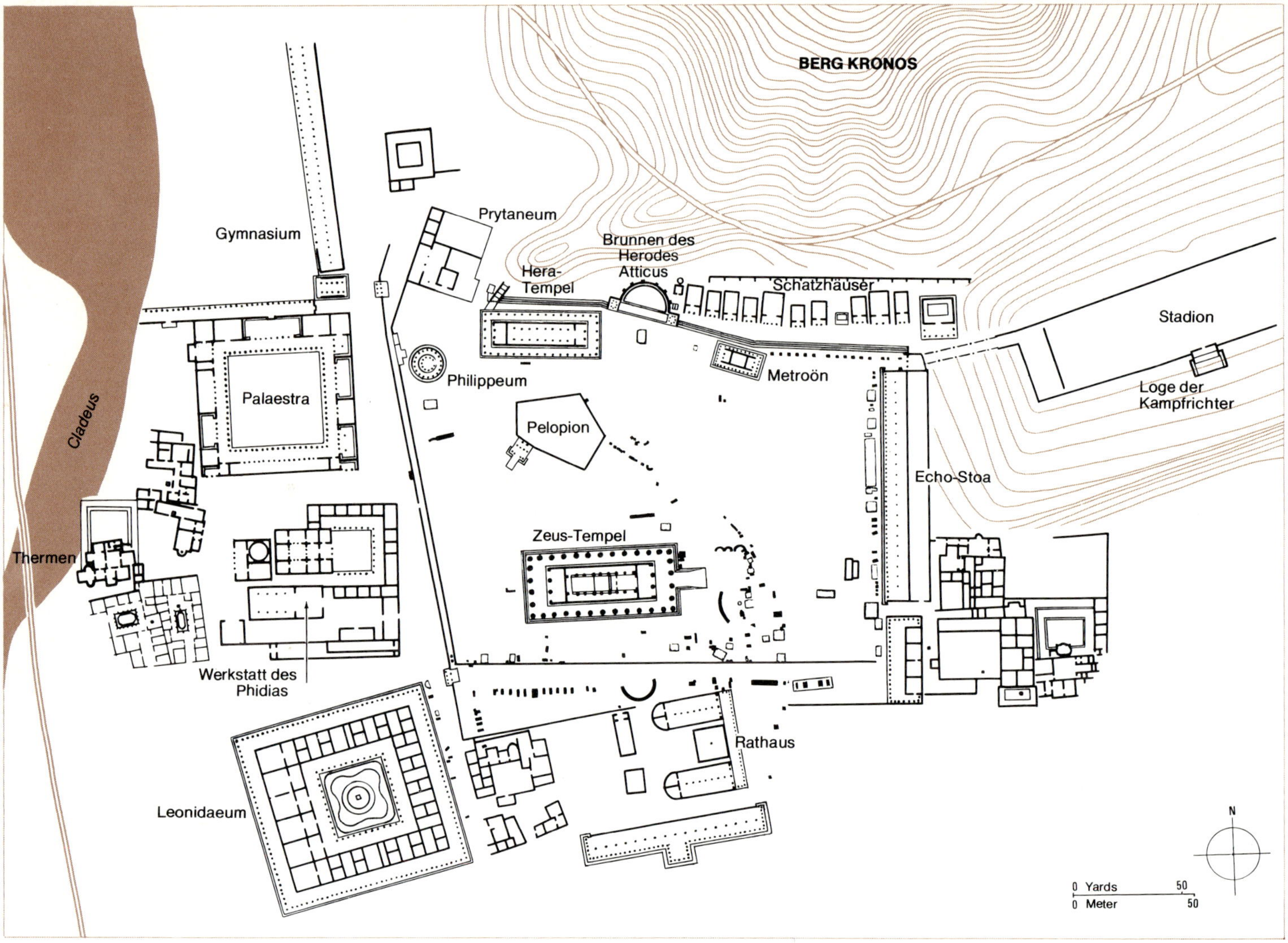

Oben: Das Zeus-Heiligtum von Olympia

Das Heiligtum selber, die »Altis«, war ein viereckiger Platz mit einer Fläche von etwa 200×150 m, der von Platanen beschattet war. Die ältesten Ruinen stammen von dem Hera-Tempel, der vermutlich mit dem Zeus-Tempel in Verbindung stand, da sich in beiden Statuen befanden. Er maß 18,75×50 m, wurde zu Beginn des 6. Jahrhunderts v. Chr. in einem wohl provinziellen, frühdorischen Stil erbaut, besaß Wände aus Lehmziegeln, ein hölzernes Säulengebälk und einige Säulen aus Holz. Der ebenfalls dorische, jedoch prächtigere und größere Zeus-Tempel (seine Grundfläche betrug 28×64 m) wurde 460 v. Chr. aus muschelhaltigem Stein erbaut und mit Stuck versehen. Er enthielt ein von Phidias geschaffenes 12 m hohes Kolossalbild des Zeus in sitzender Position; sein Körper war aus Elfenbein und sein Gewand aus Gold. Wegen seiner Ausdruckskraft stellte die Statue eines der berühmtesten Werke der klassischen Bildhauerkunst dar.
Zwischen den zwei Tempeln lag das »Pelopion«, ein Erdhügel, in dem Pelops, der legendäre Held Olympias, begraben sein soll. In seiner Nähe stand der einfache Zeusaltar. Im Nordwesten der Altis befand sich das *prytaneum*, das Amtsgebäude des obersten Beamten, in dem ein Eßsaal lag, der zur Bewirtung der Sieger und Honoratioren diente. Davor war das »Philippeum«, ein schöner Rundbau, der in den dreißiger Jahren des 3. Jahrhun-

derts v. Chr. zur Erinnerung an die Erringung der Herrschaft über Griechenland durch Philipp II. von Makedonien gebaut wurde. Die »Exedra« des Herodes Atticus grenzte im Osten an den Hera-Tempel und lag am Fuße des kleinen steil aufragenden Hügels Cronus; dieses aus Backstein erbaute und mit einer Marmorfassade versehene Brunnenhaus versorgte endlich um 160 n. Chr. Olympia mit Leitungswasser. Weiter östlich stand der »Metroön«, ein Tempel der Göttermutter, der um 400 v. Chr. errichtet wurde; über ihm, auf einer Terrasse, befand sich eine Reihe von Schatzhäusern aus dem 6. und 5. Jahrhundert v. Chr., die von griechischen Stadtstaaten – hauptsächlich von Sizilien und Italien – erbaut wurden. Den Abschluß im Osten bildete die »Echo«-*stoa*, die zum großen Teil aus dem späten 4. Jahrhundert v. Chr. stammte.

Das alte Stadion hatte sich bis in die Altis hinein erstreckt, doch in der Mitte des 4. Jahrhunderts wurde es weiter nach Osten verlegt. Die nach modernen Maßstäben sehr schmale Rennbahn war von Erdwällen umgeben, auf denen mehr als 40 000 Zuschauer Platz gehabt haben mögen. Von den übrigen bemerkenswerten Gebäuden außerhalb der Altis seien (im Uhrzeigersinn, ausgehend vom Stadion) genannt: ein großes Römerhaus (es wurde vermutlich für Kaiser Nero erbaut, als dieser 67. n. Chr. peinlicherweise an den Wettkämpfen teilnahm), zwei miteinander verbundene Apsidenhallen aus dem sechsten und fünften Jahrhundert v. Chr. (wahrscheinlich das Rathaus), das »Leonidaeum« (ein Gästehaus für vornehme Besucher), das der Baumeister Leonidas im späten 4. Jahrhundert v. Chr. errichtete, das im 2. Jahrhundert n. Chr. aber umgebaut wurde; die Werkstatt des Phidias (in der er seine Zeusstatue schuf), verschiedene Thermen (griechische und römische), eine *palaestra* aus dem 3. Jahrhundert v. Chr. und ein *gymnasium* aus dem zweiten. Das Hippodrom, die Bahn für Pferde- und Wagenrennen, lag im Süden, wo genau, ist unbekannt.

Olympia hatte nie eine eigene Kunstschule besessen, ausgenommen vielleicht für die wenig verbreiteten Statuetten aus der Früheisenzeit, die hier gefunden und vermutlich auch hergestellt wurden. Später führte man Weihegaben ein oder ließ sie von Handwerkern anfertigen, die anderswo ausgebildet worden waren oder nur so lange blieben, bis sie bestimmte Aufträge ausgeführt hatten. Die meisten Funde sind im hiesigen Archäologischen Museum ausgestellt. Es ist besonders reich an Bronzearbeiten aus dem 8. bis zum 6. Jahrhundert v. Chr. und besitzt Marmorstatuen aus dem Zeustempel, die in dieser Zahl nirgendwo sonst zu finden sind.

Berichte über die deutschen Grabungen (Olympia Berichte), 1–, Berlin 1937 –. Berichte über die wiederaufgenommenen Ausgrabungen und Beschreibungen der Funde

Curtius, E., Adler, F. und Dörpfeld, W.: *Olympia, Ergebnisse der Ausgrabungen*, Berlin 1890–1897. Ein ausführlicher Bericht über die Hauptausgrabungen

Finley, M. I. und Pleket, H. W.: *Die olympischen Spiele der Antike*. Tübingen 1976. Ein hilfreicher, ausführlicher Überblick

Mallwitz, A.: *Olympia und seine Bauten*. München 1972. Eine brauchbare allgemeine Darstellung

Gegenüber: Kopf von der Statue eines Boxers; Bronze, spätes 4. Jahrhundert v. Chr. Fundort: Olympia. Oben links: Bronzestatuette eines Läufers in Startposition; frühes 5. Jahrhundert v. Chr. Fundort: Olympia (Nach der Inschrift auf der Hüfte stellte sie eine Weihegabe an Zeus dar). Oben rechts: Die Nike von Paionios; Marmor, etwa 420 v. Chr. Die Statue stand auf einem etwa 9 m hohen, dreieckigen Grundsockel; sie wurde von den Messenern und den Bewohnern von Naupaktos als Beutestück aus einem innergriechischen Zwist geweiht.

9 Delphi

Griechenland

Delphi, an einer relativ unbedeutenden Verkehrsverbindung an der Südflanke des Parnaß, 570 m über dem Meeresspiegel, gelegen, war ein Stadtstaat von der Größe eines Dorfes, doch besaß es das berühmteste Orakel Griechenlands. Wie es zu diesem kam, ist nicht bekannt, nur muß die politische Bedeutungslosigkeit des Ortes dabei eine Rolle gespielt haben. Nach den Funden zu urteilen, kamen vor dem späten 8. Jahrhundert v. Chr. nur wenige Ratsuchende zum Delphischen Orakel; dann aber wuchs sein Ruf schnell und lockte sogar Delegationen einiger nichtgriechischer Staaten an; 590 v. Chr. wurde ihm durch die Amphiktyonie von Delphi, einen Zusammenschluß meist benachbarter Staaten, Schutz gewährt. Spuren weisen auf eine ältere Verehrung verschiedener Gottheiten hin, das Orakel jedoch, wie es uns bekannt ist, gehörte Apollo, der Fragen durch eine »Priesterin« beantworten ließ; ihre Äußerungen wiederum wurden von Tempeldienern weitergegeben. Die Fragen waren vermutlich politischer Natur; so erbat man die Zustimmung zur Gründung von Kolonien, zur Änderung von Stadtverfassungen oder sogar zu Feldzügen gegen andere Staaten. Die Antworten darauf mußten vorsichtig und doppeldeutig sein. Auch wurde es wahrscheinlich in religiösen Angelegenheiten befragt, bei denen es eher humane Lösungen vorschlug. Ebenso wurden persönliche Probleme vorgetragen. Teilweise aus Dankbarkeit, aber auch aus propagandistischen Gründen bereicherten Städte und Herrscher das angesehenste religiöse Zentrum Griechenlands um eindrucksvolle Weihegaben, so daß bald auf den günstiger gelegenen Plätzen des Heiligtums eine Vielzahl von Prachtbauten und Monumenten stand. Dieser Propagandadienst half der delphischen Priesterschaft über den Verlust an politischem Einfluß hinweg, den sie erlitt, als 480 v. Chr. fälschlicherweise ein persischer Sieg geweissagt wurde. Obwohl das Heiligtum um 350 v. Chr. von den Phokern systematisch – und später von den Römern gelegentlich – geplündert wurde, erhielt es bis zum 2. Jahrhundert n. Chr. weitere Weihegaben. Dann allerdings ging auch an ihm der Niedergang Griechenlands nicht spurlos vorüber, bis es schließlich durch die Unterdrückung des Heidentums 391 n. Chr. endgültig seine Bedeutung verlor.

Das Heiligtum des Apollo lag auf einem Berghang in dem Einschnitt eines steil aufragenden Felsens und besaß gute Wasserquellen, so daß dieser Ort seit jeher Siedler anlockte. Die Gebäude befanden sich auf verschiedenen Terrassen, die von einer Mauer umschlossen waren; die im späten 6. Jahrhundert v. Chr. vergrößerte, rechteckige Gesamtfläche betrug etwas mehr als 130×180 m. In ihrem Zentrum, auf der größten Terrasse, standen die nacheinander errichteten Tempel des Apollo. Einer von ihnen brannte 548 v. Chr. nieder; der nach ihm erstellte, ein größerer Bau, wurde 373 v. Chr. zerstört oder abgerissen, und der letzte 330 v. Chr. wahrscheinlich auf dessen Fundament erbaut. Die letzten beiden Tempel waren in dorischem Stil und wurden von den griechischen Stadtstaaten finanziert. Aus dem Bericht über den dritten Tempel konnte man entnehmen, daß sich die Kosten für die Steine, die man aus Korinth bezog, zu einem Teil aus

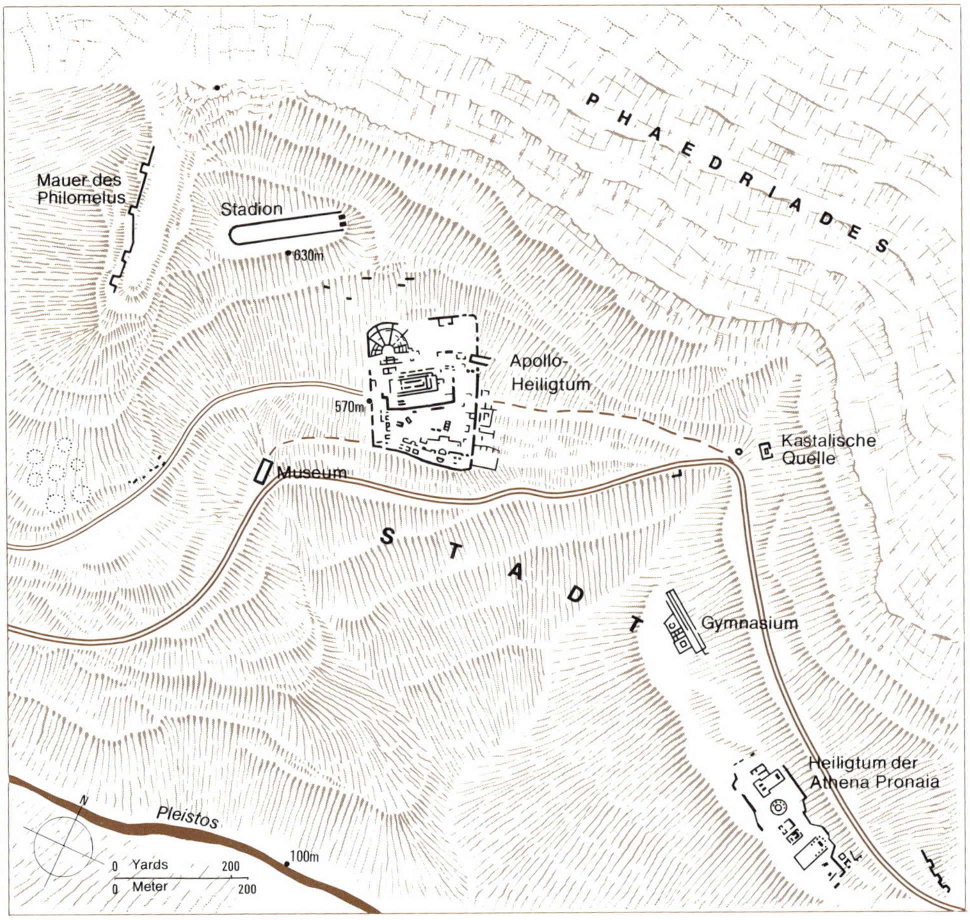

der Bearbeitung in dieser Stadt, zu drei und dreiviertel Teilen aus ihrer Verschiffung bis zum Hafen unterhalb von Delphi und zu sieben Teilen aus dem Transport bis zum Bauplatz zusammensetzten. Das Orakel war im Tempel untergebracht; weitere Einzelheiten über seinen Standort sind nicht bekannt. Der große Altar vor dem Tempel wurde um 475 v. Chr. von Chios gestiftet und ersetzte einen einfacheren.

Die meisten anderen Weihegaben befanden sich in der Nähe des Tempels oder südlich davon, weil auch dort der Eingang lag. Einige waren »Schatzhäuser«, kleine, häufig künstlerisch hervorragend gestaltete Bauten mit Säulenportalen, in denen wertvolle bewegliche Opfergaben aufbewahrt wurden. Das Schatzhaus der Stadt Athen, das um 500 v. Chr. errichtet wurde und nun restauriert ist, stellt ein recht typisches Beispiel für solche Gebäude dar; es maß etwa 7×10 m und bestand aus Marmor. Korinth (das die Mode, Schatzhäuser hier aufzustellen, um 650 v. Chr. eingeführt zu haben schien), Sikyon, Theben, Knidos, Kyrene und – im Heiligtum der Athena Pronaia – Massalia besaßen hier ebenfalls Schatzhäuser. Auch waren hier viele Statuen aufgestellt und »Tripoden« (dreifüßige Gefäße) aus Metall, die besonders in der Frühzeit Griechenlands beliebt waren. Die vielen Baudenkmäler an der Innenseite des Eingangs geben selber Aufschluß darüber, warum sie hier als Weihegaben dienten. So stellte Athen ein Denkmal zur Erinnerung an seinen Sieg über die Perser 490 v. Chr. bei Marathon auf. Als gegen Ende dieses Jahrhunderts Sparta Athen in die Knie zwang, das von seiner Seestreitmacht abhängig war, errichtete der Sieger auf einem benachbarten Platz Standbilder seiner zumeist weniger berühmten Admirale. Etwas später feierten in der Nähe dieses Denkmals die Arkader die Niederlage der Spartaner im Jahre 369. Diese Statuen sind verlorengegangen, doch sind viele Grundsockel mit informativen Inschriften oder Löchern für die Fußhalterungen zu sehen. Den Gebäuden erging es besser, und die Regeln der griechischen Baukunst erlauben es, aus den einzelnen Baubestandteilen sichere Schlüsse auf den Gesamtkomplex zu ziehen.

Die übrigen Anlagen bestehen aus dem einfachen Schrein (der Erdgöttin), die anscheinend vor Apollo in Delphi verehrt wurde, dem »Halos« (Dreschplatz), wo einige Riten vollzogen

Gegenüber oben: Modell des Heiligtums des Apollo zu Delphi um 150 v. Chr., von Südosten her gesehen. Gegenüber unten: Teil des Nordfrieses am Schatzhaus von Siphnos in Delphi. Die Szene zeigt den Kampf der Götter gegen die Giganten. Marmor, etwa 525 v. Chr.

wurden, der »stoa« der Athener, die an der Terrassenmauer unterhalb des Tempels lag; ferner sind zu nennen: ein kleines, wahrscheinlich aus dem 4. Jahrhundert v. Chr. stammendes Theater, das zum großen Teil umgebaut wurde und etwa 5000 Besuchern Platz bot, und in der nordöstlichen Ecke die »Lesche« der Knidier – ein geschützter Sitzplatz aus dem frühen fünften Jahrhundert v. Chr. mit Bildern des ersten großen Malers von Griechenland, Polygnotos. In diesem Bereich, der zu weit abgelegen war, als daß man dort Weihegaben hätte aufstellen wollen, entdeckte man Überreste primitiver Häuser aus der Früheisenzeit. Im Westen außerhalb des Heiligtums lag eine hellenistische *stoa* und eine weitere im Osten. Unterhalb von ihr sieht man die Ruinen von Thermen und Geschäftsbauten, die – an dem verwendeten Backstein erkennbar – römischen Ursprungs sind. Weiter im Osten, in der Nähe einer Schlucht, liegt die Kastalische Quelle mit den recht gut erhaltenen Überbleibseln eines hauptsächlich aus dem 6. und 4. Jahrhundert v. Chr. stammenden Brunnenhauses. Etwa einen halben Kilometer südöstlich vom Heiligtum des Apollo war das Heiligtum der Athena Pronaia, mit dem das des Apollo nicht in Verbindung stand. Es enthielt eine Reihe von Gebäuden, die auf einer schmalen Terrasse standen: ein Priesterhaus (seine Funktion ist allerdings nicht sicher bekannt), einen Tempel der Athene aus der Mitte des 4. Jahrhunderts v. Chr., den *tholos* (einen schönen Rundbau, der um 400 v. Chr. errichtet wurde), zwei Schatzhäuser, einen älteren Tempel der Athene (er wurde um 500 v. Chr. erbaut und ersetzte einen zuvor erbauten; nach einem Erdrutsch mußte er aufgegeben werden) und natürlich einen Altar.

Weiter befanden sich in Delphi Anlagen für die Pythischen Spiele, die hier um 590 v. Chr. nach dem Vorbild der Spiele in Olympia ausgerichtet wurden, jedoch noch einen musikalischen Wettbewerb zu den Sportwettkämpfen boten; für letztere wurde im 4. Jahrhundert v. Chr. ein *gymnasium* errichtet, das in der Römerzeit umgestaltet wurde. Es liegt zwischen dem Heiligtum der Athene und den Kastalischen Quellen und besaß zwei, eine Stade lange Rennstrecken für Übungszwecke – eine in einer *stoa*, eine andere im Freien; auf einer niedriger gelegenen Terrasse befanden sich die *palaestra* und Thermen. Das Stadion lag anscheinend zunächst weit unten im Tal, doch wurde um die Mitte des 5. Jahrhunderts v. Chr. im Nordosten des Heiligtums des Apollo ein neues errichtet; im 2. Jahrhundert n. Chr. erhielt es Sitzplätze aus Stein für etwa 7000 Zuschauer. Die Bahn für die Pferde- und Wagenrennen beließ man im Tal. – Die Stadt Delphi selber lag ursprünglich im Bereich des Heiligtums des Apollo; als es vergrößert wurde, zog man weiter den Abhang hinunter. Hier war man geschützter; doch weil man an diesem Ort keine Trinkwasserquellen besaß, zog man im Mittelalter wieder zu dem alten Platz zurück; um 1890 mußten sich die Bewohner wegen der Ausgrabungsarbeiten wieder am unteren Abhang niederlassen, was sie nur unter Protest taten. Da die Stadt bereits in der Antike verlegt wurde, besaß sie keine eigentliche Ringmauer; nur die Phoker errichteten um

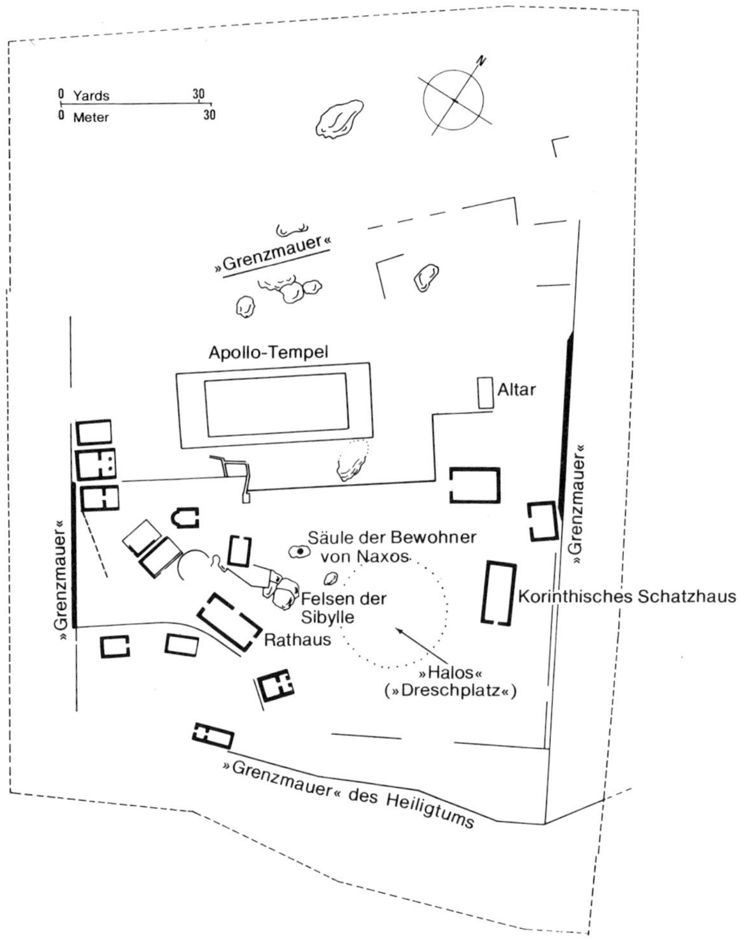

Oben: Das Heiligtum des Apollo in Delphi, 550 v. Chr. Gegenüber: Das Heiligtum um 150 v. Chr. Rechts: Metope vom Schatzhaus der Athener in Delphi. Die Szene zeigt Herkules und die Hirschkuh. Marmor, etwa 500 v. Chr.

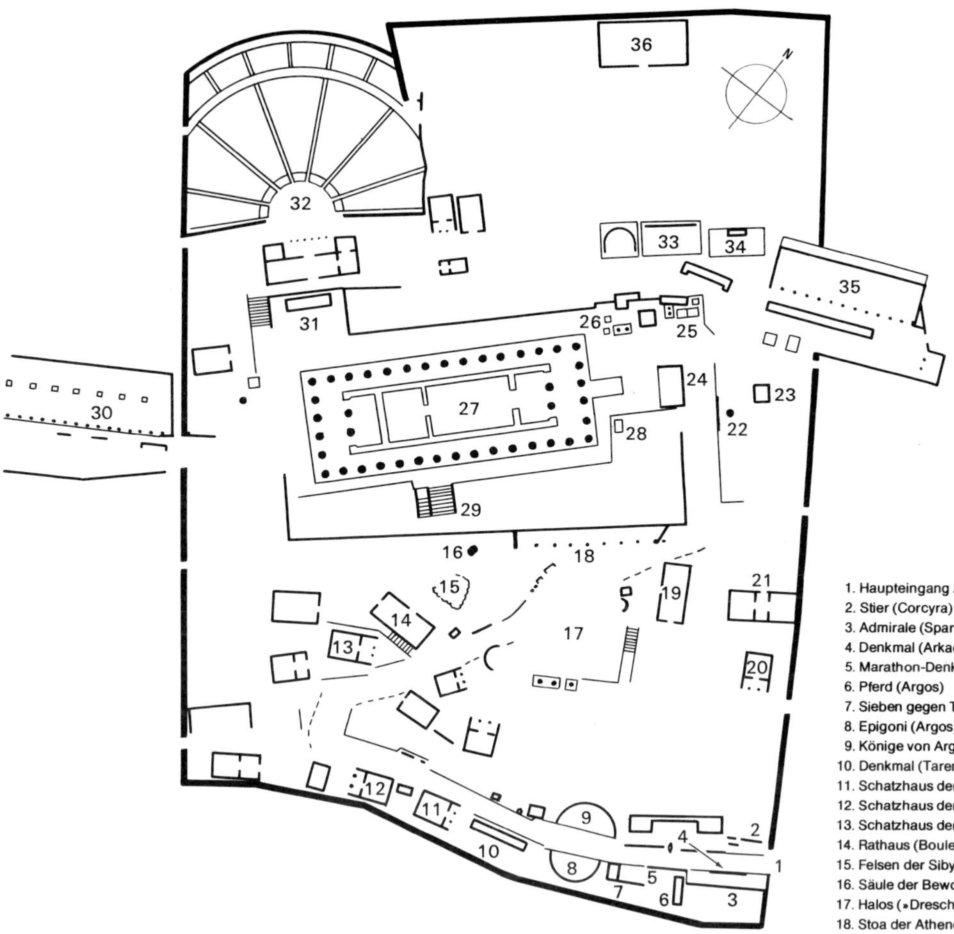

350 v. Chr., als sie Delphi besetzten, im Westen des Stadions auf dem Bergrücken Teile einer Befestigungsanlage.
Wie Olympia, so hatte auch Delphi keine eigene Kunstschule; die aufgefundenen Gegenstände wurden eingeführt oder von Handwerkern angefertigt, die sich hier nur für kurze Zeit aufhielten. Fast alle Funde sind im Archäologischen Museum in der Nähe der Ausgrabungsstätten ausgestellt. Die Skulpturen des Museums verdienen besondere Beachtung: an ihnen läßt sich gut die Entwicklung dieser Kunstgattung in Griechenland ablesen.

Fouilles de Delphes, I, Paris, 1904. – Genaue Berichte über Ausgrabungsergebnisse
Parke, H. W. und Wormell, D. E. W. *The Delphic Oracle,* 2 Bde., Oxford 1956. Eine umfassende Darstellung
Poulsen, F.: *Delphi.* London 1920. Immer noch die beste allgemeine Darstellung in englischer Sprache
Wachmeier, G.: *Athen. Mit Delphi, Kap Sunion, Ägina, Daphni und Ossios Loukas,* Zürich und München 1976.

1. Haupteingang zum Heiligtum
2. Stier (Corcyra)
3. Admirale (Sparta)
4. Denkmal (Arkader)
5. Marathon-Denkmal (Athen)
6. Pferd (Argos)
7. Sieben gegen Theben (Argos)
8. Epigoni (Argos)
9. Könige von Argos (Argos)
10. Denkmal (Tarentum)
11. Schatzhaus der Sikyoner
12. Schatzhaus der Bewohner von Siphnos
13. Schatzhaus der Athener
14. Rathaus (Bouleuterion)
15. Felsen der Sibylle
16. Säule der Bewohner von Naxos
17. Halos (»Dreschplatz«)
18. Stoa der Athener
19. Schatzhaus der Korinther
20. Schatzhaus der Bewohner von Kyrene
21. Prytaneum (?)
22. Schlangensäule
23. Wagen der Bewohner von Rhodos
24. Altar der Bewohner von Chiana
25. Tripoden der Dinomeniden
26. Säule des Prusias
27. Apollo-Tempel
28. Säule des Aemilius Paulus
29. Quelle
30. Hellenistische Stoa
31. Weihegaben des Craterus
32. Theater
33. Denkmal des Daochus
34. Heiliger Bezirk des Neoptolemos
35. Stoa des Attalus I.
36. Lesche der Knidier

10 Delos

Griechenland

Die auf halbem Weg im Ägäischen Meer gelegene Insel Delos hat aus zwei Gründen, die beide auf einen Zufall zurückzuführen sind, Berühmtheit erlangt. Sie ist klein und schmal – mit weniger als rund 3,5 km² Fläche –, ferner unfruchtbar und verfügt nur über geringe natürliche Wasservorkommen, so daß sie sehr oft unbewohnt war; aber sie hatte eine ziemlich gut geschützte Anlegestelle und wurde in der Frühen Eisenzeit als Geburtsstätte des Apollo und der Artemis verehrt. Im 7. Jahrhundert v. Chr. kamen die Griechen von den benachbarten Inseln und sogar vom Festland, um alljährlich dieses Fest zu feiern, und die Kultstätte wurde allmählich mit Gebäuden und Statuen ausgeschmückt. Zuerst scheint Naxos die Insel beherrscht zu haben; nach der Niederlage der Perser im Jahre 479 v. Chr. erklärten die Athener dann Delos zum offiziellen Sitz des Attischen Bundes. 25 Jahre später verlegten sie seinen Bundesschatz jedoch nach ATHEN. Gegen Ende des 4. Jahrhunderts wurde Delos mit Unterstützung verschiedener hellenistischer Mächte für unabhängig erklärt und wurde, da die Kultstätte reich genug war, um Geld zu verleihen, ein wichtiger Handelsplatz, so daß in der Mitte des 3. Jahrhunderts v. Chr. italienische Händler auf die Insel eindrangen. Im Jahre 166 v. Chr. erklärte Rom mit dem Ziel, die Handelsgeschäfte der Insel Rhodos zu beeinträchtigen, Delos zum freien Hafen; dieses Vorrecht erwies sich nach der Zerstörung Korinths im Jahre 146 als noch lukrativer für die Insel. In den darauffolgenden fünfzig oder sechzig Jahren erreichte der Handel auf Delos seinen Höhepunkt; die damalige Einwohnerzahl der Insel kann auf 25 000 geschätzt werden, und auf dem Sklavenmarkt sollen täglich bis zu 10 000 Sklaven gehandelt worden sein. Dieser künstlichen Wirtschaftsblüte wurde 88 v. Chr. ein Ende gesetzt, als Mithridates, der König von Pontus in Kleinasien, die Insel besetzte und deren Bewohner ermorden oder als Sklaven gefangennehmen ließ. Nachdem sich Delos einige Jahre später wieder teilweise erholt hatte, wurden die letzten Bewohner noch von Seeräubern umgebracht. In dem neuen Imperium Romanum fand Delos keinen Platz mehr; im 2. Jahrhundert n. Chr. waren die Tempelwächter noch die einzigen Bewohner der Insel.
Die Kultstätte, die dem Apoll geweiht war, lag in der Nähe des Anlegeplatzes und bestand aus einem unregelmäßigen Viereck von rund 150×180 m. Auf diesem Gelände befanden sich drei dem Apoll geweihte, nebeneinanderstehende Tempel. Der älteste und am meisten verehrte war der »Poros« (Kalkstein-)-Tempel, aus der zweiten Hälfte des 6. Jahrhunderts v. Chr. In seiner Nähe stand der Tempel der Athene, ungefähr 420 v. Chr. erbaut. Die Errichtung des größten Tempels, der als Peripteraltempel des Apollo bekannt wurde, da er als einziger von Säulen umrahmt war, wurde kurz nach 477 begonnen und im 3. Jahrhundert v. Chr. mehr oder weniger vollendet: auf dem Plan maß er ungefähr 12,5×28,5 m. Der erste wurde im ionischen, der zweite im dorischen Stil erbaut, der dritte wurde in der ionischen Bauweise begonnen und in der dorischen zu Ende gebracht. Nach Südwesten hin trat die »Halle der Naxier«, die Anfang des 6. Jahrhunderts entstand, an die Stelle eines noch älteren Gebäudes: es war eine einfache Halle, deren Mitte durch eine Reihe ionischer Säulen gekennzeichnet war. Vor der nördlichen Mauer stand die Marmorstatue eines nackten Mannes, die ursprünglich 9 m hoch war; sie entstand Ende des 7. Jahrhunderts v. Chr., Reste von ihr wurden stark verwittert aufgefunden, die beiden größten Teile in der Nähe des Artemistempels. Dieser Tempel, der im Nordwesten steht, wurde Anfang des 2. Jahrhunderts v. Chr. neu aufgebaut, hatte aber wahrschein-

lich schon einen Vorgänger im 7. Jahrhundert. Vor dem 3. Jahrhundert v. Chr. war das Apolloheiligtum vom Architektonischen her gesehen nichts Besonderes, bis dann die hellenistischen Könige es durch großartige Monumente ergänzen ließen. Die *stoa* des Antigonos, die fast 120 m lang ist, markierte die nördliche Begrenzung der Kultstätte, und im Osten stellte das sogenannte Heiligtum der Stiere, das ungefähr 67×9 m groß war, nichts anderes als einen geweihten Ort dar, an dem ein Kriegsschiff zum Andenken an einen Seesieg aufgehoben wurde; beide stammen aus der Mitte des 3. Jahrhunderts v. Chr.

Außerhalb der Kultstätte lag im Süden die alte Agora der Inselbewohner, und von den im Norden sich befindenden antiken Stätten sind die ältesten und bedeutsamsten der Tempel der Leto, der Mutter des Apoll und der Artemis, der im 6. Jahrhundert errichtet wurde, der »Heilige See«, der heute trockengelegt und von einer niedrigen Mauer umschlossen ist, und eine darüberliegende Terrasse, die von einer Reihe von ursprünglich mindestens neun Löwen aus dem 7. Jahrhundert v. Chr. beherrscht wird, die wahrscheinlich den ägyptischen Sphinxstraßen nachempfunden wurden.

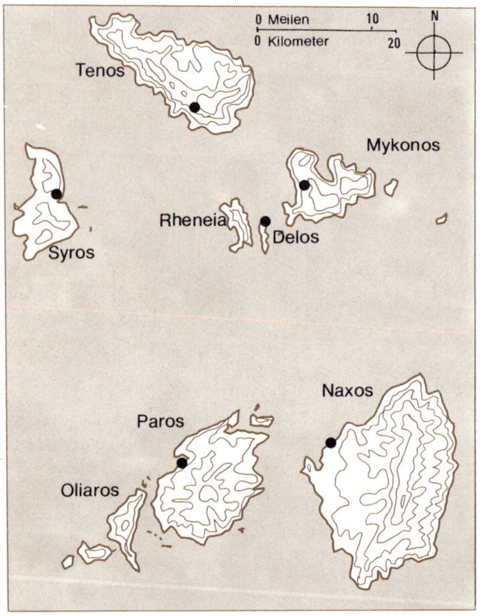

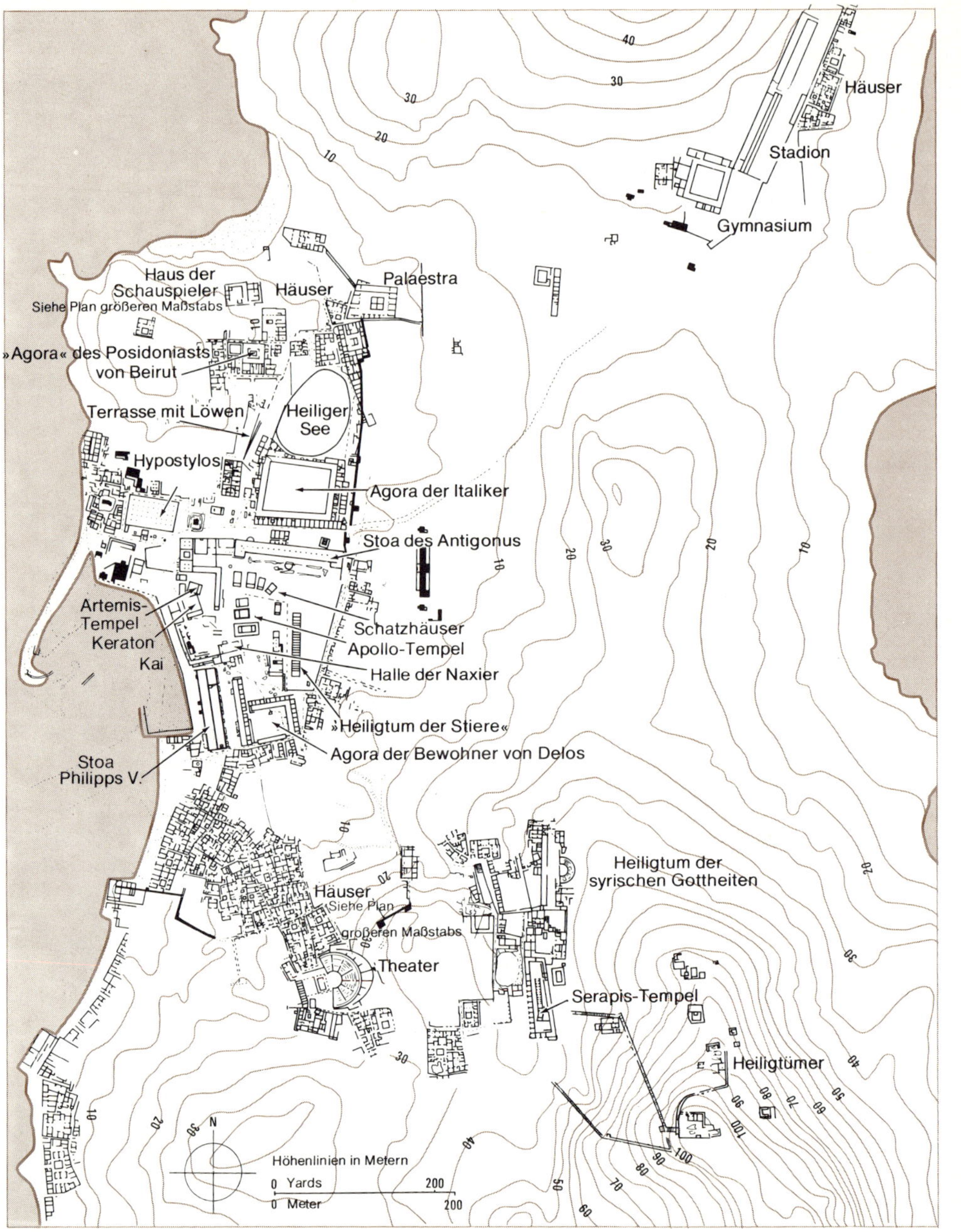

Ein Großteil der anderen Überreste stammt aus der Periode wirtschaftlicher Hochblüte; sie sind Zeugen für die kosmopolitische Ausrichtung in jener Zeit. Die Säulenhalle aus dem späten 3. Jahrhundert v. Chr., die in Strandnähe steht und eine Grundfläche von rund 56×34 m einnimmt, wies in ihrem Innern neun Reihen von je fünf Säulen auf, die die Decke trugen; sie könnte als Getreidemarkt gedient haben. Die von zweistöckigen Kolonnaden eingezäunte »Agora der Italiker«, die ungefähr 100 m lang und 70 m breit war, wurde Ende des 2. Jahrhunderts errichtet. Ungefähr im selben Zeitraum bauten die Händler aus Berytos (Beirut) ihre eigene *agora*, die als Kultstätte und als Handelsplatz diente; außerdem gab es in der Nähe der Kultstätte noch andere hellenistische Marktplätze *(agoras)* und Säulenhallen *(stoas)*. Darunter befanden sich auch einige stattliche Privathäuser und im Norden ein paar hellenistische *Palästren*. Wenn man sich dem Nordosten der Insel zuwendet, trifft man auf die Überreste eines *gymnasium*, eines *Stadions*, wahrscheinlich einer jüdischen Synagoge und mehrerer Häuser. Auf dem Gipfel und den Abhängen des Berges Cynthos im Südosten des Apollotempels gab es im 7. Jahrhundert v. Chr. einige einfache Kultstätten. Aber auch hier zeigt sich deutlich der hellenistische Einfluß im Ausbau alter Altäre oder bei der Errichtung neuer, die teilweise ägyptischen und syrischen Gottheiten gewidmet wurden.

Der Hauptwohnbereich, der erstaunlich gut erhalten ist, obwohl er nur teilweise ausgegraben wurde, lag südlich vom Apollotempel und ist größtenteils auf das 2. Jahrhundert v. Chr., teilweise sogar auf das 3. zurückzuführen. Zu ihm gehören in der Hauptsache Häuser von unregelmäßiger Form, die von dichter Besiedlung zeugen, und enge, winkelige Straßen: vermutlich wurde er von Privatleuten angelegt und unterlag fast keiner öffentlichen Kontrolle. Das typische Haus der wohlhabenden Klasse hatte einen zentral angelegten Hof, um den ein Säulengang führte, hinter dem die Wohnräume lagen. Fenster waren vermutlich für das zweite und weitere Stockwerke vorgesehen, während sie im Erdgeschoß nicht üblich waren. Dennoch war die Straßenfront oftmals durch kleine, verschließbare Läden aufgelockert, die vom Haus aus nicht erreichbar waren. Die Hausmauern bestanden aus groben, quadratischen Steinen, die verputzt wurden, und aus Säulen aus wertlosem Marmor. Die wichtigsten Stockwerke wurden mit Mosaiken ausgeschmückt. Die Wasserversorgung erfolgte gewöhnlich durch eine tiefe, zementierte Zisterne unter dem Hof, die durch das schräg abfallende Innendach gespeist wurde. Ganz am Ende des Wohnviertels standen ein Theater aus dem 3. Jahrhundert v. Chr., in dem höchstwahrscheinlich 5000 Menschen Platz fanden, und einige kleine hellenistische Heiligtümer. An dem Ufer, das südlich vom Apollotempel zu finden ist, war der Hafen in fünf Becken unterteilt; in deren Nähe zog sich eine

Oben links: Delos und seine Nachbarinseln. Oben: Die Lage des Apolloheiligtums und der Stadt. Rechts: Delos, Blick vom Süden über die Löwenterrasse

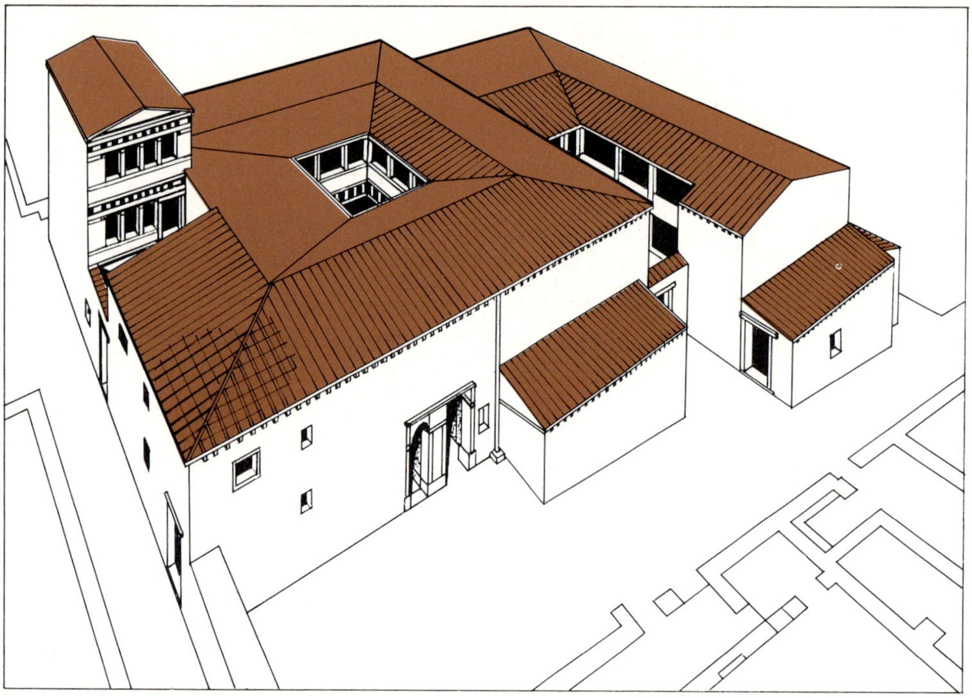

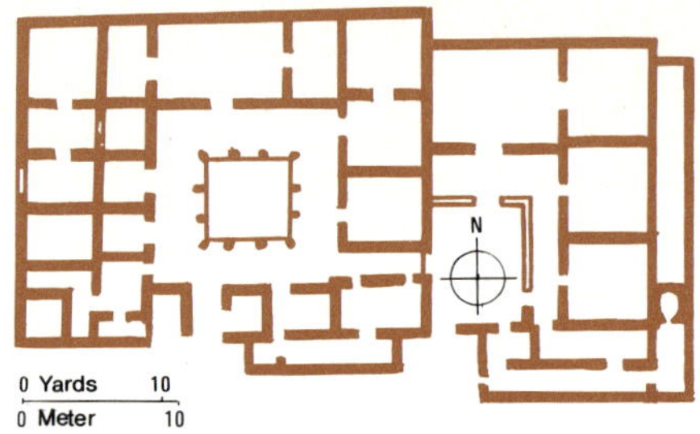

Links und oben: Rekonstruktion des Grundrisses einer Gruppe von drei Häusern auf Delos, die nordwestlich vom See standen. Die Zeichnung zeigt hinten links das »Giebelhaus« (dessen Eingangstor in der Mitte der Seitenmauer zu sehen ist), vorne und in der Mitte das »Haus der Schauspieler«, rechts das »Haus der Tritonen«. Nur das »Haus der Schauspieler« ist in ganz normalem Stil erbaut. Rechts: Mosaik aus dem »Haus der Masken« auf Delos: Dionysos reitet auf einem Panther, ausgehendes 2. Jahrhundert v. Chr.

Oben: Grundriß des Teils der Stadt Delos, der nördlich vom Theater liegt.

lange Reihe von Lagerhäusern und den für Seeleute üblichen Vergnügungslokalitäten hin. Weiterhin wurden noch andere Heiligtümer aus verschiedenen Epochen gefunden.

Vor dem wirtschaftlichen Aufschwung war Delos für Künstler oder teure Handwerker einfach zu klein. Anschließend aber und vor allem im späten 2. und in den Anfängen des 1. Jahrhunderts v. Chr. schufen Bildhauer auf Delos einen römischen Stil; es entstanden eher lebensnahe (naturalistische) als idealistische Porträts, und man kopierte alte Meisterstücke oder nahm sie zum Vorbild. Es bestand ebenfalls eine öffentliche und auch private Nachfrage nach Architektur und Mosaikarbeiten, von denen einige eine sehr hohe Qualität aufweisen. Man weiß jedoch nicht, ob Delos selbst auf diesen Gebieten richtungsweisend war. Von den Funden sind die Standbilder aus dem 7. Jahrhundert, die offensichtlich naxischen Ursprungs sind, und die hellenistischen Skulpturen und Mosaiken am bemerkenswertesten. Die besten Arbeiten sind zum Großteil im Nationalmuseum für Archäologie in Athen, teilweise aber auch im Delos-Museum untergebracht. Für Fachleute wird es von Interesse sein, zu wissen, daß außerdem noch eine Sammlung bemalter Keramik existiert. Diese Gefäße sind heute alle in dem Museum der Nachbarinsel Mykonos zu sehen.

Bruneau, P., und Ducat, J.: *Guide de Délos.* Paris 1965. Ein guter Überblick über die Stätten und Funde auf Delos

Exploration archéologique de Délos (kurz *Délos*), I –, Paris 1909. – Einzelstudien

11 Dodona

Griechenland

Dodona liegt in einem breiten Tal im Gebiet der Molosser von Epirus und hatte ein Zeus-Orakel, das die Griechen als ihre älteste Wahrsagestätte betrachteten. Da es aber sehr entfernt lag, wurde es nur von denjenigen besucht, die in der Nähe wohnten; dabei handelte es sich meistens um Leute, die persönliche Probleme hatten. Die Antworten, die normalerweise durch ein »Ja« oder ein »Nein« gegeben wurden, entnahm man dem Rauschen der Blätter der heiligen Eiche, dem Gurren der Tauben, die auf ihren Ästen saßen, dem Klingen von Kesseln aus Bronze, die in ihrer Umgebung aufgestellt wurden, oder sogar den Worten einer Priesterin. Bis ins frühe 4. Jahrhundert v. Chr. war die Gestaltung der heiligen Stätte sehr einfach; ein Tempel war anscheinend auch nicht vorhanden, und andere Gebäude fehlten ebenfalls bis ins frühe 3. Jahrhundert, bis König Pyrrhus die Bewohner von Epirus vom Stammesvolk zu einer gewaltigen Macht führte. Die meisten der damaligen Gebäude wurden im Jahre 219 v. Chr. von den Ätolern verwüstet, aber der Schaden war sehr bald wiedergutgemacht. Fünfzig Jahre später und ebenfalls im frühen ersten Jahrhundert v. Chr. wurde Dodona von den Römern überfallen. Gegen Ende dieses Jahrhunderts begann dann der Wiederaufbau, der bis ins 2. Jahrhundert n. Chr. fortgeführt wurde. Die endgültige Zerstörung ereignete sich Ende des 4. Jahrhunderts.
Die Eiche blieb das Zentrum der Kultstätte.

Kurz nach 400 v. Chr. wurde ein schlichter, kleiner Tempel in ihrer Nähe errichtet, an den einige Zeit danach ein Hof angeschlossen wurde, der den heiligen Baum mit einschloß. Anfang des nächsten Jahrhunderts ließ Pyrrhus einen größeren Tempel bauen und den Hof erweitern, indem er im Innern eine Kolonnade hinzufügte. Nach 219 v. Chr. wurde die Stätte weiter ausgebaut, und es entstand ein neuer Tempel mit einer nicht allzu großen Säulenhalle von ungefähr 5,6×9,5 m. Auf Pyrrhus sind ebenfalls drei kleine Tempel in der Nähe zurückzuführen, die der Dione und wahrscheinlich auch dem Herakles und der Aphrodite geweiht waren, eine Versammlungshalle, die 32,5×43,6 m maß und für die Vertreter der einzelnen Stämme von Epirus bestimmt war, und ein Theater mit 18 000 Plätzen; die Römer beseitigten später die unteren Sitzreihen und errichteten eine hohe Mauer vor der vergrößerten Orchestra, so daß sie Kämpfe zwischen Gladiatoren und wilden Tieren durchführen konnten. An der Vorderseite des Theaters schloß das eine Ende des *Stadions* an, das im späten 3. Jahrhundert v. Chr. angelegt oder zumindestens ausgebaut wurde. Der Berg wurde im späten 4. Jahrhundert v. Chr. durch eine Mauer und Türme befestigt.
Die Funde, zu denen schöne Bronzefiguren und Bleibänder mit Fragen an das Orakel zählen, sind fast alle im Nationalmuseum für Archäologie in ATHEN untergebracht.

Rechts: Plan des Zeus-Heiligtums und der Akropolis von Dodona

Carapanos, C.: *Dodone et ses ruines.* Paris 1878. Ein Bericht über die frühen Ausgrabungen und Funde

Praktika tes Archaiologikes Etaireias, 1952 –, Athen. Laufende Berichte über die neuen Ausgrabungen.

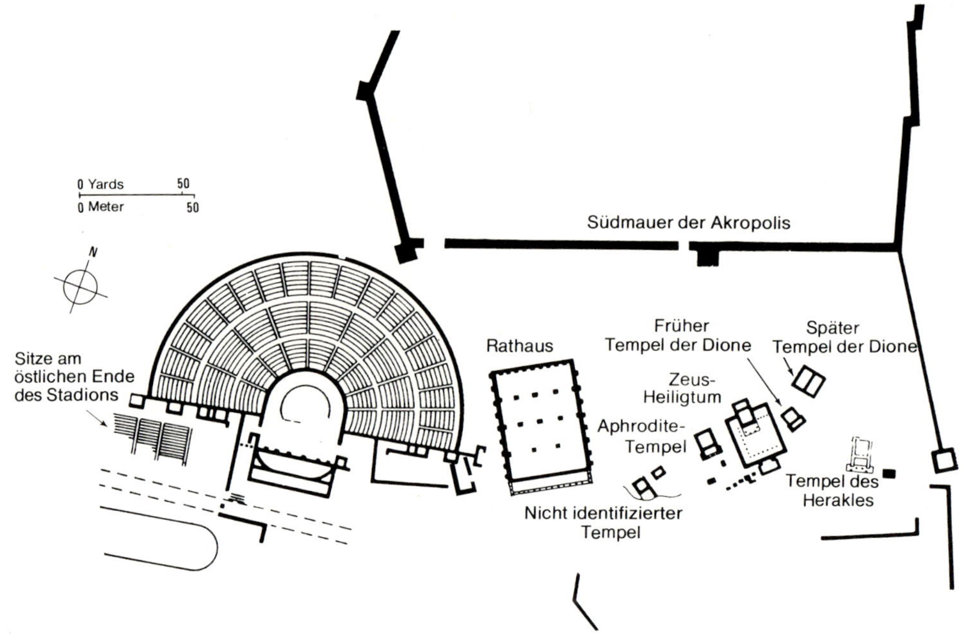

12 Olynth

Griechenland

Die neue Stadt Olynthus wurde 432 v. Chr. als Hauptstadt der Chalkidike gegründet, deren Bewohner sich zu einem Staat zusammengeschlossen hatten. Alles ging gut, bis Philipp II. im Zuge der Konsolidierung und Erweiterung seines makedonischen Königreiches nach Olynth kam. Da ihm die Chalkidier im Wege waren, griff er Olynth im Jahre 348 v. Chr. an und zerstörte es. Später blieb dieser Platz immer unbewohnt.

Die Stadt lag 2,5 km vom Meer entfernt im Landesinnern auf einem Hügel, der sich mit einer Höhe von 30 m von der übrigen Umgebung abhob und durch eine Mauer aus Ziegelsteinen auf Grundmauern aus Stein befestigt war. Wenn man mit einberechnet, daß sich die Stadt auch auf dem östlichen, ebenfalls befestigten Abhang ausdehnte, so schloß sie eine Fläche von mindestens 45 ha ein. Mit Ausnahme des südwestlichen Teils, wo das Land zu steil war, wurde sie in ein nord-südliches Straßennetz untergliedert, dessen Hauptstraßen eine Breite von über 7 m, die Nebenstraßen von über 5 m hatten. Die Häuserblocks, die auf diese Weise zustande kamen, nahmen normalerweise eine Fläche von 84×35 m ein und wurden durch eine enge Gasse in zwei Reihen von je 5 stattlichen Häusern unterteilt, obwohl einige der Grundstücke eine größere Fläche hatten. Das Musterhaus hatte einen Hof, der manchmal einen Säulengang einschloß, von der Straße aus zu erreichen und auf drei Seiten mit Räumen ausgestattet war. Die größten Zimmer lagen nach Norden hin, so daß sie vor der hochstehenden Sommersonne geschützt waren, im Winter aber, wenn die Sonne niedrig stand, für ihre Strahlen zugänglich waren. Über dieser Zimmerflucht lag noch ein Obergeschoß; eine Küche mit Rauchfang und ein Baderaum mit einer Terrakotta-Wanne waren ebenfalls vorgesehen. Die Mauern bestanden aus Ziegelsteinen, die auf Grundmauern aus Stein aufgesetzt wurden, die Dächer waren mit Ziegeln gedeckt, die Innenwände waren bemalt (wobei oftmals das Mauerwerk imitiert wurde), und der Fußboden bestand in wichtigen Räumen aus Kiesel-Mosaiken, die teilweise ausgestaltet wurden. Läden an den Häuserfronten waren nicht üblich, man fand sie und die Werkstätten der Handwerker im südwestlichen Stadtteil, wo auch der Markt abgehalten wurde. Auffallend ist die Tatsache, daß es nur sehr wenige öffentliche Gebäude gab: in der Mitte des westlichen Teils der Stadt lag ein öffentlicher, für alle zugänglicher Platz mit einer *stoa*, vermutlich auch mit einer Versammlungshalle und einem Brunnenhaus. Merkwürdigerweise konnte nicht eine der unerläßlichen Kultstätten wiederentdeckt werden. Die Wasserversorgung erfolgte durch Terrakotta-Rohre. Olynth war eher eine Wohn-, denn eine Handelsstadt, ihre Einwohnerzahl könnte bei 15 000 gelegen haben.

Die beweglichen Funde wurden in das Museum von Thessaloniki gebracht, während die Mosaiken am Ort gelassen und wieder zugeschüttet wurden.

An der Oberfläche des Geländes ist lediglich noch der Grundriß der Stadt zu erkennen.

Robinson, D. M., u. a.: *Excavations at Olynthus*, I –, Baltimore 1929 –. Ein detaillierter Bericht.

Das »Haus des Glücks«. Unten: Grundriß. Ganz unten: Rekonstruktion. Der Hof und der Balkon im ersten Stock, der um ihn herumführt, sind besonders bemerkenswert.

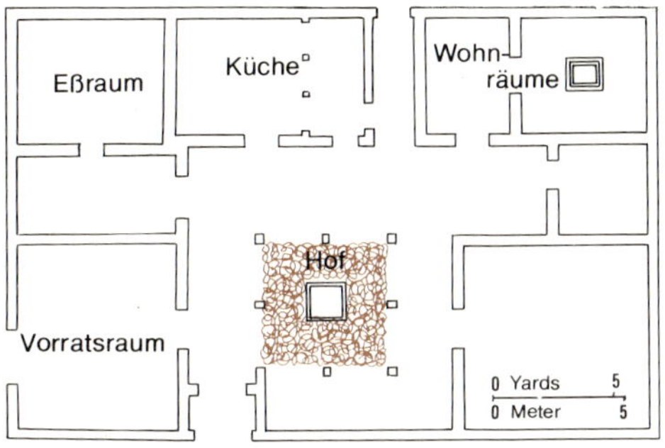

Rechts unten: Grundriß des Hauses A VII. 4 (das zweite Haus von der südwestlichen Ecke des Blockes A VII aus gesehen).

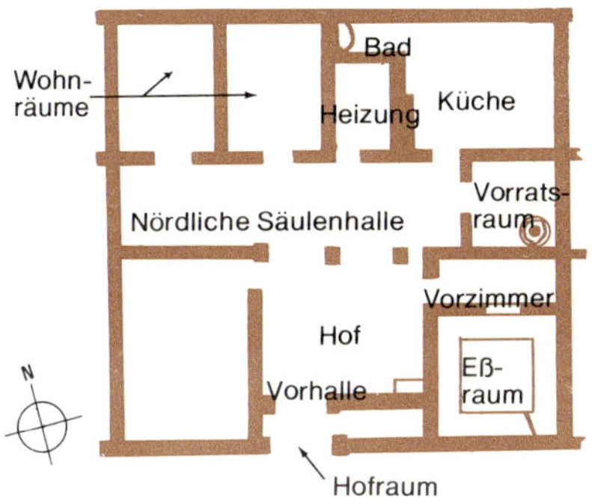

13 Philippi

Griechenland

Philippi liegt in Thrakien ungefähr 15 km von Kavalla (in der Antike Neapolis genannt) entfernt im Landesinnern. In dieser Gegend befand sich zwischen einem Sumpfgebiet, das später trockengelegt wurde, und dem Gebirge eine griechische Siedlung mit Namen Crenides, die wegen der in der Nähe vorhandenen Goldminen entstanden war. Sie wurde 356 v. Chr. von Philipp II. von Makedonien aufgrund ihrer sowohl strategischen als auch ökonomischen Bedeutung eingenommen, befestigt und in Philippi umgetauft. Nachdem die Minen völlig abgebaut waren, trat allmählich ein Verfall der Stadt ein, dem im 2. Jahrhundert v. Chr. Einhalt geboten wurde, als die Römer sie zu einem Stützpunkt der Via Egnatia, der Militärhauptstraße zwischen Dyrrachium (Durrës in Albanien) und Byzantium (Istanbul), machten. Während des Bürgerkrieges im Anschluß an die Ermordung Julius Caesars überwältigten Octavian (Augustus) und Mark Antonius 42 v. Chr. Brutus und Cassius außerhalb Philippis und feierten diesen Sieg, indem sie befreite Gefangene in der Stadt ansiedelten, die sich infolgedessen vergrößerte und von den Römern als privilegiert behandelt wurde. Um 170 n. Chr. scheint die Stadt einen erneuten Aufschwung erlebt zu haben, denn es kamen bis ins 6. Jahrhundert viele neue Gebäude hinzu. Die Einwohnerzahl ist unbekannt, aber das Theater, das von den Römern erweitert worden war, bot rund 8000 Personen Platz.

An diesem Ort wurden nur wenige Ausgrabungen durchgeführt, so daß es über die makedonische Epoche nicht viele Informationen gibt. Ihr sind Teile der Stadtmauern und die *akropolis* sowie einige kleine Heiligtümer oder Häuser und das Theater zuzurechnen, obgleich letzteres im 2. und 3. Jahrhundert n. Chr. umgebaut wurde. Auch von der römischen Stadt wurde nur wenig gefunden, was älteren Datums als 160 n. Chr. ist. In dieser Zeit wurden die Bauten des *forum*, dem römischen Äquivalent der griechischen *agora*, geschaffen, die noch zu sehen sind und eine Fläche von ungefähr 148×70 m einnahmen. Auf seiner langen Nordseite befand sich eine Tribüne, die von Brunnenhäusern eingerahmt wurde; auf den beiden kurzen Seiten standen je ein Tempel und ein Säulengang, mit verschiedenen Räumen dahinter, und auf der südlichen Seite befand sich ein weiterer Säulengang. Im Süden des *forum* wurden die Reste einer *palaestra* ausgegraben, die wohl auch in diese Epoche einzuordnen ist, sowie eine für 50 Personen bestimmte Latrine und ein überdachter Marktplatz (unterhalb einer christlichen Kirche aus dem 6. Jahrhundert). Noch weiter südlich war im Jahre 250 n. Chr. in einem Wohnbezirk eine große Thermenanlage an einem Platz errichtet worden, auf dem früher ein römisches Heiligtum stand. Die Via Egnatia führte direkt am nördlichen Ende des *forum* vorbei, und auf den Hügeln oberhalb befanden sich eine Gruppe verschiedener unbedeutender Heiligtümer und die Wasserleitung, die die Römer versorgte.

Zu den Funden gehören sehr viele Skulpturen, die römischen Ursprungs und von der Qualität her als mittelmäßig einzustufen sind.

Plan von Philippi

Collart, P.: *Philippes.* Paris 1937. Ein ausführlicher Bericht, dem heute jedoch neue Forschungsergebnisse hinzugefügt werden können

Lapalus, E., in *Bulletin de correspondance hellénique,* Paris, LVII (1933), S. 438–466, und LIX (1935), S. 175–192. Über die Skulptur

Lazaridis, D.: *Philippoi-Romaiki Apoikia.* Athen 1973. Eine ökologische Studie mit einem kurzen Bericht über die späteren Entdeckungen und Pläne

14 Thasos

Griechenland

Thasos ist eine fast runde Insel, die eine Grundfläche von ungefähr 400 km² hat und 8 km vor der Küste Thrakiens liegt. Ihr Land war gut bewässert und fruchtbar und brachte einen der besten griechischen Weine hervor; aus ihrem Gebirge, das bis zu 1200 m ansteigt, wurde Nutzholz gewonnen; außerdem verfügte die Insel über Gold- und Silberadern und gute Fischgründe. Neben diesen natürlichen Vorzügen war ihre Lage noch von Vorteil für den Handel mit den Thrakern auf dem Festland. So kam die griechische Stadt Thasos, die von Paros um 680 v. Chr. gegründet worden war, sehr schnell zu Reichtum, der noch vergrößert wurde, indem man durch befestigte Siedlungen einen 70 km langen Küstenstreifen auf der Gegenseite fest einnahm, die »Peräa von Thasos«, und dadurch fruchtbares Land und reichere Gold- und Silbervorkommen hinzugewann.

Während des 7. und 6. Jahrhunderts v. Chr. blieb Thasos frei von jeglicher äußeren Einmischung und erreichte damals den höchsten Wohlstand durch Einkünfte aus dem Bergbau der Peräa, die sich nach Herodot auf 200 bis 300 Talente im Jahr beliefen, was mehr als die Hälfte der jährlichen Steuern war, die ATHEN um 450 v. Chr. aus seinem Machtbereich einzog. Im 5. Jahrhundert erlebte die Insel weniger glückliche Zeiten. Nachdem sie während einer kurzen Periode unter der Herrschaft der Perser stand, schloß sie sich dem Attischen Bund an und mußte die Einmischung Athens über sich ergehen lassen. Als Thasos im Jahre 465 vom Bund abtrünnig wurde, belagerten die Athener die Insel zwei Jahre lang und zwangen sie zum Nachgeben. Doch bald schon war Thasos eine der reichsten unterworfenen Städte. Nach dem Niedergang Athens am Ende des 4. Jahrhunderts v. Chr. verstand es Thasos in der weiteren Zeit, mit den dominierenden Mächten gut auszukommen. Es ist nicht bekannt, wie viele Einwohner damals auf Thasos lebten.

Die Stadt, die ein sehr typisches Beispiel ihrer Art war, lag an der Nordostküste. Sie war um einen guten Hafen herum angelegt, der durch Molen in zwei Becken unterteilt wurde, von denen eines fast völlig geschlossen war. Eine Inschrift aus dem 3. Jahrhundert v. Chr. gibt an, wie der belebte Schiffsverkehr geregelt wurde. Die Befestigungsanlagen verlaufen parallel zur natürlichen Linienführung der Hügelkette und sind ungefähr 4 km lang. Sie wurden vermutlich um 500 v. Chr. errichtet – in der Zeit davor wird die Flotte von Thasos zur Verteidigung ausgereicht haben. Beim Bau der Mauern wurde teilweise Marmor verarbeitet und – was noch bemerkenswerter ist – einige der Tore waren mit Reliefs verziert. Die *agora* befand sich in Hafennähe und hatte an ihrem Ende die Form einer Raute, bei der jede Seite rund 110 m maß. Die um den Platz herumführenden Säulengänge, von denen noch heute wichtige Teile zu sehen sind, stammen aus der Zeit zwischen dem 4. Jahrhundert v. Chr. und dem 1. Jahrhundert n. Chr., sie müssen aber schon Vorgänger gehabt haben. In der Nähe des östlichen Endes des Platzes, wo später im 1. Jahrhundert v. Chr. eine lange Halle errichtet wurde, stand das Denkmal des Glaucus, eines der Gründer von Thasos, das im 7. Jahrhundert v. Chr. aufgestellt worden war. Unter anderem wies die *agora* in ihrem nördlichen Teil ein Heiligtum und einen Zeus-Tempel aus dem frühen 4. Jahrhundert v. Chr. auf sowie aus der gleichen Epoche eine Gedenkstätte für den Athleten Theogenes, dem 1300 Siege nachgesagt wurden, die er um 470 in ganz Griechenland errungen haben soll. Gen Osten und Norden der *agora* befanden sich mehrere Heiligtümer, die der Artemis, dem Dionysos und Poseidon geweiht waren; das erstgenannte geht auf das 7. Jahrhundert v. Chr. zurück, während die beiden anderen vermutlich ins 5. oder 4. Jahrhundert v. Chr. einzuordnen sind. Noch weiter im Norden konnte ein Wohnviertel nur teilweise freigelegt werden. Für dieses Gebiet existierte im 6. Jahrhundert v. Chr. – und wie man vermutet, schon von Anfang an – ein Plan für ein Straßennetz; wegen des ständigen Wiederaufbaus sind jedoch Einzelheiten früher entstandener Häuser nicht mehr zu er-

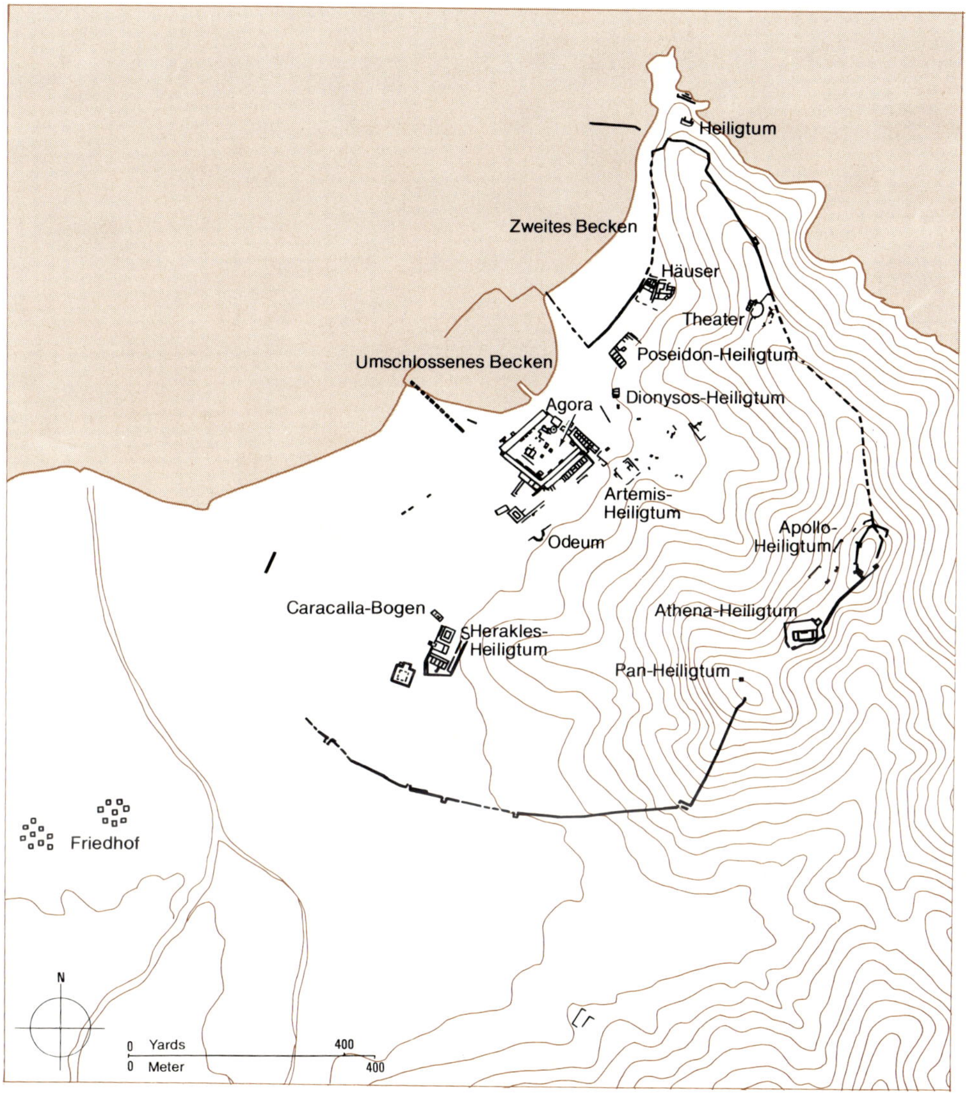

Oben: Plan von Thasos. Unten: Thasos und seine Peräa

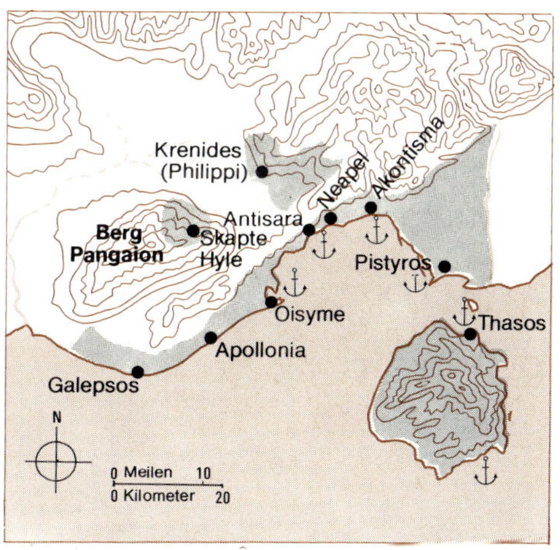

kennen. Außerdem entdeckte man mehrere Heiligtümer, drei davon, die für Apollo, Athene und Pan errichtet wurden, auf den Berggipfeln innerhalb der Befestigungsanlagen und ein viertes, eine Herakles geweihte Kultstätte, die an einer tiefer liegenden Stelle im Süden der Stadt lag. Das Pan-Heiligtum stammt aus dem 4. Jahrhundert v. Chr., die übrigen aus früheren Zeiten. Zu den anderen bemerkenswerten öffentlichen Gebäuden zählen im Nordosten ein Theater, das im 5. Jahrhundert v. Chr. begonnen wurde, und südlich von der *agora* gelegen ein *odeum* aus dem 2. Jahrhundert n. Chr.. Außerhalb der Stadt wurde im Westen ein Friedhof gefunden.
So reich und groß wie Thasos war, konnte es sich seine eigenen Künstler leisten. Was das Bemalen von Keramik anbetrifft, so vermutet man, daß ortsansässige Handwerker im frühen 6. Jahrhundert im kykladischen und ostgriechischen Stil arbeiteten und später dann den attischen Stil imitierten. Für Skulpturen verwendete man feinen Marmor aus eigenen Beständen, der vom späten 7. Jahrhundert v. Chr. bis mindestens ins 1. Jahrhundert n. Chr. auf der Insel selbst verarbeitet wurde. In der Malerei wurde als frühester griechischer Meister in der Mitte des 5. Jahrhunderts v. Chr. Polygnotos von Thasos bekannt, der jedoch nicht auf der Insel ausgebildet worden war und dort auch nicht gearbeitet haben wird. Das handwerkliche Können im architektonischen Bereich ist als qualitativ gut, gleichzeitig aber als etwas altmodisch einzustufen. Da die Insel bis 1912 von den Türken verwaltet wurde, sind die früheren Fundstücke fast alle nach ISTANBUL und nach Paris in den Louvre gebracht worden; was später entdeckt wurde, ist im Museum von Thasos ausgestellt.

Bulletin de correspondance hellénique. Athen und Paris. LXXIII– (1949–). Fortgesetzte Berichte über Ausgrabungen in Thasos
Études thasiennes (Paris), I – (1944–). Einzelstudien
Guide de Thasos. Paris 1967. Ein guter zusammenfassender Überblick von der Stadt und den Funden
Lazaridis, D.: *Thasos and its Peraia.* Athen 1971. Eine ökologische Studie

15 Samothrake

Griechenland

Die Insel Samothrake in der nordöstlichen Ägäis ist klein und gebirgig, hat eine Grundfläche von rund 180 km² und ist an einer Stelle über 1600 m hoch. Ihre natürlichen Vorkommen sind gering, obwohl der Holzbestand gut ist; ihre Lage mag zeitweise strategische Bedeutung erreicht haben. Man vermutet, daß griechische Siedler die Insel um 700 v. Chr. erreichten und sich mit den bereits ansässigen Thrakern friedlich vermischten. Bald schon eroberte Samothrake Gebiete auf dem nördlichen Festland; im 5. Jahrhundert litt es dann unter athenischer Herrschaft und wurde um 340 v. Chr. durch Philipp II. von Makedonien in Besitz genommen. Von diesem Zeitpunkt an erlebte ihre Kultstätte eine Blüte dank der Schutzherrschaft der hellenistischen Könige und im späten 2. Jahrhundert v. Chr. von römischen Adligen, die in ihr den Ursprung einer ihrer eigenen ältesten Kulte wähnten. Um 200 n. Chr. zerstörte ein Erdbeben den Ort; bis zur Ausdehnung des Christentums im späten 4. Jahrhundert war aber bereits wieder einiges aufgebaut. Berühmtheit erlangte die Kultstätte von Samothrake durch ihren Mysterienkult. Verehrt wurden die »Großen Götter«, bei denen der weibliche Partner dominierte; die Einweihung erfolgte auf zwei zeremoniellen Ebenen und wurde jedem, Männern wie Frauen, Sklaven wie Freien, Griechen und Nichtgriechen, gewährt; versprochen wurde der Schutz vor Schiffbruch; einige Forscher sprechen auch von Unsterblichkeit. Der Kult, der sich im Laufe der Zeit vermutlich verändert hat, stammte ursprünglich zum Teil von den Thrakern ab; aber die antike Religion war flexibel, und fremde Kultvorstellungen konnten mit der frommen Verehrung der orthodoxen Gottheiten in Einklang gebracht werden.
Das Heiligtum, das 400 m von der Küste entfernt entstanden war, lag auf einem Berggipfel außerhalb der Stadtmauer, die sich über den Hügel gen Osten hinzog und teilweise schon im 6. Jahrhundert v. Chr. bestanden hat. Die ältesten Überreste, sind bruchstückhaft und bedeutungslos. In der 2. Hälfte des 6. Jahrhunderts wurden erstmals Prachtgebäude errichtet: das Anaktoron, eine einfache Halle mit Innenausmaßen von 27×11,6 m, für die erste Einweihungszeremonie; im weiteren eine stoaähnliche, aber viel kleinere Halle im dorischen Stil, in der die Weihegeschenke ausgestellt wurden, und das früheste *hieron*, in dem sich die höchste Phase des Kults vollzog. Nach einer langen Pause wurde um 340 v. Chr. dann das Temenos mit einem schönen ionischen *propylon* aus Marmor errichtet, das das erste seiner Art auf Samothrake war. Es folgte der »Altarhof«, und gegen Ende des Jahrhunderts wurde der Bau eines neuen, viel größeren *hierons* im dorischen Stil in Angriff genom-

Abbildung der rekonstruierten Südansicht des Arsinoeion auf Samothrake

men, bei dem Marmor verwendet und eine Apsis im Inneren eingegliedert wurde. Das Arsinoeion, das von der Königin Arsinoe in den Jahren nach 280 errichtet wurde, ist mit 20 m der größte griechische Rundbau, den man bisher kennt. Bei seinem Bau wurde mit Marmor gearbeitet, der obere Teil wurde außen durch Pilaster und innen durch Halbsäulen aufgelockert. Kurz danach baute Ptolemäus II. von Ägypten eine Brücke und einen eindrucksvollen *propylon* aus Marmor als Osteingang des Heiligtums. Schließlich wurde die Kultstätte um 200 v. Chr. über den Fluß nach Westen hin ausgebaut, wobei ein Theater, eine vermutlich zweistöckige *stoa* von rund 100 m Länge und das Brunnenhaus, auf dem die Nike (Göttin des Sieges) von Samothrake stand, hinzukamen. Sie befindet sich heute im Louvre von Paris.

Samothrake hatte keine eigene Künstlerschule; in der frühen hellenistischen Epoche, für die es auf der Insel sehr aufschlußreiche Beispiele gibt, wurden fähige Architekten und Bildhauer auf die Insel gebracht. Die älteren Funde an Skulpturen wanderten zum Großteil nach ISTANBUL und Wien. Fundstücke aus jüngster Zeit sind in dem Museum in der Nähe der Kultstätte untergebracht.

Conze, A., u. a.: *Archäologische Untersuchungen auf Samothrake*, I–II, Wien 1875–1880. Ausführlicher Bericht über die älteren Ausgrabungen

Lehmann, K.: *Samothrace: A Guide to the Excavations and the Museum*, 4. Aufl., Locust Valley, N.Y., 1970. Ein guter Überblick

Ders., u. a.: *Samothrace: Excavations*, I –, London 1959 –. Einzelstudien über Ergebnisse der neuen Ausgrabungen

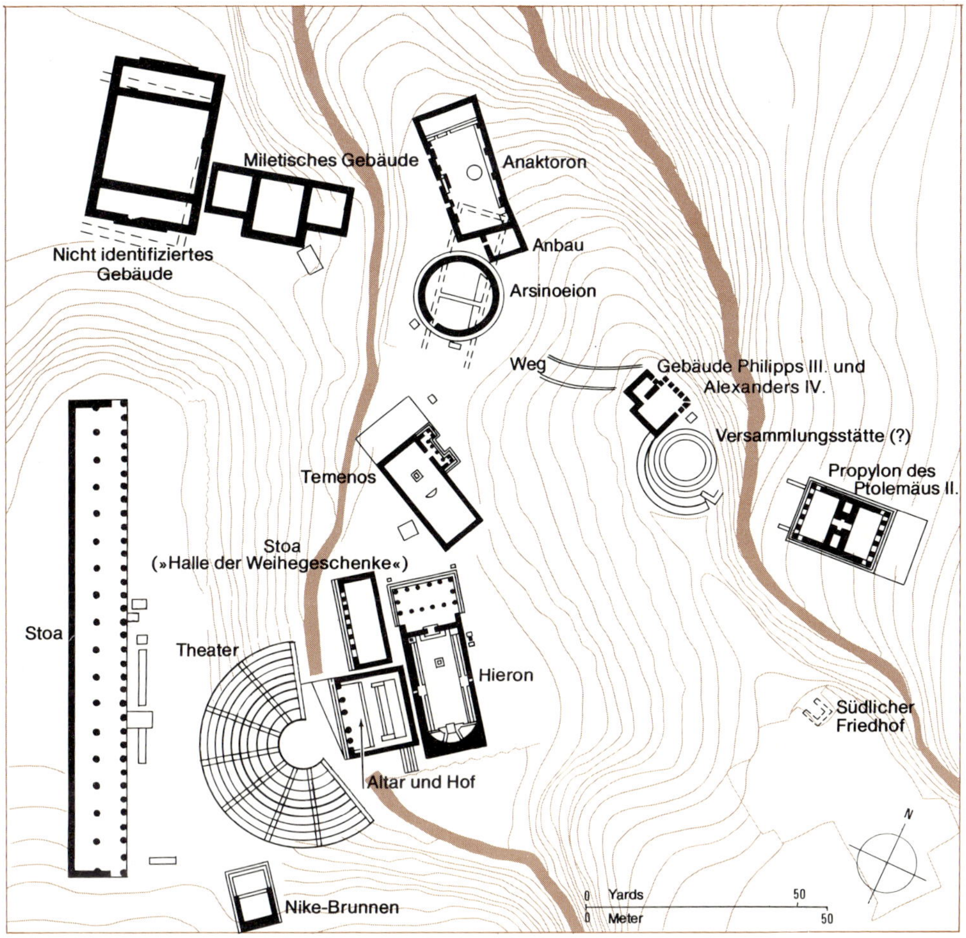

16 Samos

Griechenland

Die 45 km lange und 20 km breite Insel Samos, die weniger als 2,4 km vor dem türkischen Festland liegt, ist eine der fruchtbarsten Inseln der Ägäis. In der Antike war ihr Wein sehr gefragt. Gegen 1000 v. Chr. kamen griechische Siedler auf die Insel, die bald zu einem der reichsten Staaten Ioniens wurde. Als im Jahre 546 v. Chr. die Perser bis zur Küste vorgedrungen waren, gelang es Samos nicht nur, seine Unabhängigkeit für eine Zeitlang zu bewahren, sondern es gewann unter seinem herausragenden und rücksichtslosen Tyrannen Polykrates (ungefähr 538–522 v. Chr.) sogar die Herrschaft über andere Inseln. In der darauffolgenden Zeit war Samos zwar nur selten unabhängig, bis ins 3. Jahrhundert n. Chr. aber immer sehr wohlhabend. Die Bevölkerungszahl der Insel mag in guten Tagen 50 000 erreicht haben.

Die antike Stadt, die heute Tigani (oder Pythagoreion) genannt wird und am östlichen Ende der Südküste liegt, hatte einen kleinen Hafen mit Molen, neben dem sich die *akropolis* befand. Die Stadtmauern, die einen Ring von ungefähr 6,7 km bilden, könnten eine Nachbildung der von Polykrates angelegten Befestigung sein. Ein Aquädukt, der unter Polykrates von Eupalinos errichtet worden war und als eines der Weltwunder der damaligen Zeit galt, brachte Wasser aus einer Quelle, die außerhalb der Mauern lag. Diese Anlage begann mit einer rund 853 m langen unterirdischen Rohrleitung, die in einen Tunnel mündete, der länger als 1045 m und durch einen Berg gebohrt

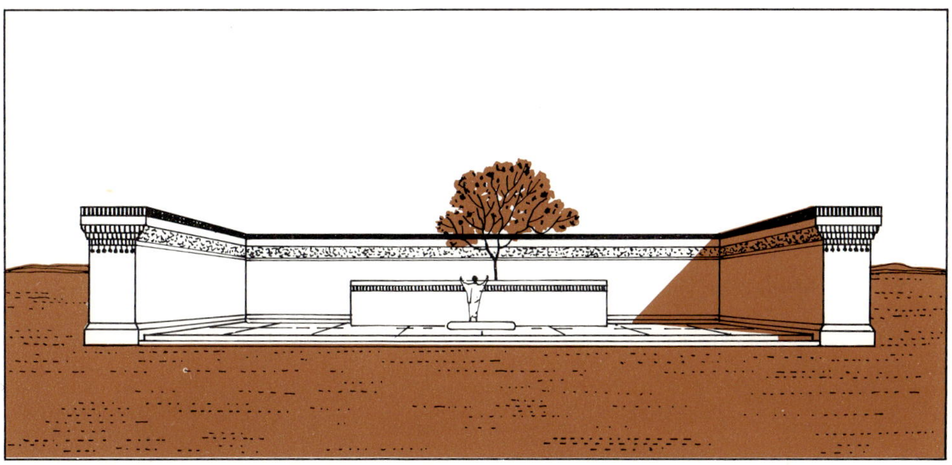

Rekonstruktion des Hera-Altars auf dem Heraion auf Samos aus der Mitte des 6. Jahrhunderts v. Chr. Hinter dem Altar steht der heilige Lygosbaum (reiner Baum).

worden war: diese Arbeit hatte man von beiden Seiten des Berges aus in Angriff genommen; es kam dabei lediglich eine horizontale Abweichung von weniger als 2 m und eine vertikale von 3 m zustande. Eine großartige Leistung, die mit Hilfe antiker Vermessungsinstrumente erzielt wurde.

Das Hauptheiligtum, das Heraion, lag 5 km außerhalb der Stadt im Westen vor der Küste in einem Sumpfgebiet; dieser Tatsache ist es zu verdanken, daß Opfergaben gut konserviert blieben. Man nimmt an, daß die ersten Altäre bereits im 10. Jahrhundert v. Chr. und der älteste Hera-Tempel (Hekatompedon I) im frühen 8. Jahrhundert errichtet wurden. Letzterer war ein einfacher Bau mit einer Fläche von 6,5×33 m, der später mit Holzpfosten als Dachstützen ergänzt wurde. Um 650 v. Chr. folgte ihm »Hekatompedon II«, der etwas großzügiger gestaltet war. Noch vor dem Jahre 550 v. Chr. wurde dieser durch einen neuen Tempel ersetzt, den die ortsansässigen Architekten Theodoros und Rhoikos aus Kalkstein erbauten. Ungewöhnlich daran waren die Ausmaße (52×105 m) und die Ausarbeitung, denn um alle vier Seiten führte ein Gang mit doppelter Säulenreihe. Dieser Rhoikos-Tempel wurde dann rund 20 Jahre später von Polykrates zerstört, wobei nicht ganz geklärt ist, ob ein Brand die Ursache dafür war. An einer Stelle, die 40 m weiter westlich liegt, begann Polykrates einen noch größeren Neubau; das gewaltige Projekt, das die Verwendung von Marmor vorsah, wurde jedoch niemals fertiggestellt. An dem Altar wurden ebenfalls Veränderungen vorgenommen, die wichtigsten in der Zeit des Architekten Rhoikos, der ihn in der Art des Tempels umgestaltete und einen Treppenaufgang von 30 m Breite angliederte. Im Heraion standen natürlich noch andere Tempel, *stoas*, Schatzkammern und Weihestätten; ihre Blütezeit erlebte die Baukunst unter Polykrates, obwohl in der frühen römischen Epoche einige Bauten noch hinzukamen.

Samos war vor allem im 6. Jahrhundert v. Chr. als Kulturstätte bekannt. In Kunst und Architektur zeichnete sich die Insel als ein wichtiges Mitglied der archaischen ostgriechischen (also asiatischen) Schule aus, und ihre Bildhauereikunst wies bis zum Hellenismus hin einen eigenen Stil auf. Zu den Fundstücken im heiligen Bezirk zählen Skulpturen, Statuetten aus Bronze, Elfenbein und sogar aus Holz, Architekturteile und bemalte Töpferwaren. Einige der frühen Funde wurden nach Berlin gebracht; die Statuen befinden sich jetzt im östlichen Teil der Stadt, kleinere Objekte dagegen in den Westberliner Museen. Was später entdeckt wurde, blieb zum Großteil auf Samos und ist hauptsächlich in dem Museum von Vathy untergebracht.

Mitteilungen des Deutschen Archäologischen Instituts: Athenische Abteilung (abgekürzt: *Athenische Mitteilungen*), Athen, IX, S. 163–192, und LIV– (1884 und 1929–). Über den Aquädukt von Eupalinos und fortgesetzte Berichte über die Ausgrabungen im Heraion

Samos, I–, Bonn 1961–. Serie von Einzelstudien über Funde vom Heraion

Tolle, R.: *Die antike Stadt Samos.* Mainz 1969. Eine kurze Beschreibung der Stadt

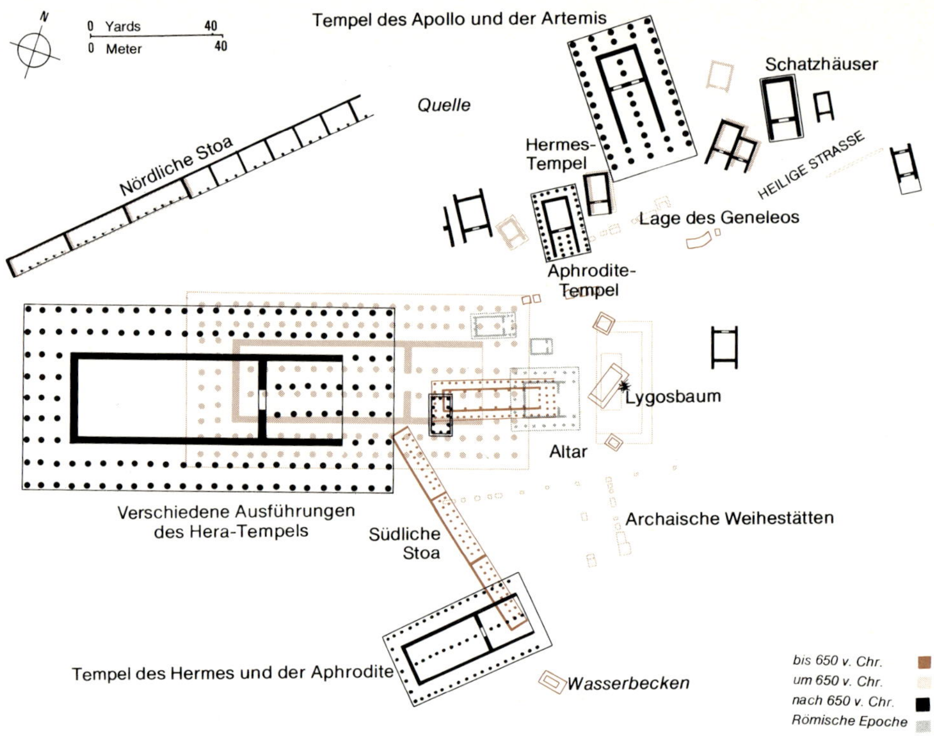

Oben rechts: Plan des Heraion auf Samos. Rechts: Elfenbeinstatue eines knieenden Jünglings, ursprünglich ein Seitenteil einer Kithara aus Samos, spätes 7. Jahrhundert v. Chr.

17 Kos

Griechenland

Die Insel Kos, die 45 km lang und im Durchschnitt 6,5 km breit ist, hat einige fruchtbare und gut bewässerte Landstriche. Im 5. Jahrhundert v. Chr. wurde sie von den Karern, die auf dem angrenzenden Festland lebten, und später von den Athenern beherrscht. Im Jahre 366 v. Chr. schlossen sich die verschiedenen Volksgemeinschaften der Insel zusammen und gründeten ihre Hauptstadt an dem Platz, wo heute noch die gleichnamige Stadt steht. Ende des Jahrhunderts diente Kos Ptolemäus I. von Ägypten als Flottenstützpunkt; dessen Sohn Ptolemäus II. war auf Kos geboren und zeigte sich später als großzügiger Förderer der Insel. Kos besaß zudem eine eigene Manufaktur für feine Gewänder, Mineralquellen und eine Ärzteschule, deren bekanntestes Mitglied Hippokrates gewesen ist (wahrscheinlich von 460–357 v. Chr.). Unter den Griechen und Römern erlebte die Stadt glückliche Zeiten, die nur durch die Erdbeben der Jahre 6 v. Chr. und 142 n. Chr. unterbrochen wurden; die endgültige Zerstörung der Stadt im Jahre 554 wurde ebenfalls durch ein Erdbeben verursacht.

Die wichtigsten Überreste der hellenistischen Epoche in der Stadt selbst sind die in Hafennähe liegende *agora* aus dem 3. Jahrhundert, eine *stoa*, mehrere Tempel und ein Theater. Als Zeugen der römischen Zeit können noch zwei Badeanlagen, ein *odeum* und Wohnhäuser mit Mosaikverzierungen und Wandmalerei genannt werden. Am Asklepius-Heiligtum, 3,2 km außerhalb im Südwesten der Stadt, wurden umfassendere Ausgrabungen vorgenommen: neben der Funktion als Heilstätte – Asklepius war der Gott der Heilkunde – muß noch erwähnt werden, daß es das wichtigste Heiligtum der ganzen Insel war; die Staatsdokumente wurden hier aufbewahrt. Die Grundmauern, die gefunden wurden, stammten alle

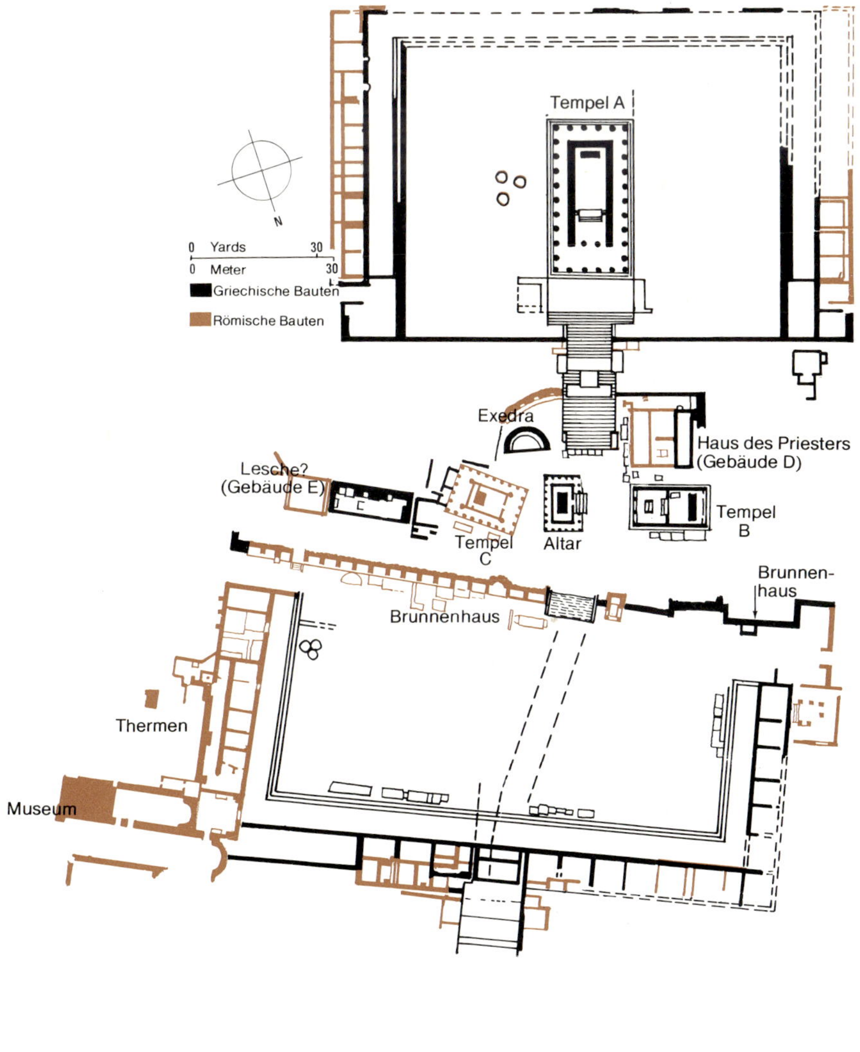

Das Äskulap-Heiligtum auf Kos. Oben: Rekonstruktion des Heiligtums aus dem 1. Jahrhundert n. Chr., Nordansicht; rechts: Grundriß

aus der Zeit ab der 2. Hälfte des 4. Jahrhunderts v. Chr., also nach Gründung der neuen Stadt, alle früheren Bauten müssen von einfacher Art gewesen sein. Von den Gebäuden war auch keines geeignet für die medizinische Hochschule. Das Heiligtum erstreckte sich möglicherweise über drei Terrassen, von denen jede über 100 Meter breit und 50 Meter tief war; sie lagen jedoch nicht genau parallel zueinander. Der mittleren Terrasse kam die größte Bedeutung zu. Dort wurde fast im Zentrum um 340 v. Chr. ein Altar errichtet, und kurz danach kam auf der Westseite noch ein kleiner ionischer Tempel hinzu; daneben entstand um 300 v. Chr. ein schlichtes Gebäude und auf der Ostseite ein zweiter kleiner Tempel und eine Art *lesche* (Sitzhalle). Im gleichen Zeitraum wurde die untere Terrasse durch *stoas* eingefaßt. Um 160 v. Chr. wurde ein Versuch unternommen, eine symmetrische Formgestaltung durchzusetzen, indem man die obere Terrasse, auf der ein Zypressenhain wuchs, umgestaltete; in der Mitte wurde ein dorischer Peripteraltempel als größtes Gebäude in dem Heiligtum mit einer Grundfläche von 16×31 m errichtet, der auf drei Seiten mit zurückgesetzten *stoas* anstelle der Pfosten aus Holz versehen war; vorne kam noch ein großer Treppenaufgang als Verbindung zur mittleren Terrasse hinzu. Im 3. Jahrhundert n. Chr. folgten noch die notwendigen Badeanstalten im östlichen Teil der unteren Terrasse.
Sowohl in der Stadt als auch im Heiligtum wurden viele Plastiken zutage gefördert. Die älteren Stücke kamen nach ISTANBUL, spätere Funde nach Rhodos oder in das Museum der Stadt Kos. Es gilt als unwahrscheinlich, daß die Insel eine eigene Kunstrichtung geprägt hat.

Bollettino d'arte. Rom, XXX, S. 136–142, und XXXV, S. 54–73, 219–246, 316–331 (1936 und 1950). Bericht über Ausgrabungen in der Stadt
Herzog, R. und Schazmann, P.: *Kos,* I, Berlin 1932. Ausführlicher Bericht über das Asklepieum

18 Lindos

Griechenland

Auf der großen Insel Rhodos gab es bis 408 v. Chr. drei stattliche Städte, die sich zu einem vereinigten Staat zusammenschlossen, dessen Zentrum die neuentstandene Stadt Rhodos sein sollte; obwohl die alten Städte nicht von allen Einwohnern verlassen worden waren, sanken sie doch zu kleineren Provinzstädten ab. Von den dreien besaß Lindos an der Ostküste die besten Hafenanlagen und die bekannteste Kultstätte. Es lag auf einer wichtigen Verbindungsstrecke zum östlichen Mittelmeer; in der Stadt herrschte vermutlich Wohlstand.
Ihr antiker Kern wurde zum Großteil vernichtet oder neu bebaut. Von der *akropolis* sind hinter den Anlagen des Johanniterordens mehrere Ruinen übriggeblieben, die aber ebenfalls auf die hellenistische Zeit zurückgehen, wo Rhodos seine Blüte erlebte. Ganz am Ende, auf der höchsten Erhebung, stand der Tempel der Athene Lindia; der Grundriß sah eine Fläche von 7,75×21,5 m und eine Vorhalle mit vier dorischen Säulen als Eckstützen vor; der Bau erfolgte im späten 4. Jahrhundert v. Chr. und war als Ersatz für einen niedergebrannten Tempel aus dem 6. Jahrhundert gedacht, der nicht unbedingt der erste gewesen sein muß. Parallel dazu, aber nicht direkt davor (denn der Tempel stand ganz malerisch auf einer Felsklippe) wurde (um 300 v. Chr.) eine übergroße *propylaea* errichtet, zu der man über einen 21 m breiten Treppenaufgang gelangte. Hundert Jahre später entstand in symmetrischer Anordnung vor der Treppe eine dorische, 88 m breite *stoa* mit vorgezogenen Seitenflügeln. Ihr Plan, der die neue hellenistische Bauweise widerspiegelte, war beeindruckend, gleichzeitig aber schon fast übertrieben axial, denn der Tempel hoch oben war verhältnismäßig klein.

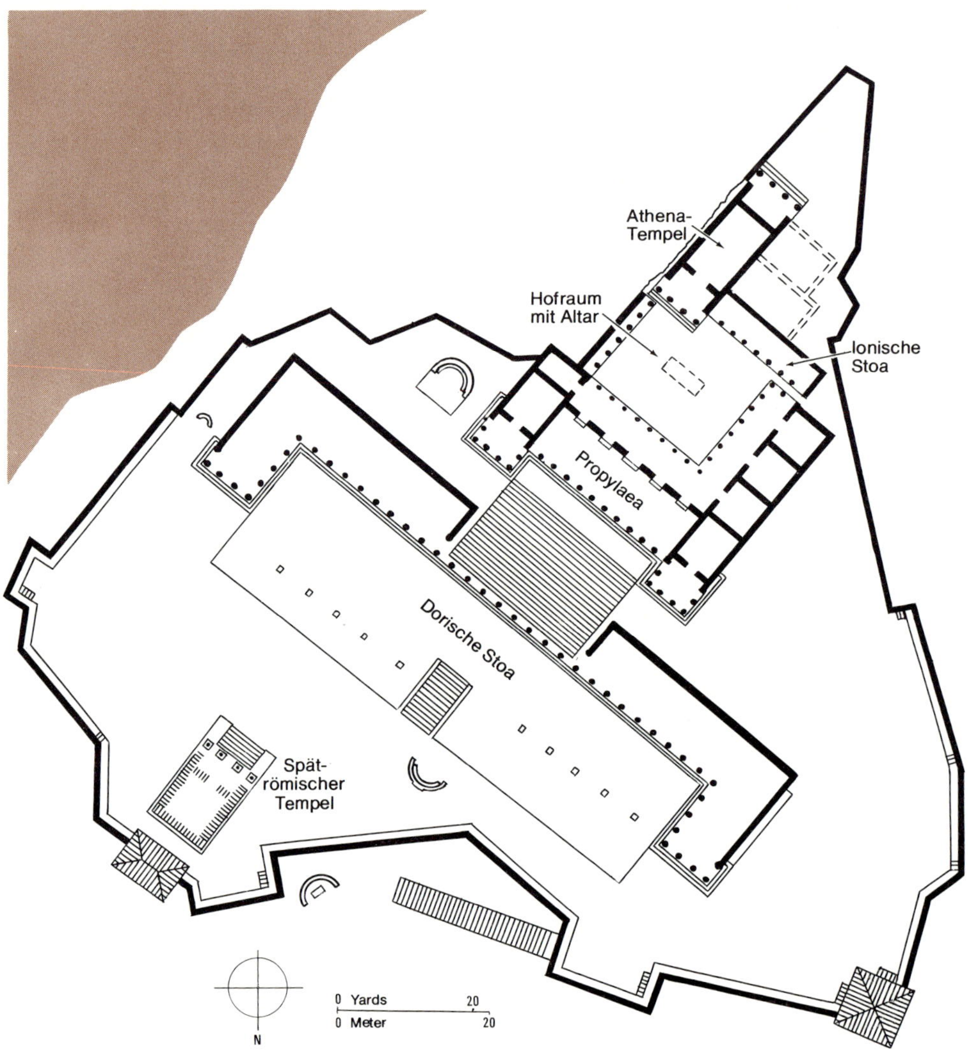

Lindos. Gegenüberliegende Seite: Grundriß der Akropolis. Oben: Rekonstruktion der Akropolis im 3. Jahrhundert n. Chr., von Nordosten her gesehen.

Auf der Insel konnten Handwerker immer gut leben. In der protogeometrischen und geometrischen Periode zeichneten sich die Töpfereien von Lindos durch bemerkenswerte Arbeiten aus; in den darauffolgenden vier Jahrhunderten beschränkte man sich jedoch im allgemeinen darauf, der Kunst der benachbarten Polisstaaten nachzueifern; in der hellenistischen Epoche brachte die Insel berühmte Bildhauer hervor und fand wahrscheinlich zu einem eigenen typischen Stil. Es ist unbekannt, welche Rolle Lindos auf diesem Gebiet vor 408 v. Chr. innehatte; in der Zeit danach war natürlich die Stadt Rhodos Zentrum der Bildhauerkunst. Die Skulpturen und Kleinkunstobjekte, die auf Lindos geborgen wurden, sind nicht sehr beachtenswert; die meisten davon wurden nach ISTANBUL, einige aber auch in das Nationalmuseum von Kopenhagen gebracht. Ein kurioser Fund ist eine Inschrift, eine sogenannte Tempelchronik, aus dem Jahre 99 v. Chr., die beachtenswerte Widmungen (von denen viele durch das Feuer im Jahre 348 n. Chr. verlorengingen) und Wundertaten der Götter wiedergibt, die ein Zeugnis naiver Hingabe sind.

Blinkenberg, C., u. a.: *Lindos*, I–III, Berlin und Kopenhagen 1931–1960. Ausführlicher Bericht über die Ausgrabungen auf der *akropolis* und auch in der Stadt

Zypern

Zypern ist die drittgrößte Insel im Mittelmeer. Sie liegt ungefähr 64 km vor der Südküste Anatoliens, 113 km von Syrien, 418 km von Ägypten und 800 km von Athen entfernt. Ihre größte Länge (von Südwest nach Nordost) beträgt 222 km, ihre Breite (Nordsüd-Ausdehnung) 96 km. Entlang der Nordküste erstreckt sich eine Gebirgskette mit dem Pentadaktylos als höchster Erhebung (1035 m) und im Südwesten der Insel das Troodos- oder Olympos-Gebirge (1953 m hoch). Zwischen beiden Gebirgsreihen liegt eine fruchtbare Ebene (Mesaoria), die sich von der Morphou- hin zur Famagusta-Bucht ausdehnt. In der Antike war diese Ebene mit dichten Wäldern bepflanzt und Holzlieferant für den Schiffsbau wie auch für die Verhüttung der Kupfererze aus den Minen im nordwestlichen und südöstlichen Teil des Troodos-Gebirges. (Das Wort Kupfer stammt schließlich von dem Namen Zypern ab). Auf der Insel gibt es keine richtigen Flüsse, nur Bäche. Sie führen nur im Winter Wasser, in den beiden Gebirgen gibt es jedoch Quellen, die das ganze Jahr über gespeist sind und in deren Nähe sich ab der prähistorischen Zeit immer wieder bedeutende Siedlungen gebildet haben. Das Klima ist mild und förderte zusammen mit den fruchtbaren Bodenverhältnissen die Entwicklung der Landwirtschaft.

Die ältesten Siedlungen in der Jungsteinzeit (6. Jahrtausend v. Chr.) waren Bauerndörfer, hauptsächlich im Westen entlang der niedrigen Hügelkette des Kyrenia-Gebirges. Diese Ureinwohner Zyperns, eine gemischte Mittelmeerrasse, kamen wahrscheinlich aus Anatolien. Man unterscheidet zwei Kulturstufen im Neolithikum, eine präkeramische, in der Steine, Knochen und Feuersteine als Behälter und Werkzeuge dienten, und eine späte, keramische, in der die Totenbeisetzung innerhalb oder außerhalb des Wohngebietes in Gräbern vorgenommen wurde, denen Geschenke und kleine Menschenfiguren aus Stein (Andesit) oder Lehm beigegeben wurden.

Charakteristisch für die chalkolithische Periode (3000–2300 v. Chr.) ist das Kupfer. In der Frühen Bronzezeit (2300–1850 v. Chr.) führte der Handel mit Kupfer zu ersten Kontakten mit Vorderasien, wodurch materieller Wohlstand und kulturelle Impulse auf die Insel gebracht wurden. Über diese Kulturepoche weiß man lediglich durch die Grabstätten und deren reiche Beigaben Bescheid (Schachtgräber).

Nach der Mittleren Bronzezeit (1850–1600/1550 v. Chr.), die nur eine Übergangsphase war, folgte die Späte Bronzezeit (1600/1550–1050 v. Chr.); diese zeichnete sich durch eine große wirtschaftliche Blüte, gleichzeitig aber auch durch folgenschwere politische Veränderungen aus, die für die zukünftige Entwicklung der Insel ausschlaggebend waren. Nachdem im östlichen Mittelmeerraum nach der Vertreibung der Hyksos aus Ägypten Friede eingekehrt war, blühte der Handel und erreichte seinen Höhepunkt, als die mykenischen Griechen nach 1400 v. Chr. auf der Insel gelandet waren. Sie gründeten kleine Handelskolonien in den blühenden Hafenstädten entlang der Ost- und Südküste Zyperns (Enkomi, Hala Sultan Tekke, Kition, Maroni), von wo aus sie mit dem ganzen östlichen Mittelmeerraum Handel trieben; sie brachten neue Anregungen (mykenische Tongefäße), indem sie künstlerisches Gedankengut aus dem Orient verarbeiteten. Gegen Ende des 13. Jahrhunderts gelangten die Achäer als Kolonisten nach Zypern, gründeten in der Späten Bronzezeit neue Städte und beeinflußten Kunst, Architektur und Religion der Insel.

Sie führten auch die griechische Sprache ein (eine ägäische Linearschrift war bereits Ende des 16. Jahrhunderts auf der Insel verbreitet). Im 12. und 11. Jahrhundert v. Chr. wurde Zypern dann durch nachfolgende Auswanderer vom Festland hellenisiert. Eine Naturkatastrophe, vermutlich ein Erdbeben, zerstörte die Kultur der Späten Bronzezeit auf Zypern; an-

schließend wurden neue Städte geschaffen, darunter auch SALAMIS an der Ostküste; das Zeitalter der Stadtstaaten Zyperns (1. Jahrtausend v. Chr.) begann.
Die Eisenzeit war gekennzeichnet durch ständige Invasionen und Okkupationen fremder Völker. Ein zweihundert Jahre währendes »Dunkles Zeitalter« endete mit der Landung von Phönikern in Kition um die Mitte des 9. Jahrhunderts v. Chr. Sie übten politische und ökonomische Kontrolle nicht nur über diese Hafenstadt, sondern auch über etliche andere Städte aus. Im Jahre 709 unterwarfen sich die Könige der Insel dem König Assyriens (Sargon II.); es wurde ihnen jedoch auf kulturellem und politischem Gebiet völlige Unabhängigkeit zugestanden, solange sie ihre Tribute zahlten. In dieser Zeit lebten die Inselbewohner in Wohlstand und Prunk, was durch die »Königsgräber« von Salamis dokumentiert wird. Die Ägypter besetzten Zypern im Jahre 560 v. Chr., sie blieben jedoch nur für kurze Zeit. Die zyprischen Könige erkannten 545 v. Chr. den König von Persien an. Die Perser beherrschten die Insel über zwei Jahrhunderte lang, in denen die Zyprioten ständig für ihre Freiheit kämpften, worin sie häufig von anderen Griechen, die ebenfalls unter persischer Unterdrückung litten, unterstützt wurden. Die engen Kontakte zu Griechenland wurden besonders unter König Evagoras von Salamis im 4. Jahrhundert v. Chr. wieder gefördert. Als Alexander der Große Tyros belagerte, sandten ihm die zyprischen Könige 100 Schiffe zur Unterstützung. In Anerkennung ihres Beitrags zu seinem Sieg gewährte Alexander ihnen die Unabhängigkeit. Nach seinem Tode im Jahre 323 v. Chr. kam die Insel in Besitz der ägyptischen Ptolemäer. Ihre unabhängigen Königreiche wurden aufgelöst; an ihre Stelle trat eine vereinigte Regierung unter einem Militärstatthalter. Die politischen und kulturellen Einrichtungen Zyperns waren fortan die gleichen, wie sie in der ganzen übrigen hellenistischen Welt vorzufinden waren.
58 v. Chr. wurde die Insel römisch, war Teil der Provinz Cilicia und hatte einen Prokonsul als Statthalter. PAPHOS wurde zur Hauptstadt ernannt und löste damit Salamis ab. Schon im Jahre 45 n. Chr. verbreiteten Paulus und Barnabas hier die christliche Lehre, die sich bis Ende des 4. Jahrhunderts völlig durchgesetzt hatte. Fundstücke werden im Zypern-Museum in Nikosia, in den Heimatmuseen und im British Museum in London aufbewahrt.

Gjerstad, E.: *The Swedish Cyprus Expedition*, IV, 2, Stockholm 1948
Karageorghis, V.: *Zypern*, . Genf 1968 (Archaeologia Mundi)

1 Kition

Zypern

Der antike Ort lag unterhalb der jetzigen Stadt Larnaka an der Südostküste in Meeresnähe. In der Antike besaß er einen Binnenhafen, der durch einen Schiffahrtskanal mit dem offenen Meer verbunden war. Das Hinterland Kitions (der lateinische Name ist Citium) war ziemlich arm, und die Bedeutung der Stadt erwuchs fast ausschließlich aus ihrem Hafen und dem Handel; vielleicht wurde ihre wirtschaftliche Lage zusätzlich noch durch das Salz aus dem nahe gelegenen Salzsee gefördert. Nicht weit von ihr entfernt liegen im Nordosten die Kupferminen von Troulli und im Westen die Kalavassos-Minen. Es ist anzunehmen, daß das Erz nach Kition transportiert wurde, wo es geschmolzen und für den Export zubereitet wurde.
Die ältesten, bisher ausgegrabenen Ruinen stammen aus dem 13. Jahrhundert v. Chr. Nach einem Erdbeben (etwa 1050 v. Chr.) wurde Kition neu aufgebaut und existierte dann bis 1000 v. Chr., wo seine Einwohner eine neue Stadt dichter am Meer gründeten. Eine der Ursachen für diese Neugründung dürfte in dem allmählichen Verschlammen des Binnenhafens zu suchen sein. Ausgrabungen aus jüngster Zeit lassen den Schluß zu, daß Kition (das in der Bibel Kittim genannt wird) in der Mitte des 9. Jahrhunderts v. Chr. von den Phönikern beherrscht wurde. Die Stadt lebte bis zum Aufstieg der Assyrer in direkter Abhängigkeit von ihrer »Mutterstadt« Tyros. In den folgenden Zeiten der Fremdherrschaft auf Zypern konnten die Phöniker von Kition aus ihre Macht oder ihren Einfluß auf andere Städte der Insel ausweiten. Tamassos und Idalion befanden sich bereits in ihrem Herrschaftsbereich. Insbesondere setzten sich die Perser für sie ein, die einem phönikischen König im 5. Jahrhundert v. Chr. sogar in SALAMIS Unterstützung zukommen ließen. Kition blieb unter

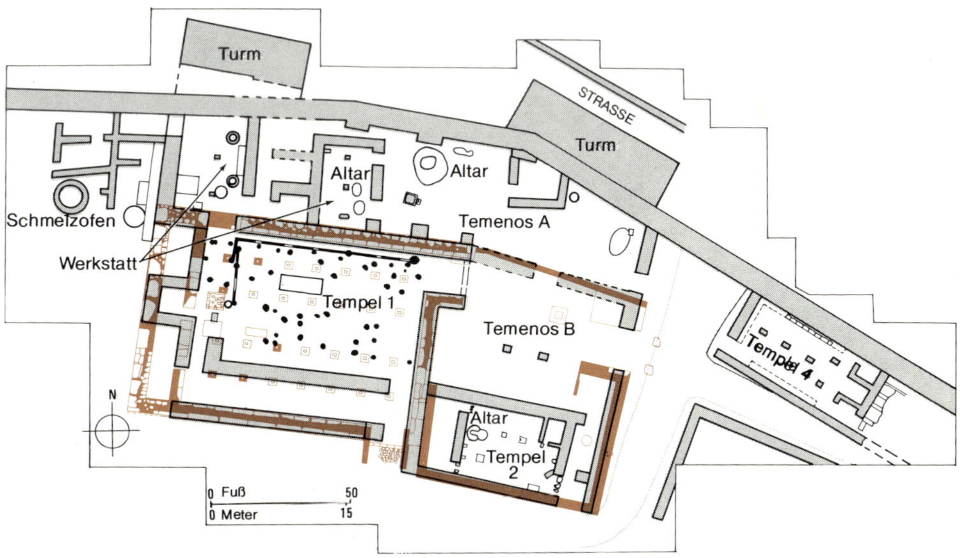

Citium: Tempel und andere Überreste im Areal II; der phönikische Tempel der Astarte (9. Jahrhundert v. Chr.) ist braun eingezeichnet.

phönikischer Herrschaft trotz aller Befreiungsversuche seitens der Griechen. 312 v. Chr. ermordete Ptolemäus I. den letzten König Kitions, Pumiathon, wodurch die Dynastie der Phöniker endete. Wie wir aus Inschriften wissen, blühte die Stadt während der hellenistischen und römischen Zeit auf; Tempel und öffentliche Gebäude, darunter ein *gymnasium*, entstanden. Sie wurden allerdings bis heute noch nicht ausgegraben.
Durch Ausgrabungen aus jüngster Zeit wurden der nördliche, in der Späten Bronzezeit errichtete Teil der Stadt und phönikische Bauten zutage gefördert. Zum erstgenannten gehören die Zyklopische Mauer mit gewaltigen, rechteckigen Bastionen, Heiligtümer (2 und 3 im Areal II) und nördlich und westlich davon ein Industriebezirk mit drei Arbeitsstätten zum Schmelzen von Kupfer und der Herstellung von Knochenasche, die als Schmelzmittel verwendet wurde. Die Hütten wurden ohne Dach entlang der Stadtmauer aufgestellt, so daß die Südwinde ihre giftigen Dämpfe wegblasen konnten. Mitte des 9. Jahrhunderts wurde der größte Tempel aus der Späten Bronzezeit in einen phönikischen Tempel umgewandelt, der

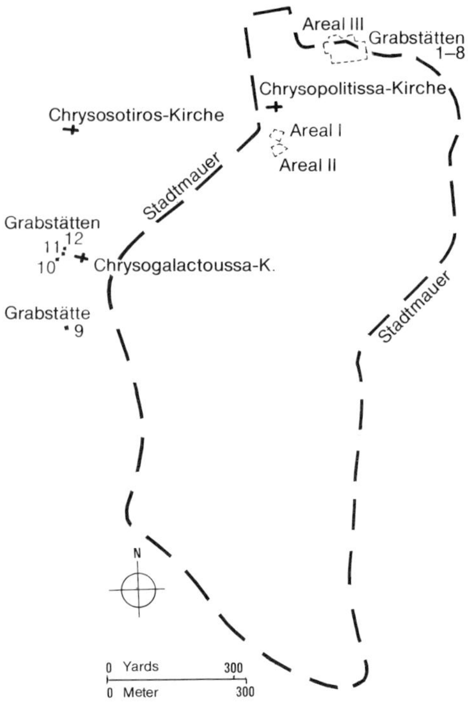

der Astarte geweiht wurde und eine Grundfläche von 36×22 m aufwies. Zu ihm gehört ein rechteckig gestalteter Hof, der durch zwei Säulengänge entlang der Nord- und Südflanke begrenzt ist, von denen jeder durch zwei, aus je sieben Holzsäulen bestehenden Reihen gestützt wird, deren Steinsockel man ausgegraben hat. Das Allerheiligste stand auf der Westseite. Nach seiner Zerstörung ungefähr um 800 v. Chr. wurde der Tempel etliche Male neu aufgebaut und 312 durch Ptolemäus I. endgültig dem Erdboden gleichgemacht. An derselben Stelle entstanden während der hellenistischen und römischen Zeit Badeanstalten.

Karageorghis, V.: *Kition. Die erste Kolonie der Phöniker auf Zypern*, Bergisch Gladbach 1976
Karageorghis, V.: *Excavations at Kition, I The Tombs.* Nikosia 1974

Citium. Oben: Skizze der Stadtmauer und der ausgegrabenen Bezirke. Rechts: Artemisstatue, die auf dem Gelände gefunden wurde.

2 Salamis

Zypern

Die Stätte, wo sich Salamis befand, ist heute von einem Mimosen- und Eukalyptuswald bedeckt und liegt ungefähr 8 km nördlich von der im Mittelalter entstandenen Stadt Famagusta. Die antike Stadt wurde Mitte des 11. Jahrhunderts v. Chr. zuerst um einen natürlichen Hafen herum angelegt und dehnte sich erst später weiter aus. Davor existierte bereits eine frühe Siedlung, die die Archäologen Enkomi getauft haben, nach dem benachbarten heutigen Dorf, das etwa 1,5 km weiter im Landesinnern hinter einem Felsplateau liegt. Wahrscheinlich wurde die Verbindung zwischen Enkomi und dem Meer durch einen Schiffahrtskanal in der den Gezeiten unterliegenden Mündung des Pediäos-Flusses hergestellt: die kleine landwirtschaftliche Siedlung wuchs dann sehr schnell zu einem reichen und bedeutenden Zentrum der Kupferverarbeitung und -ausfuhr heran. Die Stadt wurde im Jahre 1075 v. Chr. durch eine Naturkatastrophe, höchstwahrscheinlich ein Erdbeben, zerstört. Ihre Einwohner bauten sie jedoch nicht wieder auf, sondern wählten zur Neugründung der Stadt Salamis einen Platz, der dichter am Meer lag. Viel später erst, während der hellenistischen und römischen Epoche, verlagerte sich der Schwerpunkt der Stadt nach Norden hin, wo öffentliche Gebäude entstanden und ebenfalls ein neuer Hafen angelegt wurde, nachdem der alte wegen Verschlammung unbrauchbar geworden war. Zwei aufeinanderfolgende Erdbeben, in den Jahren 332 und 342 n. Chr., zerstörten Salamis völlig. Im Anschluß daran wurde eine neue christliche Stadt mit Namen Konstanzia gegründet, die kleiner war und von einer Verteidigungsanlage umschlossen wurde. Im 7. Jahrhundert während der arabischen Invasion wurde die neue Stadt ebenfalls in Trümmer gelegt; später erfolgte dann die Gründung Famagustas, das im Mittelalter zur bedeutendsten Stadt Zyperns emporsteigen sollte.

Von der ersten Stadt sind nur noch eine Grabstätte und Reste eines Heiligtums in der Nähe des Hafens gefunden worden. Zeugnisse aus der archaischen oder klassischen Zeit wurden bisher noch nicht ausgemacht. Durch Herodot und Isokrates ist bekannt, daß Salamis unter den Königen Onesilos und Evagoras zum Verfechter des politischen und kulturellen Gedankengutes der Griechen wurde; außerdem lebte die Insel mit den Persern in stetem Krieg. Wie wohlhabend die Stadt zwischen dem 8. und 4. Jahrhundert v. Chr. war, ist weiterhin ersichtlich aus den Grabbeigaben, die in ihrer Nekropolis gefunden wurden; diese liegt im Westen zwischen dem Wald von Salamis und dem Kloster des heiligen Barnabas. Obgleich viele der Gräber im 19. Jahrhundert geplündert worden sind, entdeckte man in ihren geräumigen *dromoi* (Korridoren) Überreste von zweirädrigen Streitwagen, Grabstätten für Pferde, Einrichtungsgegenstände aus Elfenbein und andere Objekte, die an die von Homer

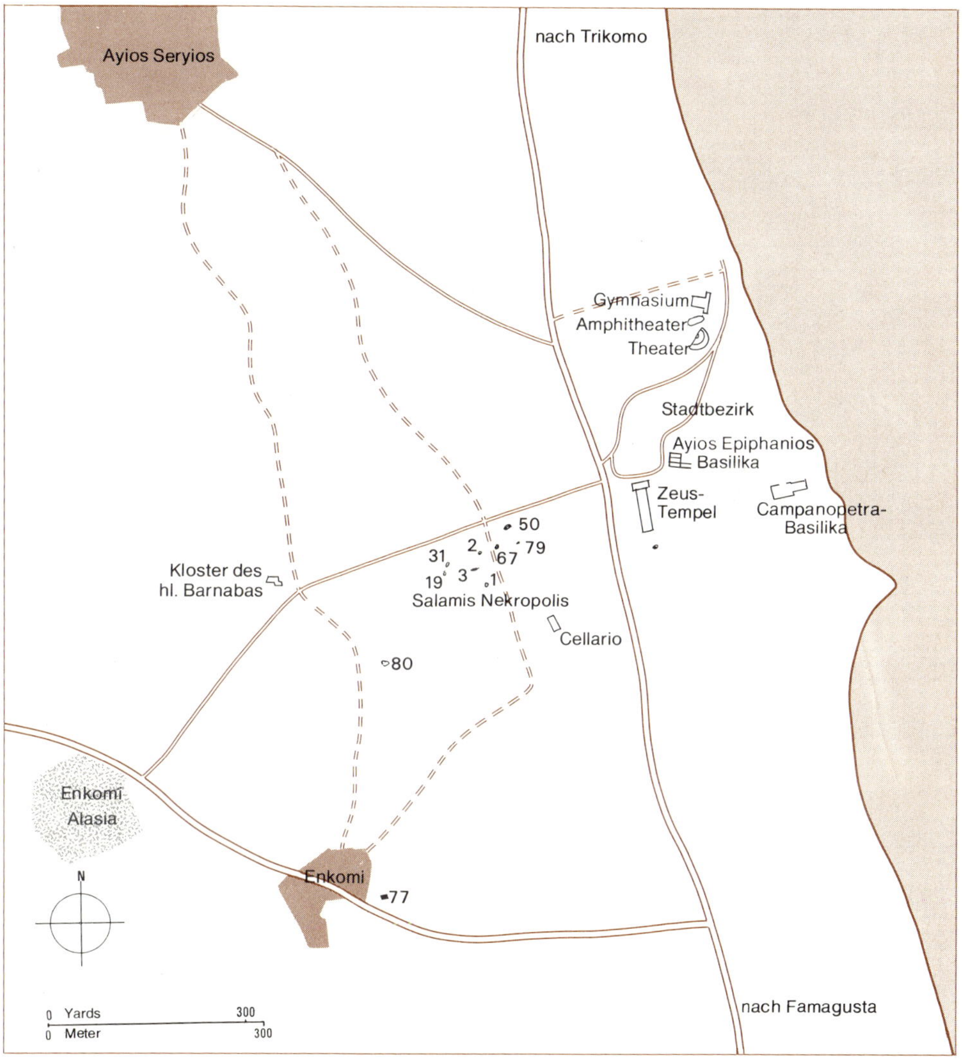

Rechts: Gesamtansicht des nördlichen Teils von Salamis mit dem Gymnasium (im Vordergrund) und dem Theater

Oben: Westansicht des Gymnasiums von Salamis

beschriebenen Bestattungsgewohnheiten erinnern und gleichzeitig auch als Beweis dafür dienen, wie prunkvoll und reich das Leben der Könige von Salamis gewesen ist.
Im südlichen Teil der antiken Stadt sind vor kurzem die Trümmer des großräumigen Zeus-Tempels aus hellenistischer Zeit freigelegt worden. Sein Grundplan zeigt den Bezug zur griechischen Architektur; in römischer Zeit wurde er neu gestaltet. Nach Norden hin stößt er an das römische *forum*, an dessen Nordflanke zu Beginn der byzantinischen Epoche die wichtigste Wasserversorgungsanlage der Stadt gebaut wurde. Im nördlichen Teil stehen ebenfalls die Ruinen eines hellenistischen Gymnasiums, an dem während der römischen Epoche Umgestaltungs- und Erweiterungsarbeiten vorgenommen wurden. Nach dem Erdbeben im 4. Jahrhundert n. Chr. wurden hier die Badeanstalten der christlichen Stadt errichtet. Im Süden des Gymnasiums stieß man bei Ausgrabungen auf ein großes Theater, dessen Orchestra einen Durchmesser von nahezu 28 m hatte. Von der *cavea* ist jedoch kaum etwas erhalten geblieben, da das Theater nach dem Erdbeben die Baumaterialien für die Wiederherstellung der Gymnasium-Thermen liefern mußte. Außerhalb der Stadt sind noch heute die Reste des Aquädukts zu sehen; er leitete das Wasser von dem 48 km entfernten Kythrea (nahe Nikosia) nach Salamis.

Karageorghis, V.: *Salamis, die zyprische Metropole des Altertums.* Bergisch Gladbach, 1973
Dikaios, P.: *Enkomi* I-III. Mainz 1969-71

3 Alt-Paphos

Zypern

Die Ruinen von Alt-Paphos (Palaepaphos) liegen unterhalb der Wohnhäuser des Dorfes Kouklia; ungefähr 16 km südöstlich davon lag Neu-Paphos (sein Nachfolger im 4. Jahrhundert v. Chr.) auf einem Hügel fast 3 km vom Meer entfernt. Die Umgebung war bereits in der Chalkolithischen Periode bevölkert, die Stadt selbst erlebte aber erst ab der Späten Bronzezeit ihre Blüte. Ihr mythenumwobener König Kinyras war Homer bekannt, wie auch der berühmte Tempel der Aphrodite, die die Hauptgottheit Zyperns war. Die Entwicklung von Paphos während des 1. Jahrtausends vollzog sich im Umkreis dieses Tempels. Bei Ausgrabungen stieß man an dem Ort »Evreli« im südöstlichen Randgebiet von Kouklia auf Gräber, die einen außerordentlichen Reichtum an Gold- und Elfenbeinobjekten aus dem 12. Jahrhundert v. Chr. bargen, die Hinweise geben auf die Wohlhabenheit und Bedeutung von Alt-Paphos am Ende der Späten Bronzezeit. Außerdem wurden im Osten des Dorfes noch reich ausgestattete Grabstätten aus dem 11. Jahrhundert und späteren Zeiten entdeckt. Die Ruinen des Tempels der Aphrodite können im südwestlichen Randbezirk des Dorfes besichtigt werden. Übriggeblieben ist ein gewaltiger Eingang, der nach Westen in einen Hof führt, dessen Nord- und Südseite von einem Säulengang flankiert sind. Diese Mauern setzen sich teilweise aus großen quaderförmigen Steinen zusammen, die an die Tempel von Kition erinnern; aber erst in jüngster Zeit haben archäologische Untersuchungen zu der Erkenntnis geführt, daß diese Steine, ebenso wie Kapitelle und Kulthörner, von einem Tempel aus der Späten Bronzezeit stammten. An die Stelle dieses Heiligtums, dessen Grundplan bis heute noch nicht bekannt ist, trat in späteren Zeiten ein Tempel, der der paphischen Astarte geweiht war. Darstellungen davon findet man auf römischen Münzen, die ein dreigeteiltes Allerheiligstes mit einem vorgebauten Hof und einem Eingangstor zeigen, das von je zwei freistehenden Säulen eingerahmt wird. Hier können Ähnlichkeiten mit dem Grundplan des großen Tempels der Astarte in Kition festgestellt werden.

Unten: Alt-Paphos. Darstellung des Stadttores und des Befestigungswalles. Ganz unten: Grundriß des Tores von Kouklia

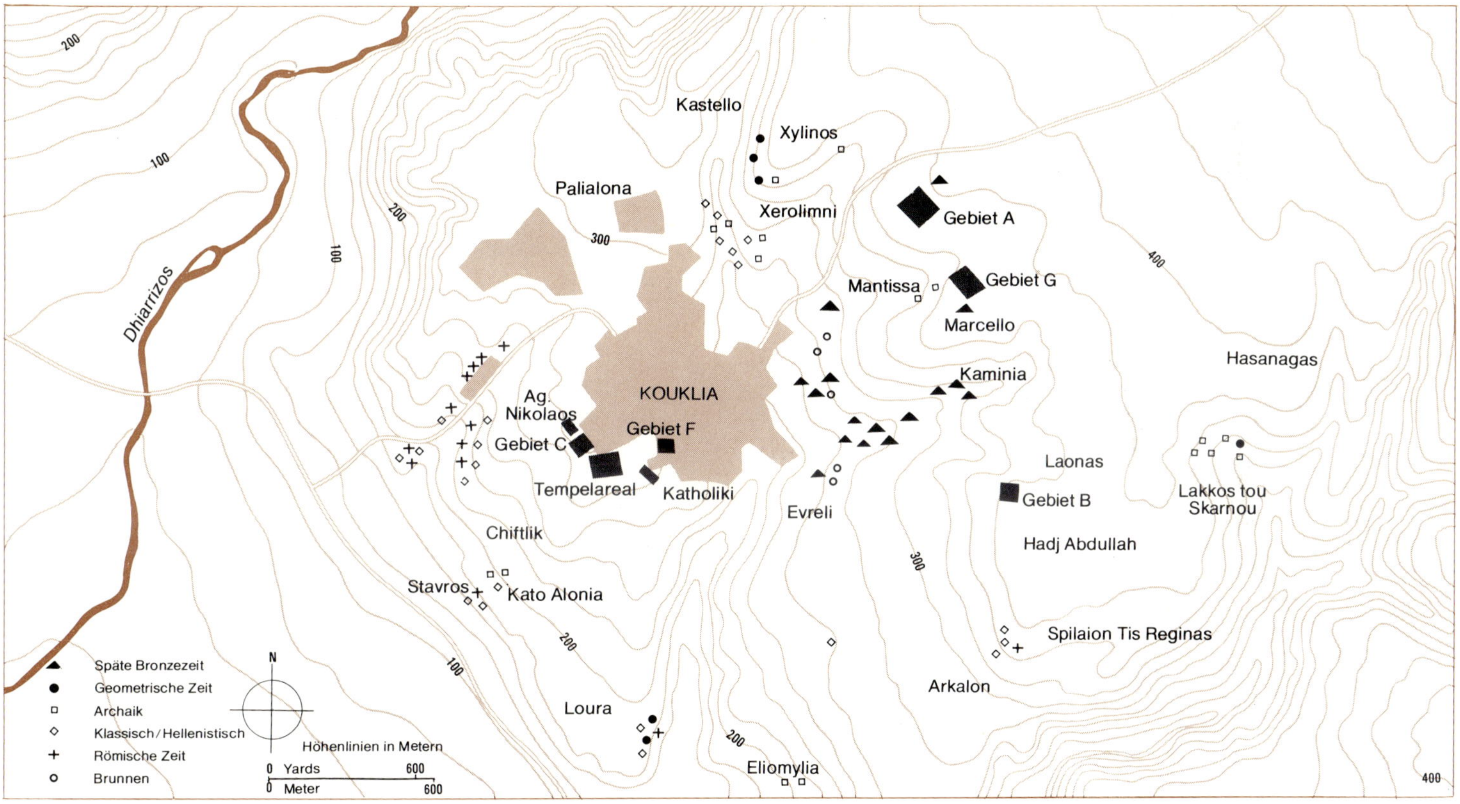

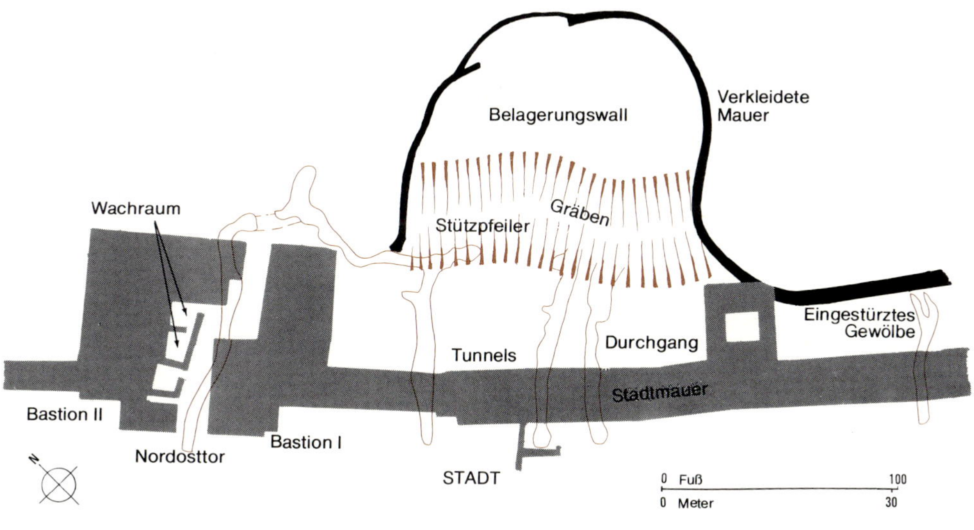

Die Verteidigungsanlagen der Stadt wurden an der mit »Marcello« ausgewiesenen Stelle auf einem rund 600 m nordöstlich vom Dorf gelegenen Hügel teilweise ausgegraben, ebenso Reste der Stadtmauer und ein Tor, das in die Zeit zwischen 700 v. Chr. und dem 3. Jahrhundert v. Chr. einzuordnen ist (Areal A). Ursprünglich bestand die Mauer aus Geröll und schlammigem Stein, die im 4. Jahrhundert gegen Quadersteine ausgetauscht wurden. Sie hatte eine Dicke von 6,4 m. Das Tor hat auf jeder Seite massive Bollwerke, und der Eingang

Teilansicht des Tempels der Aphrodite in Alt-Paphos

verlief als Windung und war mit Plätzen für Wachposten ausgestattet. Außerhalb der Mauern und östlich vom Stadttor ist ein Erdwall zu sehen, den die Perser während der Belagerungszeit nach dem Aufstand der Ionier 490 v. Chr. aufgeschüttet hatten. Die Bürger der Stadt gruben unterirdische Tunnels mit dem Ziel, den Wall von der Stadt aus zu unterminieren. Von den Tunnels wurden vier gefunden; sie waren mit Holzpfosten abgestützt, die von den Verteidigern der Stadt in Brand gesetzt wurden, um den Einsturz des feindlichen Walls zu bewirken.

Maier, F. G.: *Archäologie und Geschichte. Ausgrabungen in Alt-Paphos.* Konstanz 1973
Maier, F. G.: Berichte in: *Archäologischer Anzeiger* und *Report of the Department of Antiquities,* Zypern. Seit 1967

Schwarzes Meer

Im Rahmen der ausgedehnten Siedlungsbewegung der Griechen während der ganzen archaischen Epoche (8. bis 6. Jahrhundert v. Chr.) nahm das Schwarze Meer einen besonderen Platz ein. Für ATHEN und andere Städte des griechischen Mutterlandes stellten die West- und Nordküste des Pontos Euxeinos (der von den Griechen oftmals auch nur Pontos genannt wurde) jahrhundertelang die wichtigste Kornkammer dar. Umgekehrt wurden die Gebiete am Schwarzen Meer insbesondere am Anfang der gegenseitigen Beziehungen bevorzugt behandelt bei der Abnahme bestimmter Handwerksprodukte (in erster Linie Töpfereien), Olivenöl und Wein.
Wissenschaftliche Ausgrabungen begannen erst ziemlich spät, bisher wurden erst OLBIA und ISTROS (das römische Histria) systematisch erforscht.
Abgesehen von den spärlichen griechischen Siedlungen an der kaukasischen Küste, von denen nicht einmal alle antiken Namen bekannt sind, und an der Südküste (im Norden Kleinasiens), die einem anderen Kulturbereich angehörten und eine andere historische Vergangenheit hatten, zählen zu den Hauptkolonien an der Küste Thrakiens von Süden nach Norden Apollonia (und seine Kolonie Anchialus), Mesembria, Odessus, Bizone, Dionysopolis, Kallatis (MANGALIA), Tomis und Istros; an der skythischen Küste Tyras, Olbia, Chersonesos, Theodosia, Panticapaeum, Phanagoreia und Gorgippia. Drei davon, nämlich Mesembria, Chersonesos und Kallatis, waren ursprünglich megarische Kolonien, die Mutterstadt der übrigen war – zumindestens der Überlieferung zufolge – Milet.
Die Kolonien an der Westküste wurden im Gebiet der Thraker gegründet, die selbst in verschiedene Volksstämme unterteilt waren, während die Kolonien an der Nordküste die Skythen als direkte Nachbarn hatten, bis diese von östlichen Nomadenvölkern, zu denen die Sarmaten gehörten, überrannt wurden. Zwischen den Griechen und ihren Nachbarn wurden schnell friedliche Beziehungen angeknüpft, die im beiderseitigen Interesse lagen. Als Ausgleich für das Recht auf landwirtschaftliche Nutzung ihrer Länder und die Genehmigung von Handelsbeziehungen mit dem Hinterland zahlten die Griechen an die mächtigsten Anführer der Stämme (wie z. B. Saïtapharnes im 3. Jahrhundert v. Chr.) eine jährliche Steuer *(phoros);* die weniger einflußreichen unter ihnen erhielten Zahlungen in Form von Geschenken *(dora)*, was in offiziellen Dokumenten festgehalten worden ist. Schriftliche Übereinkünfte dieser Art liegen insbesondere von den Städten der Dobrudscha vor, wo Inschriften mit den Namen von Königen *(basileis)* des Stammes der Geten gefunden worden sind, die diese Städte »beschützten«: Zalmodegikos, Rhemaxos, Moskon.
Eine bemerkenswerte Folge dieser Beziehungen, die abwechselnd feindlicher wie auch friedlicher Art sein konnten, lag in dem starken Einfluß, den die Griechen auf die wirtschaftliche, soziale und kulturelle Entwicklung der eingeborenen Völker ausübten. Der sichtbarste und beständigste Beweis dafür wird durch das Entstehen der »skythischen« Kunst zwischen dem 7. und 4. Jahrhundert v. Chr. geliefert; Zeugnisse davon sind in der Eremitage in Leningrad aufbewahrt. Sie zeigen, daß der griechische Einfluß sicherlich

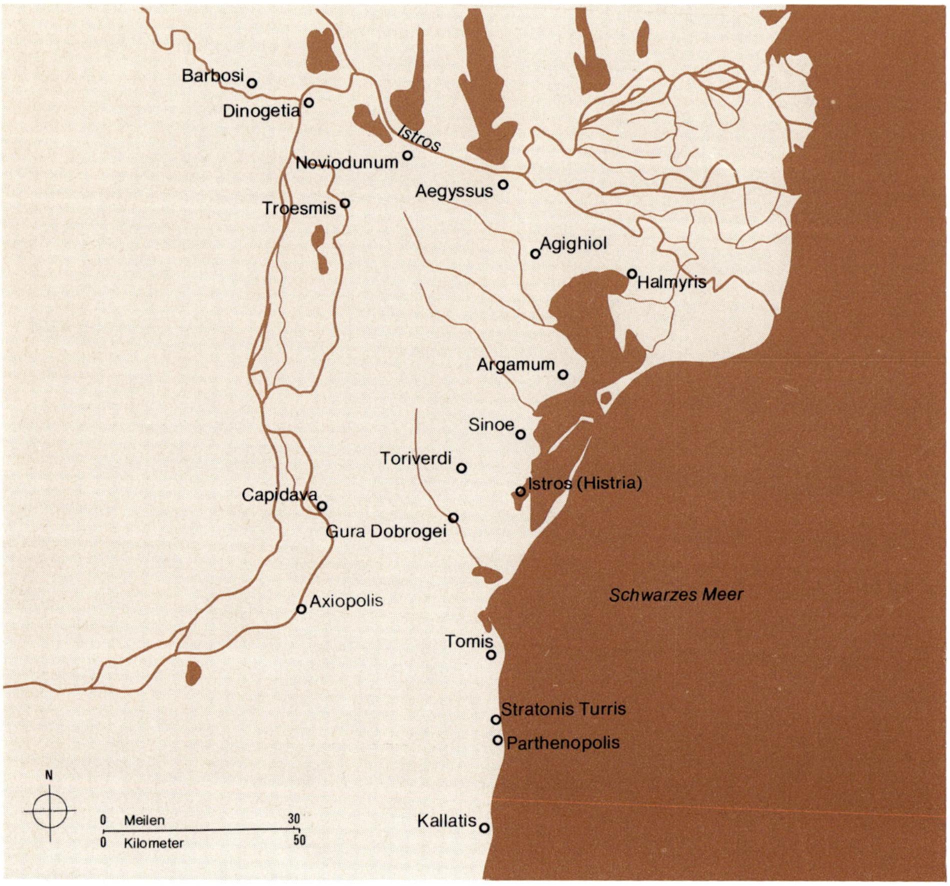

Die Dobrudscha in der Antike

eine größere Rolle spielte, als allgemein anerkannt wird. In diesem Zusammenhang muß auch die thrakisch-getische Kunst des 4. Jahrhunderts v. Chr. erwähnt werden, wo die Hand griechischer Künstler noch deutlicher sichtbar wird, und die so berühmte Kunstschätze hervorbrachte wie die der *Kurgane* (Hügelgräber) in der Ukraine. Als jedoch die militärische Stärke der »Barbaren« zunahm, waren Freiheit und Reichtum der griechischen Städte zunehmend gefährdet, bis etwa in der Mitte des 1. Jahrhunderts v. Chr. der »große König« Börebistes Herr der Kolonien entlang der Küste zwischen Olbia und Apollonia wurde.
Nachdem die Römer zu Anfang der christlichen Ära die Westküste des Schwarzen Meeres erobert hatten, trat eine völlig neue Situation ein. Unter Tiberius entstand die Provinz Moesia, die später in die beiden Gebiete Ober- und Niedermösien (Moesia Superior und Moesia Inferior) unterteilt wurde; 45 oder 46 n. Chr. wurde das Königreich Thrakien in eine Provinz umgewandelt. Von diesem Zeitpunkt an war die Balkanhalbinsel Teil des Römischen Reiches; im Anschluß daran gehörte sie bis zur Gründung des bulgarischen Königreiches um 700 zu Byzanz. Solange die Römer die Donaugrenze unter strenger Kontrolle hatten, setzten die alten griechischen Küstenstädte ihre herkömmliche Lebensweise fort. Eine Veränderung trat lediglich durch die Gründung eines Bundes ein, dem zeitweilig fünf oder auch sechs Städte angehörten; den Vorsitz führte ein Beamter mit dem Titel *pontarchos*. Im Hinterland aber zeichnete sich eine neue Entwicklung ab. Dank der durch den Limes gewährten Sicherheit und der Besiedlung des Landes mit alten Veteranen entstanden dort nicht nur Ortschaften mit einer gemischten Bevölkerung aus Thrakern und Römern, sondern ebenfalls Stadtzentren, denen der Status von *municipia* oder *coloniae* verliehen wurde (z. B. Novae, Durostorum, Tropaeum Traiani und Troesmis). Trotz verschiedener Invasionen von Nomadenvölkern (darunter Goten, Avaren und später auch Slawen) blieb die Lage ziemlich stabil, bis der Donau-Limes im 7. Jahrhundert zusammenbrach.

Die Entwicklung der Nordküste verlief völlig anders. Dieses Gebiet wurde niemals romanisiert. Tatsächlich ist hier nur eine sehr spärliche Anwesenheit der Römer festzustellen; dazu zählen die Standortgründungen in Tyras und Olbia und die Einrichtung eines Flottenstützpunktes in Charax auf der KRIM. Folglich wurde die griechische Bevölkerung lediglich durch benachbarte Nomaden und durch aufeinanderfolgende Völkerwanderungen berührt. Die Goten waren übrigens hier am längsten seßhaft und benutzten die Krim als Ausgangspunkt für ihre Raubzüge entlang der gesamten Westküste des Schwarzen Meeres sowie in der Ägäis und im Mittelmeerraum. Das Hauptmerkmal der materiellen und geistigen Beziehungen zwischen den griechischen Siedlungen und ihren Mutterstädten (sowie den anderen griechischen Zentren sowohl in Griechenland selbst als auch in Kleinasien) besteht in der Tatsache, daß sie viele Jahrhunderte lang Fortbestand hatten. Die Handelsbeziehungen wurden in der hellenistischen Zeit ziemlich eingeschränkt; dies war einerseits auf das Auftauchen neuer Getreidelieferanten, den Ptolemäischen Ägyptern und Numidia, zurückzuführen, andererseits aber auch auf die zunehmend unsichere Lage im Schwarzmeergebiet und auf die Produktionsschwierigkeiten, wodurch noch nicht einmal der Eigenbedarf gesichert war. Dennoch blieben die geistigen Bande sehr intensiv und wirksam. Die staatlichen und religiösen Einrichtungen ähnelten in starkem Maße denen der Mutterstädte; Inschriften sind in reinem Griechisch abgefaßt, sogar in der Namengebung gibt es erstaunlicherweise kaum Unterschiede zur Heimat. Die rühmliche Ausnahme ist Tanaïs an der Don-Mündung, wo man ohne Übertreibung von »Barbarismus« sprechen kann. Ansonsten gipfelte die ethnische Verschmelzung, die in den ersten Jahrhunderten n. Chr. ihr Ende fand, überall (auch in Olbia) sowohl in den Städten als auch auf dem Lande in der Hellenisierung (oder Romanisierung) der eingeborenen Stämme. Von diesem Zeitpunkt an waren sie ein integrierender Bestandteil der Städte, die lange Zeit isoliert von ihren Nachbarn gelebt hatten. Bei der abschließenden Betrachtung muß deshalb besonders hervorgehoben werden, daß die biologische, soziale, politische und kulturelle Verschmelzung der Rassen, die für die Eingeborenen einen Fortschritt gegenüber ihrem traditionellen, »unterentwickelten« Status bedeutete, eine der größten Leistungen der griechischen Geschichte war.

Bilabel, F.: *Die ionische Kolonisation.* Leipzig 1920
Boardman, John: *The Greeks Overseas,* 2. Aufl., Harmondsworth und Magnolia, Mass., 1973, Kap. 6
Minns, E. H.: *Scythians and Greeks.* Cambridge 1913
Pippidi, D. M.: *I Greci nel Basso Danubio dall'età arcaica alla conquista romana.* Mailand 1971
Ders.: *Scythica Minora, Recherches sur les colonies grecques du littoral roumain de la Mer Noire.* Amsterdam 1975
Rostovtzeff, M.: *Iranians and Greeks in South Russia.* Oxford 1922

1 Mangalia

Rumänien

Das antike Kallatis (heute Mangalia) war die einzige dorische Siedlung an der rumänischen Schwarzmeerküste. Nach seiner Gründung Ende des 6. Jahrhunderts v. Chr. durch Siedler aus Herakleia Pontika (heute Ereğli), das an der Nordküste Kleinasiens liegt, war Kallatis gleich von Anfang an auf Landwirtschaft ausgerichtet. Im 4. Jahrhundert v. Chr. war Kallatis der bedeutendste griechische Stadtstaat an der Westküste; deshalb wurde es im Kampf um die Nachfolge Alexanders d. Gr. zweimal von Lysimachos belagert. Im folgenden Jahrhundert hatte es noch Macht genug, um mit seinem Verbündeten ISTROS gegen Byzantium Krieg zu führen; dabei ging es um die Kontrolle des Marktzentrums von Tomis (heute Konstanza), das 40 km weiter nördlich lag.
In der ersten Hälfte des 1. Jahrhunderts v. Chr. war Kallatis Verbündeter von Mithridates VI. Eupator, dem König von Pontos, und wurde deshalb von M. Terentius Varro Lucullus, dem römischen Prokonsul von Makedonien, angegriffen. Dieser schlug die Truppen des Mithridates in die Flucht, und Kallatis wechselte das Lager und verbündete sich mit Rom: ein wesentliches Fragment des Vertrages in lateinischer Sprache etwa aus dem Jahre 70 v. Chr. ist auf einer Inschrift festgehalten. Sobald die Römer in diesem Gebiet seßhaft geworden waren und das Königreich Thrakien in eine Provinz umgewandelt hatten (45 oder 46 n. Chr.), verlor Kallatis seine wirtschaftliche und politische Vormachtstellung an Tomis. Im Laufe der folgenden Jahrhunderte mußte es etliche Überfälle durch Nomadenvölker über sich ergehen lassen; es ist jedoch nicht bekannt, in welchem Jahr es endgültig zerstört wurde.
Dank der modernen Unterwasser-Archäologie hat man herausgefunden, daß ein Teil des Hafens im Meer versunken ist. Bei Einzelausgrabungen stieß man auf einen römischen Schutzwall im nördlichen Teil (2. oder 3. Jahrhundert) und am östlichen Ende dieser Mauer auf die beeindruckenden Ruinen einer christlichen Basilika in syrischem Stil. Außerdem entdeckte man außerhalb der Stadtgrenze mehrere Grabstätten aus hellenistischer und römischer Zeit. In einem schönen Steingrab fand man eine Papyrusrolle aus dem 4. Jahrhundert v. Chr., die jedoch leider zerfiel, bevor sie ganz entschlüsselt worden war. Aus zahlreichen Inschriften wissen wir, daß die öffentlichen Institutionen mit denen im griechischen Megara übereinstimmten und daß im religiösen Leben vor allem die Verehrung Demeters und Dionysos' eine große Rolle spielte.

Hanell, K.: *Megarische Studien.* Lund 1934

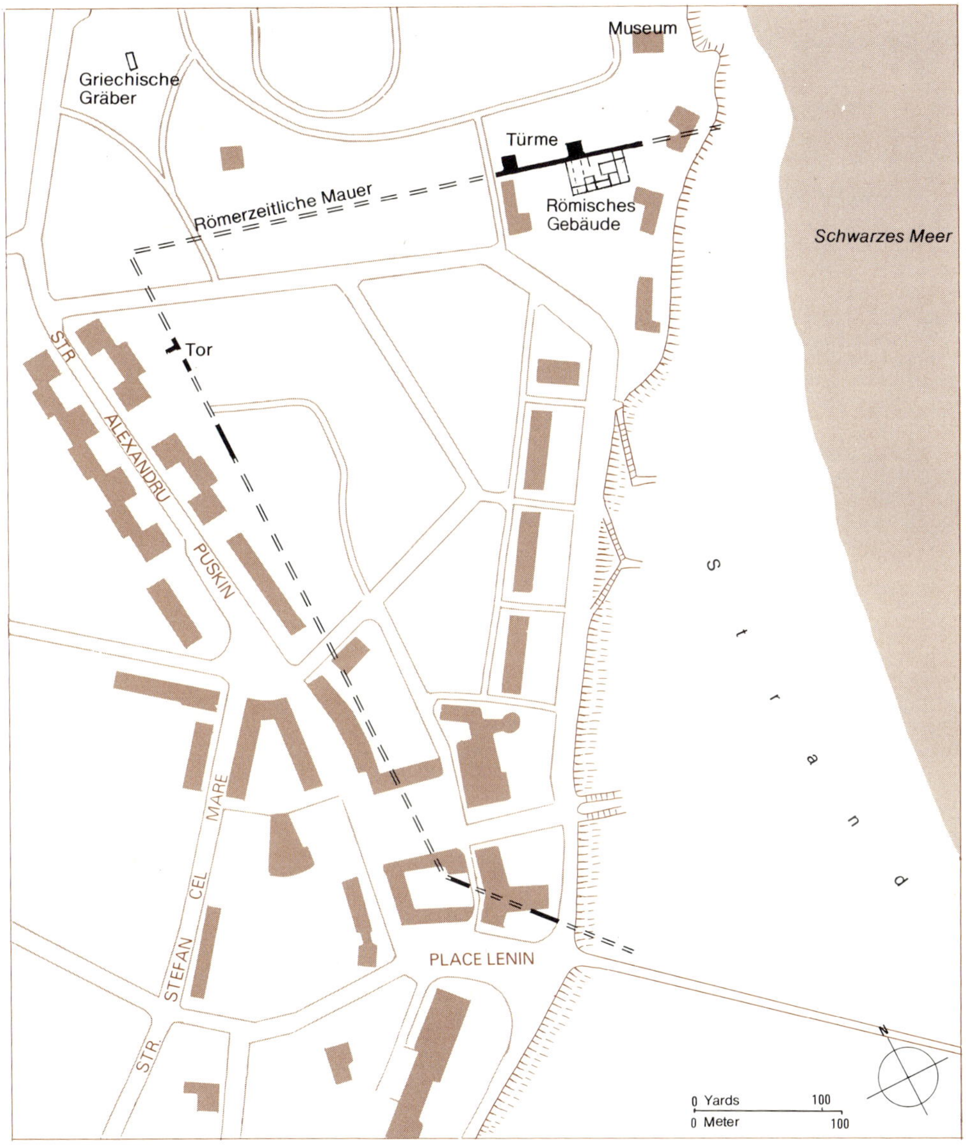

Rechts: Kallatis. Flachrelief aus Marmor (1. Jahrh. n. Chr.) mit der Darstellung der jagenden Artemis.

2 Istros

Rumänien

Istros (Histria oder in römischer Zeit Histrianorum civitas) wurde im 7. Jahrhundert v. Chr. von Milet an der Westküste des Schwarzen Meeres zwischen der Mündung der Donau und der heutigen Hafenstadt Konstanza angelegt und hatte bis ins 7. Jahrhundert n .Chr. eine belebte Geschichte. Durch die Lage in einer Bucht, die sich später in eine Lagune verwandelte, zeigte es sich zuerst als ein Handelszentrum für griechische Waren, die die an beiden Donauufern ansässigen Geten erwarben, und als ein Mittelpunkt der Fischerei im Flußdelta. Höchstwahrscheinlich war die Verschlammung des Hafens Ursache dafür, daß sich die Bewohner des Ortes der Landwirtschaft zuwandten; unter den Römern galt Histria deshalb als Landwirtschaftszentrum mit einem beachtlichen Hinterland.

Die Jahrhunderte währende Blüte der Stadt wurde durch schwere Krisenzeiten unterbrochen: Ende des 6. Jahrhunderts v. Chr. (vermutlich von den Skythen) und abermals Ende des 4. Jahrhunderts v. Chr. (wahrscheinlich von Lysimachos) wurde die Stadt geplündert; zweimal wurde sie völlig zerstört, im 1. Jahrhundert v. Chr. von den Geten unter Börebistes und im 3. Jahrhundert n. Chr. von den Goten. Beide Male baute man sie jedoch an der gleichen Stelle wieder auf. In einer Inschrift wird die frühere Wiederherstellung als »die zweite Gründung der Stadt« bezeichnet. Unter Augustus wurde Istros dem römischen Imperium eingegliedert; unter Domitian gehörte es zur Provinz Moesia Inferior, unter Diokletian zur neuen Provinz Scythia. Die Invasion der Avaren im Jahre 595 bewirkte, daß die Stadt endgültig verlassen wurde.

Seit 1914 hat man durch systematische Ausgrabungen vier verschiedene Bezirke ausgemacht, die unterschiedlichen Epochen zuzurechnen sind. Am eindrucksvollsten ist der Teil, der aus der Wiederaufbauphase nach der Verwüstung durch die Goten um 260 n. Chr. stammt. Die dazugehörige Stadtmauer, deren West- und Südseite sehr gut erhalten sind, zeugt von den tragischen Umständen, unter denen sie entstanden ist: Säulen und andere architektonische Elemente sowie Stelen mit Inschriften sind hier als Baumaterial verwendet worden.

Im Mauerring konzentrierten sich die Archäologen zuerst auf die Ruinen an der Oberfläche und legten späte Bauten aus dem 4. bis 6. Jahrhundert n. Chr. frei. Darunter befanden sich mehrere schön gestaltete öffentliche *basilicas,* eine christliche auf dem Platz der Stadt, ein Thermalbad und ein Geschäftsviertel. Ein Wohngebiet aus der gleichen Zeit weist einige schöne, großräumige Häuser auf, von denen eines eine Privatkapelle hat; daraus schließt man, daß hier vielleicht der Bischof gelebt hat. In jüngster Zeit haben Ausgrabungen im Gebiet nahe der Lagune von Sinoe, die in einer Tiefe von 3 bis 4 m durchgeführt wurden, eine Reihe antiker Heiligtümer zutage gebracht, darunter einen Tempel des Zeus Polieus aus dem 5. Jahrhundert v. Chr., die Reste eines nicht identifizierten Altars, Marmorteile eines dorischen Tempels aus dem 3. Jahrhundert v. Chr., der der thrakischen Gottheit geweiht war, die die Griechen »Großer Gott« *(Theos Megas)* nannten, und einen Aphrodite-Tempel

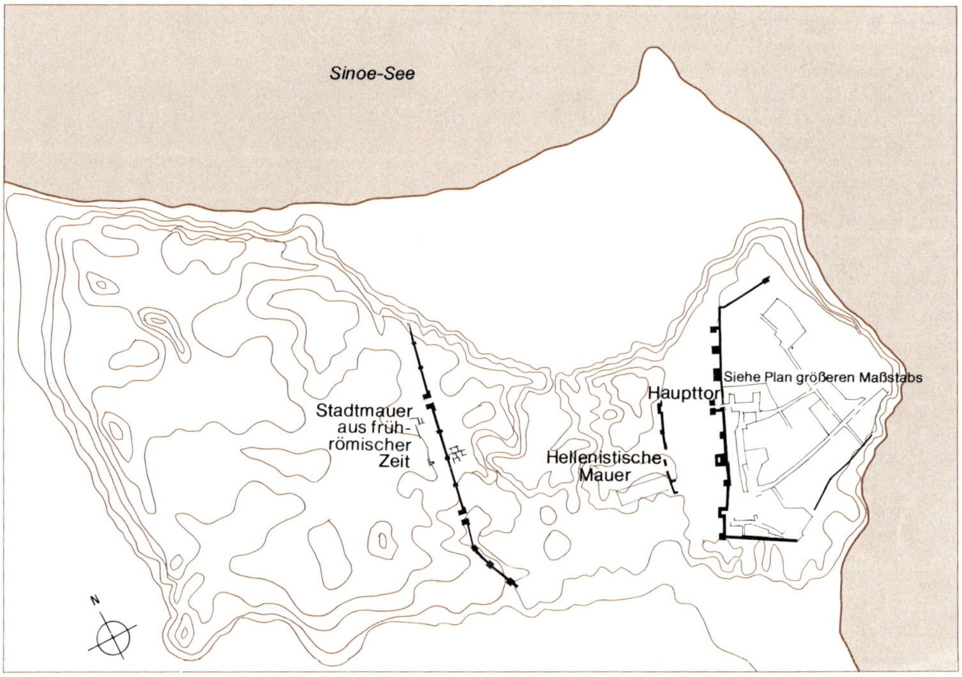

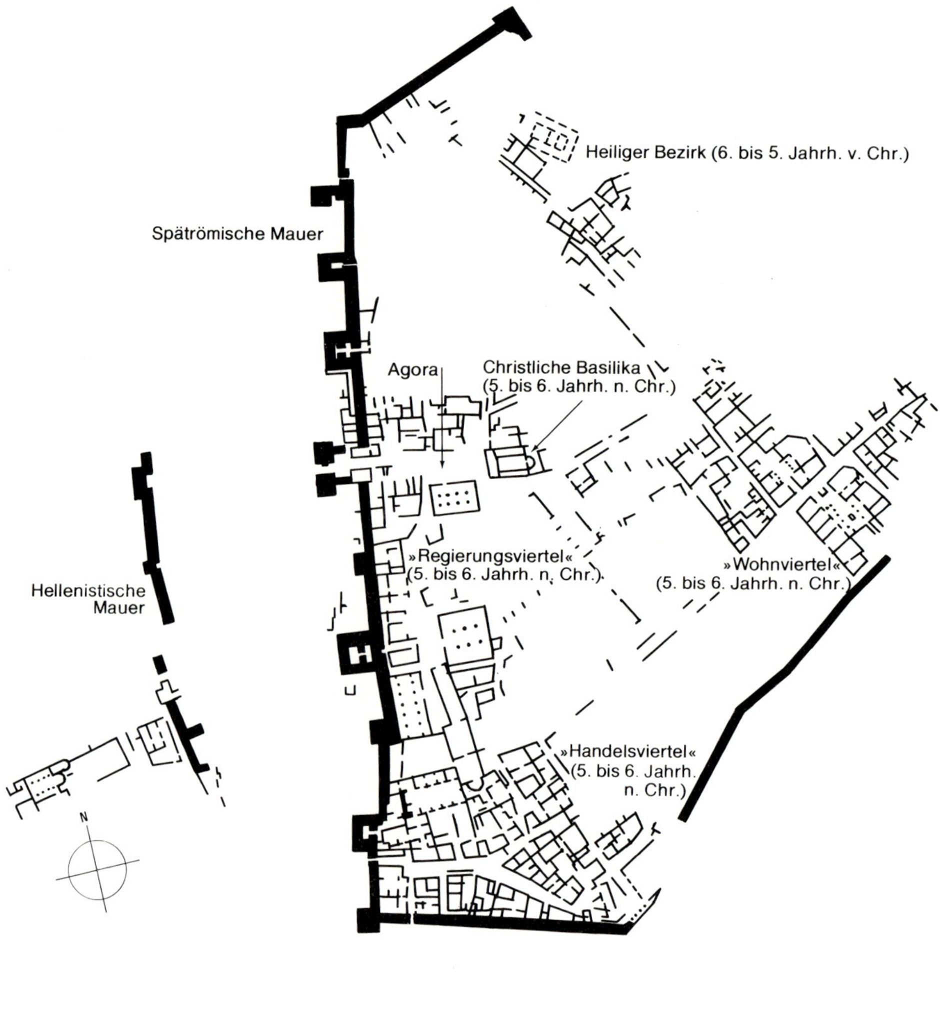

Oben: Istros. Südansicht des Heiligen Bezirks mit dem Tempel des Zeus Polieus. Unten links: Kleine Vasenstatuette, Kore mit Taube aus Istria

aus der archaischen Epoche, der in der hellenistischen Zeit neu errichtet worden war. Histria hatte seine größte Expansion in den ersten beiden nachchristlichen Jahrhunderten, als die starke Ausdehnung der Stadt nach Westen hin dazu führte, daß unter Hadrian eine neue Befestigungsanlage gebaut werden mußte. Zwischen der alten und der neuen Stadtmauer stieß man auf Thermen, die dem 2. oder 3. Jahrhundert entstammen, auf eine späte christliche *basilica* mit einer Begräbnisstätte und auf verstreut liegende hellenistische Häuser und Werkstätten. Noch weiter westlich war ein riesiger Friedhof angelegt, auf dem bislang mehr als 1000 Grabhügel gezählt worden sind. Die griechischen Grabstätten in dieser Nekropolis gehen auf die Zeit zwischen dem 6. Jahrhundert v. Chr. und dem 3. Jahrhundert n. Chr. zurück; außerdem machte man noch etliche Grabstätten getischer Stammeshäuptlinge ausfindig, die inmitten von geopferten Menschen- und Tierleichen liegen. Alle Funde, inklusive Skulpturen und architektonische Teilstücke, werden in Istros selbst, in dem Archäologischen Museum von Konstanza und dem historischen Museum von Bukarest aufbewahrt.

Condurachi, E., und Pippide, D. M. (Hrsg.): *Histria*. Bukarest, Bd. 1, 1954, Bd. 2, 1964, Bd. 3, 1974
Pippidi, D. M.: *Epigraphische Beiträge zur Geschichte Histrias*. Berlin 1962

3 Olbia

Sowjetunion

Olbia wurde von Milet auf dem rechten Ufer des Flusses Borysthenes, unfern seiner Mündung in der Nähe der jetzigen Stadt Parutino, im Jahre 647 v. Chr. als Kolonie gegründet. Die ersten Siedler ließen sich zunächst auf der kleinen Insel Berezan nieder, obgleich sie tatsächlich schon im 7. Jahrhundert v. Chr. hiergekommen waren. Berezan war ursprünglich ein Vorgebirge und liegt 1,5 km vor der Küste.

Die Funde, Teile von Wohnhütten und Läden, viele Fragmente importierter Keramik, sogar ein gemeißelter Privatbrief, zeigen uns das Bild eines blühenden Handelszentrums im 6. Jahrhundert v. Chr. Mit der Umsiedlung auf das Festland und der Gründung Olbias schwand Berezans Einfluß. Die Zeit höchsten Wohlstands trat für Olbia im 5. und 4. Jahrhundert v. Chr. ein, als es Hauptexporteur für skythisches Getreide in die griechische Welt war. Darauf folgte ein leichter Rückgang, der auf innere Schwierigkeiten und den Einfall feindlicher Nomaden aus den Steppengebieten und Raubzüge anderer Völker zurückzuführen war. Von den erstgenannten übten die Skythen von Zeit zu Zeit starken Druck auf die Stadt aus. Von den letztgenannten haben die Plünderungen der Geten unter Börebistes ungefähr zwischen 55 und 50 v. Chr. der Stadt den schwersten Schaden zugefügt. Es sind noch weitere Überfälle bekannt, bis Olbia endlich von den Römern Unterstützung erhielt. Antoninus Pius stationierte eine Garnison in Olbia; als diese unter der Herrschaft Philippus Arabs (244–249 n. Chr.) beim Einfall der Goten zurückgezogen wurde, verschwand Olbia bis zu seiner Wiederentdeckung Anfang des 19. Jahrhunderts und seiner Identifizierung anhand von Münzen und Inschriften völlig von der Bildfläche. Archäologen haben herausgefunden, daß Olbia in seinen frühesten Anfängen ohne Grundplan angelegt wurde und eine größere Ausdehnung hatte als in der klassischen Zeit. Die spätere Stadt befand sich im Umkreis der *agora* und des heiligen Bezirks *(temenos)*, von dem die Ruinen der Tempel verschiedener Hauptgottheiten (Zeus, Athene, Apollo Delphinios) identifiziert worden sind. Von der Stadtmauer konnten ebenfalls wichtige Teile ausgegraben werden: aus literarischen Quellen ist bekannt, daß sie zerstört und mehrmals wiederaufgebaut worden war. In südlicher, nördlicher und westlicher Richtung außerhalb der Mauern stieß man auf Friedhöfe aus der klassischen, hellenistischen und römischen Zeit. Unter den verschiedenartigen Grabstätten befinden sich einfache Gruben, Kammergräber und unterirdische Begräbnisstätten, die zuerst lediglich in Löß gegraben, später dann aber als richtige Grüfte angelegt wurden.

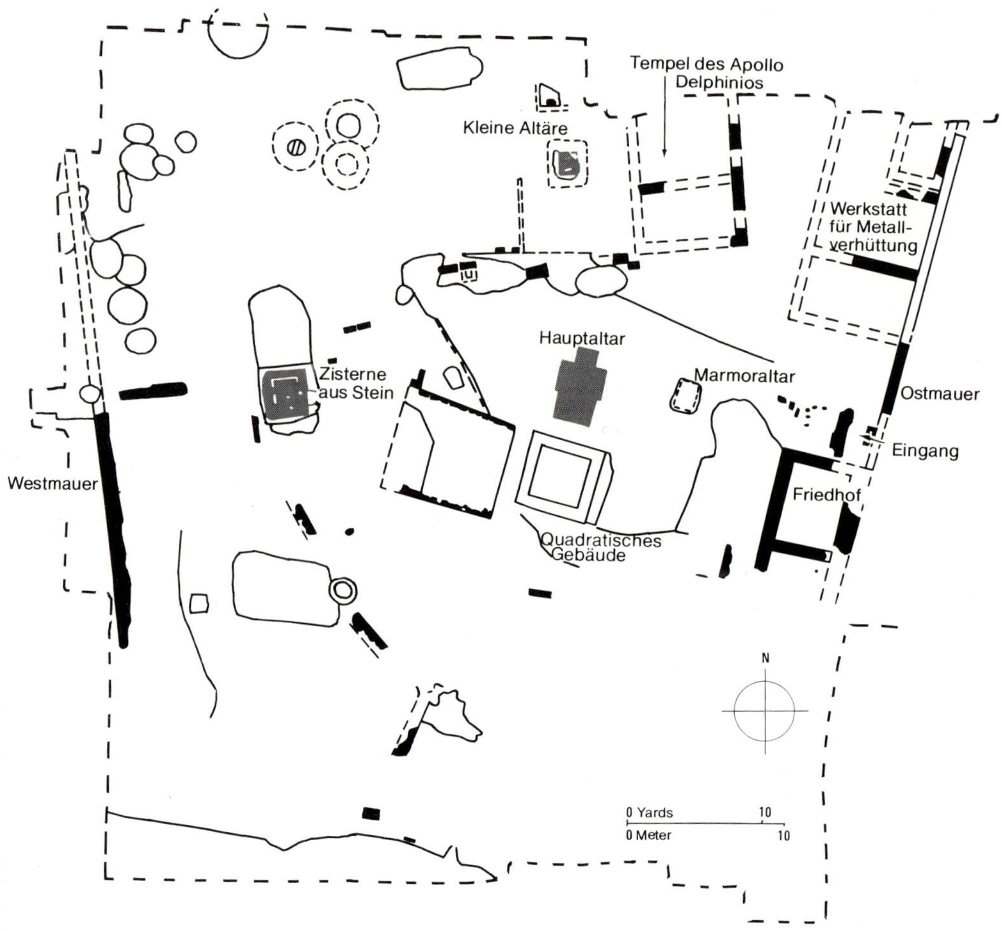

Diehl, E.: ›Olbia‹, in *Paulys Realencyclopädie*, Bd. 17, Stuttgart 1937, Spalten 2405–2423

Gajdukevič, V. F. (Hrsg.): *Olbia: Temenos i Agora*. Moskau und Leningrad 1964

Wasowicz, A.: *Olbia pontique et son territoire*. Paris 1975

4 Die Krim

Sowjetunion

Dem griechischen Geographen Strabo zufolge waren auf der Halbinsel Krim, die von den Griechen Chersonesos Tauriké (oder Scythiké) genannt wurde, zuerst die Kimmerier ansässig, die durch die Skythen vertrieben wurden. Anschließend kamen griechische Siedler in dieses Gebiet und ließen sich entlang der Küste nieder: ihre wichtigsten Niederlassungen waren Chersonesos im Westen (eine megarische Siedlung) und im Osten Theodosia (wie Kallatis von Herakleia Pontika gegründet), Nymphaeum (das vermutlich von den Athenern unter Perikles in den Jahren um 430 v. Chr. ins Leben gerufen worden war) sowie Panticapaeum (dessen Ursprung bekannt ist). Chersonesos war von seiner Gründung bis Ende des 2. Jahrhunderts v. Chr. ein autonomer Polis-Staat und hatte sich auf die Ausbeutung des reichen, fruchtbaren Hinterlandes mit seinen riesigen Weinbergen in der Nähe der Stadt verlegt. Trotz der permanenten Bedrohung durch die Skythen aus dem Landesinnern konnte es seine Unabhängigkeit bewahren, fiel dann aber Mithridates VI. Eupator, dem König von Pontos in Kleinasien, in die Hände, der ab dem Jahre 110 v. Chr. die nördliche Schwarzmeerküste unter Kontrolle hat-

te. Die öffentlichen und religiösen Einrichtungen entsprachen in etwa denen anderer megarischer Siedlungen; eine beachtenswerte Ausnahme bildete die Übernahme einer einheimischen weiblichen Gottheit, die sie *Parthenos* tauften; sie stammte höchstwahrscheinlich aus dem benachbarten Taurien.
Der östliche Teil der Halbinsel wurde Anfang des 5. Jahrhunderts v. Chr. in einem gräkobarbarischen Staat, dem Bosporanischen Reich, zusammengefaßt, an dessen Spitze zuerst die Archeanactid- und dann die Spartocid-Dynastie stand. Eine Anzahl kleinerer griechischer Siedlungen, am Ostufer der Straßen von Kertsch und Tanaïs im Mündungsgebiet des Don gelegen, wurde ebenfalls eingegliedert. Von seiner Struktur her kann das Reich als Vorläufer der hellenistischen Staaten Asiens betrachtet werden. Es hatte eine stark zentralisierte Regierung, die von einer Minderheit griechischer Bürger angeführt wurde, die die gemischte, aus »Barbaren« bestehende Bevölkerung der Landgebiete ausbeutete. Einige Jahrhunderte lang versorgten die reichen Ernten des Bosporanischen Reiches die Ägäis und hauptsächlich ATHEN mit Lebensmitteln. Zwischen Athen und der Spartocid-Dynastie wurden sehr enge Beziehungen unterhalten. Ein Bund mit dem König von Pontos, Mithridates VI., und mit dessen Sohn Pharnakes II. führte dazu, daß das Reich in ihren Krieg mit Rom hineingezogen wurde. Obgleich die siegreichen Römer keinerlei Anstalten machten, das Bosporanische Reich zu annektieren, behielten sie doch die Oberherrschaft über das Königreich und machten aus dem Schwarzen Meer ein römisches.
Von der Baukunst der griechischen Städte auf der Krim ist, abgesehen von den beeindruckenden Stadtmauern und einigen byzantinischen Kirchen in Chersonesos, nicht viel erhalten geblieben. Die unterirdischen Grabstätten von Theodosia, Nymphaeum und Panticapaeum, die zum Teil Malereien aufweisen, sind sehr prachtvoll ausgestaltet. Zu den Grabbeigaben gehörten importierte Vasen und kostbarer Schmuck. Die bedeutendsten Fundstücke sind jedoch »skythische« Metallarbeiten von den Siedlungen an der Straße von Kertsch; sie wurden von griechischen Künstlern aus Städten im Gebiet des Schwarzen Meeres angefertigt und sind heute in der Eremitage in Leningrad ausgestellt.

Gajdukevič, V. F.: *Das bosporanische Reich.* Berlin 1971

Rechts: »Skythischer« Ohrenschmuck aus Gold, 4. Jahrh. v. Chr., Beigabe eines Grabes in Theodosia auf der Krim

Kleinasien

Unter »Kleinasien« versteht ein moderner Historiker das Gebiet der asiatischen Türkei, in dem bereits im ersten Jahrtausend v. Chr. eine Anzahl kleiner Königreiche in dem ehemaligen Reich der Hethiter existiert hat. Das Königreich der Phryger, dessen legendärer Reichtum mit dem Namen des Königs Midas verknüpft ist, hatte in der klassischen Antike kaum mehr Bedeutung; das Königreich Lydien beherrschte jedoch von seiner Hauptstadt Sardes aus den Westen Kleinasiens, und sein berühmtester König Krösus unterhielt bereits wichtige Verbindungen mit der griechischen Welt. Er unterlag im 6. Jahrhundert v. Chr. den expandierenden Persern; die im Westen Kleinasiens ansässigen Griechen schlossen sich Lydien an und wurden ebenfalls in das Reich des Kyros eingegliedert. Eine Rebellion der griechischen Städte, die hauptsächlich aus dem mit dem Namen Ionien bezeichneten, westlichen Teil Kleinasiens stammten (sogenannter Ionischer Aufstand), wurde niedergeschlagen und führte dazu, daß die Perser in den Jahren 490 und 480 v. Chr. zwei Strafexpeditionen nach Griechenland unternahmen, weil Athen und Eretria die Rebellen unterstützt hatten.

Auf die vernichtende Niederlage Persiens folgte die Gründung eines Bundes, in dem sich die griechischen Städte unter der Führung Athens gegen die Perser zusammenschlossen. Tatsächlich gelang es Athen, die Perser bis zum Ausgang des 5. Jahrhunderts v. Chr. in Schach zu halten. Dann lieferte Sparta die Griechen in Kleinasien nochmals an Persien aus, weil es die Perser in seiner Auseinandersetzung mit Athen für sich gewinnen wollte. Von diesem Zeitpunkt an war die persische Vorherrschaft in Kleinasien bis zum Einfall Alexanders des Großen von Makedonien im Jahre 334 v. Chr. nie mehr wirklich in Gefahr. Alexander vernichtete mehrere persische Heere in drei großen Schlachten, die am Granikos im Westen Kleinasiens, bei Issos in Nordsyrien und bei Gaugamela in Mesopotamien stattfanden. Diese Siege brachten Alexander das ganze Perserreich ein. Sein früher Tod im Jahre 323 v. Chr. war Ursache für die Aufteilung seines Reiches in eine Reihe von Diadochenreiche, zu denen vor allem Ägypten unter den Ptolemäern, Mesopotamien, Syrien und ein Großteil Kleinasiens unter den Seleukiden und Makedonien unter den Antigoniden gehörten. Die expandierenden Römer eroberten ab 200 v. Chr. ein Diadochenreich nach dem anderen; der Seleukide Antiochos III. wurde 189 v. Chr. in der Schlacht bei Magnesia am Pylos geschlagen. Im Anschluß an eine Phase, in der auf die griechischen Ostgebiete nur eine lockere Kontrolle ausgeübt worden war, setzte sich die direkte Herrschaft immer mehr durch. Die Vorherrschaft der Römer in Kleinasien begann mit dem Tode des letzten Königs von Pergamon, dessen Reich den Römern 133 v. Chr. testamentarisch zufiel; Pergamon hatte sich im 3. und 2. Jahrhundert v. Chr. von den Seleukiden losgelöst, nachdem es die kluge Entscheidung getroffen hatte, Rom zu unterstützen.

Der König von Pontos, Mithridates, unternahm in drei Kriegen Anfang des 1. Jahrhunderts v. Chr. den Versuch, das Vordringen der Römer einzudämmen, wurde aber von Pompeius vernichtend geschlagen. Nach der Ausbeutung durch die römischen Staatsbeamten war Kleinasien folglich bereit, mit Mithridates zusammenzuarbeiten. Im Laufe der Bürgerkriege, die das Ende der römischen Republik herbeiführten, erlebte es schlechte Zeiten, auf die eine Friedens- und Wohlstandsperiode folgte, nachdem Augustus Alleinherrscher geworden war. Wahrscheinlich blieb Kleinasien von dem Ansturm barbarischer Stämme auf das Weströmische Reich im 3., 4. und 5. Jahrhundert n. Chr. ziemlich unberührt und konnte somit den Kern des Byzantinischen Reiches bilden. Trotz einiger Schicksalsschläge gehörte ein Großteil Kleinasiens noch bis zur Schlacht von Mantzikert im Jahre 1071 zum Byzantinischen Reich.

Da die Griechen bereits in der Bronzezeit Kleinasien kannten und sich gelegentlich vielleicht schon angesiedelt hatten, entstanden hier im 1. Jahrtausend v. Chr. Hunderte neuer Städte. An der Westküste ließen sich im 10. und 9. Jahrhundert v. Chr. griechische Auswanderer nieder und schufen neue Städte, die wiederum Urheber von Neugründungen weiter landeinwärts waren. In der hellenistischen Zeit wurden Städte als militärische Stützpunkte oder Hauptstädte von Königreichen neu angelegt oder weiter ausgebaut. Schließlich wurden die griechischen Städte noch durch einige römische Kolonien ergänzt. Die Hellenisierung der Eingeborenengemeinschaften wurde überall durchgeführt, und sie übernahmen die Institutionen einer griechischen Polis.

Wie anderswo auch lagen die meisten der frühen griechischen Siedlungen in Kleinasien im Küstengebiet. Der Vorstoß ins Landesinnere erfolgte nur allmählich, was auf die geographischen Bedingungen zurückzuführen ist. Die Gebirgsketten verhinderten den Zugang zum Landesinnern. Im Süden dehnten sich die Ebenen von Pamphylien und Kilikien aus, im Norden gab es ein weites, tiefliegendes Gebiet um das Marmara-Meer und an den Ufern der beiden großen Flüsse Sangarius und Halys, die sich ihr Bett durch das Zentralplateau gegraben hatten. Das Zentralplateau selbst war wegen seiner Höhe und der kalten Winter sehr unwirtlich; es ist zum großen Teil unfruchtbar und nur zum Teil von Flüssen durchzogen, die keinen Zugang zum Meer haben und in Salzseen münden. Im Westen löst es sich in eine Reihe paralleler Bergketten auf, die durch Flußtäler unterbrochen werden, die genug fruchtbares Land für eine Besiedlung und direkten Zugang zum Landesinnern boten. Dazu zählten die Täler des Kaikos, Hermos, Kaystros und Maiandros, die heute Bakir, Gediz, Küçük Menderes und Büyük Menderes heißen. Neben den guten Voraussetzungen für die Landwirtschaft und dem Holzbestand seiner Wälder besitzt Kleinasien noch Vorkommen verschiedenartigster Metalle: Eisen und Silber wurden bereits in der Antike im Nordosten abgebaut, Silber vor allem in Kappadokien; Elektrum, eine natürlich vorkommende Ablagerung von Gold und Silber, wurde in den Flüssen im Westen ausgewaschen und lieferte das Material für die erste Münzprägestelle der klassischen Antike, die sich in Lydien befand. Neben den großen Marmorsteinbrüchen von Docimium und Proconnesus, deren Erzeugnisse in der römischen Zeit sehr weit exportiert wurden, gab es nur wenig Plätze, die überhaupt keine Marmorvorkommen hatten. Architektonische Erneuerungen waren das Hauptmerkmal der frühen Kultur von Ionien, wie die Region in der Mitte der Westküste Kleinasiens genannt wurde; von ihr stammt auch der Name für eine der drei wichtigsten Säulenordnungen der griechischen Architektur, für den ionischen Stil. In der späthellenistischen Zeit erwarb sich Kleinasien nicht nur einen Ruf, weil dort ein überladener rhetorischer Stil gepflegt wurde, sondern auch wegen seiner Baufreudigkeit und der reichen Ausschmückung der Gebäude. Die barocke Pracht in der Gestaltung des Nordeingangs der Südagora von MILET ist dafür ein leuchtendes Beispiel; er befindet sich zudem noch in einem völlig intakten Zustand.

Die ersten griechischen Städte in Kleinasien waren theoretisch unabhängige Gemeinschaften, die sich selbst regierten. Der Status späterer Gründungen reichte von völliger Unabhängigkeit bis hin zur starken Abhängigkeit, was z. B. bei königlichen Garnisonstädten zutraf. Fast alle Städte Kleinasiens mußten aber fast in ihrer gesamten Geschichte im Schatten einer Herrschermacht leben, ob es nun unter den Lydiern, Persern, einem hellenistischen Königreich oder unter Rom war. In dem Rahmen, den ihre direkte Umgebung und die entfernter liegenden Mittelmeerregionen boten, und unter Berücksichtigung der von den Großmächten auferlegten Zwänge organisierten die kleinasiatischen Städte ihr politisches Leben und setzten alles daran, um sich die für ein zivilisiertes Leben unabdingbaren Annehmlichkeiten zu schaffen. Sie richteten sich nach einem im 5. Jahrhundert v. Chr. geltenden Ideal und schufen sich eine natürliche und organisierte Umwelt. Die Städte Kleinasiens boten den ersten christlichen Missionaren fruchtbaren Boden. Einer alten Legende zufolge soll Maria nach EPHESUS gekommen und dort gestorben sein (ihr Haus wird heute noch den Touristen vorgeführt). Die Erforschung der antiken Orte Kleinasiens in der heutigen Zeit ergab sich oftmals zufällig im Anschluß an eine Reise, die mit dem Ziel unternommen worden war, die »Sieben Kirchen Asiens« zu besuchen.

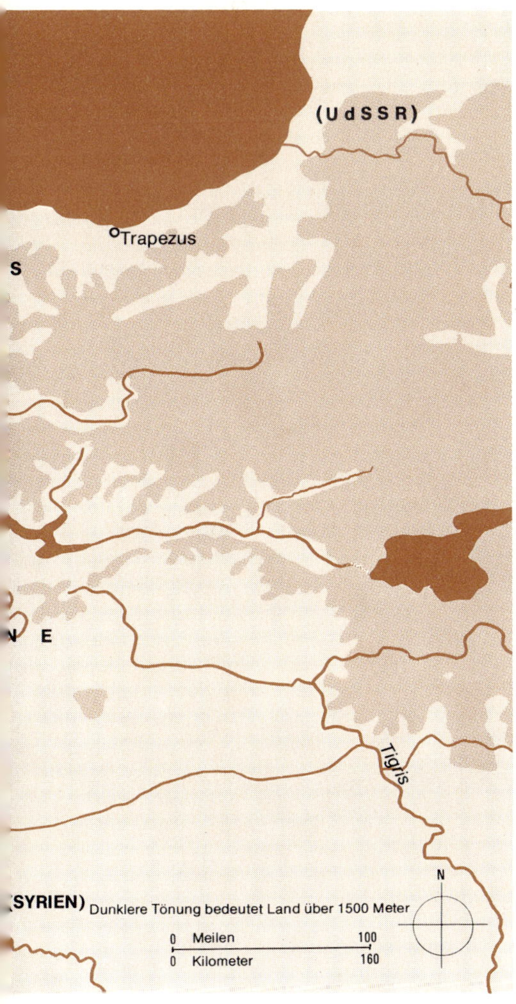

Akurgal, E.: *Ancient Civilisations and Ruins of Turkey.* Istanbul 1973 (Führer)

Bean, G. E.: *Aegean Turkey.* London 1966 (Führer)

Ders.: *Turkey Beyond the Maeander.* London 1971 (Führer)

Cook, J. M.: *The Greeks in Ionia and the East.* London 1962

Hanfmann, G. M. A.: *From Croesus to Constantine: The Cities of Western Asia Minor and Their Arts in Greek and Roman Times.* Ann Arbor, Mich., 1974

Jones, A. H. M.: *The Greek City: From Alexander to Justinian.* London 1940 (Nachdruck 1966)

Magie, D.: *Roman Rule in Asia Minor,* 2 Bde., Princeton und London 1950 (Nachdruck 1966)

Kurze Berichte von Ausgrabungen in Kleinasien erscheinen von Zeit zu Zeit in *Archaeological Reports,* einer Ergänzung zum *Journal of Hellenic Studies* (London); jährliche Berichte von M. Mellink, veröffentlicht in *American Journal of Archaeology* (Baltimore)

1 Smyrna Türkei

Smyrna, das von den Griechen im ersten Jahrtausend v. Chr. an einem bereits bewohnten Ort gegründet worden war, lag ursprünglich auf einem kleinen Hügel an der Spitze einer langen Bucht, in die der Fluß Hermus mündete. Nachdem die Stadt von ihren Ureinwohnern, den Äoliern – so wurden die griechischen Siedler im Nordwesten Kleinasiens bezeichnet –, in den Besitz der Ionier aus Kolophon übergegangen war, wurde die Stadt um 600 v. Chr. von dem lydischen König Alyattes zerstört; sie bestand dann noch irgendwie fort, bis auf Initiative Alexanders d. Gr. ungefähr 8 km entfernt südlich von der Bucht auf dem Berg Pagus die Neugründung vorgenommen wurde. Das neue Smyrna entwickelte sich in der hellenistischen Zeit zu einer blühenden Stadt und war auch unter den Römern sehr wohlhabend; sein ausgezeichneter, von Verschlammungserscheinungen verschont gebliebener Hafen (der Lauf des Hermus wurde 1886 vorsichtshalber umdirigiert) war mit ein Grund dafür, daß Smyrna (jetzt Izmir) – im Gegensatz zu vielen anderen griechischen Städten Kleinasiens – auch heute noch Bedeutung hat. Die Erforschung Alt-Smyrnas, der typischen frühen Kolonie, wurde ab 1948 betrieben. Die Ausgrabungen haben den Grundplan der älteren Stadt, die Fundamente eines Tempels aus dem 7. Jahrhundert v. Chr. und ebenfalls den gewaltigen, von Alyattes errichteten Belagerungswall ans Tageslicht gebracht. Es ist erstaunlich, daß eine so kleine Gemeinschaft, wie sie das alte Smyrna darstellte, mit einer Gesamtbevölkerungszahl von 5000 dazu in der Lage war, Alyattes spürbar Widerstand zu leisten. Der Großteil der Funde aus Alt-Smyrna ist in einem der beiden Museen von Izmir untergebracht.

Cadoux, C.J.: *Ancient Smyrna.* Oxford 1938
Cook, J.M. *Annual of the British School of Athens* (London), LIII–LIV, 1958–59, S. 1–34, Alt-Smyrna

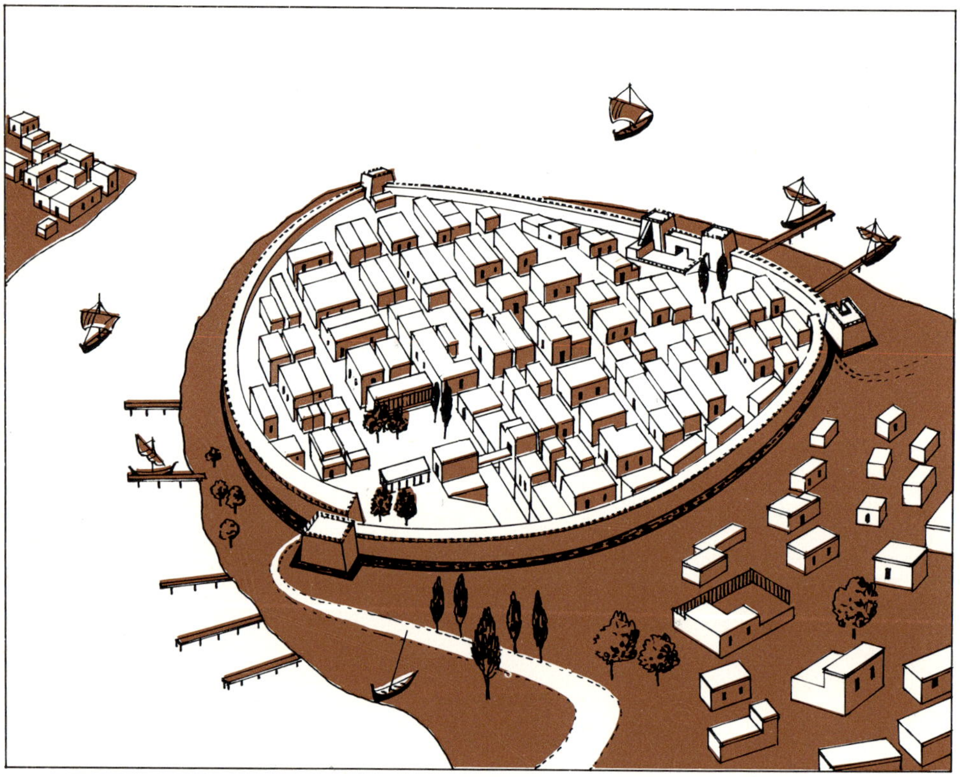

Nordostansicht des alten Smyrna im späten 7. Jahrhundert v. Chr., eine Rekonstruktion mit Hilfe der Phantasie

2 Milet und Didyma

Türkei

Milet wurde ungefähr im gleichen Zeitraum wie SMYRNA gegründet und lag an einem Ort, den die Griechen in der Bronzezeit bereits besetzt hatten. Im Gegensatz zu Smyrna widerstand es dem Druck der Lydier und entwickelte sich im 6. Jahrhundert v. Chr. zur wichtigsten griechischen Stadt in Kleinasien. Bereits im 7. Jahrhundert v. Chr. war die Bevölkerung groß genug, um zahlreiche Kolonien vor allem am Marmara- und am Schwarzen Meer zu gründen (darunter insbesondere ISTROS und OLBIA). Archäologen haben herausgefunden, daß die archaische Siedlung des 7. und 6. Jahrhunderts v. Chr. sich bereits von der nördlichsten Stelle der Häfen im Westen des Vorgebirges (Löwenbucht), über den Bezirk des Theaters und des Athene-Tempels und nach Süden hin auf dem Kalabak Tepe erstreckte. Im gleichen Zeitraum hatte Milet die Kontrolle über ein ausgedehntes Gebiet auf dem Festland und über eine Anzahl küstennaher Inseln, wie z. B. Leros und Patmos. Der sich ergebende Wohlstand förderte die Herausbildung einer ehrgeizigen Oberschicht: Milet wurde in der archaischen Zeit von zwei Tyrannen regiert und erlebte eine Differenzierung zwischen reich und arm. Gleichzeitig aber brachte es kulturell bedeutende Menschen hervor, wie die Philosophen Thales, Anaximander und Anaximenes. In der gleichen Blütezeit herrschte eine rege Bautätigkeit, und das Kultzentrum von Didyma entstand.

Zweifelsohne war König Kyros von Persien von der Stärke Milets beeindruckt und akzeptierte seine Öffnung nach außen; er ließ der Stadt ihren »freien« Status, den sie bereits unter Lydien gehabt hatte. Sicherlich war ihre Stärke ausschlaggebend dafür, daß Milet den griechischen Aufstand gegen die Perser in den Jahren 499 bis 494 v. Chr. anführte, der mit der Eroberung und Plünderung der Stadt sein Ende nahm. Vor diesem Ereignis lebten dort wahrscheinlich rund 60 000 Menschen. Milet überlebte die Plünderung; ein Gebäude, das vermutlich als *prytaneum* gedient hatte, war vor und nach 494 in steter Benutzung. Die ganze Stadt wurde mit einem rechtwinkeligen Straßensystem nach einer Idee des Hippodamos von Milet, der wahrscheinlich das im früheren Plan enthaltene Grundprinzip logisch umzusetzen verstand, wiederaufgebaut. Die ersten Abschnitte vieler Handelsgebäude im Bereich der Löwenbucht und der nördlichen Agora sowie das dem Apoll geweihte Delphinium sind in die Klassik einzuordnen; der Tempel der Athene stammt aus der gleichen Epoche und wurde im 5. Jahrhundert v. Chr. errichtet. Milet hatte immer noch so viel Macht, daß es als Untertan für das nach der Niederlage Persiens entstandene athenische Imperium unregierbar war. Im 4. Jahrhundert wurde der erste Bau des Theaters in Angriff genommen, der in der hellenistischen und römischen Zeit modifiziert wurde; es stellt heute noch das eindrucksvollste Monument Milets dar und kann als schönstes Theater im kleinasiatischen Raum bezeichnet werden.

Didyma, das 15 km südlich von Milet zu finden ist, war ein vorgriechisches Kultzentrum, das, solange es bekannt ist, zu Milet gehörte. Als Orakelstätte, die von König Krösus von Lydien wie Delphi behandelt wurde, besaß Didyma

Plan von Milet

Links oben: Das Theater von Milet. Links unten: Fragment eines Frieses, Milet. Linke Seite, rechts unten: Friesfragment aus Didyma, Darstellung eines Medusenhauptes

Unten: Tempel des Apollo in Didyma
Unten links: Plan von Didyma

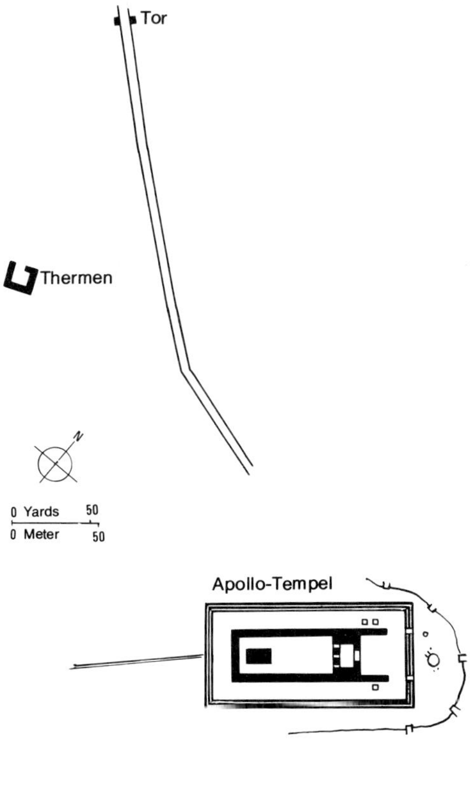

um 700 ein heiliges Gebäude, in dessen Mitte sich wahrscheinlich schon ein *naiskos* (kleiner Schrein) für den Gott Apollo befand. Im 7. Jahrhundert kam eine Kolonnade als Ergänzung hinzu, und das Heiligtum wurde neu hergerichtet; das *naiskos* wurde im 6. Jahrhundert entweder gebaut oder umgebaut. Die Kultstätte wurde 494 v. Chr. vernichtet, und das Priestergeschlecht der Branchiden wurde verbannt. Im Gegensatz zu Milet selbst lag das Heiligtum bis zur hellenistischen Zeit völlig brach. Der Bau, der heute noch erkennbar ist, wurde im wesentlichen zur Zeit des Königs Seleukos I. begonnen. Es ist sowohl der Schirmherrschaft anderer hellenistischer Monarchen als auch dem Einsatz der Bürger selbst zu verdanken, daß er in römischer Zeit vollendet wurde. Ab 200 v. Chr. wurden als Konkurrenz zu den großen Spielen in Griechenland die sogenannten Didymeia-Spiele abgehalten.

In der Zwischenzeit war die Stadt Milet, wie unzählige andere griechische Städte auch in der hellenistischen Zeit, Nutznießer königlicher Schutzherrschaft geworden. Die *stoa* in der Südagora ist höchstwahrscheinlich Antiochos I., dem Sohn Seleukos' I., zu verdanken. Nach den hellenistischen Monarchen erwiesen sich die römischen Kaiser und wohlhabende Bürger Roms als Förderer der Stadt. Der große Nordeingang der Südagora, der in den Staatlichen Museen von Berlin wiederaufgebaut worden ist, stammt aus dem 2. Jahrhundert v. Chr. Viele der bedeutsamsten Fundstücke aus Milet und Didyma befinden sich neben dem Nordtor der Südagora ebenfalls in den Staatlichen Museen von Berlin; außerdem gibt es auch ein Museum in Milet selbst.

Kleiner, G.: *Die Ruinen von Milet.* Berlin 1968
Knackfuss, H.: *Didyma I.* Berlin 1941
Rehm, A.: *Didyma II,* Berlin 1958
Tuchelt, K.: *Vorarbeiten zu einer Topographie von Didyma.* Tübingen 1973

3 Xanthus und das Leto-Heiligtum

Türkei

An der Südwestküste Kleinasiens zwischen Telmessus und Limyra und im Bereich des Xanthos- und des Kasaba-Tales lebten mindestens seit dem 6. Jahrhundert v. Chr. die Lykier, die Nichtgriechen waren – sie stammten wahrscheinlich von den Hethitern ab – und ihre eigene Sprache und Schrift besaßen; wie die charakteristischen Merkmale der Grabbauten vermuten lassen, hatten sie auch einen eigenen Baustil entwickelt. Ihre Kunst war jedoch dem Wesen nach griechisch, und die lykischen Herrscher ließen ihre Münzen ebenfalls nach griechischen Vorlagen prägen. Die wichtigste Stadt Lykiens war Xanthus (heute Günük) mit dem dem Apoll geweihten Bun-

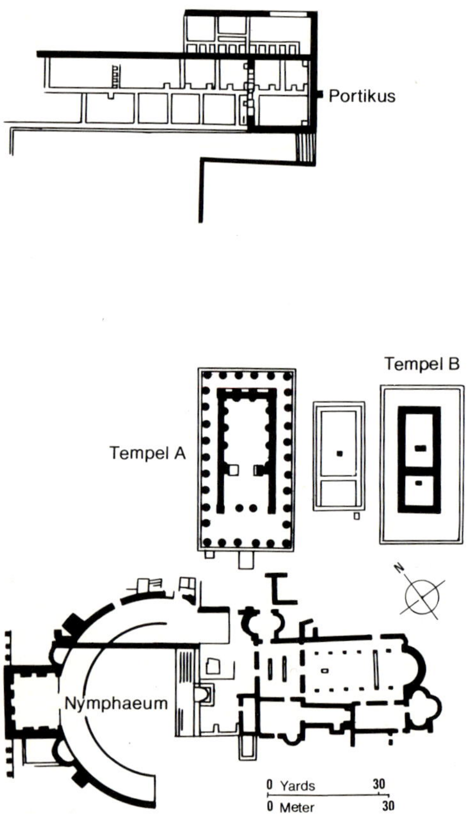

Links: Grundriß des Leto-Heiligtums. Rechts: Plan von Xanthus

desheiligtum der Leto, das 10 km von der Stadt entfernt am anderen Ufer des Flusses Xanthus lag. Seine Heiligkeit rettete die Stadt vor der Zerstörung durch Mithridates während seiner Invasion in die römische Provinz Asia im Jahre 88 v. Chr. Die Stadt war im 6. Jahrhundert v. Chr. theoretisch Persien verpflichtet und blieb im 5. Jahrhundert von Athen unabhängig. Zweifellos verdankte sie ihre Wohlhabenheit und ihre Macht der fruchtbaren Ebene, die sich unterhalb der Stadt ausdehnte. Nachdem die Stadt von Brutus und Cassius, die Geld benötigten, im Jahre 42 v. Chr. geplündert worden war, erholte sie sich wieder und erlebte unter den Römern erneut eine bescheidene Blüte; ein Teil der Gebäude entstand damals unter der Schutzherrschaft der Kaiser. Wenn man sich der lykischen Akropolis von Norden her nähert, entdeckt man neben der späteren *agora* und dem Theater die sogenannte Inschriftensäule, ein dynastisches Monument aus der Zeit der Peloponnesischen Kriege, auf der neben der lykischen Inschrift auch eine Kurzfassung in Griechisch festgehalten ist. Dort steht ebenfalls das sogenannte Harpyien-Denkmal, das Grab einer Dynastie aus dem frühen 6. Jahrhundert v. Chr. Die Skulpturen des Harpyien-Denkmals befinden sich alle im Britischen Museum in London, mit Ausnahme des Fragments eines Kopfes, das nach Istanbul gebracht wurde. Auf drei Seiten sind die männlichen Mitglieder des Herrscherhauses zu sehen, auf der vierten Seite eine von Sirenen (keine Harpyien) eingerahmte Frau; die Sirenen führen die Seelen der Toten weg. Unterhalb der lykischen Akropolis steht das Nereiden-Denkmal, dessen Skulpturen ebenfalls dem Britischen Museum in London einverleibt worden sind. Es geht auf das Ende des 5. Jahrhunderts v. Chr. zurück und zeigt einen vollendeteren griechischen Stil als das Harpyien-Monument.

In dem Leto-Heiligtum gab es neben einem Theater zwei Tempel: den Tempel B, ein dorisches Bauwerk aus dem 2. Jahrhundert v. Chr., das wahrscheinlich dem Apoll und der Artemis geweiht war, und den Tempel A im ionischen Stil, der wahrscheinlich früher entstanden und der Leto zugeschrieben worden ist. Zwischen beiden lag ein Gebäude aus dem 4. Jahrhundert v. Chr., dessen Bestimmung unbekannt ist. Nach Süden hin war ein *nymphaeum* zu finden, das unter Hadrian errichtet worden war, im Norden ein Portikus, der Ele-

Oben: Das Harpyien-Monument, jetzt im Britischen Museum in London

mente hellenistischer und römischer Bauweise aufweist und auf Fundamenten aus lykischer Zeit aufgebaut wurde. Erst in jüngster Zeit konnte die interessante Entdeckung einer dreisprachigen Steleninschrift in Lykisch, Aramäisch und Griechisch ausgemacht werden, die auf die Zeitspanne zwischen 341 und 334 zurückgeht und von dem persischen Satrapen Pixodarus berichtet.

Demargne, P., und Metzger, H.: ›Xanthus‹ in *Paulys Realencyclopädie der klassischen Altertumswissenschaft.* Bd. IXA, Stuttgart 1967, Spalten 1375–1408

Kjeldsen, K., und Zahle, J., in: *Archäologischer Anzeiger* (Berlin) 1975, S. 312–350. Über die Grenzen Lykiens

Marcadé J., in: *Revue des études anciennes.* Bordeaux 1964. Taf. III. Über das Fragment eines Kopfes in Istanbul

Metzger, H., in: *Revue archéologique.* Paris 1974, S. 313–340. Ausgrabungsbericht vom Leto-Heiligtum mit älterer Bibliographie

4 Pergamon

Türkei

Während seiner Siegeszüge zwischen 334 und seinem Tode im Jahre 323 v. Chr. unterwarf Alexander der Große Kleinasien, die Levante, Ägypten und andere, noch weiter östlich liegende Gebiete der griechisch-makedonischen Herrschaft, die von den Diadochenkönigen Ptolemäus I. in Ägypten, Seleukos I. in der Levante und ihren Nachfolgern einzeln fortgeführt wurde. Der Westen Kleinasiens, um den anfangs Ptolemäer und Seleukiden sowie andere, weniger dauerhafte Dynastien gekämpft hatten, fiel an ein neues, in Pergamon ansässiges Herrscherhaus. Pergamon selbst ist die besterhaltene Hauptstadt eines solchen Reiches und war vor der hellenistischen Zeit ein bedeutungsloser Ort. Ursprünglich wurde es für Lysimachos während seiner Oberherrschaft im westlichen Kleinasien unterhalten und dann von seinem Befehlshaber Philetairos als unabhängiger Stützpunkt gegründet, nachdem Lysimachos in einer Schlacht 281 v. Chr. getötet worden war und sein Schatz ebenfalls dem Philetairos zufiel. Dieser setzte seinen adoptierten Sohn Eumenes im Jahre 263 v. Chr., Eumenes wiederum seinen Sohn Attalos 241 v. Chr. als Nachfolger ein. Das Reich erlebte seinen höchsten Triumph im Jahre 230 v. Chr., als die angreifenden keltischen Stäm-

Rechts: Pergamon, Teil des wichtigsten Frieses des Zeus-Altars mit Kampfszenen zwischen Artemis und den Giganten

me, die seit 279 v. Chr. im Herzen Kleinasiens ansässig waren, von Pergamon besiegt wurden. Ab dem späten 3. Jahrhundert waren die Attaliden Verbündete Roms, dem sie 133 wahrscheinlich ihr Reich vermachten. Bis zu diesem Zeitpunkt hatten sie den Schatz des Lysimachos und die Reichtümer, die ihnen aus der Kriegsbeute und dem reichen, eroberten Gebiet zufielen, dafür angewendet, daß Pergamon verschönert, gebildete Menschen an den Hof geholt und zahlreiche griechische Städte mit neuen öffentlichen Gebäuden ausgestattet wurden.

Die Stadt liegt auf einem hohen, felsigen Hügel. An der höchsten Stelle befinden sich der Königspalast, Tempel, Bibliothek und Theater sowie der Zeus-Altar, dessen Entstehung dem Sieg über die keltischen Stämme zu verdanken ist und dessen Skulpturenschmuck den Kampf zwischen Göttern und Giganten als Symbol für den Sieg der Attaliden über die Barbaren darstellt. Der Altar wurde in den Staatlichen

Oben: Ausschnitt aus dem Altarfries von Pergamon, Darstellung des Angriffs der Athene gegen die Giganten. Rechte Seite, oben: Der gesamte Altar. Rechts: Grundriß von Pergamon

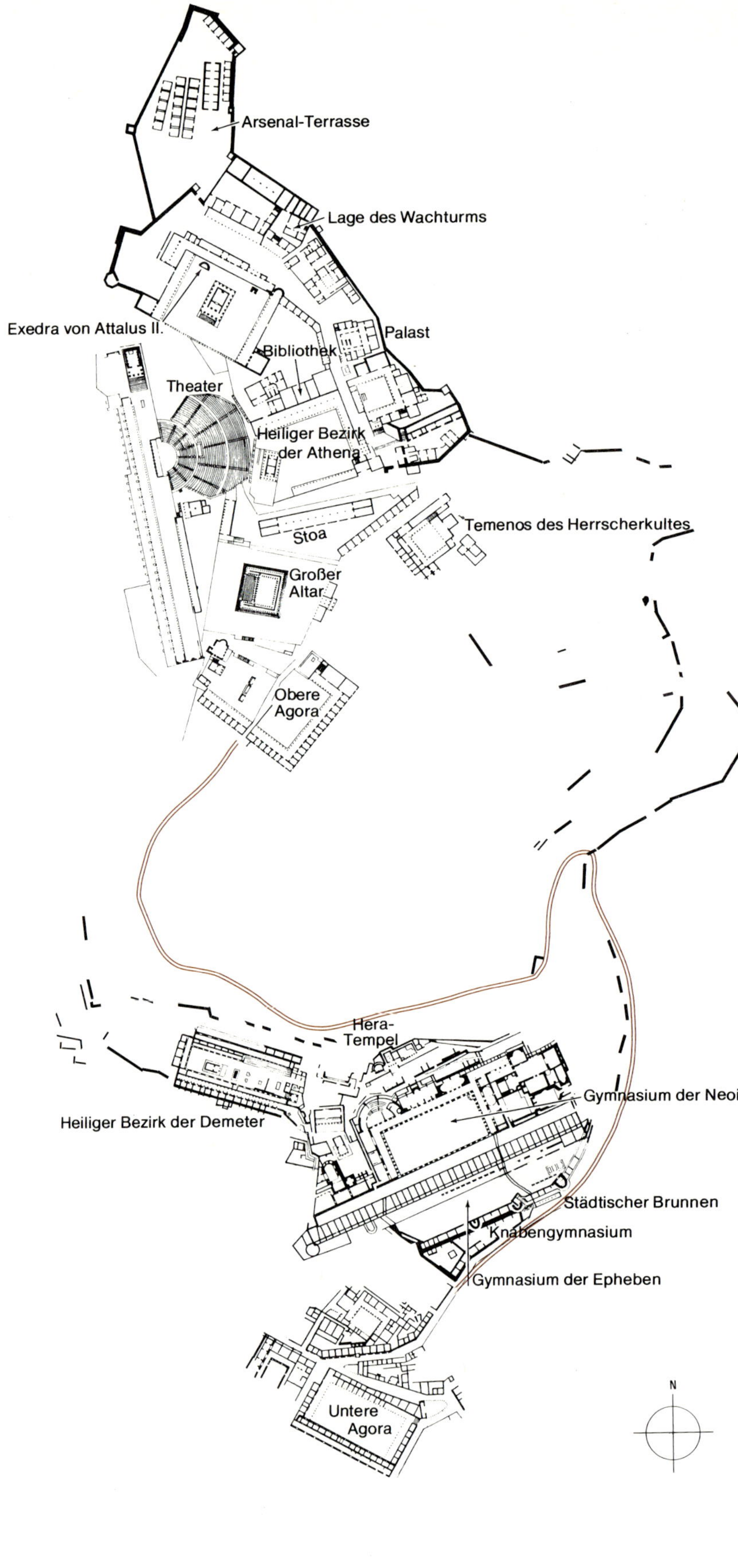

Museen in Berlin wiederaufgebaut. Etwas unterhalb des Hügels entstand das größte *gymnasium* (ca. 200 m×150 m) der griechischen Welt, das ursprünglich aus dem 2. Jahrhundert v. Chr. stammt. In ihm übten sich die Jugendlichen in Kriegsspielen, trieben Sport und wohnten dort Philosophie- und Rhetoriklesungen bei. In einer tiefer liegenden Ebene befand sich das Asklepios-Heiligtum, dessen heutige Überreste zum Großteil in der Kaiserzeit entstanden sind; in diesem Heiligtum gab es nebeneinander ein Zentrum für Wunderkuren und Beratungsräume für Ärzte, zu denen z. B. Galenos gehörte. Galenos begann seine Laufbahn als Gladiatorenarzt in seinem Geburtsort Pergamon und wurde später Leibarzt des Kaisers Mark Aurel in Rom, wo er die letzten Jahre seines Lebens verbrachte. Neben dem Material in den Staatlichen Museen von Berlin verfügt man in dem Museum der heutigen Stadt Bergama noch über eine reiche Sammlung an Fundstücken aus Pergamon, die immer größer wird.

Hansen, E.V.: *The Attalids of Pergamum.* 2. Aufl. Ithaca und London 1971 (mit älterer Bibliographie)

5 Priene Türkei

Priene lag ursprünglich weiter oberhalb von seinem heutigen Standort am Mäander (heute Büyük Menderes); man kennt allerdings nicht die genaue Stelle. Da sich die Küstenlinie veränderte, lag bereits in der römischen Zeit die neue Stadt nicht mehr in Meeresnähe. Ihre Bedeutung ließ deshalb in starkem Maße nach, so daß man nicht mehr in der Lage war, selbst neue Gebäude zu errichten oder Gönner anzuziehen. Es wurde deutlich, daß ihr früherer Reichtum nicht nur auf ihr landwirtschaftliches Gebiet zurückzuführen war, sondern auch auf die Ausfuhrmöglichkeiten für die eigenen und die aus dem Herzen Kleinasiens kommenden Erzeugnisse. Die Stadt bleibt ein Musterbeispiel für eine mittelgroße Stadt aus hellenistischer Zeit; ihre Gebäude stammen fast alle aus der gleichen Epoche. Priene ist mit großartigem Geschick an einer Stelle angelegt worden, wo der höchste Punkt 100 m über dem tiefsten liegt; wir finden in ihr alle für eine griechische Stadt charakteristischen Gebäude: einen Tempel für die Hauptgottheit

Rechts: Rekonstruktion von Priene mit der Südostansicht des Stadtkerns

der Stadt, Athene, und ein Theater; zwischen beiden Gebäuden stand das *bouleuterion* (Rathaus), im Süden die *agora* und noch weiter südlich das *gymnasium* und *Stadion*. In ihrem Umkreis waren Häuser und Straßen in rechtwinkligem Netz angeordnet, das dem des Hippodamos in MILET vergleichbar war.

Schede, M.: *Die Ruinen von Priene*. 2. Aufl. von G. Kleiner und W. Kleiss. Berlin 1964

Unten: Plan von Priene. Gegenüber: Das bouleuterion *von Priene*

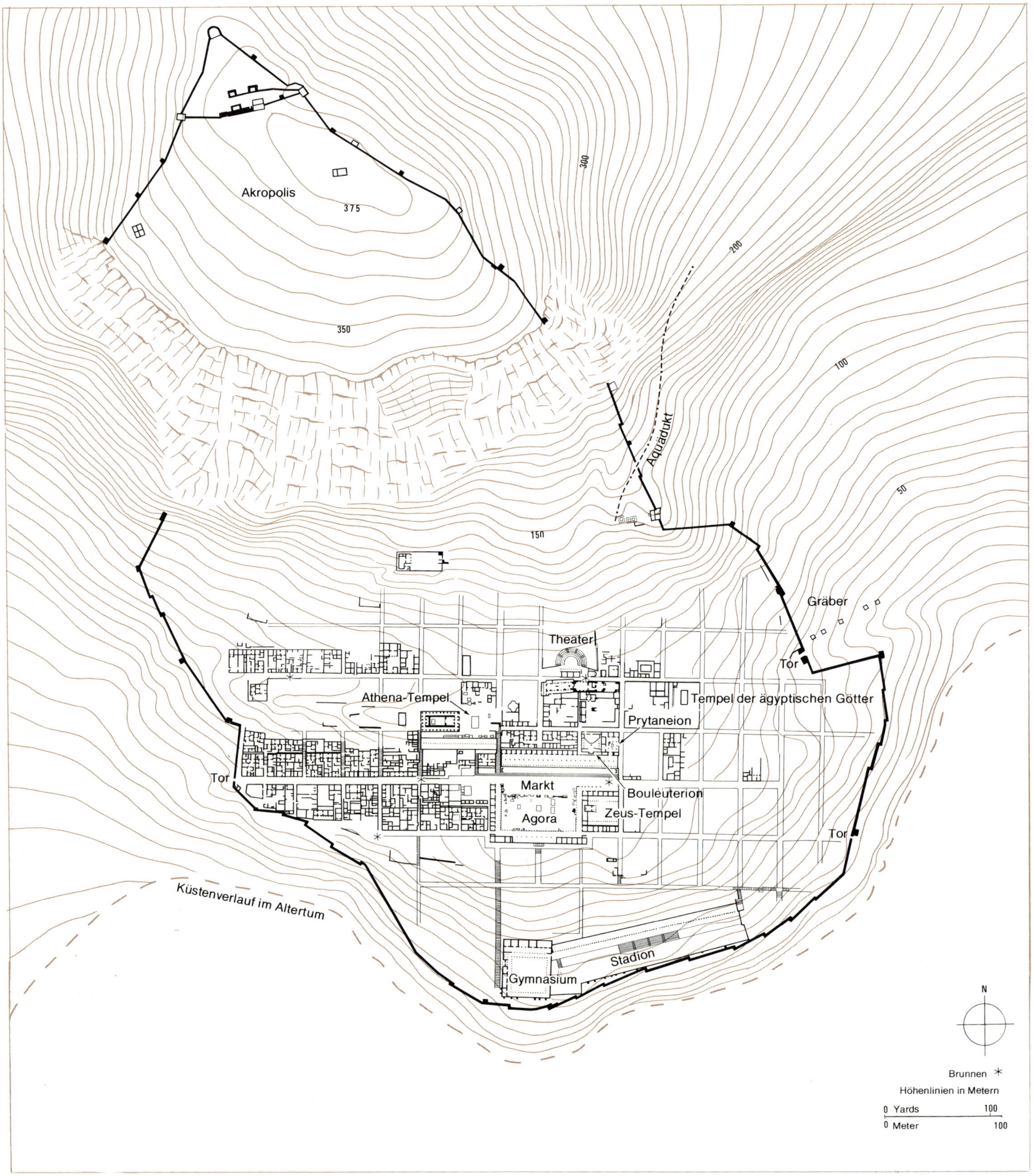

6 Nemrut Dağ **Türkei**

Das Königreich Kommagene erreichte 163 v. Chr. seine Unabhängigkeit von den Seleukiden und wurde von einem Herrscherhaus regiert, das halb griechischen, halb iranischen Ursprungs war. Die Unabhängigkeit konnte mit Ausnahme kurzer Unterbrechungen bis zum Jahre 72 n. Chr. aufrechterhalten werden, indem das gesamte Gebiet dem römischen Imperium eingegliedert wurde. Ein Enkel des letzten Königs, C. Iulius Antiochus Epiphanes Philopappus, zeigte sich als Gönner ATHENS und errichtete auf dem Museion-Hügel das nach ihm benannte Monument. Das wichtigste Denkmal des Herrscherhauses ist jedoch das großartige Königsgrab von Nemrut Dağ. Sein Erbauer war Antiochos I. Das Monument besteht aus einem Grab-Tumulus, auf dessen westlicher, nördlicher und östlicher Seite Vorhöfe angelegt worden sind. Der östliche Vorhof war mit Reliefdarstellungen der iranischen und griechischen Vorfahren des Antiochos versehen; dazu gehörte eine Will-

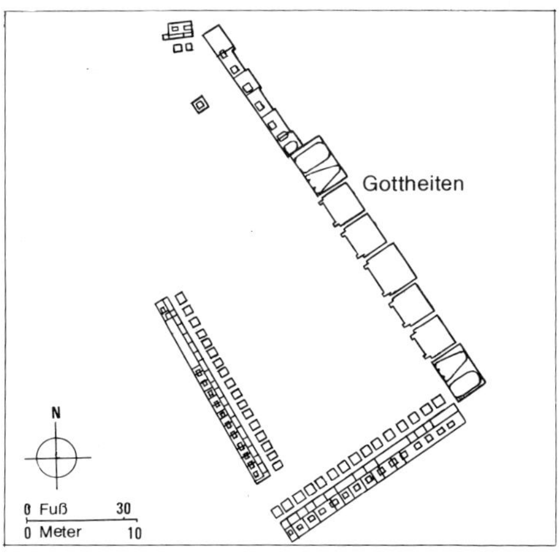

Grundriß des westlichen Hofraumes, Nemrut Dağ

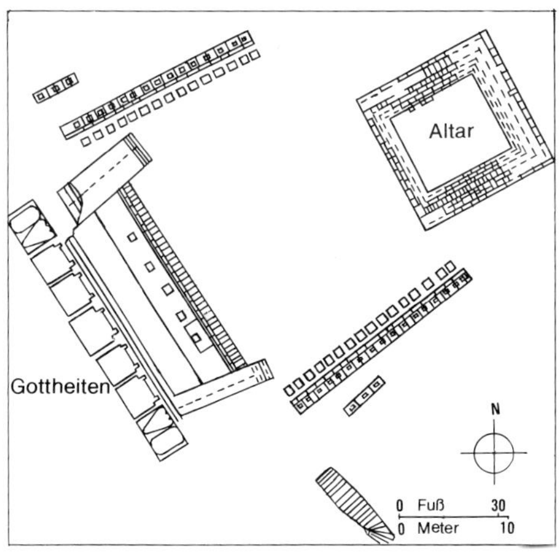

Grundriß des östlichen Hofraumes, Nemrut Dağ

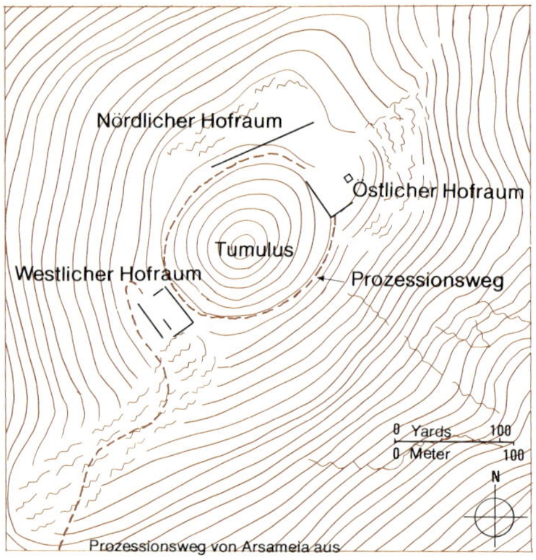

kommensszene zwischen Antiochos und den Göttern. Die Gottheiten, die auf die Terrassen hinunterschauen, sind synkretistische Darstellungen aus der griechischen und iranischen Mythologie; alle Skulpturen sind in einem Stil gearbeitet, der von den hellenistischen Skulpturen der Hauptstädte der griechischen Welt stark beeinflußt ist. Ähnliche Statuen und Reliefs zieren den westlichen Vorhof.

Antike Welt (Zürich) 1975. Sondernummer

Oben: Kopf der Fortuna auf der Westterrasse in Nemrut Dağ

Oben: Köpfe des Zeus-Oromasdes und des Apollo-Mithras (hinten) auf der Westterrasse

7 Aphrodisias

Türkei

Aphrodisias war die Stadt Kleinasiens, die als erste das Interesse römischer Aristokraten der späten Republik und des Zeitalters Augustus' an sich zog. Da die Stadt im Besitz eines Götteraltars war, der der Aphrodite-Venus zugeschrieben werden konnte, widmete Sulla, der sich als Schützling der Venus betrachtete, Aphrodisias seine Aufmerksamkeit, wie später auch Caesar, der von der Venus abzustammen glaubte, und dessen adoptierter Sohn, der als Kaiser Augustus in die Geschichte einging. Auf diese Weise hatte die Stadt innerhalb des Römischen Reiches eine besonders privilegierte Stellung und wurde in großem Maße gefördert. Aphrodisias besaß große Reichtümer und gute Marmorsteinbrüche, so daß es sich schnell zu einer Marmor-Stadt entwickelte und der Sitz einer blühenden Bildhauerschule wurde. Ein großer Aphrodite-Tempel, ein Theater, ein *Stadion* und ein *odeum* sind uns in einem bemerkenswert guten Zustand erhalten ge-

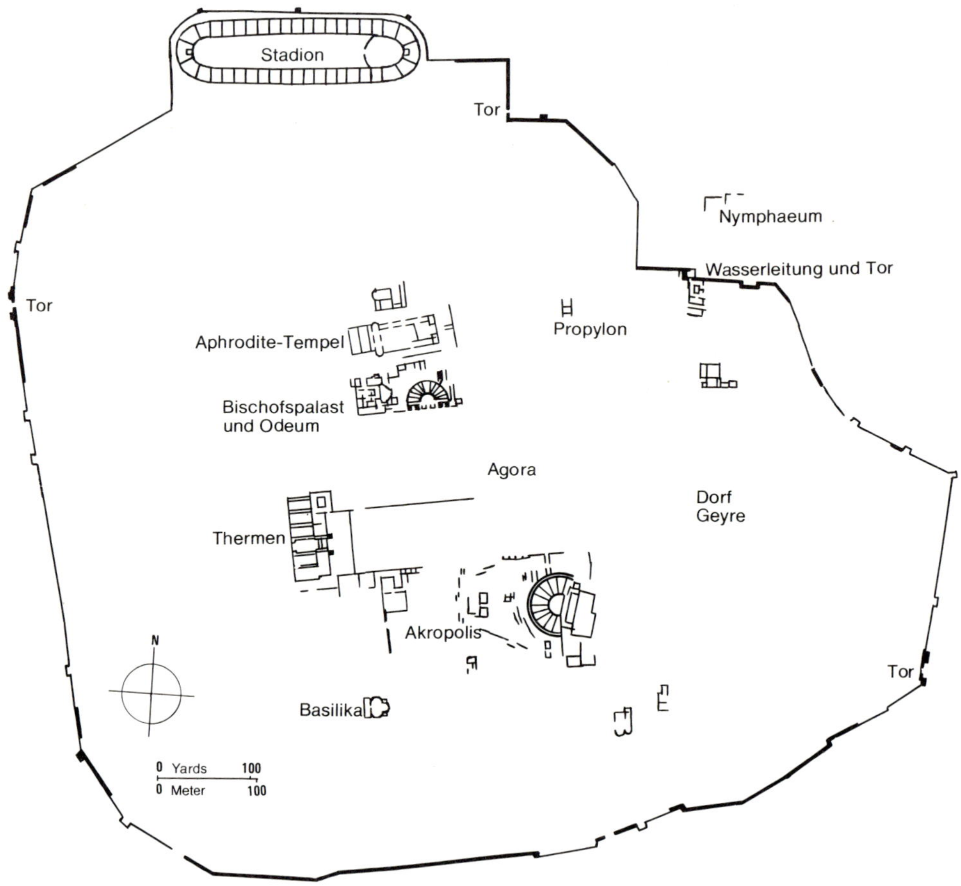

blieben, wie auch zahlreiche Skulpturenteile und Denkmäler mit Inschriften. Die Inschriften einer Mauer innerhalb des Theaterkomplexes zeigen ein Archiv von Dokumenten aus dem 3. Jahrhundert n. Chr., die Informationen über den damaligen Status der Stadt liefern. Die Stadt war auch in der frühen byzantinischen Zeit noch sehr wohlhabend und verlor erst nach den Kriegen im 7. Jahrhundert n. Chr. an Bedeutung. Karacasu entwickelte sich unter den Türken zur Hauptstadt des Tales, in dem Aphrodisias liegt. Die antike Stadt wurde von fast allen Einwohnern verlassen; heute steht an ihrer Stelle das kleine Dorf Geyre. Man nimmt an, daß der Name auf Caria, die antike Bezeichnung für den südwestlichen Teil Kleinasiens, zurückzuführen ist. Die meisten Fundstücke von Aphrodisias wurden in einem neuen Museum am Ort selbst untergebracht.

Über die laufenden Ausgrabungen berichtet der Ausgräber Professor K.T. Erim in: *Türk Arkeoloji Dergisi* (Ankara) (in englischer Sprache)

Aphrodisias. Ganz oben: Friesfragment, das heute im Museum von Izmir zu sehen ist. Darunter: Das Stadion

8 Ephesus

Türkei

Ephesus, eine frühe griechische Siedlung in Kleinasien, hatte das gleiche Schicksal wie die meisten anderen griechischen Städte, denn es ging von Lydien an Persien über, wurde dann von den Athenern beherrscht und kam anschließend an Persien zurück. Nach einer wechselvollen Zeit unter Alexander d. Gr. und seinen Nachfolgern wurde Ephesus 133 v. Chr. römisch und beherbergte die Residenz des römischen Statthalters der Provinz Asia (dem mittleren Westen Kleinasiens). Ursprünglich stand die Stadt auf dem Berg Pion, wurde dann aber auf Initiative von König Krösus nach Osten hin in die Ebene, von Lysimachos schließlich an den Ort verlegt, wo sich die römische Stadt entwickelte. Die durch den Zustrom der Römer bedingte Ausdehnung des Stadtkerns ist eine Erklärung für die auffallende Größe und den Reichtum der Stadt.
Das Artemisium oder auch Tempel der »Diana der Epheser« genannt, lag wie andere kleinasiatische Kultstätten außerhalb der Stadt in nordöstlicher Richtung; auf dem Platz wurden Ausgrabungen durchgeführt, man konnte jedoch nichts Sehenswertes freilegen. In der Stadt selbst findet man als eindrucksvollstes Gebäude die Bibliothek des Celsus, die als Andenken an C. Julius Celsus Polemaeanus, der von 106 bis 107 n. Chr. römischer Statthalter der Provinz Asia war, von dessen Sohn gestiftet worden war. Wenn man der Straße nach Nordosten folgt, stößt man auf den Hadriantempel, ein Brunnenhaus zu Ehren Trajans und auf einen von Domitian errichteten Tempel; das Theater liegt in entgegengesetzter Richtung. Ein großer Teil des frühen Ausgrabungsmaterials von Ephesus wurde in das Britische Museum in London und in das Kunsthistorische Museum in Wien gebracht; in der Nähe der Stätte gibt es heute ebenfalls ein Museum.

Keil, J.: *Führer durch Ephesos.* Wien 1964
Bammer, A.: *Die Architektur der jüngeren Artemision von Ephesos.* Wiesbaden 1972

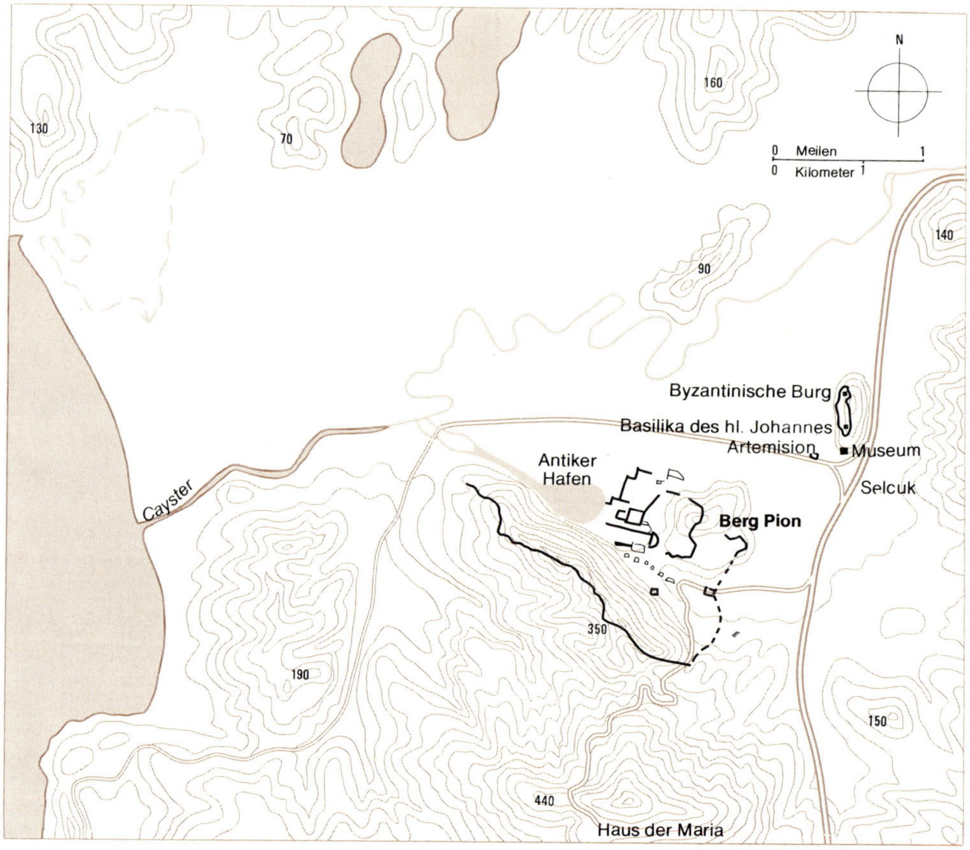

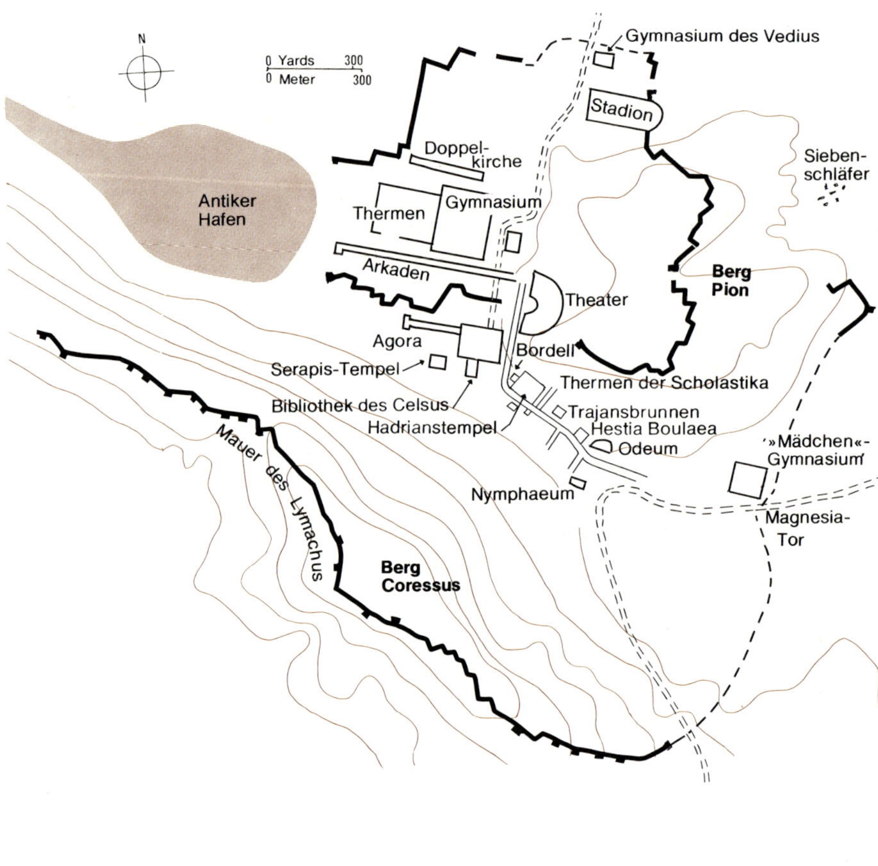

Ephesus. Oben rechts: Übersichtsplan. Rechts: Lageplan. Gegenüber: Die Bibliothek des Celsus während der Restaurationsarbeiten 1976 aufgenommen.

Ephesus. Der Hadrianstempel

9 Perge, Aspendus und Side

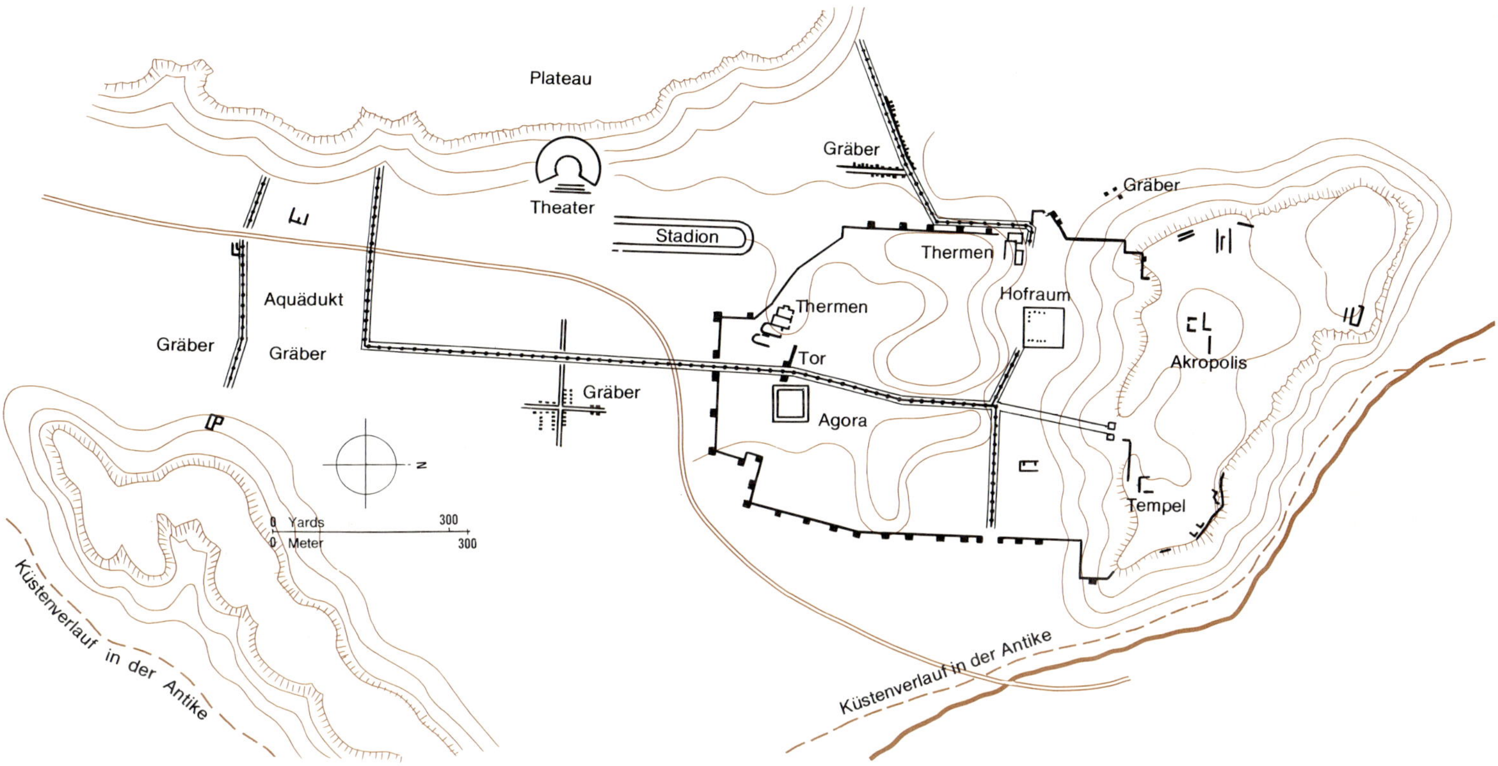

Die Überreste von Perge, Aspendus und Side sind heute die bekanntesten in der pamphylischen Ebene. Im Unterschied zu der Gründung der Attaliden, Attaleia (Antalya), waren sie seit dem Ende der Antike zum Großteil unbewohnt. Alle drei Städte sind höchstwahrscheinlich von ihren Ureinwohnern gegründet worden, die in der vorrömischen Zeit allmählich hellenisiert wurden. Über ihre Existenz vor der Zeit Alexanders d. Gr. ist nur wenig bekannt, und die meisten der Überreste stammen auch aus römischer Zeit. In Aspendus steht ein schönes Theater sowie ein gut erhaltener Aquädukt; Perge und Side können u. a. ebenfalls ein Theater aufweisen. Man hat festgestellt, daß in Aspendus Salz erzeugt worden ist; ansonsten beruhte die Wohlhabenheit der Städte wohl hauptsächlich auf der Landwirtschaft. Wenige Großgrundbesitzer fungierten dabei als Zwischenhändler. Interessanterweise sind die Vorfahren der Plancii, der einflußreichsten Familie in Perge, ursprünglich Römer gewesen, es muß sich dabei um römische Kaufleute gehandelt haben, die im letzten Jahrhundert der Republik nach Osten geströmt waren, um die neu erschlossenen Gebiete auszubeuten.

Bean, G.E. *Turkey's Southern Shore: An Archaeological Guide.* London und New York 1968
Mansel, A.M. und Akarca, A.: *Excavations and Researches at Perge.* Ankara 1949
Mansel, A.M.: *Die Ruinen von Side.* Berlin 1963

Oben: Plan von Perge. Rechts: Das Theater in Perge

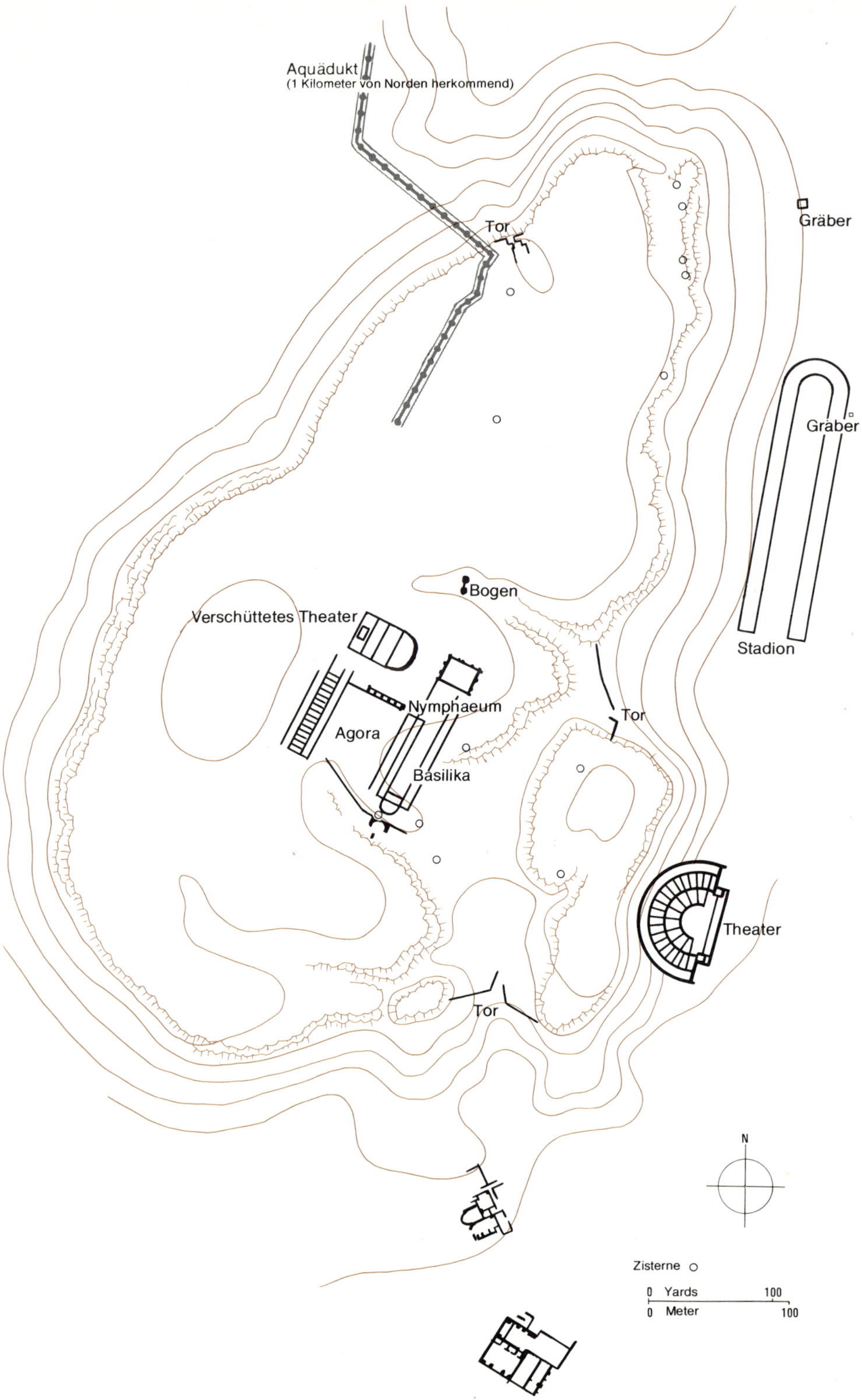

Oben links: Plan von Aspendus. Oben rechts: Friesfragment: Darstellung eines Medusenhauptes. Rechts unten: Maske aus dem Fries des Theaters in Side. Gegenüber oben: Hauptansicht von Side. Gegenüber darunter: Plan von Side

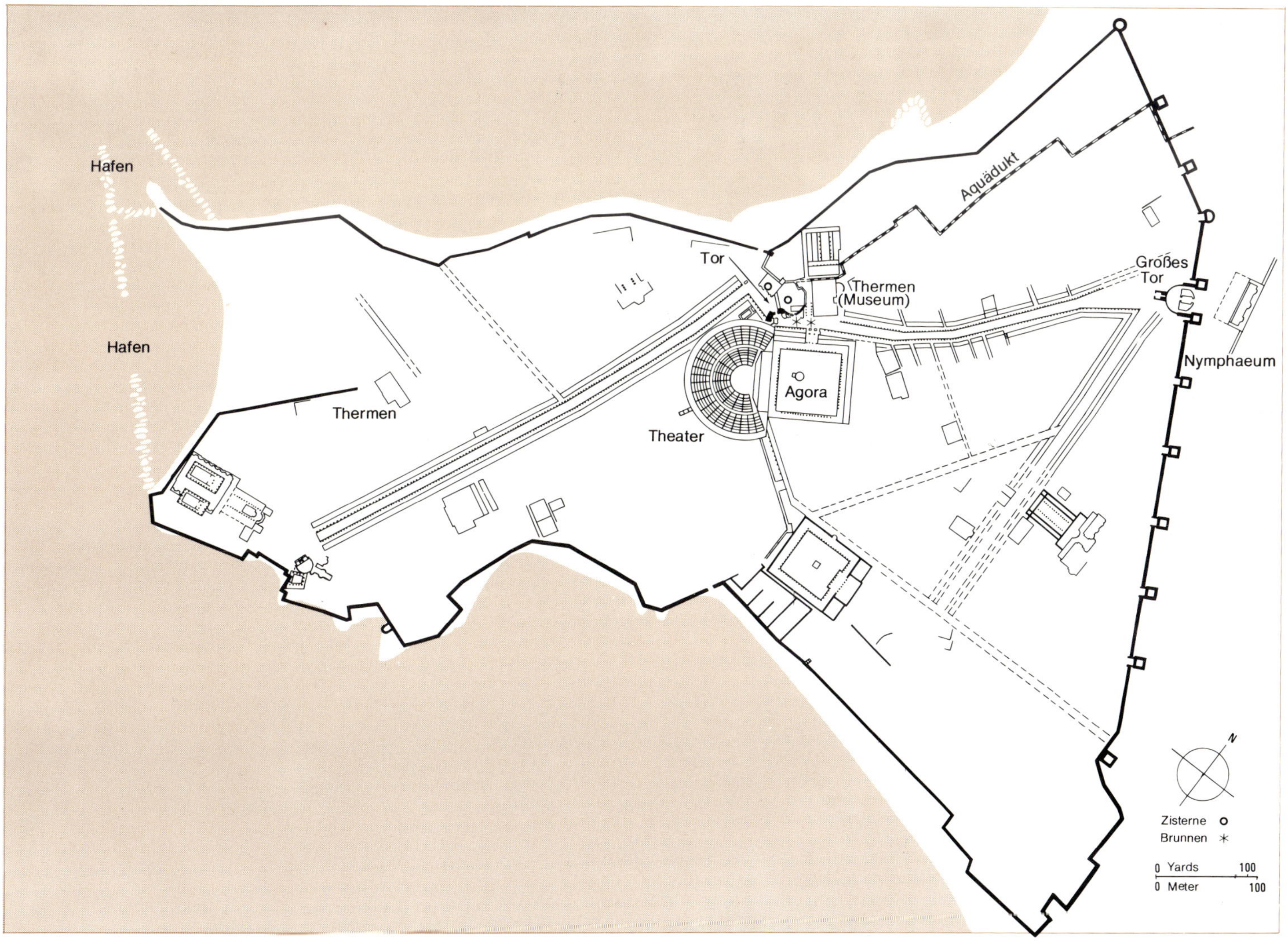

Hafen
Hafen
Thermen
Tor
Thermen
(Museum)
Aquädukt
Großes
Tor
Nymphaeum
Agora
Theater
Zisterne
Brunnen
0 Yards 100
0 Meter 100
N

10 Istanbul

Türkei

Byzantium war eine Gründung Megaras und entstand im 7. Jahrhundert v. Chr. Zur Überraschung antiker wie auch moderner Gelehrter wurde Byzantium erst später gegründet als Chalcedon, das auf der anderen Seite des Bosporus lag, obwohl es einen natürlichen Hafen besaß, der als Kontrollstützpunkt und Zollstelle für den Bosporus ideal geeignet zu sein schien. Vor der Zeit Alexanders d. Gr. war Byzantium nur selten frei und wurde im 3. Jahrhundert v. Chr. von den im Hinterland ansässigen Barbaren unterdrückt. Byzantium beging dann unter römischer Oberherrschaft im Jahre 193 n. Chr. den gravierenden Fehler, Pescennius Niger gegen den Kaiser Septimius Severus zu unterstützen, und wurde infolgedessen völlig zerstört und zu einem Dorf degradiert, so daß es nur noch minimalen Einfluß hatte. In der Zeit danach gewann das Bosporus-Gebiet im 3. Jahrhundert n. Chr. als Kommunikationszentrum innerhalb des stark bedrohten römischen Imperiums zunehmend an Bedeutung. Heracleia Thracica, Cyzicus und Nicomedia waren während der Regierungszeit Diokletians, der ziemlich oft in Nicomedia weilte, kaiserliche Münzstätten. Als Konstantin im Jahre 324 seinen letzten Rivalen Licinius bei Adrianopel und Chrysopolis (letzteres lag gegenüber Byzantium am anderen Bosporusufer) ausgeschaltet hatte, entschloß er sich zur Neugründung von Byzanz unter dem Namen Konstantinopel (das heißt die Stadt Konstantins), das eine neue christliche Hauptstadt seines Reiches, ein neues Rom werden sollte. Die Lage und der Hafen von Byzanz trugen dazu bei, daß Konstantinopel eine der bedeutendsten Städte Europas im Mittelalter wurde; außerdem war es rund 1600 Jahre lang Hauptstadt, zuerst des Byzantinischen Reiches (bis 1453), und dann als Istanbul des Osmanischen Reiches; Ankara wurde erst 1923 zur Hauptstadt der Türkei erklärt.

Beck, H.-G. (Hrsg.): *Studien zur Frühgeschichte Konstantinopels.* München 1973

Dagron, G.: *Naissance d' une capitale.* Paris 1974

Wachmeier, G.: *Istanbul,* Zürich und München 1977

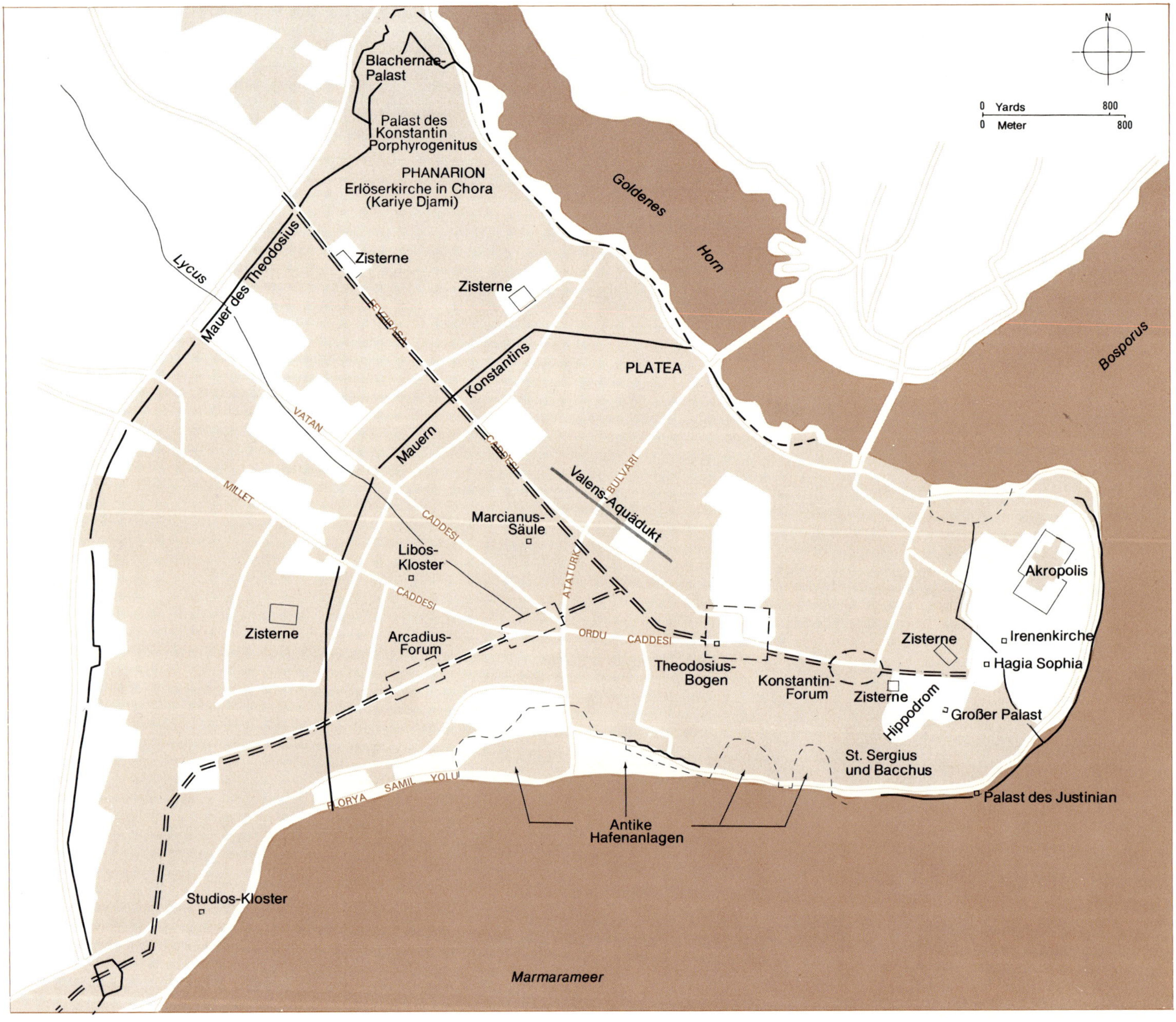

Alexanderzug. Im Jahre 334 v. Chr. überquerten Alexander d. Gr. und sein Heer das Ägäische Meer und erreichten Kleinasien. Er starb in Babylon am 10. oder 11. Juli 323. Die folgenden Daten geben Aufschluß darüber, wie schnell der elf Jahre dauernde Feldzug durchgeführt wurde: Schlacht bei Issos, Ende des Jahres 333, Eroberung von Tyros nach einer Belagerungszeit im Juli 332. Besuch des Ammonorakels in Siwa Anfang 331. Besetzung von Persepolis 330. Überschreitung des Hindukusch Anfang 329. Zug nach Indien 327–325.

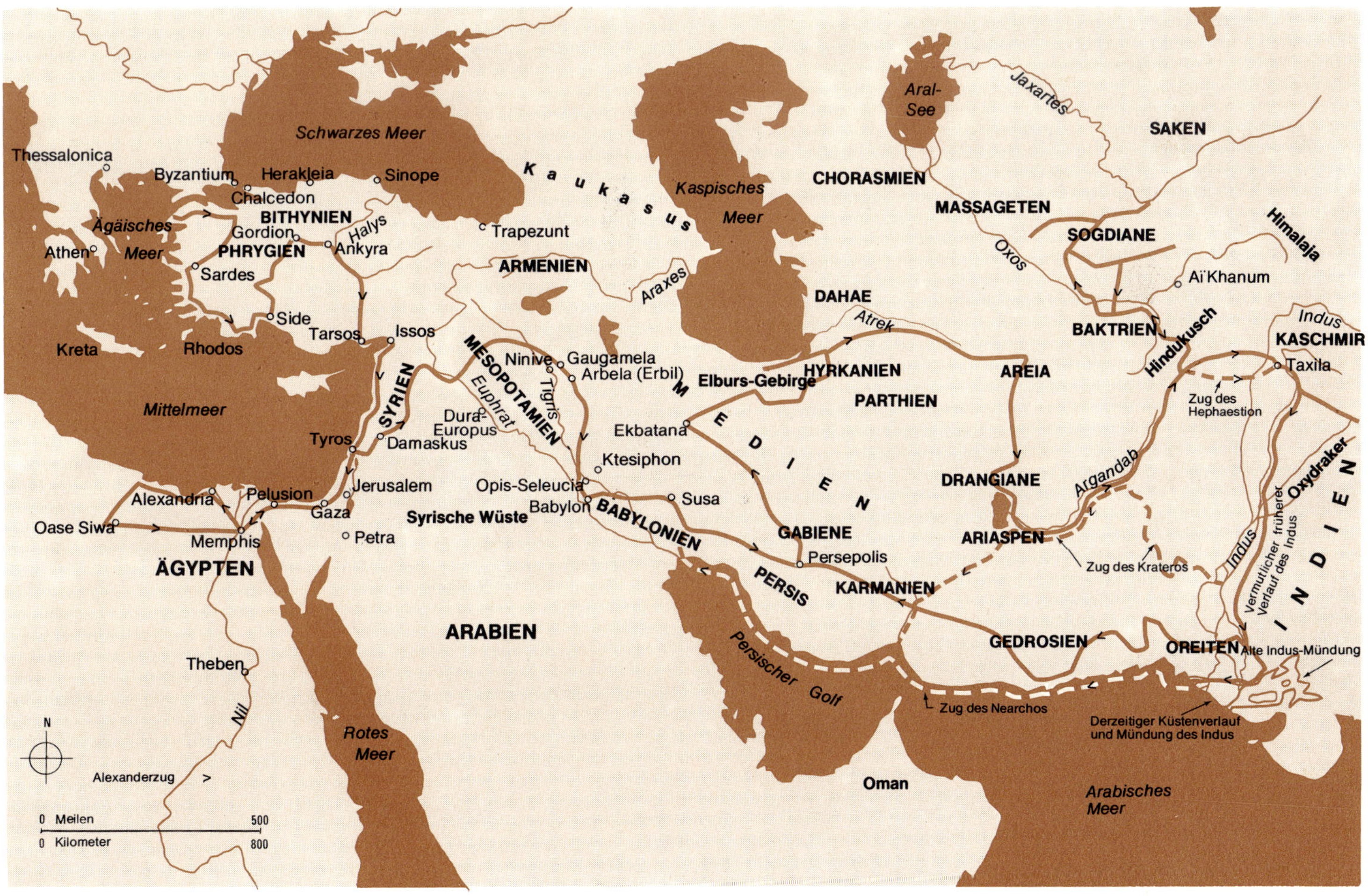

Syrien-Palästina

Parallel zur östlichen Küstenlinie des Mittelmeeres, nicht weit im Landesinnern, verläuft in nordsüdlicher Richtung eine große Ebene, die im Norden von dem Fluß Orontes und weiter im Süden von dem Jordan durchzogen wird. Diese Tiefebene wird an jeder Seite von Gebirgsketten eingerahmt, die das fruchtbare Tal schützend abschirmen und eine natürliche Schranke für diejenigen darstellen, die nach Osten der Wüste zu oder, was noch wichtiger ist, von der Wüste in Richtung Meer reisen wollen. Im Süden des Toten Meeres, in das der Jordan mündet, bildet das breite Wadi 'Araba eine Fortsetzung der Tiefebene im Landesinnern, die bei der antiken Stadt Aelana an der Spitze des Golfs von Akaba ihr Ende findet. Von dem Wadi 'Araba aus nach Westen zu stößt man auf die drohende Wildnis der Wüste Negev, die bis zur Halbinsel Sinai und zur nordafrikanischen Wüste reicht. Im Osten trifft man die öde Landschaft der Hisma in Jordanien an, deren Schlammebenen und Sandsteinhügel noch im Nordwesten Saudi-Arabiens zu finden sind.

Außerhalb der gut bewässerten Täler des Orontes und des Jordans hängt die Landwirtschaft von den Frühjahrs- und Winterregen ab. Der Küstenstreifen nördlich der Negev-Wüste ist dabei immer am meisten begehrt worden, da hier mehr Niederschlag fällt und ein direkter Zugang zum Meer besteht; deshalb wurde er unter nicht weniger als vier Nationen aufgeteilt: die Türkei, Syrien, Libanon und Israel. Im Landesinnern, auf der anderen Seite der Gebirgskette, findet man einen schmalen Streifen Ackerland. Auf der gewaltigen Hochebene nördlich der Hisma erstrecken sich vier große Flußbette, die Wadis des Yarmuk, Zerqa, Mujib und Hesa, in östlicher Richtung von der Tiefebene im Landesinnern; diese führen immer Wasser. An das Ackerland schließen gleich Steppen- und Wüstengebiete an, in denen die Nomaden ihre Schafherden halten. Die am Wüstenrand, in Städten und von der Landwirtschaft lebenden, seßhafen Völker hatten und haben immer noch ein problematisches Verhältnis zu den Nomaden. In der Antike wurde diese Beziehung, wie auch heutzutage noch, dadurch erschwert, daß das Wüstengebiet sich nicht nur im Osten der Stadt ausdehnt, sondern auch nach Süden hin bis zur Sinai-Halbinsel. So ist es nicht verwunderlich, daß es die seßhafen Völker Palästinas aus verkehrstechnischen und Sicherheitsgründen für zweckmäßig erachteten, in der Negev Städte zu gründen, und zu diesem Zwecke einige bemerkenswert hochentwickelte Bewässerungsanlagen verwirklichten.

Das Gebiet von Syrien und Palästina war in der Antike lebenswichtig für den Handel mit

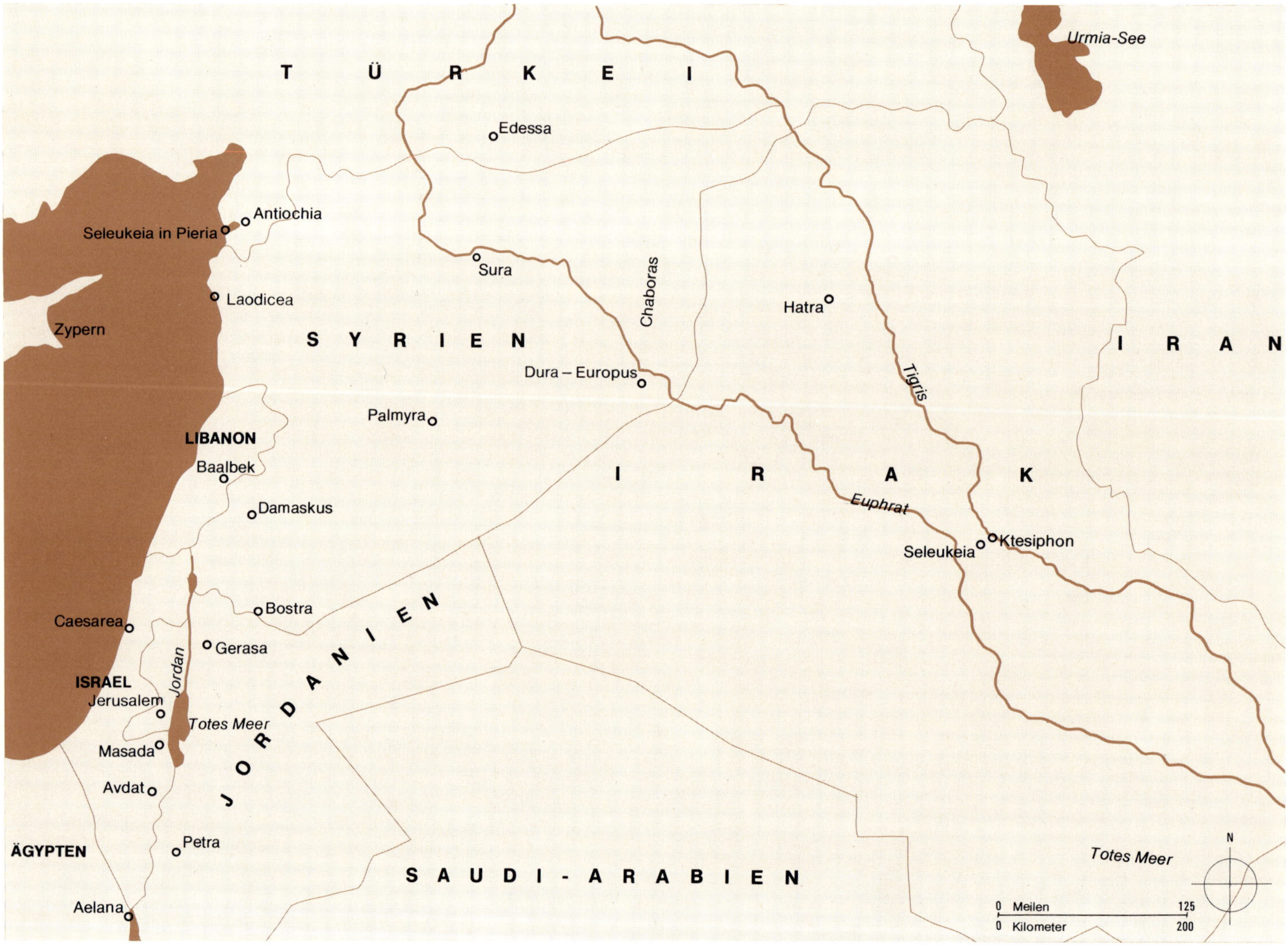

Gewürzen aus Indien, Seide aus China und Duftstoffen aus Südarabien. Diese Güter waren für Handelszentren an der Mittelmeerküste bestimmt, und ihr Transport erfolgte zum größten Teil mit Hilfe der Wüstenkarawanen und -händler. Eine wichtige Handelsroute verlief von Südwestarabien nach PETRA im Norden und von dort aus nach Westen zu den Umschlagplätzen am Mittelmeer. Von Petra aus konnte ein Reisender ebensogut gen Norden über die Königsstraße nach Damaskus ziehen. Eine andere Handelsstraße führte nordwestlich am Euphrat vorbei; auf ihr wurden Waren vom Persischen Golf durch die Syrische Wüste transportiert, wobei der Weg über die große Oase von PALMYRA führte. Noch weiter im Norden gab es für die Beförderung chinesischer Seide, die auf dem Landweg aus Asien geholt und an die Mittelmeerküste gebracht wurde, noch andere Routen. Die im 1. Jahrhundert n. Chr. gemachte Entdeckung, daß die regelmäßig auftretenden Monsunwinde für den Transport über das Meer ausgenützt werden konnten, und die anschließende konsequente Förderung des Schiffsverkehrs nach Ägypten führten dazu, daß die Benutzung des Landweges durch Petra stark zurückging; gleichzeitig ergaben sich dadurch für die Wüstenhändler im Norden (in Palmyra und anderswo) Möglichkeiten zur Ausweitung ihrer Geschäfte.

Das Verständnis der antiken Städte in Syrien und Palästina setzt voraus, daß man die Bedeutung des Einfalls Alexanders d. Gr. in dieses Gebiet im späten 4. Jahrhundert v. Chr. richtig einschätzt. Obwohl die griechische Kultur schon vor Alexander d. Gr. im Nahen Osten bekannt war, bildeten erst die von seinen Nachfolgern aus seinem Imperium geschaffenen Königreiche die entscheidende Grundlage für die Hellenisierung. Zwei Generäle Alexanders, Seleukos und Ptolemäus, machten sich Syrien und Ägypten zu eigen. Im 3. Jahrhundert v. Chr. beherrschten die Ptolemäer außerdem noch den westlichen Teil Palästinas, der jedoch Anfang des folgenden Jahrhunderts an die Seleukiden überging, die bis zu ihrer Verjagung durch die Römer unter Pompeius dem Gr. die einzige griechische Autorität in Syrien und Palästina waren. Die Seleukiden erwiesen sich von Anfang an als Liebhaber städtischer Siedlungen und gründeten derer viele in ihrem riesigen Königreich, das ursprünglich bis zum heutigen Afghanistan reichte. Die Neugründung der Stadt ANTIOCHIA, die ihren Namen von dem gleichnamigen ersten Seleukiden-König erhielt, wurde an einem sorgfältig ausgewählten Platz vorgenommen, der zu den Hafenstädten Seleukeia und Laodikeia Verbindung hatte. GERASA, jenseits des Jordans gelegen, war ebenfalls eine Niederlassung der Seleukiden. Während die Könige die Organisation und Vergrößerung ihres Reiches vorantrieben, siedelte sich an dem Ostufer des Jordans und am Rand der Negev-Wüste ein Stamm arabischer Händler an. Sie hießen Nabatäer, waren in Petra bereits Ende des 4. Jahrhunderts v. Chr. seßhaft geworden und hatten die Angriffe der Griechen erfolgreich abgewehrt. Sie erlangten dank ihrer Monopolstellung im Überlandhandel zwischen Südarabien und dem Mittelmeer großen Reichtum. Die Nabatäer waren die Begründer einer reichen Kultur, wozu auch die Nutzbarmachung von Wüstengebiet durch künstliche Bewässerung und ein hochentwickelter, eigener Kunststil gehörten. Im frühen 1. Jahrhundert v. Chr. reichte ihr Hoheitsgebiet nach Norden bis Damaskus.

Das Königreich der Seleukiden war bei seiner Vernichtung durch Pompeius bereits sehr geschwächt. Pompeius wandelte es im Jahre 64 v. Chr. in die römische Provinz Syria um. Zu diesem Zeitpunkt blieben die Nabatäer, die immer noch stark und zudem für Rom ein wichtiger Handelspartner waren, noch verschont, während Westpalästina unter der Herrschaft der streitsüchtigen Hasmonäer dem syrischen Statthalter unterworfen wurde. Durch die Anwesenheit der Römer kam im Nahen Osten zu der Mischung aus Semitischem und Griechischem noch ein neues Element hinzu. Die Person des Königs von Judäa, Herodes, der aus den Machtkämpfen in Westpalästina als Sieger hervorgegangen war, vereinte in sich symbolhaft diese verschiedenen Traditionen. Herodes selbst war ein aus Idumäa stammender Jude, gleichzeitig aber liebte er den griechischen Lebensstil und feierte sein politisches Bündnis mit Rom; infolgedessen taufte er Städte nach ihrem Wiederaufbau nach Caesar Augustus, wodurch der Stadtname CAESAREA seine Erklärung findet. Nach dem Tode Herodes' wurde sein Königreich ebenfalls römische Provinz. Die jüdische Bevölkerung erlitt mit der Zerstörung des Zweiten Tempels in Jerusalem durch die Römer einen schwerwiegenden Verlust; ihr von 66 n. Chr. bis zur Eroberung Masadas im Jahre 73 andauernder Aufstand wurde von den Römern blutig niedergeschlagen. Anfang des 2. Jahrhunderts standen die Juden ein weiteres Mal gegen die Römer auf, zuerst während der letzten Jahre Trajans und dann unter Hadrian, der dem Aufstand unter dem Anführer Bar Kochba im Jahre 135 ein Ende setzte und Jerusalem in eine römische Kolonie umwandelte.

Am anderen Jordanufer herrschten im 1. Jahrhundert n. Chr. die arabischen Könige. In Bostra schufen sie ein neues Regierungszentrum, nachdem Petra als Handelsstadt an Bedeutung eingebüßt hatte. Bostra befand sich am Ausgangspunkt eines zentralarabischen Wüstenweges, dem Wadi Sirhan, den sich die Nabatäer klugerweise zunutze gemacht hatten. Ihr Königreich wurde jedoch im Jahre 106 in die römische Provinz Arabia umgestaltet. Von diesem Zeitpunkt an betrachteten die Kaufleute von Palmyra den Wüstenhandel als ihr Monopol, und die Ruinen der Stadt sind heute noch Zeugen ihres vergangenen Reichtums. In der Mitte des 3. Jahrhunderts beherrschten sie Syrien-Palästina als offizielle Vertreter der geschwächten römischen Regierung, die sich als unfähig erwiesen hatte, der Bedrohung durch die neue sassanidische Dynastie in Persien standzuhalten. Im Aufstand, den die Königin von Palmyra, Zenobia, gegen Rom inszeniert hatte, wurden die Macht und das Selbstvertrauen der Stadt ganz deutlich. Erst nach einem mühsamen Feldzug war Kaiser Aurelian im Jahre 273 in der Lage, den Stolz der Bewohner Palmyras zu brechen.

Unter Byzanz mußte Syrien-Palästina denselben Aufteilungsprozeß in kleinere Verwaltungseinheiten über sich ergehen lassen wie der Rest des römischen Imperiums. Das Christentum, das unter Konstantin zur Staatsreligion deklariert worden war, breitete sich allmählich aus. Die Zahl der Kirchen, Basiliken und Bistümer nahm um ein Vielfaches zu. Die Städte in der Wüste Negev wurden zu neuem Leben erweckt. Gleichzeitig zeigten sich auch ANTIOCHIA, Gerasa, Bostra und andere Städte der Provinz als neu erstarkt. Die Perser stellten für diese Städte eine stete Gefahr dar; bis ins 7. Jahrhundert, wo sich der Islam dann durchsetzen konnte, wurde jedoch diese bemerkenswerte Mischung alter Zivilisationen, der arabischen, jüdischen, griechischen, römischen und christlichen, durch keine neue Kultur überdeckt.

Dussaud, R.: *Topographie historique de la Syrie antique et médiévale.* Paris 1927

Abel, F.-M.: *Histoire de la Palestine.* 2 Bde. Paris 1952

Avi-Yonah, M.: *The Holy Land from the Persian to the Arab Conquests: A Historical Geography.* Ann Arbor, Michigan, 1966

Kenyon, K. M.: *Archäologie im Heiligen Land,* Neukirchen-Vluyn 1976

1 Antiochia

Türkei

Seleukos I. Nikator war der Begründer der Stadt Antiochia (dem heutigen Antakya); er legte sie im Jahre 300 v. Chr. an einem Ort an, der zur Kontrolle des nordöstlichen Teils Syriens hervorragend geeignet war. Antiochia liegt am südwestlichen Ende der fruchtbaren Amuq-Ebene, und zwar an der Stelle, wo der Orontes (der heutige Fluß Nahr el 'Asi) sich durch die Berge einen Weg zum Meer gegraben hat. Die Stadt ist ein Knotenpunkt für den Handel mit Palästina und dem Süden über die Flüsse Orontes und Jordan und über Aleppo mit dem Euphrat und dem Osten. Eine Straße führte nach Südwesten durch den Hain Daphne in Richtung Laodikeia, der seleukidischen Hafenstadt, und eine andere zur Hafenstadt Antiochias, Seleukeia. Antiochia entwickelte sich zu einem großen Handels-und Verwaltungszentrum mit einer Bevölkerung, die im späten 4. Jahrhundert n. Chr. eine halbe Million erreicht haben dürfte. Als Pompeius im Jahre 64 v. Chr. die römische Provinz Syria gegründet hatte, wurde Antiochia mit dem Status einer offiziell freien Stadt Teil der Provinz. Es gewann an Einfluß als literarischer, philosophischer und theologischer Mittelpunkt und beherbergte bedeutende jüdische und christliche Gemeinden. Im 4. Jahrhundert n. Chr. entwickelte Antiochia sich zu einer der führenden Städte der Christenheit und war doch gleichzeitig Zentrum heidnischer Kultur. Vom 4. bis ins 6. Jahrhundert war Antiochia weltbekannt wegen seiner Wagenrennen und Theaterstücke. Die Stadt wurde mehrmals von Erdbeben heimgesucht und 526 dem Erdboden gleichgemacht. Nach einer kurzen Phase persischer Hoheit entdeckte Justinian Antiochia wieder und ließ es neu aufbauen.

Der antike Stadtkern am Ostufer des Orontes ist heute von der modernen Stadt Antakya bedeckt. Dennoch ist es mit Hilfe von Einzelausgrabungen und mit Hilfe der Luftbildarchäologie gelungen, einen maßstabsgetreuen Lageplan der antiken Stadt zu rekonstruieren. Ein Großteil der heutigen Straßen verläuft wie ihre antiken Vorgänger. Die wichtigste Strecke ist die gerade verlaufende Hauptstraße, die sich 3 km lang in Nord-Südrichtung direkt über einer Straße aus dem 2. Jahrhundert n. Chr. hinzieht. Sondierungen haben ergeben, daß die alte Straße 9 m breit, mit Kalksteinen gepflastert und beidseitig von Säulengängen aus grauem oder blaßrotem Granit eingefaßt war. An den Abhängen des Silpius-Berges im Osten der Stadt sind die Reste der Stadtmauer Justinians noch deutlich zu erkennen, ebenso wie das Hippodrom im westlichen Teil der Stadt, wo in der Antike noch eine Insel zu finden war. Die Ausgrabungen in Antiochia haben viele einzigartige Mosaike zutage gefördert, die teilweise in dem Archäologischen Museum von Antakya oder in dem Museum der Universität von Princeton aufbewahrt werden.

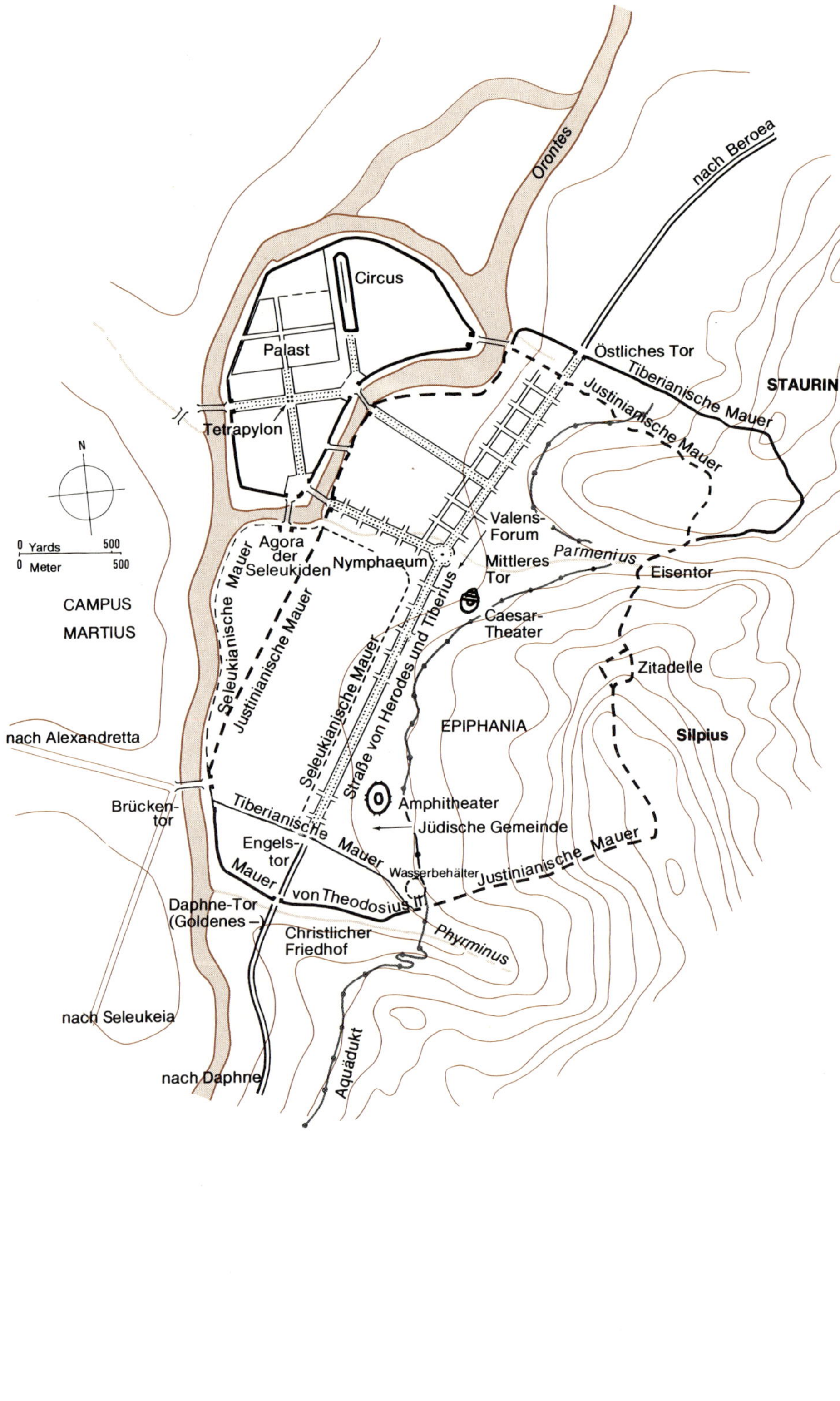

Downey, G.: *A History of Antioch in Syria.* Princeton 1961

Lassus, J.: *Les Portiques d'Antioche.* Princeton 1972 (Bd. 5 der Princeton-Publikationen von der Ausgrabung)

Liebeschuetz, J. H. W. G.: *Antioch: City and Imperial Administration in the Later Roman Empire.* Oxford 1972

2 Gerasa

Jordanien

Die Ruinen von Gerasa (dem heutigen Dscherasch) befinden sich inmitten einer fruchtbaren, früher bewaldeten Zone auf der Strecke zwischen Amman und Irbid in Nordwest-Jordanien. Dieser Weg war Teil der Straße von PETRA in den Süden und führte nach Bostra und Damaskus. Die Wasserversorgung der Stadt war durch den Goldstrom (Chrysorrhoas) gesichert, der in der Antike das Wadi Dscherasch durchzog. Obwohl Ausgrabungen zu dem Schluß geführt haben, daß Gerasa bereits in der neolithischen und Frühen Bronzezeit existiert haben muß, weiß man dennoch über die Jahrhunderte vor der Gründung einer hellenistischen Siedlung mit dem Namen Antiochia-am-Chrysorrhoas nur sehr wenig. Der Name Antiochia weist deutlich darauf hin, daß die Stadt von einem seleukidischen König gegründet worden ist. Nach dem Niedergang des Reiches der Seleukiden riß Alexander Jannaeus die Stadt an sich, die bis zur Übernahme durch Pompeius im Jahre 63 v. Chr. im Besitz der Hasmonäer blieb. Gerasa wurde dann in die römische Provinz Syria eingegliedert. In der Folge wurde sie eine der zehn Städte der Dekapolis, eines losen Bündnisses der Städte im Jordantal, und entwickelte sich im 1. Jahrhundert n. Chr. zu einer ziemlich wohlhabenden Stadt. Bei der Bildung der Provinz Arabia im Jahre 106 n. Chr. wurden Gerasa und seine Umgebung mit einbezogen. Hadrian stattete der Stadt 130 einen Besuch ab. Ab Mitte des

Oben: Das ovalförmige Forum und die Hauptstraße in Gerasa. Links davon sieht man die Trümmer des Zeus-Tempels und des südlichen Theaters, ganz oben rechts den Artemis-Tempel.

3. Jahrhunderts begann der Verfall der Stadt, der sich über ungefähr zwei Jahrhunderte hinzog. Gegen Ende des 4. Jahrhunderts entstand an diesem Ort eine bedeutende christliche Metropole mit über zehn Kirchenbauten. Die meisten der ausgegrabenen Trümmer Gerasas stammen aus der römischen Zeit. Wenn man von Amman aus auf die Stadt zukommt, ist der dreifache Triumphbogen zu Ehren Hadrians ein erster Zeuge der antiken Vergangenheit; dahinter findet man dann das Hippodrom. Der Stadtkern selbst ist von einem 3,66 m breiten Mauerring umschlossen, der in der 2. Hälfte des 1. Jahrhunderts n. Chr. errichtet worden ist. Die Stadt hat einen axialen Grundriß, der durch die im rechten Winkel aufeinandertreffenden Straßen mit Tetrapylen an den Kreuzungen klar erkennbar ist. Davon abweichend zeigt das vermutlich früher entstandene *forum* unüblicherweise einen ovalen Grundriß; weiter oben stehen dann der Zeus-Tempel und das südliche Theater. Wenn man die Hauptstraße nach Westen hin verfolgt, entdeckt man zwischen den beiden Tetrapylen die großartigen Propyläen aus dem 2. Jahrhundert, die zu dem 40×22 m großen Podium des Artemistempels führen. Ganz in der Nähe existieren noch Überreste einer Kathedrale aus dem 4. Jahrhundert und mehrerer Kirchen aus späteren Epochen.

Kraeling, C. H.: *Gerasa: City of the Decapolis.* New Haven, Conn., 1938. Der grundlegende Bericht

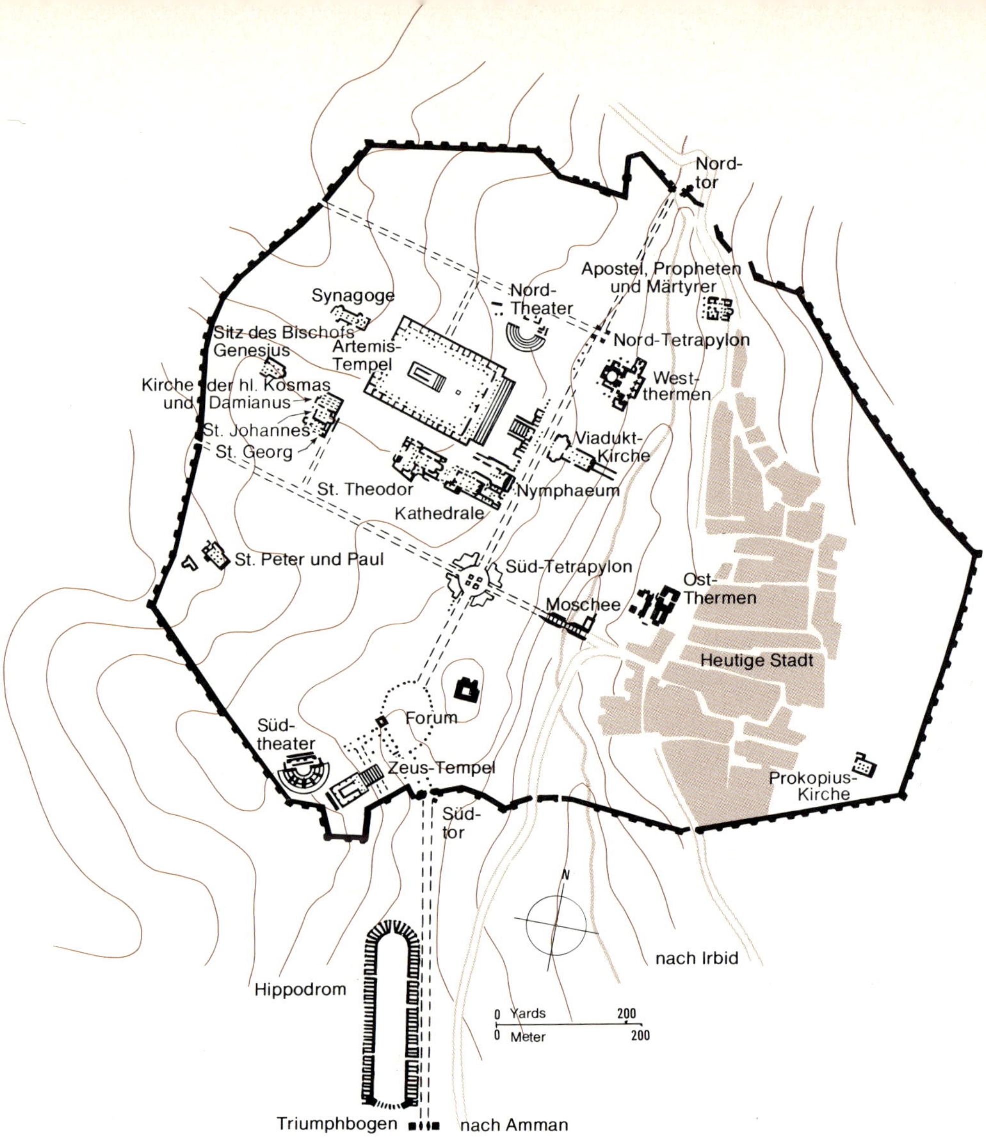

3 Caesarea

Israel

Die antike Hafenstadt Caesarea (heute Qisarya) liegt an der Küste Israels zwischen Tel Aviv und Haifa. Ursprünglich hatte die Stadt Turris Stratonis (Stratos Turm) geheißen; die früheste Erwähnung dieses Namens fand man auf einer Papyrusrolle aus dem 3. Jahrhundert v. Chr. Die Stadt war zuerst im Besitz der Ptolemäer und wechselte dann an die Seleukiden über; während des 2. Jahrhunderts – das genaue Datum ist nicht bekannt – regierte dort ein Mann namens Zoilos, der als Tyrann bekannt war. Im Jahre 104 v. Chr. fiel die Stadt an Alexander Jannaeus, den kriegerischen König der Juden, der sie dem Reich der Hasmonäer einverleibte. Pompeius d. Gr. befreite die Stadt im Jahre 64 v. Chr., und sein Legat Gabinius begann in den folgenden Jahren mit der Verwirklichung etlicher Bauvorhaben. In den dreißiger Jahren vor Christi Geburt gelangte Stratos Turm für kurze Zeit in Kleopatras Hände; nach deren Tod wurde er von Herodes übernommen. Als Freund des Kaisers Augustus und begeisterter Philhellene setzte sich Herodes für eine Vergrößerung der Stadt in griechischer Bauweise ein und taufte sie zu

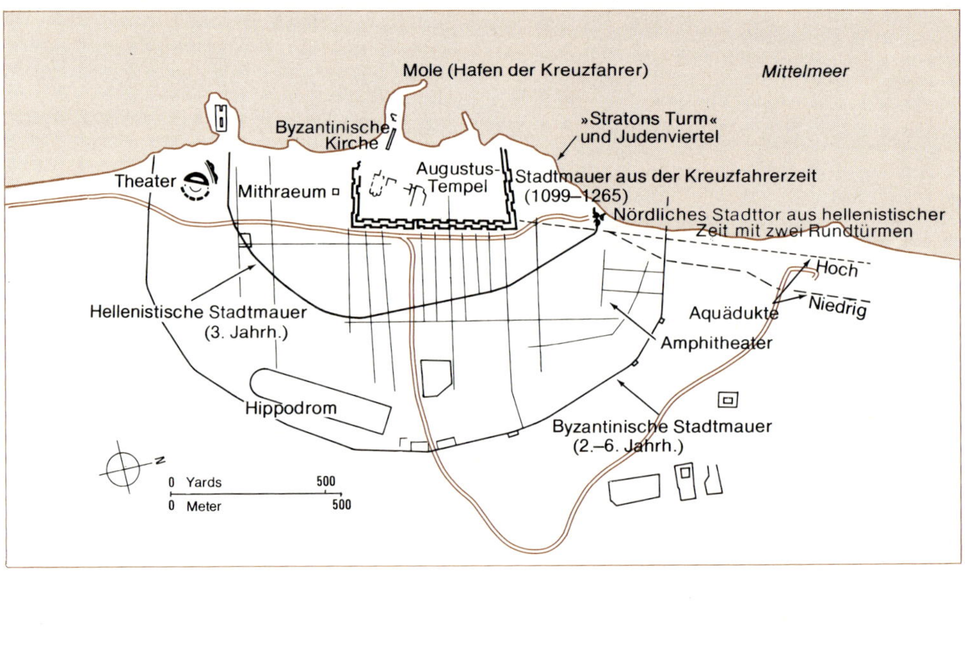

Caesarea. Oben: Theater und Überreste der byzantinischen Befestigungsanlage. Unten: Korinthisches Kapitell (Akanthusblatt)

Ehren des Caesar Augustus »Caesarea«. Auf Initiative des Herodes entstand am südlichen Ende der Stadt ein griechisches Theater. Die Reste eines Hippodroms, das auch dem Herodes zugeschrieben werden könnte, wurden nordöstlich von dem Theater aufgefunden. Zwei Aquädukte versorgten die Stadt von dem Berg Carmel aus mit Wasser. Auch die Hafenanlagen aus der Zeit Herodes' sowie das Fundament eines Tempels des Augustus sind heute noch zu sehen.
Caesarea wurde bald die Hauptstadt Judäas. Seine aus Juden und Gentilen zusammengesetzte Bevölkerung war ein ständiger Unruheherd und mitverantwortlich für den Aufstand der Juden im Jahre 66 n. Chr. Kaiser Vespasian machte Caesarea am Ende der Rebellion zur Kolonie. Im 2. Jahrhundert wurde es zur Hauptstadt Palästinas ernannt und entwickelte sich zum wichtigsten geistigen Zentrum für Juden und Christen. Die Stadt weist heute drei Befestigungsanlagen auf; die innere stammt aus der Besatzungszeit während der Kreuzzüge, die mittlere aus den Tagen von Stratos Turm und die äußere aus der späten römischen und byzantinischen Epoche. Anfang der sechziger Jahre des 20. Jahrhunderts lieferte die antike Stätte einen Stein mit Inschrift, die zum ersten Mal den Namen von Pontius Pilatus als Prokurator von Judäa nannte. Erst vor kurzem entdeckten amerikanische Archäologen eine Mithras-Kultstätte (einen Altar zu Ehren des orientalischen Gottes Mithras) im Bereich eines großen Getreidelagers im Süden der Kreuzfahrer-Stadtmauer.

Reifenberg, A., in: *Israel Exploration Journal* I, 1950, S. 20–32
Frova, A.: *Scavi di Caesarea Marittima.* Mailand 1965. Ausgrabungsbericht
Levine, Lee I.: *Caesarea under Roman Rule.* Leiden 1975. Die Geschichte der Stadt

4 Jerusalem

Israel

Die Geschichte Jerusalems reicht mindestens bis in das frühe zweite Jahrtausend v. Chr. zurück. Die Stadt findet bereits in Schriften aus dem 19. bis 18. Jahrhundert v. Chr. wie auch in den späteren Amarna-Briefen aus Ägypten Erwähnung. Auf mehreren Hügeln in der Nähe der Gihonquelle westlich vom nördlichen Teil des Toten Meeres gelegen, entwickelte Jerusalem sich zu einer einflußreichen kanaanitischen Stadt, von der man Mauern, Fundamente und Wasserkanäle ausgegraben hat. Nach der Eroberung der Stadt machte David Jerusalem zu seinem Königssitz. Auf Initiative Salomos wurde der erste Tempel errichtet und von den einfallenden Persern im Jahre 587 v. Chr. völlig zerstört. Nach dem Babylonischen Exil der Juden (587–536 v. Chr.) wurde der Bau des zweiten Tempels in Angriff genommen. Alexander d. Gr. gewährte der Stadt bestimmte Vorrechte, obgleich er sie – im Gegensatz zur Legende – in Wirklichkeit nie besucht hat. Nach einer Phase ptolemäischer Herrschaft ging Jerusalem an die Seleukiden über. Im Jahre 167 v. Chr. provozierte König Antiochos Epiphanes wegen seiner repressiven Maßnahmen einen größeren Aufstand, der wahrscheinlich als Folge der internen Kämpfe zwischen orthodoxen und philhellenischen Juden in Jerusalem zustande kam. Judas Makkabäus setzte sich erfolgreich für die orthodoxen Juden ein und begründete die Dynastie der Hasmonäer.

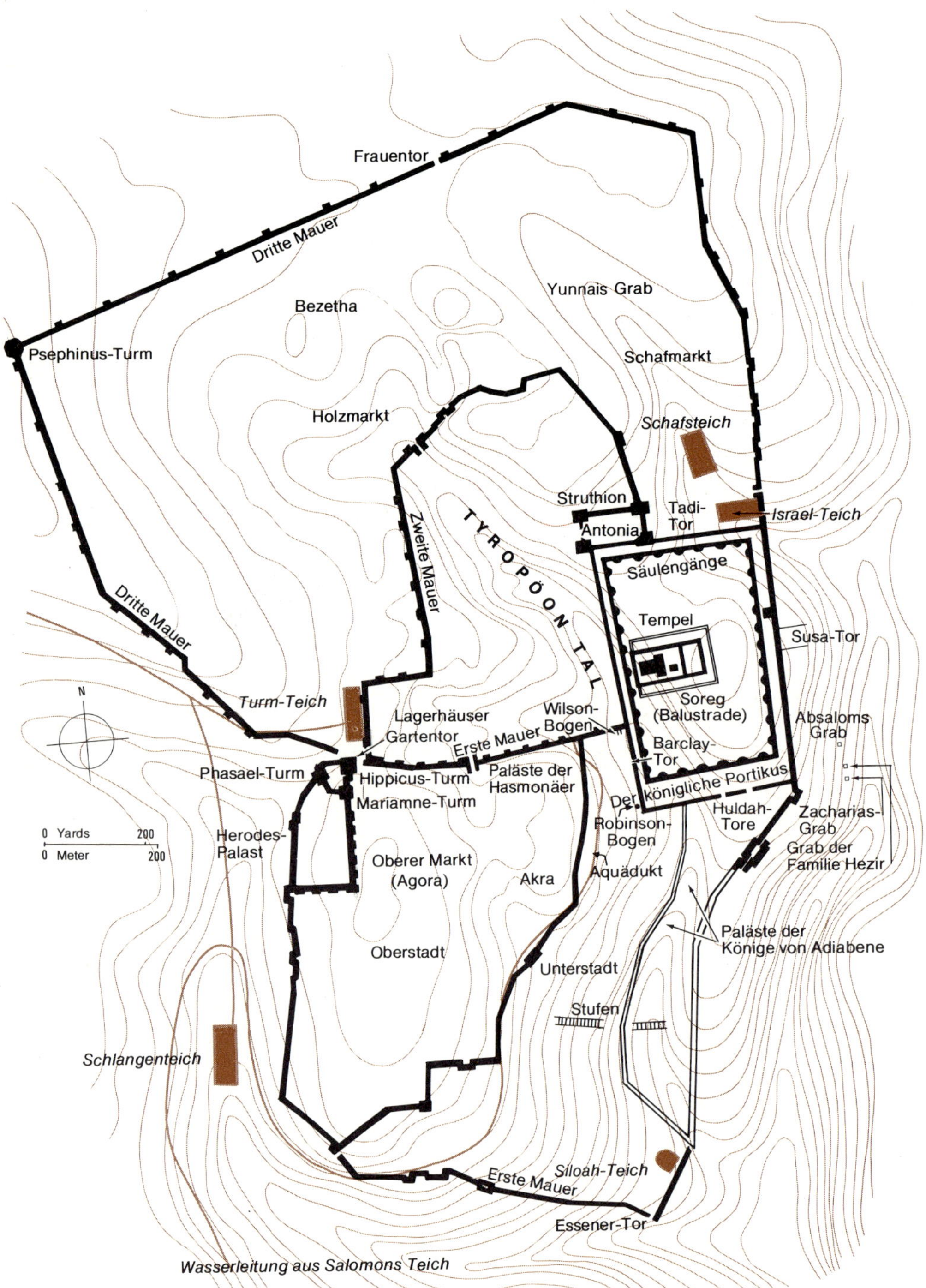

Nach Ablauf eines Jahrhunderts wurden die Hasmonäer selbst Opfer heftiger innerer Auseinandersetzungen und ermöglichten schließlich im Jahre 37 v. Chr. Herodes dem Idumäer, der ein Griechenfreund war und als »der Große« in die Geschichte einging, die Herrschaft über die Juden. Herodes entfaltete eine rege Bautätigkeit in der Stadt und war auch für die großartige Wiederherstellung des Tempels verantwortlich. Im Norden vom Heiligen Bezirk stand seine Burg, die er seinem Patron Antonius zu Ehren Antonia nannte. Im Westen errichtete er sich einen prächtigen Palast aus Marmor und Gold, von dem noch ein Turm erhalten geblieben ist. Er war ebenfalls Erbauer der zweiten Befestigungsanlage; nicht lange danach baute Herodes Agrippa I. mit dem Ziel, das Gelände der Stadt zu erweitern, die dritte Mauer, die heute noch die Altstadt umschließt. Nach dem Tode Herodes' des Gr. wurde Jerusalem Teil der römischen Provinz Judäa, deren Bevölkerung 2½ Millionen Seelen zählte. Bei der Unterdrückung des Aufstandes der Juden in den Jahren 66 bis 73 n. Chr. wurden einige der interessantesten Gebäude aus der Zeit des Herodes zerstört. Sowohl der Tempel als auch die Burg Antonia lagen in Trümmern. Als Hadrian im Jahre 135 Jerusalem in die römische Kolonie Aelia Capitolina umwandelte, wurde als Antwort auf den von Bar Kochba angeführten Aufstand der Juden das Zerstörungswerk noch vollendet. Ein Triumphbogen aus Hadrians Zeit steht noch heute auf der Via dolorosa in der Nähe der Antonia-Ruinen. In der Mitte des Tempelplatzes befindet sich heute der Felsendom und südlich davon die El Aqsa-Moschee. Während der Herrschaft Konstantins, des ersten christlichen Kaisers, wurden in Jerusalem mehrere neue Gebäude geschaffen, die die Bedeutung der neuen Staatsreligion unterstreichen sollten. Das bedeutendste wurde an der Heiligen Grabstätte auf dem Hügel Golgatha errichtet, die Ruinen können heute noch besichtigt werden.

Da das Jerusalem der Gegenwart genausoviel Bedeutung hat wie das der Vergangenheit, wird derjenige, der die Überreste der antiken Stadt aufsuchen will, von der Tatsache überwältigt werden, daß die Altertümer aus ganz unterschiedlichen Epochen inmitten der geschäftigen Stadt von heute zu finden sind. Ein Stadtplan aus der Zeit des zweiten Tempels zeigt nicht wie bei einigen klassischen Stätten Trümmer auf einem brachliegenden Territorium, sondern eine völlig neue Raumaufteilung und -nutzung. Der Felsendom und das nördlich liegende Anfangsstück der Via dolorosa (in der Nähe der Antonia) liefern die besten Orientierungspunkte. Westlich von ihnen und unterhalb der 12 ha messenden Plattform des Tempelplatzes verläuft die herodianische Klagemauer, die den Juden zum Beten und Wehklagen über die Zerstörung des »Zweiten Tempels« dient. Archäologische Funde sind in Abteilungen des Israel-Museums und des Archäologischen Museums in Jerusalem ausgestellt.

Kenyon, K. M.: *Jerusalem: Excavating 3000 Years of History*. London 1967
Jeremias, J.: *Jerusalem zur Zeit Jesu*, Göttingen 1963

Jerusalem: Freilegungsarbeiten der herodianischen Südmauer

5 Masada

Israel

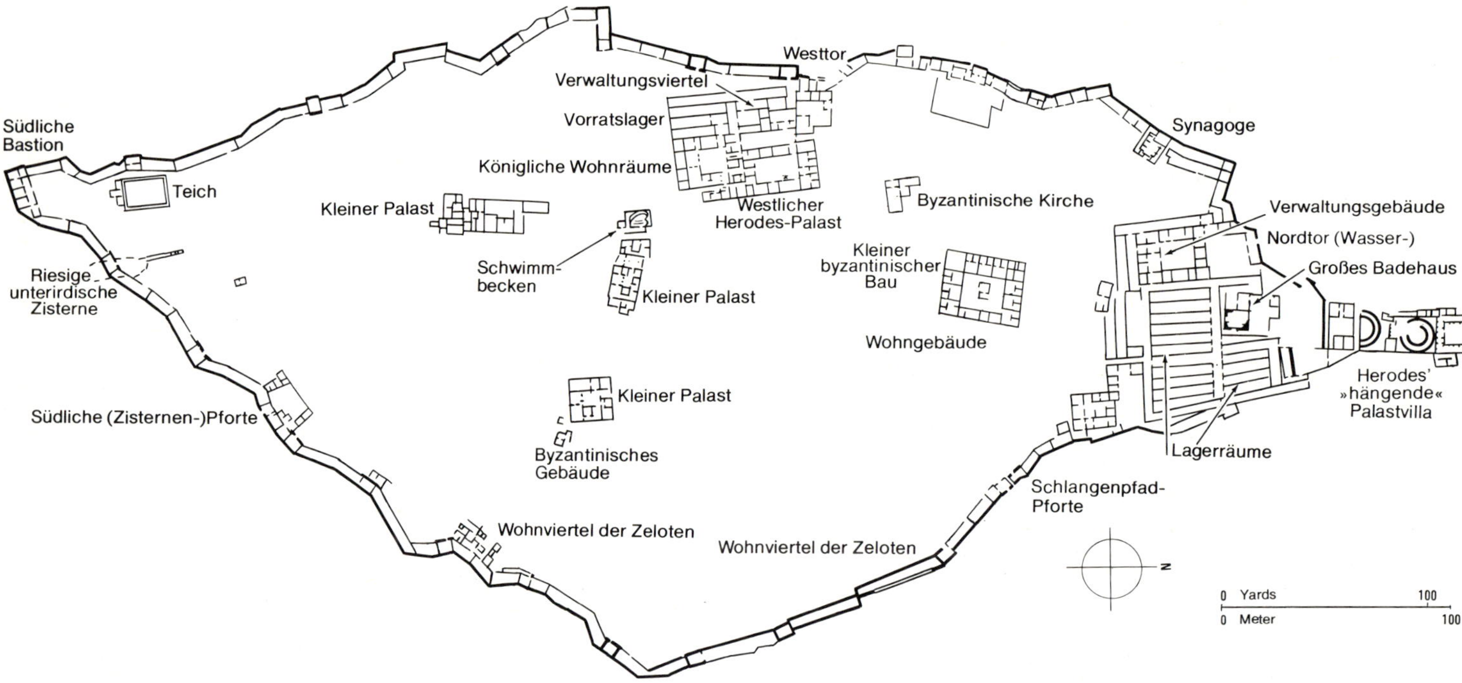

Der eindrucksvolle Fels von Masada erhebt sich am Westufer des Toten Meeres südlich von En Gedi. Sein flacher und unzugänglicher Gipfel war sehr gut geeignet, einer Belagerung standzuhalten; man vermutet, daß bereits seine ersten Besetzer, die Hasmonäer, ihn als Verteidigungsposten ausgewählt hatten. Im Jahre 40 v. Chr. übernahm Herodes, der später den Beinamen »der Große« erhielt, Masada und ließ es in den folgenden zehn Jahren als Befestigungsanlage ausbauen. Das Problem der Wasserversorgung löste er mit dem Bau von zwölf Zisternen, von denen jede ein Fassungsvermögen von 4000 m^3 hatte und durch benachbarte Wadis gespeist wurde; diese wiederum hatte man mit Dämmen versehen, um ihr Regenwasser umzuleiten. Herodes errichtete außerdem noch zwei starke Mauerringe, die den ganzen Gipfel Masadas mit Ausnahme des nördlichen Endes umschlossen; in dem dazwischenliegenden Freiraum wurden Räume eingerichtet. An der Nordspitze ließ Herodes einen prachtvollen Königspalast auf drei Terrassen so anlegen, daß der Eindruck entstehen sollte, er würde vom Gipfel, also der ersten Terrasse aus, herunterhängen. Die zweite Terrasse liegt 20 m tiefer und die dritte 15 m unterhalb der zweiten. Sie wurden alle mit herrlichen Wandmalereien ausgeschmückt, die teilweise noch erhalten sind; und was man sieht, ist atemberaubend. Für die Verwaltung ließ Herodes einen weiteren Palast mit einer Grundfläche von 4000 m^2 auf der Westseite des Felsens errichten.

Während des Jüdischen Aufstandes der Jahre 66 bis 73 n. Chr. wurde Masada von einer Zelotenbande in Besitz genommen, die von einem gewissen Eleazar angeführt wurde. Ihr Wider-

Gegenüber: Fresken der oberen Terrasse des Nordpalastes von Masada. Oben: Nordansicht Masadas.

stand gegen die Römer, über den Josephus ausführlich berichtet, ist zur Legende geworden. Acht Belagerungsbauten sollten den Römern die Eroberung Masadas erleichtern; ihre heute noch vorhandenen Ruinen sind von dem Felsgipfel aus deutlich zu erkennen. Als der Widerstand der Zeloten nachließ, entschlossen sie sich schließlich zum kollektiven Selbstmord. Bei Ausgrabungen fand man 25 Skelette von Männern, Frauen und Kindern sowie Münzen und Schriftrollen. Außerdem konnte man rituelle Bäder und die möglichen Unterkünfte der Zeloten identifizieren. Nach dem Fall Masadas im Frühjahr 73 (oder 74, wie einige Historiker meinen) besetzten römische Soldaten den Ort bis mindestens zum Jahre 111, aus dem die letzten gefundenen Münzen der Garnison stammen. Den Felsgipfel kann man von der Westseite her bequem zu Fuß über einen neu geschaffenen Pfad in rund 20 Minuten erreichen. Der antike »Schlangenpfad«, wie Josephus ihn nannte, windet sich auf der Ostseite nach oben und ist sehr mühsam.

Richmond, I. A., in: *Journal of Roman Studies* 52, 1962, S. 142–155

Yadin, Y.: *Masada. Der letzte Kampf um die Festung des Herodes.* Hamburg 1967

6 Petra

Jordanien

In den Sandsteinbergen, die sich am Westende der Jordanischen Steppe nördlich der Wüste Hisma erheben, liegt die sagenumwobene Stadt Petra. Obwohl sie aus der Literatur bekannt war, hatte sie dennoch kein Europäer der Neuzeit gesehen, bis Johann Ludwig Burckhardt im Jahre 1812 das beträchtliche Risiko auf sich nahm und Petra aufsuchte. Die herrliche Farbenpracht, besonders die Rosa- und Gelbtöne, die durch den verwitterten Sandstein hervorgerufen wird, verleiht der Stadt eine einzigartige Schönheit. Das Wadi Mousa, das in einer engen, Siq genannten Schlucht nach Petra führt, stellt das Wasserreservoir der Stadt dar; nach ihm erhielt auch die moderne Siedlung ihren Namen. Zur Vermeidung von Überschwemmungen des Siq während der Regenzeiten errichtete man in der Antike Dämme, um das Wasser zu kanalisieren. Erst kürzlich haben sich die heutigen Bewohner Petras für genau dieselben Maßnahmen entschlossen, denn der Ort ist von Besuchern nur von Osten, also durch die Siq-Schlucht, zu erreichen. Obwohl Petra uneinnehmbar zu sein scheint, ist es vermutlich schon in prähistorischer Zeit besetzt worden; Archäologen verwerfen jedoch die früher geltende Auffassung, daß das biblische Sela, was soviel wie »Felsen« bedeutet, mit Petra, was auch »Felsen« heißt, identisch sei. Erst ab dem Jahre 312 v. Chr. können über die Geschichte Petras verbindliche Aussagen gemacht werden, und alle wichtigen Monumente stammen erst aus den nachfolgenden Jahrhunderten. 312 versuchte ein Nachfolger Alexanders des Großen vergeblich, Petra einzunehmen, das damals von den arabischen Nabatäern bewohnt war. Die Nabatäer, ein ehemaliges Nomadenvolk, siedelten sich in dem heutigen Gebiet von Jordanien und der Negev-Wüste an, nachdem sie durch den Transport von Gewürzen und Duftstoffen aus Indien und Südarabien über den Landweg durch Petra zu den Häfen von Gaza und El'Arîsh (dem antiken Rhinocolura) am Mittelmeer zu Reichtum gelangt waren. Petra war ihre Hauptstadt, und durch ihre Händlertätigkeit kamen sie sehr bald auch in Kontakt mit der hellenistischen Kultur. Die Kunst und Architektur von Petra zeigen ein Verschmelzen einheimischer und griechischer Stilelemente, die bisher noch nicht genau auseinandergehalten werden konnten. Die nabatäische Kunst erreichte in Petra in der Anfangsphase des römischen Imperiums ihren Höhepunkt. Gegen Ende des 1. Jahrhunderts n. Chr. verlor Petra als Handelszentrum an Bedeutung, was eine direkte Folge der Entdeckung der Monsunwinde im Indischen Ozean und der Eröffnung von Schiffahrtslinien zu ägyptischen Hafenstädten war. Dennoch blieb Petra auch weiterhin ein bedeutender geistiger und religiöser Mittel-

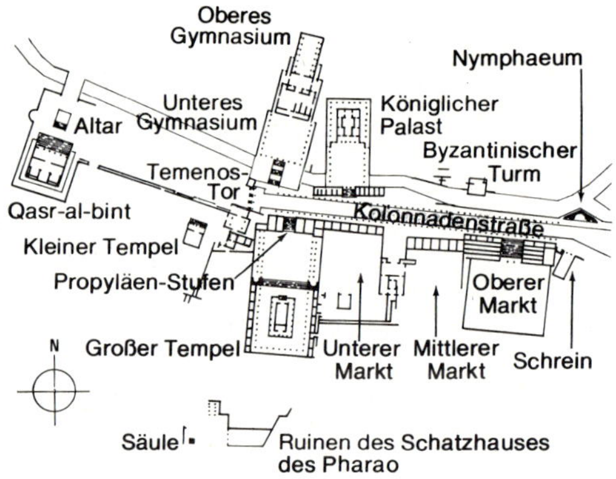

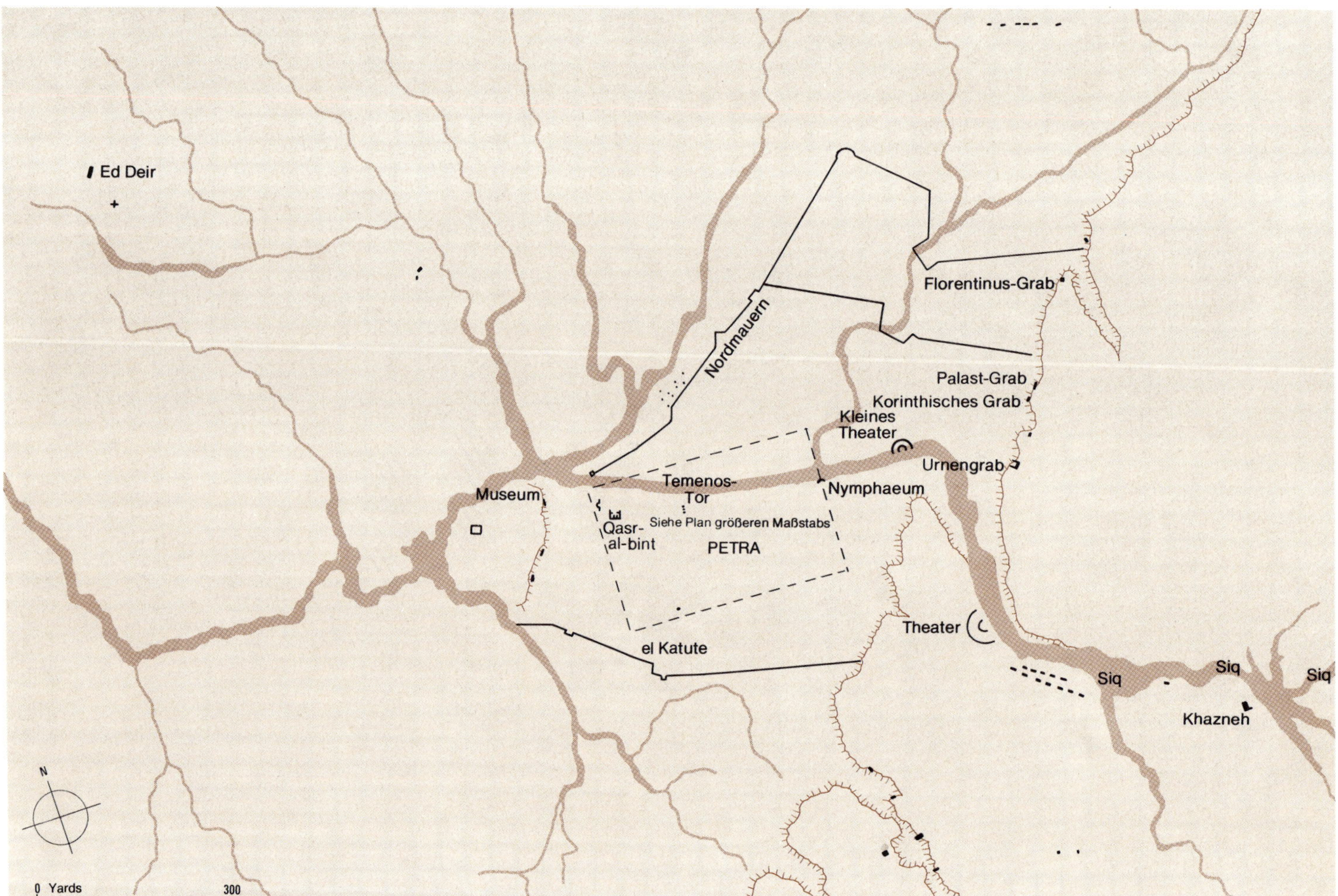

punkt, was sich auch dann nicht änderte, als das Reich der Nabatäer im Jahre 106 n. Chr. von den Römern zur Provinz Arabia erklärt wurde.
Am Ende der Siq-Schlucht taucht die Fassade des Khazneh (Schatzhauses) auf, das man zuerst durch einen Spalt der aufragenden Felsen erblicken kann. Es handelt sich dabei um ein Monument mit stark hellenistischem Einschlag, aber ohne genau festzulegendem Entstehungsdatum, das wie die meisten Gebäude in Petra aus dem Fels gehauen wurde. Das Khazneh (28×40 m) diente vermutlich als Tempel oder als Grabstätte. Ein Stück weiter, wo sich das Siq-Tal weitet, findet man auf der linken Seite ein Theater und rechts noch weitere in Fels gehauene Fassaden. Wenn man an dem Wadi Mousa entlanggeht, stößt man auf eine mit Säulen eingefaßte, in Ost-West-Richtung verlaufende Straße, die in einem Drei-Bogen-Tor endet. Unterhalb dieses Tores liegt ein Heiliger Bezirk, an dessen Südende ein unter dem Namen Qasr-al-bint bekannter Tempel freistehend auf einem Podium errichtet worden war; auf der gegenüberliegenden Seite ist noch eine Altarplattform zu sehen. Der Qasr wurde früher in die römische Zeit eingestuft; Ausgrabungen in jüngster Zeit lassen jedoch die Vermutung zu, daß es sich dabei eher um einen nabatäischen Bau aus dem späten 1. Jahrhundert v. Chr. handelt. Ganz in der Nähe stehen ein Hotel für Touristen und ein Museum. Weiter westlich davon findet man ein zweites beeindruckendes Felsengrab, das »Ed Deir« (das Kloster).

Starcky, J.: ›Pétra et la Nabatène‹, *Supplément au Dictionnaire de la Bible.* Paris 1964. Der beste wissenschaftliche Überblick
Browning, I.: *Petra.* London 1973. Ein lebendiger Bericht in Englisch mit ausgezeichneten Illustrationen
Petra und das Königreich der Nabatäer. Hrsg. Lindner, M., München 1973

Petra. Linke Seite oben: Der Stadtkern; darunter: Lageplan. Unten: Ed Deir (»Das Kloster«)

Oben: Das Theater, Petra

7 Baalbek

Libanon

Die imposanten Tempelbauten von Baalbek befinden sich am Ostrand der fruchtbaren Ebene des Beqa'a, wo die Gebirgsketten des Libanon und des Antilibanon aufeinandertreffen. Baalbek war eine heilige Stätte, die dem semitischen Gott Baal geweiht war. Während der seleukidischen Ära setzten griechische Siedler die Gottheit der Eingeborenen mit ihrem Gott Helios (Sonne) gleich und tauften die Stadt Heliopolis, das heißt Stadt der Sonne. Mit der Zeit entwickelte sich Baalbek zu einem Kultzentrum der sogenannten Heliopolitanischen Triade Jupiter–Zeus, Venus–Aphrodite und Merkur–Hermes. Durch Synkretismus ergab sich eine Gleichsetzung von Jupiter und Baal sowie Venus und Atargatis; das semiti-

Rechts: Die kassettenartige Peristyldecke des Bacchus-Tempels von Baalbek

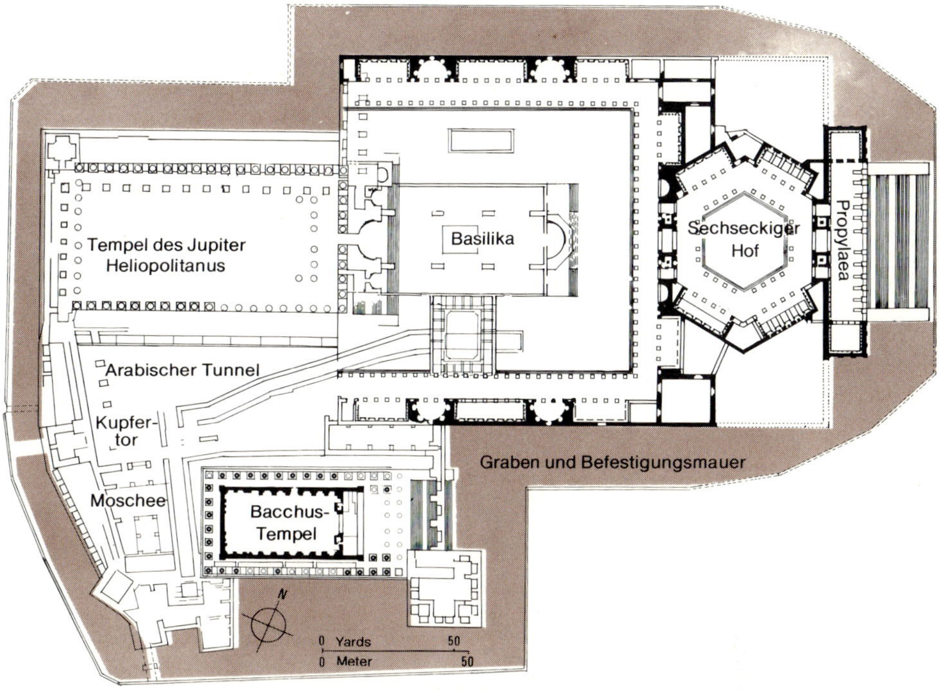

sche Äquivalent von Merkur gibt immer noch Probleme auf. Während des 2. und anfangs des 3. Jahrhunderts n. Chr. wurde der Bau des mächtigen Jupitertempels auf der *akropolis* von Baalbek durchgeführt. Die Stadt erlebte ihre größte Blüte zu Beginn des 3. Jahrhunderts, als die römichen Kaiser syrischer Herkunft an die Macht kamen. Nachdem das Christentum Staatsreligion geworden war, wurden die heidnischen Kulte unterdrückt. Wahrscheinlich gegen Ende des 4. Jahrhunderts erfolgte der Bau einer christlichen *basilica* im Vorhof des Jupitertempels.

Zur Stätte gelangt man über einen breiten Treppenaufgang, der zu den Propyläen im Osten führt. Über einen hexagonalen Vorhof erreicht der Besucher dann ein riesiges Gelände von 135×113 m, über dem in der Antike ein Holzdach errichtet war. Im Norden und Süden von dem Platz der späteren *basilica* findet man Becken, die um den zentralen Altar für den heidnischen Kult angelegt worden waren. Außerhalb des Hofes steht im westlichen Teil der Jupitertempel, der auf einem gewaltigen, rechteckigen Unterbau von 88×44 m stehend die umliegenden Gebäude überragt. Sechs seiner Säulen auf der Südseite wurden in jüngster Vergangenheit verstärkt und erinnern nun an die Kolonnade, die ursprünglich um den Tempel herumführte. Im Süden entdeckte man unterhalb dieser Plattform einen freistehenden Tempel, der noch gut erhalten ist. Er ist als Bacchus-Tempel bekannt, obwohl nicht auszuschließen ist, daß er dem Paar Venus–Atargatis geweiht war. Das monumentale, 13 m hohe Cella-Portal ist mit einzigartigem, kompliziertem Schnitzwerk versehen. Nicht weit von der *akropolis* entfernt liegt ein Steinbruch, in dem man einen einzigen fertigen Steinblock an der Stelle gefunden hat, wo er herausgehauen worden war, um für den Tempelkomplex verwendet zu werden. Er mißt 21×4×5 m und sein Gewicht wird auf 2000 Tonnen geschätzt.

Wiegand, T.: *Baalbek, Ergebnisse und Untersuchungen in den Jahren 1898 bis 1905.* 3 Bde. Berlin 1921–1925
Robinson, D. M.: *Baalbek-Palmyra.* New York 1946

Rechts: Baalbek. Der Tempel des Jupiter Heliopolitanus mit dem Antilibanon-Gebirge und dem Hermon im Hintergrund.

8 Palmyra

Syrien

In der durch das Wasser der Efqa-Quelle in der Syrischen Wüste entstandenen Oase erheben sich die großartigen Ruinen der Stadt Palmyra. Der semitische Name dieser Stätte war Tadmor; was auch immer die wahre Etymologie dieses Namens sein mag, es klang jedenfalls wie *tamar*, das Wort für Dattelpalme, woraus die klassische Bezeichnung Palmyra abgeleitet wurde. Hier befand sich bereits im frühen 2. Jahrtausend v. Chr. eine Siedlung. Die Oase war für die Strecke zwischen dem Euphrat und dem Mittelmeer der wichtigste Halteplatz in der Wüste. Über das Leben in Palmyra vor dem Jahre 41 v. Chr., in dem Antonius die Stadt angriff, ist wenig bekannt. Das Zentrum der frühen Siedlung befand sich wahrscheinlich auf der Esplanade, wo heute der Bel-Tempel zu finden ist. Archäologische Nachforschungen haben ergeben, daß es sich dabei um eine künstlich angelegte Anhöhe aus sehr früher Zeit handelt. Die meisten Überreste Palmyras stammen aus den ersten drei nachchristlichen Jahrhunderten, wo die Stadt den Höhepunkt ihrer Macht erreicht hatte. Im Verlauf des ersten Jahrhunderts n. Chr. wurden der heutige Bel-Tempel, der Tempel des Baal-Schamin, die *agora* und einige der Kolonnaden errichtet. Inschriften geben Aufschluß über die Handelsgeschäfte der Kaufleute Palmyras und ihrer Karawanen, die bis zum Persischen Golf gingen. Auf einem Relief in dem Museum von Palmyra findet man die Darstellung eines Händlers mit seinem Schiff. Während des 1. Jahrhunderts wurde Palmyra der römischen Provinz Syria einverleibt; 129/130 stattete der Kaiser Hadrian der Oase einen Staatsbesuch ab. Auch im 2. und 3. Jahrhundert hielt das beachtliche Wachstum der Stadt an, was eine Folge des Abstiegs PETRAS als Zentrum des Überlandhandels in den Süden war. Als der römische Kaiser Valerian im Jahre 259 von den Persern gefangengenommen wurde, war Palmyra in der Lage, das durch den Rückzug der Römer entstandene Machtvakuum auszufüllen. Odaenathus und seine Frau Zenobia waren – von Rom offiziell anerkannt – Herrscher über das ganze Gebiet von Syrien-Palästina. Nach dem Tode Odaenathus' machte sich Zenobia zur unabhängigen Regentin und unternahm Eroberungszüge bis nach Ägypten. Sie wurde von Kaiser Aurelian endgültig geschlagen, der auch Palmyra im Jahre 273 zerstören ließ. In der darauffolgenden Zeit war die Stadt nur noch ein militärischer Standort in dem von Byzanz errichteten Netz aus Wüsten-Festungen.

Obwohl der 210×205 m große Platz des Bel-Tempels ohne Bezug zur restlichen Stadt angelegt ist, stammt der jetzige Tempel dennoch aus dem 1. Jahrhundert n. Chr. Er steht inmitten eines Säulenhofes und ist durch einen reich verzierten Eingang auf der Westflanke zu erreichen. Im Innern sieht man die für die syrische Kunst typischen Nischen für die Abbilder palmyrenischer Gottheiten. Auf der Nordwestseite der Tempel-Esplanade befindet sich eine lange Säulenstraße, die zu einem kolossalen Triumphbogen führt; südlich davon entdeckt man das Theater der Stadt sowie die *agora*. Im Norden ist der kleine Baal-Schamin-Tempel noch erhalten. Am westlichen Ende verläuft diagonal eine Kolonnade, jenseits davon deckte man erst vor kurzem den Tempel des Gottes Allat und das sogenannte Diokletian-Lager auf. Dieser Teil Palmyras wurde früher ins späte 3. Jahrhundert eingeordnet; heute geht man aber davon aus, daß er schon ganz zu Anfang existiert hat. Außerhalb eines von Justinian im 6. Jahrhundert neu errichteten Mauerrings sieht man zahlreiche antike Grabtürme und ein arabisches Schloß. Skulpturen, Reliefs und Inschriften befinden sich in dem Palmyra-Museum und in dem Nationalen Archäologischen Museum von Damaskus; in letzterem wird durch die Rekonstruktion eines *hypogaeum* die Bestattungskunst Palmyras sehr anschaulich dargestellt.

Starcky, J.: *Palmyre*. Paris 1952
Crouch, D. P.: *Mélanges de l'Université Saint Joseph* 47, 1972, S. 241–250. Eine Studie über die Bevölkerung des antiken Palmyra
Gawlikowski, M.: *Le Temple palmyrénien*. Warschau 1973

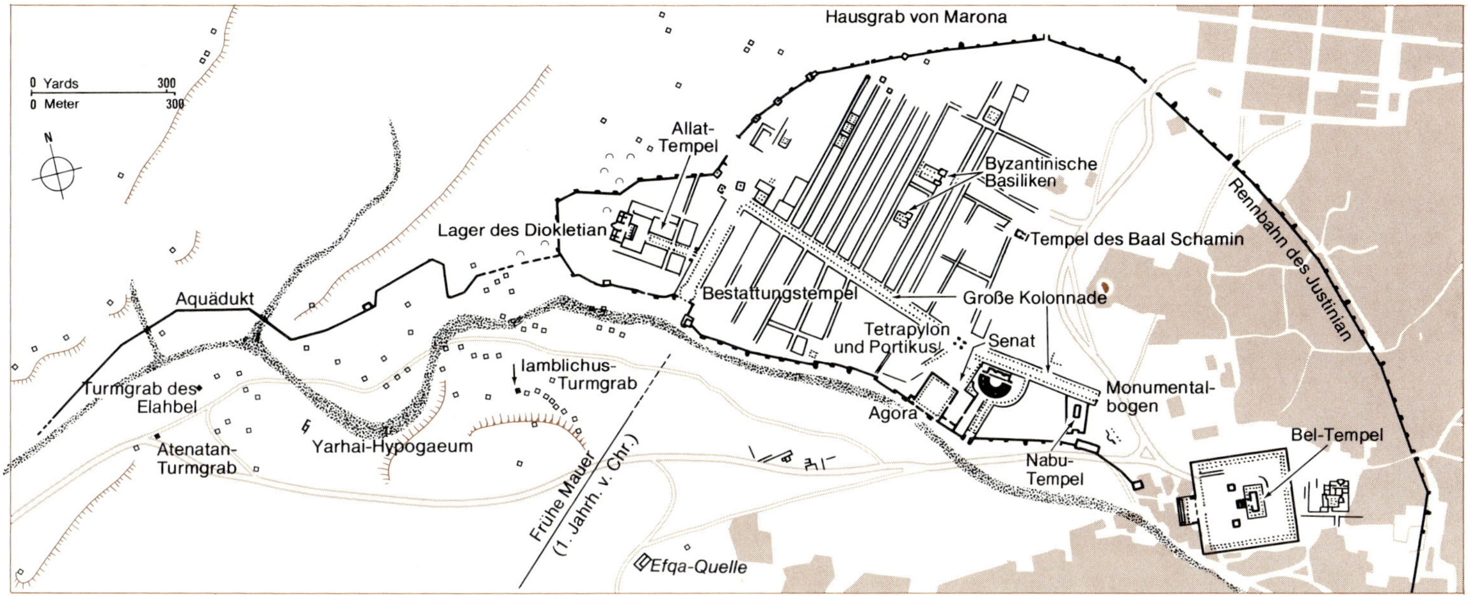

Palmyra. Gegenüber: Das Innere des Bel-Tempels. Oben Nordwestansicht der Stadt von dem Plateau des Bel-Tempels aus.

9 'Avdat

Israel

'Avdat war eine Siedlung der nabatäischen Araber und lag auf einem Bergkamm in der Negev-Wüste nordwestlich von Petra an der Mittelmeer-Route und somit auch auf dem Weg der Reisenden, die von Aela ('Akaba) aus nach Norden zogen, nachdem sie sich westwärts der Straße von Petra zugewandt hatten. Im Altertum wurde der Ort Oboda genannt, was sicherlich zum Andenken an den nabatäischen König Obodas geschah. Man fand hier einen dem Zeus-Obodas geweihten Tempel aus dem 3. Jahrhundert n. Chr., und da Schriftstücke ebenfalls zu der Annahme geführt haben, daß Obodas I. (etwa 96 bis 85 v. Chr.) als Gott verehrt wurde, ist er wahrscheinlich der König, dem die Stadt ihren Namen zu verdanken hat.
Der Ort war im 3. Jahrhundert v. Chr. zum ersten Mal besiedelt, Anfang des 1. Jahrhunderts v. Chr. aber zeitweilig ganz verlassen worden. 50 Jahre später ist die Befestigung der *akropolis* realisiert worden; von den Mauern und Türmen sind noch wesentliche Teile vorhanden. Die Nabatäer bewohnten den nördlichen Teil des Bergkammes und lebten mit Hilfe von Dämmen, die sie zum Stauen des Regenwassers errichtet hatten, von der Landwirtschaft. Eine Töpferwerkstatt aus dem 1. Jahrhundert n. Chr. konnte auf der *akropolis* nördlich von den Gebäuden freigelegt werden. Die Römer gliederten 'Avdat im Jahre 106 n. Chr. in ihre Provinz Arabia ein. Ein militärisches Lager, das man in der Nähe der Töpferwerkstatt gefunden hat, ist Zeichen für die Anwesenheit der Römer. Eine von den Ausgräbern offengelegte Aschenschicht läßt auf die Zerstörung der Stadt im 1. oder 2. Jahrhundert n. Chr. schließen. Inschriften belegen, daß der Ort bis 126 n. Chr. und dann wieder im 3. Jahrhundert, im Anschluß an das Jahr 242, besiedelt war. Die Vernichtung der Stadt könnte also zwischen diesen beiden Daten erfolgt sein. Ab Anfang des 6. Jahrhunderts erreichte 'Avdat als christliche Stadt im Byzantinischen Reich seine. Blüte. Die *akropolis* wird noch von Gebäuden aus dieser späten Epoche beherrscht; dazu gehören die 55×50 m große Zitadelle mit rechteckigem Grundriß und Türmen sowie die westlich davon liegenden beiden Kirchen. Die Einwohner 'Avdats entwickelten für den Ackerbau ein umfassendes Bewässerungssystem, von dem heute noch Reste von Dämmen und Kanälen zeugen. Weinpressen und Vorrichtungen zum Trocknen von Obst konnten ebenfalls ausgegraben werden. Dieser späte Reichtum endete im Jahre 614, als die Sassaniden die Stadt plünderten.

Negev, A.: *Archaeology* 14, 1961, S. 122–136. Ein einleitender allgemeiner Bericht des Ausgräbers
Negev, A.: *Israel Exploration Journal* 13, 1963, S. 113–124
Evenari, M. u. a.: *The Negev.* Cambridge, Mass., 1971. Enthält eine faszinierende Rekonstruktion der Bewässerungsanlagen von 'Avdat

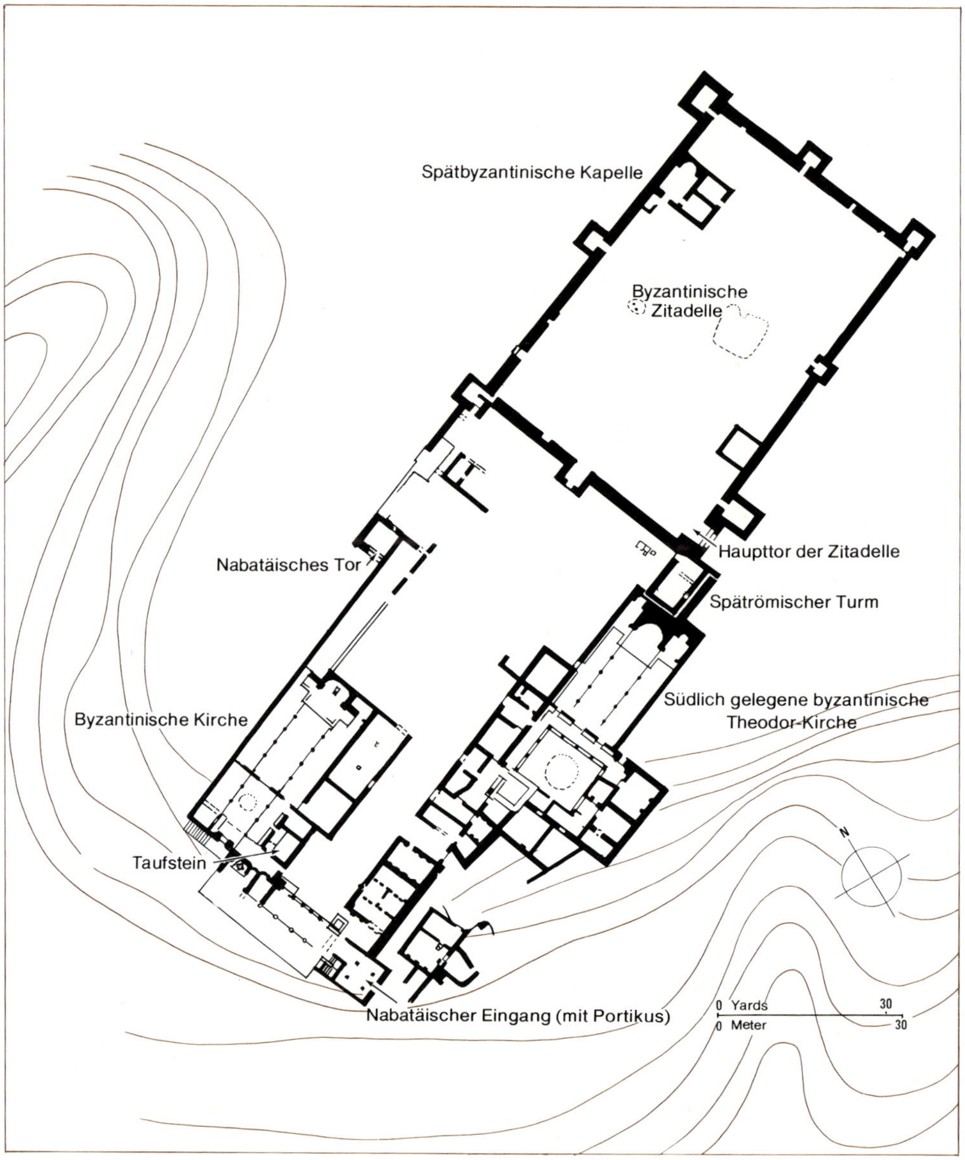

Rechts: Säulen in der nördlichen byzantinischen Kirche von 'Avdat

Luftaufnahme von 'Avdat vom Westen her

Das Gebiet östlich von Palmyra

Die Syrische Wüste erstreckt sich von der Oase PALMYRA aus nach Osten bis zu dem Bogen, den der Euphrat von Nordwesten nach Südosten beschreibt. Die in Ost-West-Richtung verlaufende Gebirgskette des Jebel Bishri bildet eine Schranke gegen den Norden. Der Euphrat mündet in den Persischen Golf und stellt somit die lebensnotwendige Verbindung zwischen dem Golf und den Wüstenhändlern her. Von der Ostseite des Euphrat aus zieht sich das Schwemmland Mesopotamiens bis hin zum Tigris. Dieses wertvolle Gebiet galt in der klassischen Antike als Pufferzone zwischen den iranischen Reichen im Osten und dem römischen Imperium im Westen. Die Stadt DURA-EUROPUS am Westufer des Euphrat hatte eine zur Kontrolle des gegenüberliegenden Ufers gut geeignete Lage, und die Machtkämpfe in Mesopotamien werden durch das wechselvolle Schicksal dieser Stadt dokumentiert.
An Mesopotamien schließt die große Iranische Hochebene an, die von den Gebirgen Zagros im Westen, Elbrus im Norden, Hindukusch im Osten und vom Persischen Golf im Süden begrenzt wird. Hier befand sich das Kernland der iranischen Königsreiche. Der Handelsweg von Fernost führte durch dieses Gebiet, und der Golf stand unter seiner Kontrolle. Alexander d. Gr. benutzte diese Route und überschritt das Hindukusch-Gebirge, auch hier einen geschichtlichen und kulturellen Wendepunkt markierend. Die in jüngster Zeit erfolgte Ausgrabung einer Stadt mit starker griechischer Prägung in AÏ KHANUM in Baktrien jenseits des Hindukusch-Gebirges ist ein eindrucksvolles Beispiel der Verbreitung des Hellenismus. Es ist gut möglich, daß Alexander selbst die Stadt gegründet hat. Sie konnte jedoch in einer so bewegten Zeit, in der sie ständig einfallenden Völkern aus dem innerasiatischen Raum ausgesetzt war, nicht fortbestehen. Als Alexander das Reich der achämenidischen Perser niedergeworfen hatte und nach Baktrien vorstieß, verleibte er das ganze Gebiet seinem Reich ein. Nach seinem Tode wurden die Seleukiden rechtmäßige Nachfolger Alexanders. Es gelang ihnen aber nicht, ihre Satrapien in Iran und Afghanistan zu halten, und im 3. Jahrhundert v. Chr. verloren sie sie endgültig. In den Jahren nach 270 v. Chr. hatte sich in Baktrien ein unabhängiges Königreich gebildet, und einige Jahrzehnte später rissen die arsakidischen Parther den Iran an sich. Die Parther stellten von diesem Zeitpunkt an für das römische Ostreich eine stete Bedrohung dar und wurden von kleineren Dynastien unterstützt. Kaiser Trajan (in den Jahren 115 bis 117) und Septimius Severus (in den Jahren 197 bis 198) unternahmen beide den vergeblichen Versuch, den Unsicherheitsfaktor der Euphratgrenze durch die Eroberung Mesopotamiens auszuräumen; Lucius Verus zog gegen die Parther in den Jahren 162 bis 165 in den Krieg und konnte jedenfalls die Stadt Dura, die einige Jahrhunderte zuvor eingenommen worden war, zurückgewinnen.
Das Ende des Reiches der Parther, das von den aggressiven sassanidischen Perserkönigen um 226 herbeigeführt wurde, markierte für Rom eine noch größere Gefahr. Die Sassaniden überwältigten sehr bald auch Hatra und Dura und nahmen einen römischen Kaiser gefangen. Palmyra, das gegen sie aushielt, erwies sich als nützlich für Rom und war sich dieser Tatsache auch bewußt. Der Aufstand von Palmyra, den Aurelian 273 niederschlug, führte dazu, daß die wertvolle Pufferzone für die Ostflanke des griechisch-römischen Ostreiches wegfiel, und leitete die Persischen Kriege der folgenden Jahrhunderte ein.

Schlumberger, D.: *L'Orient hellénisé*. Paris 1970

1 Dura-Europus

Syrien

In eindrucksvoller Höhe, jenseits des Euphrat in Salihiya, 92 km südöstlich von Deir ez-Zor, findet man die 69 ha große Stätte von Dura-Europus, das an der römisch-parthischen Grenze gelegen war. Da sich im Osten ein steiles Kliff erhebt und sich im Norden und Süden zwei tiefe Wadis erstrecken, kann Dura nur von Westen her erreicht werden, wo das Plateau der Syrischen Wüste mit der Stadt auf gleicher Höhe liegt. Die felsige Anhöhe von Dura erwies sich für die Kontrolle des Euphrat an diesem Punkt sowie der fruchtbaren gegenüberliegenden Tiefebene Mesopotamiens als ideal. In die Stadt gelangt man nur durch das Haupttor (oder Palmyrator) in der Westflanke der Mauer. Obwohl Dura vermutlich ursprünglich von Assyrern besiedelt war, kennt man die Geschichte der Stadt durch Teilausgrabungen erst ab ihrer Gründung durch Seleukos I. Nikator um 300 v. Chr. Im Jahre 114 v. Chr. fiel diese seleukidische Siedlung an die Parther, und ihre ursprünglich griechische Kultur wurde mit der der Eroberer vermischt. 165 n. Chr. wurde Dura Teil des römischen Imperiums, nachdem Kaiser Lucius Verus die Stadt erobert hatte. Sie existierte weiter als römischer Militärstützpunkt bis zu ihrer Belagerung und Einnahme durch den sassanidischen Perserkönig Schapur I. im Jahre 257. Die Perser bestürmten die Stadt von Westen her. Den verzweifelten Versuchen ihrer Bewohner, auf der Innenseite des Mauerrings Erde anzuhäufen, ist es zu verdanken, daß die von ihnen zugeschütteten Gebäude über die Jahrhunderte konserviert blieben.
Weniger als die Hälfte der antiken Stätte wurde bisher ausgegraben; die Funde haben jedoch eine bemerkenswerte Vermischung griechischer, parthischer, semitischer und römischer Kulturelemente offenbart. Es ist sicher, daß zu Palmyra Handels- und religiöse Beziehungen unterhalten wurden, was durch den Tempel der palmyrenischen Gottheiten im Nordwesten der Stadt und die in Dura gefundenen palmyrenischen Inschriften bestätigt wird. Außerdem gab es sowohl jüdische als auch christliche Gemeinden. So konnte man eine Synagoge mit Malereien in außergewöhnlich gutem Zustand unter der während der Belagerung gegen die Westmauer aufgeschütteten Erde bergen. Der Palast des Statthalters hatte einen hervorragenden Platz, von dem aus der Fluß zu übersehen war. Eine Ebene tiefer und von einer Schlucht abgetrennt steht eine gut erhaltene 288 m lange Zitadelle, deren drei Türme und drei Portale zur Bewachung des Flußufers dienten. Sehr viel Ausgrabungsmaterial aus Dura, wozu Skulpturen, Inschriften und die ganze Innenausstattung der Synagoge gehören, befindet sich im Nationalen Archäologischen Museum in Damaskus. Andere Überreste, darunter Pergamente und Papyrusrollen, werden in der Yale-Universität aufbewahrt.

Rostovtzeff, M.: *Dura-Europus and its Art.* Oxford 1938
Perkins, A.: *The Art of Dura-Europus.* Oxford 1973
Welles, C. B.: ›The Population of Roman Dura‹, *Studies in Roman Economic and Social History in Honor of A. C. Johnson.* Princeton 1951. S. 251–274

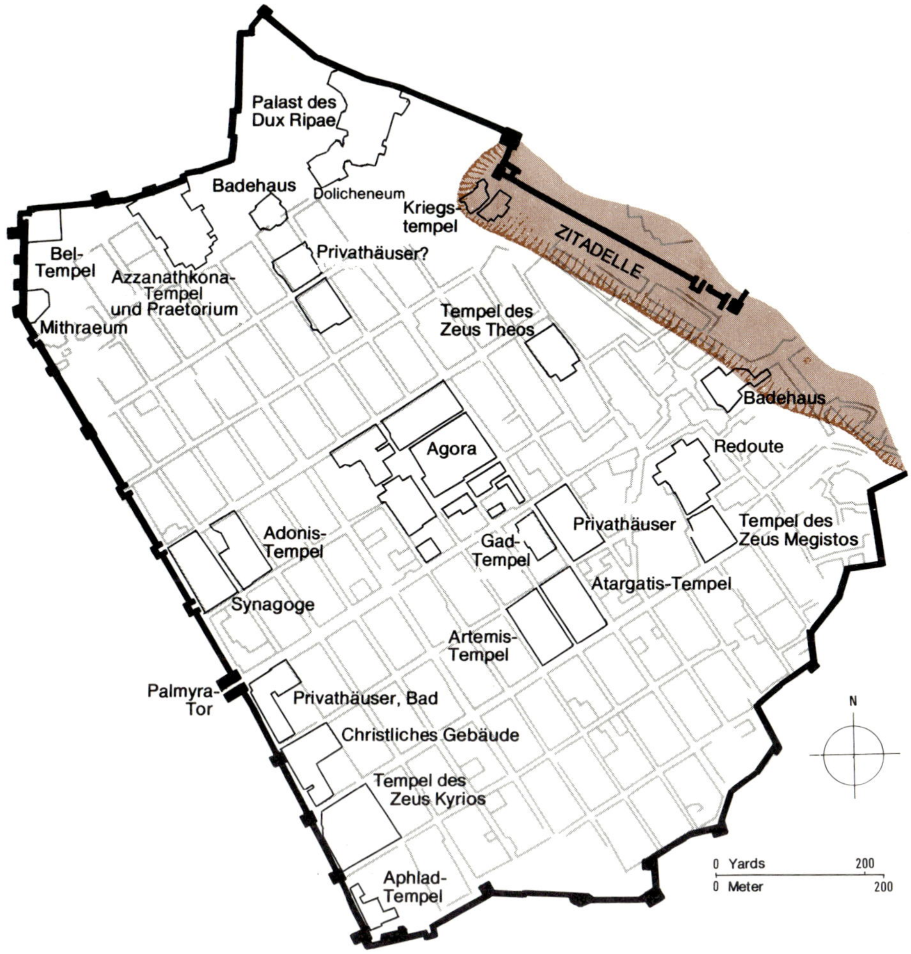

Unten: Südansicht von Dura-Europus. Das Palmyra-Tor liegt links vom Zentrum.

2 Hatra

Irak

Hatra war Sitz des arabischen Herrscherhauses Sanatruq, das im 1. und 2. Jahrhundert n. Chr. sehr viel Macht besaß. Die Stadt liegt 100 km südwestlich von Mossul in dem heutigen Al Hadhr am Westufer des Wadi Tharthar. Es scheint so, daß arabische Stämme hier im späten hellenistischen Zeitalter seßhaft geworden waren; das Königshaus, das gegen Ende des ersten nachchristlichen Jahrhunderts emporkam, herrschte über ein reiches griechisch-iranisches Kulturgebiet. Aramäische Inschriften haben unsere Kenntnisse über die Persönlichkeiten und das religiöse Leben in Hatra erweitert, das eine wirksame Pufferzone gegenüber den Angriffen der Römer in Mesopotamien war. Im Jahre 116 unternahm Trajan, 197 und 198 Kaiser Septimius Severus den erfolglosen Versuch, die Stadt zu belagern. Nach dem Niedergang der Parther im Jahre 226 wurde Hatra römische Niederlassung und in das Verteidigungsnetz gegen das neue persische Königreich der Sassaniden einbezogen. Wie lateinische Inschriften beweisen, richteten die Römer hier eine Garnison ein und leisteten den Sassaniden so lange erfolgreich Widerstand, bis Schapur I. die Stadt um 257 einnahm.

Zu den Ruinen Hatras gelangt man durch die Öffnung auf der Ostseite des mächtigen, 3 km langen Mauerrings. Innerhalb der Mauer findet man einen beeindruckenden Heiligen Bezirk, der auch von Osten her zu betreten ist. Am gegenüberliegenden Ende des großes Hofes steht ein Tempelkomplex, der auf dieser Seite zugemauert und nur durch zwei Tore zu erreichen ist. Der Innenraum wird von einer in Ost-West-Richtung verlaufenden Mauer in zwei Abteilungen unterteilt, in denen jeweils ein großer und ein kleiner *iwan* (eine für die iranische Architektur charakteristische, überwölbte Halle, deren Außenseite offen ist) standen. Links davon befindet sich im südlichen Trakt ein dem Sonnengott Schamasch geweihter, quadratischer Tempel sowie zwei kleine und ein großer *iwan*. Die iranischen *iwans* stehen im Kontrast zu einem auf einem Podium in der Nähe der Hofeingänge zum Tempelbezirk thronenden Tempel mit doppelter Säulenreihe, der aus der Frühzeit des Hellenismus stammt. Außerhalb des Heiligen Bezirks stößt man auf Grabtürme, kleinere Tempel und Wohnhäuser. Fundstücke von Ausgrabungen aus jüngster Zeit sind in den Museen von Mossul und Bagdad untergebracht.

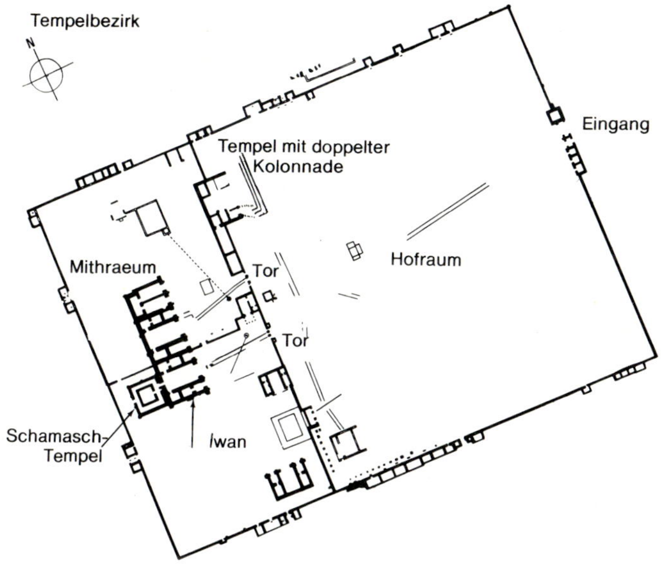

Andrae, W.: *Hatra*, I, Leipzig 1908; II, 1912
Maricq, A.: in: *Syria* 34, 1957, S. 288–296. Über die letzten Jahre Hatras
Homès-Fredericq, D.: *Hatra et ses sculptures parthes*. Istanbul 1963
Umfangreiches neues Material wurde in Arabisch in der Zeitschrift *Sumer* veröffentlicht

Gegenüber: Der größte iwan *und kleinere* iwans *im Westen des Tempelbezirks in Hatra. Unten: Luftaufnahme von Hatra vom Süden aus.*

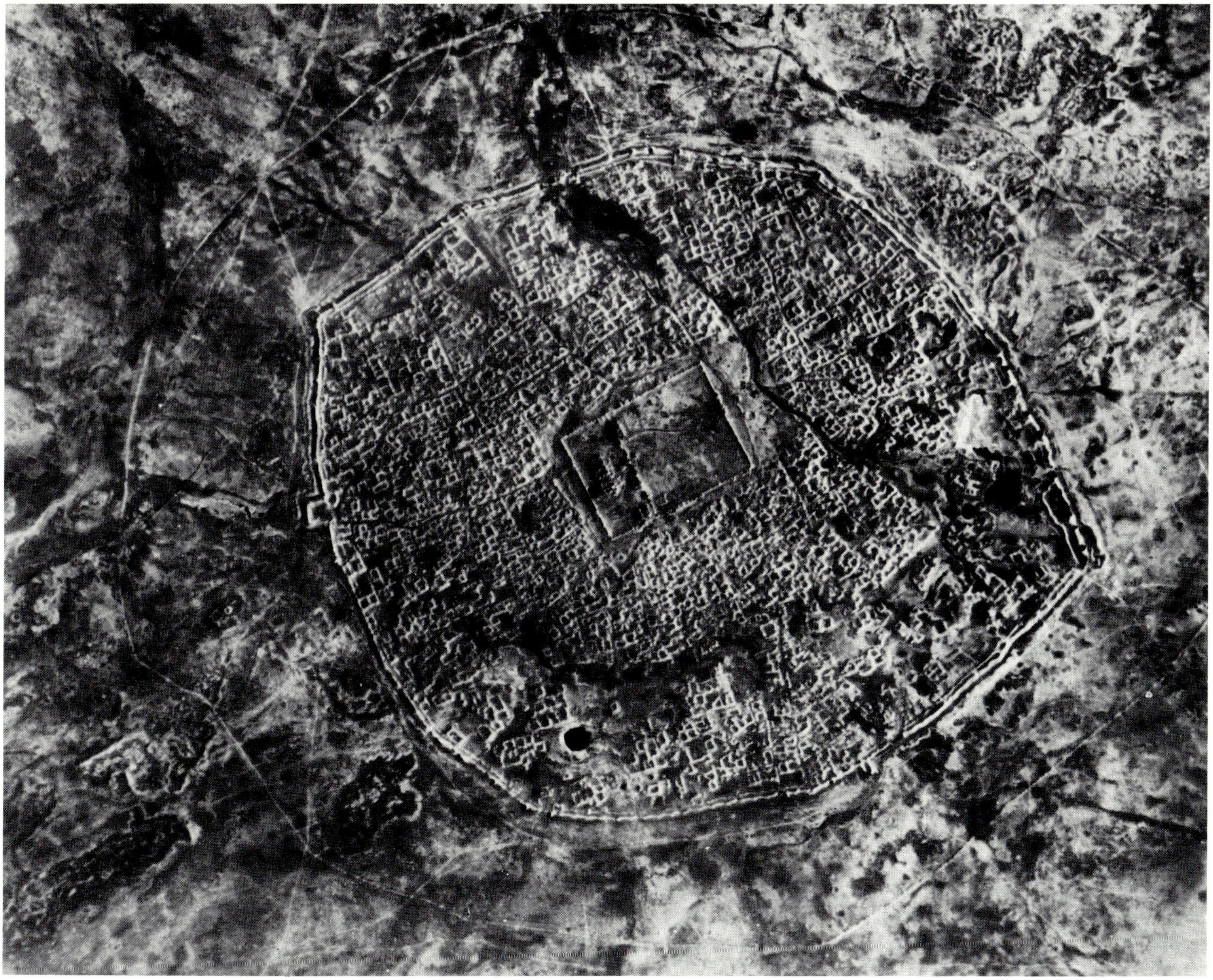

3 Aï Khanum

Afghanistan

Im Jahre 1961 fand König Sahir von Afghanistan bei der Jagd im Norden seines Königreiches in der Nähe der sowjetischen Grenze zufällig ein korinthisches Kapitell und eine kleine Steinsäule unweit der Mündung des Kokscha in den Amu-Darja, dem antiken Fluß Oxus. Dies war die Entdeckung einer verschollenen griechischen Stadt, die heute unter dem Namen des benachbarten modernen Ortes Aï Khanum bekannt ist. Die nördlich von Kabul jenseits des Hindukusch liegende Stätte ist die erste und bisher einzige griechisch-baktrische Siedlung aus der Zeit des Hellenismus, die noch keinen Einfluß der Kushan-Kultur zeigt. Die Lage Aï Khanums war zur Kontrolle des vom Norden nach Baktrien führenden Weges gut geeignet. Die Stadt selbst breitete sich unterhalb einer *akropolis* in einer Tiefebene entlang dem Ostufer und gegenüber des gebirgigen Westufers des Oxus (heute UdSSR) aus. Vermutlich erfolgte die Gründung der Stadt Ende des 4. oder Anfang des 3. Jahrhunderts v. Chr. Die Initiative dazu könnte von Alexander d. Gr. ausgegangen sein. Das hellenistische Erbe zeigt sich am Beispiel des *gymnasium*, des rund 136×108 m großen Peristylhofes, der als *agora* oder Palast gedient haben könnte, und der griechischen Inschriften. Eine Schrift erinnert daran, daß ein gewisser Klearchos nach Delphi gereist sei, weil er dort die moralischen Richtlinien persönlich kopieren und in diese Stadt am Oxus bringen wollte. Wie in Dura, so findet man auch hier in auffallender Weise orientalische Einflüsse. Besonders bemerkenswert ist eine Sammlung von Münzen des baktrischen Herrschers Agathokles (um 275 v. Chr.), die eine quadratische Form und auf einer Seite einen Text in griechischer, auf der Kehrseite aber in Brahmi-Schrift haben. Aï Khanum fiel gegen Ende des 2. Jahrhunderts v. Chr. einem Brand zum Opfer und erholte sich nie mehr davon, wofür höchstwahrscheinlich die Verbreitung der Malaria verantwortlich ist.

In der Stadtmitte findet man den Peristylhof, an dessen Südende ein mit 18 korinthischen Säulen versehenes Vestibül die Verbindung zu einem Verwaltungsviertel herstellt. Nach Norden hin trifft man unweit des Flusses auf ein *heroön*, bei dem man die Klearchos-Inschrift gefunden hat; das *gymnasium* lag höchstwahrscheinlich ganz in der Nähe. Im nordöstlichen Teil der Stadt steht am Fuße des Gebirges und nahe der in Nord-Süd-Richtung verlaufenden Straße der orientalische Tempel mit einem fast 14×6 m großen Vestibül und der *cella* mit einer Grundfläche von 6×5,5 m sowie zwei Sakristeien auf beiden Seiten. Im südwestlichen Teil der Stadt liegt ein Wohnungsviertel. Die Stadtmauer von Aï Khanum führte entlang den drei Seiten der unteren Stadt sowie über den südöstlichen Teil der Akropolis. Außerhalb der Nordmauer wurden ein Herrschaftshaus, ein auf einem Podium stehendes Gebäude und ein Mausoleum (in der Nekropolis) ausgegraben.

Bernard, P.: *Comptes-rendus de l'Académie des Inscriptions et Belles-Lettres*, 1966–1972; 1974–1975. Der Jahr für Jahr erscheinende Bericht über die Ausgrabungen

Ders.: *Fouilles d'Aï Khanoum*, I, 1965–1968, *Mémoires de la Délégation archéologique française en Afghanistan* XXI, Paris 1973

Übersichtsplan von Aï Khanum

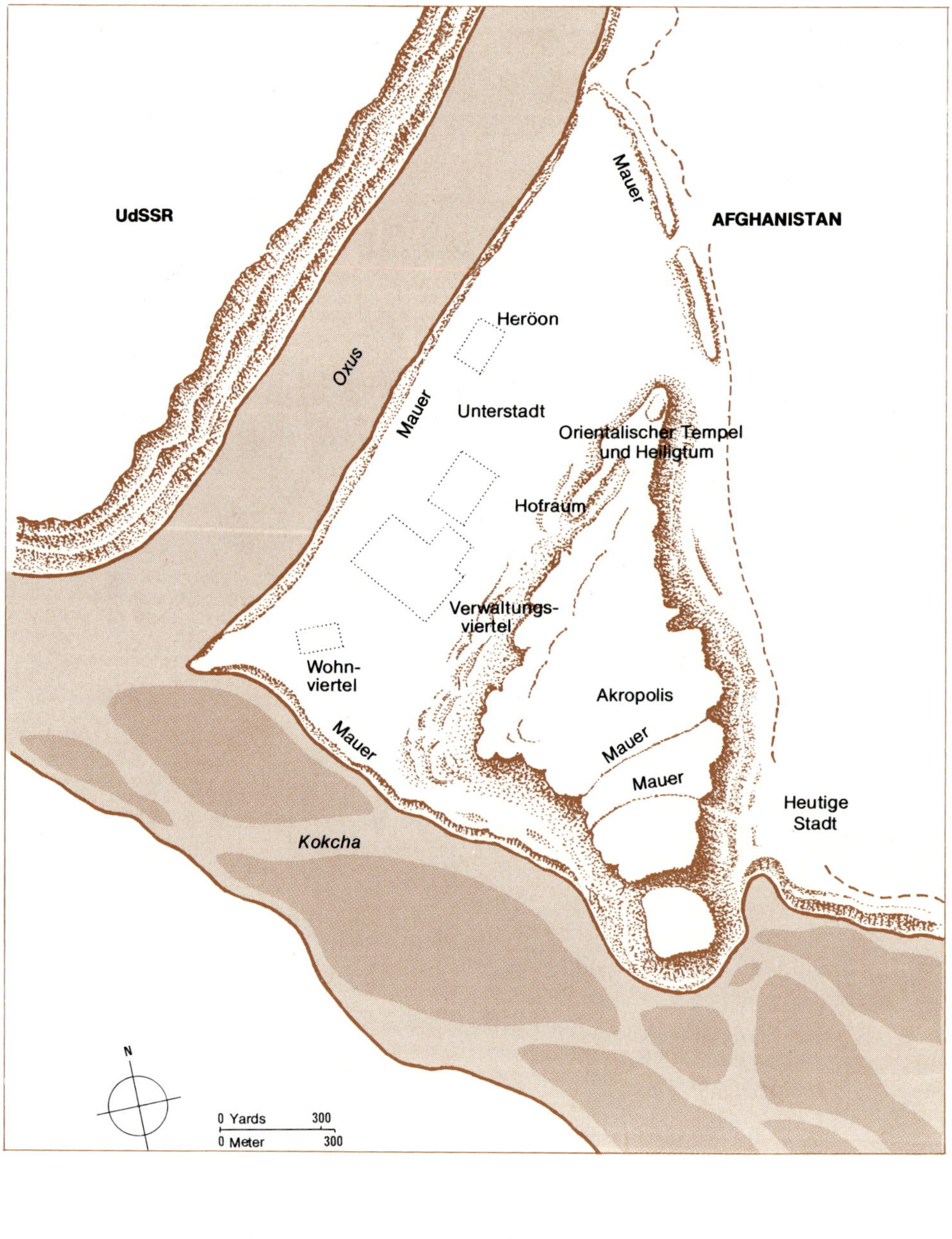

Der Peristylhof und seine Umgebung

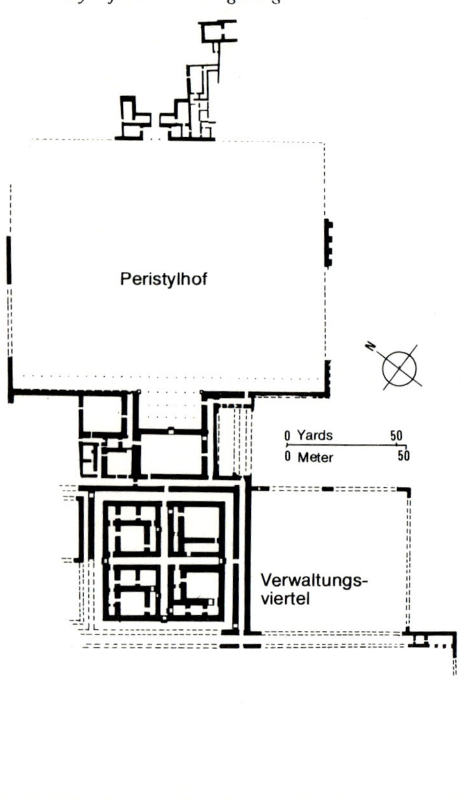

Anhang

Zeittafel

v. Chr.	Italien und der Westen
um 850	Beginn der Villanovakultur in Italien
um 753	GRÜNDUNG ROMS (nach der Überlieferung)
um 750	Erste griechische Siedler in Sizilien Ankunft der Phöniker in Karthago
um 700	Auftauchen etruskischer Kulturelemente in Mittelitalien Phönikische Siedler in Motya (Sizilien)
um 630	Griechische Siedler in Kyrene
um 600	GRÜNDUNG MASSALIAS (MARSEILLE)
580	GRÜNDUNG VON AKRAGAS (AGRIGENT)
um 560	*Baubeginn des Tempels des Jupiter Olympius in Syrakus*
509	Rom wird Republik (nach der Überlieferung)
480	Schlacht bei Himera
476	Hieron I. von Syrakus schlägt die Etrusker bei Cumae
um 460–450	*Bau des Tempels der Concordia in Akragas*
415–413	Sizilische Expedition Athens
450–367	Dionysios I., Tyrann von Syrakus
396	Eroberung von Veji
um 390	Kelteneinfall in Rom
310–306	Einfall des Agathokles von Syrakus in Nordafrika
264–241	Erster Punischer Krieg
250	Zerstörung von Selinus durch die Karthager
218–201	Zweiter Punischer Krieg
215	*Einweihung des Venus-Tempels auf dem Kapitol in Rom*
212	Eroberung von Syrakus durch die Römer
181	Gründung einer römischen Kolonie in Aquileia
146	Zerstörung Karthagos durch die Römer
118	GRÜNDUNG DER RÖMISCHEN PROVINZ GALLIA NARBONENSIS
102	Sieg Roms über die Teutonen bei Aix-en-Provence
55–54	Eroberung Britanniens durch Cäsar
44	Ermordung Cäsars
27	*Bau des Pantheon in Rom*
16	*Bau des Maison Carrée in Nîmes*

v. Chr.	Griechenland und der Osten
um 1000	GRÜNDUNG DES ALTEN SMYRNA
776	Erste Olympische Spiele (der Überlieferung zufolge)
709	Anerkennung der assyrischen Oberherrschaft durch Zypern
um 650	Griechische Siedlung an der Borysthenes-Mündung (Olbia)
um 600	*Bau des Hera-Tempels in Argos*
um 560–546	Krösus, König von Lydien
um 545–510	Tyrannis des Peisistratos in Athen
490–479	Persische Kriege
490	Schlacht bei Marathon
480	Schlacht bei Salamis
um 460	*Bau des Zeus-Tempels in Olympia*
447–432	*Bau des Parthenon*
431–404	Peloponnesischer Krieg
um 375–370	*Bau des Äskulap-Tempels in Epidaurus*
um 360	*Beginn des Theaterbaus in Epidaurus*
338	Sieg Philipps II. von Makedonien bei Chaironeia
336–323	Alexander d. Gr.
331	GRÜNDUNG ALEXANDRIAS
300	GRÜNDUNG ANTIOCHIAS DURCH SELEUKOS I.
190	Sieg Roms über Antiochos III. bei Magnesia
um 180	*Bau des Großen Altars in Pergamon*
146	Zerstörung Korinths durch Rom
133	Vererbung des Königreichs Pergamon an Rom
120–63	Mithridates VI. Eupator (König von Pontos)
64	GRÜNDUNG DER RÖMISCHEN PROVINZ SYRIA
44	NEUGRÜNDUNG KORINTHS DURCH ROM
31	Schlacht von Actium

n. Chr.	Italien und der Westen	n. Chr.	Griechenland und der Osten
9	Sieg des Arminius über das römische Heer		
49	GRÜNDUNG EINER RÖMISCHEN KOLONIE IN COLCHESTER		
60	Aufstand von Boudicca in Britannien		
64	*Großbrand in Rom*		
		66–70	Aufstand der Juden
um 70	*Bau des Kolosseums in Rom*		
79	Untergang der Städte Pompeji und Herculaneum		
100	GRÜNDUNG TIMGADS ALS VETERANENSTADT		
105	Endgültige Eroberung Dakiens		
115	Judenaufstand in Kyrene		
um 121–127	*Bau der Hadriansvilla in Tivoli*		
		132–135	Zweiter Aufstand der Juden (unter Bar Kochba)
140	*Errichtung eines Grenzwalls in Britannien durch Antoninus*		
211–217	*Bau der Caracalla-Thermen in Rom*		
		267	Plünderung Athens durch die Heruler
298–306	*Bau der Thermen des Diokletian in Rom*		
313	Konstantins Toleranzedikt		
		324–330	GRÜNDUNG KONSTANTINOPELS
391	Edikt des Theodosius mit dem Verbot heidnischer Kulte		
410	Plünderung Roms durch Alarich		
411	Bann der Donatisten durch das Konzil von Karthago		
429	Belagerung Karthagos durch Vandalen		
442–443	Beginn angelsächsischer Herrschaft in Britannien		
533	Vernichtung des Vandalenreiches in Tunesien durch Byzanz		
540	Beginn des byzantinischen Exarchats in Ravenna		

Die römischen Kaiser

Auf einige kurze Zwischenregierungen und auf die Namen von Mitregenten wurde verzichtet.

JULISCH-CLAUDISCHES HAUS	31. v. Chr.–14 n. Chr.	Augustus
	14–37	Tiberius
	37–41	Caligula
	41–54	Claudius
	54–68	Nero
	68–69	Galba, Otho, Vitellius aufeinanderfolgend
FLAVIER	69–79	Vespasian
	79–81	Titus
	81–96	Domitian
ADOPTIVKAISER	96–98	Nerva
	98–117	Trajan
	117–138	Hadrian
	138–161	Antoninus Pius
	161–180	Marcus Aurelius
	180–192	Commodus
	193	Pertinax
SEVERISCHE DYNASTIE	193–211	Septimius Severus
	211–217	Caracalla
	218–222	Heliogabal
	222–235	Alexander Severus
	235–238	Maximinus Thrax
	238–244	Gordian III.
	244–249	Philippus Arabs
	253–268	Gallienus
	268–270	Claudius II.
	270–275	Aurelian
	275–276	Tacitus
	276–282	Probus
	284–305	Diokletian
	305–306	Constantius I.
	306–337	Konstantin d. Gr.
	337–361	Constantius II.
	361–363	Julian
	363–364	Jovianus
	364–375	Valentinian I.
	375–392	Valentinian II.
	379–395	Theodosius d. Gr.

	WESTRÖMISCHE KAISER
393–423	Honorius
424–455	Valentinian III.
457–461	Maiorianus
461–465	Libius Severus
467–472	Anthemius
475–476	Romulus Augustulus

	OSTRÖMISCHE KAISER
383–408	Arcadius
408–450	Theodosius II.
450–457	Marcianus
457–474	Leo I.
476–491	Zenon
491–518	Anastasius I.
518–527	Justinus I.
527–565	Justinian I.

Glossar

Agora: Markt- oder Versammlungsplatz in einer altgriechischen Stadt
Akropolis: auf einer Anhöhe liegender Teil oder Zitadelle einer altgriechischen Stadt
Amphitheater: eine Arena, wörtlich ein doppeltes (gewöhnlich ellipsenförmiges) Theater
Amphore: Gefäß für Vorräte oder deren Transport, insbesondere für Öl (Siehe Abbildungen Seite 249)
Anaktoron: heiliges Gebäude (oder Teil davon), in der Regel für Mysterienkulte gebaut
Anatolien: der frühere Name für → Kleinasien
Apodyterion: Umkleideraum in einer Palaestra oder einem Badehaus
archaisch: ursprünglich kunstgeschichtlicher Terminus, die Frühzeit der griechischen Geschichte betreffend (ungefähr 800 bis 500 v. Chr.); auch (selten) Anwendung auf das altertümliche Rom
Architrav: auf Säulen ruhender, den Oberbau tragender Querbalken
Aryballos: Flasche für Badeöl und Parfüm (Siehe Abb. Seite 249)
Atrium: der erste, nach oben offene Raum eines römischen Hauses, Empfangshalle

Basilika: 1. ein langer, rechteckiger Hallenbau, dessen Innenraum gewöhnlich mit Säulen ausgestattet ist und eine oder mehrere Apsiden aufweist
2. die Frühform der christlichen Kirchen
Bouleuterion: das Rathaus einer altgriechischen Stadt

Cardo: Die Nord-Süd-Achse der römischen Landeinteilung
Castrum: ein römischer Stützpunkt oder Feldlager (hieraus -cester, -chester bei englischen Ortsnamen)
Cavea: der Zuschauerraum in einem griechischen Theater
Cella: Kultraum für das Götterbild und den Tempelschatz in der Mitte eines griechischen Tempels
Centuriatio: Bezeichnung für die römische Einteilung des Landes durch Straßen in quadratische Blöcke, vor allem rings um so bedeutende Neugründungen wie eine → colonia
Circus: Platz, auf dem die Römer Spiele, insbesondere Wagenrennen veranstalteten
Civitas: ursprünglich ein organisiertes Gemeinwesen oder ein Staat; im römischen Imperium stand das Wort für eine Stadtgemeinde mit Selbstverwaltung
Colonia: ursprünglich eine von römischen Bürgern gegründete Militärkolonie; dann in der späteren Republik die Bezeichnung für mehrere Koloniearten, schließlich während des Imperiums die privilegierteste Form unter den Städten mit Selbstverwaltung
Colonus: ursprünglich »Pflanzer«, später dann in der Bedeutung von »Pächter« und gleichzeitig auch »Bürger einer Colonia«
Curia: Versammlungsplatz des Senats in Rom, später auch auf den Senat anderer Städte bezogen

Decumanus: die Ost-West-Achse der römischen Landeinteilung
Deinos: Kessel zum Mischen des Weins mit Wasser (Siehe Abb. S. 249)
Dekurio: Ratsmitglied in der vollentwickelten römischen Stadt
Diözese: 1. eine Gruppe von Provinzen im reorganisierten Provinzialsystem Diokletians
2. in der kirchlichen Sprache der Bezirk der Kirchenverwaltung
dorisch: ein in verschiedenen Bereichen angewandtes Adjektiv, z. B. die Bezeichnung eines griechischen Dialekts; in der Archäologie bezeichnet es insbesondere eine der beiden wichtigsten Ordnungen der griechischen Baukunst (Siehe S. 250)
Dromos: ein Rennen oder eine Rennbahn; hat auch verschiedene metaphorische Bedeutungen und steht z. B. für den Eingang zu einer Grabkammer oder einer Kolonnade

Exarch: im Byzantinischen Reich der höchste Beamte in Italien und Afrika

Faszie: in der Architektur ein fortlaufendes Zierband in der Breite einer Leiste
Fibel: eine Spange oder eine Brosche
Forum: Versammlungsplatz einer römischen Stadt
Fries: der mittlere Bauteil des → Gebälks, der normalerweise mit Relief ausgestaltet war
Frontispiz: häufig verzierter Dachgiebel

Gebälk: bei den klassischen Säulenordnungen alle über den Säulenkapitellen liegenden Gebäudeteile, mit Ausnahme der Decke
geometrisch: Bezeichnung für die Zeit um 900 bis 700 v. Chr. in der Geschichte der griechischen Keramik
Gymnasium: ein öffentliches Gebäude oder ein Gebäudekomplex in einer altgriechischen Stadt; diente hauptsächlich dem sportlichen Training und der Ausübung von Sportarten; später in zunehmendem Maße auch als gesellschaftlicher Treffpunkt für begüterte Familien

Hellenismus: Bezeichnung für die dem Alexanderzug folgende Epoche in der griechischen Geschichte; findet ebenfalls Anwendung für die griechische Kulturepoche nach Alexander
Herme: Pfeiler mit oberem Abschluß durch eine Halbfigur, ursprünglich lediglich Darstellungen von Göttern, in hellenistischer und römischer Zeit aber auch auf private Porträts ausgedehnt.
Heroon: Grabmal eines Helden in der Form eines Tempels
Hieron: griech. für einen Altar oder Tempel
Hydria: griechisches Wassergefäß (Siehe Abb. S. 249)
Hyksos: fremdes, wahrscheinlich aus Palästina stammendes Volk, das in Nordägypten einfiel und dort rund 250 Jahre zwischen dem Mittleren und dem Neuen Reich herrschte
Hypogaeum: eine unterirdische Kammer

Impluvium: im → Atrium des römischen Hauses das Becken zur Aufnahme des Regenwassers vom Dach
Insula: Wohnungs- oder Häuserblock
ionisch: Adjektiv mit verschiedenen Bedeutungen, bezeichnet z. B. einen griechischen Dialekt; in der Architektur steht es für eine der beiden wichtigsten Säulenordnungen der griechischen Baukunst, ursprünglich aus Kleinasien stammend (Siehe S. 250)

Kaldarium: das Heißwasserbecken in einem Badehaus
Kapitol: Der »Kapitolinische Hügel« in Rom, sein wichtigstes religiöses Zentrum; später Übernahme des Begriffes in vielen Städten Italiens und des Weströmischen Reiches
Kataster: Grundbuch
Kimbern: germanisches Volk, das zusammen mit den Teutonen Ende des 2. Jahrhunderts v. Chr. für die Römer eine ernsthafte Bedrohung darstellte
klassisch: hat verschiedene Bedeutungen, die kunstgeschichtliche bezieht sich auf das 5. und 4. Jahrhundert in der griechischen Geschichte
Kotyle: Zweihenkelige Trinkschale (Siehe Abb. S. 249)
Krater: Mischkessel für Wein und Wasser (Siehe Abb. S. 249)
Kylix: Trinkschale mit zwei Henkeln (Siehe Abb. S. 249)

Latifundium: lat. für »ausgedehntes Grundstück«
Lateinische Kolonie: eine römische → Colonia, deren Bürger einen Status unter dem römischen Bürger hatten
Lebes: Gefäß zum Mischen von Wein und Wasser (Siehe Abb. S. 249)
Lekythos: Flasche für Salben oder Parfüm (Siehe Abb. S. 249)
Lesche: öffentliches Gebäude oder Versammlungshalle
Ligurer: Bevölkerung des Mittelmeer-Küstengebietes und Hinterlandes zwischen Rhône und Arno in der Zeit vor den Römern
Limes: in der römischen Kaiserzeit die befestigte Grenzlinie

Macellum: Markt für Lebensmittel
Magna Graecia: der antike Name Süditaliens, wo die Griechen in der archaischen Zeit viele Niederlassungen hatten.
Megaron: moderne Bezeichnung für einen rechteckigen Saal mit offener Vorhalle und einer einzigen Eingangstür, manchmal mit einem Vorzimmer
Metope: ein Teil eines Frieses (Siehe S. 250 f)
Mithraeum: Tempel des Gottes Mithras
Municipium: ursprünglich eine mit Rom verbündete italienische Stadt; während des römischen Imperiums Status einer Stadt unterhalb des einer → Colonia
Mysterien: Mysterienkult, oftmals mit geheimen Riten

Naiskos: griech. für Altar, Schrein
Nymphaeum: wörtlich ein Heiligtum der Nymphen, später auch für einen architektonisch ausgebauten Brunnen oder ein Wasserversorgungssystem

Odeon: ein meist bedecktes Gebäude für Musik- und Vortragsveranstaltungen
Oinochoe: Weinkrug (Siehe Abb. S. 249)
Oppidum: eine römische Stadt, die die Siedlungen der Einheimischen in eroberten Gebieten verwaltete
Opus incertum: eine frühe Gattung des Steinbelags der röm. Fußböden, der aus unregelmäßigen Bruchsteinen besteht
Orchestra: der für Tänze bestimmte Teil eines Theaters, wo Chöre und Tanzgruppen auftraten

Palaestra: ein mit Säulen bestückter Raum mit Nebenzimmern für Ring- und andere sportliche Wettkämpfe
Pelike: eine Amphorenart (Siehe S. 249)
Peristyl: eine Kolonnade oder der Hof zwischen einer Kolonnade und einer parallel verlaufenden Wand
Pontos: griech. das Meer, übertragen auf das Schwarze Meer, sowie der Name für ein Königreich in Kleinasien, das später römische Provinz wurde
Porta Praetoria: Haupteingang eines Forts oder Lagers
Präfekt: im alten Rom Vertreter eines hohen Zivil- oder Militärbeamten, z. B. der Gouverneur von Judäa
Prätentura: Baracken zur Unterbringung von Legionären
Praetorium: Zelt oder Haus eines Oberfeldherren, später auch das Amtsgebäude des Statthalters einer Provinz
Prinzipat: moderne Bezeichnung der Zeitspanne der römischen Geschichte zwischen der Herrschaft von Augustus und dem Aufstieg Diokletians
Prokonsul: in der Römischen Republik ein hoher Beamter im Rang eines Senators, meistens ein ehemaliger Konsul, der als Statthalter oder als Befehlshaber eines Heeres fungierte
Propyläen: ein monumentaler, mit Säulen versehener Eingang
protogeometrisch: in bezug auf die griechische Keramik die Stilepoche direkt vor der → geometrischen Zeit
Prytaneion: Stadthalle
punisch: karthagisch (von dem lateinischen Namen »poeni« abgeleitet)
Pyxis: Schachtel für Schönheitsmittel (Siehe Abb. S. 249)

Quader: rechtwinkelig behauener Steinblock für horizontale Lagen

Skene: Bühnenvorderwand in einem römischen Theater
Skyphos: Trinkschale mit zwei Henkeln (Siehe Abb. S. 249)
Stamnos: Weinkrug (Siehe S. 249)
Stele: eine aufrechtstehende, schmale Steintafel mit Inschrift und/oder Verzierungen
Stoa: ein langer, überdachter Portikus

Tablinum: in einem altrömischen Haus der Raum hinter dem → Atrium
Temenos: (griech.) geweihter Raum oder Tempelbezirk
Terramaren: archäologischer Terminus für die Bevölkerung der Po-Ebene gegen Ende des 2. Jahrtausends v. Chr.
Terra sigillata: römisches Tafelgeschirr mit roter Glasur
Teutonen: siehe Kimbern
Thesaurus: griechische Bezeichnung einer Schatzkammer oder eines Schatzhauses
Tholos: ein Rundbau (griech.)
Tophet: ein heiliger Grabbezirk in Karthago
Triumvirat: im römischen öffentlichen Recht ein aus drei Mitgliedern bestehendes Kollegium; in Verbindung mit dem direkten Artikel Bezug auf Caesar, Pompeius, Crassus (erstes Triumvirat 60 bis 53 v. Chr.) und auf Octavianus, Antonius und Lepidus (zweites Triumvirat ab 43 v. Chr.)
Tropäon: ein Siegesmal
Trophäe: siehe → Tropäon
Tyrann: griechischer Begriff für einen Mann, der – im Unterschied zur monarchischen Erbfolge – die Macht selbst ergriffen hat
Tumulus: ein Grabhügel

Vallum: ein Erd- oder Schutzwall; aufgrund eines Mißverständnisses wurde das Wort zeitweise als Bezeichnung für den tiefen Wassergraben zwischen den beiden Erdwällen des Hadrianswalls in Britannien benutzt
Vicarius: ein Wort, das in der römischen Rechts- und Verwaltungssprache verschieden eingesetzt wurde; nach der Neuorganisation der Provinzen durch Diokletian Bezeichnung für den Gouverneur einer → Diözese

Zeloten: eine weit verbreitete jüdische Sekte, die die Revolte gegen Rom in den Jahren 66 bis 70 anführte
Zyklopenmauer: antike griechische Bezeichnung für ein Mauerwerk aus riesigen Steinblöcken (abgeleitet von den Zyklopen in der Odyssee)

Rechts: Eine Auswahl der häufigsten griechischen Vasentypen unter den Fundstücken. Jede Art wiederum weist etliche Variationen auf, sowohl in der Größe als auch in der einzelnen Formgestaltung. Die hier dargestellten Vasen sind »Durchschnitts-« Exemplare. Obwohl griechisch, sind ihre Bezeichnungen auch heute geläufig.

Skyphos (Kotyle)
Amphore
Krater
Pyxis
Voluten-Krater
Kalyx-Krater
Hydria
Lekythos
ein Meter
1
0
Stamnos
Pelike
Kylix
Aryballos
Oinochoe
Oinochoe
Oinochoe
Deinos (Lebes)
und Ständer

Ordnungen in der griechischen Architektur

Abbildung von Gebälk, Kapitell und Basis

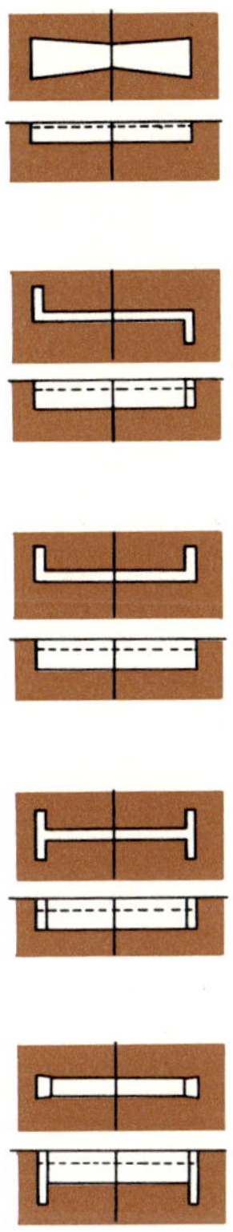

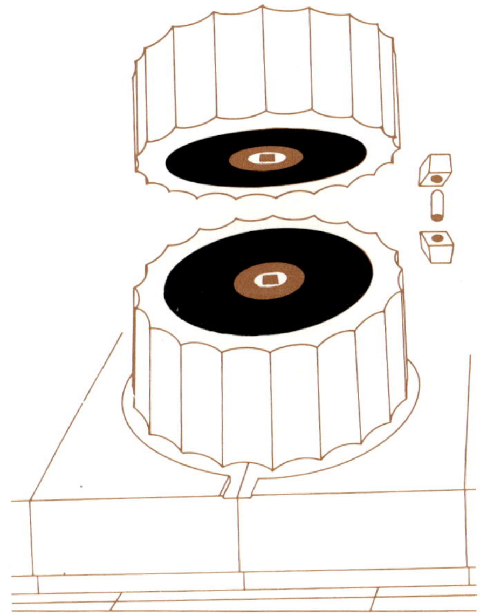

Säulenkonstruktion, bei der die Säulentrommel durch Zapfen im Mittelpunkt festgehalten wird.

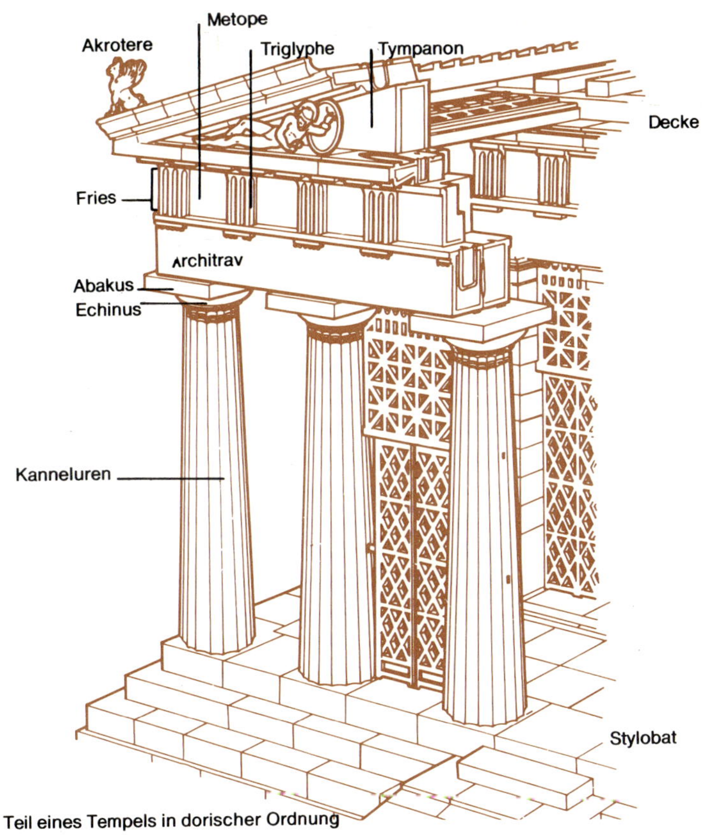

Teil eines Tempels in dorischer Ordnung

Orts- und Namenregister

Zahlen in Kursivschrift beziehen sich auf Seiten mit Illustrationen